I

식민지라는
물음

엮은이

이타가키 류타 板垣竜太, Itagaki Ryuta _ 도시샤同志社대학 사회학부 준교수
정병욱 鄭昞旭, Jung, Byung-Wook _ 고려대학교 민족문화연구원 HK교수

글쓴이

이태훈 李泰勳, Lee, Tae-Hoon _ 연세대학교 역사문화학과 조교수
최선웅 崔善雄, Choi, Sun-Woong _ 순천대학교 지리산권문화연구원 HK연구교수
염복규 廉馥圭, Yum, Bok-Kyu _ 서울시립대학교 국사학과 조교수
정용서 鄭用書, Jeong, Yong-Seo _ 연세대학교 역사문화학과 연구교수
오카모토 마키코 岡本真希子, Okamoto Makiko _ 쓰다주쿠津田塾대학 국제관계학과 준교수
이타가키 류타 板垣竜太, Itagaki Ryuta _ 도시샤同志社대학 사회학부 준교수
천페이펑 陳培豊, Chen, Pei-Feng _ 타이완臺灣중앙연구원 연구원
정병욱 鄭昞旭, Jung, Byung-Wook _ 고려대학교 민족문화연구원 HK교수
미즈타니 사토시 水谷智, Mizutani Satoshi _ 도시샤同志社대학 글로벌지역문화학부 준교수
문명기 文明基, Moon, Myung-Ki _ 국민대학교 국사학과 조교수
히라노 치카코 平野千果子, Hirano Chikako _ 무사시武藏대학 인문학부 유럽문화학과 교수
나가하라 요코 永原陽子, Nagahara Yoko _ 교토京都대학대학원 문학연구과 교수

문화동역학라이브러리 18

식민지라는 물음

초판인쇄 2014년 8월 10일 **초판발행** 2014년 8월 20일
엮은이 이타가키 류타 · 정병욱 **펴낸이** 박성모
펴낸곳 소명출판 **출판등록** 제13-522호
주소 서울시 서초구 서초중앙로6길 15(란빌딩 1층)
전화 02-585-7840 **팩스** 02-585-7848 **전자우편** somyong@korea.com **홈페이지** www.somyong.co.kr

값 39,000원 ⓒ 정병욱, 2014

ISBN 979-11-85877-13-6 94900
ISBN 978-89-5626-851-4 (세트)

이 책은 2007년 정부(교육과학기술부)의 재원으로 한국연구재단의 지원을 받아 수행된 연구임(NRF-2007-361-AL0013).

고려대학교 민족문화연구원
문화동역학 라이브러리 18

식민지라는 물음

Colonialism as a Question

이타가키 류타 · 정병욱 편

 소명출판

책머리에

2011년 7월 일본 교토에서 고려대학교 민족문화연구원과 도시샤同 志社코리아연구센터가 공동 주최하는 '서울-교토京都 상호방문 학술회 의'가 '식민지 연구의 최전선'이란 제목으로 처음 열렸다. 이후 서울과 교토를 오가며 총 5회의 학술회의가 열렸고 만 3년이 되는 2014년 여름 그 결실을 담은 책『식민지라는 물음』을 펴낸다.

애초 잘 짜인 계획에 따라 발표 주제를 배치한 게 아니라 그때그때 양측에서 식민지와 관련하여 재미있는 연구가 있으면 들어보자는 식 으로 추진되어서, 특정 주제와 방법에 초점을 맞춘 공동연구라 하기는 어렵다. 하지만 서로 긴장하며 자극과 도움이 되는 모임이 되길 바라 는 마음에서 '최전선'이란 무시무시한 단어를 학술회의 제목에 넣었고, 그래서 그런지 식민지 연구의 최근 경향을 보여주고 과제를 제시하는 학술회의였다고 생각된다. 우리의 자세는 저마다 식민지를 새롭게 파 악하기 위한 물음을 던지고, 그 답을 찾아가는 과정에서 식민지가 현 재 우리에게 발신하는 물음에 귀 기울이는 것이었다. 이런 의미에서 책의 제목을 '식민지라는 물음'이라 지었다.

제1부는 '협력의 안팎'이란 제목으로 다섯 편의 글을 실었다. 식민지 조선을 다룬 네 편의 글을 시대순으로 배열하고 타이완을 다룬 한 편 을 보탰다. 협력은 무엇보다 지배 정책에 대한 반응이다. 염복규는 '민 정시찰관'을 통해 조선인 상층의 협력을, 오카모토 마키코는 '대만순사

보'를 통해 타이완인 하층의 협력을 다루었다. 둘 다 해당 지배정책에 대한 치밀한 분석을 통해 그 한계를 규명했고 '협력'의 틈에서 새어 나오는 여론과 '일탈'에 주목함으로써 다양하고 주체적인 현지인의 모습을 포착하려 했다.

협력은 협력 층 내부에서도 그 기원을 찾을 수 있다. 이태훈은 초기 일본유학생의 계몽논리에서, 정용서는 천도교 신파의 교리에서 협력의 징후와 논리를 읽었다. 일본유학생 집단의 '병합' 전후 애국에서 친일로 변신은 현실 사회와 민을 부정하는 일방적인 계몽논리에서 배태되었다. 천도교 신파가 일제강점기 내내 '자치운동'의 진원지가 되었던 이면에는 세계 보편을 지향하는 종교논리와 단계론적 정치논리의 결합이 있었다. 두 사례와 대조적으로 협력에서 저항으로 나아간 경우도 있다. 최선웅은 한때 식민지 관리를 꿈꾸었고 입신출세를 위해 1910년대 일본으로 유학 갔던 장덕수가 민족운동에 나서게 되는 과정을 추적했다. 그에게 유학은 민족문제를 자각하는 중요한 계기였다.

제2부는 '미시와 거시의 만남'이란 이름으로 세편의 글을 모았다. 이타가키 류타는 식민지 조선에서 밀주 문제를 통해 '국가-자본-민중'의 삼각관계, 특히 민중의 일상생활과 식민지경험을 분석했다. 이는 구체적인 물품인 술을 통해 민중 수준의 미시사에서 제국 규모의 거시사에 이르는 전체 역사상을 그리려는 작업의 일환이다. 천페이핑은 대중 교화의 수단으로서 노래를 둘러싼 타이완 지식인들의 논쟁과 실천, 그 실패를 다루었다. 언어 상황에 비춰진 타이완 사회의 다층적인 모습이 인상적이고, 대중쟁탈전이란 차원에서 문학에선 일본에게, 노래에선 민간창작자에게 연전연패하는 지식인의 좌절이 시사하는 바가 크다.

정병욱은 현존 경성지방법원 검사국 기록의 형성과정과 생산주체를 규명했다. 기록의 내용을 통해 들여다본 식민지 사회와 각 행위자의 삶은 이미 별도의 책(『식민지 불온열전』, 2013)으로 펴냈기 때문에, 이 책에는 기록 자체에 집중한 글을 실었다. 기록의 내력에는 식민지, 냉전, 민주화의 역사가 아로새겨져 있다. 향후 기록의 역사를 시대상과 연관하여 종합적으로 조명할 필요가 있다.

제3부는 '비교와 관계, 세계사'라는 제목으로 네 편의 글을 묶었다. 미즈타니 사토시는 영국의 인도에서 '영어교육'을 비판하는 언설 '어설프게 교육된 현지인'이 어떻게 제국들 사이에서 생성되고 전파되는지 고찰했다. 이를 통해 식민정책론자들의 반식민지 운동에 대한 불안, 위험을 제거하려는 '비교 정치' 의지를 읽어낸다. 문명기는 일본의 최초 식민지인 대만의 통치모델이 관동주와 조선에 어떻게 전이, 굴절되는지 살펴보았다. 이러한 비교를 바탕으로 식민지 조선의 근대는 '형식으로서 근대'이고, '실질로서 근대'는 해방 이후에 달성된 것으로 파악하는 '2단계 근대론'을 제기한다.

히라노 치카코는 프랑스에서 포스트 콜로니얼리즘 논의와 공화주의의 관계를 검토하였다. '국민'으로부터 배제되고 차별받는 이민에 주목하는 포스트 콜로니얼리즘은 자연히 공화주의 다시 묻기와 '국민사' 고쳐 쓰기로 나아간다. 나가하라 요코는 독일에서 식민지주의와 전체주의의 연속성에 관한 논쟁을 비판적으로 검토한 뒤, 식민지폭력을 '내셔널 히스토리' 혹은 식민지 대 종주국이라는 틀이 아니라 세계사의 문제로 파악하는 연구 방향을 제시한다.

협력은 지배정책사나 운동사 위주로 진행되었던 식민지 연구가 점차 확대 심화되면서 주목 받는 주제 중 하나이다. 이 책에서 알 수 있듯이 협력은 지배자의 장단에 놀아나는 측면이 있는가 하면 현지인 사회 내부에서 준비되고 활용되는 측면도 있다. 협력은 식민지 사회를 둘러싼 내외적 조건과 그 구성원이 처한 현실을 풍부하게 보여주며, 이럴 때 지배와 저항의 의미는 더욱 또렷해진다. 술, 노래, 기록과 같은 특정 사물에 관한 연구를 통해 미시사와 거시사를 아우르려는 시도도 새로운 연구 경향이다. 클로즈업과 롱숏의 계속적인 왕복을 통해 개체와 전체, 특수와 보편이 새롭게 만나는 시야를 확보하려 한다. 비교는 단순화의 위험을 피하기만 한다면 대상의 특성을 알 수 있는 주요한 방법이며, 자연히 연구자가 비교 대상들 사이의 관계성에 주목하게 하고 전체상으로서 세계사로 나아가게 한다. 식민지는 영역을 달리하는 집단과 집단 사이 지배피지배 관계이다. 근대 이후 지구상의 대부분 지역은 상당기간 이러한 관계로 얽혀 있었고 현재에도 그 영향은 적지 않다. 식민지 조선의 역사가 어찌 '세계사'가 아닐 수 있겠는가?

'서울-교토 상호방문 학술회의'는 애초 다음 세 가지를 염두에 두고 계획되었다. 첫째, 지속성. 최근 부쩍 국제교류가 늘었으나 일회성 이벤트에 그치는 경우가 많다. 좋은 공동연구를 위해서는 계속 만나 서로를 알아가면서 같이 고민하는 과정이 필요하다. 이를 위해 지속적인 '상호방문'의 방식을 택했다. 둘째, 개방성. 고려대학교 민족문화연구원과 도시샤코리아연구센터 소속 연구자만의 교류가 아니다. 주제에 맞는 재미있는 연구라면 소속 지역 불문하고 연구자를 섭외한다. 두 기관은 최적 최상의 교류를 위해 허브 역할을 맡는다. 셋째, 주체적 소통. 학술회의에서 발표자는 자신의 뜻을 자연스럽고 충분히 전달하기 위해 가장 자신 있는 언어, 모국어로 발표하는 것을 원칙으로 한다. 원활한 소통을 위해 발표문의 전문 번역과 토론의 통역을 제공한다.

돌이켜보면 시간과 돈은 많이 들면서 성과는 더디 나오는 교류다. 이런 우원한 방식의 교류가 시작될 수 있도록 믿고 지원해주신 고려대 김흥규, 조성택 선생님께 감사드린다. 학술회의가 지속될 수 있도록 후원해주신 오타 오사무太田修 도시샤코리아연구센터 소장님, 최용철 민족문화연구원 원장님께 깊이 감사드린다. 글에 진전이 있다면 모두 학술회의에 참석하여 열띤 토론을 해주신 오노 야스테루小野容照, 마쓰다 도시히코松田利彦, 미즈노 나오키水野直樹, 이송순, 조형근, 염운옥, 문명기, 장신, 배영미, 가와세 타카야川瀨貴也, 권윤경, 최호근 선생 덕분이다. 감사합니다. 특별히 기획과 섭외에 힘써주신 홍종욱 선생이 고맙다. 학술회의가 자리잡아가는 데 큰 도움이 되었다. 끝으로 어려운 상황에도 불구하고 출판을 맡아주신 박성모 소명출판 사장님과 복잡한 원고를 단정하게 다듬어준 편집부에게 감사의 마음을 전한다.

2014년 7월
이타가키 류타 · 정병욱 씀

차례

—1부—
협력의 안팎

계몽의 모순과 그 귀결

1900년대 일본유학생을 중심으로

이태훈

1. 머리말

국권상실이 가시화 되던 1900~1910년 사이 신학문을 찾아 일본에 간 유학생들은 다양한 측면에서 중요한 의미를 지니는 존재였다. 먼저 이들은 본격적으로 근대학문을 학습한 최초의 근대지식인 집단으로서 국권상실로 대표되는 급격한 정치, 사회적 변화에 주도적으로 대응해야 할 위치에 있기 때문이었다. 무엇보다도 이들은 유학儒學이 아닌 근대학문에 지적 기반을 둔 '근대적' 지식엘리트의 첫 번째 세대라는 점에서 주목받을 수밖에 없었다. 세계의 변화에 무지하고, 문명부강국가의 발전원리를 이해하지 못해 국권상실의 위기에 직면했다고 생각한 당대의 한국사회 구성원들에게 인접 '문명국가' 일본에서 직접 그 '근대문명'의 정수를 체득하고 있는 유학생들은 기대의 대상일 수밖에 없었다. 물론 유학생 스스로도 국가, 민족의 장래를 책임질 의무가 자신들에게 있음을 자부하였다. 애국심의 고취와 문명국민으로의 각성, 부패하고 무능한 대한제국 정부의 혁신이 모두 유학생들이 담당해야 할 임무였다.

그러나 이들에 대한 기대, 유학생의 자부심이 예상처럼 실현된 것은 아니었다. 유학기에 보였던 강렬한 애국논리와 계몽활동과 달리 강제병합 이후 민족운동에 헌신하거나 체제저항적 지식인이 된 경우는 그렇게 많지 않았다.[1] 오히려 식민지배체제의 관리가 되거나 근대지식을 활용하여 사회적 지위와 부의 축적에 몰두한 경우가 더 많았다.[2]

---

1 물론 이러한 문제제기가 한말 일본유학생들이 이미 유학시기부터 적극적으로 친일활동을 전개하였다거나 한말 일본유학생들이 민족운동과는 전혀 무관했음을 주장하려는 것은 아니다. 병합 직전까지 병합에 반대하는 유학생들의 다양한 저항이 있었던 것은 분명한 사실이다. 유학생들은 1909년 12월 일진회가 합방청원서를 발표하자 이를 맹렬히 규탄하고 반대하는 포고문을 발표하고, 합방 반대 국민대연설회에 참여한 것을 비롯하여, 합병 직전인 1910년에는 안중근의 의거를 다룬 기사를 유학생 단체 기관지 『대한흥학보』에 게재하기도 하였고, 병합이 선언된 7월에는 한인 학생단 38명이 귀국하여 병합반대 '음모'를 추진하다 17명이 검거되는 등 다양한 방식으로 병합에 저항하였다. 일제에 의하면 데라우치 통감 암살 음모를 꾸미는 것으로 의심될 정도로 '과격'한 모습이었다. 또한 식민지병합 이후 민족운동에 참여한 경우도 물론 적지 않게 있었다. 예컨대 1920년대 이후 국내외 민족운동의 핵심인물로 활동한 허헌, 조소앙, 노백린 같은 인물들이 모두 1900년대 일본에서 유학한 인물들이었다. 또 1920년대 중반 이후 체제협력의 길을 걸었지만, 3·1운동과 민족주의세력의 활동에 상당한 영향을 미친 최린, 최남선도 한말 유학생들이었다. 그러나 문제는 왜 이러한 반일활동이 병합이후 너무도 빨리 그토록 급속히 사라졌으며, 식민지기 유학생집단의 전체적인 행로는 왜 그토록 쉽게 체제편입의 길일 수 있었는가이다. 1910년 7월 병합반대 '음모'를 주도하여 체포된 박병철, 채기두가 3·1운동 직후 가장 먼저 조직된 친일정치운동 단체, 유민회, 국민협회, 각파유지연맹의 핵심인물이었다는 아이러니를 어떻게 설명할 수 있을까하는 것이다. 이 글은 한말의 강렬한 민족주의적 모습과 병합 이후의 신속한 체제편입, 친일활동이 보여주는 이 기묘한 콘트라스트에 대해 하나의 설명을 시도하는 것이라고 할 수 있다. 한철호, 「일제의 한국 병탄에 대한 한국민의 인식과 대응」, 한철호·하라다 게이치·김신재·오타 오사무, 『식민지 조선의 일상을 묻다』, 동국대 출판부, 2013 참조.
2 현재 한말 유학생 전체의 일제하 행로를 추적한 연구성과는 없다. 그러나 1904년 파견된 황실유학생의 일제하 이후 행로를 추적한 박찬승에 의하면 그 대부분이 조선총독부관리

1905년 이후 설립된 유학생단체(대한학회, 태극학회, 대한흥학회)에서 임원, 혹은 회의 각 부서에서 활동했던 인원 228명의 일제하 행적을 살펴보면 행적이 확인되는 145명 중 61인이 조선총독부의 관리 및 중추원 참의 등의 관직경력, 도평의회원 등의 '공직자' 경력을 갖고 있다. 그밖의 인물 역시 회사운영, 기업의 임원, 변호사 등에 경력이 집중되어 있다(〈부표〉 참조).[3] 나아가 이들 중 일부는 3·1운동의 여운이 채 끝나지도 않은 1919년 겨울 '자치'를 청원하기 위해 동경에 갔던 이른바 '동상7인조'[4]나 1924년 『동아일보』의 송진우를 폭행, 협박한 친일단체 각

가 되었으며, 그 다음으로 많은 것이 평범한 기능적 지식인(회사, 은행의 직원 교사)으로 살아가는 길이었다. 총 50여 명의 파견 유학생 중 일제하 항일운동에 참여한 경우는 조용은(조소앙), 최린, 최남선, 김지간 네 명 뿐이었으며 그나마도 조용은을 빼고는 모두 중도에 탈락하였다. 좀 더 범위를 넓혀 확인해 보아도 이런 결과는 유효하다. 1904년에서 1910년 사이의 관비유학생의 행적을 추적한 이계형 역시 졸업 후 학교를 세워 교육활동에 종사하거나, 민족운동에 투신한 몇몇 인물들을 제외한 대부분의 졸업생들은 식민권력의 하층 지배자로 전락하는 경우가 대부분이었다고 결론짓고 있다. 박찬승, 「1904년 황실파견 도일유학생 연구」, 『한국근현대사연구』 51, 2009; 이계형, 「1904~1910년 대한제국 관비 일본유학생의 성격변화」, 『한국독립운동사연구』 31, 2008.12.

3 이 표는 유학생단체 중 규모가 컸던 대한학회, 태극학회, 대한흥학회에서 활동한 인물 중 회장, 부회장, 평의원등의 임원과 회의 각종 부서에서 활동했던 인물을 회지에 기재된 내용을 기준으로 작성한 명단이다. 따라서 활발한 활동을 한 인물 중에도 회원으로서만 활동한 인물, 지회의 간부들은 빠져있다. 그러나 임원 및 중요 활동부서의 성원으로 활동하였다는 것은 유학생단체의 주요 활동분자임을 보여준다는 점에서 유학생사회의 전반적 경향성을 일정하게 반영한다고 할 수 있다. 일제하 관직경력과 기타 활동경력은 활동성격을 보여주는 대표적 경력에 한하여 제한적으로 표기하였으며, 동명이인이 있음을 감안하여 나이, 경력, 출신지역 등이 부적합한 경우에는 표기하지 않았음을 밝혀둔다. 이들의 경력조사는 한국역사정보통합시스템(http://www.koreanhistory.or.kr)과 진덕규 편, 『한국 사회과학의 지적계보와 한국적 사회과학 이론정립의 방안―자료집』 1, 연세대 국가관리연구원, 2012에 바탕하였다.

4 '동상7인조東上7人組'는 1919년 10월 동경에 건너가 일본조야에 자치청원과 정치활동허용을 청원했던 고희준高羲駿, 박병철朴炳哲, 심우섭沈友燮, 이기찬李基燦, 채기두蔡基斗, 박승빈朴承彬, 고원훈高元勳 7명을 말한다. 이들의 주장한 자치는 일본과의 영속적 결합을 전제로 한 자치였으며, 그나마 총독이 중심이 된 자치였다. 3·1운동의 여진이 채끝나지도 않은 1919년 후반에 이런 청원을 할 정도로 그들의 식민지배체제에 순응하는 입장이었다. 이 7명 중 이기찬을 제외한 6명이 한말유학생이었다. 高警 제26490호, 1919.10.18, 「京

파유지연맹의 인물들처럼[5] 식민지배 초기부터 적극적 친일파로 활동한 경우도 있었다.[6] 또 한말 유학생들과 불과 10년도 차이가 안 나는 1910년대 후배유학생들이 '그들을 헛된 자기과시 속에 실력은 없었던, 한심한 인간들'로 묘사하며, 그들과 자신들이 다르다는 점을 애써 설명하려 하기도 하였다.[7]

물론 저항적 지식인으로서의 삶을 살았는가가 이 시기 유학생들의 역사적 역할을 이해하는 유일한 잣대가 될 수는 없다. 또한 그들의 삶의 궤적에는 각기 다른 사정들이 개입되어 있었다. 그러나 그러함에도 유학기간 중의 주장과 이후 삶의 차이는 간과하기 어려운 문제를 제기한다. 언설과 활동에서 보이는 강렬한 민족의식, 계몽의 열정과 이들

城民情彙報-民心의 傾向」, 강덕상 편, 『現代史資料』 25, 579쪽.

5 각파유지연맹은 1924년 3월 친일단체 11개가 연합하여 만들어진 단체였다. 각파유지연맹은 자신들의 친일활동을 『동아일보』가 공격하자 『동아일보』 사장 김성수, 송진우를 식도원에 불러내어 감금 폭행함으로써 당시 한국사회에 커다란 파장을 일으켰다. 그런데 이때 김성수, 송진우를 식도원으로 불러낸 것은 다름 아닌 유학생 선배 이풍재, 박해원이었으며, 각파유지연맹에 참여한 국민협회, 유민회, 조선경제회 대표 상당수는 한말 일본유학생 출신이었다. 서울 네눈이, 「서울에 낫타난 세 가지 일을 드러 시골 게신 長尾宅 兄님에게」, 『開闢』 47호, 1924.5, 49쪽; 이태훈, 「일제하 친일정치운동 연구」, 연세대 박사논문, 2010, 184~185쪽 참조.

6 〈부표〉에서 확인되는 1920년대 전반 친일단체 경력자는 15명이다. 그러나 한말 유학생들이 유학시기부터 민족적 열정, 애국계몽의 의지가 없었다고 할 수는 없다. 오히려 그들은 국가와 민족을 위한 헌신을 끊임없이 주장하였고, 일본의 침략적 태도, 한국인 멸시에 대해 완강하게 항의하였다. 예컨대 한국인 학생들은 고급학문을 배울 자질이 없다는 학교장·교수의 차별발언, 한국여인을 박람회에 전시하는 모욕적 행동에 대해 적극적으로 항의하였으며, 고종의 퇴위, 일진회의 합방청원 등에도 적극적인 반대운동을 전개하였다. 그러나 그러함에도 일진회합방청원 반대운동의 유학생 대표로 뽑힌 고원훈과 이풍재가 일제하 각각 고위관리(고원훈, 전라북도지사)와 친일단체간부(이풍재, 조선경제회·유민회)로 활동하였다는 역설적 상황이야말로 이 시기 유학생들의 사고와 활동을 보다 복합적으로 이해해야 함을 의미한다 하겠다. 이상 유학생들의 활동에 대해서는 박찬승, 「1904년 황실파견 도일유학생 연구」, 『한국근현대사연구』 51, 2009와 김기주, 『韓末 在日韓國留學生의 民族運動』, 느티나무, 1993, 4장 참조.

7 편집인, 「留學生의 成績을 드러 父兄의게 告하노라」, 『學之光』 10, 1916; 安廓, 「今日留學生은 如何」, 『學之光』 4, 1915.

의 내면, 혹은 한국사회 사이에 중대한 불협화음이 존재했던 것 아닌가라는 질문이다. 근대를 향한 계몽은 시작에서부터 주체와 현실 사이에 어떤 심각한 균열을 내재하고 있었던 것 아닌가라는 의문을 전제하는 것이다.

이런 점에서 기존의 한말 일본유학생 연구는 유학생들의 유학과정, 단체결성, 유학출신자들의 구성, 유학생들의 각종활동 등에 대해 많은 연구성과를 축적했음에도, 유학시기의 주장, 활동과 이후의 삶이 왜 어긋나게 되었는가에 대해 관심이 부족했다고 생각된다. 많은 경우 유학생들의 민족의식, 반일활동, 정치경제적 근대화구상을 밝히는 가운데 민족적 근대지식인의 형성이라는 차원에서 일본유학생사를 서술하였고, 유학생들의 일제하 행로를 언급하는 경우에도 강점에 따른 어쩔 수 없는 좌절로 설명하는 경우가 많았다.[8] 한말 국권회복운동과 계몽운동의 구도 속에 유학생들의 활동과 계몽언설을 일면에서만 설명하여, 애국계몽의 열정과 현실에 대한 낙망, 민에 대한 애정과 경멸, 엘리트적 자의식이 뒤섞여 있던 복잡한 내면을 드러내지 못했다고 생각된다.

이 글에서는 이상의 질문에 답하기 위해 유학생들의 숫자가 폭발적

---

8 다만 박찬승의 경우 1904년 유학생들의 이후 행적을 통해 유학생들을 한국의 문명화에 기여하는 근대엘리트로 양성하려 했던 원래의 의도는 실패하였다고 평가하여, 이들에 대한 새로운 접근이 필요함을 시사하였다. 그러나 그러한 실패와 관련하여 유학생들의 사상, 활동을 검토하지는 않았다. 한말 일본유학생들에 대한 연구는 매우 많지만 대표적으로 다음과 같은 논문이 참조된다. 박찬승, 「1890년대 후반 도일度日 유학생의 현실인식」, 『역사와 현실』 31, 1999; 박찬승, 「1904년 황실 파견 도일유학생 연구」, 『한국근현대사연구』 51, 2009; 박기환, 「近代日韓文化交流史硏究−韓國人の日本留學」, 大阪大學 博士論文, 1998; 김기주, 『韓末 在日韓國留學生의 民族運動』, 느티나무, 1993; 김상기, 「韓末 太極學會의 思想과 活動」, 『嶠南史學』 1호, 1985; 阿部洋, 「韓末の日本留學 (1)∼(3)」, 『韓』 3-5・3-6・3-7, 韓國硏究院, 1974.

으로 증가하고, 유학생들의 조직화가 본격화된 1900년대 유학생들에 대한 검토를 통해 이들이 주장하는 '애국계몽' 논리의 모순적 성격을 이해하고, 계몽의 논리하에 전개되었던 활동들을 그들이 처해 있던 존재조건 속에서 재음미하고자 한다. 아직 국가가 존재하고 있고, 국가와 민족의 미래에 대해 엘리트로서의 남다른 책임감을 갖고 있던 지식인 집단이 일관되게 '애국계몽'을 주장하다, 그중 상당수가 체제편입의 길을 선택했다면 주장의 주관적 진정성과 삶의 현실 사이에 무언가 중대한 모순이 존재했을 것이기 때문이다.

한말 일제하 첫 번째 근대지식인집단이었던 일본유학생들의 주장과 행로를 살펴봄으로써 그들의 의식과 현실사이에 끊임없이 존재했던 모순과 균열의 지점을 확인하고, 그를 통해 그들이 이후 한국 근대지식인사회에 남겨 놓은 유산과 과제는 무엇인지를 살펴보는 것이 이 글의 목표라고 할 수 있다.

2. 1900년대 일본유학생의 구성과 활동

1900년대 유학생, 보다 정확히 말해 1904년 이후 1910년까지의 유학생들은 한국유학생사에서 세 번째 시기의 유학생이자, '대중적' 유학의 첫 세대였다.[9] 한국인의 일본유학은 1881년 유길준, 윤치호 등으로부

---

9 후술하듯이 이들이 단체를 만들고 활동한 것은 1905년 이후이고 대부분의 경우 1904년 이후 유학하였다. 그러나 1905년 이후 유학생활을 하며 유학생단체의 중심인물로 활동했지만 1904년 이전 이미 일본에 유학 와 있는 경우도 종종 있었다. 이 글에서는 이런 점을 염두에 두고 1900년대 유학생으로 통칭하도록 하겠다.

터 시작되어 1895년 150여 명에 이르는 관비유학생으로 확장되었지만, 이들 두 시기의 유학생은 거의 대부분 국가가 관료양성을 위해 파견된 특수한 조건의 유학생들이었다. 그러나 이들과 달리 1900년대 유학생들은 물론 황실파견 유학생 50명이 있었지만, 자신이 선택한 유학을 온 '자유로운' 조건의 유학생들이었다. 국가를 통로로 하지 않고, 또 국가가 정한 목표가 아닌 자신이 정한 목표를 위해 유학을 감행한 첫 번째 세대였다.

또한 이들은 대규모로 확장된 첫 번째 유학생집단이기도 하였다. 일본유학생은 1904년 이후 숫자가 크게 늘기 시작하였는데, 1904년 102명, 1905년 197명, 1906년 430명으로 팽창하기 시작하여 1909년에는 739명까지 그 숫자가 확대되었다. 1903년까지 새로 건너온 유학생이 한해에 40명을 넘지 못하였던 것(1900년 7명, 1902년 12명, 1903년 37명)과 달리 1904년부터는 신도유학생 숫자가 100명 이상으로(1904년 158명, 1905년 252명, 1906년 153명) 크게 확대되었기 때문이다.[10]

일본유학생의 증가는 확대되고 있던 근대학문에 대한 요구가 기본적 요인이었지만, 단기적으로는 1904년 러일전쟁 이후 일본유학생에 대한 정치사회적 견제가 약해진 것도 영향을 미쳤다. 1904년 러일전쟁 이전 고종 중심의 대한제국정권은 근대지식을 갖춘 새로운 관료층을 충원하기 위해 관비유학생을 파견하면서도, 이들이 망명한 개화파세력과 결합하여, 장래의 반정부세력이 될 가능성을 심각하게 우려하였다. 특히 독립협회운동 이후 독립협회에 활발히 참여하였던 일본 유학

---

10 이 점에 대해서 阿部洋, 「韓末の日本留學 (3)」, 『韓』 3-7, 韓國研究院, 1974, 120쪽 참조.

출신 지식인들은 관계에서 축출되거나 심각한 견제를 받았다. 일본유학을 감행하는 것은 일정하게 정치사회적 위험을 감수해야만 하는 사정이었다. 그런데 러일전쟁 이후 대한제국 정부가 이전과 같은 통치력을 행사할 수 없게 되자, 역설적으로 일본유학을 원하는 학생들에게 그러한 부담이 줄어들게 된 것이었다.[11] 1900년대 유학생들은 바로 그렇게 정부에 의해 특별히 선발되거나, 위험을 감수할 각오를 하지 않아도 되었던, 대규모로 확대된 유학생들이었다.[12]

---

11 1904년 이전 일본유학은 그 자체로 반대한제국정권적 성격을 띤 것으로 의심받는 경우가 심심치 않게 발생하였다. 1900년 이전 대표적 일본유학생들인 1895년 관비유학생들이 갑오정권이 파견한 유학생인데다, 일본유학을 마치고 귀국 한 유학생들이 독립협회 활동에 적극 참여하고, 또 그 일부는 망명개화파세력들과의 쿠데타 모의 같은 등으로 인해 관직진출의 길이 막히고, 대한제국 정부로부터 끊임없는 감시와 탄압을 받는 형편이기 때문이었다. 「유학생에게 경고하노라」, 『대한매일신보』, 1908. 1. 12; 박찬승, 「1904년 황실 파견 도일유학생 연구」, 『한국근현대사연구』 51, 2009, 196~202쪽

12 숫자가 많아지고 관비선발과 같은 제한된 절차를 통해 유학 온 학생들이 아니었기 때문에 이들의 구성은 이전보다 다양했다. 우선 유학 경로를 보면 숫자는 적었지만 여전히 국가가 선발해서 보낸 유학생들이 있었다. 1904년 고종의 비용부담으로 보내진 황실파견특파유학생 50명이 그들이었다. 이들은 일본의 요구에 호응하여 대한제국 정부가 파견한 유학생이었다. 1903년 기존의 관비유학생을 모두 소환한 대한제국 정부였지만, 일본의 영향력이 강화되는 상황에서 일본의 요구를 거부하기 보다는 대한제국에 충성할 유학생 인재를 확보하겠다는 의도에서 파견한 것이었다. 특히 이들은 대한제국 정부가 아닌 고종이 비용을 부담하였는데, 고종은 자신과 특별한 관계를 가진 유학생집단을 육성함으로써 정치적 기반확대를 모색한 것이라 하겠다. 황실파견유학생 50명을 제외한 나머지는 대부분 각자 경비를 부담하거나 고학을 통해 학비를 조달할 생각으로 일본에 온 사비유학생들이었지만, 특별히 민간단체에 의해 파견된 유학생들도 일부 있었다. 1904년 동학교단에서 파견한 유학생들이었다. 러일전쟁을 계기로 국내에서 정치적 영향력을 회복한 동학세력은 문명개화론으로 노선을 전환한 후, 그러한 노선을 이끌어 갈 인재양성책으로 유학생을 파견한 것이었다. 이들은 이 시기 동학 국내조직 재건을 책임졌던 이용구와 일진회에 의해 파견된 유학생이어서 후일 이용구와 천도교가 결별함에 따라 학업중단의 위기를 맞기도 하였다. 이밖에 출신지역별로는 서북지역이 다수를 이뤘고(1908년 현재 평안도, 함경도, 황해도를 합치면 전체유학생의 50퍼센트가 넘었다), 전공별로는 정치학, 법학, 경제학 등 '경세학' 전공이 다수인 가운데(정경법 90명, 실업 72명, 문학 10명, 의학 20명(이상 1910년 현재 전문학교 재학 중인 유학생의 전공)), 전문학교 이상까지 수학하는 경우(1910년 현재 중학교 소학교 재학 중인 유학생은 78명인데 비해 전문학교 이상 재학 중인 학생은 192명이다. 전체 504명)가 대부분이었다. 전체적으

한편 이 시기 유학생들은 변화된 조건을 배경으로 활발하게 정치사회적 활동을 전개하였다. 먼저 수많은 유학생 단체들이 설립되기 시작하였다. 일본에 유학한 유학생들은 낯선 환경과 어학문제 때문에 일본에 들어오면 선배유학생들이 지도하는 '예비학교'에서 유학생활을 준비하는 경우가 많았다. 때문에 같은 예비학교 출신들은 자연스럽게 유학경로(관비여부), 출신지역, 학교별로 모임을 만들기 시작하였고, 그러한 모임은 일정한 지향점과 체제를 갖춘 학회로 발전하였다. 1905년부터 본격적으로 만들어지기 시작한 유학생들의 학회는 지역, 관비 등 공통분모에 따라 결성되었고, 몇 번의 이합집산을 거쳐 1909년 대한흥학회로 통합되었다. 낯선 타국에서 익숙지 않은 학문을 공부해야 했던 처지를 생각할 때 자연스러운 현상이었다.[13]

그러나 유학생 단체의 구성원, 활동반경이 유학생사회에만 국한된 것은 아니었다. 유학생들이 자신들의 주장과 활동방향을 선전하기 위해 만든 학회지들은 국내에도 배포되었으며, 국내 배포처도 갖추고 있었다.[14] 또한 유학생단체는 국내에도 지회를 설치하였다. 지회설치는

로 그 이전에 비해 사비유학생 중심으로 그 수가 크게 확대되는 가운데, 서북지역 출신이 다수를 이루며, 법학, 정치학, 경제학 등 국가체제를 다루는 학문에 주로 관심을 갖고 있었다. 박기환, 「近代日韓文化交流史研究-韓國人の日本留學」, 大阪大學 博士論文, 1998, 27~31쪽 참조.

13 1905년에서 1906년 사이에 태극학회太極學會, 유학생구락부留學生俱樂部, 공수학회共修學會, 한금청년회韓錦青年會, 동인학회同寅學會, 낙동친목회洛東親睦會, 호남학회湖南學會, 광무학회光武學會, 광무학우회光武學友會, 대한유학생회大韓留學生會 등 10여 개의 유학생단체가 설립되었다. 이들 단체는 1908년 태극학회를 제외하고 대한학회大韓學會로 통합되었으며, 1909년 1월에 마침내 모든 유학생단체가 대한흥학회大韓興學會로 단일화되었다. 이런 유학생 단체 설립과정에 대해서는 김기주, 『韓末 在日韓國留學生의 民族運動』, 느티나무, 1993, 2장 참조.

14 「太極擴張」, 『皇城新聞』, 1908.6.3; 위의 책, 84~111쪽 참조.

해당지역 유지들의 지회신청을 받아 허가하는 식으로 설치되었으며, 유학생단체와 국내 지역의 계몽운동집단과 연결하는 역할을 하였다. 또한 국내의 유학생 출신자들과 고위관리들은 특별찬성원이 되는 방식으로 후원조직을 결성하였고, 이러한 후원조직을 통한 후원금등은 유학생 단체 재정에 상당한 기여를 하였다. 일본을 너머 국내에도 영향력을 확대한 것이었다.[15] 유학생들의 국내활동 역시 활발하였다. 국내 신문, 잡지에 글을 게재하기도 하였고, 방학기간에 귀국하여 각종 순회강연회에 개최하는 등 적극적으로 계몽활동을 전개하였다.[16] 나아가 자신들의 입장과 주장을 지속적으로 전파하기 위해 직접 신문사를 창립하려 시도하기도 하였다. 1907년 10월 일본유학생들은 대표 10여 명을 국내에 파견하여 신문사 창립을 하였는데, '불학무식하야 국정신과 공동사상이 없는 인민을 계몽하는 것'이 그 목표였다.[17] 특히 창립방식은 유학생이 발기하되, 비용은 국내모금을 통해 충당하고 설립이후 업무는 국내 유지신사들이 맡기로 하는 등 일본유학생과 국내 유지들이 결합한 형태를 지향하였다.

졸업 후 귀국한 유학생들의 조직화 역시 시작되었다. 1900년대 초반 이전 일본유학을 경험한 졸업생들이 '시세의 변화'에 대응한다는 명분 아래 발족한 '대한구락大韓俱樂' 같은 단체가 그러하였다. 비록 일본유학 동창회의 성격이 강하였지만 일본유학을 공통분모로 정치사회적

---

15 태극학회는 영유지회(1907.2), 용의지회(1907.9), 성천지회(1908.4), 동래(1908.6), 영흥지회(1908.9)를 설치하였고, 대한흥학회 역시 함경북도 영흥, 평안도 영유, 용의, 성천지회, 경성, 전주에 지회를 설치하였다.
16 「講習會盛況」, 『皇城新聞』, 1909.8.3; 「講話盛況」, 『皇城新聞』, 1909.8.19; 「留學界活動」, 『皇城新聞』, 1909.7.23.
17 「日本留學生 諸氏의 新聞社發起會趣旨書」, 『皇城新聞』, 1907.7.8.

조직화 시도한 것이었다.[18] 요컨대 유학생의 대폭 증가를 배경으로 유학생들은 유학생간의 친목과 학문권장을 넘어 국내와 연결되는 정치, 사회적 세력화를 염두에 두고 활동반경을 넓혀간 것이었다.

　이 시기 유학생들이 이처럼 활발한 활동을 전개할 수 있었던 것은 앞서 밝힌 것과 같이 1904년 이후 유학생들에 대한 정치적 견제가 사라진 것과 더불어 국권상실의 위기 속에 신학문을 첨단에서 흡수하고 있던 유학생들에 대한 사회적 기대가 크게 확대되었기 때문이었다. 예컨대 일본유학생들에 대해 '귀국 후에는 전국 신진학생의 모범이 되고 자국에 신정신을 배양할 인물들'이며, 조금 과장되게는 '내지동포들에게 비추는 광선'이라고 까지 평가하였다.[19] 어려운 현실상황과 맞물려 난관을 타개하고 한국사회를 이끌어갈 주체라고 기대한 것이었다. 『대한매일신보』, 『황성신문』 등 여론을 주도하던 언론들은 유학생단체 창립을 취지문까지 게재하며 소개하였고,[20] 기호흥학회와 같은 학회는 유학생단체의 총대를 초대하고, 공문을 보내어 창립을 축하하기도 하였다. 또한 유학생들이 학자금문제 등 어려움에 부딪힐 때는 후원회를 만들어 의연금을 모금하기도 하였고, 앞서 살펴본 것과 같이 지회설치, 신문사 설립에 호응하는 등 실제적 후원활동도 전개되었다.[21]

　'유학생단체는 국권을 회복하려는 민족적 단체이자, 국가의 운명과 시국의 대책을 토의하는 일종의 애국정당'이라는 기대를 받은 유학생

---

18 김낙헌金洛憲, 「俱樂의 趣旨」, 『大韓俱樂』 1호, 1907.4; 魚瑢善, 「祝辭」, 『大韓俱樂』 1호, 1907.4.
19 「會員所識」, 『太極學報』 21호, 61쪽; 于岡生, 「懽迎出瀛留學生諸君渡國」, 『西北學會月報』 4호, 1908.9.
20 「大韓學會趣旨書」, 『대한매일신보』, 1908.3.28; 「賀大韓學會組織」, 『皇城新聞』, 1908.3.25.
21 「特別廣告」, 『皇城新聞』, 1908.7.23.

들은 스스로의 위상과 역할에 대해 학생 이상의 책임감을 가졌다. 유학생들은 자신들의 존재 이유를 흥망의 위기에 처한 조국과 민족을 구원하는 것이라고 생각하였다. '몇백 년간 부패한 국민의 뇌근腦筋을 타파하고, 신시대의 건전한 사상을 함양하기 위하여 동경에 있는 우리 유학생은 하나가 되어야 한다는 것'이 이들의 생각이었다.[22] 또한 유학생들은 한국인민이 가야할 길의 모범이 되어야 한다고도 생각하였다. 사람은 모범이 생길 때 그 타당함을 보고 변하게 되며, 그런 변화야말로 생각의 일치, 나아가 목적의 일치로 나가게 된다는 점에서 한국사회를 통합할 모범이 되어야 한다는 것이었다. 학생이었지만 학문 수양을 넘어 국가와 민족의 운명에 책임을 지며, 새로운 사회의 모범이 되는 존재가 유학생들이 자부한 자신들의 위상이었다.[23]

그러나 책임감과 표리가 되어 이들을 지배한 또 하나의 사고는 자신들만이 그러한 일을 할 수 있다는 우월감이었다. 유학생들은 자신들이 '학생' 신분의 미숙한 존재도 아닐뿐더러 과거와 같이 정부로부터 감시받는 소수파도 아니라고 생각하였다. 자신들은 한국사회에서 제일의 신망을 받는 '애중한' 지위에 있는 존재이며, 비록 과거에는 생명의 위협까지도 받았지만, 이제는 그런 활동에 앞장섰던 인물들조차도 자식들을 유학 보내려 할 정도로 세상이 주목하는 엘리트라고 생각하였다.[24] '정법의 부패, 실업의 붕괴, 종사의 위기 이 모든 것은 유학생들이 졸업하고 환국할 때 해결될 수 있으며',[25] '대한민족의 자유, 대한제

22 「本會의 過去及將來」, 『大韓興學報』 1호, 1909, 8쪽.
23 「大韓學會趣旨書」, 『大韓學會月報』 1호, 1908, 2쪽.
24 金河球, 「靑年煩悶熱의 淸凉劑」, 『大韓興學報』 6호, 1909.8.
25 文尙宇, 「敬告我今日留學生諸君」, 『大韓學會月報』 2호, 1908.3.

국의 독립 역시 유학생들에 의해서만 공고화 될 수 있다'[26] 는 것이었다. 민족과 국가의 위기에 책임감을 가져야 할 국가중추이자, 그런 책임에 걸맞은 우월한 능력을 가진 특별한 존재로 스스로를 생각한 것이었다. 그리고 바로 이렇게 무한한 책임감과 특별한 우월의식 속에 사회의 근본적 변화, 개혁을 주문하는 계몽의 논리가 제기되고 있었다.

3. 비관적 현실인식과 근본주의적 계몽논리

주지하듯이 1900년대 유학생들이 단체를 조직하고 활발히 활동한 1905년 이후의 시기는 1905년 '을사보호조약'을 거쳐 1907년 고종의 퇴위, '정미7조약'이 이어지는 국권위기의 시기였다. 그리고 국권상실의 위기가 강해지는 만큼 위기를 극복할 대안을 마련해야 한다는 주장 역시 강하게 제기되고 있었다. 대한제국의 형해화 속에 속속 등장한 다양한 계몽학회와 운동단체들은 너나 할 것 없이 국권상실의 위기를 진단하고 민족과 국가의 각성, 개혁을 주문하였다. 또 그 와중에 일본의 침략과 무기력한 한국사회의 현실에 항의하여 자결하는 상황도 발생하였고, 직접 일제의 침략에 저항하려는 의병투쟁도 등장하였다.

일본유학생들 역시 점증하는 국권상실의 위기를 심각하게 받아들이고 있었다. 먼저 유학생들은 현재의 위기는 대한제국의 붕괴뿐만이 아닌, 민족 전체의 존망에 관련될 수 있는 심각한 상황이라고 인식하

---

26 李承漢 필기, 「卒業生 祝賀式－文尙宇會長의 演說」, 『大韓興學報』 4호, 1909.6.

였다. '금일今日 한국韓國의 지위地位는 국권유무國權有無를 토론討論ᄒᆞ는 시대時代는 경과經過ᄒᆞ고 민족존망民族存亡을 연구硏究홀 시대時代를 당當ᄒᆞ얏다는 것이었다.[27] 국권 유무를 논할 시기는 벌써 지났고, 이제는 국가구성원인 민족 전체가 멸망할 지도 모를 정도로 위기가 심화되었다는 것이었다. 특히 유학생들은 이런 위기와 관련하여 부강한 국가가 다른 약소민족, 국가를 침략하여 더욱 부강해지려 하고, 그에 따른 침략과 지배가 횡행하는 것이 근대세계의 모습이라고 지목하였다.[28] 약육강식의 냉정한 국제질서 속에서 민족생존 자체를 걱정해야 할 정도로 상황은 엄혹한 것이었다.

그러나 유학생들은 한국사회가 직면한 현실을 이처럼 심각하게 인식하면서도, 그 원인이나 대처방안으로 일본 제국주의문제를 중점적으로 다루지는 않았다. 오히려 이들은 일본의 청일전쟁에 의해 촉발된 갑오개혁에서 근대화의 기회를 놓친 과거 10여 년의 과오가 오늘날의 위기상황을 초래하였으며, 세계의 대세에 순응하여 근대화를 이루는 것 외에, 위기를 극복할 근본적 방법은 없다고 생각하였다.

갑오甲午 이후以後 기인其人이라. 강린強隣이 억만億萬의 재액財額을 비손費損ᄒᆞ며 십만十萬의 생령生靈을 희생犧牲ᄒᆞ고 국경國境을 경유經由ᄒᆞ야 일전一戰 재전再戰홀제 차배此輩가 불지不知의 둔사鈍辭로 엄과掩過키 불능不能홀디어늘 의연依然히 낭심시두狼心豺肚로 견탐승영犬貪蠅營ᄒᆞ다가 갑진세甲

---

27 友洋 崔錫夏, 「韓國民族의 經濟方策」, 『大韓學會月報』 4호, 1908.5.
28 李漢卿, 「學海 殖民의 意義」, 『大韓學會月報』 8호, 1908.10; 金振聲, 「論壇 天下大勢와 韓國現狀으로 警告同胞」, 『大韓學會月報』 9호, 1908.11; 韓興敎, 「雜纂 政治上으로 觀한 黃白人種의 地位」, 『大韓興學報』 1호, 1909.3.

辰歲와 여호如 난재難再의 호기好機를 당호當야 국광國光을 세계열강世界列强에 휘티輝 못호고 반히反 국치國恥를 만고청사萬古靑史에 루케累 호얏시니 엇디 원통寃痛티 아니호리오. 희라噫 피전십년彼前十年에 징감懲鑑호야 此後 십년此後 十年을 추료推料컨더 녕寧히 대세大勢와 지리地理와 인종人種과 력사歷史의 관계關係가 원리原理에 배치背馳호야 아我 한반도韓半島 제국帝國으로 침륜영멸칙이沈淪永滅則已어니와 불연不然호야 천운天運이 일기一機를 가假호야 형세形勢가 후갑진後甲辰이 부유復有홀딘더 오제吾儕의 후생後生이 오제吾儕를 원怨홈이 실實노 오제吾儕가 피배彼輩를 원怨홈에서 백배百倍홀디니 기죄其罪를 난도難逃이라.[29]

청일전쟁 이후 다시 오기 힘든 개혁의 기회를 가졌지만, 근대화에 실패한 나머지 세계대세의 원리와 역사적 추세 속에 영원한 멸망의 위기에 직면하게 되었다는 것이었다. 그리고 현재는 다시 그 기회를 되살릴 수 있을지, 없을지가 결정될 중대한 분기점인 것이었다.

국권을 위협하고, 민족을 멸망의 길로 몰고 있는 현실의 주체가 일본임에도 유학생들이 위기의 원인으로 일본을 지목할 수 없었던 데는 국가의 존망은 기본적으로 세계 보편의 원리에 의해 규정된다는 인식이 자리 잡고 있었다. 즉 생존의 능력을 요구하는 진화의 보편적 원리는 자연계와 인간계에 모두 관철되는 만고의 보편적 원리이며, 따라서 국가생존의 문제 역시 그러한 원리에 대처할 능력 확보 여부에 달렸다는 것이었다.[30] 위기의 원인을 내부에서 찾게 됨에 따라 절박한 위기

---

29 柳承欽,「賀卒業諸友호야 送歸國而尾附一言」,『大韓學會月報』6호, 1908.7, 4~5쪽.
30 예컨대 다음과 같은 글들은 그러한 인식을 전형적으로 보여준다. "진화進化의 정도程度

에 대응하는 방법 역시 근대세계가 요구하는 근대적 정치, 경제, 사회체제로의 전면적 개혁 외에 없다고 생각하게 된 것이었다.

일본유학생들이 생각한 근대화개혁의 큰 방향은 크게 세 가지였다. 입헌정치체제의 수립, 경제지식의 보급과 상공업의 육성, 교육을 통한 근대지식의 보급이 그것이었다. 정치, 사회, 경제체제 전반의 근대화개혁과 근대적 국민의 육성을 통해 근대국가체제로 전환하는 것이야말로 국권을 지키고, 문명부강을 이루는 첩경이었다.[31] 특히 유학생들은 그 중에서도 가장 중요한 핵심과제로 입헌정치체제로의 전환을 꼽았다.

> 입헌국정부立憲國政府는 천하天下의 총명聰明으로 자기自己의 총명聰明을 숨고 천하天下의 지식智識으로 자기自己의 지식智識을 숨아 인민人民의 공론公論으로 정치표본政治標本을 정定ㅎ니 국가國家가 인민人民을 애애愛홈과 인민人民이 국가國家를 애애愛홈이 자연自然히 교칠膠漆과 갓치 응합凝合ㅎ야 관민官民이 일체一體로 국사國事에 진췌盡瘁ㅎ고 쏘 일반인민一般人民의 의견意見을 채용採用ㅎ는 고故로 정치상政治上에 실착失錯이 무無ㅎ야 정부政府의

가 초달稍達훈 금일今日에는 기其 경쟁競爭의 단위單位는 단체團體 즉卽 국가國家니 차此 단위單位가 생존生存에 적합適合훈 성질性質이 유有ㅎ면 우승優勝의 지위地位로 생존자보生存自保홀 것시오 적합適合훈 성질性質이 무無훈 단체團體는 패망쇠멸敗亡衰滅홈은 고금古今 역사상歷史上에 조명照明훈 사실事實이라. 일국一國으로써 금일今日 세계상世界上에 생존生存ㅎ기에 필요必要훈 성질性質은 즉卽 국민國民이 사회도덕社會道德을 실행實行ㅎ고 금일今日 정도程度에 적당適當훈 인생생활人生生活에 필요必要훈 범백사위즉凡百事爲卽 정치政治 법률法律 도덕道德 군사軍事 교육教育 농공상農工商 등等 일절一切을 연구발달研究發達ㅎ야 타국가他國家와 상대경쟁相對競爭홀 실력實力이 유有훈 연후然後에야 생존자립生存自立ㅎ리니." 張膺震, 「進化學上 生存競爭의 法則」, 『大極學報』 4호, 1906. 11, 10쪽.
31 입헌정치체제, 자본주의적 상공업의 발전, 근대지식의 교육을 주축으로 한 계몽론은 기본적으로 이 시기 국내 계몽운동의 논리와 궤를 같이 하는 것이었다. 유학생들의 정치경제개혁주장에 대해서는 앞의 김상기와 김기주, 박찬승의 글을 참조할 것.

일동일정一動一靜이 국가목적國家目的에 투합投合홈으로써 기其 국國의 문운 文運이 더옥 발전發展ㅎ느니라. 전제국정부專制國政府는 불연不然ㅎ야 소수 자少數者의 의견意見으로 만기萬機를 단행斷行홈에 인민人民의 공론公論은 추 호秋毫도 가치價値가 무無홀 뿐더러 개중箇中에 우국憂國ㅎ는 지사志士가 유 有ㅎ야 국정國政을 평론評論ㅎ면 맹독猛毒혼 수단手段으로 기其 지사志士를 압박壓迫ㅎ야 사회상社會相 공론公論을 일절一切 금지禁止ㅎ느니 여차如此혼 정치하政治下에셔 생장生長혼 인민人民의 애국성愛國性은 자연自然히 립헌정 치하立憲政治下에셔 자유활동自由活動ㅎ는 국민國民에게 불급不及홀 것은 기 리其理 소연昭然ㅎ도다. 하자何者오. 대개大蓋 국민國民이 기其 국가國家를 애 愛ㅎ는 본성本性은 기其 국가國家가 자기自己를 보호保護ㅎ기 위爲ㅎ야 존재 存在혼 것은 확신確信ㅎ는 고故ㅣ라.[32]

당면한 위기를 극복하고 수다한 개혁을 추진하기 위해서는 무엇보 다도 그러한 개혁을 추진할 원동력이 필요하며, 입헌정치체제를 통해 국가와 민의 유기적 결합을 구축해야 한다는 것이었다. 인민의 정치참

---

[32] 이상의 국가유기체론은 이 시기 일본, 중국, 그리고 한국에 집중적으로 영향을 미쳤던 독일법학자 블룬칠리의 '국가학'에 바탕하고 있었다. 블룬칠리의 국가학은 기본적으로 국가의 정의, 속성, 국가기관을 폭넓게 소개하는 것이지만, 국권을 위협당하고 있던 중국과 한국의 지식인에게는 국가사상을 고취할 이론적 자원으로서 보다 폭넓게 소개되 고 있었다. 특히 한국에 소개된 블룬칠리의 학설은 주로 양계초에 의해 재정리된 내용이 소개되고 있었던바, 주권이 어떻게 형성되며, 국가가 어떻게 작동되는가라는 문제보다 국가의 유기적 결합이 어떻게 강화될 수 있는가에 중점이 두어졌다. 때문에 민권의 강화 를 한편으로 주장하면서도, 민권의 위상을 국가와 개인의 결합을 강화하기 위한 매개관 계로 설정하고, 궁극적으로는 개인의 이익과 국가의 이익을 동일화시키는 가운데, 국가 에 대한 개인의 헌신을 강조하는 국가주의 논리로 활용되었다. 이 글의 저자인 최석하 역시 그러한 논자의 하나로 『태극학보』 1호에 그가 쓴 「국가론」이란 제목의 글은 양계초 의 글을 사실상 번역한 것이었다. 김효전, 『근대 한국의 국가사상』, 철학과현실사, 2000, 129~131쪽; 崔錫夏, 「政府論」, 『太極學報』 3호, 1906.10, 15~16쪽.

여를 보장하고, 인민과 국가의 일체감을 구축하는 입헌정치체제에 의해서만 인민은 애국심을 갖게 되며, 그러한 애국심 속에 비로소 관민 일체의 유기적 결합이 이뤄질 수 있다는 것이었다. 반대로 전제국가의 국민은 인민의 공론이 국가에 반영되고 그를 통해 민과 국가가 일체감을 이룰 수 있는 통로가 차단됨으로써 부진에 빠질 수밖에 없는 것이었다. 곧 개혁을 위한 수많은 과제를 실천하기 위해서는 민권의 보장과 참여, 민의의 공론화가 반드시 필요하다는 것이었다.

그러나 유학생들은 이렇게 민권의 신장과 그에 바탕을 둔 정치, 경제적 근대화를 주장하면서도, 다른 한편으로 '인민'의 정신적 낙후성이 근대화노력을 가로막는 근본적 원인이라는 점을 강조하였다. 먼저 유학생들은 개혁을 향한 그간의 노력이 실패하고, 위기가 가속화 된 것은 정부의 무능, 전제정치의 폐해 때문이기도 하지만, 그 근저에는 개혁을 향한 움직임과 계몽의 시도를 무화시킨 한국사회전반의 무기력이 있다고 판단하였다. '수천 년간의 전체정치를 받아온 까닭에 인민은 자신의 권리와 국가의 위기에 대해 아무런 인식을 할 수 없게' 되어 새로운 사상을 가진 자가 있다 하여도 살아남을 수 없게 되었다는 것이었다.[33] 특히 이런 무기력과 당파, 벌족에 의해 분열된 인식은 단순한 무관심, 무기력을 넘어 선각적 지도자들에 대한 냉소적 태도를 조장한다는데 더 큰 문제가 있었다. 급박한 위기를 극복하기 위해서는 시대를 주조할 '영웅'의 필요하고 또 인민 각자가 '영웅'이 되어야 하지만, 한국사회는 '영웅'을 용납하지 않고 있다는 것이었다.

---

33 蔡基斗, 「祝辭」, 『大韓學會月報』 6호, 1908.7.

일정치가一政治家가 영국英國 대영웅大英雄 굴라드스돈 씨氏를 심방尋訪호 야 호상互相 대어對語홀시 굴씨氏ㅣ 왈曰 일본인日本人이 영웅숭배英雄崇拜호 눈 공덕심公德心이 유호有乎아 답왈答曰 메이지유신明治維新 후后에눈 차此 공덕심公德心이 점차漸次 쇠퇴衰退호다 호더 굴씨氏ㅣ 왈曰 차此눈 가석可惜 혼 현상現象이라 하국何國을 물론勿論호고 완전完全히 입헌정치立憲政治를 실행實行호랴면 차此 공덕심公德心이 제일第一 필요必要호니 금후今后로눈 일본인日本人은 영웅숭배심英雄崇拜心을 양성養成홈이 일대급무一大急務라 운云호얏다더라. (…중략…) 아동포我同胞여. 아한我韓에 영웅英雄을 숭배崇 拜호눈 공덕심公德心이 유호有乎아 무호無乎아. 차此를 위선爲先 정치사회政 治社會에 구求호니 가可히 견見홀 슈 무無호고 유지인사회有志人社會에 구호 求니 역연亦然호고 평민平民 사회社會에 구求호니 역연亦然호고 학생사회學 生社會에 구求호니 역연亦然호도다. 연칙然則 차此 폐습弊習의 근원根源은 하 처何處에 재在호뇨. (…중략…) 아한인我韓人은 동필아한動必我韓에 인물人物 이 무無호야 사업事業을 경영經營홀 슈 무無호다 호니 차此 언言이 진호眞乎 아 가호假乎아. 우양생友洋生이 왈曰 영웅호걸英雄豪傑이 하대무지何代無之리 오. 자국自國에 영웅英雄이 무無호다 홈은 영웅英雄을 용납容納치 아니호눈 둔사遁辭오. 자국自國에 영웅英雄이 유有호다 홈은 영웅英雄을 협조協助호고 숭배崇拜호눈 공덕심公德心을 위謂호눈 쾌언快言이라 호노라. 차문借問호노 니 영웅英雄이라 홈은 영웅英雄이 자칭自稱호눈 어구語句ㄴ가 세인世人이 조 작造作호눈 어구語句ㄴ가. 여余는 사思호되 영웅英雄이라 홈은 세인世人이 인허認許혼 명칭名稱이라 호노니 연칙然則 하고何故로 아한我韓 동포同胞눈 한갓 아한我韓에 영웅英雄이 무無호다고 냉소冷笑호고 지성혈심至誠血心으 로 영웅英雄을 제조製造호지 아니호눈뇨 인허認許호지 아니호눈뇨.[34]

입헌정치가 실현되기 위해서는 입헌정치의 지도자, 곧 '영웅'을 '숭배'하는 인민의 공덕심이 전제되어야하고, 일본의 국가발전 역시 바로 그 정치가들에 대한 공덕심 때문에 가능하게 된 것이었지만, 한국은 영웅이 있어도, 그 영웅을 숭배하거나 협조하지 않는 사회라는 것이었다. 곧 국권의 위기를 극복하기 위해서는 국가 구성원 전체의 의지와 노력을 선도적으로 이끌어갈 영웅, 곧 지도자의 역할이 중요함에도, 그러한 존재들을 가능케 할 '세인'의 부재는 영웅의 탄생 자체를 불가능하게 하고 있다는 것이었다. 그것은 '영웅'부재의 문제가 아닌 냉소적 '세인'의 문제였다. 근본적인 '민족전체의 부진'[35]이야말로 갑오개혁 이래 근대화 개혁에 실패한 한국사회의 진정한 문제인 셈이었다.

요컨대 유학생들에게 국권상실의 위기는 두 개의 측면이 중첩적으로 결합된 결과였다. 현상적으로는 세계대세에 부응하는 근대화개혁의 실패에 따른 생존경쟁력의 상실이 문제였지만, 다시 그 이면에는 체제개혁의 노력이 결실을 거두기 어려운 '인민의 무기력한 상황'이 존재하는 것이었다. 따라서 위기가 급박해 질수록 그 위기를 극복하기 위해서는 이 두 과제를 동시에 실천하기 위한 양면적 실천이 필요하였다. 문제는 누가 어떤 방법으로 이러한 중첩된 문제를 동시에 감당하며 '비상'한 역할을 할 수 있는가였다.

유학생들은 먼저 그러한 역할이 수행되기 위해서는 그 과정을 이끌 강력한 중심집단이 구축되어야 한다고 생각하였다. 비상한 능력과 비상한 방법이 필요한 상황을 몇몇 사람의 말과 글로 해결할 수는 없기 때문이

---

34 友洋 崔錫夏, 「韓國興復은 英雄崇拜에 在홈」, 『太極學報』 10호, 1907.5, 15~16쪽.
35 高元勳, 「論說 韓國의 將來」, 『낙동친목회학보』 3호, 1907.12.

었다. '견고한 중심이 될 대기관이 설립되어 전국민을 통일단합시킬 때, 최후의 목적은 이뤄질 수 있는 것'이었다.[36] 또한 각자의 '애국심'은 이러한 중심기관에 의해 지휘, 통일되어야 한다고도 생각하였다. 설령 몇몇 지사가 애국심을 갖고 현실의 변화에 애쓴다 하더라도 조직화되지 않은 애국심, 동일한 목표를 갖지 않는 애국심은 주관적 열정에 불과할 뿐 현실을 변화시킬 수 없기 때문이었다. 오히려 각기 다른 개개인의 애국심은 편벽된 고집의 대립을 가져와 파국적 결과를 가져올 뿐이었다.[37]

두 번째로 유학생들은 그러한 중심집단을 구축하는 데 유학생 자신들의 역할이 중요하다고 생각하였다. 물론 한국사회 내에 새로운 사상을 가진 사람들이 없었던 것은 아니지만 과거의 험악한 정치상황 속에 그에 흡수되거나 위축되어 병적 사회에 대응할 능력을 상실하게 되었다는 것이었다. '중류 이하의 인민'은 말할 필요도 없고, '중류 이상의 인물'들 역시 개혁의 의지를 상실하고 관직에만 관심이 있는 것이 현실이라는 것이었다.[38] 유학생들은 현실이 이렇기 때문에 국민통합과 사상개혁에 필요한 정치학, 법학 등 신학문을 일본에서 공부하고 있는 자신들이야 말로 기성세력을 대체하여 주도적 역할을 할 위치에 있다고 생각하였다. 대한학회 회장 채기두에 의하면 유학생들이 공부해야 할 학문이 법학, 정치학, 경제학인 이유와 그 역할은 다음과 같은 것이었다.

금일今日 아한我韓의 형세形勢는 종차從此로 실업實業이 필요必要ᄒ다 ᄒ야

---

36 友洋 崔錫夏, 「韓國興復은 英雄崇拜에 在홈」, 『太極學報』 10호, 1907.5, 17쪽.
37 吳政善, 「團合은 富强을 産ᄒᄂᆫ 母」, 『大韓學會月報』 1호, 1908.2, 31쪽.
38 李東初, 「社會的 人心의 趨向」, 『大韓學會月報』 5호, 1908.6.

계몽의 모순과 그 귀결계몽의 모순과 그 귀결 35

법률法律 정치政治 경제經濟 등等 학술學術은 찬성贊成치 아니ᄒᆞᄂᆞᆫ 경향傾向이 유有ᄒᆞ나 여余ᄂᆞᆫ 차此에 대對ᄒᆞ야 전연全然히 반대反對ᄒᆞᄂᆞᆫ 류流의 일원一員이라 하칙何則고 (…중략…) 십팔세기초十八世紀初에 혁신革新 문학가文學家의 평등平等 자유론自由論을 주창主唱ᄒᆞ야 일반국민一般國民으로 ᄒᆞ야곰 자유사상自由思想을 뇌수腦髓에 주입注入치 아니 ᄒᆞ얏스면 불란서佛蘭西 대혁명大革命이 읏지 구주歐洲 천지天地을 진동震動ᄒᆞ얏스리오. 일본日本도 역연亦然ᄒᆞ야 리상가理想家의 원동력原動力으로 금일今日 사십년四十年 문명文明이 세계世界에 혁혁赫赫ᄒᆞ도다 (…중략…) 아한我韓은 사천년四千年 장장세월長長歲月의 압제壓制 정부하政府下에 재在ᄒᆞ야 민권民權이 하여何如ᄒᆞᆫ 것인지 자유自由가 하여何如ᄒᆞᆫ 것인지 적연寂然 불지不知ᄒᆞᆫ 결과結果로 금일今日 세계상世界上의 무쌍無雙ᄒᆞᆫ 외인外人 압박壓迫을 당當ᄒᆞ되 염연자약恬然自若ᄒᆞᆯᄲᅮᆫ 불시不啻라. 차且 근일近日에 일종一種 괴상怪常ᄒᆞᆫ 풍조風潮가 내지사회內地社會에 류행流行ᄒᆞ야 다소간多少間 신선新鮮ᄒᆞᆫ 공기空氣을 흡수吸收ᄒᆞ고 건전健全ᄒᆞᆫ 사상思想을 발표發表코자 ᄒᆞᄂᆞᆫ 자者가 유有ᄒᆞ나 혹或은 피彼 험악險惡ᄒᆞᆫ 풍조風潮에 혼입混入되ᄂᆞᆫ 자者도 유有ᄒᆞ고 혹或은 피彼 풍조風潮의 압박壓迫을 수受ᄒᆞ야 퇴축退縮ᄒᆞᄂᆞᆫ 자者도 유有ᄒᆞ니 차此ᄂᆞᆫ 즉卽 아한我韓 금일今日 참상慘狀의 대원인大原因이라 차此 병적사회病的社會에 대對ᄒᆞ야 제일착第一着으로 구제救濟ᄒᆞᆯ 수단手段은 즉卽 국민國民 사상계思想界의 대개혁大改革을 행行홈이라 사상계思想界을 개혁改革ᄒᆞᄂᆞᆫ 책임責任은 수誰에 재在하뇨. 차此ᄂᆞᆫ 즉卽 법률가法律家의 책임責任이오 이상가理想家의 책임責任이오 정치가政治家의 책임責任이라. 유차관지由此觀之컨딘 법률학法律學과 정치학政治學은 아한我韓의 구제救濟 수단手段으로ᄂᆞᆫ 최最히 긴절緊切ᄒᆞ고 최最히 필요必要ᄒᆞᆫ 자者라 홀지로다.[39]

서구문명과 일본에서 확인된 것처럼, 국가와 사회의 개혁은 이상가의 사상개혁에서 시작하는 것이며 유학생들은 그 사상계의 개혁을 담당하기 위해 법률학과 정치학을 공부해야 한다는 것이었다. '정법의 부패, 실업의 붕괴, 종사의 위기 이 모든 것은 유학생들이 졸업하고 환국할 때 해결될 수 있으며',[40] '대한민족의 자유, 대한제국의 독립 역시 유학생들에 의해서만 공고화 될 수 있다'[41] 는 자부심을 갖고 있던 유학생들은 새로운 사회로의 혁신, 변화를 추동할 중심세력에 자신들의 위치를 설정한 것이었다.

한편 유학생들은 민을 포함한 한국사회가 변하기 위해서는 현재상황과의 단호한 단절이 전제되어야 한다고 생각하였다.

> 문명文明을 증진增進코즈 흐거나 국력國力을 발휘發揮코즈 흐거나 혹或 국수國粹를 보전保全코즈 흐거나 국시國是를 안정安定코즈 흐는 자者는 필선必先 왈曰 사회社會이니 기其 실제實際로 사회社會를 조리調理홈에는 불완전不完全훈 사회社會를 파괴破壞흐고 완전完全훈 사회社會를 조직組織흐던지 혹或 부패腐敗훈 사회社會를 개량改良흐야 신성神聖훈 사회社會를 작성作成홈에 재在흐니라 (…중략…) 아한민족我韓民族이 유래由來 심구甚久흐야 자연사회제自然社會制 급及 인위사회제人爲社會制의 형식形式은 기구己具흐엿스나 자연自然에 방임放任홀 뿐이오 인위적人爲的 사회社會의 지각知覺이 무無흐야 상尙 차且 개개個個 분리分離훈 개인적個人的 상태狀態를 미면未免흐니 엇

---

39 蔡基斗, 「祝辭」, 『大韓學會月報』 6호, 1908.7, 68~69쪽.
40 文尙宇, 「敬告我今日留學生諸君」, 『大韓學會月報』 2호, 1908.3.
41 李承漢 필기, 「卒業生 祝賀式－文尙宇會長의 演說」, 『大韓興學報』 4호, 1909.6.

지 차此로써 개량改良할만훈 사회社會의 체질體質이 유有흐다 위謂흐리오. 고故로 왈曰 여余는 당금當今 사회社會를 조직시대組織時代라 운云흐노라. 여 언余言이 수우론雜迂論에 근近훈 듯흐나 왈曰 사회社會 왈曰 사회社會라 운云 흐는 자者의 이면裏面을 관찰觀察흐면 개인個人의 의식意識이 발달發達되야 사회社會의 의식意識을 혼성混成흐엿다 위謂키 난難흐니 차此는 무타無他라. 인민人民의 지식知識이 공공사회公共社會에 대對흐야 박약薄弱훈 소이所以니 라. 개인個人 고립孤立의 습관習慣과 동당同黨 벌이伐異의 악풍惡風이 인민뇌 수人民腦髓에 고질痼疾을 성成흐엿스니 약若 차此 병병病病을 통치痛治흐고 신성 神聖훈 사회社會를 조직組織코즈 할진된 장하將何 이시지以始之며 역亦 장하 將何 이시지以施之리오.⁴²

개인고립, 인민의 뇌수까지 미친 병질이기에 그것을 치료하고 '신성
한 사회'를 재조직하려면 기존 사회의 체질과는 결연한 단절, 곧 파괴
가 필요하다는 것이었다. 또한 문제의 핵심에 정신적 쇠락이 있기에
모든 계몽의 첫 단계는 과거와 절연하는 인식과 사상의 철저한 전환이
되어야 한다고 생각하였다.⁴³ 계몽의 선후는 다음과 같기 때문이었다.
'과학적 국민, 세계적 국민의 자격'을 얻기 위해서는 수구의 사상을 버

42 李得季,「我韓社會觀」,『大韓興學報』6호, 1909.8, 10~12쪽.
43 예컨대 다음과 같이 '민족성'에 대한 부정과 새로운 사상으로의 전환이 강조되었다. "우
리 단군민족檀君民族은 독립심獨立心보다 의뢰심依賴心이 부富하고 실행력實行力보다 방
기력放棄力이 강하야 국가적 독립경쟁심은 고사하고 개인적 생활독립심도 전무하니 (…
중략…) 아형제자매성년이상자我兄弟姉妹成年以上者는 지금 이후로 신사상신정신新思想新
精神을 작출作出하야 유래由來로 고질痼疾된 의뢰심依賴心을 쾌거快去하고 건전한 자유심
自由心을 양성養成하야 이천 만 민중에 독립열이 팽창하면 누구 능히 어할 자 유하리오."
李承瑾,「個人獨立四字로 大告我韓同胞」,『大韓興學報』1호, 1909.3.

리고 진취의 사상을 갖는 과정이 먼저 필요하고,[44] 이십세기 신문물과 신사태를 모방응용하기 앞서 보국적 정신과 헌신적 정신의 고취가[45] 필요하며, 무슨 일을 하던 먼저 '주의主義'가 준비되어야만 한다는 것이 었다.[46] 요컨대 인민과 사회의 병든 뇌수를 바꾸는 인식, 사상의 개조에 기반을 둔 사회와 체제의 개혁을 추구하는 것이 이들이 생각한 계몽의 핵심 관건이었다.[47]

그러나 스스로를 '한국사회의 중추'[48]로 위치 짓고, 한국사회와 민을 병든 개조대상으로 설정하는 유학생들의 계몽논리는 주관적 의도와 달리 한국사회의 반발에 부딪힐 수밖에 없었다. 현실 속의 유학생, 유학졸업생들은 그들의 생각과 달리 아직 연소한 젊은 인재들이었을 뿐이었고, 특히 그들 속에 내재한 '우월의식'과 '일방적 계몽의 논리'는 한국사회 구성원의 '주체적 능력' 자체를 무시하는 것이기 때문이었다. 그리고 그렇게 주관적인 열정과 근본주의적 계몽의 논리가 현실에 부딪혀 좌절하고, 국권상실이 가시화되는 상황 속에서 유학생들의 활동양상 역시 변화하기 시작하였다. 바꿀 수 없는 현실에의 수긍과 타협이 그것이었다. 아래에서는 유학생들의 계몽활동과 논리가 직면한 현실의 상황과 변화에 대해 살펴보도록 하겠다.

---

44 「告我韓士」, 『大韓興學報』 10호, 1910.2, 4쪽.

45 郭漢倬, 「時勢와 韓國」, 『大韓興學報』 10호, 1910.2.

46 一歲生, 「新時代의 思潮」, 『太極學報』 14호, 1907.10.

47 그런데 유학생들은 한국사회의 현실을 전체적 차원에서 비판하면서도, 자신들이 협력을 구해야 할 민간 '유지자'들은 개혁의 주체로서 인정하였다. 국가가 제 역할을 하지 못할 때 국가를 파괴할 것도 오로지 '유지동포'요, 국가를 흥복할 것도 '유지동포'였다. 姜荃, 「韓國第一着의 急務」, 『大韓興學報』 3호, 1909.5.

48 崔南善, 「國家의 主動力」, 『대한유학생회학보』 2호, 1907.4.

4. 계몽의 좌절과 유학생의 행로

1908년 태극학회와 공수학회를 제외한 대부분의 유학생단체들이 대한학회로 통합되고, 본격적으로 졸업생을 배출하기 시작하며 1900년대 유학생들의 귀국활동은 보다 활발해지기 시작하였다. 앞서 살펴본 신문사설립시도를 비롯해 지역 학교, 계몽단체와 손잡은 강습회, 강연회, 언론과의 담화 등이 방학을 이용해 이뤄졌고, 학회지 보급소와 독자적 강습소 설치가 유학생 단체 주도로 시도되었다. 언론과 지역사회의 유지들은 이들의 활동을 대대적으로 환영하였고, 언론 역시 활동을 시시각각으로 보도하였다. 성황리에 치러진 강습회는 한국사회의 중추라는 유학생들의 자부심을 충족시키는 것 같았다.

그러나 유학생들은 다른 한편에선 당혹스러운 현실에 직면하였다. 전면적으로 새로 '조직'되어야 할 사회이자, 그들에게 무한한 기대를 거는 듯이 보였던 한국사회가 그들의 '계몽'을 거부하는 모습을 보였기 때문이었다.

청년靑年은 장래將來의 희망希望으로 급진急進코자 ᄒᆞ며 장자壯者는 현재現在의 이해利害에 망살忙殺ᄒᆞ야 타他를 불고不顧ᄒᆞ며 특特히 노인老人은 다만 과거過去만 기억記憶홈으로 시세時勢의 추이推移는 막매漠昧ᄒᆞ야 항상恒常 구시대舊時代의 신앙이상信仰理想으로 청년靑年의게 율기律己코자 ᄒᆞ나 청년靑年은 차此에 불복종不服從ᄒᆞ고 심心의 모반謀叛을 야기惹起ᄒᆞ니 가령假令 아국我國 현시現時 청년靑年은 혁구취신革舊就新코자 ᄒᆞ야 위선爲先 형식상形式上으로 아두부我頭部를 속박압뇌束縛壓腦ᄒᆞᄂᆞᆫ 망건網巾을 탈기脫棄ᄒᆞ

며 편발編髮의 여계餘髻을 삭거削去 ㅎ며 우상偶像 숭배崇拜를 타파打破 ㅎ며 개인주의個人主義 급及 가족제家族制를 소이少弛 ㅎ고 국가주의國家主義 헌신적獻身的 혈성血性을 치致코자 ㅎ면 고로부형古老父兄은 차此를 저저불긍抵沮不肯 ㅎ야 반反히 청년靑年의 행동行動을 구속拘束 ㅎ야 용진勇進케 못ㅎ니 청년靑年은 다만 감개태식感慨太息으로 적막寂寞ㅎ 세월歲月을 우수憂愁 중中에 송送케 ㅎ며[49]

청년(유학생)들은 장래의 희망을 위해 급히 사회를 바꾸려 하지만 장년층은 현재의 이해관계에 사로잡혀 이런 노력을 무시하고 노인층은 다만 과거만을 기억하여 구시대의 논리로 억압하려 한다는 것이었다. 단발, 망건탈기, 우상숭배배척 같은 일상의 개혁에서부터 국가적 헌신 정신을 배양하려는 노력까지 '한국사회의 부패한 정신'을 개혁하려는 그들의 시도가 고로부형들의 전면적 저항에 부딪힌 것이었다.

유학생들은 많은 경우, 이러한 상황을 구시대의 수구적 유산 때문인 것으로 치부하였지만, 실제로는 낯선 서양식 복장과 자기과시적 태도를 드러낸 독선적 행태가 가장 큰 문제였다. 유학생들 스스로도 인정한 행태는 다음과 같은 모습이었다.

학생學生이 자의字義를 오해誤解ㅎ야 실질적實質的 개화開化를 연구研究치 아니ㅎ고 다만 형식적(피개화)形式的(皮開化)으로 외인外人의 장식粧飾을 효빈效嚬ㅎ야 수手에 양제단장洋製短杖을 휘휘揮揮ㅎ며 안안眼에 도금합경鍍金陜鏡을

---

49 金河球, 「靑年煩悶熱의 淸凉劑」, 『大韓興學報』 6호, 1909.8, 38쪽.

괘掛ᄒ고 향리부로鄕里父老를 대對ᄒᄆ 음주흡연飮酒吸烟은 현세現世 통례通例라 ᄒ야 노소老少를 불구不拘ᄒ고 동창구우同窓舊友가 시사時事를 문問ᄒ즉 엄목냉소掩目冷笑ᄒ여 왈曰 여余와 여如ᄒ 신학문新學問이 부富ᄒ자者가 아니면 시사時事를 언言키 불능不能ᄒ니 군등君等의게는 언言ᄒ 필요必要가 무無ᄒ고 가령假令 언言ᄒᆯ지라도 군등君等의게는 불적당不適當ᄒ 언론言論이라 ᄒ야 각却ᄒᄂ 자者ㅣ 도도개시滔滔皆是라. 고故로 전국부로全國父老가 자제子弟를 교教ᄒ여 일신학문曰新學問은 왜학倭學이오 시학是學을 학學ᄒ 자者ᄂ 편시왜한便是倭漢이라 ᄒ야 차라리 무식無識ᄒ 조선인朝鮮人이 될지언정 유식有識ᄒ 왜국한倭國漢을 주做치 마라는 결심決心으로 인인상부人人相傳ᄒ고 가가상수家家相守ᄒ 결과結果로 통상通商 삼십년三十年에 국민國民의 대부분大部分은 보호국保護國의 성질여하性質如何와 보호조약保護條約의 효력效力 여하如何를 불지不知ᄒ여 ᄒ갓 불지不知ᄒᆯᄲᆫ 아니라 호상互相 위로慰勞ᄒ여 왈曰 현금現今 외인外人이 아한我韓에 래來ᄒ 것은 일시적一時的 난리亂離에 불과不過ᄒ니 만일萬一 천운天運이 부환復還ᄒ야 계룡산鷄龍山 정도령鄭道領이 출出ᄒ면 피배彼輩ᄂ 자연自然 퇴거退去ᄒ고 아한我韓은 가가독서성家家讀書聲과 연년과거업年年科學業으로 태평세계太平世界를 부견復見ᄒ리라는 우부우부愚夫愚婦의 미신迷信에 지至ᄒ엿도다. 차此에 대對ᄒ야는 기其 구咎가 하何에 재在ᄒ뇨 여余ᄂ 외국유학생外國留學生이 부허무실浮虛無實ᄒ 결과結果로 내지사회內地社會에 신용信用을 실失ᄒ 소이所以라 ᄒ노라.[50]

유학생들이 계몽의 대상으로밖에 여겨지지 않는 '신학문'이 없는 자

---

50 高元勳,「卒業生 諸君의게 望ᄒᄂ 바」,『大韓興學報』5호, 1909.7, 5쪽.

들과 향촌의 위계질서를 무시하자, 그런 무시에 대항하여 향촌사회는
그들에 대한 '신용信用'을 거부하고 '무지한' 상태를 고수했다는 것이었
다. 예컨대 '40 이상의 사람들은 자신의 죽고 나서나 신학문을 하라고
자식들을 다그치는' 상황이었다.[51] 이러한 반발은 당연한 것이었다.
무시당한 것은 단지 '수구적' 관습과 남루한 의식만이 아니기 때문이었
다. 결국 무시당한 것은 그런 현실을 사는 민의 '인격'이었다. 유학생감
독 신해영에 의하면 유학생들에게 가장 필요한 덕목은 '인격존중'과
'사교상신용'이었다. 배우지 못한 자들도 상대방의 인격을 존중하지만
많이 배운 유학생들은 상대방의 인격을 무시하는 '품행'으로 신용을 상
실하고 있다는 것이었다.[52]

그리고 이런 비판은 유학생들의 졸업과 국내활동이 확대될수록 확
산되어, 유학생에 우호적인 언론이나 유학생 내부에서도 비판론이 제
기되었다. 유학생들에게 호의적이었던 『황성신문』조차 유학생들에게
는 '자기를 수양하는 공부'가 필요하며 그것은 남이 가르칠 수 있는 것
이 아니라고 충고하였고,[53] 대한흥학회의 임원이었던 조용은(조소앙)

---

51 朴楚陽, 「卒業生에 對하야 勸告함」, 『大韓興學報』 7호, 1909.11, 27쪽.
52 申海永, 「監督 申海永氏 演說」, 『大韓學會月報』 6호, 1908.7, 65쪽.
53 『황성신문』은 신문배포소를 유학생단체 학회실에 설치할 정도로 유학생들과 긴밀한 관
    계를 유지하였고, 유학생들의 국내모금 광고 등도 빠지지 않고 게재하였다. 이 점은 유
    학생들에 비판적이었던 『대한매일신보』와 비교된다 하겠다. 하지만 그런 『황성신문』도
    유학생들의 귀국 후 활동에 대해서는 다음과 같이 분명하게 우려를 표하였다. "대저인생
    사세大抵人生斯世ᄒ야 타인他人의 교육敎育을 수수受ᄒ야 지식知識을 증진增進하고 재기材器
    를 연마鍊磨홈은 고연固然훈 사事어니와 종고이래從古以來에 위대偉大훈 인물人物의 력사
    歷史를 관觀하면 전혀히 타인他人의 교육敎育을 자資치아니하고 자기自己가 자기自己를 교
    육敎育훈 공부工夫가 유有하니 즉립지양기지렴칙행등공부卽立志養氣持廉飭行等工夫가 시
    是라 (…중략…) 이시관지以是觀之ᄒ면 금일제군今日諸君이 각종과학各種科學을 정심연구
    精深硏究홈도 필요必要ᄒ거니와 최선주중자最先注重者는 자기自己가 자기自己를 교육敎育
    ᄒᄂᆫ 방법方法을 실행實行ᄒ야 위대偉大훈 인격人格을 양성養成ᄒ야 원대遠大훈 목적目的

같은 경우 현재 유학생들의 문제는 과거 구시대보다 더 하며 이런 식이라면 과거, 현재는 물론 미래에도 없을 것이라고 극언하였다.[54] 유학생들은 이런 상황에 대해 보다 굳은 의지로 자신들이 믿는 바에 의해 한국사회의 '악풍폐습惡風弊習'을 척결하고, 세계의 '호풍미조好風美潮'를 도입해야 한다는 입장을 보이기도 했지만,[55] 다른 한편에서는 '활발한 언사와 다른 미미한 실적 때문에 한국사회에 지원을 요청할 자격도 없다'는 자탄이 흘러나왔다.[56]

이런 유학생들에 대한 비판은 현상적으로는 행태를 지적한 것이었지만, 결국 그 비판이 겨냥하는 핵심은 유학생들의 자기과시적 계몽활동이었다. 유학생 자신의 위치를 절대적 계몽자의 위치에 놓고 그 반대편의 한국사회는 철저한 개조의 대상으로 설정하는 논리는 결국 한국사회와 자신을 분리시키는 가운데 한국사회를 비하, 혹은 냉소하고, 자기 스스로를 과대평가하는 논리가 될 수밖에 없기 때문이었다. 그것은 다음과 같은 모습이었다.

을 도달到達ᄒ기로 십분절원十分切願ᄒ노라" 「留學生歡迎會에 對ᄒ야 勸勉의 意를 表홈」, 『皇城新聞』, 1908.8.2.

[54] 1904년 황실파견유학생이었던 조소앙은 그 자신이 대한흥학회 평의원이었지만, 유학생들이 현재의 행태대로 가면 과거, 현재는 물론 미래도 없을 것이라고 격렬하게 비판하였다. '가증할 도명열이 해외유학생의 전도를 두절시키고 있다'는 것이었다. 趙鏞殷, 「新韓國人은 新韓國熱을 要홀진더」, 『大韓興學報』 1호, 1909.3; 嘯印生, 「會員諸君」, 『大韓興學報』 7호, 1909.11.

[55] 이런 입장에서는 식민지화가 임박한 1910년 초에도 자신들이 추구하는 사회와 인민에 대한 계몽은 탁월한 성과를 거뒀다고 자평하고 있었다. 郭漢倬, 「時勢와 韓國」, 『大韓興學報』 10호, 1910.2, 23~24쪽.

[56] 「卒業生 張膺震氏 答辭」, 『大韓興學報』 4호, 1909.6; 嘯印生, 「會員諸君」, 『大韓興學報』 7호, 1909.11.

그 포부를 무르면 외국말 몇 마디의 통변이나 법률 몇 조건의 좁은 문견에 지나지 못하며 그 사업을 볼진대 한 두 권 새 서책의 번역과 한두 곳 학교의 설립한 것도 없고, 혹 있어도 저 번역한 책자는 구절이 모호하고 문법이 번잡하여 가히 볼만 한 것이 적고 이 설립한 학교는 열심히 적고 교과가 완전치 못하여 모래 위에 집을 지음과 같거늘 그 평일에 언론과 사상을 들은 즉 자기는 혹 영국이나 법국이나 미국이나 아라사나 일본의 다른 나라 사람이 되어 이 나라를 방관하는 자 같이 제나라 역대사기를 한번 냉소하고 평론하기를 이 같은 잔폐한 나라에서 무슨 일을 하겠느뇨 하던지, 자기는 혹 윌슨, 비스마르크와 카불, 마치니와 동등으로 불행히 이 나라에서 나서 아무 사업도 못하는 것 같이 제나라 인종이나 한번 냉소하고 조롱하되 이 같이 우매한 사람과 무슨 사업을 함께하리오 하고 영국 복색의 일본모자로 양양자득하야 다닐 뿐이더라[57]

남루한 한국사회를 비판하는 것을 넘어, 냉소하고 무시하는 가운데, 자기 자신의 학문, 능력은 서양이나 일본의 그것과 동일시하여, 자신들의 뜻대로 되지 않는 현실을 한탄하고 자신들의 계몽활동을 커다란 시혜로 생각하는 자기 분열적 모습이 나타나고 있다는 것이었다. 자신들을 사회변화의 중추 원동력으로 설정하고, 한국사회는 '인물과 정신'의 '혁명'이 일어나야 할 대상일 뿐이라고 규정[58]하는 논리 속에 한국사회와 그 구성원을 존중하는 태도가 나오기는 어려운 것이었다.

그리고 이렇게 유학생들에 대한 비판이 확대되는 가운데, 유학생들

---

57 「유학생에게 경고하노라(속)」, 『대한매일신보』, 1908.1.14.
58 「告我韓士」, 『大韓興學報』10호, 1910.2.

은 계몽활동 이외의 다른 현실적 조건에서도 자신들의 생각과 전혀 다른 상황에 부딪히게 되었다. 우선 유학생들은 표면적 환영에도 불구하고 자신들이 여전히 한국사회의 주류 정치세력들에게는 의심의 대상이자, 이용대상임을 알게 되었다. '단체를 만들어 활동하는 것에 대해 진심과 실정으로 찬성하는 유지인사도 있지만, 혹은 자기와 목적이 다르다고 비방하거나 다른 목적에 이용하려고 형식적으로 이용하는 자들이 적지 않았기' 때문이었다.[59] 또한 한국사회의 중추라는 자부심과 달리 여전히 '학생'일 뿐이라는 시각 역시 유학생들이 직면해야 하는 현실이었다. '학생이라 하는 자는 3~40세라 하더라도 아직 배우는 위치에 있기에 사회상 완전한 일인자격을 인정할 수 없다'는 것이었다.[60] 의도와 달리 유학생들에 대한 한국사회의 시각은 여전히 '학생'이라는 데 머물러 있었고, 유학생들이 주도적 능력을 발휘할 정치사회적 공간 역시 넓지 않은 것이 현실이었다.

졸업 후 진로 역시 문제였다. 유학생들은 국가와 사회에의 헌신을 학문하는 이유로 제시하였지만, 주로 공부한 전공(법학, 정치학, 경제학)에서 보이듯이 현실적으로 유학생들이 생각한 진로는 관직진출이었다.[61] 재학 중에는 마치 그들 손에 민족과 국가의 장래가 걸려 있는 것

---

59 高元勳, 「本會의 過去及將來」, 『大韓興學報』 1호, 1909. 3.
60 李東初 필기, 「學大(學部大臣 李載崑)演說」, 『大韓學會月報』 3호, 1908. 4, 52쪽.
61 유학생들은 사환열이 한국사회의 중요한 병폐라고 비판하였지만, 그것은 유학생들 역시 마찬가지였다. 유학생들 대부분의 귀국 후 진로 역시 관직이었다. 이 문제에 대해 유학생 감독 신해영은 솔직하게 교육, 공공사업과 같은 길도 있지만, 법학, 정치학과 같은 전공학문을 고려한다면 관직에 주의할 수밖에 없다고 인정하였다. 법학, 정치학, 경제학 등 치국의 학문을 전공으로 선택하고, 스스로를 경세가라고 생각했던 유학생들이 관직진출을 중요한 졸업진로로 생각한 것은 어쩌면 당연하였다. 「감독 신해영 씨 연설」, 『大韓學會月報』 6호, 1908. 7.

같은 기대를 받았지만, 졸업한 유학생들에게 그만한 위치는 주어지지 않았다. 대한제국은 유학생들의 전문지식을 활용하기 위해 일부를 법관, 경찰로 특채했지만, 해마다 늘어나는 졸업생들이 모두 취업할 수는 없었다. 오로지 유학생들만을 대상으로 법관을 선발할 때도 지연에 따라 엽관운동을 해야 했고,[62] 그렇지 않은 경우에는 '힘있는 줄'을 잡기 위해 부지런히 움직여야 했다.[63] 또 관직에 진출해서도 유학의 경력과 달리 실제로는 능력이 부족하다는 시선에 마주해야 했다.[64] 유학 출신자들은 아무런 능력도 없는 과거의 인물들이 여전히 요직을 차지하고 있는 상황을 비판하였지만, 어쨌든 현실에서 그들이 진출할 수 있는 위치는 제한되어 있었다.[65]

그리고 이처럼 계몽활동과 진로 모든 면에서 실망스러운 상황에 부딪히게 되자 유학생들이 표명한 '애국계몽'과 다른 양상이 나타나기 시작하였다. 대표적인 양상은 두 가지였다. 첫 번째는 사회적 계몽이 아닌 '이면 정치활동'으로의 전환이었다. 최석하와 같은 경우가 대표적

---

[62] 「유학생만 수용」, 『대한매일신보』, 1908.5.12.

[63] 유학생들의 사환열에 대해서는 유학생 사회 내외에서 비판이 제기되었다. 『대한매일신보』는 유학생들은 지연이나 문벌보다 학벌이 사환에 중요해졌기 때문에 유학을 떠났지만, 일본인들이 관직을 대거 차지하여 난처한 상황에 처하게 되었다고까지 비꼬았다. 「논설 學界의 悲觀的 談話를 記함」, 『대한매일신보』, 1909.1.21; 고원훈, 「卒業生諸君에게 望하노라」, 『大韓興學報』 5호, 1909.7; 趙鏞殷, 「新韓國人은 新韓國熱을 要홀진뎌」, 『大韓興學報』 1호, 1909.3.

[64] 일본유학생들 스스로도 그 원인이 수학한 학교의 교육수준이 낮았기 때문이라고 변명한 것은 이러한 비판이 어느 정도 사실임을 보여준다 하겠다. 李殷德, 「我等의 硏究ㅎㄴ ㄴ 學問」, 『공수학보』 2호, 1907.4; 「논설 警告于留學生諸君」, 『대한매일신보』, 1908.1.11.

[65] 예컨대 1904년 이후 유학생들 보다는 선배이지만, 1902년 법정대학을 졸업한 석진형은 '법률을 몰라 자신들이 결정한 사항이 어떤 영향을 미칠지도 모르는 무능력자들이 국정을 좌우하는 위치에 있는 것'이 현실이라고 불만을 토로하였다. 그런데 석진형은 한국 최초의 국제법 전문가이자 민법 전문가였음에도, 1905년에서 1908년까지 계속 법관양성소 교관에 머물고 있었다. 석진형, 「법률의 필요」, 『대한협회회보』 2호, 1908.5, 29쪽.

이었다. 유학이전부터 서북학회와 긴밀한 관계를 맺고 있었고, 태극학회 부회장, 대한유학생회 회장, 대한학회 평의원, 교육부장을 역임하는 등, 자타가 공인하는 유학생 사회의 핵심인물이었던 최석하는 졸업 (1908년 메이지대학 법학과 졸)하자마자 '안창호 내각' 설립운동, 대한협회, 일진회, 서북학회의 '삼파연합운동三派聯合運動'에 개입하여 중개자로 활동하였다.[66] 이런 활동이 목표로 한 것은 통감부와의 배후협상을 통해 이완용정권을 대체하는 내각을 수립하는 것이었다. 친일단체인 일진회와의 연합인데서 보이듯이 일제 지배체제와의 타협이 전제된 활동이었다. 그러나 최석하에게는 이러한 상황이 문제가 되지 않았다. 앞서 유학생들의 계몽논리에서 살펴보았듯이 '한국사회의 근본적 개혁을 위해서는 대기관에 의한 국민적 사상통일'이 필요한바, 정당단체의 통합은 그 첩경이 될 수 있기 때문이었다. 최석하가 내세운 '삼파연합운동'의 명분 역시 바로 그것이었다. 어떻든 '국민통일사상國民統一思想'이 중요하다는 것이었다.[67]

두 번째는 국가와 사회를 변화시키려는 계몽의 열정을 포기하고 자기 자신을 위해 살아가는 것이었다. '현실에 대한 실망의 결과로 자포자기' 하여 '회사會事가 어아하於我何며 국정國情이 어아하於我何오 ᄒ야

---

66 최석하는 1908년 국내에 들어와 이토 히로부미伊藤博文와 교섭, '안창호 내각 수립운동'을 펼쳤으나 이갑, 이종호의 동의에도 안창호가 반대하여 실패하였다. 안창호가 이토 히로부미에 역이용당할 가능성이 있다는 이유로 반대했기 때문이었다. 최석하 이후 대한협회와 일진회一進會의 연합운동에서 핵심적 역할을 하였는데, 그때도 가장 중요한 사안은 내각장악의 문제였다. 주요한 편, 『안도산전서』, 삼중당, 1963, 105~107쪽; 「兩黨握手의 眞狀」, 『皇城新聞』, 1909.9.10; 이태훈, 「일제하 친일정치운동 연구」, 연세대 박사논문, 2010, 19쪽 참조.

67 「兩黨握手의 眞狀」, 『皇城新聞』, 1909.9.10.

훼예시비毁譽是非를 불고不顧ㅎ고 회소會所에 적跡을 단斷ㅎ고 문외門外에 냉평冷評을 망가妄加ㅎ는 개인적個人的 퇴보退步의 관념觀念'[68] 속에 '열성으로 사업에 충실한 인을 비웃고 여차한 세상에 남의 것을 뺏지 못하는 것을 도리어 병신'이라 하는, '사욕을 충실한' 모습이 나타나게 된 것이었다.[69] 관직진출 혹은 변호사를 목표로, 오로지 학문과 졸업장을 자기 자신의 출세에만 이용하려는 경향이었다.[70] 그들에게 '아국의 상황은 바닥없는 구멍 같아서 아무리 해도 효력이 없기' 때문이었다.[71] 한국사회는 '근본적으로 개조' 되어야 할 사회임에도, 자신들의 주도적 역할이 인정되지 않고, 계몽의 노력도 실효를 거둘 수 없게 되었다고 생각함에 따라 유학생들은 지배권력에 의탁하여 위로부터의 전면적 개조를 추구하거나, 한국사회의 위기와 상관없이 '신학문'에 기반을 둔 자기인생의 평온함을 추구하게 된 것이었다.

그리고 이러한 내적동요 속에 급속히 다가온 식민지화에 저항할 사상적 동력은 사라지고 있었다. 병합조약 한 달 전인 1910년 7월 11일 가장 많은 한국유학생들이 거쳐 간 메이지대학 한국학생동창회에서 오고 간 대화는 다음과 같은 것이었다.

우리들은 다대한 포부를 갖고 일본에 유학왔지만 우리 한국이 지금 일본의 한국으로 끝나게 되어 우리들의 전도의 빛도 완전히 사라지게 되었다. 그렇지만 우리가 한국의 중견이라고 하지 않을 수 없다면 이때에 단순히

---

68 嘯印生,「會員諸君」,『大韓興學報』7호, 1909.11, 3쪽.
69 「卒業生 張膺震氏 答辭」,『大韓興學報』4호, 1909.6, 63쪽.
70 「논설 學術家의 責任」,『대한매일신보』, 1910.2.12.
71 주 69 참조.

소리를 높여 일본의 반감을 사기 보다는 오히려 친일을 표방하여 각각 요직을 득한 연후에 서서히 계책을 세워야 한다.[72]

병합이 예감되던 상황이었지만 여전히 유학생들은 자신들이 중견으로 존재해야만 한국사회의 미래도 있다고 생각한 것이었다. 때문에 당면한 현실에 필요한 것은 국가의 멸망에 대한 '저항'이 아닌 중견으로 자리 잡기 위한 현실수긍이라는 자기합리화의 논리가 등장한 것이었다. 애국과 계몽의 열정 이면에 자리 잡고 있던 한국사회의 주체적 능력을 부정하고 자신들이 중심이 된 전면적 개조의 논리가 그 논리의 귀결로서 체제협력을 정당화해 간 것이었다. 강점 이후 10년이 지나지 않아 그들과 똑같이 일본에 유학한 후배들이 선배유학생들은 겉으로만 '애국'을 표방하고 실제로는 '소위 대정치가 대수완가라 자칭하고 학계를 오케'할 뿐만 아니라 '졸업증서로써 사환계 입장표를 삼는' 자가 많았다[73]라고 비판한 것은 바로 이상과 같은 1900년대 유학생들의 표리부동한 모습에 대한 비판이었다.

5. 맺음말

이상에서 살펴보았듯이 1900년대 일본유학생들은 보다 자유로워진 조건 속에서 자신들이야말로 한국사회를 근본적으로 개혁할 주체라

---

72 乙秘第一二六六號「韓國留學生明治大學同窓會」,『韓國史料集成』, 1910.7.15.
73 安廓,「今日留學生은 如何」,『學之光』4, 1915.

는 인식 속에 '계몽'의 논리를 전개해 간 지식인들이었다. 그러나 그들은 한국사회의 남루한 현실과 계몽의 목표사이의 격차 속에서 한국사회는 근본적으로 개혁되어야 할 대상으로 사고하였고, 그런 가운데 한국사회의 주체적 능력은 폄하될 수밖에 없었다. 그리고 그렇게 한국사회를 '근본적'으로 재조직해야 한다는 사고는 기왕의 존재의미를 무시당한 한국사회로부터 거부당할 수밖에 없었고, 이는 다시 유학생들의 현실에 대한 실망으로 이어지게 되었다.

결국 불안한 현실에서의 위상, 한국사회의 중견이라는 과잉된 자부심, 외면당한 한국사회에 대한 실망감이 겹쳐지는 가운데, 유학생들 안에서는 지배권력에 의탁하여 세상을 한 번에 바꾸려는 정치적 모험과 자기 자신만을 위해 살아가려는 '이기적 삶'의 모습이 나타나게 된 것이었다. 그리고 그런 인식의 동요 속에 식민지화가 눈앞의 현실이 되었음에도 자신들이 한국사회의 중심이 될 수 있다면, 미래의 희망도 있다는 논리로 식민지배체제에 순응하는 모습 역시 등장하게 된 것이었다. 요컨대 한말 애국심의 고양을 주장하며, 근대국가로의 개혁을 열정적으로 제창한 일본유학생들이 자신들의 주장과 달리 대거 식민지배에 포섭된 것은 결코 우연이 아니었다. 근대 문명국가와 낙후된 한국사회, 계몽주체로서의 자신과 근본적 계몽대상으로서의 한국인민이란 대립구도 속에 한국사회와 인민을 주체로 상정할 수 없었던 그들의 사고가 배태한 한계점인 것이었다.

따라서 이러한 한계를 극복하고 한국사회의 주체적 자립을 전망하기 위해서는 민을 조작과 계몽의 대상으로 위치 짓는 사고에서 벗어나 계몽지식인 자신의 한계를 발견하고, 민의 주체적 의지, 조건에 기반을 둔 새로운 사상과 활동의 전망을 마련해야 하는 것이었다. 애국심을 가져야 한다는 일방적 요구가 아닌, 민의 구체적 조건 속에서 민의 주체화 가능성을 발견하고 그것을 새로운 활동의 동력으로 전환시킬 발상의 전환이 요청되는 것이었다. 그것은 계몽의 절대적 주체라는 자기 정체성을 부정적으로 극복함과 동시에 인민의 세계로부터 그 일원인 자기 자신의 사상을 재구축해야 한다는 것을 의미하는 것이었다. 한말 유학생단체의 간부로서 유학생집단이 갖고 있는 자기성찰의 결여, 정치브로커 성격의 계몽선지자적 모습을 비판한 조소앙이 민족운동에 투신하여 민주공화제의 이론적 기반과 평등주의적 성격의 삼균주의를 제기한 것은 그런 점에서 시사하는 바가 크다 하겠다.

〈부표〉 임원명단

번호	이름	유학생 단체에서의 직위	일제하 관직경험	일제하 활동상황
1	姜敬燁	討論部(1909.4.4 / 1909.5.20 『대한흥학보』 3호)		
2	康斗鉉	會計部員(1909.10.3 / 1909.11.20 『대한흥학보』 7호)		
3	姜麟祐	討論部長(1909.4.25 / 1909.5.20 『대한흥학보』 3호), 討論部員(1909.4.25 / 1909.6.20 『대한흥학보』 4호), 事務員(1906.11.24 / 1906.11.24 『태극학보』 4호), 會員(1906.8.24 / 1906.8.24 『태극학보』 1호), 會員(1906.9.24 / 1906.9.24 『태극학보』 2호), 評議員(1907.3.9 / 1907.3.24 『태극학보』 8호), 評議員(1908.6.28 / 1908.7.25 『대한학회월보』 6호), ○○○(1909.1.10 / 1909.3.20 『대한흥학보』 1호), 評議員(1909.10.3 / 1909.11.20 『대한흥학보』 7호), 討論部(1909.4.4 / 1909.5.20 『대한흥학보』 3호)	장진군 군수(1925)	
4	姜邁	編纂部(1908.6.29 / 1908.7.25 『대한학회월보』 6호), 出版部長(1909.4.25 / 1909.6.20 『대한흥학보』 4호), 編纂部員(1909.4.25 / 1909.5.20 『대한흥학보』 3호), 出版部(1909.4.25 / 1909.6.20 『대한흥학보』 4호)		배재고보 교사(1919), 대동단사건으로 투옥(1919)
5	姜藩	編纂部書記員(1908.6.29 / 1908.7.25 『대한학회월보』 6호)	중추원 참의(1936)	
6	姜信穆	書記員(1909.10.3 / 1909.11.20 『대한흥학보』 7호)		
7	姜完善	出版部員(1909.10.3 / 1909.11.20 『대한흥학보』 7호)	목포지청 검사(1923), 전라북도 도회의원(1936)	
8	姜荃	評議員(1908.6.28 / 1908.7.25 『대한학회월보』 6호), 編纂部(1908.6.29 / 1908.7.25 『대한학회월보』 6호)編纂部長(1909.2.28 / 1909.4.20 『대한흥학보』 2호), 編纂部員(1908.2.11 / 1908.2.25 『대한학회월보』 1호), 編纂部(1909.1.10 / 1909.3.20 『대한흥학보』 1호), 編纂部員(1909.10.3 / 1909.11.20 『대한흥학보』 7호), 編纂部(1909.4.4 / 1909.5.20 『대한흥학보』 3호)		중앙학교 교사(1917)
9	姜漢朝	書記員(1908.2.11 / 1908.2.25 『대한학회월보』 1호)		
10	高元勳	評議員(1908.6.28 / 1908.7.25 『대한학회월보』 6호), 事務員(1908.7.4 / 1908.7.25 『대한학회월보』 6호), 總務(1909.11.7 / 1909.12.20 『대한흥학보』 8호), 評議員(1909.4.25 / 1909.5.20 『대한흥학보』 3호), 出版部員(1909.4.4 / 1909.5.20 『대한흥학보』 3호), 總務(1910.3.6 / 1910.4.20 『대한흥학보』 12호), 編纂部員(1908.2.11 / 1908.2.25 『대한학회월보』 1호), 編纂部(1908.6.29 / 1908.7.25 『대한학회월보』 6호), 編纂部(1909.1.10 / 1909.3.20 『대한흥학보』 1호), 總務員(1909.10.3 / 1909.11.20 『대한흥학보』 7호), ○○○(1909.4.25 / 1909.6.20 『대한흥학보』 4호), 評議員(1909.4.4 / 1909.5.20 『대한흥학보』 3호), 編纂部(1909.4.4 / 1909.5.20 『대한흥학보』 3호)	전라북도 도지사(1932)	
11	高宜煥	事務員(1907.9.29 / 1907.10.24 『태극학보』 14호), 事務員(1907.3.9 / 1907.3.24 『태극학보』 8호), 交際部長(1908.2.11 / 1908.2.25 『대한학회월보』 1호), 敎育部(1909.4.4 / 1909.5.20 『대한흥학보』 3호)	밀양지청 판사(1917)	
12	高在濂	編纂部員(1909.10.9 / 1909.11.20 『대한흥학보』 7호)		
13	高喆	討論部員(1908.2.11 / 1908.2.25 『대한학회월보』 1호)		
14	郭龍周	會員(1906.9.24 / 1906.9.24 『태극학보』 2호), 事務員(1908.3.1 / 1908.3.24 『태극학보』 19호)		
15	具滋旭	討論部員(1908.2.11 / 1908.2.25 『대한학회월보』 1호), 編纂部(1909.4.4 / 1909.5.20 『대한흥학보』 3호)		경남은행, 동창광업 이사
16	具滋鶴	編纂部(1909.1.10 / 1909.3.20 『대한흥학보』 1호), 編纂部員(1909.10.3 / 1909.11.20 『대한흥학보』 7호), 敎育部(1909.4.25 / 1909.6.20 『대한흥학보』 4호), 敎育部(1909.4.4 / 1909.5.20 『대한흥학보』 3호)		
17	金景律	幹事(1909.10.31 / 1909.11.20 『대한흥학보』 7호)	북청공립보통학교 훈도(1923)	
18	金國彦	評議員(1909.10.3 / 1909.11.20 『대한흥학보』 7호)	의주 지청 서기(1918)	신의주곡물신탁 이사(1923)
19	金局泰	評議員(1908.6.28 / 1908.7.25 『대한학회월보』 6호), 評議員(1909.10.3 / 1909.11.20 『대한흥학보』 7호), 曹秉浩(1909.4.25 / 1909.6.20 『대한흥학보』 4호), 會計部(1909.4.4 / 1909.5.20 『대한흥학보』 3호)	부산부 부서기(1918)	구일자동차 사장(1932)
20	金基敬	評議員(1908.6.28 / 1908.7.25 『대한학회월보』 6호), 書記員(1909.1.10 / 1909.3.20 『대한흥학보』 1호), 編纂部(1909.4.4 / 1909.5.20 『대한흥학보』 3호)		

번호	이름	유학생 단체에서의 직위	일제하 관직경험	일제하 활동상황
21	金基柱	編纂員(1908.10.4 / 1908.10.24 『태극학보』 25호), 評議員(1908.9.27 / 1908.10.24 『태극학보』 25호), 編纂部員(1909.10.3 / 1909.11.20 『대한흥학보』 7호)		
22	金基炯	司察部員(1909.10.3 / 1909.11.20 『대한흥학보』 7호)		개성전기주식회사 전무 취체역 (1917)
23	金淇驤	編纂部員(1908.2.11 / 1908.2.25 『대한학회월보』 1호), 總務員(1908.6.28 / 1908.7.25 『대한학회월보』 6호), 崔昌朝(1909.1.10 / 1909.3.20 『대한흥학보』 1호), 評議員(1909.10.3 / 1909.11.20 『대한흥학보』 7호), 評議員(1909.4.4 / 1909.5.20 『대한흥학보』 3호)	경상남도 임시토지 조사위원(1918)	
24	金達集	編纂部(1909.1.10 / 1909.3.20 『대한흥학보』 1호)		
25	金道成	會員(1906.9.24 / 1906.9.24 『태극학보』 2호)		
26	金東元	會員(1906.8.24 / 1906.8.24 『태극학보』 1호), 會員(1906.9.24 / 1906.9.24 『태극학보』 2호)		
27	金洛泳	事務員(1906.8.24 / 1906.8.24 『태극학보』 1호), 事務員(1907.9.29 / 1907.10.24 『태극학보』 14호), ○○○(1907.9.29 / 1907.10.24 『태극학보』 14호), 副會長(1908.1.12 / 1908.1.24 『태극학보』 17호), 編纂員(1908.10.4 / 1908.10.24 『태극학보』 25호), 會長(1908.3.1 / 1908.3.24 『태극학보』 19호), 編輯人(1908.3.1 / 1908.3.24 『태극학보』 19호), 會長(1908.6.24 / 1908.6.24 『태극학보』 22호), 會長(1908.7.22 / 1908.7.24 『태극학보』 23호), 編纂員(1908.9.19 / 1908.10.24 『태극학보』 25호), 評議員(1906.11.24 / 1906.11.24 『태극학보』 4호), 書記員(1906.11.24 / 1906.11.24 『태극학보』 4호), 評議員(1907.3.9 / 1907.3.24 『태극학보』 8호), 評議員(1907.9.28 / 1907.10.24 『태극학보』 14호), 副會長(1908.9.27 / 1908.10.24 『태극학보』 25호), 書記員(1909.1.10 / 1909.3.20 『대한흥학보』 1호), 編纂部(1909.10.3 / 1909.11.20 『대한흥학보』 7호), 評議員(1909.4.4 / 1909.5.20 『대한흥학보』 3호), 評議員(1906.9.24 / 1906.9.24 『태극학보』 2호)		
28	金龍鎭	事務員(1907.3.9 / 1907.3.24 『태극학보』 8호)		
29	金思國	出版部(1909.1.10 / 1909.3.20 『대한흥학보』 1호)		
30	金尙沃	出版部員(1909.10.3 / 1909.11.20 『대한흥학보』 7호), 出版部(1909.4.4 / 1909.5.20 『대한흥학보』 3호)		
31	金相殷	會員(1906.8.24 / 1906.8.24 『태극학보』 1호), 會員(1906.9.24 / 1906.9.24 『태극학보』 2호)		
32	金相泰	司察部員(1909.10.3 / 1909.11.20 『대한흥학보』 7호)		
33	金聖睦	司察部員(1909.1.10 / 1909.3.20 『대한흥학보』 1호), (1909.10.3 / 1909.11.20 『대한흥학보』 7호)	중추원 조사과 촉탁 (1939)	
34	金水基	編纂部長(1909.4.25 / 1909.6.20 『대한흥학보』 4호)		
35	金壽哲	事務員(1907.12.24 / 1907.12.24 『태극학보』 16호), 編纂員(1908.10.4 / 1908.10.24 『태극학보』 25호), 書記員(1908.2.24 / 1908.2.24 『태극학보』 18호), 評議員(1908.9.27 / 1908.10.24 『태극학보』 25호), 評議員(1908.3.1 / 1908.3.24 『태극학보』 19호), 書記員(1908.3.1 / 1908.3.24 『태극학보』 19호), 編纂員(1908.3.1 / 1908.3.24 『태극학보』 19호), 評議員(1908.9.19 / 1908.10.24 『태극학보』 25호), 出版部(1909.1.10 / 1909.3.20 『태극학보』 1호), 書記員(1909.4.4 / 1909.5.20 『대한흥학보』 3호)	영변군수(1933)	
36	金淵穆	評議員(1906.10.14 / 1906.10.24 『태극학보』 3호), 會員(1906.8.24 / 1906.8.24 『태극학보』 1호), 評議員(1908.9.27 / 1908.10.24 『태극학보』 25호), 會計部長(1909.11.7 / 1909.12.20 『대한흥학보』 8호), 出版部 及 運動部 檢査委員(1909.4.25 / 1909.6.20 『대한흥학보』 4호), 評議員(1906.11.24 / 1906.11.24 『태극학보』 4호), 會計員(1906.11.24 / 1906.11.24 『태극학보』 4호), 會計員(1906.9.24 / 1906.9.24 『태극학보』 2호), 評議員(1907.3.9 / 1907.3.24 『태극학보』 8호), 會計員(1907.3.9 / 1907.3.24 『태극학보』 8호), 評議員(1907.9.28 / 1907.10.24 『태극학보』 14호), 評議員(1907.9.29 / 1907.10.24 『태극학보』 14호), 評議員(1908.3.1 / 1908.3.24 『태극학보』 19호), 事務員(1908.3.1 / 1908.3.24 『태극학보』 19호), 會計部(1909.1.10 / 1909.3.20 『대한흥학보』 1호), 會計部員(1909.10.3 / 1909.11.20 『대한흥학보』 7호), 會計員(1909.4.4 / 1909.5.20 『대한흥학보』 3호)	관선 평안남도 도평의회 의원(1924)	
37	金淵祜	事務員(1908.10.4 / 1908.10.24 『태극학보』 25호), 事務員(1908.3.1 / 1908.3.24 『태극학보』 19호), 事務員(1908.2.24 / 1908.2.24 『태극학보』 18호), 永柔郡支會評議員(1907.3.24 / 1907.3.24 『태극학보』 8호)		평안남도수산회의원 선거인(1932)
38	金永基	編纂部長(1909.4.25 / 1909.5.20 『대한흥학보』 3호), 編纂部員(1908.2.11 / 1908.2.25 『대한학회월보』 1호), 編纂部(1908.6.29 / 1908.7.25 『대한학회월보』 6호), 編纂部(1909.1.10 / 1909.3.20 『대한흥학보』 1호), 編纂部員(1909.10.3 / 1909.11.20 『대한흥학보』 7호), 編纂部(1909.4.4 / 1909.5.20 『대한흥학보』 3호)		대경사 대표(1931)
39	金榮起	司察員(1908.3.1 / 1908.3.24 『태극학보』 19호)	강원도 양양군 군속 (1939)	
40	金英哉	事務員(1907.9.29 / 1907.10.24 『태극학보』 14호), 會員(1906.8.24 / 1906.8.24 『태극학보』 1호)		

번호	이름	유학생 단체에서의 직위	일제하 관직경험	일제하 활동상황
		會員(1906.9.24 / 1906.9.24『태극학보』2호), 編輯書記(1907.9.29 / 1907.10.24『태극학보』14호), 事務員(1908.3.1 / 1908.3.24『태극학보』19호)		
41	金容根	教育部員(1908.3.29 / 1908.4.25『대한학회월보』3호)		
42	金源極	編輯部 主筆(1908.10.4 / 1908.10.24『태극학보』25호), 評議員(1908.9.27 / 1908.10.24『태극학보』25호), 評議員(1908.9.19 / 1908.10.24『태극학보』25호), 編纂部(1909.1.10 / 1909.3.20『대한흥학보』1호)		
43	金有善	司察員(1908.10.4 / 1908.10.24『태극학보』25호), 幹事員(1909.1.10 / 1909.3.20『대한흥학보』1호)	평안남도 내부부 서기보(1937)	
44	金應律	事務員(1907.9.29 / 1907.10.24『태극학보』14호), 事務員(1907.3.9 / 1907.3.24『태극학보』8호)	평안북도 의천군 삼림주사보(1938)	
45	金益三	編纂部員(1909.10.3 / 1909.11.20『대한흥학보』7호)	황해도 곡산군 군수(1936)	
46	金仁淳	書記員(1906.9.2 / 1907.3.3『대한유학생회학보』1호)		사비유학생 총대 사기사건(1908), 1911년 귀환한 러시아주재 일본 영사관 밀정. 김인순은 1903년 일본으로 건너가 학자금문제로 2년간을 허송한 후 블라디보스톡으로 건너가 1910년 9월부터 밀정생활을 하다 1911년 부산으로 귀환함
47	金載汶	查察員(1907.9.29 / 1907.10.24『태극학보』14호), 幹事員(1908.2.11 / 1908.2.25『대한학회월보』1호), 事務員(1906.11.24 / 1906.11.24『태극학보』4호), 會員(1906.8.24 / 1906.8.24『태극학보』1호), 幹事員(1908.6.29 / 1908.7.25『대한학회월보』6호), 事務員(1906.9.24 / 1906.9.24『태극학보』2호)		1919년부터 무역상 경영, 평안북도 작잠주식회사 전무이사
48	金載熙	部員(1908.2.11 / 1908.2.25『대한학회월보』1호), 交際部(1908.6.29 / 1908.7.25『대한학회월보』6호), 評議員(1909.4.4 / 1909.5.20『대한흥학보』3호)	평안북도　도서기(1915)	
49	金琮基	○○○(1906.11.24 / 1906.11.24『태극학보』4호), 司察員(1906.8.24 / 1906.8.24『태극학보』1호), 司察員(1906.9.24 / 1906.9.24『태극학보』2호)		남일운수 전무이사(1925)
50	金中植	會員(1906.9.24 / 1906.9.24『태극학보』2호)		
51	金志侃	總務員(1906.10.14 / 1906.10.24『태극학보』3호), 警察員(1906.10.7 / 1906.10.24『태극학보』3호), 總務員(1906.11.24 / 1906.11.24『태극학보』4호), 會長(1907.9.28 / 1907.10.24『태극학보』14호), 會長(1908.1.24 / 1908.1.24『태극학보』17호), 會長(1908.1.30 / 1908.2.24『태극학보』18호), 評議員(1908.9.4 / 1908.10.24『태극학보』25호), 評議員(1908.9.19 / 1908.10.24『태극학보』25호), 會長(1908.9.27 / 1908.10.24『태극학보』25호), 評議員(1906.8.24 / 1906.8.24『태극학보』1호), 評護員(1906.9.2 / 1907.3.3『대한유학생회학보』1호), 評議員(1906.9.24 / 1906.9.24『태극학보』2호), 餞別委員(1907.2.10, 安昌浩氏送別會 / 1907.4.7『대한유학생회학보』2호), 總務員(1907.2.3 / 1907.4.7『대한유학생회학보』2호), 總務員(1908.3.9 / 1907.3.24『태극학보』8호), 評議員(1908.3.1 / 1908.3.24『태극학보』19호), 編纂員(1908.3.1 / 1908.3.24『태극학보』19호), ○○○(1909.1.10 / 1909.3.20『대한흥학보』1호), 副會長(1909.4.4 / 1909.5.20『대한흥학보』3호)		중추원 의관으로 추천됨(1921), 진남포 과물흥업 대표(1927)
52	金晉庸	書記員(1908.6.29 / 1908.7.25『대한학회월보』6호), ○○○(1909.1.10 / 1909.3.20『대한흥학보』1호), 評議員(1909.4.4 / 1909.5.20『대한흥학보』3호)		
53	金鎭初	警察員(1906.10.7 / 1906.10.24『태극학보』3호), 總務員(1907.9.28 / 1907.10.24『태극학보』14호), 評議員(1906.11.24 / 1906.11.24『태극학보』4호), 評議員(1906.8.24 / 1906.8.24『태극학보』1호), 庶務員(1906.9.2 / 1907.3.3『대한유학생회학보』1호), 評議員(1906.9.24 / 1906.9.24『태극학보』2호), 評議員(1907.3.9 / 1907.3.24『태극학보』8호), 會計員(1907.3.9 / 1907.3.24『태극학보』8호), 評議員(1908.3.1 / 1908.3.24『태극학보』19호), 編纂員(1908.3.1 / 1908.3.24『태극학보』19호)		3·1운동 참여
54	金昌臺	事務員(1906.8.24 / 1906.8.24『태극학보』1호)		
55	金昌燮	事務員(1908.10.4 / 1908.10.24『태극학보』25호)		
56	金昌洙	評議員(1908.6.28 / 1908.7.25『대한학회월보』6호)	충청남도 도평의회	

번호	이름	유학생 단체에서의 직위	일제하 관직경험	일제하 활동상황
			원(1924), 군수	
57	金致鍊	幹事員(1909.4.4 / 1909.5.20 『대한흥학보』 3호), 幹事員(1909.10.3 / 1909.11.20 『대한흥학보』 7호), 商學界編纂(1909.4.4 / 1909.5.20 『대한흥학보』 3호)		1927년 미국으로 유학
58	金台鎭	繙譯員(1906.9.2 / 1907.3.3 『대한유학생회학보』 1호)		치과의사
59	金河球	評議員(1908.6.28 / 1908.7.25 『대한학회월보』 6호), 書記員(1908.6.29 / 1908.7.25 『대한학회월보』 6호), 評議員(1909.10.3 / 1909.11.20 『대한흥학보』 7호)		상해파 고려공산당 지도자
60	金顯洙	教育部(1909.1.10 / 1909.3.20 『대한흥학보』 1호), 部員(1908.2.11 / 1908.2.25 『대한학회월보』 1호), 出版部(1909.4.25 / 1909.6.20 『대한흥학보』 4호), 出版部(1909.4.4 / 1909.5.20 『대한흥학보』 3호), 評議員(1909.5.2/ 1909.6.20 『대한흥학보』 4호)	중추원 참의(1926)	
61	金鉉軾	崔允德(1908.10.4 / 1908.10.24 『태극학보』 25호), 評議員(1908.9.19 / 1908.10.24 『태극학보』 25호), 出版部員(1909.4.25 / 1909.6.20 『대한흥학보』 4호), 評議員(1908.3.1 / 1908.3.24 『태극학보』 19호), 會計員(1908.3.1 / 1908.3.24 『태극학보』 19호), ○○○(1909.1.10 / 1909.3.20 『대한흥학보』 1호), 運動部員(1909.4.25 / 1909.5.20 『대한흥학보』 3호), 運動(1909.4.25 / 1909.6.20 『대한흥학보』 4호), 出版部(1909.4.4 / 1909.5.20 『대한흥학보』 3호)		대한민국 임시정부 의정원 의원(1919)
62	金鴻亮	評議員(1908.1.12 / 1908.1.24 『태극학보』 17호), 編纂員(1908.10.4 / 1908.10.24 『태극학보』 25호), 總務員(1908.3.1 / 1908.3.24 『태극학보』 19호), 總務員(1908.9.19 / 1908.10.24 『태극학보』 25호), 出版部員(1909.4.25 / 1909.5.20 『대한흥학보』 3호), 會員(1906.8.24 / 1906.8.24 『태극학보』 1호), 編纂員(1908.3.1 / 1908.3.24 『태극학보』 19호), 總務(1908.9.27 / 1908.10.24 『태극학보』 25호), 總務(1909.1.10 / 1909.3.20 『대한흥학보』 1호), 出版部(1909.4.25 / 1909.6.20 『대한흥학보』 4호), 評議員(1909.4.4 / 1909.5.20 『대한흥학보』 3호)	황해도 도회의원	105인사건으로 구속, 임전보국단 평의원
63	南宮營	會計部員(1908.7.8 / 1908.7.25 『대한학회월보』 6호)(1908.2.25 『대한학회월보』 1호), 庶務員(1906.9.2 / 1907.3.3 『대한유학생회학보』 1호), 運動部員(1908.2.11 / 1908.2.25 『대한학회월보』 1호), 司察員(1909.1.10 / 1909.3.20 『대한흥학보』 1호), 評議員(1909.10.3 / 1909.11.20 『대한흥학보』 7호), 評議員(1909.4.4 / 1909.5.20 『대한흥학보』 3호)	중추원 참의(1935)	
64	南延圭	編纂部(1909.1.10 / 1909.3.20 『대한흥학보』 1호), 評議員(1909.10.3 / 1909.11.20 『대한흥학보』 7호)		경성식산 대표(1935)
65	羅弘錫	書記員(1909.1.10 / 1909.3.20 『대한흥학보』 1호)	수원면협의회원	유민회 참여
66	梁大卿	運動部員(1908.2.11 / 1908.2.25 『대한학회월보』 1호)	대구복심법원 판사(1937)	
67	盧聖鶴	會員(1906.9.24 / 1906.9.24 『태극학보』 2호), 運動部(1909.4.4 / 1909.5.20 『대한흥학보』 3호), 幹事員(1908.6.29 / 1908.7.25 『대한학회월보』 6호), 幹事員(1908.9.27 / 1908.11.25 『대한학회월보』 9호)		해방후 3·1동지회에서 활동
68	柳東秀	司察員(1906.8.24 / 1906.8.24 『태극학보』 1호), 會員(1906.9.24 / 1906.9.24 『태극학보』 2호), 運動部(1909.1.10 / 1909.3.20 『대한흥학보』 1호), 運動部員(1909.10.3 / 1909.11.20 『대한흥학보』 7호), 運動部(1909.4.4 / 1909.5.20 『대한흥학보』 3호), 運動部員(1908.2.11 / 1908.2.25 『대한학회월보』 1호), 教育部(1908.6.29 / 1908.7.25 『대한학회월보』 6호), 司察部(1909.1.10 / 1909.3.20 『대한흥학보』 1호), 出版部員(1909.10.3 / 1909.11.20 『대한흥학보』 7호), 司察部(1909.4.4 / 1909.5.20 『대한흥학보』 3호)		황해도 연백에서 운수회사 운영, 박천청년회 설립
69	劉銈	會員(1906.8.24 / 1906.8.24 『태극학보』 1호), 會員(1906.9.24 / 1906.9.24 『태극학보』 2호), 事務員(1907.3.9 / 1907.3.24 『태극학보』 8호)	함경남도 원산부 속(1931)	
70	劉秉敏	教育部(1909.1.10 / 1909.3.20 『대한흥학보』 1호)		보성고보, 경신고보 등에서 역사, 지리 선생으로 활동
71	柳世鐸	評議員(1908.5.19 / 1908.4.24 『태극학보』 20호), 幹事員(1909.4.4 / 1909.5.20 『대한흥학보』 3호)	평안북도 박천군 군참사, 평안도 도평의회의원	
72	柳承欽	臨時會長(1907.2.10, 安昌浩氏送別會 / 1907.4.7 『대한유학생회학보』 2호), 副會長(1907.2.3 / 1907.4.7 『대한유학생회학보』 2호), 評議長(1909.4.4 / 1909.5.20 『대한흥학보』 3호), 評議會議長(1909.4.4 / 1909.5.20 『대한흥학보』 3호), 總務員(1906.9.2 / 1907.3.3 『대한유학생회학보』 1호), 總務員(1907.2.3 / 1907.4.7 『대한유학생회학보』 2호), 總務員(1908.6.28 / 1908.7.25 『대한학회월보』 6호), 編纂部(1908.6.29 / 1908.7.25 『대한학회월보』 6호), 崔昌朝(1909.1.10 / 1909.3.20 『대한흥학보』 1호)	함경남도 참여관, 중추원 참의(1933)	
73	劉銓	評議員(1906.9.2 / 1907.3.3 『대한유학생회학보』 1호), 繙譯員(1906.9.2 / 1907.3.3 『대한유학생		조선제사 이사

번호	이름	유학생 단체에서의 직위	일제하 관직경험	일제하 활동상황
		회학보』 1호), 總務員(1907.2.3 / 1907.4.7 『대한유학생회학보』 2호)		
74	劉泰魯	運動部(1908.6.29 / 1908.7.25 『대한학회월보』 6호), 評議員(1907.2.3 / 1907.4.7 『대한유학생회학보』 2호), 總務員(1907.2.3 / 1907.4.7 『대한유학생회학보』 2호), 崔昌朝(1909.1.10 / 1909.3.20 『대한흥학보』 1호), 討論部員(1909.10.3 / 1909.11.20 『대한흥학보』 7호), 評議員(1909.4.4 / 1909.5.20 『대한흥학보』 3호)		동아일보 서무부장
75	李康賢	會計部長(1909.4.25 / 1909.6.20 『대한흥학보』 4호), 會計部長(1909.2.7 / 1909.4.20 『대한흥학보』 2호), 會計部長(1909.3.28 / 1909.4.20 『대한흥학보』 2호), 會計部長(1909.3.7 / 1909.4.20 『대한흥학보』 2호), 會計部長(1909.4.25 / 1909.5.20 『대한흥학보』 3호), 會計部長(1909.4.25 / 1909.6.20 『대한흥학보』 4호), 會計部長(1909.4.4 / 1909.5.20 『대한흥학보』 3호), 會計部長(1909.5.2/1909.6.20 『대한흥학보』 4호), 食計部(1909.1.10 / 1909.3.20 『대한흥학보』 1호), 評議員(1909.10.3 / 1909.11.20 『대한흥학보』 7호), 會計部(1909.4.4 / 1909.5.20 『대한흥학보』 3호),		경성방직 상무취체역
76	李大容	評議員(1909.10.3 / 1909.11.20 『대한흥학보』 7호)	평안남도 진남포부 부서기(1919)	
77	李道熙	評議員(1908.9.27 / 1908.10.24 『태극학보』 25호), ○○○ / 1906.11.24 『태극학보』 4호), 司察員(1906.8.24 / 1906.8.24 『태극학보』 1호), 司察員(1906.9.24 / 1906.9.24 『태극학보』 2호), 評議員(1908.1.12 / 1908.1.24 『태극학보』 17호), 評議員(1908.3.1 / 1908.3.24 『태극학보』 19호)		
78	李東初	編纂部員(1908.7.8 / 1908.7.25 『대한학회월보』 6호), 編纂部員(1908.2.11 / 1908.2.25 『대한학회월보』 1호)	평양지방재판소 판사(1910)	
79	李東薰	事務員(1908.10.4 / 1908.10.24 『태극학보』 25호)	평안북도 철산군 군서기	
80	李得年	崔昌朝(1909.1.10 / 1909.3.20 『대한흥학보』 1호), 評議員(1909.10.3 / 1909.11.20 『대한흥학보』 7호), 評議員(1909.4.4 / 1909.5.20 『대한흥학보』 3호)		시대일보 이사(보천교)
81	李得煥	運動部員(1909.10.3 / 1909.11.20 『대한흥학보』 7호), 運動部(1909.4.4 / 1909.5.20 『대한흥학보』 3호)		육군 참위 출신, 강점 후 중국으로 이주
82	李復源	幹事員(1908.6.29 / 1908.7.25 『대한학회월보』 6호), 幹事員(1909.10.3 / 1909.11.20 『대한흥학보』 7호)		대한민국 임시의정원 의원
83	李鳳九	評議員(1909.4.4 / 1909.5.20 『대한흥학보』 3호)	경기도 도회의원	변호사
84	李相鎭	運動部員(1909.10.3 / 1909.11.20 『대한흥학보』 7호)		
85	李承瑾	書記員(1906.9.2 / 1907.3.3 『대한유학생회학보』 1호), 事務員(1907.3.9 / 1907.3.24 『태극학보』 8호), 敎育部員(1908.2.11 / 1908.2.25 『대한학회월보』 1호), 評議員(1908.6.28 / 1908.7.25 『대한학회월보』 6호), 編纂部(1909.1.10 / 1909.3.20 『대한흥학보』 1호), 評議員(1909.10.3 / 1909.11.20 『대한흥학보』 7호), 編纂部(1909.4.4 / 1909.5.20 『대한흥학보』 3호)	강원도 화천군 군수(1926)	
86	李承漢	評議員(1909.4.4 / 1909.5.20 『대한흥학보』 3호), 書記(1909.5.2/ 1909.6.20 『대한흥학보』 4호), 討論部員(1909.10.3 / 1909.11.20 『대한흥학보』 7호)	전라북도 임실군 군수(1921)	
87	李承鉉	事務員(1907.9.29 / 1907.10.24 『태극학보』 14호)		
88	李完鍾	敎育部(1909.4.4 / 1909.5.20 『대한흥학보』 3호)	남작	남작 이범팔의 상속인
89	李源植	事務員(1908.3.1 / 1908.3.24 『태극학보』 19호)		
90	李潤柱	副會長(1908.3.1 / 1908.3.24 『태극학보』 19호), 副會長(1908.9.19 / 1908.10.24 『태극학보』 25호), 評議員(1908.9.27 / 1908.10.24 『태극학보』 25호), 評議員(1906.11.24 / 1906.11.24 『태극학보』 4호), 評議員(1906.8.24 / 1906.8.24 『태극학보』 1호), 評議員(1906.9.24 / 1906.9.24 『태극학보』 2호), 評議員(1907.3.9 / 1907.3.24 『태극학보』 8호), 評議員(1907.9.28 / 1907.10.24 『태극학보』 14호)		휘문고보 교장
91	李允燦	査察員(1907.9.29 / 1907.10.24 『태극학보』 14호), 討論員(1909.4.4 / 1909.5.20 『대한흥학보』 3호), 幹事員(1908.6.29 / 1908.7.25 『대한학회월보』 6호)		105인사건 관여자
92	李股燮	司察員(1908.10.4 / 1908.10.24 『태극학보』 25호), 司察員(1908.3.1 / 1908.3.24 『태극학보』 19호)		영유 금융조합장
93	李恩雨	會長(1908.7.5 / 1908.9.25 『대한학회월보』 7호), 會長(1908.9.27 / 1908.11.25 『대한학회월보』 9호), 會長(1908.6.28 / 1908.7.25 『대한학회월보』 6호), 會長(1908.8.30 / 1908.10.25 『대한학회월보』 8호), 崔昌朝(1909.1.10 / 1909.3.20 『대한흥학보』 1호), 評議員(1909.4.4 / 1909.5.20 『대한흥학보』 3호)	하동면장, 도평의회원	금융조합장
94	李寅彰	崔允德(1908.10.4 / 1908.10.24 『태극학보』 25호), 評議員(1908.9.27 / 1908.10.24 『태극학보』 25호), 司察部長(1909.4.25 / 1909.5.20 『대한흥학보』 3호), 司察部員(1909.4.25 / 1909.6.20 『대한흥학보』 4호), 司察部員(1909.4.25 / 1909.6.20 『대한흥학보』 4호), 會員(1906.9.24 / 1906.9.24 『태극	신안주 면장, 평남도 평의회의원	

번호	이름	유학생 단체에서의 직위	일제하 관직경험	일제하 활동상황
		학보』2호), 評議員(1908.3.1 / 1908.3.24 『태극학보』19호), 會計員(1908.3.1 / 1908.3.24 『태극학보』19호), 崔昌朝(1909.1.10 / 1909.3.20 『대한흥학보』1호), 負計部(1909.1.10 / 1909.3.20 『대한흥학보』1호), 評議員(1909.10.3 / 1909.11.20 『대한흥학보』7호), 評議員(1909.4.4 / 1909.5.20 『대한흥학보』3호), 司察部(1909.4.4 / 1909.5.20 『대한흥학보』3호)		
95	李栽演	司察部(1909.1.10 / 1909.3.20 『대한흥학보』1호), 司察部員(1909.10.3 / 1909.11.20 『대한흥학보』7호)		
96	李正煥	會員(1906.9.24 / 1906.9.24 『태극학보』2호)		
97	李珍雨	副會長(1907.4.7 / 1907.5.25 『대한유학생회학보』3호), 庶務員(1906.9.2 / 1907.3.3 『대한유학생회학보』1호), 餞別委員(1907.2.10, 安昌浩氏 送別會 / 1907.4.7 『대한유학생회학보』2호)		경남 소작인 상조회 이사, 국민협회 연설원
98	李珍河	書記員(1906.9.24 / 1906.9.24 『태극학보』2호), 事務員(1908.10.4 / 1908.10.24 『태극학보』25호), 會員(1906.8.24 / 1906.8.24 『태극학보』1호)		평남 안주에서 의사개업
99	李昶容	幹事員(1909.10.3 / 1909.11.20 『대한흥학보』7호)		
100	李昌煥	會員(1906.11.4 / 1907.3.3 『대한유학생회학보』1호), 評議員(1907.4.7 / 1907.5.25 『대한유학생회학보』3호), 總務(1908.6.28 / 1908.7.25 『대한학회월보』6호), 會長(1909.10.3 / 1909.11.20, 『대한흥학보』7호), 會員(1909.11.7 / 1909.12.20 『대한흥학보』8호), 會員(1909.12.8 / 1910.1.20 『대한흥학보』9호), 會員(○○○/1910.3.20 『대한흥학보』11호), 總務員(1906.9.2 / 1907.3.3 『대한유학생회학보』1호), 餞別委員(1907.2.10, 安昌浩氏 送別會 / 1907.4.7 『대한유학생회학보』2호), 總務員(1907.2.3 / 1907.4.7 『대한유학생회학보』2호), 總務員(1908.5.25 / 1908.5.25 『대한학회월보』4호), 崔昌朝(1909.1.10 / 1909.3.20 『대한흥학보』1호), 運動部(1908.6.29 / 1908.7.25 『대한학보』6호)	평양지방법원 서기(1920)	조선소작인 상조회 이사, 각파유지연맹 집행위원
101	李豊載	崔昌朝(1909.1.10 / 1909.3.20 『대한흥학보』1호), 評議員(1909.4.4 / 1909.5.20 『대한흥학보』3호), 評議員(1909.10.3 / 1909.11.20 『대한흥학보』7호)		유민회, 조선경제회, 시국대동단 참여활동
102	李漢卿	出版部長(1909.2.28 / 1909.4.20 『대한흥학보』2호), 出版部長(1909.3.7 / 1909.4.20 『대한흥학보』2호), 評議員(1906.9.2 / 1907.3.3 『대한유학생회학보』1호), 評議員(1908.6.28 / 1908.7.25 『대한학회월보』6호), 出版部(1909.1.10 / 1909.3.20 『대한흥학보』1호), 運動部(1909.4.4 / 1909.5.20 『대한흥학보』3호)	철원군 서변면장(1914)	한강곡물조합 부회두(1924)
103	李海忠	討論部員(1908.3.29 / 1908.4.25 『대한학회월보』3호), 交際部(1908.6.29 / 1908.7.25 『대한학회월보』6호)	백작, 경기도 학무위원	백작 이지용의 아들
104	李享雨	評護員(1906.9.2 / 1907.3.3 『대한유학생회학보』1호), 編纂員(1906.9.2 / 1907.3.3 『대한유학생회학보』1호)		
105	李閣柱	會計員(1907.12.24 / 1907.12.24 『태극학보』16호)		
106	李勳榮	編輯書記(1907.9.29 / 1907.10.24 『태극학보』14호), 部員(1908.2.11 / 1908.2.25 『대한학회월보』1호), 討論部(1909.1.10 / 1909.3.20 『대한흥학보』1호)	평안북도 태천군 군수(1922)	국민협회 간사(1920)
107	李熙迪	幹事員(1909.10.3 / 1909.11.20 『대한흥학보』7호)	평양지방법원 판사(1920), 중추원 참의(1938)	신의주직조, 신의주상업조합 등 여러 개의 회사경영
108	李熙轍	討論部員(1908.2.11 / 1908.2.25 『대한학회월보』1호)		
109	林圭	編纂員(1906.9.2 / 1907.3.3 『대한유학생회학보』1호)		중앙고보 교사, 3.1운동으로 구속
110	林得煥	編纂 書記(1908.10.4 / 1908.10.24 『태극학보』25호)		
111	林彪	幹事員(1908.2.11 / 1908.2.25 『대한학회월보』1호), 幹事員(1909.1.10 / 1909.3.20 『대한흥학보』1호), 運動部(1909.4.4 / 1909.5.20 『대한흥학보』3호)		한국국민위원회국민위원, 대한의용군사회 집행위원,
113	文尙宇(文乃郁)	會計員(1906.9.2 / 1907.3.3 『대한유학생회학보』1호), 會計員(1907.4.7 / 1907.5.25 『대한유학생회학보』3호), 同書記(1908.4.25 『대한학회월보』6호), 評議員(1908.6.28 / 1908.7.25 『대한학회월보』6호), 會長(1909.4.4 / 1909.5.20 『대한흥학보』3호), 會長(1909.5.2/1909.6.20 『대한흥학보』4호), 崔昌朝(1909.1.10 / 1909.3.20 『대한흥학보』1호), 評議員(1909.3.1 / 1909.11.20 『대한흥학보』7호), 會計部員(1909.10.3 / 1909.11.20 『대한흥학보』7호)	부산부참사(1920), 경상남도 도평의원	해동은행 전무
114	文一平	評議員(1906.10.14 / 1906.10.24 『태극학보』3호), 評議員(1907.9.28 / 1907.10.24 『태극학보』14호), 編纂員(1908.10.4 / 1908.10.24 『태극학보』25호), 評議員(1908.9.27 / 1908.10.24 『태극학보』25호), 評議員(1906.11.24 / 1906.11.24 『태극학보』4호), 會員(1906.9.24 / 1906.9.24 『태극학보』2호), 評議員(1908.3.1 / 1908.3.24 『태극학보』19호), 編纂員(1908.3.1 / 1908.3.24 『태극학보』19호), 編纂部(1909.4.4 / 1909.5.20 『대한흥학보』3호)		동제사 참여, 중동학교 송도고보, 배재고보 등에서 교사로 활동. 신간회 발기인, 조선일보 편집고문

번호	이름	유학생 단체에서의 직위	일제하 관직경험	일제하 활동상황
115	閔正基	會計部(1909.1.10 / 1909.3.20 『대한흥학보』 1호), 會計部(1909.4.4 / 1909.5.20 『대한흥학보』 3호)	조선총독부 중앙시험소 기사(1929), 조선인 최초의 기사 (1923)	이종만의 대동광업의 이사로 활동함
116	閔天植	會計部員(1909.10.3 / 1909.11.20 『대한흥학보』 7호)		한일은행 지배인, 민영휘의 넷째 아들, 1915년 사망
117	閔弘基	討論部員(1908.2.11 / 1908.2.25 『대한학회월보』 1호)	자작	자작 민병석의 아들
118	朴炳哲	臨時議長(1909.4.25 / 1909.5.20 『대한흥학보』 3호), 代理理議長(1909.4.25 / 1909.6.20 『대한흥학보』 4호), 會長代理(1910.3.6 / 1910.4.20 『대한흥학보』 12호), 評議員(1908.6.28 / 1908.7.25 『대한학회월보』 6호), 會計部(1908.6.29 / 1908.7.25 『대한학회월보』 6호), ○○○ / 1909.3.20 『대한흥학보』 1호), 副會長(1909.10.3 / 1909.11.20 『대한흥학보』 7호), 出版部(1909.4.25 / 1909.6.20 『대한흥학보』 4호), 評議員(1909.4.4 / 1909.5.20 『대한흥학보』 3호), 出版部(1909.4.4 / 1909.5.20 『대한흥학보』 3호)		유민회, 조선경제회, 소작인상조회 참여, 각파유지연맹 참여, 삼남은행장
119	朴相洛	書記員(1906.9.24 / 1906.9.24 『태극학보』 2호), 事務員(1907.9.29 / 1907.10.24 『태극학보』 14호), ○○○(1907.9.29 / 1907.10.24 『태극학보』 14호), 書記員(1908.10.4 / 1908.10.24 『태극학보』 25호), 評議員(1908.9.27 / 1908.10.24 『태극학보』 25호), 書記員(1906.11.24 / 1906.11.24 『태극학보』 4호), 書記員(1906.8.24 / 1906.8.24 『태극학보』 1호), 書記員(1907.3.9 / 1907.3.24 『태극학보』 8호), 評議員(1907.9.28 / 1907.10.24 『태극학보』 14호), 評議員(1908.3.1 / 1908.3.24 『태극학보』 19호), 書記員(1908.3.1 / 1908.3.24 『태극학보』 19호), 幹事員(1909.1.10 / 1909.3.20 『대한흥학보』 1호), 書記員(1909.10.3 / 1909.11.20 『대한흥학보』 7호), 評議員(1909.4.4 / 1909.5.20 『대한흥학보』 3호)		유학중 1911년 사망
120	朴尙純	事務員(1908.10.4 / 1908.10.24 『태극학보』 25호), 出版部(1909.1.10 / 1909.3.20 『대한흥학보』 1호), 評議員(1909.5.2 / 1909.6.20 『대한흥학보』 4호)		평양 일신학교 교사
121	朴相順	敎育部(1909.4.4 / 1909.5.20 『대한흥학보』 3호)		
122	朴勝彬	會長(1907.2.10.故 崔益鉉氏 追弔會 / 1907.4.7 『대한유학생회학보』 2호), 副會長(1907.2.3 / 1907.4.7 『대한유학생회학보』 2호), 會長(1907.2.3 / 1907.4.7 『대한유학생회학보』 2호), 會長(1907.4.10 / 1907.5.25 『대한유학생회학보』 3호), 會長(1907.4.7 / 1907.5.25 『대한유학생회학보』 3호), 書記員(1906.9.2 / 1907.3.3 『대한유학생회학보』 1호)		보전교장, 변호사, 임전보국단 이사
123	朴永魯	會員(1906.8.24 / 1906.8.24 『태극학보』 1호), 會員(1906.9.24 / 1906.9.24 『태극학보』 2호)		
124	朴鏞夏	書記(1909.10.31 / 1909.11.20 『대한흥학보』 7호)		북선상업은행 감사, 조선인산업대회 발기인, 흥농회 발기인
125	朴容喜	評議員(1906.9.24 / 1906.9.24 『태극학보』 2호), 會計員(1907.9.29 / 1907.10.24 『태극학보』 14호), 運動部(1908.6.29 / 1908.7.25 『대한학회월보』 6호), 總務員(1909.4.25 / 1909.5.20 『대한흥학보』 3호), 評議員(1906.11.24 / 1906.11.24 『태극학보』 4호), 評議員(1907.3.9 / 1907.3.24 『태극학보』 8호), 會計員(1907.9.28 / 1907.10.24 『태극학보』 14호), 會計員(1908.2.11 / 1908.2.25 『대한학회월보』 1호), ○○○(1909.1.10 / 1909.3.20 『대한흥학보』 1호), 會計員(1909.10.3 / 1909.11.20 『대한흥학보』 7호), 總務員(1909.4.4 / 1909.5.20 『대한흥학보』 3호)		경성방직 대주주, 동아일보 감사
126	朴元景	幹事部員(1909.4.25 / 1909.5.20 『대한흥학보』 3호), 幹事(1909.4.25 / 1909.6.20 『대한흥학보』 4호)	평양제1공립보통학교 부훈도	
127	朴有秉	書記員(1908.2.11 / 1908.2.25 『대한학회월보』 1호)	공주지방법원 강경지청 판사	
128	朴允喆	書記(1909.4.25 / 1909.6.20 『대한흥학보』 4호), 出版部員(1909.10.3 / 1909.11.20 『대한흥학보』 7호), 書記員(1909.4.4 / 1909.5.20 『대한흥학보』 3호)	평양복심법원 서기	
129	朴仁植	會員(1906.8.24 / 1906.8.24 『태극학보』 1호), 會員(1906.9.24 / 1906.9.24 『태극학보』 2호)		
130	朴寅喜	司察部員(1909.10.3 / 1909.11.20 『대한흥학보』 7호)		
131	朴濟鳳	事務員(1906.8.24 / 1906.8.24 『태극학보』 1호), 書記員(1906.9.24 / 1906.9.24 『태극학보』 2호)	조선총독부 학무국 촉탁(1939)	
132	朴瓊稙	敎育部(1909.1.10 / 1909.3.20 『대한흥학보』 1호), 敎育部員(1909.10.3 / 1909.11.20 『대한흥학보』 7호)		
133	朴準大	司察部(1909.4.4 / 1909.5.20 『대한흥학보』 3호)		

번호	이름	유학생 단체에서의 직위	일제하 관직경험	일제하 활동상황
134	朴昌一	編纂 書記(1908.10.4 / 1908.10.24 『태극학보』 25호)		
135	朴春緖	討論部員(1909.4.25 / 1909.5.20 『대한흥학보』 3호), 討論部長代理(1909.4.25 / 1909.6.20 『대한흥학보』 4호), 幹事員(1908.6.29 / 1908.7.25 『대한학회월보』 6호), 討論部員(1909.10.3 / 1909.11.20 『대한흥학보』 7호), 討論部(1909.4.4 / 1909.5.20 『대한흥학보』 3호)	공주지방법원 강경지청 판사	
136	朴泰殷	編纂 書記(1908.10.4 / 1908.10.24 『태극학보』 25호)		
137	朴海達	書記(1908.2.11 / 1908.2.25 『대한학회월보』 1호), 書記(1908.3.29 / 1908.4.25 『대한학회월보』 3호), 敎育部(1908.6.29 / 1908.7.25 『대한학회월보』 6호), ○○○(1909.1.10 / 1909.3.20 『대한흥학보』 1호), 編纂部員(1909.10.3 / 1909.11.20 『대한흥학보』 7호), 校正委員(1909.12.8 / 1910.1.20 『대한흥학보』 9호), 編纂部(1909.4.4 / 1909.5.20 『대한흥학보』 3호)		조선경제회, 유민회, 파유지연맹 참여
138	白成鳳	事務員(1908.10.4 / 1908.10.24 『태극학보』 25호), 會員(1906.8.24 / 1906.8.24 『태극학보』 1호), 會員(1906.9.24 / 1906.9.24 『태극학보』 2호), 司察部員(1909.10.3 / 1909.11.20 『대한흥학보』 7호)		
139	邊鳳現	會員(1906.9.24 / 1906.9.24 『태극학보』 2호)		
140	邊濟駿	庶務員(1906.9.2 / 1907.3.3 『대한유학생회학보』 1호), 敎育部員(1908.2.11 / 1908.2.25 『대한학회월보』 1호), 會計員(1908.6.29 / 1908.7.25 『대한학회월보』 6호), 運動部(1908.6.29 / 1908.7.25 『대한학회월보』 6호), 運動部(1909.1.10 / 1909.3.20 『대한흥학보』 1호), 評議員(1909.10.3 / 1909.11.20 『대한흥학보』 7호)		
141	尙灝	會長(1906.9.2 / 1907.3.3 『대한유학생회학보』 1호)	중추원참의(1933)	
142	成禎洙	司察員(1908.10.4 / 1908.10.24 『태극학보』 25호)	평안북도 창성군 군수, 전라남도 도회 의원	
143	宋旭鉉	敎育部員(1909.4.25 / 1909.5.20 『대한흥학보』 3호), 編纂(1908.10.4 / 1908.10.24 『태극학보』 25호), 敎育部(1909.4.25 / 1909.6.20 『대한흥학보』 4호)		
144	申景均	幹事員(1908.7.8 / 1908.7.25 『대한학회월보』 6호)		함경북도 동해수리조합 대표
145	申相鎬	評議員(1906.10.14 / 1906.10.24 『태극학보』 3호), 評議員(1906.11.24 / 1906.11.24 『태극학보』 4호), 會員(1906.8.24 / 1906.8.24 『태극학보』 1호), 會員(1906.9.24 / 1906.9.24 『태극학보』 2호), 評議員(1907.3.9 / 1907.3.24 『태극학보』 8호)	충청북도 영동경찰서 경부(1913)	
146	申學楗	編纂 書記(1908.10.4 / 1908.10.24 『태극학보』 25호)		
147	申厚永	部員(1908.2.11 / 1908.2.25 『대한학회월보』 1호), 敎育部(1908.6.29 / 1908.7.25 『대한학회월보』 6호)		중앙신탁 감사
148	安炳敦	司察部員(1909.10.3 / 1909.11.20 『대한흥학보』 7호)		
149	安暎洙	運動部(1908.2.11 / 1908.2.25 『대한학회월보』 1호)		
150	安鼎夏	編纂部書記(1908.3.29 / 1908.4.25 『대한학회월보』 3호), 編纂部書記員(1908.6.29 / 1908.7.25 『대한학회월보』 6호)	평안남도 평양부 서기(1929)	
151	安鍾九	幹事員(1908.2.11 / 1908.2.25 『대한학회월보』 1호)		
152	安布貞	運動部(1909.1.10 / 1909.3.20 『대한흥학보』 1호), 運動部(1908.6.29 / 1908.7.25 『대한학회월보』 6호), 運動部員(1909.10.3 / 1909.11.20 『대한흥학보』 7호), 運動部(1909.4.4 / 1909.5.20 『대한흥학보』 3호)		
153	楊在河	敎育部員(1909.10.3 / 1909.11.20 『대한흥학보』 7호)	충청북도 참여관(1937)	
154	楊致中	會員(1906.8.24 / 1906.8.24 『태극학보』 1호), 評議員(1908.1.12 / 1908.1.24 『태극학보』 17호), 庶務員(1906.9.2 / 1907.3.3 『대한유학생회학보』 1호), 會員(1906.9.24 / 1906.9.24 『태극학보』 2호), 事務員(1907.3.9 / 1907.3.24 『태극학보』 8호), 編纂員(1908.3.1 / 1908.3.24 『태극학보』 19호), 討論部員(1909.1.10 / 1909.3.20 『대한흥학보』 1호)	평양지방법원 진남포지청 서기(1924)	진남포 부회선거에 동점당선되었으나 하인 이유로 류종덕 낙선함.(1931)
155	魚允斌	書記員(1906.9.2 / 1907.3.3 『대한유학생회학보』 1호), 運動部長(1908.2.11 / 1908.2.25 『대한학회월보』 1호), 運動部(1909.1.10 / 1909.3.20 『대한흥학보』 1호)	광주지방법원 검사(1919)	
156	吳悳泳	編纂部員(1909.10.3 / 1909.11.20 『대한흥학보』 7호)		
157	吳錫裕	警察員(1906.10.7 / 1906.10.24 『태극학보』 3호), 書記員(1907.3.9 / 1907.3.24 『태극학보』 8호), 會員(1906.8.24 / 1906.8.24 『태극학보』 1호), 會員(1906.9.24 / 1906.9.24 『태극학보』 2호)	전라남도 무안군수(1930)	
158	吳一純	繙譯員(1906.9.2 / 1907.3.3 『대한유학생회학보』 1호)		
159	吳政善	幹事員(1908.2.11 / 1908.2.25 『대한학회월보』 1호), 交際部(1908.6.29 / 1908.7.25 『대한학회월	임시토지조사국 총	귀국 후 동척사무원

호	이름	유학생 단체에서의 직위	일제하 관직경험	일제하 활동상황
		보』6호), 討論部(1909.4.4 / 1909.5.20 『대한흥학보』3호)	무과 서기(1917)	(1910)
50	玉宗敬	運動部員(1909.10.3 / 1909.11.20 『대한흥학보』7호)		1915년 미국유학(오하이오) 1923년 일시귀국, 미국에서 선교활동
51	元勛常	敎育部(1909.1.10 / 1909.3.20 『대한흥학보』1호), 司察部(1909.4.4 / 1909.5.20 『대한흥학보』3호)	전라남도 무안군 군수(1934)	
52	尹學鉉	繙譯員(1906.9.2 / 1907.3.3 『대한유학생회학보』1호)		유학중 사망(1909)
53	尹教重 (尹白南)	運動部(1909.1.10 / 1909.3.20 『대한흥학보』1호)		민중극단 조직(1922)
54	尹冀鉉	總務員(1908.8.30 / 1908.10.25 『대한학회월보』8호), 運動部長(1909.2.28 / 1909.4.20 『대한흥학보』2호), 運動部長(1909.3.28 / 1909.4.20 『대한흥학보』2호), 評議員(1908.6.28 / 1908.7.25 『대한학회월보』6호), 運動部(1909.1.10 / 1909.3.20 『대한흥학보』1호), 運動部員(1909.10.3 / 1909.11.20 『대한흥학보』7호), 運動部(1909.4.25 / 1909.6.20 『대한흥학보』4호), 運動部(1909.4.4 / 1909.5.20 『대한흥학보』3호)		
55	尹炳哲	編纂員(1909.1.10 / 1909.3.20 『대한흥학보』1호)		
56	尹炳喆	編纂員(1909.4.25 / 1909.6.20 『대한흥학보』4호), 編纂部(1909.4.4 / 1909.5.20 『대한흥학보』3호)		
57	尹輔鉉	敎育部(1908.6.29 / 1908.7.25 『대한학회월보』6호)		
58	尹宇植	幹事員(1909.1.10 / 1909.3.20 『대한흥학보』1호)	황해도 내무부 도속(1921), 경성부협의원, 경성상의원(1936년 현재)	
59	尹定夏	書記(1907.2.3 / 1907.4.7 『대한유학생회학보』2호), 書記(1907.4.7 / 1907.5.25 『대한유학생회학보』3호), 會計員(1908.2.11 / 1908.2.25 『대한학회월보』1호), 司察部員(1909.4.25 / 1909.6.20 『대한흥학보』3호), 會計檢査委員(1909.4.25 / 1909.6.20 『대한흥학보』4호), 司察部(1909.4.25 / 1909.6.20 『대한흥학보』4호), 評議員(1906.9.2 / 1907.3.3 『대한유학생회학보』1호), 繙譯員(1906.9.2 / 1907.3.3 『대한유학생회학보』1호), 會計(1908.3.29 / 1908.4.25 『대한학회월보』3호), 評議員(1908.6.28 / 1908.7.25 『대한학회월보』6호), ○○○(1909.1.10 / 1909.3.20 『대한흥학보』1호), 評議員(1909.4.4 / 1909.5.20 『대한흥학보』3호), 商學界編纂(1909.4.4 / 1909.5.20 『대한흥학보』3호)	함경남도 덕원군 참사(1920) ,	해동물산 중역(1918), 현기봉 가문의 전문경영인
70	尹喆重	運動部(1909.4.4 / 1909.5.20 『대한흥학보』3호)		일진회 윤갑병의 아들, 친일 노동단체 노동대회 총무(1920), 광산 알선회사 문장사 대표
71	尹台鎭	評議員(1908.6.28 / 1908.7.25 『대한학회월보』6호), 討論部(1909.1.10 / 1909.3.20 『대한흥학보』1호), 評議員(1909.10.3 / 1909.11.20 『대한흥학보』7호), 出版部(1909.4.25 / 1909.6.20 『대한흥학보』4호), 出版部(1909.4.4 / 1909.5.20 『대한흥학보』3호)	공주지방법원 강경지청 판사(1920)	변호사, 위증교사로 징역(1933)
72	尹豊鉉	敎育部員(1909.10.3 / 1909.11.20 『대한흥학보』7호), 會計員(1909.4.4 / 1909.5.20 『대한흥학보』3호)		유학중 병사(1910)
73	張啓澤	警察員(1906.10.7 / 1906.10.24 『태극학보』3호), 査察員(1907.9.29 / 1907.10.24 『태극학보』14호), 事務員(1906.11.24 / 1906.11.24 『태극학보』4호), 事務員(1906.8.24 / 1906.8.24 『태극학보』1호), 事務員(1906.9.24 / 1906.9.24 『태극학보』2호), ○○○(1907.3.9 / 1907.3.24 『태극학보』8호), 評議員(1908.3.1 / 1908.3.24 『태극학보』19호), 編纂員(1908.3.1 / 1908.3.24 『태극학보』19호)	평양지방법원 서기(1932)	
74	張世奎	會員(1906.9.24 / 1906.9.24 『태극학보』2호)		
75	張淳翊	運動部(1909.1.10 / 1909.3.20 『대한흥학보』1호), 幹事員(1909.4.4 / 1909.5.20 『대한흥학보』3호)	평안북도지방 개량사무 촉탁(1925)	
76	張膺震	會長(1906.11.24 / 1906.11.24 『태극학보』4호), 評議員(1906.8.24 / 1906.8.24 『태극학보』1호), 評護員(1906.9.2 / 1907.3.3 『대한유학생회학보』1호), 會長(1906.9.24 / 1906.9.24 『태극학보』2호), 會長(1907.3.9 / 1907.3.24 『태극학보』8호), 會長(1907.6.24/1907.6.24 『태극학보』11호), 評議員(1907.9.28 / 1907.10.24 『태극학보』14호), 會長(○○○/1907.9.24 『태극학보』13호)	京城公立女子高等普通學校 敎諭(1925), 조선총독부 시학관 겸 편수관(1930)	휘문고보 교장, 조선교육회 결성
77	張志台	司察員(1906.9.24 / 1906.9.24 『태극학보』2호), 金洛泳(1906.11.24 / 1906.11.24 『태극학보』4호), 事務員(1906.8.24 / 1906.8.24 『태극학보』1호)		
78	張弘植	繙譯員(1906.9.2 / 1907.3.3 『대한유학생회학보』1호)	경기도평의원(1929), 효자정 총대(1936)	한성은행 취체역 회장(1933)

번호	이름	유학생 단체에서의 직위	일제하 관직경험	일제하 활동상황
179	全永植	評議員(1909.10.3 / 1909.11.20 『대한흥학보』7호), 司察部(1909.4.4 / 1909.5.20 『대한흥학보』3호), 司察部(1909.4.25 / 1909.6.20 『대한흥학보』4호)	평안남도 대동군 군속(1927)	
180	全永爵	警察員(1906.10.7 / 1906.10.24 『태극학보』3호), 評護員(1906.9.2 / 1907.3.3 『대한유학생회학보』1호), 太極學校 校監(1906.9.24 / 1906.10.24 『태극학보』3호), 評議員(1906.11.24 / 1906.11.24 『태극학보』4호), 評議員(1906.8.24 / 1906.8.24 『태극학보』1호), 評議員(1906.9.24 / 1906.9.24 『태극학보』2호), 評議員(1907.3.9 / 1907.3.24 『태극학보』8호), 評議員(1907.9.28 / 1907.10.24 『태극학보』14호)		평안도에서 광업에 사(1913년 관보)
181	全宇榮	運動部員(1909.10.3 / 1909.11.20 『대한흥학보』7호)		한일은행 남대문지 지점장(1921년 현재) 문화장유양조장 경여
182	全豹	運動部(1909.4.4 / 1909.5.20 『대한흥학보』3호), 商學界編纂(1909.4.4 / 1909.5.20 『대한흥학보』3호)		
183	鄭敬朝	教育部(1909.1.10 / 1909.3.20 『대한흥학보』1호)		
184	鄭廣朝	評議長代理(1909.5.8 / 1909.6.20 『대한흥학보』4호), 討論部員(1909.10.3 / 1909.11.20 『대한흥학보』7호), 評議員(1909.4.4 / 1909.5.20 『대한흥학보』3호)		대동단사건으로 체포 3·1운동 참여, 천도교 대령, 임전국단 활 국민정신총동원 천도 교연맹 이사
185	鄭世胤	交際部(1908.6.29 / 1908.7.25 『대한학회월보』6호), ○○○ / 1909.3.20 『대한흥학보』1호), 評議員(1909.10.3 / 1909.11.20 『대한흥학보』7호), 評議員(1909.4.4 / 1909.5.20 『대한흥학보』3호)	평양부협의회원	의사, 조선노동공제 평양지회장
186	趙南稷	編纂部員(1909.4.25 / 1909.5.20 『대한흥학보』3호), 校正委員(1909.12.8 / 1910.1.20 『대한흥학보』9호), 編纂部(1909.4.25 / 1909.6.20 『대한흥학보』4호)		동일은행 지배인(19
187	趙東熙	食計部(1909.1.10 / 1909.3.20 『대한흥학보』1호)		
188	曹秉浩	運動部員(1909.4.25 / 1909.5.20 『대한흥학보』3호), 運動部(1909.4.25 / 1909.6.20 『대한흥학보』4호)		
189	趙鳳九	評議員(1908.6.28 / 1908.7.25 『대한학회월보』6호)		
190	趙鏞殷 (조소앙)	出版部員(1909.4.25 / 1909.5.20 『대한흥학보』3호), ○○○(1909.1.10 / 1909.3.20 『대한흥학보』1호), 評議員(1909.10.3 / 1909.11.20 『대한흥학보』7호), 編纂部員(1909.10.3 / 1909.11.20 『대한흥학보』7호), 出版部(1909.4.25 / 1909.6.20 『대한흥학보』4호), 評議員(1909.4.4 / 1909.5.20 『대한흥학보』3호)		임시정부 외교부장, 국독립당 부위원장
191	趙重獻	交際部(1908.6.29 / 1908.7.25 『대한학회월보』6호)	귀족(남작)	
192	陳慶錫	出版部員(1909.10.3 / 1909.11.20 『대한흥학보』7호), 敎有部(1909.4.4 / 1909.5.20 『대한흥학보』3호), 評議員(1909.5.2 / 1909.6.20 『대한흥학보』4호)		
193	車轂	庶務員(1906.9.2 / 1907.3.3 『대한유학생회학보』1호)	조선총독부 군서기 (1913년 의원면직)	
194	蔡奎丙	事務員(1906.8.24 / 1906.8.24 『태극학보』1호), 事務員(1906.9.24 / 1906.9.24 『태극학보』2호), 事務員(1906.11.24 / 1906.11.24 『태극학보』4호)	경기도 경찰부 창덕 궁경찰서 경시(1924)	
195	蔡基斗	規則改正委員(1908.6.28 / 1908.7.25 『대한학회보』6호), 副會長(1908.7.5 / 1908.9.25 『대한학회월보』7호), 會長(1909.1.10 / 1909.3.20 『대한흥학보』1호), 會長(1909.2.28 / 1909.4.20 『대한흥학보』2호), 會長(1909.2.7 / 1909.4.20 『대한흥학보』2호), 會長(1909.3.7 / 1909.4.20 『대한흥학보』2호), 餞別委員(1907.2.10. 安昌浩氏送別會 / 1907.4.7 『대한유학생회학보』2호), 副會長(1908.6.28 / 1908.7.25 『대한학회보』6호), 評議員(1909.4.4 / 1909.5.20 『대한흥학보』3호), 討論部長(1908.2.11 / 1908.2.25 『대한학회월보』1호), 評護員(1906.9.2 / 1907.3.3 『대한유학생회학보』1호)	·	유민회, 조선소작인 조회, 시국대동단 중 인물, 만몽개발단 책 자
196	崔光玉	會員(1906.8.24 / 1906.8.24 『태극학보』1호), 會員(1906.9.24 / 1906.9.24 『태극학보』2호)		신민회 등에 참여하 계몽운동
197	崔基台	書記員(1909.10.3 / 1909.11.20 『대한흥학보』7호)		
198	崔南善	編纂員(1906.9.2 / 1907.3.3 『대한유학생회학보』1호), 校正委員(1909.12.8 / 1910.1.20 『대한흥학보』9호)		독립선언서 기초, 만 건국대학 교수
199	崔洛允	幹事員(1909.10.3 / 1909.11.20 『대한흥학보』7호)	전라북도 진안군 속(1924)	
200	崔麟	會長(1908.2.11 / 1908.2.25 『대한학회월보』1호), 副會長(1906.11.4 / 1907.3.3 『대한유학생회학보』1호), 副會長(1906.9.2 / 1907.3.3 『대한유학생회학보』1호), 會長(1907.2.3 / 1907.4.7 『대한유	중추원 참의	천도교 4대교주, 민 대표 33인, 시중회,

번호	이름	유학생 단체에서의 직위	일제하 관직경험	일제하 활동상황
		학생회학보』2호), 會長(1908.3.29 / 1908.4.25, 『대한학회월보』3호), 副會長(1909.1.10 / 1909.3.20 『대한흥학보』1호), 副會長(1909.2.7 / 1909.4.20 『대한흥학보』2호), 評議員(1909.5.2/1909.6.20 『대한흥학보』4호), 餞別委員(1907.2.10, 安昌浩氏送別會 / 1907.4.7 『대한유학생회학보』2호), 評議員(1907.9.28 / 1907.10.24 『태극학보』14호), 評議員(1909.4.4 / 1909.5.20 『대한흥학보』3호), 會長(1908.6.28 / 1908.7.25 『대한학회월보』6호), 評議員(1908.6.28 / 1908.7.25 『대한학회월보』6호)		민정신총동원 조선연맹 이사, 매일신보 사장
201	崔鳴煥	教育部員(1908.2.11 / 1908.2.25 『대한학회월보』1호), ○○○(1909.1.10 / 1909.3.20 『대한흥학보』1호), 教育部員(1909.10.3 / 1909.11.20 『대한흥학보』7호), 評議員(1909.4.4 / 1909.5.20 『대한흥학보』3호)		보성고등보통학교 교장
202	崔錫夏	副會長(1906.9.24 / 1906.9.24 『태극학보』2호), 副會長(1907.3.9 / 1907.3.24 『태극학보』8호), 副會長(1907.9.28 / 1907.10.24 『태극학보』14호), 警察長(1906.10.7 / 1906.10.24 『태극학보』3호), 總務員(1906.9.2 / 1907.3.3 『대한유학생회학보』1호), 總務員(1907.2.3 / 1907.4.7 『대한유학생회학보』2호), 教育部長(1908.2.11 / 1908.2.25 『대한학회월보』1호), 教育部(1908.6.29 / 1908.7.25 『대한학회월보』6호), 副會長(1906.11.24 / 1906.11.24 『태극학보』4호), 評議員(1906.8.24 / 1906.8.24 『태극학보』1호)	평안북도 도참사, 경학원 강사, 중추원 참의, 평안북도 도회의원	
203	崔時俊	司察(1908.3.1 / 1908.3.24 『태극학보』19호)		협성실업학교 창립
204	崔容化	司察部(1909.1.10 / 1909.3.20 『대한흥학보』1호)		
205	崔元基	評護員(1906.9.2 / 1907.3.3 『대한유학생회학보』1호)		
206	崔元植	幹事(1909.1.10 / 1909.3.20 『대한흥학보』1호), 評議員(1909.10.3 / 1909.11.20 『대한흥학보』7호), 司察部(1909.4.4 / 1909.5.20 『대한흥학보』3호)		
207	崔允德	書記員(1908.10.4 / 1908.10.24 『태극학보』25호), 司察部(1909.1.10 / 1909.3.20 『대한흥학보』1호), 事務員(1908.3.1 / 1908.3.24 『태극학보』19호), 編輯部書記員(1908.3.1 / 1908.3.24 『태극학보』19호)		
208	崔浚晟	幹事(1908.2.11 / 1908.2.25 『대한학회월보』1호), 司察部(1909.4.4 / 1909.5.20 『대한흥학보』3호), 司察部(1909.1.10 / 1909.3.20 『대한흥학보』1호), 評議員(1909.10.3 / 1909.11.20 『대한흥학보』7호)		
209	崔昌朝	總務(1909.2.28 / 1909.4.20 『대한흥학보』2호), 總務員(1909.2.7 / 1909.4.20 『대한흥학보』2호), 總務員(1909.3.28 / 1909.4.20 『대한흥학보』2호), 總務員(1909.3.7 / 1909.4.20 『대한흥학보』2호), 總務員(1909.4.4 / 1909.5.20 『대한흥학보』3호), 會長 ○○○『대한흥학보』13호), 評議員(1908.6.28 / 1908.7.25 『대한학회월보』6호), 撫務(1909.1.10 / 1909.3.20 『대한흥학보』1호), 總務員(1909.10.3 / 1909.11.20 『대한흥학보』7호)	해주지방법원 판사(1920), 중추원참의(1935), 평안북도 도평의회의원)	
210	崔漢基	會計部員(1909.10.3 / 1909.11.20 『대한흥학보』7호)		동경에서 유학생학우회 조직(1912), 대구은행 지배인(1922)
211	崔浩善	書記(1908.3.29 / 1908.4.25 『대한학회월보』3호), 書記(1908.6.28 / 1908.7.25 『대한학회월보』6호), 評議員(1909.10.3 / 1909.11.20 『대한흥학보』7호), 書記員(1908.6.29 / 1908.7.25 『대한학회월보』6호), 討論部(1909.1.10 / 1909.3.20 『대한흥학보』1호)		
212	崔浩承	評議員(1909.10.3 / 1909.11.20 『대한흥학보』7호)	공주지방법원 청주지청 서기(1921)	소작인상조회 청주지회 이사(1922)
213	表振模	事務員(1906.8.24 / 1906.8.24 『태극학보』1호), 事務員(1906.9.24 / 1906.9.24 『태극학보』2호)		1907년 사망
214	河熙源	幹事(1909.4.25 / 1909.6.20 『대한흥학보』4호), 幹事(1909.4.4 / 1909.5.20 『대한흥학보』3호)		중외신문 광고부장
215	韓相愚	會計員(1908.7.5 / 1908.9.25 『대한학회월보』7호), 評護員(1906.9.2 / 1907.3.3 『대한유학생회학보』1호), 會計員(1906.9.2 / 1907.3.3 『대한유학생회학보』1호), 評議員(1908.6.28 / 1908.7.25 『대한학회월보』6호), 會計部(1908.6.29 / 1908.7.25 『대한학회월보』6호), 崔昌朝(1909.1.10 / 1909.3.20 『대한흥학보』1호), 運動部(1909.4.25 / 1909.6.20 『대한흥학보』4호), 運動部(1909.4.4 / 1909.5.20 『대한흥학보』3호)		대한국민회 참사(1920), 민생단 부단장(1932), 간도협조회 고문(1935), 함흥 다구치(주) 이사
216	韓溶	副會長(1909.5.2/ 1909.6.20 『대한흥학보』4호), 特別責務督刷委員(1909.5.2/ 1909.6.20 『대한흥학보』4호), 崔昌朝(1909.1.10 / 1909.3.20 『대한흥학보』1호), 評議員(1909.4.4 / 1909.5.20 『대한흥학보』3호)	평양복심법원 검사국 검사(1924)	
217	許憲	評議員(1908.6.28 / 1908.7.25 『대한학회월보』6호), 評議會議長(1909.2.28 / 1909.4.20 『대한흥학보』2호), 評議會議長(1909.3.28 / 1909.4.20 『대한흥학보』2호), 崔昌朝(1909.1.10 / 1909.3.20 『대한흥학보』1호)		신간회 위원장, 변호사
218	洪明基	書記員(1909.10.3 / 1909.11.20 『대한흥학보』7호)		

번호	이름	유학생 단체에서의 직위	일제하 관직경험	일제하 활동상황
219	洪命憙	編纂部(1909.4.4 / 1909.5.20 『대한흥학보』 3호), 編纂部(1909.1.10 / 1909.3.20 『대한흥학보』 1호), 敎育部員 (1909.10.3 / 1909.11.20 『대한흥학보』 7호)		신간회 부회장, 시대일보 사장
220	洪聖淵	敎育部員(1908.2.11 / 1908.2.25 『대한학회월보』 1호)	중추원 참의(1929)	북선상업은행 이사(1927
221	洪性郁	會員(1906.9.24 / 1906.9.24 『태극학보』 2호)		
222	洪淳五	評議員(1908.6.28 / 1908.7.25 『대한학회월보』 6호), 出版部(1909.1.10 / 1909.3.20 『대한흥학보』 1호)		
223	洪淳亨	討論部員(1909.10.3 / 1909.11.20 『대한흥학보』 7호), 評議員(1909.4.4 / 1909.5.20 『대한흥학보』 3호)		
224	洪元裕	討論部員(1909.1.10 / 1909.3.20 『대한흥학보』 1호)		
225	洪在珏	運動部員(1909.10.9 / 1909.11.20 『대한흥학보』 7호)		
226	洪正求	事務員(1906.11.24 / 1906.11.24 『태극학보』 4호), 會員(1906.8.24 / 1906.8.24 『태극학보』 1호), 事務員(1906.9.24 / 1906.9.24 『태극학보』 2호)		조선산업조합 이사, 과장(주) 대주주
227	洪鑄一	評議員(1909.10.3 / 1909.11.20 『대한흥학보』 7호), 幹事員(1909.4.4 / 1909.5.20 『대한흥학보』 3호)		
228	黃錫翹	司察部(1909.1.10 / 1909.3.20 『대한흥학보』 1호)	전라남도 곡성군 군수(1924)	국민협회 창립회원 겸 총무(1920)

참고문헌

자료
『대한매일신보』, 『황성신문』, 『대한흥학보』, 『공수학보』, 『낙동친목학회회보』, 『대한학회월보』, 『태극학보』, 『대한협회회보』, 『대한자강회월보』, 『서북학회월보』, 『학지광』

연구논저
김기주, 『韓末 在日韓國留學生의 民族運動』, 느티나무, 1993.
김효전, 『근대한국의 국가사상』, 철학과현실사, 2000.
진덕규 편, 『한국 사회과학의 지적계보와 한국적 사회과학 이론정립의 방안—자료집』 1, 연세대 국가관리연구원, 2012.

김상기, 「韓末 太極學會의 思想과 活動」『嶠南史學』 1호, 1985.
박기환, 「近代日韓文化交流史硏究—韓國人の日本留學」, 大阪大學 博士論文, 1998.
박찬승, 「1890년대 후반 도일度日 유학생의 현실인식」, 『역사와 현실』 31, 1999.
_____, 「1904년 황실 파견 도일유학생 연구」, 『한국근현대사연구』 51, 2009.
이계형, 「1904~1910년 대한제국 관비 일본유학생의 성격변화」, 『한국독립운동사연구』 31, 2008.12.
이태훈, 「일제하 친일정치운동연구」, 연세대 사학과 박사논문, 2010.

阿部洋, 「韓末の日本留學 (1)~(3)」, 『韓』 3-5・3-6・3-7, 韓國硏究院, 1974.

| 입신출세에서 민족운동으로 |

1910년대 재일유학생 장덕수張德秀의 회심

최선웅

1. 머리말

19세기 말 서구와 조우한 조선은 곧 근대화의 세계적 조류에 휩쓸리게 되었다. 근대화의 조류는 조선에 낯선 서구의 제도와 사상, 문화를 몰고 왔다. 근대화의 충격 속에 중세사회의 근간으로 삼아왔던 신분제 질서는 위기에 처했고, 그것을 뒷받침했던 전통 성리학적 이데올로기는 고루하고 편협한 사상으로 치부되기 일쑤였다. 개항 이래 점차 본격적으로 근대화를 추진하면서 조선에는 신분제와 성리학의 자리를 새로운 산업계급과 '신지식'으로 무장한 서구 근대학문이 대치하기 시작했다. 자본과 '신지식'이 신시대의 주역으로 떠올랐으며, 앞선 시대의 신분적 제약을 극복할 수 있는 길이 열렸다. 그러나 주지하다시피 열강의 틈바구니 속에서 조선의 근대화 노력은 지지부진하였고, 결국 일제日帝의 강제 합병으로 비극적인 결말을 맞이하였다. 근대 자본과 신지식을 앞세운 일제의 강권 앞에 망국을 당했음에도 '한일병합'은 역설적이게도 자본과 신지식을 돌이킬 수 없는 시대적 과제로 조선인들에게 각인시켰다. 굳이 민족적 과제를 논하지 않더라도 개인적 입신출세를 위해서 자본과 신지식은 필수덕목이 되었다.

조선인들은 식민지 조선에서는 고등교육 기관이 전무하다시피 했기 때문에 결여된 교육기회를 보충하기 위해 제국의 본토로 유학하지 않을 수 없었다. 제국 본토는 근대적 지식의 보고寶庫였다. 식민지에서 제국으로의 이 낯선 여행을 통해 식민지 청년들은 발달된 제국의 위상에 경탄과 함께 그에 비길 수 없을 정도로 낙후된 조국의 처지에 깊은 좌절감을 동시에 맛보곤 했다. 경탄과 좌절감의 양면적인 감정 속에서 조선 유학생들의 이후 행로는 개인적 영달을 위해 식민지배체제에 순응하는 일부와 탈식민脫植民을 위한 근대적 지식을 함양하며 민족운동가로 성장하는 또 다른 일부로 나뉘었다.

본고에서 살펴볼 장덕수는 일본 유학을 통해 후자의 길에 들어섰던 인물 중 하나였다. 그는 1912년 와세다대학早稻田大學 예과에 입학한 이래 대학부 정치경제학과를 졸업하고 귀국해서는 동아일보사 부사장으로 1920년대 국내 문화운동을 주도한 인물이었다. 그사이 신아동맹당(일본), 신한청년당(중국), 고려공산당 국내지부 등 국내외의 비밀결사에서 주요 구성원으로 활동했다. 하지만 그가 처음부터 민족적 과제를 지향했던 것은 아니었다. 한때 "일본인의 양자"라는[1] 소리를 들을

---

1 이경남, 『雪山 張德秀』, 東亞日報社, 1981, 58 · 62쪽.

정도로 일본인 관리에게 기식하며 가난한 청소년기를 보낸 장덕수는 현실타개책으로 입신출세를 지향하였고, 그가 선택한 방법은 독학이었다. 독학으로 장덕수는 서구 신지식을 습득해 신분적·사회경제적 제약을 극복할 토대를 마련했다. 실제로 그는 입신출세의 험로 중에 조선인판임문관시험에 당당히 합격하는 성과를 거두기도 하였다. 비록 그 성과는 오래가지 못했지만, 좌절하지 않고 다시 일본유학으로 방향을 잡아 목표한 바를 이루었다.

그런데 유학 도중 장덕수의 진로는 일전하게 된다. 1916년 국제적 비밀결사 신아동맹당을 창당한 것이다. 이때부터 그는 민족운동에 매진하였다. 그가 입신출세에서 민족운동으로 일변하게 된 계기는 무엇일까? 아쉽게도 이 계기를 알려주는 사료는 아직 발견하지 못했다. 게다가 일본유학 전후 장덕수의 행적에 관해서는 아직 연구된 바가 거의 없는 실정이다. 그러나 사람들의 사상과 가치관이 고정적이거나 균일하지 않고 때때로 변화하며 발전 또는 퇴보의 순간을 맞이하고, 그때야말로 그 사람의 일생을 좌우하는 좌표가 수립된다는 점에서 이 계기를 탐구하는 것은 결코 적지 않은 의의를 가지고 있다. 특히나 장덕수는 이 변화의 시기에 보여준 활동 방식이 향후 그의 일생을 관통하였다. 본고는 장덕수의 일본유학 전후 시대적 배경과 그가 남긴 글을 통해 간접적으로 장덕수가 변화해간 지점들을 짚어보고자 한다. 이를 통해 비단 장덕수뿐만 아니라 1910년대 재일유학생들이 처한 정치적 상황과 그들의 사상적 편린을 아울러 살펴볼 수 있을 것이다.

2. 독학을 통한 입신출세의 길

1) 일본인 관리에게 의탁한 조선인 소년

장덕수는 일찍부터 학교와 종교를 통해 서구의 근대문물을 접할 기회를 가졌다. 그는 1894년 12월 10일 황해도 재령군 남율면에서 장붕도 張鵬道의 3남으로 출생하였다. 중농 정도의 가정에서 유년기를 보낸 장덕수는 그 시절에 으레 그랬듯이 처음에는 마을 서당에서 전통 한학을 배웠다. 서당에 다닌 기간은 길지 않았던 듯하다. 곧 근대화의 시류를 이해한 부친의 뜻에 따라 1901년 사립 연의학교演義學校에 입학해 근대적 신학문을 접하기 시작했다. 연의학교는 일진회 계열에서 일본어 교습과 신문물 습득을 목적으로 세운 교육기관의 하나로 여기서 장덕수는 초보적인 일본어와 서구 신지식을 습득할 수 있었을 것이다. 제국의 언어이자 신지식을 해독할 수 있는 기능어로서 일본어의 습득이 유소년기에 이루어졌다는 사실은 그의 인생에 중요한 밑거름이 되었다.

그가 교회에 다니기 시작한 것도 이 무렵이었을 것으로 추정된다. 황해도에는 일찍부터 서상륜 형제의 전도로 1883년 장연군長淵郡에 한인 최초로 소래교회가 창립되었다. 그 여파로 도내 여러 지방에 복음이 전파되던 중 재령지방에 직접 포교가 시작되기는 1890년 초부터였다. 1893년 서호면西湖面의 신환포교회新換浦敎會를 시작으로 2년 뒤 재령읍에 남산현교회南山峴敎會가 설립되는 등 1910년까지 재령군에는 15개 이상의 교회가 설립되어 있었다. 남율면에도 좌곡교회左曲敎會(1896)와 해창교회海昌敎會(1899) 등이 설립되었다. 1906년에는 재령에 선교부가 설치되면서 교세가 더욱 확장되었다.[2] 이후 "재령은 기독교 천하"라면서 전국에서 재령 이상으로 기독교가 치성한 곳은 아직 발견하지 못했다는 경탄을 들을 정도로 기독교 세력이 강성하였다.[3] 장덕수의 부친은 천주교나 개신교에 귀의하지는 않았지만 교회에 대해 별로 저항감을 보이지 않아 오히려 집안 아이들이 교회에 드나드는 것을 굳이 말리지 않았다고 한다.[4] 이후 장덕수의 동생 덕준과 덕희는 기독교 계통의 명신학교에 취학하였다. 이런 환경에서 형제들과 함께 어린 시절부터 자연스럽게 인근 교회에 다니며 기독교 신자가 된 장덕수는 "힘을 다하여 한우님을 사랑하라"를 평생의 신조로 삼았다.[5]

그러나 1907년 부친 별세 후 가세가 급격히 기울어 장덕수는 더 이상 정규 교육과정을 계속하지 못하게 되었다. 이후 와세다대학 예과에 입학하기까지 1910년 전후 그의 경력은 분명치가 않다. 혹자는 그가 진남포세관의 세관장이었던 아루가 미츠토요有賀光豊의 집에 사환으로 있었다고도 하고, 혹자는 진남포재판소의 어느 판사의 도움을 받았다고도 하였다.[6] 장덕수의 친동생 덕희德姬는 그가 동생 덕진德震과 함께 "마침 우리 집과 가까이 지내던 일본인 후꾸이福井"에게 의탁하였다고 회고하였다.[7] 이렇게 어떤 일본인 관리의 도움으로 관청의 급사나 고원으로 생계를 꾸릴 수 있었다는 일화는 장덕수의 주변에 널리 알려져 있었다.

장덕수가 의탁했던 일본인 관리는 아키모토 토요노신秋本豊之進이었

2   이찬영 편,『黃海道敎會史』, 황해도교회사발간위원회, 1995, 518~537쪽 참조.
3   車相瓚・朴達成,「黃海道踏査記」,『開闢』60, 1925.6, 62쪽.
4   이경남,『雪山 張德秀』, 東亞日報社, 1981, 37쪽.
5   一記者,「諸名士의 信條와 主張과 排斥」,『開闢』12, 1921.6, 98쪽.
6   柳光烈,「東亞日報副社長 張德秀論」,『彗星』1-8, 1931.11, 36쪽.
7   장덕희,「張德秀一家의 榮光과 悲哀」,『신동아』9월호, 1977, 309~310쪽.

다. 아키모토는 야마구치현山口縣 출신의 평민으로 가난한 가정환경에도 불구하고 우수한 성적으로 학업에 매진하다 단신으로 상경하여 도쿄법학원(현 주오대학)에 입학했고, 여기서도 고학을 계속하다가 1894년 제1회 고등문관시험에 합격해 관료가 된 입지전적인 인물이었다. 그는 1907년 3월 진남포이사청의 청장격인 이사관에 임명되어 조선에 발을 들였고 합병 이후 평양부윤으로 전근하였다. 1912년 관직을 사직한 뒤 그는 큐슈九州 오이타현大分縣의 중의원에 당선되었고, 이후 (주)경남철도회사 창립에 가담하여 1924년 부사장, 1925년 조선중앙광업회사 사장 등을 역임하다 1934년 병사하였다. 특히 그는 고학생을 후원하고, "기타 공공을 위해서 재산을 터는 것도 아까워하지 않은 것으로 유명한 자여서 재해의 구제라든가, 자선단체의 유지, 기타 각종 박애사업에는 앞장서 항상 다액의 의연금을 내고 있다"는 기록이 있어 평소 사회사업에도 관심이 높았던 것으로 보인다.[8] 아키모토와 장덕수의 관계는 다음 일화에서 보듯 '양자'라 할 만큼 가까운 사이였다.

족하足下 평생 은덕을 쌓았는데, 특히 조선인에 대해 깊이 동정해 장씨 형제에 심심한 애정을 베풀었던 세간의 기억은 지금도 생생하다. 소생이 처음 경성－부산 간 기차에 동승했을 때 장덕수가 간도에서 불행에 빠졌다는 것을 듣고 우수에 찬 안색을 보이며, 그들 형제가 유소년 때 우리 집에서 양육하여 태랑太郎, 차랑次郎으로 불렸고 아내는 우리 자식처럼 가까이 지냈는데 틀림없이 낙담할 것 같다고 차안에서 타인에게 이야기하는 것을 곁에서 배청拜聽하고[9]

8   民衆時論社朝鮮功勞者銘鑑刊行會 編,『朝鮮功勞者銘鑑』, 1935, 442쪽;「六百圓으로 救貧」,『東亞日報』, 1930.12.5;「秋本副社長 貧民을 救濟」,『東亞日報』, 1933.1.25.

위 글에는 장덕수 형제가 유소년기에 자기 집에서 생활했다는 아키모토의 증언이 청취되어 있다. 청취자는 『경성일보』와 『매일신보』 사장이었던 아베 미즈이에阿部充家로 비록 제3자의 기록이며 사실관계에 명백한 착오가 보이기는 하지만, 아키모토와 장덕수 형제의 관계는 사실일 가능성이 상당히 높다. 다만, 간도에서 불행한 사건을 당한 인물은 장덕수가 아니라 그의 형 덕준으로 아베의 기술에 착오가 있다. 하지만 명신중학교를 졸업한 뒤 장덕준이 평양일일신문에 기자로 취직하였다는데, 이 신문은 아키모토가 평양부윤 재직 시절 기존 평양에서 발행되던 신문을 통폐합하여 창간한 것으로 그가 실질적인 소유주였고, 관직을 사직한 뒤에는 직접 사장에 취임하기도 했다.[10] 이런 평양일일신문사에 장덕준이 취직한 것은 단순한 우연은 아닐 것이다. 그역시 동생들인 덕수, 덕진과 마찬가지로 아키모토의 도움을 받으며 그와 인연을 맺었을 것으로 추측된다. 그랬던 그가 간도에서 행방불명이되었다는 소식이 들리자 위 일화에서처럼 아키모토가 근심어린 얼굴로 그와의 과거 인연을 회고하였을 터이다.

부친 별세 후 급격히 가세가 기울어 생계를 걱정해야 했던 장덕수 형제들은 아키모토의 도움으로 곤경을 극복할 수 있었다. 장덕수 형제는 아키모토와의 연줄로 그의 집에 기거하며 진남포이사청과 평양부청에 취직할 수 있었다. 그들이 어떻게 아키모토와 인연을 맺기 시작했는지 알 수 있는 자료는 현재 없지만, 생소한 일본 가정에서 기식할수 있었던 바탕에는 유소년기 습득했던 일본어가 큰 자산이 되었음은

9   阿部充家, 「隱德の人」, 『橫冠秋本豊之進君』, 1935, 137쪽.
10   平壤商業會議所, 『平壤全誌』, 1927, 958~959쪽.

분명하다. 게다가 자수성가한 아키모토의 성공 신화는 가난한 장덕수에게 선망의 대상이 되기에 부족하지 않아 보인다.

2) 식민지 관리를 꿈꾸며 강의록의 독학

급격히 가세가 기울어 녹록치 않은 소년기를 보내야 했던 장덕수는 타인에게 기식해야 하는 불행한 환경을 벗어나 자립하기 위해 독학의 길에 들어서게 된다. 아키모토 또한 장덕수의 독학을 전적으로 지지하였다. 그에게 중학강의록을 구해 주며 처음으로 독학의 길을 권면했던 사람이 바로 아키모토였다.[11] 장덕수는 그의 권고에 따라 이사청 급사로 일하면서 독학을 시작하였다. 이런 고학의 길은 그가 의지하던 아키모토의 성공 비결이기도 했다.

장덕수는 독학을 통해 일단 중학교 졸업 자격을 목표로 하였을 터였다. 식민지였던 조선의 경우, 1911년 제1차 '조선교육령'에 따라 4년제 보통학교를 졸업한 뒤 진학 코스는 고등보통학교 4년 → 전문학교 3~4년 과정이었다. 이에 반해 당시 일본은 '소학교 6년 → 중학교 5년 → 고등학교(또는 대학예과) 3년 → 제국대학'의 길이 한편에, 다른 한편에는 중학교 이후 전문학교(사립대학)로의 길이 있었다. 전문학교(사립대학)는 1903년 '전문학교령'에 따라 중학교 졸업 또는 그에 상당하는 학력學歷이 있으면 진학이 가능했고, 학력이 불충분하더라도 대학부 본

---

11 이경남, 『雪山 張德秀』, 東亞日報社, 1981, 44쪽.

과가 아닌 전문부 과정은 입학이 가능했으며 별도의 고등예과 과정을 거치면 대학부 본과에도 입학할 수 있었다. 따라서 소학교밖에 나오지 못한 장덕수로서는 독학을 계획했다면 일단 중학교 졸업에 상당하는 학력을 목표 하게 마련이었다.

장덕수는 와세다대학 중학강의록을 입수하여 독학을 시작했다. 일본에서 원격 교육의 효시인 '강의록'은 1880년대 중반부터 시작되어 메이지 말기에서 다이쇼 초기에는 '황금기'를 구가하였다. 그중 대표적인 강의록의 하나가 와세다대학 강의록이었다. 와세다대학에서는 직접 등교해 수강할 수 없는 사람들을 위해 정치경제, 법률, 문학, 상업, 중학 5개 분과를 설정해 강의록을 발행하여 수강에 갈음할 수 있게 했고, 그런 학생을 "교외생校外生"으로 칭했다. 별도의 입학시험 없이 아무 때나 월사금을 우편 납입하면 교외생으로 입학할 수 있었다. 장덕수는 『와세다중학강의』와 『정치경제강의』·『문학과강의』로 공부했다고 하는데, '중학강의'는 봄 학기(매년 4월)에 개시되어 월 2회 발행에, 수업연한은 2년이었고, 전체 학비는 8원이었다. 뒤의 두 '강의'는 대학 강의록으로 가을 학기(매년 10월) 개시에 역시 월 2회 발행, 수업연한은 1년 6개월, 전체 학비 9원 50전이었다.[12] 어떤 경우든 모두 중학교 5년의 정규 교육과정을 2년 또는 1년 6개월로 단축시킬 수 있었다.

이렇게 단기간 수강으로 강의록 졸업자는 중학교 졸업생과 동등한 '학력學力'을 얻을 수 있었고, 이는 입신출세의 지름길로 가는 초대장이었다. 예컨대 1912년 잡지 『모험세계』에 실린 광고에서처럼 "지금은

---

12 早稲田大學大學史編集所 編, 『早稲田大學百年史』 제2권, 早稲田大學出版部, 1981, 484~485쪽.

중학교 졸업이 청년의 성공과 실패를 가르는 가장 중요한 시기다. 어떻게 해서든 중학교만은 졸업해야 했고, "가장 빨리 가장 적은 비용으로 중학교를 졸업하는 최선의 방법은 중학강의록으로 졸업하는 것"이었다. 이외에도 무수한 강의록 광고의 핵심은 단 한마디 '입신출세'로 요약될 수 있었다. 와세다 중학강의록에도 어김없이 "입신출세의 첩경"이라는 표제어가 등장하고, "자수自修하여 입신하자"라는 와세다대학 총장 오쿠마 시게노부大隈重信의 훈화가 게재되어 있다. 강의록을 출판하는 와세다대학 출판부 주간은 "남 몰래 입신출세는 이렇게"라는 제목하에 우승열패를 거론하며 독학으로 "언제든지 입신출세해서 우승자가 될 수 있다"고 강조하고 있다.[13] 이렇게 해서 가난한 소년 → 소학교 졸업자 → 입신출세에 대한 희망 → 독학 → 중학강의록 → '오늘날의 지위'라는 전략배치가 도식화된다.[14] 아직 학교에 다닐 형편이 되지 못했던 가난한 고학생 장덕수 또한 '와세다 강의록'을 통해 이렇게 도식화된 입신출세의 길에 들어섰던 것이다.

그가 내디딘 입신출세의 첫 발은 판임관 시험 합격이었다. 고원으로

〈표 1〉『早稻田大學中學講義』학과표(1906.9)

	修身	國語	漢文	國文法	외국어	역사	지리
제1학년	도덕 요령	時文 및 近世文, 美文詳譯	單句單文, 近世·近古·古文	가타가나 사용법, 品詞 분류	영어 중국어	일본사 세계사	일본지리 외국지리
제2학년	윤리	今古文 및 古文, 韻文, 和歌, 俳句	記事論說, 古文 및 詩	品詞 각론, 오쿠리가나 구두법	영어, 獨·佛·羅·希語 발음 및 문자	일본사 세계사	외국지리 地文學
	수학	博物	물리화학	법제경제	簿記	科外	
제1학년	산술, 기하	식물, 동물	물리학	법제	부기학 원리 등	繪畵, 농업 등	
제2학년	代數, 삼각법	광물, 생물위생	화학	경제	장부조직 및 記入式 등	공업, 상업 등	

13　早稻田大學, 『秋期新學年開始 早稻田中學講義』 제10회 제10-2호, 早稻田大學出版部, 1914, 2~11쪽.
14　우메사오 다다오 편, 김양선 역, 『일본인의 생활』, 혜안, 2001, 250~252쪽.

일하던 장덕수는 1911년 중학강의록을 독학하여 조선인판임문관시험에 합격하면서 본격적인 식민지 관리로 나아갈 발판을 마련했다. 병합이후 조선총독부는 효율적인 조선 통치를 위해 각종 관제와 직제 및 직무규정, 임용제도 등 지배체제의 정비를 서두르며 각계각층에서 수많은 관리를 등용했다. 조선총독부를 비롯한 핵심 요직에는 일본인을, 지방관서 등 조선인을 직접 대면하는 말단기구에는 다수의 조선인을 채용했다. 이를 통해 조선총독부는 관료충원문제를 해결하는 한편 식민지 지배에 협조적인 친일관료를 형성시키고 조선인들에게 '성장'할 수 있다는 환상을 심어주려고 했다. 판임문관시험은 그 전형적인 실례였다.

기본적으로 판임관이 되기 위해서는 중학교 이상의 학력學歷이 필요했지만, 판임문관시험은 그 조건을 초월했다. 중학 정도의 '학력學力'만 갖춘다면 학벌을 넘어 파격적인 대우를 가능케 했던 등용문이 판임문관시험이었다. 장덕수는 중학강의록을 통해 학력을 준비하고 있었다. 제1회 판임문관시험이 1911년 9월 1~2일 조선인만을 대상으로 실시되었다. 시험과목은 현행법제대요現行法制大要, 독서(한문 훈점 및 해석), 필사(해서, 행서, 초서), 수학(주산, 필산), 작문(가타가나 혼용문)으로 이틀에 걸쳐서 치러졌다. 10월 9일 93명의 합격자가 공고되었고, 장덕수 또한 평안남도의 합격자로 이름을 올렸다.[15] 장덕수는 제1회 조선인판임문관시험 합격자가 되었고, 그의 '역할모델' 아키모토는 제1회 일본고등문관시험 합격자였다.

그러나 판임문관시험에 합격했음에도 장덕수는 판임관으로 등용되

---

15 『朝鮮總督府官報』 제278호, 1918.8.2, 12~13쪽; 『朝鮮總督府官報』 제336호, 1911.10.9, 50~51쪽.

식민지라는 물음

지 못했다. 장덕수와 함께 평안남도에서 합격한 다른 4명 중 3명은 합격한 지 한 달여 만인 1911년 11월 7일부로 군서기 등에 임용되었다. 어찌 된 영문인지 장덕수의 임면 기사는 등장하지 않는다. 애초에 판임문관 시험은 자격시험이었지 채용시험은 아니어서 반드시 임용되는 것은 아니었다. 실제로 1911년 합격자 중 1919년까지 모두 7명이 미발령 상태였고, 장덕수도 그중 하나였다. 왜 발령이 나지 않았는지 그 해답은 아직 미지수이다. 장덕수의 전기 등에서는 그 스스로 임용을 거부한 것처럼 기술하고 있지만, 합격하고서도 일본에 가기 전까지 계속 고원으로 관청에서 근무했던 것으로 보아 미발령 사유는 그의 의지와는 무관했던 것으로 판단된다. 그는 각고의 노력 끝에 독학으로 판임관 시험에 합격하여 판임관이 될 자격을 얻었으나, 끝내 판임관이 되지는 못했다.

3) 와세다 모의국회의 스타―정치가로 성장

이제 장덕수는 눈을 돌려 일본의 대학으로 유학을 결심하게 된다. 대학을 졸업할 경우 관리로 임용될 자격이 주어질 뿐만 아니라 고등문관시험에 응시할 수 있어 판임관에서 고등관으로 초고속 승진의 꿈을 가질 수 있었다. 고등교육을 받는다는 것 자체가 개인에게는 '입신출세'의 길이었다. 게다가 장덕수가 의지하던 아키모토 또한 이 무렵 관리를 사직하고 일본으로 돌아갈 준비를 하고 있었다. 아키모토는 1912년 3월 평양부윤을 사직하고 5월 큐슈의 오이타현에서 제11회 중의원 선거에 출마해 당선되었다. 공교롭게도 비슷한 시기 장덕수도 아키모토를 따라 일본행을 선택했다는 것은 결코 우연만은 아닐 것이다.

대학에서 필요로 하는 학력學歷은 강의록을 통해 해결할 수 있었다. 강의록을 수료하고 통신 시험에 급제하면 졸업장을 취득할 수 있었던 것이다. 와세다대학은 중학과 또는 상업과 졸업자에게 영어시험만 합격하면 고등예과 1학기에 편입해 "교내생"이 될 수 있는 자격을 부여했다. 아예 무시험으로 전문부 1학년에 입학이 가능하기도 했다.[16] 중학 강의록으로 판임관 시험을 합격했던 장덕수였기에 대학 진학도 그리 어려워 보이지 않았다.

그러나 교외생에서 교내생으로 신분 변신은 쉽지 않았다. 중학강의록을 수료하는 것 자체도 매우 어려워서 중학교 5년 과정을 단 2년 남짓으로 끝마친다는 것은 생각처럼 쉽지 않았다. 중학교 과정을 짧은 기간에 끝낼 수 있다는 강의록의 장점은 공부할 시간적·금전적 여유가 없었던 고학생들에게는 매력적인 동시에 그만큼 더 어려울 수밖에 없었다. 조금 뒷시기이기는 하지만 한 회고에 의하면 1925년 현재 교내생이 된 교외생은 120여 명이 있었다고 하였는데,[17] 중학과 교외생만 해도 1914년 2만 명을 넘어 1925년까지 매년 3~5만, 많게는 6만여 명을 헤아렸다.[18] 실상 1%도 되지 않는 극소수의 교외생만이 교내생으로 '상승'할 수 있었다. 이 극소수의 학생 중 하나가 바로 장덕수였던 것이다.[19] 장덕수는 1912년 가을에 입학했다는 통설과 달리 실제로는

---

16 이상 와세다대학강의록早稻田大學講義錄 관련 내용은 早稻田大學大學史編集所 編,『早稻田大學百年史』제2권, 早稻田大學出版部, 1981, 487쪽;「早稻田大學校外生規則」,『秋期新學年開始 早稻田中學講義』제10회 제10-2호, 早稻田大學出版部, 1914, 35~38쪽 참조.
17 石野元藏 編,『早稻田中學講義』제33회 제3호, 1925.11, 20쪽.
18 中西敬二郎,「早稻田大學出版部小史(二)」,『早稻田大學史 記要』4, 1971, 236쪽.
19 그 외에 교외생 출신으로는 와세다대학 제4대 총장 田中穗積, 일본경제연구소의 高橋龜

1912년 4월 와세다 고등예과 제1기에 입학해 이듬해 10월 정치경제학과에 진학했다.[20] 이렇게 하여 장덕수는 가난한 가정환경을 자신의 의지로 극복하고 판임관 시험은 물론이고 중학강의록을 졸업해 일본의 대학에 진학함으로써 근면 자조의 모범적인 '근대인'의 전형을 몸소 실천하며 입신출세의 길로 한 걸음 한 걸음씩 나아가고 있었다.

하지만 와세다 입학은 그의 관료지향성과는 궤를 달리하는 선택이었다. 1910년대 재일유학생들은 주로 법, 정치, 경제, 사회과 등의 전공을 선택하여 여전히 관료지향성을 띠고 있었다. 와세다 정치경제학과에 입학한 장덕수 또한 그런 경향과 무관하지 않았다. 그러나 와세다의 학풍은 관료양성과는 다소 거리가 있었다. 와세다는 도쿄전문학교 이래 중점적으로 양성하려 했던 인물로 "제1 정치가, 제2 법률가, 제3 신문기자, 제4 저술·문학가, 제5 실업가, 제6 교사"를 내세웠다.[21] 정치, 경제, 사회, 문화 각 방면의 지도적인 인물을 배출하려는 목표였던 셈이다. 이런 점에서 독일 학문을 모델로 삼아 관료 양성을 목표로 했던 관립 제국대학과 큰 차별성을 띄었다. 관직을 통한 입신출세라는 장덕수의 목표는 정작 그가 입학한 와세다의 학풍과는 어긋나 있었다.

대신 장덕수는 와세다를 통해 정치가로 성장할 계기를 마련했다. 와세다는 건학 이념에 맞추어 창립 초기부터 '정치학'을 간판 과목으로 설치해 교수하였을 뿐만 아니라 "학리와 실제의 밀접", "학리와 실제의

吉, 일본사회당 초대위원장 木茂三郎, 제1차 일본공산당사건 연루자 猪俣津南雄 등이 알려져 있다(早稻田大學大學史編集所 編, 『早稻田大學百年史』 제2권, 早稻田大學出版部, 1981, 17~18쪽).

20 「第2號 張德秀」, 『明治45年度(自明治45年2月至大正2年7月)學費領收簿 高等豫科A』; 「第4號 張德秀」, 『大正3年度(自大正2年9月至同3年7月)學費領收簿 大學部政治經濟學部(科)』.
21 家永豊吉, 「我校の養成すへき人才」, 『同攻會雜誌』 8, 1891.10, 5쪽.

입신출세에서 민족운동으로 │ 79

조화"를 학풍으로 내세우면서 상아탑에 그치지 않는 '실용적 인물'을 양성해야 한다며 '실용대학'이라는 방향을 제시했다.[22] 이와 밀접한 관련을 맺고 차세대 정치가를 양성하고자 정치경제학과에서 의욕적으로 추진한 활동이 일명 모의국회와 웅변회였다.

장덕수에 대한 일화 중에 빠지지 않는 것이 바로 이 모의국회에서의 활동이었다. 1888년 개설된 국회법연습 과목에서 시작된 모의국회는 의국회擬國會, 와세다의회 등으로 불리며 '와세다 명물'로 발전해 1921년 제34기까지 개최되었다. 이 국회연습은 정치가의 배출을 제일 과제로 삼고 있던 와세다로서는 심혈을 기울인 실습 과목이었다. 그만큼 학교당국의 관심도 커서 학장을 비롯해 간부 교직원들이 대거 참석하였을 뿐만 아니라 현직 중의원 의원들도 참석해 적극적으로 토의에 임하기도 했다. 모의국회에서는 당대 주요 이슈들을 의제로 삼아 정책적 과제에 대해 적극적으로 발언했다. 이런 활동을 통해 모의국회에서 활약했던 학생 중에 이후 실제 정계로 진출한 예가 적지 않았다.

이 "모의국회의 스타"로 장덕수를 추켜세우고 있는데,[23] 실제로 장덕수는 1915년 제27기와 1916년 제28기 와세다의회에 조선인으로서는 유일하게 참석하고 있다. 1915년 3월 14일 개최된 제27기 와세다의회에서 장덕수는 급진당 원내부총리에 이름을 올렸다. 제27기 와세다의회는 내각총리에 아마노 다메유키天野爲之를 위시해 내무대신 아베 이소安部磯雄 등 교·강사들이 정부 각 관료를 맡았고, 서기와 의장, 부의장 각 1명씩 선임되어 있었고, 여당에는 급진당 원내총리 3명, 원내부총리 3명,

---

22 內田滿, 『早稻田政治學史研究—もう一つの日本政治學史』, 東信堂, 2007, 240~241쪽.
23 이경남, 『雪山 張德秀』, 東亞日報社, 1981, 71~72쪽.

야당으로 보수당에 원내총리 4명, 부총리 3명이 각각 배정되었다. 그리고 전직 관료와 내빈 등으로 구성된 독립당에는 고토 신페이後藤新平를 비롯해 대장성 차관 등을 지낸 타지리 이나지로田尻稻次郎, 학장 다카다 사나에高田早苗, 언론인 미우라 테츠타로三浦鐵太郎 등 10명이 참여했다. 여기에 학생으로 구성된 의원 약 200명, 정부위원 및 의장감독 등 모두 합해 참석자는 300여 명에 달했다. 장덕수는 정부 여당인 급진당의 원내부총리 3명 중 1인이었다. 제27기 와세다의회에서는 선거법 개정안과 미가조절안을 둘러싸고 격론이 벌어졌다. 장덕수는 사회정책에 비추어 수급의 정당한 조절을 도모하여 고통받는 하층민을 구제하는 것은 시정의 요결이라며 국고잉여금을 통한 미곡수매에 찬성했다.[24]

이듬해 3월 12일 개최된 제28기 와세다의회에서도 장덕수는 자유당의 원내총리 4명 중 1인으로 활약했다.[25] 28기 의회에서는 전회와 마찬가지로 당시 학장이었던 아마노가 내각 총리대신을, 정치경제학과 학과장이었던 시오자와 마사사다塩澤昌貞가 의장을 맡는 등 각 교수들이 모두 대신이 되어 내각을 구성하였다. 의회는 당파를 급진당, 보수당, 제3당으로 나누어 각각 자유당, 통일당, 독립당으로 설정했다. 당대의 주요 이슈는 육군 사단증설과 해군력 확장 등이었다. 이에 대해 장덕수는 병력만으로 국력 충실을 도모하려는 정부 여당에 반대하며 병력, 경제력, 국민정신 세 가지가 조화를 이루어야 한다면서 위아래가 서로 다투는 현재와 같은 국민 상태로는 해군력 확장은 바랄 수 없다며 마땅히 사회정책을 시행해 국민정신의 통일을 도모해야 한다고 주장했다.

24 早稻田大學校友會, 『早稻田學報』 242, 1915.4, 15~20쪽.
25 早稻田大學校友會, 『早稻田學報』 254, 1916.4, 15~19쪽.

모의국회와 함께 와세다의 명물로 불리던 것이 와세다대학웅변회였다. 『와세다학보』의 기사에 의하면, 와세다대학웅변회는 1902년 나가이 류타로永井柳太郎 등 수 명의 학생이 발기하여 아베 이소를 회장으로 추대해 조직하였다.[26] 1902년 웅변회가 설립된 이래 1926년까지 웅변회에 참가한 조선인은 장덕수와 김영건金永建 등 단 2명에 불과했다.[27] 아무래도 조선인으로서 웅변회에 참가하기에는 민족적 문제와 언어 등의 곤란함이 있었을 것인데, 장덕수는 와세다에 입학하고 곧 웅변회에 참가할 정도로 일본어에 능숙했고 그만큼 민족의식은 낮았다. 어쨌든 장덕수가 웅변과 연설에 남다른 재주가 있었음은 익히 알려진 사실이다. 당시 그의 웅변 실력은 도쿄 학생계에도 파다해 각 대학의 "일류기인"을 선정해 소개하는 웅변 잡지에 조선인 대웅변가로 소개될 정도였다.[28] 또 웅변회 회원으로서 1912년 12월 8일 대강당에서 열린 현상연설대회에서 「다이쇼와 폐창廢娼」이라는 제목의 연설로 3등을 차지하기도 했다.[29] 이런 웅변실력으로 대학 행사에 참가하여 가을 보트경기의 선수 위로비용 모금을 위해 신입생들을 대상으로 선전활동을 하기도 하고, 학과의 일본인 모임인 '홍회紅會'에 내빈 자격으로 참석하기도 했다.[30] 그가 조선인들과 교류를 맺게 되는 계기도 역시 와세다대학 정치경제과 주최로 열린 시국을 논하는 웅변대회에서였다.[31] 또 일설에

---

26 「早稻田記事」,『早稻田學報』78, 1902, 12, 516~517쪽.
27 伊東久智,「明治・大正期における早稻田大學雄辯會」,『早稻田大學記要』43, 2012, 57~59쪽.
28 星川曉嶺,「學生奇人列傳」,『雄辯』9월호, 大日本雄辯會, 1915.
29 早稻田大學大學史編集所 編,『早稻田大學百年史』제2권, 早稻田大學出版部, 1981, 201쪽.
30 星川曉嶺,「學生奇人列傳」,『雄辯』9월호, 大日本雄辯會, 1915, 225쪽. 이 기부금 모금 연설이 그의 이름을 알리기 시작한 계기라고 한다.
31 이경남,『雪山 張德秀』, 東亞日報社, 1981, 65~66쪽.

는 그가 2학년이었을 때 전일본대학학생웅변대회에서 와세다 대표로 연단에 서서 '동양평화와 일본의 지위'라는 연제로 1등상을 거머쥐었다고도 한다.[32] 와세다웅변회의 1915년도 보고에는 장덕수가 웅변회 대표로 제일고등학교에서 '심령과 역力'이라는 웅변을 한 사실만 기록하고 있어 수상여부는 확인되지 않는다. 하지만 시기가 분명하지 않은 다른 기록에는 장덕수가 제일고등학교 웅변대회에 대학 대표로 나서서 '아세아대륙과 일본의 세계적 사명'이라는 웅변을 토했다고 한다.[33] 이 웅변으로 그의 이름이 기인으로 학생웅변계에 알려지게 되었으니 아마도 1등상 운운은 이를 미화한 것으로 생각된다.

이렇게 모의국회와 웅변회 등에서 활약하던 장덕수는 1916년 7월 와세다 정치경제학과를 2등으로 졸업하는[34] 등 '학리와 실제' 모두에서 대학 생활에 충실하며 식민지 조선의 '정치가'로서 변신을 준비하고 있었다. 졸업을 앞둔 그에게 학과 교수 나가이를 통해 조선총독부 관료직이 제의되었지만, 그는 단호히 거절했다고 한다.[35] 이로써 애초에 품었던 관료의 꿈은 접었지만, 식민지 조선의 정치가라는 다른 길이 준비되어 있었다.

32 柳光烈, 「東亞日報副社長 張德秀論」, 『彗星』 1-8, 1931.11, 35쪽; 위의 책, 68~69쪽.
33 「雄辯會報告(大正四年度)」, 『早稻田學報』 제245호, 1915.6, 13쪽; 星川曉嶺, 「學生奇人列傳」, 『雄辯』 9월호, 大日本雄辯會, 1915, 228쪽.
34 「加愛한 留學中의 弟妹」, 『每日申報』, 1916.7.13.
35 인촌기념회, 『仁村 金性洙傳』, 1976, 78쪽; 이경남, 『雪山 張德秀』, 東亞日報社, 1981, 86쪽; 한국정신문화연구원 현대사연구소 편, 『遲耘 金錣洙』, 1999, 176쪽.

3. 독립을 향한 식민지 민족운동가의 길

1) 일제에 속박된 조선민족의 운명

1910년대 재일유학생들은 대부분 청소년기에 '망국'을 경험했다. 사립학교와 서당 등의 교육기관, 또는 교회 등을 통해 근대적 신지식을 쌓고 있었기 때문에 한일병합이 의미하는 바를 일찍부터 알 수 있었다. 장덕수 역시 16세경 병합을 맞이했다. 하지만 그의 청소년기는 다른 조선인들과 조금 다른 특별한 환경에 처해 있었다. 아키모토에게 의탁한 장덕수는 "일본인의 양자"와 같은 청소년기를 보내며 조선 안의 일본인 가정에서 훈육되고 있었다. 덕분에 그는 일본의 언어와 풍습에 숙달돼 이후 일본 유학생활의 어려움을 덜었고, 중국인들에게 일본어를 교습할[36] 정도로 거의 정확한 일본어를 구사할 수 있었다. 반면에 국어는 다른 조선인들의 분노를 자아낼 만큼 어눌했다.[37]

1912년 입신출세를 위해 자수성가형 식민지 관리를 지향하며 일본에 유학했던 만큼 장덕수의 민족의식은 낮은 수준이었다. 조선인 유학생들에게 장덕수는 '자치파'라고 비난을 받고 있었다.[38] 실제로 장덕수가 도쿄 학생웅변계에 이름을 알리게 되는 제일고등학교 웅변대회에서 한 연설을 보면 그의 민족의식이 얼마나 낮았는지 확인할 수 있다. '아세아대륙과 일본의 세계적 사명'이라는 연제로 열린 제일고등학교

36　星川曉嶺, 「學生奇人列傳」, 『雄辯』 9월호, 大日本雄辯會, 1915, 229쪽.
37　한국정신문화연구원 현대사연구소 편, 『遲耘 金錣洙』, 1999, 175쪽.
38　김우영, 『民族共同生活과 道義』, 新生公論社, 1957, 218쪽.

웅변대회에 와세다웅변회 선수로 참가한 장덕수는,

> 제군, 나는 조선인이다. 일본은 조선을 합병했다. 어떤 교묘한 형용사를
> 써서 이것을 은폐하려고 해도 합병은 사실이다. 내 나라가 일본 때문에 합
> 병되었다는 것은 사실입니다. 그러나 이것은 어쩔 수 없는 일이다.

라며 연설을 했다. 그는 30분의 시간제한을 아랑곳하지 않고 무려 2시
간이나 열변을 토한 결과 도쿄 학생웅변계에 명성을 떨치게 되었다고
한다. 거기서 장덕수는 "내 나라가 일본 때문에 합병되었다는", 그래서
조선이 망했다는 사실은 '합방'이니 뭐니 그 어떤 교묘한 말로도 감출
수 없는 사실이라고 하면서도 이는 어쩔 수 없는 일이라며 불문에 부
치고 있다. 또 '백화론白禍論'의 인종주의적 입장에서 백인종에게 빼앗
긴 황인종의 이권을 모두 찾을 때까지 조선은 식민지 상황을 감내할
수밖에 없다며 "조선인은 위대한 희생자"라고 연설했다. 2시간이나 되
는 전체 웅변을 한 두 문장으로 평가하는 것은 분명 무리가 있지만, 적
어도 일본인 청중들에게 장덕수의 웅변은 아시아에서 백인종을 몰아
내야 하는 일본의 세계적 사명을 고취하며 그때까지 조선인들은 식민
지 상황을 감내하겠다는 각오를 표명한 것으로 들렸음이 분명하다. 30
분 제한의 연설 시간을 1시간 반이나 초과했으면서도 열화와 같은 박
수갈채를 받으며 학생웅변계의 명사名士로 떠올랐다는 사실은 이를 반
증한다.[39] 이 일화를 소개한 잡지 『웅변』 9월호의 발간이 1915년이지

---

39 星川曉嶺, 「學生奇人列傳」, 『雄辯』 9월호, 大日本雄辯會, 1915, 228~229쪽. 다만, 이 내
용이 장덕수의 연설문을 정확히 받아 적은 것인지 확증할 수는 없다. 星川의 기사가 "근

만, 내용은 장덕수가 '기인'으로 알려지기까지 일화를 담고 있어 1914년 전후 상황을 담고 있음이 분명하다.

이렇게 민족의식에서 심각한 문제를 드러내던 장덕수가 1914년을 전후한 이 무렵부터 식민지 조선의 민족문제를 자각하기 시작했다. 그는 1914년 2월 『제삼제국』[40] 제5호에 「조선청년의 본심」이라는 글을 투고하며 비록 한계는 있었지만, 분명한 민족의식을 보여주고 있다. 이 글에서 장덕수가 밝히는 조선청년의 '본심'은 무엇이었을까. 그는 다음과 같이 서두를 꺼냈다.

일본은 조선을 병합했다. 이는 사실이다. 부정할 수 없다. 일본인과 조선인 모두 그것을 승인해야 한다. 그리고 그것이 취하지 말아야 할 것을 취해 버린 것이든, 장차 취해야 할 것을 취해 버린 것이든, 우리는 지금 이를 애석하게 불문에 부친다.

이렇게 장덕수는 조선을 병합한 일본의 행위에 대해 어쨌든 시비를

사近事 학생웅변계學生雄辯界의 미담美談"(229쪽)으로 전해지는 내용을 각색한 것이기 때문에 어디까지가 사실인지는 더욱 면밀한 검토가 필요하며, 실제 장덕수의 생애와 관련한 내용은 오류가 많다.

40 1913년 10월 창간한 잡지 『제삼제국第三帝國』은 『동양경제신보東洋經濟新報』와 함께 "안으로는 민본주의民本主義, 밖으로는 소일본주의小日本主義"를 기조로 '인간본위의 헌정정치憲政政治' 창조를 목표로 했다. 특히 제국주의 팽창정책에 반대하여 '만주방기滿洲放棄', 더 나아가 '조선방기朝鮮放棄', 징병제 폐지까지 주장했던 당시로서도 대담한 급진적 자유주의 경향의 잡지였다. 이 잡지 제5호는 '임시증간臨時增刊(대감세호大減稅號)'라는 특집으로 1914년 영업세營業稅 반대운동의 선두에 섰다. 영업세 반대로 표출된 『제삼제국』의 감세 주장은 공격의 창끝을 군사비로 향했고, 그 배후에 있는 제국주의 팽창정책을 겨냥다(松尾尊兌, 『大正デモクラシー』, 岩波書店, 2001, 129~135쪽 참조). 이 제5호에 김우영과 장덕수의 기서寄書가 '조선청년의 심사心事'라는 섹션에 묶여 게재되어 있다. 김우영은 「조선청년의 고통」이라는 제목이었다.

따지지 않겠다며 글을 시작했다. 이 모두는 제일고등학교 웅변대회에서 한 연설과 거의 흡사한 내용이다. 그러나 뒤이은 내용은 앞서 웅변대회에서의 연설과는 판이하게 달라졌다. 「조선청년의 본심」에서 장덕수는 "철쇄 아래 고통받는 2천만 노예는 바로 제군의 피다. 살이다. 제군의 부모 형제"라며 4천 년 이어온 조선민족이 일본에 병합되어 나라를 잃고 노예상태로 전락했다고 울분을 토했다. 일제의 식민통치에 대해서도 조선민족의 존재 자체를 위협하고 있다고 비판했다. 일제의 동화정책과 총독부의 무단통치는 조선인을 일본인의 틀에 맞추고 조선인의 부강을 막아 일제를 위한 희생물로 만드는 정책이라고 했다. 이 글과 웅변은 시기적으로 거의 같은 때에 발화되었을 것으로 보이는데, 아마도 웅변이 앞서고 기고 글이 그 뒤일 것으로 추측된다. 기인으로 알려진 지명도를 바탕으로 『제삼제국』의 한 섹션을 차지할 수 있었던 것으로 판단되기 때문이다.

이 시기 들어 비로소 장덕수는 아직 한계는 있었지만, 개인적 입신출세에서 눈을 돌려 민족으로 시선을 향하게 되었다. 그에게 민족은 개개 구성원들이 살아 숨 쉬는 삶의 공동체이자 동일한 영토에서 동일한 생명과 핏줄을 이어 받은 동일한 유기체가 역사, 문화, 관념, 영토(주거), 관습, 언어를 함께 해 온 역사적 공동체였다. 이 공동체가 일제의 식민통치 아래 노예처럼 고통 받고 있었던 것이다.[41] 그럼에도 장덕수는 지금 당장 병합 그 자체를 문제 삼아봤자 민족을 구원하는 데는 아무 소용이 없다고 생각했다. 그가 보기에 현재 할 수 있는 방안은

---

41 張德秀, 「朝鮮青年の衷情」, 『第三帝國』 5, 1914. 2. 1, 17쪽.

조선인의 독립운동과 함께 식민지배에 대한 일본의 책임을 묻는 것이었다. 즉, 일본이 자유와 평등의 '진정한 입헌국'이 되어 문명화의 책임을 다하기를 희망하면서 다른 한편으로는 조선인들의 분기를 촉구하였다. 조선독립운동으로는 일단 일본을 적으로 돌리는 무장투쟁에는 반대했다. 대신 일본인들과 제휴해 목숨을 걸고 자유와 평등을 요구해야 한다고 주장했다.[42] 일본인 아키모토의 후원을 받아 성장했던 사실을 상기하면 장덕수가 일본인들과의 교류와 연대에 그리 큰 거부감을 갖지 않았으리라는 점은 어렵지 않게 이해할 수 있다.

하지만 「조선청년의 본심」이 일본인 독자들을 겨냥한 일본잡지에 실렸다는 점을 감안하더라도 그의 주장에는 동양평화론 내지 아시아연대론의 영향도 감지할 수 있어 분명한 한계를 안고 있었다. 다만 '일본'이 아닌 '일본인'과의 제휴를 주장했다는 점을 간과해서는 안 된다. 그는 일본이라는 국가가 아니라 그 내부의 일본민중과의 제휴를 주장하고 있었던 것이다. 그 이유는 일본이 입헌국을 표방하고 있어 다이쇼정변大正政變에서 표출되었듯 일본민중의 정치참여를 통한 국정의 변화 가능성이 존재했기 때문이었다. 장덕수가 투고한 『제삼제국』 등에서 주장하는 민본주의나 소일본주의에 일말의 기대를 걸었던 것이다. 장덕수 등 조선인의 글을 읽고 "실로 내 온몸의 피가 끓고 살이 떨려 마침내 동정의 눈물을 금할 수 없었다"며 연대의식을 표명한 한 일본인의 존재는[43] 그 기대가 절망적이지만은 않다는 방증이었다. 그러나 일본인에게 기대는 것만으로는 민족문제를 해결할 수 없으리라는

42　張德秀, 「朝鮮靑年の衷情」, 『第三帝國』 5, 1914.2.1.

43　嘯雷生, 「朝鮮靑年諸君に」, 『第三帝國』 6, 1914.2, 19쪽.

점은 자명했다. 그렇기에 장덕수는 조선인들을 대상으로 한 또 다른 글에서는 동포들의 협심단결을 주문하며, 민족을 위해 돈 있는 자 돈을 바치고, 힘 있는 자 힘을 희생하라고 주장했다.[44]

이렇게 1914년 전후 장덕수의 인식과 지향에는 커다란 전환점이 찾아왔다. 개인적 입신출세에서 민족운동으로 일전했던 것이다. 입신출세를 지향하며 일본에 유학 온 장덕수가 어떠한 계기로 민족문제를 자각하게 되었는지 정확히 알 수는 없지만, 대략 세 가지 정도, 즉 정치적, 인적, 사상적 요인을 추측할 수 있다. 여기서는 먼저 앞의 두 가지를 살펴보고 세 번째 사상적 이유는 절을 달리하여 살펴보자.

먼저 장덕수가 목격하고 경험한 일본 내의 정치적 상황이라는 외적 계기를 꼽을 수 있다. 그가 유학하고 있던 당시 일본 정계는 1913년을 정점으로 다이쇼정변이라는 격동기에 처해 있었다.[45] 다이쇼정변은 한편에서는 국가권력의 항배를 둘러싼 번벌관료 및 그와 결탁한 정당 간의 경쟁 대립, 다른 한편에서는 번벌 정치구조의 타파와 민주화를 요구하는 언론계와 학생을 비롯한 민중들의 헌정옹호운동이 치열하게 격돌하며 번벌 가쓰라 타로桂太郎 내각을 무너뜨리는 등 소위 다이쇼데모크라시의 시기를 열었다. 재일유학생들은 이런 정치적 사회적 변화를 직접 경험하고 있었다. 예컨대 송진우는 당시 일본에서 개최되던 정치연설회에 참석한 뒤 하숙집에 찾아온 조선인유학생들에게 연설요지를 열렬히 설파하곤 했다.[46]

44 張德秀, 『卒業生을 보내노라』, 『學之光』 6, 1915.7, 10쪽.
45 坂野潤治, 『大正政變－1900年體制の崩壞』, ミネルヴァ書房, 1982 참조.
46 고하선생전기편찬위원회, 『獨立에의 執念－古下 宋鎭禹 傳記』, 東亞日報社, 1990, 82~ 83쪽.

장덕수 역시 다이쇼정변의 정치적 변동을 잘 알고 있었다. 그는 특권 관료벌들이 국회를 조종하고 정당을 농락하며 국정을 독단하다가 메이지 후반기에 정당정치가들의 번벌타파, 자유정치가들의 관료타파, 헌정상도론憲政常道論 같은 논의가 일었음을 자세히 알고 있다고 밝혔다.[47] 게다가 장덕수가 참가한 와세다의회에서 논의하던 내용들인 육군 사단증설과 해군력 확장 등이 바로 다이쇼정변기에 문제가 되었던 사안들이었다. 장덕수가 회원으로 활동하던 와세다웅변회에서는 다이쇼정변을 전후해 '청년지사'들 중 직접 정치결사를 조직하고 독자적인 정치운동에 투신하는 자도 나타나기 시작했다.[48] 당시 『제삼제국』은 민중운동의 가장 급진적인 선봉 중 하나였고, 여기에 장덕수의 글이 게재되었다는 사실은 그가 일본의 정치 상황에 민감하게 반응하고 있었던 사실을 방증한다. 또 그에 대한 소뢰생嘯雷生의 답글 역시 이런 정치적 상황을 배경으로 하고 있었다는 점은 이론의 여지가 없을 듯하다. 이렇게 일본 내의 정치적 동요가 민주화를 위한 일본 청년학생들의 분기를 촉구하는 한편, 그것을 목격한 조선 청년학생들의 민족모순 해결을 위한 감성을 일깨웠을 가능성은 충분하다. 장덕수와 소뢰생의 '필담'은 그 일면을 보여주는 사례였다. 장덕수는 책에서만 전해지던 민중의 '혁명권'이 실제로 정치적 성공을 거두는 생생한 장면을 다이쇼정변을 통해 목격할 수 있었던 것이다.

둘째, 조선인 유학생들과의 본격적인 교류라는 인적 요인이 장덕수의 인식에 지대한 영향을 끼쳤을 것으로 생각된다. 장덕수는 국내에

---

47 張德秀, 「米國와서 (九)」, 『東亞日報』, 1923.12.9.
48 伊東久智, 「明治・大正期における早稻田大學雄辯會」, 『早稻田大學記要』 43, 2012, 67~68쪽.

있을 때는 물론이고 유학 와서도 한동안 조선인들과 교류하지 않은 채 일본인 집에 기거하며 고학했다. "대학예과 시절은 열등감에 몸부림쳤던 시기"라는 회고에서 드러나듯 그는 가난과 정규교육을 받지 않았다는 열등감에 학비벌이와 학과 공부 이외에는 거의 아무것도 하지 않은 것으로 보인다.[49] 심지어 일본에서도 교회에 다녔는데, 조선인들과 교류가 없었기에 도쿄 조선기독교청년회관 예배당이 아니라 일본인 교회에 다니며 집사의 직무를 맡아볼 정도였다.[50] 반면에 일본인 학생들과는 교류가 활발했던 듯한데, 대학 행사에서 신입생들을 대상으로 선전활동을 하기도 하고, 학과 일본인 모임에 참석하기도 했다. 일본인들 사이에 그는 부친이 친일당親日黨 고등관 출신이었다가 반대당의 음모로 몰락한 가문 출신으로 알려져 있었다.[51] 이렇게 조선인 유학생들과 교류를 꺼렸던 원인 중에는 그의 형편없는 국어 실력이 한몫 거들었을 것이다. 그리하여 본과에 진학한 뒤 장덕수가 조선인이라는 사실이 알려지자 유학생들은 그를 "숭악한 친일파"라고 규정하여 폭행해줄 심산으로 자신들의 하숙방으로 유인하였다. 그러나 유학생들은 도리어 자신들을 반갑게 맞이하는 장덕수의 모습을 보고 폭행은 그만두고 그에게 유학생 학우회學友會에 참석하라고 권고하게 되었다. 이 일을 계기로 장덕수는 학우회 편집부에서 송진우 등과 함께 『학지광學之光』을 편집하며 조선인 학생운동에 발을 들여 놓게 되었다.[52] 조선인들과의 교류는 장덕수의 초보적인 민족의식을 한층 발전시켰을 것이며, 『학

---

49 이경남, 『雪山 張德秀』, 東亞日報社, 1981, 61~63쪽.
50 「평양에서 三千명 이상 대중에게 댱덕슈 씨가 二日간 대연설시험」, 『신한민보』 1920.4.2.
51 星川曉嶺, 「學生奇人列傳」, 『雄辯』 9월호, 大日本雄辯會, 1915, 226쪽.
52 한국정신문화연구원 현대사연구소 편, 『遲耘 金錣洙』, 1999, 174~175・276쪽.

지광』에 대한 당국의 탄압을 몸소 겪으면서 그의 민족의식은 더욱 강화되었다.

2) 에머슨을 거쳐 사회적 실천 지향

장덕수가 민족문제를 자각하게 된 세 번째 계기는 사상적 계기로 에머슨R. W. Emerson, 1803~1882의 초월주의Transcendentalism가 그것이다. 어릴 적부터 교회에 다녔던 장덕수는 유학 중에도 교회에 나가 기도하며 신앙생활을 계속했다. 그러던 그의 기독교 사상에 중요한 변화의 계기가 찾아왔다. 에머슨의 사상을 접하게 된 것이다. 미국 지성계의 대표적인 사상가로 추앙받는 에머슨은 한때 유니테리언Unitarians 목사였으나 제도화된 교회의 보수화에 반발하며 사임했다. 이후 그는 힌두교를 비롯해 인도와 중국 등 동양의 종교와 철학에 심취하며 범신론으로 경도되었다. 유니테리언은 인간중심적인 신학으로 인간의 덕성과 완전성, 인간 의지의 자유, 이에 수반한 인간의 도덕적 책임을 역설하여 종교의 본질은 내세를 찾는 데 있는 것이 아니라 현세에서의 선善을 실현하는 데 있다고 갈파하였다. 당시 기독교 교파 중에서 종교적으로는 가장 급진적이고 자유주의적인 흐름을 대변했다. 1825년 미국유니테리언협회A.U.A.가 설립되면서 점차 제도화되기 시작하자 이에 반발해 초월주의자들이 등장해 자유종교협회를 설립하였다. 1830~40년대 에머슨을 중심으로 유니테리언 교회의 보수화에 반발한 젊은 목사들이 만든 모임에서 시작된 자유주의 기독교운동을 초월주의라고 칭했다. 초월주의는 종교적으로는 자유사상을, 철학적으로는 칸트주의의 관념철학을, 문학적으로는 낭만주의와 개인주의를 옹호했던 운동이었다. 대부분의 초월주의자들은 기독교의 틀을 초월해 세계 모든 종교의 통일을 추구하였다. 또 종교적 의식을 거부하고 그것보다는 사회를 개혁하는 편이 더 중대하다고 생각해 여성참정권이나 감옥개량, 정신병원 개량, 교육개혁, 노예해방 등 다양한 개혁운동에 참여했다. 일부는 공산주의 실험농장 브룩팜Brook Farm을 경영하기도 했다.[53]

1878년 전후 토야마 마사카즈外山正一가 에머슨의 논문을 도쿄제국대학에서 강독한 뒤 일본에 알려지게 되었다. 곧 일본의 지식인들은 에머슨에게 열광했다. 그가 내세운 '자립사상'과 함께 그 배경이 되고 있었던 동양사상이 공감을 불러일으켰기 때문이라고 한다. 그의 저작 또한 인기만큼이나 많은 번역서가 출간되었다.[54] 예컨대 「에머슨エマルソン」이라는 평론을 남긴 비평가 기타무라 도코쿠北村透谷는 개인과 국가의 대립문제를 고민하면서 에머슨의 범신론적 초월주의 사상을 수용해 메이지시기 일본사회가 안고 있던 문제점들을 비판하고 민중의 정치적 각성과 근대적 자아의 확립을 추구했다.[55] 조선인 유학생들

---

53 이상의 내용은 Paul F. Boller Jr., 정태진 역, 『美國超越主義의 理解』, 翰信文化社, 1989; 土屋博政, 「日本のユニテリアンの盛衰の歴史を語る」, 『慶応義塾大學日吉紀要, 英語英米文學』 47, 2005 참조.
54 메이지기明治期에 이미 에머슨의 대표작인 『자연론Nature』, 『대표위인론Representative Man』 등은 다수의 번역서가 출간되었고, 대표적인 선집으로는 高橋五郎의 『エマルソン言行録』 (內外出版協會, 1912), 戶川秋骨 譯, 『エマーソン論文集』(東京玄黃社, 1911~12), 1917~18년에는 국민문고간행회에서 산문 전집이 출간되었다(舟橋雄, 『研究社英美文學評傳叢書 91-エマソン』, 東京 : 研究社, 1933, 123쪽).
55 許培寬, 『北村透谷とEmerson比較文學研究-明治二十年代における知識人の軌跡』, J&C, 2002 참조.

또한 에머슨에게 관심을 기울이는 경우가 적지 않았다. 일찍이 최남선은 1910년 『소년』에 에머슨의 산문을 읽고 그중에 몇 구절을 발췌해 소개하였다.[56] 유학 중 기독교에 입교한 조소앙도 영문판 "에머슨논설집魏馬順論說集"을 구매하였다.[57] 현상윤도 도쿄 유학시절 하루 일과 중 학업을 마치고 하숙집에 돌아오면 책상머리에 앉아 시집, 논문, 소설, 철학 등에 관한 여러 책을 읽었는데, 그중 하나로 에머슨의 논문을 열거하고 있다.[58] 학우회 기관지인 『학지광』 10호(1916.9)의 표지에는 에머슨의 『자기신뢰Self-Reliance』의 한 구절을 인용해 원문과 함께 싣고 있다. 한 연구에 따르면, 조선인 유학생들 중 장덕수, 전영택田榮澤, 최팔용崔八鏞, 이광수 등의 저작에서 에머슨의 사상을 찾아볼 수 있다고 한다. 특히 장덕수의 「의지의 약동」(『학지광』 5, 1915.5)은 한국 근대문학의 에머슨 수용사에 중요한 시금석이 되는 글로 평가하고 있다.[59]

초기 장덕수의 사상 형성에 기독교와 에머슨이 끼친 영향은 다른 무엇보다 압도적이었다. 현재 남아 있는 『학지광』에서 찾을 수 있는 장덕수의 첫 글은 3호(1914.12)에 실린 「『학지광』 제3호 발간에 대하여」이다. 이 글은 곳곳에 인용문을 원용하고 있어 당시 장덕수의 사상적

---

56 N.S, 「에머어쏜을 닐금」, 『少年』 3-2, 1910.2, 48〜51쪽.

57 「東遊略抄 1911.9.4」, 『素昻先生文集』 하, 三均學會, 1979, 445쪽. 조소앙은 우주의 기본적인 속성으로 생명성을 지적하며 "우주는 하나의 계통 있는 전체이며 반드시 통일적 정신이 있을 것이다. 즉 대령大靈이라 할 만한 것인 즉 우리 인생은 우주 전체의 일분자이다"(「東遊略抄 1910.11.29」)라고 하여 에머슨의 '대령론大靈論, The Over-Soul'과 유사한 주장을 펼치며, 이후 제諸종교 통일의 육성교六聖敎를 창도하는 등 유니테리언의 종교운동과 맥을 같이 하는 활동을 벌인 사실에 비추어 그의 종교사상을 유니테리언과 관련해 파악해 볼 필요가 있다.

58 小星, 「東京留學生生活」, 『靑春』 2, 1914.11, 113쪽.

59 이철호, 「한국 근대문학의 형성과 종교적 자아 담론―靈, 生命, 新人 담론의 전개 양상을 중심으로」, 동국대 박사논문, 2006.

편력을 살펴볼 수 있는 좋은 자료이다. 그는 먼저 『성경』 「마태복음」을 인용하며 첫머리를 시작하였다. 그런 뒤 "옛 시인"의 시구를 인용하고 다시 성경 하박국Habakkuk의 일구로 단락을 마무리하였다. 기독교 사상이 중요한 밑거름이 되고 있음을 단적으로 드러내고 있다. 성경에 뒤이어 등장하는 인용문이 바로 에머슨의 저술이었다. 그는 에머슨의 『대표위인론』과 『자연론』에서 몇몇 구절을 발췌하였다. 마지막으로는 "유고"의 글을 길게 인용하였다. 이렇게 구성된 「학지광 제3호 발간에 대하여」는 "심령"과 더불어 풍부한 상상력, 위대한 지력, 청고한 감정, 강렬한 의지를 가진 조선 청년이 능히 못할 일이 무엇이겠느냐는 내용이 핵심적인 주장이라 할 만하다. 장덕수는 이렇게 주장하기 위한 근거와 논리 전개를 에머슨의 사상에서 끌어오고 있다. "자기표현과 자기실현은 우주의 근본 사실"이라는 전제를 비롯해 자연계에 두루 존재하는 상제上帝, 곧 신의 광영을 발견하고, 진선미가 그 각 방면의 표현이라는 인식, 그로부터 확장해 인간에게도 심령이 내재한다는 믿음은 에머슨 등 초월주의자들의 기본적인 믿음과 다름없었다.

게다가 만물에 두루 존재하는 "심령은 자유활동과 최고 표현을 요구하나니" 조선인들도 침묵하고 있을 수만은 없다고 호소하며 사회적 실천을 주장하고 있다. "심령의 자기표현"을 통해 찬란한 문명의 미美를 이룰 수 있고, 그 미는 '신'의 다른 모습이니 결국 신에 이르는 길 중 하나는 자기 문명의 달성에서 멀리 있지 않았던 것이다. 몇 달 뒤에 게재된 「신춘을 영迎하야」 역시 에머슨의 사상이 짙게 베여 있다. 비록 직접 에머슨을 거명하지는 않았지만, 새봄의 기운에서 "내부로 발동하는 생명력의 충동을 단절할 수 없"다느니, "우리의 이목구비 모든 육체의 오관五官을 초월하고 우리 심령에게 직접으로 고하는 새봄의 말소리"라는 표현에서는 자연계에 생동하는 우주적 생명령을 직관하는 에머슨의 통찰력을 장덕수에게서도 발견할 수 있다. 장덕수 역시 에머슨처럼 자연계의 변화를 관찰해서 "천지 근본자의 뜻을 객관"하였고, 불어오는 봄바람에서 "기적"을 발견하였다.[60]

무엇보다 장덕수에게 끼친 에머슨의 영향력을 또렷이 살펴볼 수 있는 글은 「의지의 약동」이다. 이 글은 말미에 부기되어 있듯이 당시 장덕수의 신앙고백서에 다름없는 글이었다.[61] 여기서 장덕수는 현실 사회에서 다양한 직업군으로 존재하는 "편적片的 사람"을 극복하고 "전적全的 사람"이 되기를 주문하고 있다. 그가 말하는 '전적 사람'이란 "진실로 내적인內的人, inner man의 자각", 즉 "정신상 우주 근본자와 하나됨을 자각"하여 완전히 자아를 실현한 사람을 의미했다. 이런 사람은 "영안靈眼을 맑게 떠서 만물의 진상을 통관通觀하고 자기의 선 곳을 깨달으며 자기의 갈 길을 알고 자기의 가치를 인식하여 자기의 사명을 다함으로써" 천지와 더불어 생장하는 사람이었다. 이런 '전적 사람'의 경지를 표현하는 데 다음과 같은 에머슨의 저명한 문구가 원문과 함께 인용되었다.

뜰에 턱 나시매 내의 머리는 상쾌한 공기에 싯쳐 무한공간에 돌입하니 모든 자존심은 업서지고 일개 투명한 눈알이 되야 나는 아무것도 아니나 모든 것을 보는도다. 우주적 실재가 아我를 관통하니 나는 진실로 신의 일부로다[62]

---

60 張德秀, 「新春을 迎ᄒᆞ야」, 『學之光』 4, 1915. 2, 64~66쪽.
61 張德秀, 「意志의 躍動」, 『學之光』 5, 1915. 5, 46쪽.

에머슨의『자연론』중에서 가장 유명한 이 문구는 그가 직접 경험한 매우 강렬한 종교적 감정 즉 신과의 직접적인 영교靈交, communion의 가능성을 시사하고 있다. 에머슨이 신의 숨결이 담긴 자연을 관조해 신 그 자체를 직관했던 순간을 장덕수는 '전적 사람'이 탄생하는 때로 원용했다. '우주적 실재'는 곧 신이고, 이는 세상에 두루 존재하는 "절대무한의 생명력"·"영적 생명력"의 다른 이름이었으며, 곧 '내적인'을 의미했다. 계속해서 장덕수는 에머슨의『대표위인론』과『역사History』를 인용하며 이 생명력內的人을 자각할 때 비로소 '전적 사람'이 될 수 있다고 역설했다. 이로써 완전한 자아실현을 달성할 수 있었다. 장덕수는 에머슨을 통해 신의 구원을 자아실현으로 재해석했다. 자아실현을 위해서는 개인적인 노력과 함께 그를 뒷받침해줄 수 있는 사회적 환경이 필요했다. 이에 장덕수는 우리의 생명력을 보전하기 위해서는 활동하고 경영해야 하며, 그러자면 국가건설도 필요하고 사회조직도 필요하다고 보았다. 자아실현을 위한 노력만큼이나 우리 사회의 "개량과 진보를 촉급하는 것이 우리의 책임"이었다.

에머슨의 초월주의도 종교운동이라는 점에서 자칫 관념성 또는 종교성에만 머무를 수 있었지만, 장덕수가 그런 한계를 극복하고 사회적 실천으로 발전할 수 있었던 동력은 강한 '현실성'에 있었다. 그에게 "인생의 가치는 결코 멀고먼 저 건너편 '피안'에 있는 것이 아니오, 우리 발 딛고 있는 이 현실에 있는 것이로다. (…중략…) 그럼으로 인생의 가치는 생生에 있고 현재에 있는 것이"었다.[63] 따라서 그가 발 딛고 서 있는

---

62 張德秀, 「意志의 躍動」, 『學之光』 5, 1915.5, 44쪽.
63 張德秀, 「意志의 躍動」, 『學之光』 5, 1915.5, 42쪽.

조선의 현실 속에서 자신에게 부여된 사명을 다함으로써 인생의 가치
를 찾아야 했다. 하지만 조선은 식민지 상태로 속박을 받고 있었다. 이
에 장덕수는

> 자유독립은 **神子**sons of God의 특별권위로, 이를 침해하는 자는 진실로 천
> 지의 대죄인이니 전력을 들어 이를 박멸할 것이라 (…중략…) 조선청년이
> 여 죽엇는가 잇엇는가. 너희의 강산은 너희의 의지를 실현할 곳이 아니며
> 너희의 토지는 너희의 **우주적 경륜을 행할 곳**이 아닌가? (…중략…) 너희의
> 땅에는 너희의 **신성**한 의지를 일보일보 실현하야 각 방면으로 (영적양계靈
> 的兩界) 자유의 신천지를 개척하고 세상에 천국을 건설함이 참으로 너희의
> 신적神的 사명이 아닌가**64**

라고 말하며 식민지 상태를 극복하고 자유독립을 쟁취하기 위해 조선
청년들의 자유의지가 약동하기를 '강요'했던 것이다. 대죄인인 억압자
를 전력으로 박멸하고 조선에 지상천국을 건설해야 한다는 조선 청년
의 사명감을 고취하였다. 기독교적 유토피아 사상이 에머슨을 경유해
사회적 실천력을 얻게 되면서 민족문제를 인식하고 그에 대한 해결책
을 모색하는 단계로 발전하고 있었던 것이다.

---

64 張德秀, 「意志의 躍動」, 『學之光』 5, 1915.5, 46쪽. 강조는 원문.

3) 반일 민족운동의 험로를 향한 첫걸음

1914년 전후 조선인 유학생들과 교류를 시작한 장덕수는 곧 신익희가 부장을 맡고 있던 학우회 편집국의 부원이 되어 『학지광』의 발행에 힘썼다. 이는 1914년 12월 발간된 『학지광』 3호의 판권지에 표기된 학지광발행소가 그의 거처였다는[65] 사실을 통해 확인이 가능하다. 이후 장덕수는 1917년 귀국하기 전까지 편집부의 부원, 부장을 비롯해 평의회 의원 등으로 활동하였다. 학우회 외에도 장덕수는 1916년 1월 29일 이광수, 최두선崔斗善, 김양수, 신익희 등과 함께 '신학문을 통해 조선사정, 즉 산업, 교육, 종교, 사회제도 등 조선 현시에 긴절한 모든 문제를 연구'한다는 목적하에 조선학회를 창립하였다. 여기서 장덕수는 "식민에 관하여" 연구해 발표하기도 했고, 노익근盧翼根, 현상윤과 함께 공개강연을 벌이기도 했다.[66] 일제는 조선학회가 "비교적 견실한 배일사상을 포지한 자"들이 간부를 도맡은 "일종의 비밀결사"라고 의심했지만,[67] 학우회와 조선학회 모두 어디까지나 합법적인 틀 안에 머물렀다.

일제의 의심대로 장덕수는 당시 실제로 비밀결사에 참가하고 있었다. 당시 유학생계에는 합법적인 단체만 있었던 것은 아니었다. 유학생들 중 몇몇은 비밀결사에 가담하고 있었다. 비밀결사는 독립운동 투

---

65 小野容照,「1910년대 전반 재일유학생의 민족운동－在東京朝鮮留學生親睦會를 중심으로」,『숭실사학』 27, 2011, 247쪽. 단, 1914년 4월 발간된 제2호는 발행소가 東洋閣이고, 제3호부터 장덕수의 하숙방이 발행소가 되었다.

66 「消息」,『學之光』 8, 1916.3, 49쪽;「우리 消息」,『學之光』 10, 1916.5, 58쪽 :「消息」,『學之光』 12, 1917.4, 60쪽.

67 「大正七年五月三十一日調 朝鮮人槪況 第二」,『在日朝鮮人關係資料集成』 1, 三一書房, 1975, 65쪽;「大正九年六月三十日 朝鮮人槪況 第三」, 같은 책, 89쪽.

신을 다짐하는 '도원결의'에서부터 합법적인 단체였지만 비밀결사의 혐의가 짙은 조선학회와 같은 단체, 더 나아가 일정한 강령과 기율이 존재하는 지하단체까지 형태와 수준에서 차이가 있었다. 예컨대 일본 육군유년학교에 유학 중이던 지청천池靑天 등 조선인 생도들은 자체적인 모임을 갖고 있었는데, 1910년 한일병합 소식이 전해지자 아오야마靑山 공동묘지에서 비밀집회를 열어 보장된 앞길을 마다하고 "조국광복을 위해 총궐기하기로 맹세"했다. 일명 '아오야마의 맹세'였다.[68]

　1915년 봄 도쿄에서도 독립운동에 열의를 가진 일군의 유학생들이 모여 각오를 다졌다. 훗날 김철수金鏻洙는 손가락에 난 흉터를 보여주며 그날을 회상했다. 그를 비롯해 7명의 동지들은 다마가와多摩川에 나가 함께 목욕한 뒤 무명지를 베어 피를 돌려 마시고 장래 사방으로 흩어져서 상호연락하며 독립운동을 하기로 맹세했다. 그에게 있어 첫 번째 비밀결사로 기억되었다. 특별한 명칭이 있었던 것으로 생각되지는 않지만, 김철수는 '열지동맹'이라고 불렀다. 장덕수에게도 '열지동맹'은 합법적인 영역을 넘은 첫 번째 '비밀결사'였다. 그러나 독서회도 아니고 "착실한 뭐 거시기가 아니라 결의형제 모양으로" 일종의 "도원결의 같은 모듬"이었다.[69] 물론 이런 결의가 모두 실천으로 이어지는 것은 아니었다. 일본육사를 졸업한 뒤 아오야마의 맹세를 지켜 독립운동에 투신한 사람은 지청천과 김경천金擎天 등 몇 사람에 불과했다. 독립운동에 투신하겠다는 결의가 현실로 이어지기 위해서는 어떤 계기가

68　지복영, 『역사의 수레를 끌고 밀며』, 문학과지성사, 1995, 30쪽.

69　한국정신문화연구원 현대사연구소 편, 『遲耘 金鏻洙』, 1999, 7・42~43・176・193・195・277쪽. 열지동맹의 참가자들은 윤현진尹顯振, 정노식鄭魯湜, 장덕수, 김효석金孝錫, 김철수金喆壽, 전익지全翼之, 김철수金鏻洙 등 7명이다.

필요했다. 지청천과 김경천 등에게 그 계기는 삼일운동이었다.

장덕수도 본격적인 비밀결사운동의 계기를 마련하기 시작했다. 그 계기는 도쿄에 유학 온 동아시아 각국의 유학생들과의 만남을 통해 시작되었다. 1910년대 일본의 수도 도쿄는 중국, 대만, 인도 등 동아시아 각국에서 몰려든 유학생들로 북적되던 곳이었다. 일본은 당시 동아시아에서 유일하게 근대화에 성공해 서구 열강과 어깨를 나란히 하던 현실적 모범이었다. 동시에 동아시아 약소국을 호시탐탐 노리던 제국주의 침략국으로 저항의 대상이기도 했다. 모방과 저항의 딜레마 속에서 경탄과 경계의 눈으로 일본을 바라보던 동아시아 약소국의 청년학생들에게 일본 유학은 근대화의 실상을 직접 체험하고 서구 지식을 습득할 중요한 통로였다. 조선, 중국, 대만의 재일유학생들은 민족적 경계를 넘어 제국주의 침략에 시달리는 동아시아의 약소민족이라는 공통성으로 서로 연대하기도 했다. 예컨대, 1916년 2월 12일 학우회 체육부 축구단은 중국유학생 축구단과 도쿄고등사범학교 운동장에서 축구 경기를 열어 승리하기도 했다.[70] 교토에서도 만국기독교청년회 간사인 미국인 선교사를 중심으로 중국인과 조선인 등이 함께 코스모폴리탄회라는 친목 및 선교단체에 참여하여 일제 당국의 경계 대상이 되고 있었다.[71] 제국주의라는 공동의 적에 맞서 조선과 중국을 비롯한 동아시아 약소국의 청년학생들은 힘을 합칠 기운이 무르익고 있었다.

도쿄에서도 1915년경 조선인 유학생들과 중국인 유학생들 사이에 상호부조를 목적으로 하는 단체가 조직되어 있었다. 일제는 이 단체를

---

70 「消息」, 『學之光』 8, 49쪽.
71 「要視察鮮人ニ關スル件(1915.2.15)」, 『不逞團關係雜件─鮮人ノ部』 在內地 (1).

사교단체라며 1915년 가을경부터 조직되었다고 파악했다.[72] 다른 일제의 보고서에는 1915년 10월경 조직되었다며 동아동맹회東亞同盟會라고 지칭하였다.[73] 중국인 유학생 황각黃覺은 일제의 수사기관에서 파악한 시점보다 더 이른 시기인 1915년 7월경 조직되었다고 회고한 바 있다.[74] 이 무렵 최익준, 하상연 등은 황각 등 중국인 유학생 십여 명과 함께 이 단체에서 활동하고 있었다. 이윽고 그해 가을 황각 등 중국인들은 일제가 중국을 침략하려 한다면서 조선, 중국, 대만, 인도 등 동아시아 약소민족이 연대해 일제를 타도하자고 최익준 등에게 제안했다.[75] 이때는 일제가 원세개袁世凱 정권에 21개조 요구안을 강요하며 중국의 반일운동에 불을 지핀 시점이었다. 그들의 제안을 수락한 최익준과 하상연은 동지 획득을 위해 김철수 등에게 접근했다. 이후 계획은 순조롭게 잘 진행되어 이듬해 봄까지 조선인 8명, 중국인 30여 명, 대만인 1~2명 등 40여 명의 동지를 모아 1916년 봄 신아동맹당 창당식을 거행할 수 있게 되었다. 참가한 조선인은 최익준, 하상연, 김명식, 김양수, 윤현진, 정노식, 장덕수, 김철수 8명이었다. 당의 간사에는 장덕수와 요천남姚薦楠이 선임되었고, 중국인과 조선인 간의 연락은 하상연이 전담하였다. 당비는 1년에 2원을 징수하기로 했다.[76] 이로써 조

---

72 「大正六年三月十四日 中 第二七四號 新亞同盟黨組織ニ關スル件」(이하 「신아동맹당 조직 건」)『不逞團關係雜件—鮮人ノ部』在內地 (2).

73 「大正六年五月三十一日調 朝鮮人概況 第一」(이하 「조선인개황 第一」)『特高警察關係資料集成』32, 不二出版, 2004, 55쪽.

74 黃紀陶,「黃介民同志傳略」,『清江文史資料』1, 1986, 52~53쪽. 황각黃覺은 신아동맹당이 '1915년 7월'에 창당되었다고 회고했는데, 다른 자료와 비교할 때 이때는 아직 신아동맹당이 창당한 시점이 아니므로 그의 기억은 동아동맹회 창당과 혼동한 것으로 판단된다.

75 한국정신문화연구원 현대사연구소 편,『遲耘 金錣洙』, 1999, 43쪽.

76 「신아동맹당 조직 건」.

선, 중국, 대만 유학생들의 국제적 반일 비밀결사 신아동맹당이 출범하였다. 추후 아시아 약소민족의 동지들도 가맹시키기로 했다.

신아동맹당에서 장덕수는 조선인 간사로서, 홍도洪濤와 함께 당원의 선정에 노력하였다. 이들은 먼저 의지 확고하고 조국을 위해 죽음도 불사할 만한 유학생을 선정하여 처음에는 당의 진짜 목적을 말하지 않고 단지 "동양의 영원한 평화를 확보하기 위해 중국, 대만 및 조선 청년이 상호부조를 목적으로 한다"고만 알려주었다. 그런 뒤 입당자의 태도 여하를 심사해 합당하다고 판단되면 비로소 진짜 목적을 고지하고 입당식을 거행했다. 입당식은 중화기독교청년회관에 있는 요천남의 거실에서 그와 소개인이 입회한 뒤 「서맹원誓盟願」을 자필해 소개인과 함께 서명 날인하여 선서하는 것으로 시작했다. 「서맹원」에는 "何某 今般 一切 犧牲 不辭 入參 新亞同盟黨 若如有違則神人共極"라고 썼다. 그 뜻은 "아무개가 지금 일체의 희생을 불사하고 신아동맹당에 가입하였으니 만약 당칙을 위반하면 신과 사람이 함께 징벌하리라"는 내용이었다. 이렇게 작성된 「서맹원」은 즉시 불에 태워버렸다. 혹시 일제에 발각되어 증거품이 될까 우려하였기 때문이다.[77]

신아동맹당은 새 아시아를 세우기 위해 10년의 장기적인 전망을 세웠다. 왜냐하면 10년 이내에 일제는 반드시 미국이나 중국, 또는 다른 강대국과 전쟁을 치르리라 확신하고 있었기 때문이다. 일제가 전쟁에 돌입하는 그때 반일 독립전쟁의 깃발을 나부끼면 강대국과 전쟁을 치르느라 힘에 부친 일제는 조선을 포기하지 않을 수 없으리라는 독립전

---

77 「신아동맹당 조직 건」.

쟁론에 입각해 있었다. 신아동맹당에서는 그 시기를 촉진하기 위해서 조직 확대, 군자금 모집과 군사교육 실시 등을 계획했다. 먼저 본부를 상하이上海로 이전하고[78] 조선, 대만 등 "각 본토 및 하와이, 블라디보스톡, 베이징北京, 안둥현安東縣, 서간도, 북간도 등 각지"에 지부를 설치하기로 했다. 이렇게 확대된 조직은 약 10만 원의 자금을 모집하려는 당의 계획에 꼭 필요한 조건이었다. 회비 적립 등으로 자금을 모으고 조직을 확대한 뒤에는 유능한 청년을 선정해 비밀리에 독일로 유학 보내 군사학을 배우게 하고, 본부 또는 지부에 "불령한 조선인"을 모아 적절한 군사교육을 시행할 생각이었다. 이를 통해 약 10만 명의 군대를 양성하려는 포부를 가졌다. 또 중국, 미국, 독일, 오스트리아 등에 밀사를 파견하여 응원을 구함으로써 독립전쟁의 시기를 촉진한다는 계획도 세웠다.[79]

일제는 이런 계획을 실행하기 위해 노력하는 신아동맹당 당원들의 움직임에 촉각을 곤두세웠다. 장덕수가 본부를 상하이로 이전하기 위해 중국으로 망명하려고 여비 조달과 시기를 노리고 있다는 첩보를 입수했다. 게다가 하상연이 중국 정계의 상황을 알아보기 위해 상하이로 도항해 베이징으로 건너간 상황이었다. 하상연과 장덕수 사이에는 요천남을 중개인으로 하는 의심스러운 서신왕래가 있었다. 이후 실제로

---

[78] 따라서 신아동맹당이 상하이上海에 조직되어 있던 신아동제사新亞同濟社의 일본지부였고, "당 본부는 중국 상하이에 있으니 일본지부를 자처했다"(강덕상, 김광열 역, 『여운형 평전』 1, 역사비평사, 2007, 132쪽)는 강덕상의 주장은 사실이 아니다. 오히려 사료史料는 도쿄에서 조직된 신아동맹당이 도쿄의 본부를 상하이로 이전하기 위해 노력 중이라는 사실을 보여주고 있다. 그리고 이런 노력은 이후 황각이 1917년 상하이에서 대동당大同黨을 결성하면서 일부분 실현된다.
[79] 「신아동맹당 조직 건」; 「조선인개황 第一」.

하상연은 북경육군대학에 입학했다.[80] 한편, 당원 중 일부는 러시아 허무당을 연구해 당을 그와 유사한 조직으로 만들려고 한다는 정보도 입수되었다.[81] 하지만 신아동맹당의 지하운동은 그리 오래가지 못했다. 일제의 탄압이 다가오고 있음을 알아챈 당원들은 비밀리에 회의를 열어 격론 끝에 결국 1917년 9월 30일 해산하고 말았다.

4. 맺음말

평탄하지 않은 어린 시절을 보낸 장덕수는 가난과 무지를 극복하기 위해 독학이라는 결코 쉽지 않은 길을 내딛었다. 그의 곁에는 든든한 후원자 아키모토가 있었다. 그는 장덕수와 마찬가지로 지독한 가난을 뚫고 자신의 힘만으로 고학하며 대학을 마치고 제1회 일본 고등문관시험에 합격해 식민지 조선의 평양부윤에까지 올라 이제는 자신과 같은 어려운 사람을 도와주기도 하는 입지전적인 인물이었다. 이런 아키모토의 성공 신화는 어린 장덕수에게 이상적인 모델로 비춰지기에 충분했을 것이다. 그의 도움으로 장덕수는 중학강의록을 구해 볼 수 있었고 마침내 제1회 조선인판임문관시험에 당당히 합격하였다. 가난한 식민지 소년은 이제 입신출세를 향해 한 걸음 다가갈 수 있었다. 그러나 어찌된 영문인지 판임관으로 발령은 끝내 나지 않았고, 그는 일본 유학을 결심하였다.

---

80 「河相淵氏長逝」, 『東亞日報』, 1920.8.20.
81 「신아동맹당 조직 건」.

1912년 3월 와세다대학 고등예과에 입학한 장덕수는 또 다시 가난과 정규과정을 밟지 못한 열등감을 극복하고자 학습에 매진하였다. 그러면서도 남다른 웅변 실력으로 학생웅변계의 주목을 받기 시작했다. 와세다대학 대표로 웅변대회에 나가기도 했고, 조선인으로서는 유일하게 모의국회에 참가하여 원내부총리 등의 역할을 맡아 활약하였다. 이렇게 모의국회와 웅변회 등에서 활약하던 장덕수는 1916년 7월 와세다 정치경제학과를 2등으로 졸업하는 등 '학리와 실제' 모두에서 대학 생활에 충실하며 식민지 조선의 '정치가'라는 위태로운 다른 길을 향해 변신을 준비하고 있었다.

일본 유학생활 중에 그의 인식에는 커다란 전환의 계기가 찾아왔다. 1914년 전후 그는 식민지 민족문제에 대해 심각하게 자각하게 되었다. 그가 남긴 첫 글인 「조선청년의 본심」에서 개개 구성원들이 살아 숨쉬는 삶의 공동체로서 민족이라는 존재가 드러난다. 그 민족이 일제의 동화정책과 총독부의 무단통치로 노예상태로 전락했다고 일제에 비난의 화살을 돌렸다. 식민지 민족문제를 해결하기 위해 장덕수는 일본의 책임을 묻는 한편 조선인들의 임무 또한 잊지 않았다. 이렇게 장덕수가 민족문제를 자각하게 된 계기가 무엇인지 정확히 알 수는 없지만, 저간의 사정은 파악할 수 있다. 먼저 재일유학 당시 다이쇼정변으로 일컬어지는 일본의 정치적 격변이 장덕수로 하여금 조선 국내의 정치적 상황을 돌아보게 만들었을 수도 있다. 정치적 격변기에 보여준 일본 민중들의 역량은 조선문제 해결을 위해 조선인들이 직접 나서야 한다는 타산지석의 교훈을 깨달았을 수 있다. 다른 재일유학생들과의 교류를 통해 이런 문제의식이 더욱 증폭되고 힘을 얻었을 것이다. 여기에 사상적으로도 에머슨의 초월주의를 수용하면서 기독교적 유토피아 사상이 에머슨을 경유해 사회적 실천력을 얻게 되면서 민족문제를 인식하고 그에 대한 해결책을 모색하는 단계로 발전하게 되었다. 이외에도 와세다대학에서 학습한 근대지식이 그의 인식 지평을 확장시켜 제국주의와 식민지문제를 건드렸을 수도 있다. 어쨌든 이렇게 자각하게 된 민족문제는 장덕수의 인생을 완전히 뒤바꿔 이제는 비합법적인 비밀결사의 참여로까지 나아가기에 이르렀다.

여기서 주목할 점은 장덕수의 민족문제 해결 방식은 두 층위에서 전개된다는 점이다. 그 하나는 식민지 조선인들의 민족운동 범주이며, 다른 한 층위는 제국주의 일본의 정치 또는 통치 범주였다. 이는 이후 민족운동에 참여하는 장덕수의 기본적인 운동 방식으로 자리 잡게 된다. 그는 1910년대 유학시절에는 학우회를 비롯해 여러 합법적인 학생단체 및 학과 활동에 참여하고 요시노 사쿠조吉野作造 등 일본인 지식인과 교류하는 동시에 비합법적인 신아동맹당을 창당해 중국, 대만 유학생들과 함께 국제적 반일운동을 이끌었다. 1920년대에는 국내에서 『동아일보』를 통해 문화운동을 일으키는 한편, 고려공산당 국내지부의 책임자로도 활동하고 있었다. 미국에 유학 가서도 비밀결사 대광大光과 합법적 학생단체 북미유학생총회北美留學生總會 등에서 활동하였다. 이렇게 계속해서 합법과 비합법 영역을 아우르던 그의 운동 방식은 식민지가 처해있던 이중적 정치구조를 배경으로 하였다. 즉, 식민지 조선인들의 사회적 공간과 거기에 끊임없이 간섭하고 포섭하려 하지만 끝내 목적을 완수하지 못하던 제국의 지배영역 간의 간극이 몰고 온 긴장의 정치구조를 민족운동의 장으로 활용하였던 것이다.

참고문헌

자료
高濱三郎, 『早稻田物語』, 敬文堂書店, 1929.

연구논저
강동진, 『일본근대사』, 한길사, 1985.
김기승, 『조소앙이 꿈꾼 세계』, 지영사, 2003.
김기주, 『한말 재일한국유학생의 민족운동』, 느티나무, 1993.
박찬승, 『한국 근대 정치사상사 연구』, 역사비평사, 1992.
심지연, 『한국현대정당론』, 창작과 비평사, 1984.
이종환, 『메이지 낭만주의자 기타무라 도코쿠』, 보고사, 2001.
이지원, 『한국 근대 문화사상사 연구』, 혜안, 2007.
허배관, 『北村透谷とEmerson比較文學研究』, J&C, 2002.

에머슨, 이창배 역, 『에머슨 수상록』, 서문당, 1996.

김경택, 「1910 · 20년대 동아일보 주도층의 정치경제사상 연구」, 연세대 박사논문, 1998.
김명구, 「한말 일제강점기 민족운동론과 민족주의 사상」, 부산대 박사논문, 2002.
김은형, 「랠프 월도 에머슨의 초월주의의 사회적 성과와 한계」, 『안과 밖(영미문학연구)』 26, 영미문학연구회, 2009.
김학준, 「장덕수, 대한민국 건국의 논거와 방략을 마련하다」, 『한국사 시민강좌』 43, 2008.
심재욱, 「설산 장덕수(1894~1947)의 정치활동과 국가인식」, 동국대 박사논문, 2007.
박종린, 「1910년대 재일유학생의 사회주의사상 수용과 '김철수그룹'」, 『사림』 30, 2008.
박찬승, 「1910년대 도일유학과 유학생활」, 『호서사학』 34, 2003.
안용식, 「일제하 한국인 판임문관에 관한 연구」, 『사회과학논총』 30, 1999.
양현철, 「에머슨Emerson의 초월주의 연구」, 『나사렛논총』 5, 2000.
장 신, 「1919~43년 조선총독부의 관리임용과 보통문관시험」, 『역사문제연구』 8, 2002.
최선웅, 「장덕수의 사회적 자유주의 사상과 정치활동」, 고려대 박사논문, 2013.

최성은, 「일제하 한국인 관료의 인사관리에 관한 연구―판임관 채용시험 합격자를 중심으로」, 연세대 행정학과 석사논문, 2006.

唐澤富太郎, 『學生の歷史』, 創文社, 1955.
小野容照, 『朝鮮獨立運動と東アジア 1910~1925』, 思文閣出版, 2013.
松尾尊兊, 『民本主義と帝國主義』, みすず書房, 1998.
天野郁夫, 『試驗の社會史―近代日本の試驗・教育・社會』(增補), 平凡社, 2007.
天野郁夫 外, 『研究報告 67―近代化過程における遠隔教育の初期的形態に關する研究』, 放送教育開發センター, 1994.

松尾尊兊, 「吉野作造と朝鮮・再考」, 『朝鮮史研究會論文集』 35, 1997.
土屋博政, 「なぜ日本ユニテリアン・ミッションは伸展しなかったのか―クレイ・マコーリィと日本ユニテリアン・ミッション(I)」, 『慶應義塾大學日吉紀要 英語英米文學』 39, 2001.

'문화통치'와 민정시찰관*

염복규

1. 머리말

3·1운동이라는 미증유의 거족적 저항에 직면한 일제가 식민통치 방침을 무단통치에서 문화통치로 전환했음은 주지의 사실이다. 문화통치의 본질에 대해서는 강동진의 선구적 노작[1] 이래 민족운동 역량을 분열시켜 식민통치를 공고히 하려는 기만적 민족 분할 통치라는 것이 정설이었다. 이런 인식은 물론 잘못된 것은 아니지만, 이 시기 국제

* 이 글은 교토 학술회의 발표문을 수정·보완한 초출논문(초출일람 참조)에 비해 약 50매 가량의 원고가 추가되었음을 밝혀둔다. 교토 학술회의에서 유익한 토론을 해주신 마츠다 토시히코松田利彦 선생님(교토 국제일본문화연구센터), 선행 연구자로서 조언을 아끼지 않으신 이형식 선생님(고려대 아세아문제연구소), 사료의 조사와 열람에 도움을 주신 류준범(국사편찬위원회)·최성희 선생님(히토츠바시대)께 이 자리를 빌어 다시 한 번 감사의 말씀을 드린다.
1 강동진, 『日本の朝鮮支配政策史研究』, 東京大學出版會, 1979; 강동진, 『日帝의 韓國侵略政策史』, 한길사, 1980.

정세의 변화나 다이쇼데모크라시와 정당내각의 성립이라는 일본 본국의 정치 변동이 식민통치에 미친 영향 등[2]을 다소 간과한 것이었다. 이런 반성을 기반으로 비교적 최근 들어 문화통치에 대한 연구는 수상 하라原敬를 중심으로 한 정당내각의 이른바 내지연장주의(늑동화주의)에 의한 식민통치 수뇌부 교체의 정치적 과정,[3] 새롭게 총독부로 전임한 관료 집단의 특징과 통치 구상,[4] 총독 사이토齋藤實의 통치 구상의 형성과 전개,[5] 그리고 이에 대응한 (친일) 조선인 및 재조일본인의 정치 운동[6] 등으로 다양하게 전개되었다.

이상과 같은 선행 연구를 통해 본국의 정치적 변화와 식민통치의 위기가 교차하는 가운데 대두한 문화통치의 배경과 동력 그리고 한계의 상당한 부분이 밝혀졌다. 그러나 아직 문화통치의 명분하에서 시행된 각각의 제도적 변화, 특히 통치 권력의 말단을 구성하고 있는 조선인 관료에 대한 구체적 분석은 충분하지 않은 것으로 보인다. 이 글은 이런 문제의식에 기초하여 문화통치 초기[7] 민정시찰관 제도를 살펴보고

---

2   春山明哲・若林正丈, 『日本植民地主義の政治的展開』, アジア政經學會, 1975.

3   김종식, 「1919년 일본의 조선문제에 대한 정치과정」, 『한일관계사연구』 26, 2007; 김종식, 「1920년대 초 일본정치와 식민지 조선지배」, 『동북아역사논총』 22, 2008.

4   이형식, 「'文化統治'初期における朝鮮總督府官僚の統治構想」, 『史學雜誌』 115-4, 2004; 이형식, 「政黨內閣期(1924~1932)の朝鮮總督府官僚の統治構想」, 『東京大學日本史學研究室紀要』 11, 2007; 이형식, 「중간내각 시대(1922.6~1924.7)의 조선총독부」, 『東洋史學研究』 113, 2010; 岡本眞希子, 『植民地官僚の政治史』, 三元社, 2008; 松田利彦, 「朝鮮總督府官僚守屋榮夫と'文化政治'」, 『日本の朝鮮・臺灣支配と植民地官僚』, 思文閣出版, 2009.

5   전상숙, 「1920년대 사이토오齋藤實 총독의 조선통치관과 '내지연장주의'」, 『담론 201』 11-2, 2008.

6   김동명, 「支配と抵抗の夾間」, 도쿄대 박사논문, 1997; 김동명, 『지배와 저항, 그리고 협력』, 경인문화사, 2006; 신주백, 「일제의 새로운 식민지 지배방식과 재조일본인 및 '자치' 세력의 대응(1919~22)」, 『역사와 현실』 39, 2001; 이태훈, 「일제하 친일정치운동 연구」, 연세대 박사논문, 2010; 이승엽, 「三・一運動期における朝鮮在住日本人社會の對應と動向」, 『人文學報』 92, 2005; 이승엽, 「'문화정치' 초기 권력의 동학動學과 재조일본인 사회」, 『日本學』 35, 2012.

자 한다. 민정시찰관이란 조선인의 고등관 특별임용 범위를 확대한 1921년 2월 칙령 제26호에 의해 임명된 5명의 조선인 '본부 사무관本府事務官'을 의미한다.[8] 이들은 임용과 더불어 각국에 분속되었지만, 각국의 고유한 업무에 배치된 것이 아니라 지방의 민정시찰이라는 특별 업무가 주어져 당시 '민정시찰 사무관' 혹은 '민정시찰관'이라고 불렸다.[9]

그런데 민정시찰관은 문면화한 제도로 성립한 것이 아니라 새롭게 임명한 조선인 사무관에게 임의로 임무를 부여한 것이었고, 1924년 말 행정정리에서 민정시찰관 다수가 지방관으로 전임하면서 자연스럽게 형해화되었다. 그렇기 때문에 식민통치 수뇌부가 그렇게 큰 의미를 부여한 제도였는지 의문스러운 점이 있다. 그러나 이런 한계에도 불구하고 민정시찰관 제도는 조선인의 여론을 고려하여 통치를 하겠다는 점, 총독부 시정의 주지를 조선인에게 적극적으로 선전하겠다는 점, 조선인 관료 임용의 범위를 확대하겠다는 점 등 적어도 세 가지 측면에서 문화통치 구상의 핵심적 슬로건과 관련되어 있는 제도라는 점에서, 그

---

7 여기에서 문화통치 초기란 1919년 9월 사이토와 정무총감 미즈노水野鍊太郎의 부임으로부터 1924년 7월 헌정회계憲政會系 정무총감 시모오카下岡忠治의 부임 및 같은 해 12월 대규모의 제2차 행정정리로 이어지는 시기를 의미한다. '문화통치'를 중간의 야마나시山梨半造 재임 기간을 포함한 두 차례에 걸친 사이토 재임 기간을 특징짓는 키워드로 본다면 미즈노 및 그 후임인 아리요시有吉忠一의 재임 기간을 하나의 시기로 볼 수 있다. 미즈노는 하라의 내시內示와 사이토의 동의에 의해 사실상 식민통치 '개혁'의 전권을 행사했다. 그러나 그의 추천으로 후임자가 된 아리요시는 여러 문제에서 미즈노의 조력을 받으며 독자적인 위상을 구축하지 못했다. 반면 현직 헌정회 총무로서 정치적 색채가 뚜렷한 시모오카가 부임하면서 식민지 조선의 통치와 본국 정계의 관계는 이전과 확연하게 달라졌다.
8 「1921년 2월 10일, 勅令 제26호, 朝鮮總督府事務官等ノ特別任用ニ關スル件」, 『朝鮮總督府官報』, 1921.2.16; 총독부 관제에서 총독부 본부에 근무하는 '본부 사무관'과 각 도의 '도사무관'은 구분되는 직위이다. 일반적으로 '사무관'이라고만 쓰면 '본부 사무관'을 의미한다.
9 '민정시찰관'이란 공식 직명은 아니나 여러 사료에서 관용적으로 쓰이고 있으며, 당대 민정시찰 사무관의 고유한 성격을 적절히 보여주는 명칭이므로 이하에서는 그대로 사용하겠다.

리고 민정시찰관의 활동을 통해 무단통치에서 문화통치로의 전환기 지방 사회의 여론의 한 단면을 살펴볼 수 있다는 점에서 일정한 의미가 있다고 여겨진다.[10]

민정시찰관 제도와 활동을 분석하는데 무엇보다 어려운 점은 핵심 사료인 민정시찰 보고서가 거의 남아있지 않다는 점이다. 현재 찾아볼 수 있는 민정시찰 관련 보고서는 세 건 정도이며, 그중에서도 민정시찰관이 상신한 온전한 형태의 보고서는 단 한 건에 불과한 형편이다.[11] 이 글에서는 이런 점을 보완하기 위해 정치인 문서·일기, 공문서류

---

10 선행 연구 중 약간이나마 민정시찰관에 초점을 맞추어 언급한 연구는 강동진의 저서가 거의 유일하며(강동진, 『日帝의 韓國侵略政策史』, 한길사, 1980, 68~69·183~190쪽), 그 밖에 이형식이 관동대지진 피난민 구호문제와 관련하여 시찰관 홍승균의 경남 출장을 살 폈다(이형식, 「중간내각 시대(1922.6~1924.7)의 조선총독부」, 『東洋史學硏究』 113, 2010, 295~296쪽). 강동진은 민정시찰관은 "조선인 사무관 중 가장 친일적"인 자들을 선발하여 "민중의 동향을 파악하고 정치선전의 침투책으로 이용"한 것이라고 규정했는데, 물론 이 규정은 민정시찰관 설치의 본질적 의미와 한계를 적절히 지적한 것이기는 하나 문화 통치 구상이 민정시찰관과 같은 구체적 제도로 실현되는 과정, 그리고 그 활동을 통해 당대 지방 사회의 여론이 드러나는 과정은 전혀 염두에 두고 있지 않다. 이형식의 언급은 주 11의 보고서 ③과 관련되는데, 본론에서 다시 살펴보겠다.
11 세 건의 보고서는 다음과 같다.
① 「平安北道民情視察復命書 大正10年」, 『大塚常三郎文書』 일본 국립국회도서관 헌정 자료실 소장; 국사편찬위원회 수집
② 「1922년 6월 3일, 公信 제28호 朝鮮總督府事務官 ノ 巡回講話ニ關スル件, 郡司智磨(재 ハバロフスク하바로프스크 日本領事館 副領事) → 內田康哉(일본 외무대신)」, 『朝鮮人ニ對スル施政關係雜件一般ノ部』(2) 일본 외무성 외교사료관 소장; 아시아역사자료센터(www.jacar.go.kr)
③ 「1923년 12월 11일, 齋藤朝鮮總督送付避難民及地方民ノ感想報告, 朝鮮總督 齋藤實 → 內閣總理大臣」, 『公文雜纂』(1923년 12권) 일본 국립공문서관 소장; 아시아역사자료 센터(www.jacar.go.kr)
세 건의 보고서 중 ①만이 시찰관 이범익이 작성한 온전한 형태의 민정시찰 보고서이다. ②는 시찰 주체인 홍승균의 보고서가 아니라 홍승균의 시찰 활동을 일본 영사관에서 본국에 보고한 문서이며, ③은 홍승균의 보고서를 첨부하여 총독 사이토가 다시 수상에게 보고한 문서이다. 이하에서 ①, ②, ③은 각각 『李範益報告書』, 『洪承均報告書 A』, 『洪承均報告書 B』로 표기함.

등 통치 권력 측의 사료를 비롯하여 신문·잡지 등을 최대한 섭렵하여 민정시찰관 제도의 성립과 인사 과정, 활동 양상과 의미를 구체적으로 살펴 초기 문화통치의 작동과 조선인 사회의 대응 양상의 일단을 드러내보고자 한다.

2. 민정시찰관 제도의 설치와 인사

1) 민정시찰관 제도의 설치 과정

1919년 가을 부임한 사이토와 미즈노에게 전달된 '하세가와長谷川 총독인계문서' 중에는 「소요선후책사견騷擾善後策私見」이라는 의견서가 포함되어 있었다. 그간의 식민통치를 총론적으로 비판하고 새로운 통치 방침을 수립할 것을 주장한 이 의견서는 1910년대 이래 총독부에 근무한 문관 수뇌부의 견해가 반영된 것으로 알려져 있는데,[12] 여기에는 다음과 같은 내용이 보인다.

> **금회의 소요에 비추어 특히 긴요한 시설로 인정되는 것으로 총독 관방에 선인**
>
> **鮮人 및 내지인內地人 고등관(내 1인 칙임)으로 감찰관 수인을 두어 객관적 지**

---

[12] 총독부는 1919년 4월부터 사무관 10여 명을 비밀리에 지방으로 파견하여 3·1운동의 원인과 경과를 조사하고, 문관 수뇌부 중심의 선후위원회善後委員會를 구성하여 수습책 마련에 나섰다. 내무부장관 우사미 가츠오宇佐美勝夫, 사법부장관 고쿠분 산가이國分三亥, 내무부 학무국장 세키야 데이사부로關屋貞三郎 등이 참여한 선후위원회의 논의 결과를 수합한 것이 바로 「소요선후책사견騷擾善後策私見」이다(이형식, 「'文化統治'初期における朝鮮總督府官僚の統治構想」, 『史學雜誌』 115-4, 2004, 71쪽).

위에서 시정의 이해득실을 궁구하여 정치의 개선과 진보의 자료로 삼을 필요가 있다. 또 금차 소요에서 통한인 점은 시정 후 이미 9년이 지났음에도 불구하고 아직도 병합의 취지와 시정의 정신이 일반 인민에게는 심히 불철저하여 식자들은 아직도 일한병합은 단지 강약성패의 결과인 것으로 오해하는 경향이 많으므로 정치에 관한 선전의 방법을 십분 강구하지 않고는 신정新政의 철저는 도저히 기하기 어려운 형편이다. 그러므로 **감찰관을 두어 이들 선전의 방법을 강구하는 것도 역시 긴요한 일이라고 생각된다.**[13]

이 의견서는 본부의 고등관을 감찰관으로 임명하여 지방 행정의 실상을 감찰하고 이들을 활용하여 시정 방침을 선전할 것을 제시하고 있다.[14] 아마도 이런 직위의 신설을 제안한 최초의 문서가 아닌가 한다. 한편 통감부시기 학부 차관을 지낸 타와라 마고이치表孫一 역시 "상의 하달上意下達, 하의상달下意上達을 위해서는 감찰관제를 실시할 필요가 있으며" "민정시찰의 대소 관리는 관저에 불러 친히 복명復命을 청취할 필요"가 있다는 견해를 제시했다.[15] 전현직 고위 문관이 비슷한 견해를 제시한 셈이며, 여기에는 분명 무단통치의 일방향성에 대한 비판적 인식이 있는 것이었다.

이런 견해는 일찍부터 새로운 총독부 수뇌부도 공유하고 있었다. 미

---

13 「騷擾善後策私見」, 『齋藤實關係文書−書類の部』, 1919. 일본 국립국회도서관 헌정자료실 소장; 『齋藤實文書』 1권, 高麗書林, 375쪽(이하 사이토문서의 인용은 영인본 권수, 쪽수만 표기함).
14 감찰관은 1915년 일본 내무성에 신설된 제도로서 칙임관 1명, 주임관 2명의 전임을 두고 기타 수명의 겸임을 임명하여 지방행정 감찰 등의 직무를 수행했다(副田義也, 『內務省の社會史』, 東京大學出版會, 2007, 325쪽).
15 「表孫一意見書」, 『齋藤實文書』 13권, 331쪽.

즈노는 부임 직후 『매일신보每日申報』와의 인터뷰에서 "종래從來는 상의上意가 하下에 통通치 못하며 하정下情이 상上에 달達치 못하여" "인민人民측의 불평과 고통이 유有하여도 차此가 여배予輩의 이耳에 급及치 못하"는 폐단이 있었다고 하면서 "감찰관監察官 제도制度 같은 것을 실시實施하여 상부上部의 시설施設이 여하如何히 진행進行함을 감독監督함과 동시同時에 차此에 대對한 인민人民의 이해利害와 편부便否의 실정實情을 탐탐探探하여 이利한 것을 취取하며 해害한 것을 거祛하"겠다고 언급했다.[16] 이는 곧 실천에 옮겨졌다. 총독부는 9월 "민간民間 조선인朝鮮人으로서 가장 식량識量한" 유력자 각도 4명씩, 전국에서 54명을 중추원에 소집하여 시국강연회를 개최하는[17] 한편 "민심의 경향 및 총독 훈시‧유고의 취지의 주지 상황을 시찰하기 위해" 6명의 사무관을 각도에 파견했다.[18] 이 파견에 대해 미즈노는 이것은 단지 일회성이 아니라 "어떻게 해서라도 관제를 제정"하여 "감찰관이나 지방순찰관과 같은 것을 창설하"겠다고 언급했다.[19]

---

16 「朝鮮의 今後 統治方法, 水野政務總監談」, 『每日申報』, 1919.9.12; 미즈노의 구상은 내무성 고위 관료로서 본인의 경험을 비롯하여 여러 견해를 참고한 결과이겠지만, 「소요선후책사건騷擾善後策私見」과 같은 기존의 총독부 고위 문관의 견해도 큰 영향을 미쳤을 것이다. 미즈노는 후일 총독부의 새로운 간부 진용을 구성할 때 (결과적으로 반드시 그렇게 되지는 않았지만) 처음에는 "이전에 있었던 사람들을 모두 교체하려는 생각은 하지 않았"으며, 특히 우사미나 세키야 등에 대해서는 "이전부터 그의 수완이나 성격을 잘 알고 있었기 때문에 이런 사람을 그만두게 해서는 안 된다고" 생각했다고 회고했다. 또 "우사미군은 조선에 오랫동안 있으면서 그 사정에 밝았기 때문에 그에 대한 정보를 격의 없이 우리들에게 제공해주어 앞으로의 정치에 참고가 되도록 해주었다"한 언급에서도 기존 총독부 문관 수뇌부와 새로운 수뇌부 사이에 상당한 의견 교환이 있었음을 짐작할 수 있다(東洋協會 編輯部 編, 『朝鮮統治秘話』, 帝國地方行政學會朝鮮本部, 1937, 19쪽).
17 「時局講演會, 民間より簡拔して」, 『京城日報』, 1919.9.19; 강동진, 『日帝의 韓國侵略政策史』, 한길사, 1980, 24~25쪽.
18 「總督訓示諭告 周知視察」, 『京城日報』, 1919.9.23.
19 「地方巡察官制, 水野政務總監談」, 『京城日報』, 1919.9.23.

한편 「소요선후책사건騷擾善後策私見」에 나오듯이 만일 감찰관이나 순찰관 같은 직위에 일본인뿐 아니라 조선인도 임명된다면 이것은 조선인 고등관 임용의 확대와도 직접 관련이 있는 것이었다. 병합 이후 조선에도 고등문관시험에 합격한 이른바 '유자격자' 만을 고등관으로 임용하는 일본 관료 제도의 원칙이 적용되었으며,[20] 여기에 더하여 이전 조선인 관료를 회유·흡수하기 위한 '특별임용'의 길이 좁게 열려 있었다. 그나마 '특별임용'의 범위는 인민과 직접 대면하는 도지사, 도참여관, 군수 등 지방관이나 판사 등 사법관이 대부분이었으며, 그 밖의 조선인 고등관이란 매우 예외적인 존재였다.[21]

기실 조선인 관료, 특히 고등관 임용의 확대는 하라가 사이토와 미즈노에게 전달한 「조선통치사견朝鮮統治私見」에서부터 이미 원론적으로 언급된 것이었다. "조선에서 최대한 시급히 시행해야 할 정책의 요점" 중 하나로 관료 임용에서 차별 철폐를 들며 "관리의 등용은 적재適材를 적처適處에 쓰는 것으로 여기에서 내지인內地人과 조선인朝鮮人을 구별할 하등何等의 이유가 없"다고 한 것이다.[22] 한편 「소요선후책사견騷擾善後策私見」에서는 이 점에 대해 더 구체적으로 개선의 필요성을 주장했다. "다소 완화"한다는 것이 어느 정도를 의미하는지는 알 수 없으나 「소요선후책사견騷擾善後策私見」은 조선인 관료에게 지방관 외에 본부 고등관의 문호를 개방해야 함을 적시하고 있다.

---

20 장신, 「일제하 조선인 고등관료의 형성과 정체성」, 『역사와 현실』 63, 2007, 44쪽.
21 병합과 더불어 제정된 조선인 고등관 특별임용 규정은 다음과 같다. 「1910년 9월 30일, 勅令 제383호, 朝鮮人朝鮮總督府道長官道參與官及郡守ノ任用及官等ニ關スル件」·「1910년 9월 30일, 勅令 제396호, 朝鮮人官吏ノ特別任用ニ關スル件」, 『朝鮮總督府官報』, 1910.10.1.
22 原敬, 「朝鮮統治私見」, 『齋藤實文書』 제1권, 72쪽.

조선인 관리는 대개 현대적 정치 지식이 결핍하여 종래에는 인민과 직접
접촉하는 사법관, 경찰관, 군수 등에만 임용했으며 그 밖의 고등관으로는
대개 정규의 학문을 수득하거나 사무에 통효한 내지인을 채용하는 경향이
많았다. 그러나 **시세의 진보로 이러한 경향을 다소 완화할 필요가 있다고 생각
한다. 특히 본부의 조선인 고등관은 총수 114명 중 겨우 1명에 불과한 형편이
므로**[23]

이런 두 갈래의 논의, 즉 지방 사회의 상황을 시찰하는 직책의 신설
과 조선인 관료의 관로를 확대해 주어야 한다는 논의는 신속하게 구체
화되기 시작했다. 이듬해 1월 초 이미 "총독부에 새롭게 4, 5명의 감찰
관을 설치하여 조선 내 각 방면의 민정을 시찰하게 하며" "그 임용 자격
은 내지인은 사무관과 같이 고등문관시험 합격자로 하며, 조선인은 특
별임용할" 것이라는 소식이 공론화되는 실정이었다.[24] 그러나 새로운
직책의 명칭이 여전히 일본의 예를 그대로 따라 "감찰관"으로 표현된
점이나 일본인과 조선인의 임용 구분도 모호한 점에서 이 무렵 제도의
구체안이 완성된 것은 아니었다고 여겨진다.

---

23 「騷擾善後策私見」, 『齋藤實文書』 1권, 377쪽. 1910년대 총독부 본부에 근무한 조선인 고
등관으로는 탁지부 사무관 박용구朴容九, 1879~1943가 확인된다. 1899년 양지아문量地衙門
기수技手로 관계에 입문한 그는 통감부시기부터 1925년 경기 도참여관으로 전임할 때까지
줄곧 탁지부(→ 재무국) 사무관으로 근무했다(친일반민족행위진상규명위원회 편, 『친일
반민족행위진상규명보고서』 IV-6, 2009, 783~784쪽(이하 '『보고서』 권수, 쪽수'로 줄
임)). 그런데 관제 개정 이전 총독 직속 경무총감부에도 조선인 고등관이 근무하고 있었
다. 한말 무관 출신의 경무관 구연수具然壽, 1867~1925, 경시 정규봉丁奎鳳, 1881~?이 그들이
다. 이들은 관제 개정 이후 경무국 사무관으로 근무했다(『보고서』 IV-1, 512~513쪽; 친
일인명사전편찬위원회 편, 『친일인명사전』 2권, 2009, 427쪽).
24 「理事官監察官設置, 來年度より各道及本府に」, 『京城日報』, 1920.1.9.

그러나 구체안은 곧 완성된 것으로 보인다. 1920년 4월 총독 관방에서 작성한 문서는 "가까운 장래에 시설할 사항"의 하나로 "감찰관 2명, 민정 사찰에 종사할 사무관 5명, 기타 속屬을 신설하여 지방행정사무 및 민정의 시찰에 종사케 할" 것이라고 언급하고 있다.[25] 여기에서 처음으로 지방행정을 감찰하는 감찰관과 민정시찰에 종사하는 사무관이 구분되고 있다. 총독부가 관련된 칙령안을 완성하여 일본 법제국에 송부한 것은 10월경이었으며, 법제국의 심의는 연말까지 완료되었다.[26] 심의를 완료한 칙령안은 추밀원 회의와 각의를 거쳐 1921년 2월 최종 발포되었다.[27] 먼저 칙령의 내용을 살펴보면 다음과 같다.

「칙령 제22호, 1921.2.10, 조선총독부관제朝鮮總督府官制 중 개정의 건」

제11조 '비서관秘書官 전임專任 2명 주임奏任' 다음에 '감찰관監察官 전임 2명 주임(그중 1명을 칙임勅任으로 할 수 있다)'를 넣고, '50명'을 '57명'으로, '그중 2명'을 '그중 3명'으로 (…중략…)

제16조 감찰관은 총독 및 정무총감政務總監의 명을 받아 총독부 부내部內의 행정사무의 감찰을 관장한다. (…중략…)

(참조) 메이지 43년(9월 3일 공포) 칙령 제354호 조선총독부관제 초록

제11조 중 50명 주임(그중 2명을 칙임으로 할 수 있다)은 사무관, 48명은 기사의 정원이다.

25 「朝鮮施政ノ改善」,『齋藤實文書』제2권, 1920.4, 78쪽.
26 「鮮人官吏の福音, 特別任用令の制定, 法制局にて審議中」,『京城日報』, 1920.10.23.
27 「監察官設置確定」,『京城日報』, 1921.1.27;『朝鮮總督府官報』, 1921.2.16.

「칙령 제26호, 1921.2.10, 조선총독부 사무관 등의 특별임용에 관한 건」

다음에 적힌 문관은 조선어에 숙달하고 조선의 사정에 정통하며 또한 상당한 학식, 경험이 있는 자 중에서 고등시험위원의 전형을 거쳐 특별히 이를 임용할 수 있다.

조선총독부 사무관, 조선총독부 도지사道知事, 조선총독부 도참여관道參與官, 조선총독부 도이사관道理事官, 조선총독부 군수郡守 (…중략…)

메이지 43년 칙령 제383호는 이를 폐지한다.

칙령 제22호는 총독부 관제 개정으로 새로운 직위로 감찰관을 신설하고 사무관 정원을 전체 50명에서 57명으로, 그중 칙임관은 2명에서 3명으로 증가시킨 것이며, 같이 발포된 칙령 제26호는 형식상 새로운 칙령의 제정이었지만 실제로는 1910년 칙령 제383호를 대체하여 조선인 고등관의 특별임용 범위에 기존의 도지사, 도참여관, 군수 외에 본부 사무관과 도이사관을 추가한 것이었다. 그런데 발포된 칙령만 보면 민정시찰관 제도의 성립 여부나 내용은 알 수 없다. 이에 대한 총독부의 부가 설명을 보면 다음과 같다.

제일第一 조선총독부관제 중 개정의 건

(一) 총독부 관내 각부국의 연락을 긴밀히 하고 정령政令의 철저를 도모하며 또 총독부 내의 행정을 시찰하여 시설의 적절을 기하기 위해 새롭게 감찰관 주임 2명을 설치하며 그중 1명을 칙임으로 할 수 있도록 함. 감찰관은 총독 및 정무총감의 명을 받아 총독부 내의 행정사무의 감찰을 관장함. (제11조 및 제16조) (二) 제반 행정의 자료가 될 수 있는 **지방의 민정을 사찰**

하기 위한 사무관 **5명**과 농무農務 및 특수물품 수입輸入 취체取締를 할 사무관 각 1명 합계 7명을 증원하며 사무관에서 칙임으로 할 수 있는 정원을 2명에서 1명을 더함. (제11조) **당국의 설명에 의하면 지방민정의 사찰을 담당할 사무관은 실제로는 조선인을 그에 임용할 방침으로 조선인의 사무관의 승진의 길을 열고 칙임사무관의 정원을 증가시킬 취지임.** (…중략…)

제삼第三 조선총독부 사무관 등의 특별임용에 관한 건 (…중략…)

총독부 사무관 및 도이사관은 그 담당하는 바와 비추어 경우에 따라 조선인을 그에 등용할 수 있도록 하여 유능 적재의 조선인을 간발簡拔, 관도官途에 채용하여 인심을 완화하는데 도움을 얻으며 (…중략…) 조선총독부 사무관, 도지사, 도참여관, 도이사관, 군수는 조선어에 숙달하고 조선의 사정에 정통하며 또한 상당한 학식, 경험이 있는 자를 임용함으로써 **실제의 운용에서는 되도록 조선인을 채용하는 길을 열고자 함.**[28]

위의 설명에서 비로소 본부 고등관 전체에서 조선인 관료에게 할당된 범위가 증가했으며, 증가한 조선인 사무관 다수에게는 민정시찰의 직무를 부여할 것임을 명확히 알 수 있다. 물론 이 점은 그간 여러 차례 공론화되었던 것으로 새삼스러운 내용이 아니나, 그중 칙임관 1명이 포함된 것은 그간 공론화된 적이 없는 새로운 점이었다. 아마도 일본인을 임명할 감찰관 중 1명을 칙임관으로 한데 대해 균형을 맞춘 것이 아닌가 여겨진다. 또 민정시찰관 제도의 설치를 관제상 새로운 직위의 신설이 아니라 사무관 정원 증가와 특별임용 범위의 확대라는 모호한

---

28 「1921년 1월 12일, 朝鮮總督府官制中改正ノ件外二件 審査報告, 書記官長 → 議長」, 『樞密院會議文書』, 일본 국립공문서관 소장; 아시아역사자료센터(www.jacar.go.kr).

형식으로 제도화했음도 알 수 있다. 여기에서 관제 개정의 제일의 초점은 조선인 관료의 관로 확대에 있으며, 민정시찰의 직무는 방침의 변화에 따라 유동적인 것이었음을 알 수 있다. 관제 개정에 대한 『경성일보京城日報』의 사설에서도 이 점을 짐작할 수 있다.

조선인 행정관 중 견실한 사상을 가지고 있으며 행정적 수완이 있는 자를 발탁하여 상시 지방을 순력하고 민정을 시찰하게 함으로써 온건한 사상을 선전하고 지방청년의 사상을 선도하며 중앙과 지방의 연락을 긴밀히 하여 본부 시정방침의 주지를 전달하고 관민 의지의 소통을 도모하려는 것이다. 총독의 용의주도함은 물론 여기에 그치지 않아 이번에 상당한 학식, 경험이 있는 자를 총독부 사무관, 도이사관 등에 임용할 수 있도록 하여 **조선의 유위有爲의 청년이 전도의 희망을 가지고 자포자기하지 않도록 것으로 조선인으로서 장래 관리를 희망하는 자에게는 일대 복음이 되는 것이다.**[29]

관제 개정의 취지는 이른바 민의 창달을 위한 직위의 신설에도 있지만, 나아가 임용 범위를 확대하여 "관리를 희망하는" "유위의 청년", 즉 새로운 세대의 조선인 관료 및 그 예비군을 포섭하려는 데 있음을 알 수 있다. 이번 관제 개정으로 "노쇠, 무능한 화석 같은 참여관을 파罷하고 재관在官, 재야在野의 신진의 인재를 널리 모아야 한다"[30]는 『조선공론朝鮮公論』의 주장은 이 점을 더 직설적으로 표현한 것이라고 할 수 있다.

---

29 「社說―官制改正に就て」, 『京城日報』, 1921.2.16.
30 「總督府官制改制」, 『朝鮮公論』, 1921.3.

2) 민정시찰관의 인사와 배경

1921년 2월 12일 장헌식張憲植, 이종국李鍾國, 이범익李範益, 홍승균洪承均, 남궁영南宮營 등 새로운 조선인 사무관 5명이 임명되었다.[31] 칙령 발포 이틀 후였다. 그렇다면 이들의 임명은 언제, 어떤 과정을 거쳐 결정된 것이며, 임명의 배경은 무엇일까? 앞에서 언급했듯이 대략 1920년 10월경이면 관제가 개정되어 조선인 사무관이 증원될 것이라는 사실이 공론화되어 있었다. 따라서 그 인사 역시 "추풍秋風이 적막寂寞한 왜성대 청사내는 돌변하야 활기가 횡일橫溢한 감感이 유有"한다는 표현처럼 관계의 큰 관심사였던 것으로 보인다.[32] 연말에는 "조선인朝鮮人 총독부사무관總督府事務官에는 판임관判任官으로부터 특임特任되는 자者도, 군수郡守로부터 임명任命되는 자도 있어 군수郡守 중에도 약간若干의 이동移動이 있을 것"이라는 관측도 나오고 있었는데,[33] 실제로 인사안은 이 무렵 거의 완성되었던 것으로 보인다. 당시 총독부 인사에 막강한 영향력을 행사하던 비서과장 모리야 에이후守屋榮夫가 민정시찰관 등의 인사안에 대한 정무총감의 내락을 받은 것이 1921년 1월 5일이었기 때문이다.[34] 이

---

31 『朝鮮總督府官報』, 1921.2.18.
32 「事務官 大增員, 總督府의 新規事業 從此實施期에 立乎」, 『每日申報』, 1920.11.8.
33 「新官制의 內容」, 『京城日報』, 1920.12.21.
34 『守屋榮夫日記』, 1921.1.5, 일본 국문학연구자료관 소장; 국사편찬위원회 수집; 일본 내무성의 소장 엘리트로서 미즈노에게 발탁되어 조선에 전임한(1919~22년 관방 비서관·비서과장, 1923~24년 관방 서무부장) 모리야 에이후(1884~1973)는 특히 비서과장시기 총독 훈시·유고를 도맡아 작성하고, 총독 기밀비를 관리했을 뿐 아니라 총독부 인사에도 큰 영향을 미쳐 세간에는 "총독정치總督政治는 사이토 정치齋藤政治도, 미즈노 정치水野政治도 아니라 모리야 정치守屋政治"라는 말이 있을 만큼 직위 이상의 권력을 행사했다(조선 재임 기간 중 모리야의 위상과 활동 전반에 대한 상세한 분석은 松田利彦, 「朝鮮總督府官僚守屋榮夫と'文化政治'」, 『日本の朝鮮・臺灣支配と植民地官僚』, 思文閣出版, 2009 참

렇게 볼 때, 민정시찰관 5명의 인사는 모리야의 초안 작성과 미즈노의 검토, 최종적으로 사이토의 승인을 거쳐 결정되었다고 여겨진다.[35]

사이토는 관제 개정에 즈음한 담화에서 "조선인朝鮮人 행정관行政官 중 견실堅實한 사상思想이 유有하고 행정적行政的 수완手腕이 유有한 자者"를 발탁했다고 언급했다.[36] 또 조금 뒤 시기의 사료이지만, 세간에는 관료로 출세하기 위해서는 "일왈一曰 배경背景, 이왈二曰 금력金力, 삼왈三曰 교제交際, 사왈四曰 지미地味, 오왈五曰 실력實力"[37]이라는 이야기가 있었다. 이 두 가지 언급은 표현은 다르지만 일맥상통하는 것이라고 할 수 있다. "견실한 사상"이란 '친일성'을 의미하는 것일 터이고, "행정적 수완" 혹은 "실력"이란 말 그대로 학력을 비롯하여 행정 관료로서 자질을 의미하는 것일 터이다. 또 "배경", "교제" 등은 식민통치 수뇌부나 일본 정부 고위층과의 관계라든지 식민통치 방침을 잘 실행하는 처세나 능력 등을 가리키는 말일 터이다. 그렇다면 이 5명은 이런 기준에 얼마나 잘 맞는 인물이었을까? 이에 대해 직접 언급한 사료는 없지만 어느 정도 추정해볼 수는 있다. 먼저 칙임관으로 임명된 장헌식의 경우를 보자.[38]

고). 미즈노의 회고에 의하면 자신이 인사의 전권을 위임받았지만 비서관만은 사이토에게 특별히 의중에 둔 사람이 있는지 문의하자, 사이토는 그마저 자신에게 일임하여 모리야를 발탁했다고 했다(재단법인사이토자작기념회 편, 『子爵齋藤實傳』제2권, 1942, 369쪽(이하 『齋藤實傳』권수, 쪽수'로 줄임)). 또 부임 후 첫 총독 유고와 훈시를 하는데 그 초안 작성을 모리야에게 명하고, 그것을 본인이 검토한 후 총독에게 올리자 "일자일구一字一句도 고치지 않고 전연全然 동의했다"고 했다(『齋藤實傳』제4권, 261쪽). 이상 미즈노의 회고는 사이토, 미즈노, 모리야 3자의 관계와 모리야의 위상을 상징적으로 보여준다.

35 후일의 한 기사는 민정시찰관은 미즈노가 발탁한 자들이라고 했다(「苦心の跡が見える總督府の大異動(中)」, 『京城日報』, 1924.12.4).

36 「官制改正에 就하야, 齋藤總督談」, 『每日申報』, 1921.2.13.

37 光化學人, 「新知事 人物評(一)」, 『三千里』, 1939.6.

38 이하 민정시찰관 5명의 이력 사항에서 별도의 각주가 없는 것은 〈부표 2〉 참고.

당시 조선인 중에서 칙임급 사무관으로 임명될 수 있는 사람의 범위
는 완전히 민간에서 발탁하지 않는 이상, 전·현직 도지사(관제 개정 이전
도장관), 칙임관대우인 중추원찬의 등으로 한정되어 있었다. 그런데 중
추원찬의의 경우는 이미 실직을 떠나 명예직으로 나아간 자들이었다.
또 기존 도장관의 경우도 한말의 국사범·일본 망명자 출신으로 행정관
의 기본적 자질에 대한 고려 없이 '논공행상' 차원에서 임명된 자들이 대
부분이었으며, 일본 유학을 거쳐 한말부터 관료로 입신한 장헌식과 원
응상元應常 정도가 예외였다.[39] 따라서 민정시찰관 중 한 명을 칙임관으
로 임명한다면 이 두 사람은 가장 유력한 후보였다고 할 수 있다.[40]

---

[39] 한긍희, 「조선총독부의 조선인 도지사 임용정책과 양상」, 『역사문제연구』 22, 2009, 116
~118쪽. 장헌식과 원응상을 제외한 1910년대 도장관 역임자 중 조선인은 이두황, 신응
희, 조희문, 이진호, 이규완, 유혁로, 박중양 등으로 박중양을 제외하면 모두 갑신정변甲
申政變 혹은 을미지변乙未之變에 연루되었던 망명자 출신이다. 박중양도 망명 경력은 없
으나 한말 두드러진 친일 행각으로 고속 출세한 자로 유명했다. 이에 비해 장헌식(1869
~1950)과 원응상(1869~1958)은 관비유학생으로 도일, 일본 정부 사무 견습을 거쳐 통
감부시기 전후 고위 관료로 진출했으며, 병합 이후 도참여관을 거쳐 도장관에 오르는 거
의 비슷한 '정통 관료'의 경력을 가지고 있었다(『보고서』 IV-15, 682~683쪽; 『보고서』 IV
-10, 328~329쪽).

[40] 그러나 객관적 자격과는 별개로 조선인에게 처음 열린 본부의 칙임급 사무관 자리에 오
르려는 자들의 움직임은 없지 않았던 것으로 짐작된다. 일례로 1920년 12월 초 일기에서
모리야는 총독과 협의한 인사건 중에서 "유맹劉猛의 칙임사무관 취임은 신중하게 생각
해야 할 일"이라고 부정적 속내를 비추고 있다(『守屋榮夫日記』, 1920.12.4). 그리고 유맹
은 실제로 임명되지 못했다. 그러나 이 일기는 유맹이 후보로 거론되었다는 사실과 정통
내무 관료인 모리야의 입장에서는 그를 탐탁지 않게 보고 있음을 알려준다. 그런데 유맹
(1853~1930)이 본부 사무관 후보로 거론된 사실은 선뜻 납득하기 어렵다. 그는 한말 무
관 출신의 을지지변 망명자로서 당시 중추원찬의였다(『보고서』 IV-10, 548~549쪽). 즉
1910년대 도장관들과 경력 면에서 별반 차이가 없었던 것이다. 유맹이 거론된 배경은 정
확히 알 수 없으나 그가 1920년 7월과 10월에 나카무라 겐타로中村健太郎와 함께 사이토
를 면담했으며, 1923년에도 역시 두 차례 나카무라와 함께 사이토를 면담한 기록이 참조
가 된다(『齋藤實日記』, 일본 국립국회도서관 헌정자료실 소장; 국사편찬위원회 수집,
1920.7.3·10.14, 1923.7.23·11.11. 이하 『齋藤實日記』, 일자로 줄임). 구마모토현 조선
유학생 2기로 1899년 도한한 나카무라는 한성신보사 주간 등을 거쳐 병합 이후 1921년까
지 『매일신보』와 『경성일보』에서 감사·편집국장 등으로 활동한 자(1921년 이후 경무

그렇다면 장헌식과 원응상 중 장헌식이 임명된 배경은 무엇이었을까? 그 이유를 직접 보여주는 사료는 없으나 인물평 등에서 어느 정도 짐작해볼 수는 있다. 예컨대 "(장헌식은) 메이지明治 28년에 내지內地에 유학하여 게이오의숙慶應義塾에서 학學하고 후後에 제대帝大 선과選科에 입入하여 행정법을 전공하고 대장성과 사법성에서 사무를 견습하여 경험을 적積하여 전후前後 십수성상十數星霜을 송送하였는데 현現 대의 사대의사代議士 나가시마長嶋隆二 씨 등은 군의 적문赤門 재학 중 동창"으로서 "대인對人과 처세處世에 장長하며" "(가정에서도) 유창한 국어를 용用하여 인人으로 그 선인鮮人의 가정됨을 불각케 한다"[41]는 것이라든지, 후일 원응상과 비교하여 "출신과 관력과 연배에서 대략 상부相符하기가 전남의 신구지사(원응상→장헌식) 같은 것도 일기적一奇蹟"으로 "그 온건 착실한 것도 이자二者의 공통점일 것이나 원전골탈圓轉滑脫한 것이 장군張君에게 삼분三分의 강미强味가 잇다"[42]는 등의 평은 같은 일본통의 행정관료이지만, 상대적으로 처세에도 더 능한 장헌식의 면모를 잘 보여준다. 아마도 이런 점이 장헌식의 발탁 배경이 아니었을까 여겨진다.

한편 장헌식을 제외한 4명의 임명 배경은 무엇이었을까? 이 4명은

국 촉탁으로 전직)로서 『경성일보』 사장이자 사이토의 정치 참모였다고 일컬어지는 아베 미츠이에阿部充家의 최측근이었다(정진석, 『언론조선총독부』, 커뮤니케이션북스, 2006, 90~104쪽). 이상의 정황을 보면 유맹은 한말 이래 나카무라와 연결되어 있었으며, 나카무라(및 아베)를 통해 사이토와도 연결되었을 것으로 짐작된다.

41 「人物月旦(6) 張憲植君 忠北道長官」, 『每日申報』, 1919.8.2; 후일의 한 기사에 의하면 나가시마長嶋隆二는 죠슈번의 거두 중 한 사람인 가츠라 타로桂太郎의 사위로서, "구舊한국의 리완용李完用 수상과 일본 가츠라桂太郎 수상 사이에는 장張, 나가시마長島 두 사람이 전어기관傳語機關이 되어 그(장헌식)의 학생시대부터 그때 재야 정객이든 이완용의 정계 부활에 여러 가지 노고가 있었다"고 했다(「十三道觀察使의 其后」, 『三千里』, 1934.6). 여기에서도 장헌식의 '배경'의 일단을 능히 짐작할 수 있다.

42 「整理의 跡, 新舊高官月旦(三)」, 『每日申報』, 1924.12.7.

공통적으로 현직 군수에서 임명되었다. 1921년 현재 전국의 200여 명 정도[43]인 조선인 군수 중에서 특별히 발탁되었다면 어떤 배경이 없지 않았을 것이다. 물론 대개 고등관 5·6등, 30대의 소장 군수라는 점은 위에서도 언급한 새로운 세대의 발탁이라는 측면에서 이해할 수 있다. 그러나 그것만으로 4명의 발탁을 설명할 수는 없을 것이다. 역시 직접 적인 사료는 없지만, 위에서 언급한 "견실한 사상"과 "행정적 수완"이 라는 점에서 이들의 발탁 배경을 추정해보자.

먼저 이종국은 전형적인 한말 하급 관료 출신으로 1900년대 초 나가 노長野잠사전문학교에 수년간 유학한 후 귀국하여 통감부시기 군수로 승진한 점이 먼저 눈에 띄는데,[44] 안중근 의거 직후 자신이 재임하는 군에서 독자적으로 이토오 추도회를 여는 등 병합 이전부터 이미 '친일 군수'로 잘 알려진 자였다.[45] 또 3·1운동기에도 민간 유력자가 중심이 된 대구자제단에 현직 군수로서 유일하게 참여하여 활동했으며,[46] 이 런 연유 때문인지 임시정부 명의의 사형선고서를 받기도 했다.[47] 한편 1920년 5월에는 조선에서 4명이 참석한 일본 내무성 지방개량강습회 에 조선인 군수 중 유일한 참석자로 선발되었으며,[48] 이를 계기로 총

---

43 총독부는 1914년 행정구역 개편을 통해 전국의 군을 317개에서 220개로 축소하고 병합 이전부터 군수였던 자를 대폭 교체했다. 그러나 새로 임용한 군수도 전원 조선인이었다. 그러다가 1918년 7월 도청소재지 등 이른바 "추요樞要한" 15개 군에 처음으로 일본인 군 수를 임용했다. 이후에도 일본인 군수의 수는 조금씩 증가하여 1927년에는 28명의 일본 인 군수가 있었다. 따라서 1920·21년경 조선인 군수는 적어도 200명은 넘었을 것으로 볼 수 있다(홍순권, 「일제시기의 지방통치와 조선인 관리에 관한 일고찰」, 『국사관논총』 64, 1995, 48~49쪽).
44 「地方官巡禮記, 平南參與官 李鍾國氏」, 『每日申報』, 1927.6.8.
45 「비루한 군슈」, 『新韓民報』, 1909.12.29.
46 「自制團 組織」, 『每日申報』, 1919.4.9.
47 「死刑宣告의 脅迫狀」, 『東亞日報』, 1920.9.15.

독을 직접 면담하고 강습의 성과를 보고하는 기회를 잡기까지 했다.[49] 물론 사이토와 면담한 조선인 중에는 군수도 적지 않았지만, 그렇다 하더라도 군수가 특정한 용무를 가지고 총독과 직접 면담했다는 것은 보통일은 아니었을 것이다.

홍승균도 3·1운동기의 행적이 눈에 띤다. 당시 경남 산청군수였던 그는 신몽상申夢相 등 지역의 만세시위 주동자들이 자신을 포섭하기 위해 접촉해오자, 지체 없이 이를 헌병대에 고발하여 검거케 하는 '공적'을 세웠다.[50] 또 그는 다른 민정시찰관과 달리 1924년 말 행정정리 이후에도 수년간 내무국 사무관으로 남아있었으며 학무국 종교과장까지 거쳐 1929년 1월 경북 도참여관으로 전임했다. 이때의 "조선인 사무관급 중 일지一指를 굴屈하는 수완가로 알려져" 있다는 평판[51]에서 본부 사무관을 8년간이나 지낸 홍승균의 처세 능력을 짐작할 수 있다.

이범익도 관립일어학교를 졸업하고 러일전쟁기 일본군 통역으로 활동하면서 관계 진출의 실마리를 잡은 점에서 출발에서부터 '친일성'이라는 측면을 빼고 이야기할 수 없다. 한편 그는 행정 능력에서 다른

---

48 「地方改良講習會, 來十九日부터 東京 內務省에」, 『每日申報』, 1920.5.8.
49 『齋藤實日記』, 1920.7.2.
50 국가보훈처, 「申夢相功勳記錄」, 『獨立有功者功勳錄』 11권, 156~157쪽, 1994; 군수로서 이런 행동이 그렇게 특별한 것이 아니라고 생각될 수도 있다. 그러나 실제 3·1운동기 조선인 관료는 운동의 기세에 눌렸거나 혹은 이 운동을 자신의 권익을 확대할 기회로 생각했거나 하는 등등 다양한 이유로 흔들리는 모습을 보였다. 판임관급 하급 관료의 사직과 운동 참여가 잇따른 것은 물론 다수의 군수가 3·1운동에 동정적인 언동을 서슴지 않았다. 심지어 도장관 중에서 "이번 소요는 당연한 것이다. 왜냐 하면 정부는 내선인內鮮人을 구별하기 때문"이라는 노골적인 발언을 공개적으로 하는 경우(함남 도장관 이규완)까지 있었다(이승엽, 「'문화정치' 초기 권력의 動學과 재조일본인 사회」, 『日本學』 35, 2012). 따라서 이런 중에 이종국이나 홍승균 같이 '분명한' 태도를 취한 것은 역설적으로 두드러지는 측면이 있었다고 할 수 있다.
51 「朝鮮官界大異動」, 『京城日報』, 1929.1.22.

사람보다 두드러진 측면을 보이는 듯하다. 예컨대 1919년 7월 그가 경북 예천군수에서 칠곡군수로 전임할 때 군민 500여 명이 연서하여 유임을 청원했다고 하는데, 내막은 상세히 알 수 없으나 적어도 행정관으로서 능력은 있었던 것으로 짐작된다.[52] 또 1924년 말 특별임용 칙령 개정에 의해 최초의 조선인 도 부장(황해도 내무부장)으로 임명된 점이나, 1930년대 도지사에서 퇴관하여 중추원참의로 물러난 지 1년도 되지 않아 만주국 고위 관료로 발탁된 점 등은 모두 '식민통치의 실행자'로서 이범익의 남다른 능력을 잘 보여준다고 할 수 있다.

마지막으로 남궁영은 "학벌간판으로서 전도前途가 유망하다"[53]는 후일의 인물평이 잘 보여주듯이 도쿄제일고등학교, 도쿄제대 법대를 거친 학력의 배경이 두드러졌다. 그는 총독부속屬을 거쳐 1917년 군수로 승진했을 때 이미 일개 군수의 임용에 대해 신문에 기사가 날만큼 주목을 받았다.[54] 또 학력의 배경은 그 자체로 그치는 것이 아니라 인맥으로 이어졌으며, 이것은 남궁영에게는 출세의 결정적인 지렛대였다.[55] 예컨대 1920년 8월 모리야는 "제대帝大 출신의 이李, 남南, 유兪들"을 자택으로 불러서 "조선문제에 대한 의견을 교환"했다.[56] 이들은 각각 이범승, 남궁영, 유만겸으로서 당시 지방의 군수 혹은 민간인이었던 이들과 '총독부의 3인자'라고까지 불린 모리야의 연결고리는 같은 "제대帝大 출신"이라는 점이었다.[57] 남궁영은 이 면담 이후 모리야와

52 「轉勤의 狼狽, 길을 막고써 더잇서달나고들」, 『每日申報』, 1919.7.8.
53 心耕生, 「朝鮮人 道知事 人物觀」, 『三千里』, 1933.9.
54 「朝鮮人 法學史 最初의 行政官, 새군수 남궁영 씨」, 『每日申報』, 1917.8.9.
55 이런 점에서 남궁영은 세대와 활동 조건이 다르기는 하지만, 장헌식과 가장 비슷하다고 할 수 있다.
56 『守屋榮夫日記』, 1920.8.8.

같은 해 연말까지 수차례 서한을 교환하기도 했는데, 이 점에서 다른 두 사람과도 구분되는 남궁영과 모리야의 관계를 짐작할 수 있다.[58]

　이상에서 민정시찰관으로 임명된 5명의 경력상의 특징, 인물평 등을 살펴보았다. 이를 통해 간접적으로나마 이들이 민정시찰관에 임명된 배경, 즉 식민통치 수뇌부가 이들을 '사상'이나 '능력' 면에서 믿을만한 통치 방침의 실행자 내지 선전자로 선택한 배경을 추정해볼 수 있다.

3. 민정시찰 활동의 양상과 의미

1) 민정시찰 활동의 개요와 특징

　이미 언급했지만 민정시찰관 5명은 칙령 발포 이틀후 신속하게 임명되었다. 그러나 민정시찰관 제도의 형식 자체가 모호한 것처럼 이들의 소속이나 구체적인 직무도 여전히 모호한 상태였다. 연초부터 이들은 대략 직무의 특징상 내무국의 기존 과에 배속되거나 혹은 내무국에

57　1920년 현재 조선인으로 제국대학 법대를 졸업한 법학사는 박용희, 남궁영, 유만겸, 이범승 등 4명이었다(「朝鮮人 法學士 最初의 行政官, 새군수 남궁영 씨」, 『每日申報』, 1917.8.9). 1917년 도쿄제대 법대를 졸업하고 이듬해 총독부속으로 임명된 유만겸(1889~1944)은 1920년 8월 현재 경북 문경군수였으며(『보고서』 IV-10, 514쪽), 같은 해 교토제대 법대를 졸업한 이범승(1887~1976)은 대학원 진학·남만철 사원을 거쳐 무직인 상태였다(친일인명사전편찬위원회 편, 『친일인명사전』 2권, 2009, 427쪽). 한편 1907년 도쿄제대 법대를 졸업한 박용희는 1910년대 초 잠시 총독부속을 지냈으나 곧 관계를 떠나 눈에 띄는 사회활동을 하지 않았다(db.history.go.kr, 한국 근현대 인물자료).

58　각각 남궁영 → 모리야(1920.8.20, 10.24), 모리야 → 남궁영(1920.12.6)(『守屋榮夫日記』 각일자 서한 발신·내신란) 모리야와의 서한 교환은 유만겸, 이범승은 물론 같은 민정시찰관 임명자들에게서도 찾아볼 수 없는 사항이다.

민정시찰과를 신설할 것이라는 등 여러 설이 무성했으나,[59] 이들은 소속이나 직무가 결정되지 않은 채 일단 총독부 사무관으로 임명되었고,[60] 근무 배속은 한 달 이상 지난 3월 18일부로 칙임관인 장헌식은 총독관방, 남궁영은 학무국, 이종국은 식산국, 이범익·홍승균은 내무국으로 결정되었다.[61] 이런 배속의 이유는 공식적으로는 각 국 소속으로 각 국과 관련된 민정을 시찰하기 위한 것이라고 설명되었으나,[62] 실은 이들의 "필요 및 집무 방침이 불명확"한 가운데 "총감의 명에 의해" 결정된 것이었다.[63] 이런 임명과 배속 과정은 앞으로 이들의 직무가 얼마든지 자의적으로 조정될 수 있는 불안정한 것임을 미리 보여주는 것이었다. 그럼에도 불구하고 민정시찰의 직무를 부여받은 조선인 사무관 5명의 임명에 대해 세간의 기대는 작지 않았다. 『동아일보』의 다음 사설은 이 점을 잘 보여준다.

민정시찰관제는 전혀 민정시찰에 임하여 상하의 사정을 소통함으로써 본지를 작하는바 감찰관제와 상사相俟하여 그 공功을 주奏할 것이라 하는도다. 원래 의회가 존재하여 민주적 정치를 행하는 사회에 재하여서는 하등

---

59 「監察官과 事務官」, 『朝鮮日報』, 1921.1.8; 「總督府 監察課 新設」, 『東亞日報』, 1921.2.22.
60 2월 26일 총독부로 첫 등청하여 『동아일보』 기자와 만난 이들의 소감을 보아도 이 점을 잘 알 수 있다. 남궁영은 "여余는 전임지 전라남도 함평군으로부터 수일 전에 입경하여 금今에 처음 등청할 뿐이요 아직 근무 사령도 받지 아니하여 근무 미정인 모양이니 아직 감상과 포부가 별무別無"하다고 답했으며, 이범익 역시 "작일에 전임지 경남 칠곡군으로부터 입경하여 금일에 처음으로 등청하였을 뿐으로 별로 감상이며 포부가 무無하"다고 말하고 있다(「初登廳한 民情視察官」, 『東亞日報』, 1921.2.27).
61 『朝鮮總督府官報』, 1921.3.20.
62 「民情視察官 配置」, 『東亞日報』, 1921.3.20.
63 『守屋榮夫日記』, 1921.3.16.

기관의 의의와 필요가 무하다. 그러나 사세가 이를 불허하는 사회에 재하여서는 여차한 조사기관과 소통기관이 존재함이 필요하니 **오인은 조선의 고 암행어사제도에 대하여 무한한 시적 취미를 유하는 동시에 다대한 정치적 의의를 발견하노라.** (…중략…) 재래 조선에 여차한 제도가 유하였을 뿐 아니라 고라마古羅馬에는 귀족의 횡포에 대하여 서민의 이익을 보호하던 보민관이 존재하였나니 그 의의와 발달의 과정이 비록 조선의 어사제도와는 판이하나 그러나 일반민중의 행복을 기도하는 점과 귀족정치에 재하여 특별한 지위를 점하는 사事와 시적 취미가 풍부한 점에 재하여 상호 연상되는 것이로다. **현 총독부 간부가 문화정치와 민의 창달을 표방하고 (…중략…) 민정시찰관제 등을 발포하여 그 초지를 관철하고자 각 방면으로 노력함을 오인은 깊이 양찰諒察하나니 바라건대 감찰관과 민정시찰관의 임에 당하는 자는 능히 강직하며 능히 온량溫良하며 또한 능히 총명하여 그 본지에 부副함으로 민족 증진의 실효를 획득함에 노력할지어다.**[64]

　민정시찰관을 전래의 암행어사에 비기는 위와 같은 기대는 문화통치를 표방한 총독부에 대한 조선인 사회의 요구를 담은 것이라고 할 수 있다. 그렇다면 과연 민정시찰관의 활동은 이런 조선인 사회의 요구에 얼마나 부응할 수 있는 것이었을까? 반대로 얼마만한 거리가 있었을까? 민정시찰관은 근무 배속이 끝나자마자 4월 초부터 일제히 활동을 시작했다. 먼저 그 활동의 개요와 전반적인 특징을 살펴보자.[65]

---

64 「社說─時事─束」, 『東亞日報』, 1921.3.10.
65 현재 민정시찰관의 활동을 공식적으로 정리한 사료는 없다. 그러므로 이는 단편적인 사료를 취합하여 살펴볼 수밖에 없다. 〈부표 1〉 참고.

사료에서 확인할 수 있는 59회의 민정시찰은 각각 1921년 15회, 22
년 17회, 23년 15회, 24년 12회로서 1921년이 4월 이후 9개월인 점을 감
안하면 시찰 회수는 해마다 감소하는 경향을 보인다. 이 점은 민정시
찰관의 제도의 설치 형식이 모호하여 독자적인 예산을 확보하지 못한
점 등에서 예상할 수 있는 일이었다. 1921년 중반 이미 여비 예산 부족
으로 민정시찰 출장이 계획대로 이루어지고 있지 못하다는 우려가 제
기된 바 있었으며, 이런 상황은 어느 정도는 개선된 것으로 보이나 역
시 근본적인 한계가 있는 것이었다.[66]

다음으로 시찰지역을 각 도 별로 보면 함경북도 3회, 함경남도 4회,
평안북도 5회, 평안남도 6회, 황해도 3회, 경기도 4회, 강원도 3회, 충청
북도 6회, 충청남도 6회, 전라북도 6회, 전라남도 5회, 경상북도 3회, 경
상남도 5회 등이며, 그 밖에 국외에서 간도·만주 8회, 시베리아 1회,
일본(교토·오사카) 1회 등이었다. 국내의 경우 다소의 차이가 있지만
대략 각 도 별로 연 1, 2회의 시찰이 이루어졌음을 알 수 있다. 그리고
국외의 경우 다수의 이주 조선인이 거주하는 간도·만주 시찰 회수가
압도적으로 많았다.

시찰 방식은 편차가 있기는 하지만 대략 1회의 시찰에 보름에서 한
달 사이의 일정으로 각 군을 하루씩 돌며 관내 주요 시설을 둘러보거나
민간 유력자들과 몇 시간 정도 면담을 하는 방식이었다. 상대적으로 시
찰 세부 일정을 어느 정도 알 수 있는 몇몇 사례를 보면 다음과 같다.[67]

---

66 「民情視察 擴張說」, 『東亞日報』, 1921.8.5.
67 연번 및 출전은 〈부표 1〉 참고. 이하 같음.

21-2. 1921년 4월 평안북도 : 4.6 출발→7 신의주 경유 의주착→8 의주 체재→9 의주발 신의주착→10 신의주발 용천착→11 용천 체재→12 용천발 선천착→13 선천 체재→14 선천발 희천착→15 희천발 강계착→16 강계 체재→17 강계·만포진 왕복→18 강계발 희천착→19 희천 체재→20~21 희천발 신안주 경유 귀경

21-8. 1921년 8·9월 경기도 : 8.26 개성→27 인천·강화→28 연천→9.1 수원→3 여주→5 안성

24-4. 1924년 3월 경상북도 : 3.4 대구→8 왜관→10 김천→12 상주→14 예천→16 안동

한눈에도 시찰 일정이 촉박하다는 점, 그리하여 민정의 내밀한 탐사에 이르기는 어려울 것임을 알 수 있다. 시찰관 본인도 이런 문제점을 인식하고 있었다. 이범익은 보고서에서 "여행 일정이 급해 완전을 기하지 못한 것이 유감"으로 앞으로는 "한 도 내의 대표적 장소 서너 곳을 골라 시찰하거나 각 계급의 대표적 인물을 회견하기 위해 촌락에 숙박하는 방법, 혹은 일개소에 일주일 이상 체재하며 하층민을 접촉할 필요"가 있다고 지적했다.[68] 그러나 이후 시찰 일정이나 방식이 개선되지는 않았으며 한계는 끝까지 지속되었다.

다음으로 면담자의 경우, 사료에는 막연하게 "유력자", "유지" 등으로 나타나는 경우가 많은데 상대적으로 면담자의 신분을 상세하게 알수 있는 1921년 4월 평북 시찰의 사례를 보면 다음과 같다.

---

[68] 『李範益報告書』 364; 숫자는 국편 소장 MF의 컷번호임.

의주義州 : 관선도평의원 2, 면협의원 4, 유력자 3, 실업가 1, 내지인 2, 목사 1

신의주新義州 : 야소교목사 1, 면협의원 1, 청년 유력자 1, 정치범 출옥자 1

용천龍川 : 학교평의원 겸 면협의원 겸 회사중역 1, 금융조합장 겸 면협의

　　　　원 1, 청년 유력자 3, 유력자 2, 내지인 유력자 2, 형벌 방면자 6

선천宣川 : 학교평의원 겸 면협의원 겸 야소교장로 1, 도평의원 겸 금융조

　　　　합장 1, 면협의원 3, 청년유력자 2, 천도교구장 및 관계자 2, 상

　　　　해로부터 귀순자 1

강계江界 : 『동아일보』 관계 청년 3, 야소교 2, 천도교 1, 면협의원 6, 면장

　　　　4, 면서기 3, 유력자 20, 내지인 2

회천熙川 : 유림 3, 천도교 1, 야소교 1, 유력자 2, 내지인 2[69]

　면담자의 대부분은 통상 이 시기 지역 유력자로 일컬어지는 도평의
원, 면협의원, 면장 등이거나 기독교나 천도교 등 종교 관계자들임을
알 수 있다. 이런 구성은 다른 지역도 마찬가지였을 것이다. 예컨대
1922년 3월 전남 목포 시찰에서 발언자들은 거의 전남 도평의원이거
나 목포 부협의원이었다.[70] 그러나 "정치범 출옥자", "형벌 방면자",
"상해로부터 귀순자" 등이 이채롭다. 이것은 이 시찰의 주요 목적이
3·1운동기 민심의 동요 상황을 파악하는데 있었던 점에서 기인하는
것으로 보인다. 그러나 이후에도 이런 경우는 없지 않았다. 예컨대 같
은 해 10월 함남 영흥에서는 청년회 간부이며 후일 신간회 지회장을
지내기도 한 이명섭李命燮 같이 통상의 유력자와는 성격이 좀 다른 인

69　『李範益報告書』368~370.
70　「民情陳述, 木浦에서」, 『每日申報』, 1922.3.2.

물이 면담자에 포함되었다.[71] 또 면담은 아니지만 1922년 3월 전남 광주에서 시찰관 장헌식이 연설을 할 때에는 노동공제회 지회 간부 서정희徐廷禧, 설병호薛炳浩 등이 참석하여 시찰관을 공박하는 풍경을 연출하기도 했다.[72] 이렇게 면담자 구성은 통상의 지역 유력자가 다수였지만 나름대로 다양했다. 그리고 이런 구성은 민정시찰 과정에서 때로는 식민통치에 대한 강도 높은 비판이 터져 나오는 배경이 되었다.

2) 민정시찰 활동의 내용과 한계

(1) 정치 선전

앞에서 살펴보았듯이 민정시찰관 제도 설치의 두 가지 목적은 크게 정치 선전과 민정의 동향 파악이었다. 정치 선전은 당연히 매번의 민정시찰 때마다 이루어졌을 것이다. 1921년 4월 첫 민정시찰에서 시찰관 장헌식은 150여 명의 지역민을 공립소학교에 모아놓고 "2시간 반에 걸쳐 민정시찰관 신설의 이유에서부터 시정방침을 상세히 설명하고 일청·일로의 두 전쟁과 조선의 관계, 세계 대세, 일한병합의 정신, 조선독립의 불가능, 내선 공존공영의 필요 등을 강연"하는 것으로 일정을 시작했다.[73]

한편 정치 선전은 일반적으로 시정의 주지를 선전하는 것 외에 특별

---

[71] 「張事務官 永興 來着」, 『東亞日報』, 1921.10.14.
[72] 「小作人과 煙釺問題로 민정시찰관을 육박공격, 광주 출장 중의 장헌식 씨」, 『東亞日報』, 1922.3.7.
[73] 『李範益報告書』 337.

한 경우 통치 권력의 "애민愛民"의 모습을 보여주는 방식으로 이루어지기도 했다. 예컨대 장헌식은 1923년 여름 큰 수해를 입은 평양에 "총독의 평양수해위문사"로 출장하여 "평양 시내의 피해자를 일일이 위문하고" 가장 피해가 큰 대동강 상류 연안 동리에 가서는 "백미 열섬을 피해민을 일일이 위문하고 분배하였는데 농촌 피해민에게 백미로 구제하여 주심은 처음이라고 그 동리에서는 총독의 애민하는 덕을 감읍"했다.[74] 또 1924년 2월 장헌식이 일본 황태자(쇼와천황)의 성혼을 맞아 궁내성이 하사한 제자료祭粢料 전달사의 한 사람으로 파주 성혼成渾 종손가를 방문했을 때의 풍경도 이런 면을 잘 보여준다.[75]

이번 황태자 전하의 경사를 맞아 조선에서 문화 풍치에 공헌한 이들에 대하여 그 표창의 성의로써 제자료를 하사하시어 나는 경기도 파주군 가평면 성혼 씨 종손에게 제자료를 전달하는 어사의 광영을 받아 파견 (…중략…) 당일 부근의 자손 20인, 기타 공사립학교 교원, 생도, 노인, 면협의원, 면유지 등 약 500명이 참열하였는데 내가 금회의 어성전御聖典에 제하야 선현이 차광대무변此廣大無邊한 홍은鴻恩에 욕浴하였으니, 오등 조선인의 일층 감격에 불감不堪하는 바로, 선현先賢의 고풍유덕高風遺德을 추억追憶하는 동시同時에, 우악優渥하신 진념軫念을 일언전문一言傳聞케 하였더니, 기자손등其子孫等은 여余에게 향向하여 현대現代의 황은皇恩은, 고대古代에 재在한 오등吾等의 조선祖先에까지 급及하심은 진실眞實로 천만의상외千萬意想外로서, 차실此實로 조선祖先의 유덕遺德에 불외不外하는 것이라, 기감사其感謝함

---

74 「美林里民의 感泣, 총독의 애민에」, 『每日申報』, 1923.8.14.
75 「御下賜祭粢料, 先賢祭祀當日に, 勅任官が傳達する」, 『京城日報』, 1924.2.7.

을 엇지 다 운위云謂하리오 하고 진심眞心으로 감읍感泣하였다. **또 유자**儒者 **및 학교 생도는 이 제전의 성의는 실로 광영이라, 아등도 선행에 근면하여써 장 래 여사한 어은전에 욕하자 하며, 또 어느 신진적 유식자의 감상담 중에는 금반 선현에 대하여 제전을 사**賜**하심은 실로 일반의 감격하는 바로써 차가 각 방면에 급하는 효과로는 그 이해가 상반**相伴**하리라 하며** (…중략…) 요컨대 금회의 어 경전에 제하여 상은이 균등히 선현의 고골枯骨에까지 급케 하는 것은 차 의 미에 재하야 그 효과가 절대하나니 상하 공히 자연히 감격치 아니하지 못 하겠다 함에 재하도다.[76]

위 감상담은 일본 황실-조선 총독-조선인 칙임관으로 이어지는 통 치 권력 측의 조선의 전통적 선현에 대한 추모를 매개로 한 "유자儒者", "학교 생도", "신진적 유식자" 등 지역 유력자 혹은 지식층에 대한 정치 선전의 경로를 상징적으로 보여준다.

한편 국외 시찰의 경우는 국내에 비해 정치 선전의 목적이 더 컸을 것으로 여겨진다. 1921년 9월 간도 시찰기에서 홍승균은 "소요후騷擾後 사상이 험악하여 고국의 행복을 저주하는 도배의 악선전에 대한 대응" 이 시찰의 주목적이었다고 하면서 "간도의 조선인들은 사상이 극히 단 순하여 부화뇌동하기 쉬운 소질이 있으나 대개 온순 질박한 농민으로 서 정부를 신뢰하고 관명을 준수하며 특히 조선총독부에서 시설한 교 육, 위생, 금융기관 등의 사업에 대하여는 비상히 감사"했다고 평가했 다. 더불어 "각지를 순회할 때에도 조선인 관리가 왔다고 하여 도처에

---

76 장헌식, 「祭粢料傳達의 御使를 了하고」, 『朝鮮文朝鮮』, 1924.3.

서 열성으로 환영"했다는 감상에서 '조선인 민정시찰관'의 선전적 의미를 다시 한 번 엿볼 수 있다.[77]

이듬해 5월 시베리아 시찰에서도 시찰관 일행은 먼저 "당지 및 부근의 조선인과 평소 조선인을 횡포하게 취급해온 러시아 민경서원民警署員에 대해 시위의 의미로 조선의 교통, 교육, 농업, 공업의 상태, 각지 도시의 풍경, 조선인 상류사회의 풍속 등을 담은 활동사진"을 상영했다. 상영 후에는 시찰관 홍승균이 직접 "조선어로 강화"했는데, "현지인 다수는 십 수 년 전 조선을 떠났거나 당지에서 출생하여 전연 고국을 모르는 상태였는데 활동사진 및 그 설명에 근거하여 종래 불령선인 등의 선전에 의해 상상하던 것과 실제가 심히 다른 고국의 발전을 요해了解하여" "다시 한 번 우리 제국 통치하에서의 행복을 느끼"게 되었다.[78] 홍승균은 다른 시찰담에서 이주 조선인들에게 특히 인상 깊었던 점은 "조선인 사무관이 조선어로 강화한" 점으로서 앞으로도 이런 시찰이 계속되어야 할 것이라고 했다.[79] 위의 간도 시찰과 비슷한 측면을 볼 수 있다.

(2) 지방 사회의 여론 청취

다음으로 민정시찰 과정에서 발화된 지방 사회의 일반적인 여론, 즉 총독부에 대한 요구와 불만은 어떤 것이었는지 살펴보자. 먼저 이에 대해 상세한 내용을 알 수 있는 1921년 4월 평북 시찰 보고서에는 지방민의 "희망 의견"이 다음과 같이 정리되어 있다.

---

77 홍승균, 「間島督見」, 『朝鮮』, 1922.1.
78 『洪承均報告書 A』.
79 「西伯利에서 撤兵하면 三十萬 同胞를 奈何, 總督府 事務官 洪承均氏談」, 『每日申報』, 1922.6.21.

① 조선인에게 참정권 부여 ② 현재 지방자문기구을 결의기관으로 하여 속히 지방자치를 실시 ③ 총독부 요직에 내선인 병용 ④ 도의 부장, 경찰서장 등에 조선인 등용 ⑤ 성적이 우량한 조선인 경찰을 발탁하여 주재소에 채용 ⑥ 군수의 임명을 단지 판임관 재직자 중에서만 하지 말고 상당한 학식, 명망이 있는 민간인 유지에서 등용 ⑦ 면장은 민선, 임기제로 ⑧ 조선인 의무교육 실시 ⑨ 사립학교의 내용 충실, 개선 ⑩ 조선 지리, 역사 교수를 확대하고 교수용어로 조선어 사용 ⑪ 내지인 학교에서 조선어 교수, 수신 교과서 중 내선인 차별 금지, 내선동화에 필요한 내용 삽입 ⑫ 내지 재류 조선인 학생 후원 ⑬ 경찰의 가혹한 고문 금지 ⑭ 신임 내지인 순사에 대해 내선인 무차별, 융화 정신 교수, 모욕적 태도 금지 ⑮ 경찰의 구타, 수사상 민가 침입 금지 ⑯ 세금 징수에서 가재 도구를 압수, 매각하는 등 불법행위 엄금 ⑰ 국유임야 내에 존재하는 민유분묘에 대해 그 분묘를 보호하기 위한 면적을 양여하여 조선 고래의 선조 숭배의 관습을 존중 ⑱ 지방 경찰주재소 설치에 대해 기부금을 강요하지 말 것 ⑲ 조선독립운동 관계 범인 중 살인, 강도 등을 제외한 정치범의 특사特赦 ⑳ 조선인의 외국여행 취체규칙에 의한 신체검사 시 모욕 금지 ㉑ 지방 군청, 경찰서 등에 인민의 출입 시 모욕 금지 ㉒ 내지인 발행의 신문, 잡지 등에 조선인을 모욕하는 감정적 기사 게재 금지 ㉓ 유식청년의 취직 주선, 선도 ㉔ 면협의원 등에 구인물만 채용하지 말고 신인물 채용 ㉕ 1면 1교 실시 ㉖ 내지인 자산가의 조선인을 위한 교육사업 장려 ㉗ 서북선에 시급한 철도 부설 ㉘ 안만安滿(신안주-만포진) 도로 수선 ㉙ 자혜의원 및 은행지점 설치 ㉚ 우량 관공리 배치 ㉛ 화전 개간 제한 완화 ㉜ 지방민에 대한 국유림 불하 수속 간편 ㉝ 면비 부담이 큰 면서기 감원[80]

매우 다양한 요구와 불만이 제기되었음을 알 수 있다. 그러나 크게 나누어보면 교육이나 교통, 산업, 자문기구의 개선 등 넓은 의미에서 '지역 (개발) 현안'으로 포괄할 수 있는 사안과 경찰의 가혹 행위나 일본인 관·민의 일상적인 차별·모욕 등 식민통치 자체에서 연원하는 사안으로 대별할 수 있다. 기계적으로 연결할 수는 없겠지만 요구와 불만이 이렇게 두 갈래로 대별되는 것은 앞에서 살펴본 면담자 구성의 양 측면과 관련이 있을 것이다. 이런 경향은 다른 지역도 대동소이했다. 먼저 지역 (개발) 현안과 관련된 내용을 어느 정도 알 수 있는 몇몇 사례를 살펴보면 다음과 같다.

21-10. 1921년 10월 함남 북청 : 북선철도北鮮鐵道의 북청 통과, 고보 설립 후원, 조선인 의무교육 실시, 면협의원 선거·피선거 자격 완화, 산업기관 증설 / 홍원 : 1면1교제의 급속한 실시, 실업학교·농회·조합 등의 급설, 중등학교 설치

22-12. 1922년 7월 전남 영암 : 연초 전매제 개선, 가족공동묘지제의 실질적 실행, 동척 소작료 인하, 조선인의 엽총 소지 허가, 보통학교 확대, 조선인 본위의 권업행정, 면협의원 선거제도 개선

22-13. 1922년 12월 평남 평양 : 대동강 가교 수선, 세금 인하, 정거장 증치

23-8. 1923년 7월 충남 예산 : 사범학교 및 농업학교 생도의 졸업연한 연장

23-11. 1923년 9월 평남 개천 : 도평의원 및 면협의원 선거제도 개선, 공동묘지 활성화, 지방 발전책 / 안주 : 안주-강계 철도 급설, 고보 혹은 상업

---

80 『李範益報告書』356~360.

학교 설립

24-7. 1924년 7월 강원 강릉 : 고보설립기성동맹회 연혁 조사

한편 1922년 전남 목포에서는 금융기관의 증설, 교육기관의 확대, 자문기관의 자치기관화, 동척 소작료 인하 등의 다른 지역과 유사한 요구 외에 전남지역의 특수한 문제인 면화 공동판매제(공판제) 폐지 요구가 강력하게 제기되기도 했다. 먼저 이에 대한 발언을 들어보자.

도평의원 박인선朴仁善 : 전남지방에 조면繰綿공장 설립의 건과 촌락에 방직 장려의 요점을 진술하고 (…중략…) 최종의 일언으로 전남면화구매조합 3사 '도라스트'에 대한 불의不義의 사事와 면화 공동판매는 농상민의 무수한 폐단이며 고통이란 설명

유중길柳重吉 : 현금 농민의 실정을 견하면 서상書床에 재한 자 지키 난하며 그 비참한 생활과 불평을 부르짓는 고통은 차를 일일히 수거키 난하며 현하 면화공동판매제도는 인민에 대하여 무한한 고통이라 차를 언하면 농민은 설풍한천雪風寒天을 불고하고 금전의 증갈症渴을 면키 위하야 소부분 되는 면화 기근幾斤 혹 기십근을 부負하고 원거리 되는 공동판매소에 특래하야 차를 즉시 매도하면 이已어니와 판매소의 시간 혹은 형편에 의하야 즉시 판매치 못하면 1, 2일을 비費하니 차 엇지 공동판매소가 인민의 고통이 아니리오. 연즉 농민에 폐해되는 차 면화공동판매소는 철폐함이 가하다는 등 설명

부협의원 김원희金源喜 : 유해무익有害無益한 매화판매제棉花販買制는 스스로 통분에 불감하는 사事[81]

위에서 면화 공판제가 지역의 큰 불만임을 충분히 알 수 있다. 병합 이후 총독부는 일본 방직자본의 원료인 육지면 재배를 강요하며 그 판매도 자유판매를 금지하고 공동판매만을 허가했다. 그런데 공판제하에서 면화 가격은 시장 수급이 아니라 일본 방직자본이 주로 수입하는 미국면 가격에 맞추어 일방적으로 정해졌으며, 매수인의 부정·판매소의 부족·운송비 등 각종 부가적인 부담이 모두 재배 농민에게 전가되었기 때문에 이 제도는 육지면 재배의 중심지인 전남의 큰 사회문제였다. 게다가 1910년대 후반부터 입찰 판매로 면화 가격이 상승하자 지역의 대조면업체 세 곳이 남선면화구매조합南鮮棉花購買組合이라는 "도라스트(트러스트)"를 조직, 가격 담합을 시도하기까지 했다. 이렇게 면화 공판제는 일부 대조면업체를 제외한 지역의 영세 조면업체, 재배 농민 모두에게 고통이었다.[82] 이 문제에 대한 도평의원, 부협의원 등 지역의 관변 유력자들의 발언이 잇따른 배경은 여기에 있었던 것이다.

다음으로 민정시찰 과정에서 발화된 식민통치에 대한 보다 수위 높은 불만의 목소리를 들어보자. 이 역시 1921년 4월 평북 시찰 보고서에 의하면 지역민들은 경찰의 가혹행위나 일본인의 차별·모욕에 대해 상당히 구체적으로 불만을 토로했음을 알 수 있다.

의주의 한 유력자는 말하기를 경찰관은 내선인을 불문하고 그 소질이 좋지 않다. 특히 조선인 순사 중에는 보충이 급해 노동자, 차부, 담군擔軍, 전과자 등 무뢰불량한 무리를 채용한 경우가 적지 않다. 내지인도 그 소질이

81 「民情陳述, 木浦에서」, 『每日申報』, 1922.3.2.
82 권태억, 『韓國近代綿業史硏究』一潮閣, 1989, 135~167쪽.

좋지 않고 조선어도 통하지 않는다. 이런 점이 개선되지 않는다면 관민 융화는 백년하청일 것이다. (…중략…) 또 한 청년은 말하기를, 우리는 일한 병합 당시 반대한 바 없는데, 내지인의 태도는 마치 정복자 같이 우리를 열등민으로 취급하여 우리를 부를 때 'オイ', 'こら', '君', 'オ前', '貴様' 등의 모욕적 대명사를 사용한다.[83] 내지인은 만세소요의 원인을 무단정치 혹은 세계사조의 오염, 민족자결을 오해한 데서 찾지만 우리는 단언하건대 그 원인은 'オイ, こら, 君' 등으로 대표되는 내지인의 태도에 대한 감정이 폭발한 것으로 본다. 조선통치의 완벽을 기하기 위해서는 이런 감정문제가 반드시 해결되어야 한다. (…중략…) 경찰의 고문문제 역시 각지에서 공히 이구동음으로 그것을 하소연했다. 용천군에서 최근 훈계 방면된 6명과 회견했다. 이들 중 2명은 죄가 없었고 4명은 불령자不逞者들의 협박에 의해 공채모집원, 군감, 식량감 등의 사령을 받은 자들인데, 모두 2주 이상의 구금, 취조. 구타, 고문으로 1개월 이상의 정양이 필요한 상태이다. 앞으로 경찰관헌의 소질이 우량해져야만 한다.[84]

다른 지역의 경우는 위와 같은 상세한 내용은 알 수 없으나 단편적으로만 보더라도 예컨대 같은 해 10월 함남 영흥에서는 조선인에 대한 고문, 조선인 국경 통과 봉쇄, 지방관의 편파 행정과 청년단체 탄압 등에 비판이 제기되었으며, 청년회 간부인 이명섭李命燮은 시찰관 앞에서 "종래 금물이던 정치담을 허許함은 금석今昔의 회懷를 불금不禁한다 하

---

83 オイ(오이), こら(이놈, 야), 君, オ前(너, 자네), 貴様(きーさま; 너, 자네, 네놈) 등은 모두 상대방을 하대하는 대명사임.
84 『李範益報告書』325~347.

고" "민중에 치중치 아니하는 정치는 악정이라 통론痛論하며" "독립운동은 구구한 정치적 감정과 민족적 명예를 위함만 아니라 생의 창달暢達에 이르려는 이성의 충동"이라는 등 "예시銳矢를 발"하기도 했다.[85]

또 1923년 4월 순천에서에는 군민 대표 13명이 연서하여 일본인 관리의 가봉과 사택료 폐지, 보통학교 1·2학년의 조선어 교수, 경찰서 사법계의 고문 금지, 지주·소작인문제에 대한 편향적 태도 금지 등의 민감한 내용을 담은 진정서를 시찰관에게 전달하기도 했다.[86]

한편 1923년 9~11월 홍승균의 경남 출장은 특정시기 특정 사건에 대한 여론 탐사의 의미를 가지고 있었다. 이 출장의 표면적인 목적은 9월 1일 발생한 관동대지진과 뒤이은 군경·자경단 등의 학살을 피해 부산으로 피난한 조선인의 구호였다.[87] 당시 일본 정부는 격화되는 조선인 학살사건에 대한 대응으로 재일 조선인을 일시 귀국시키고자 했다. 총독부는 처음에는 학살사건이 조선에 알려져 제2의 3·1운동 같은 대규모 반일 봉기로 확대될 것을 우려하여 일본 정부의 계획에 반대했지만 결국 조선인의 귀국을 허용할 수밖에 없었다. 그리고 피난민들이 부산에 입항하면서 예민한 이들의 동향을 파악하고자 홍승균을 파견했던 것이다.[88]

홍승균은 피난민 및 부산·경남 일대의 지방민을 광범위하게 면담하고 그 결과를 정리, 보고했다. 그에 의하면 피난민 중 특히 "중등 이상의

---

85 「張事務官 永興 來着」, 『東亞日報』, 1921.10.14.
86 「順天 人民 陳情, 減稅 敎育用語 改定을」, 『東亞日報』, 1923.4.9.
87 「人事消息」, 『每日申報』, 1923.11.7.
88 이형식, 「중간내각 시대(1922.6~1924.7)의 조선총독부」, 『東洋史學硏究』 113, 2010, 293~297쪽.

학생"의 경우 "심각한 연구가 필요한 조직적 반감", "소위 민족적 반감", "당국 및 지식계급에서 이 사실을 은폐하는 것에 대한 반감"이 많았다. 또 부산·경남의 지방민도 대부분 "조선인에 대한 무시에 분개"했으며 개중에는 "금회의 조선인 대학살은 경시청과 군대의 비밀지령에 의한 것이라고 말하는 사람까지 있었"다. 홍승균은 결론적으로 "본 사건이 민심에 미칠 악영향은 만세소요 이상으로 우려"되며 "부산에서 구호에 진력하는 모습은 향후 10년간 민심에 대영향을 미칠 것"이므로 "조선인 관리의 다수 파견이 필요"하다고 보고했다.[89] 홍승균의 시찰에 의해 총독부의 우려가 기우가 아니었다는 사실과 향후 어떤 방침이 필요한지가 명확해진 셈이다. 총독부가 관동대지진 이후 전사회적인 반일 분위기를 희석하기 위해 친일 세력을 대거 동원하여 각파유지연맹各派有志聯盟, 동민회同民會 등의 단체를 조직하게 하는 등 이른바 '내선융화정책'에 적극 나선 배경에는 이런 조사의 결과가 있었던 것이다.[90]

(3) 시찰 결과의 처리와 한계

이상과 같이 민정시찰 과정에서는 학교 증설·교통 개선·산업 개발 등 지역 개발 현안, 자문기구 개선 등 정치·행정 참여, 경찰을 비롯한 일본인 관·민의 차별과 모욕 금지 등의 문제들이 반복하여 제기되었다. 그리고 이것은 때로는 수위 높은 불만의 방식으로 표출되기도 했다. 이는 아무래도 민정시찰관이 조선인이라는 점과 무관하지 않은 것으로

---

89 『洪承均報告書 B』; 홍승균은 부산 출장을 마무리하며 10월 30일자로 사이토에게 보고서를 제출했으며, 사이토는 다시 12월 3일자로 이를 내각총리대신에게 제출했다.
90 이형식, 「중간내각 시대(1922.6~1924.7)의 조선총독부」, 『東洋史學研究』 113, 2010, 297쪽.

보인다. 이미 국외 시찰에서 현지 조선인들이 '조선인 시찰관'에 대해 일본인과는 다른 감정을 느꼈을 것임을 지적했거니와, 1921년 4월 평북 시찰 보고서는 이 문제에 대해 다소 흥미로운 언급을 하고 있다.

경성 방면에서 이번에 신설한 민정시찰관을 목도한 그들은 소위 정부의 고등탐정이라고 크게 경계했으나 민정시찰관 설치의 이유를 설명하자 점차 안심하여 복장腹藏의 말을 토해내고 원려의 의견을 술했다. 또 일부는 그 소감을 토로할 기회를 가짐에 크게 기뻐하며, **이번에 민정시찰관에 조선인을 채용하여 간담적 의사 소통을 하는데 감사했다.** (…중략…) 지난번 와타나베渡邊 제1과장[91]의 회천군 출장 때에도 경찰에 대해 불평을 했는데, 다음날 경찰에서 당인에 대해 어떤 연고로 경찰을 험담했냐고 책임을 추궁했다는 말도 있었다.[92]

여기에서 총독부 조선인 고관의 대민 접촉에 대한 지역민의 기대와 '믿음'이 상대적으로 컸음을 확연하게 알 수 있다. 만일 그렇지 않았다면 와타나베 출장의 사례에 비추어 경찰에 대한 불만을 앞에서 살펴본 바와 같이 소상하게 토로했을 리가 없었을 것이다.[93] 이런 의미에서

---

91 내무국 제1과장 와타나베 토요히코渡邊豊日子를 가리킨다. 총독부 내무국은 1920년 9월 개정 지방제도의 운용 실태를 점검하기 위해 국장 이하 사무관들이 각도에 출장한 바 있었는데, 이때 와타나베는 평남북 · 황해도를 담당했다(「地方制度 實施 派遣員」, 『每日申報』, 1920.9.11).

92 『李範益報告書』362~363.

93 강동진은 『李範益報告書』를 근거로 "민정시찰관을 보고서 민중은 이른바 정부의 고등탐정이라고 부르며 크게 경계"했으며, 이를 "민중은 '문화정치'의 본질을 잘 꿰뚫어보고 있었던 것"이라고 해석했다(강동진, 『日帝의 韓國侵略政策史』, 한길사, 1980, 67쪽). 그러나 이는 사료의 일부만 자의적으로 인용한 것이다. 만일 지방민들이 민정시찰관을 "정

민정시찰관은 제한적이나마 언로를 확대한 제도였음에는 분명하다고 할 수 있다.

그런데 중요한 것은 민정시찰의 결과가 '민의 창달'이라는 슬로건이 표방하는 것처럼 실제 통치 행정에 어떤 영향을 미쳤을까 하는 점일 것이다. 우선 민정시찰의 결과는 직접 대면 보고나 보고서 상신을 통해 총독 등에게 전달되었던 것으로 보인다. 확인되는 사례를 보면 먼저 1921년 6월에는 총독, 정무총감, 각부·국장 전원이 참석한 가운데 장헌식이 주관한 평북 시찰 보고회가 개최되었다.[94] 아마도 이것이 칙임관이 수행한 첫 시찰이었기 때문에 격식을 갖춘 보고회를 가졌던 것으로 짐작된다. 그러나 같은 기간 충북을 시찰한 홍승균도 보고회까지 개최하지는 않았지만, 그 결과를 총독에게 직접 대면 보고했다.[95]

물론 대면 보고가 계속 이루어졌는지는 알 수 없다. 오히려 보고서 상신이 더 일반적인 보고 방식이었던 것 같다. 장헌식은 후일 "각하께서는 늘 민정시찰 보고서를 상세히 읽으셨"다고 하면서 "언젠가 남궁영 씨의 보고서에 지방에서 '내지인 관리는 교대로 세계를 회廻하며 지식을 쌓는데 조선인 관리는 한 번도 나가지 못한다'는 말을 들었다고 썼는데, 머지않아 남궁영 씨가 구미 출장을 명받았다. 이것은 자작이 조선인 민정시찰관을 자기의 눈, 귀, 손으로 한 것"이라고 회고했다.[96] 또 남궁영도 "민정시찰사무관으로서 총독부에 대한 험담을 모아서 보

부의 고등탐정"으로만 인식했다면 앞에서 살펴본 바와 같은 요구와 불만을 쏟아내지는 않았을 것이다.

94 『守屋榮夫日記』, 1921.6.18.
95 『守屋榮夫日記』, 1921.5.6.
96 『齋藤實傳』 제2권, 886쪽; 남궁영은 1926년 3~9월 조선인 관료로는 이례적으로 이전까지 일본인 중견 고등관에게만 부여되었던 구미 각국 출장 기회를 가졌다.

고하게 되어 걱정스러울 때에도 일일이 보고서를 보시고 어떻게 하면 조선 민중을 더 낫게 할까를 생각하셨다"고 회고했다.[97] 개별 사례를 보면 모리야는 일기에서 1921년 4월 평북 시찰에 대해 "장사무관의 평북 복명서를 읽었다. 요는 내지인의 부주의한 언행과 경찰관의 악랄한 태도가 형세를 악화시키는 요인이 되었다는 것이다. 이제부터 이 점의 개선을 위해 힘을 기울어야 할 것"이라고 쓰고 있다.[98] 모리야가 보고서를 읽었다는 것은 곧 총독에게 보고서가 상신되었다는 의미일 것이다.

한편 장헌식은 주목할 만한 회고를 했다. 민정시찰관 재임 기간에 자신은 "칙임 1등 사무관으로서 본부 국부장 회의에도 참석하여 조선 통치상의 기획을 알 수 있었다"는 것이다.[99] 주지하듯이 총독부 국부장 회의는 통치 행정상 주요 방침을 결정하는 핵심 기구였다. 장헌식의 회고는 조선인 민정시찰관 중 1명을 칙임관으로 임명한 의미가 이렇게 총독부 수뇌부의 의사 결정 과정에 조선인을 참여시킨다는 상징성에 있었음을 잘 보여준다.

그러나 바로 그렇게 때문에 역설적으로 통치 권력의 입장에서는 민정시찰관의 제일의 조건으로 "견실한 사상"이 중요했을 것이다. 그리고 이 점, 즉 민정시찰관이 기본적으로 조선인 관료들 중에서도 '친일성'이 가장 높은 부류였다는 점과 더불어 민정시찰관 제도가 안정성이 없었다는 점, 즉 민정시찰관은 공식적으로는 각국에 속한 사무관으로

---

[97] 『齋藤實傳』 제2권, 887쪽.
[98] 『守屋榮夫日記』, 1921.6.30(이 일자 일기의 판독은 이형식 선생님의 도움을 받았다); 이 시찰은 장헌식과 이범익이 동행한 것으로 모리야가 읽은 보고서가 장헌식이 독자적으로 작성한 것인지 이범익의 보고서와 동일한 것인지는 알 수 없지만, 일기의 내용상 대차가 없음을 알 수 있다.
[99] 『齋藤實傳』 제2권, 885쪽.

서 지방 사회의 다양한 요구나 불만을 해결할 실권이 없었다는 점은 이 제도의 태생적 한계를 지시해준다. 그러므로 대부분의 경우 면담 과정에서 나오는 요구나 불만에 대해 민정시찰관은 다만 형식적인 답변을 할 수 있을 뿐이었다.

예컨대 앞에서 살펴본 함남 영흥 시찰에서 이명섭李命燮의 강도 높은 발언에 대해 시찰관 장헌식은 "철저한 답변을 수酬치 아니하고 경更히 여관에서 다시 간담하기로 약約하고 산회"하고 말았다.[100] 또 이듬해 전남 광주에서도 노동공제회 간부들이 "대지주의 소작 농민에 대한 횡포의 어떠한 것과 총독부 정치의 소작인에 대한 보호책이 없음을 논박"하자 시찰관은 "총독부에서도 소작인 보호에 대하여는 생각이 없는 바는 아니지만은 지주와 소작인 간의 인사상 계약을 법령으로 간섭함은 너무 문명한 처치가 아니므로 그대로 볼 수 밖에 없다는 말로 변명"을 하며 돌아섰고, "그 날 모였던 인민들은 4, 50리 원정遠程을 불고하고 왔다가 민정시찰이 너무 형식인 것을 이제야 알았다는 생각을 품고 무료히 돌아간 자가 많"았다.[101]

보다 구체적인 사례로서 1923년 6월 충남 예산에서 있었던 사건을 들 수 있다. 당시 예산군 오가면吾可面에는 그 전 해 8월 총독부가 국유미간지로 사정하여 히로시마 소재 해외척식주식회사海外拓植株式會社에 대부한 임야 160여 정보가 있었다.[102] 그런데 면민들의 주장은 달랐다. 이 임야는 선대로부터 분묘지로 사용해왔고 송림 채취를 해온 전통적

---

100 「張事務官 永興 來着」, 『東亞日報』, 1921.10.14.
101 「小作人과 煙針問題로 민정시찰관을 육박공격, 광주 출장 중의 장헌식 씨」, 『東亞日報』, 1922.3.7.
102 『朝鮮總督府官報』, 1922.8.15.

인 마을의 공유림으로서 국유 미간지 사정은 잘못되었다는 것이었다. 이 시기 많이 볼 수 있는 임야 소유권 분쟁이었다. 면민들은 척식회사 측에서 분묘 파굴에 들어가자 총독부에 탄원서를 제출했다. 이에 시찰관 이종국이 충남 출장 중 이 문제를 특별 조사하러 왔던 것이다.[103]

시찰관을 맞은 면민들은 "환천희지歡天喜地하야 가액축수加額祝手하며" 큰 기대를 보였다. 그리고 실지 조사를 마친 이종국은 "과연 탄원서의 내용과 사실이 부합하나 그러나 나는 직접 해결할 권리가 없고 아모쪼록 인민의 억울한 사정을 분명히 총독부에 보고하겠으며 대부 허가의 취소 여부는 총독부 당국에서 하기에 있은 즉 하회를 기다리라"는 말을 남기고 돌아갔다.[104] 그러나 문제는 해결되지 않았다. 시찰관의 조사 후에도 척식회사측은 여전히 "분묘를 파굴하고 송림을 작벌"했으며, "소유 산림에 벌목을 거설하는 촌민을 큰톱으로 머리를 때려서 중상을 당하게" 하는 등 위협적인 소유권 행사를 계속했다. 시찰관의 약속과 달리 "아모 조치가 없"었던 것이다.[105] 민정시찰관은 말로만 약속을 할 수 있는 존재에 불과했다.

이상에서 볼 수 있듯이 민정시찰관 활동의 한계는 분명했다. 그러므로 설치 초기부터 제기된 민정시찰관 같은 것은 "선전정치宣傳政治, 공허정치空虛政治에 불과"하다던가,[106] "민족의 내의內意를 발표하는 언론이나 필단筆端을 무리히 압박"하면서 "민정시찰관을 두어 민정을 잘 시

---

103 「林野事件과 住民의 樂觀」, 『朝鮮日報』, 1923.6.29.
104 「李事務官 民情視察」, 『朝鮮日報』, 1923.7.3.
105 「禮山林野事件 又嘆願」, 『朝鮮日報』, 1923.7.26. 이 사건의 이후 상황에 대해서는 1934년 1월 현재 같은 회사가 같은 임야의 대부 허가를 받은 기록을 찾을 수 있다(『朝鮮總督府官報』, 1934.2.1).
106 「文化政治は漸く諒解された, 鮮人何れも喜色あり」, 『京城日報』, 1921.8.14.

찰하겠다는 것은 기만"이라는[107] 등의 여론은 이 점을 정확히 지적한 것이었다.

4. 맺음말

1924년 7월 정무총감 시모오카의 부임과 더불어 총독부는 1923년에 이어 보다 규모가 큰 제2차 행정정리 준비를 서두르기 시작했다. 이에 부서의 축소·통폐합과 인원 정리에 대한 여러 소문이 도는 가운데 민정시찰관도 폐지설이 무성했다.[108] 그러나 사실 민정시찰관은 원천적으로 폐지 대상이 될 수 없었다. 공식화된 제도가 아니었기 때문이다. 민정시찰관의 정리는 관제 개정에 수반한 인사이동으로 실현되었다. 인사이동 결과 민정시찰관으로 임명된 자리에는 홍승균 한 사람만이 남음으로써 '제도로서 민정시찰관'은 자연히 폐지되었던 셈이다.[109]

민정시찰관 제도는 3·1운동 이후 새롭게 부임한 수뇌부의 통치 구상 및 무단통치에 비판적인 기존 총독부 문관 수뇌부의 견해 — 조선인의 여론 고려, 통치 방침의 적극적 선전, 조선인 관료의 대우 개선(조선인 고등관 임용 범위 확대) — 를 배경으로 이른바 문화통치 실현의 구체적 방책의 하나로 설치되었다. 그러나 설치의 형식은 새로운 직위의

---

107 「天地玄黃」, 『開闢』, 1922.1.
108 「흔들리는 總督府속, 新來種의 凋落과 在來種의 擡頭」, 『開闢』, 1924.10.
109 민정시찰관 5명 중 먼저 장헌식이 전남 도지사, 이종국이 함남 도참여관으로 이동했으며(『朝鮮總督府官報』, 1924.12.8), 다시 연말 특별임용 칙령 개정에 의해 이범익이 황해도 내무부장으로 이동하고, 남궁영은 이종국의 뒤를 이어 식산국 농무과로 이동했다 (『朝鮮總督府官報』, 1925.1.9).

신설이 아니라 조선인 고등관의 특별임용 범위를 확대하면서, 새롭게 임명된 본부의 조선인 고등관들에게 비공식적으로 민정시찰의 직무를 부여한 것이었다. 이 점에서 민정시찰관 제도는 설치 당초부터 태생적인 한계를 가지고 있었으며 언제든 손쉽게 축소·폐지될 운명에 처해 있었다.

그러나 민정시찰관의 활동은 제도와 예산의 불안정성에도 불구하고 1924년 하반기까지는 지속되었다. 그리고 이 과정에서 그동안 거의 공론화되지 못했던 통치 권력에 대한 조선인의 요구와 불만이 드러났다. 물론 민정시찰관의 주된 면담자는 넓은 의미에서 식민통치의 협력 세력인 지역 유력자층이었다. 따라서 민정시찰 과정에서 제기된 요구도 대부분 교육, 교통, 산업 등 지역 (개발) 현안에 해당하는 것이었다. 그러나 민정시찰관의 접촉 범위가 반드시 한정된 것은 아니었다. 그중에는 통상의 지역 유력자와는 결이 다른 청년층 혹은 사회운동자도 있었다. 그렇기 때문에 민정시찰 과정에서는 예상되었든 예기치 않았든 식민통치에 대한 수위 높은 불만이 터져 나오기도 했다.

이런 점에서 민정시찰관 제도는 문화통치가 표방한 조선인의 언로 확대의 실마리를 열었다고 할 수 있다. 그러나 민정시찰관은 공식적으로는 총독부 각국 소속의 사무관이었기 때문에 그들에게는 지역의 요구나 불만을 해결할 수 있는 실권이 주어져 있지 않았다. 이렇게 본다면 민정시찰관 제도 설치의 근본적인 의미는 식민통치 수뇌부가 표방한 말 그대로의 '민의 창달'이라기보다 그만큼 민의 창달을 위해 노력하고 있음을 보여주는 넓은 의미의 정치 선전에 가까운 것이었다. 어쩌면 문화통치라는 슬로건 자체의 본질이 그런 것이었다고도 할 수 있다.

그런데 민정시찰관의 설치와 활동 자체는 일차적으로 통치 권력 측의 작용이었지만, 그 과정에서 드러난 조선인의 목소리는 이후 더욱 활성화되는 지방의회 활동이나 각종 주민대회, 진정운동, 나아가 민립대학 설립운동과 같은 대규모의 사회운동 혹은 친일 세력에 의한 참정권 청원운동, 자치운동 등 식민통치에 대한 저항과 협력을 넘나드는 다양한 단위의 조선인의 활동의 방향성을 보여주는 것이기도 했다.

한편 일정한 수의 조선인 고등관을 본부에 임용하여 이들을 조선인 사회의 여론 동향 파악과 정치 선전에 활용했다는 것은 조선인 관료를 무단통치기에 비해 상대적으로 통치 행정의 실제에 깊이 개입시킨 것이었다고 할 수 있다. 물론 민정시찰관 제도는 형해화되었지만 고위 관료군에서 조선인에 할당되었던 몫은 남았으며,[110] 이는 잇따른 특별 임용 칙령의 개정으로 더욱 확대되었다. 민정시찰관 제도의 설치는 그 출발점으로서도 의미를 가진다.

---

110 1924년 말 인사 이동으로 민정시찰관 3명이 지방관으로 전임했으나, 새롭게 이진호가 학무국장, 유만겸이 학무국 종교과장에 임명되었으며, 뒤이어 정교원이 내무국 사무관에 임명됨으로써 '본부의 조선인 고등관 5명'(칙임관 1, 내무국 2, 학무국 1, 식산국 1)은 암묵적으로 유지되었다. 이런 패턴은 이후에도 칙임관을 제외하면 대체로 지속되었다. 1930년대 초까지 인사 상황을 보면 정교원, 홍승균이 지방관으로 이동한 후 내무국에는 이동진·양재하·손영목·엄창섭 등이 차례로 사무관으로 근무했으며, 식산국 농무과에도 남궁영이 충남 도참여관으로 이동하면서 이범승·장윤식이 차례로 충원되었고, 학무국 종교과장 역시 유만겸의 후임으로 홍승균·이창근이 차례로 임명되었다(db.history.go.kr, 직원록자료). 이런 패턴은 1930년대 들어 조선인 중에서도 고등문관시험에 합격하여 고등관 임용 자격을 획득한 '유자격자'가 증가하면서 변화하기 시작한다. 참고적으로 위의 인사 기록에서 1930년 전후에 임명된 이창근, 장윤식은 각각 고등문관시험 행정과의 조선인 첫 번째, 두 번째 합격자이다(장신, 「일제하 조선인 고등관료의 형성과 정체성」, 『역사와 현실』 63, 2007, 46쪽).

〈부표 1〉 1921~24년 민정시찰관 활동 개요

연번	시찰기간	시찰지역	시찰관	일정 및 내용	출전
21-1	21.4.2~21	함경북도/ 간도	이종국		동아 21.4.1
21-2	21.4.4~21	평안북도	장헌식/ 이범익	• 21.4.7 의주→9 신의주→10 용천→12 선천→14 회 천→15 강계→17 만포진(→강계)→18 회천→20 신 안주→21 귀경	매신 21.4.6 매신 21.4.12 매신 21.4.21 동아 21.4.15 동아 21.4.16 동아 21.4.24 이범익보고서
21-3	21.4.20~	충청북도	홍승균		매신 21.4.21
21-4	~21.5.6	전라북도/ 전라남도	남궁영		매신 21.5.8
21-5	21.5	경상북도	장헌식	• 21.5.8 출장피명	관보 21.5.17
21-6	21.5.13~6.1	황해도	홍승균	• 21.5.13 해주→25 장연→ ~6.1 황주, 안악, 봉산, 곡산	동아 21.5.28
21-7	21.6	충청북도	이범익	• 21.6.6 출장피명	관보 21.6.9
21-8	21.8, 9	경기도	이범익	• ~21.8.26 개성→27 인천, 강화→28 연천→9.1 수원 →3 여주→5 안성 • 인천 유력자 10여 명 개별 면담	관보 21.7.2 매신 21.8.28 동아 21.8.31
21-9	21.9	간도	홍승균	• 시찰담「間島督見」게재	朝鮮 22.1
21-10	~21.10.21	함경남도	장헌식	• 21.10.8 영흥→9 함흥→17 북청→18 홍원 • 영흥, 고원, 함흥, 북청, 홍원 유력자 면담	관보 21.9.24 동아 21.10.14 동아 21.10.16 동아 21.10.26 동아 21.10.28 매신 21.10.22
21-11	21.10	간도	남궁영	• 21.10.3 출장피명	관보 21.10.5
21-12	21.11	충청북도/ 충청남도	장헌식	• 21.10.28 출장피명	관보 21.11.1
21-13	21.11	만주	이범익	• 21.10.27 출장피명	관보 21.11.3
21-14	21.12	평안남도	이종국	• 21.12.9 평양 각교회 목사 15명 면담	동아 21.12.16
21-15	21.12	충청남도/ 전라북도	홍승균	• 21.12.9 공주→13 논산→24 귀경 • 공주 각관청 방문 및 민간 유력자 면담	조선 21.12.16 매신 21.12.26
22-1	22.1	경상남도	이범익	• 21.12.20 출장피명	관보 21.12.22

연번	시찰기간	시찰지역	시찰관	일정 및 내용	출전
				• 마산, 진주, 통영, 동래, 밀양	
22-2	~22.1.15	전라남도	남궁영		매신 22.1.17
22-3	22.2.13~3.7	황해도	남궁영	• 17 해주→20 장연→3.7 귀경	매신 22.2.15 매신 22.2.23 매신 22.3.12
22-4	22.2.14~	전라북도	홍승균	• 14 전주→18~ 전북 관내	매신 22.2.21
22-5	22.2·3	전라남도	장헌식	• 22.2.14 출장피명 →~22 나주→22 목포→24 해남→ 25 ~강진, 장흥, 영암, 순천→3.2 광주 • 목포 내선 유력자 간담회, 광주 유력자 100여 명과 간담회	관보 22.2.14 매신 22.2.25 매신 22.3.2 매신 22.3.8 동아 22.3.7
22-6	22.3	함경남도	이범익	• 22.3.6 출장피명	관보 22.3.9
22-7	22.3·4	평안남도	장헌식	• 22.3.22 출장피명	관보 22.3.27
22-8	22.4·5	일본	이범익	• 22.4.17 출장피명 • 교토, 오사카	관보 22.4.19
22-9	22.5·6	시베리아	홍승균	• 조선인 민회와 간담회, 선전 활동사진 상영	매신 22.6.21 홍승균보고서
22-10	~22.7.20	강원도/ 경상북도	장헌식	• 22.5.30 출장피명 →7.20 귀경 • 경북은 울릉도 특별 시찰	관보 22.5.31 매신 22.7.22 매신 22.8.6
22-11	~22.7.20	경상남도	남궁영	• 22.7.20 귀경	매신 22.7.22
22-12	22.7·8	전라남도	이범익	• 22.7.28 영암 유력자 간담회	동아 22.8.7
22-13	22.8	평안북도/ 평안남도	홍승균	• 22.8.30 귀경 • 22.8.1 의주 유력자 면담	동아 22.8.10 매신 22.9.3
22-14	22.8·9	만주	이종국	• 22.9.12 귀경	매신 22.9.14
22-15	22.11	함경북도/ 간도	장헌식	• 22.11.7 출장피명	관보 22.11.7
22-16	~22.11.11	평안북도	남궁영	• 22.11.11 귀경	매신 22.11.1
22-17	22.12	평안남도	이범익	• 22.12.10 평양유력자 10여 명과 간담회	동아 22.12.2 동아 22.12.2
23-1	23.1·2	충청북도/ 충청남도	남궁영	• ~1.27 충청북도 각지→1.27 공주→30~ 예산 등 충청 남도 각지→2.12 귀경 • 공주 유력자 간담회	조선 23.2.2 매신 23.2.18
23-2	23.2·3	전라남도	이종국	• 23.3.1 목포 유력자 수십명과 간담회 • 3.4 제주 면장·유력자 간담회, 지방물산품평회 • 순천 군민 대표 13명 진정서 제출	조선 23.3.6 매신 23.3.14 동아 23.4.9

연번	시찰기간	시찰지역	시찰관	일정 및 내용	출전
3-3	23.3.6~	전라북도	남궁영		매신 23.3.6
3-4	23.3	경상남도	장헌식	• 23.3.3 출장피명 →12 통영 →13 마산	관보 23.3.6 매신 23.3.25
3-5	23.3 · 4	함경남도	이종국	• 3.19 함흥 →22 북청→23 혜산진 →26 북청 →4.3 귀경	매신 23.3.25 매신 23.3.29 매신 23.4.3 매신 23.4.5 매신 23.4.6
3-6	23.6	만주	홍승균	• 23.6.27 귀경	매신 23.7.1
3-7	23.6 · 7	황해도	장헌식	• 23.6.5 출장피명 →7.6 귀경 • 7.3 연백 유력자 면담	관보 23.6.6 동아 23.7.8 매신 23.7.8
3-8	23.6 · 7	충청북도/ 충청남도/ 전라북도/ 전라남도	이종국	• 6.21 예산 유력자 간담회 • 6.23 예산 임야소유권 분쟁 실지 조사 • 6.27 전주 →30 광주→7.9 귀경	매신 23.6.8 매신 23.7.1 매신 23.7.6 매신 23.7.12 조선 23.6.29 조선 23.7.3
3-9	23.8	간도	이범익	• 23.8.1 출장피명	매신 23.8.2
3-10	23.8	평안북도/ 평안남도	장헌식	• 23.8.5 출장피명 • 8.9 평양 수해 위문 활동	관보 23.8.8 매신 23.8.14
3-11	23.9	평안남도	남궁영	• 9.16 개천 →18 안주 • 개천, 안주 유력자 간담회	동아 23.9.21 동아 23.9.23 조선 23.9.22
3-12	23.9.15~11.6	경상남도	홍승균	• 관동대지진 귀환 이재민 구호 및 민정 조사 • 조선인 학살문제에 대한 부산 · 경남 여론 조사	매신 23.11.7 홍승균보고서B
3-13	23.10	전라북도	장헌식	• 23.10.13 출장피명 →18 금산 →19 진안 • 금산 유력자 간담회	관보 23.10.18 매신 23.10.19 조선 23.10.23
3-14	23.10	강원도	이범익	• 10.23 춘천 →26 철원 →28~ 평강 등 강원도 각지	매신 23.10.29 동아 23.11.2
3-15	23.12.5~	함경북도	홍승균	• 12.5 함흥 →6~ 풍산, 삼수, 갑산 등	매신 23.12.11
4-1	24.1	충청남도	이범익	• 1.9 공주→15 귀경	매신 24.1.14 매신 24.1.17
4-2	24.1	경상남도	남궁영	• 1.25 울산 →26 방어진 →26~ 동래 등 경상남도 각지 • 울산 청년회 간부 간담회	매신 24.1.29 동아 24.2.1
4-3	24.2.16	경기도	장헌식	• 파주 성혼 종손가에 황태자 성혼 기념 제자료 전달	경일 24.2.7 경일 24.2.19

연번	시찰기간	시찰지역	시찰관	일정 및 내용	출전
					매신 24.2.16 朝鮮(조) 24.3
24-4	24.3	경상북도	이범익	• 3.4 대구→8 왜관→10 김천→12 상주→14 예천→ 16 안동 • 김천 군청, 학교, 청년회 방문	매신 24.3.6 매신 24.3.10 동아 24.3.17 동아 24.3.19
24-5	24.3	전라남도	홍승균	• 3.3 광주→5~ 제주도 등 전라남도 각지	매신 24.3.7
24-6	24.3	경기도	장헌식	• 3.7 출장피명	매신 24.3.8
24-7	24.5	강원도	이종국	• ~5.21 양양→21 강릉→24 삼척 • 5.22 강릉 유력자 간담회, 강릉고보기성동맹회 활동 조사	매신 24.5.30
24-8	24.6	충청남도	이범익	• 예산, 부여, 대전, 논산 등	매신 24.6.3
24-9	24.7	충청북도	이범익	• ~7.5 진천 등 충청북도 각지→5 청주	매신 24.7.8
24-10	24.8	함경남도	남궁영	• 북청 유력자 간담회	조선 24.8.6
24-11	24.10	평안북도	장헌식	• 9.30 출장피명	관보 24.10.2
24-12	24.10.10~	경기도	이종국	• 경기도 농촌 사정 조사	시대 24.10.1

* 비고 ① 출전의 약자는 다음과 같음. 매신－매일신보, 경일－경성일보, 동아－동아일보, 조선－조선일보, 관보－조선 독부관보, 朝鮮－잡지『조선』, 朝鮮(조)－『조선문조선朝鮮文朝鮮』② 이범익보고서, 홍승균보고서 A, 홍승균보고서 B는 본과 같음.

〈부표 2〉 민정시찰관 역임자 이력

연도	장헌식張憲植, 1869~1950	이종국李鍾國, 1875~1927	이범익李範益, 1883~?	홍승균洪承均, 1885~1948	남궁영南宮營, 1887~1939
895	도일 유학				
896		함북 관찰부 주사			
897	케이오의숙 졸업				
898	일본 정부 사무견습				
899		홍문관 시독侍讀			
900					
902	도쿄제대 선과 졸업	중추원 의관	관립일어학교 졸업		
903	귀국				
904					
905	학부 참서관	나가노잠사학교 졸업	한국주차군 통역		
906		충남 연산 군수	탁지부 번역관보		
907	학부 편집국장		농상공부 서기관	탁지부 주사	
908	한성부윤	경북 신녕 군수	내각 서기관	경남 관찰도 주사	
909					도쿄 1고 졸업
910	평남 도참여관(3등)	경북 선산 군수	내부 번역관	경남 고성 군수	
911		경북 김산 군수			
912			강원 춘천 군수		
913		경북 청도 군수	경북 김산 군수		
914		경북 영일 군수	경북 달성 군수	경남 함안 군수	도쿄제대 법대 졸업
915				경남 산청 군수	
916			경북 예천 군수		
917	충북 도장관				전남 진도 군수
918		경북 달성 군수			
919		대구자제단 발기인	경북 칠곡 군수		전남 함평 군수
920	(1등)				
921	총독관방 사무관	식산국 사무관(5등)	내무국 사무관(5등)	내무국 사무관(5등)	학무국 사무관(6등)
922					
923					

연도	장헌식張憲植, 1869~1950	이종국李鍾國, 1875~1927	이범익李範益, 1883~?	홍승균洪承均, 1885~1948	남궁영南宮營, 1887~1939
1924	전남 도지사	함남 도참여관	황해 내무부장		식산국 사무관
1925					
1926	중추원 참의	평남 도참여관(3등)			구미 출장 →충남 도참여관
1927		사망(2등 추서)	경남 도참여관		
1928				학무국 종교과장	
1929			강원 도지사(2등)	경북 도참여관 →충북 도지사(2등)	경남 도참여관
1930					
1931			(1등)	전북 도지사(1등)	충북 도지사(2등)
1932				퇴관	
1933					
1934					(1등)
1935			충남 도지사		중추원 참의
1936					
1937			중추원 참의 →만주국 간도성장		
1938					
1939					사망
1940					
1941			만주국 참의부 참의		
1942					
1943					
1944					
1945	이왕직 장관		중추원 고문		

* 출전 : 친일반민족행위진상규명위원회 편, 『친일반민족행위진상규명보고서』, 2009.
* 비고 : ① 본표는 학력과 관력을 중심으로 작성했으며, 기타 사회 활동은 생략했음. ② 괄호 안의 등수는 고등관의 관등

참고문헌

자료
『公文雜纂』(일본 국립공문서관 소장)
『大塚常三郎文書』(일본 국립국회도서관 헌정자료실 소장; 국사편찬위원회 수집)
『守屋榮夫日記』(일본 국문학연구자료관 소장; 국사편찬위원회 수집)
『齋藤實文書』(高麗書林 영인본)
『齋藤實日記』(일본 국립국회도서관 헌정자료실 소장; 국사편찬위원회 수집)
『朝鮮人ニ對スル施政關係雜件一般ノ部』(일본 외무성 외교사료관 소장)
『樞密院會議文書』(일본 국립공문서관 소장)
東洋協會 編輯部 編, 『朝鮮統治秘話』, 帝國地方行政學會朝鮮本部, 1937.
財團法人齋藤子爵記念會 編, 『子爵齋藤實傳』, 1942.
『京城日報』, 『東亞日報』, 『每日申報』, 『新韓民報』, 『朝鮮日報』, 『朝鮮總督府官報』,
     『開闢』, 『三千里』, 『朝鮮公論』, 『朝鮮』, 『朝鮮文朝鮮』
아시아역사자료센터, www.jacar.go.kr
국사편찬위원회 한국사데이터베이스, db.history.go.kr

연구논저
강동진, 『日帝의 韓國侵略政策史』, 한길사, 1980.
국가보훈처, 『獨立有功者功勳錄』, 1994.
권태억, 『韓國近代綿業史硏究』, 一潮閣, 1989.
김동명, 『지배와 저항, 그리고 협력』, 경인문화사, 2006.
정진석, 『언론조선총독부』, 커뮤니케이션북스, 2006.
친일반민족행위진상규명위원회 편, 『친일반민족행위진상규명보고서』, 2009.
친일인명사전편찬위원회 편, 『친일인명사전』, 2009.

김종식, 「1919년 일본의 조선문제에 대한 정치과정」, 『한일관계사연구』 26, 2007.
_____, 「1920년대 초 일본정치와 식민지 조선지배」, 『동북아역사논총』 22, 2008.
신주백, 「일제의 새로운 식민지 지배방식과 재조일본인 및 '자치' 세력의 대응(1919~

22)」,『역사와 현실』39, 2001.

이승엽, 「'문화정치' 초기 권력의 動學과 재조일본인 사회」,『日本學』35, 2012.

이태훈, 「일제하 친일정치운동 연구」, 연세대 박사논문, 2010.

이형식, 「文化統治'初期における朝鮮總督府官僚の統治構想」,『史學雜誌』115-4, 2004.

_____, 「政黨內閣期(1924~1932)の朝鮮總督府官僚の統治構想」,『東京大學日本史學研究室紀要』11, 2007.

_____, 「중간내각 시대(1922.6~1924.7)의 조선총독부」,『東洋史學研究』113, 2010.

장　신, 「일제하 조선인 고등관료의 형성과 정체성」,『역사와 현실』63, 2007.

전상숙, 「1920년대 사이토오齋藤實총독의 조선통치관과 '내지연장주의'」,『담론 201』11-2, 2008.

한긍희, 「조선총독부의 조선인 도지사 임용정책과 양상」,『역사문제연구』22, 2009.

홍순권, 「일제시기의 지방통치와 조선인 관리에 관한 일고찰」,『國史館論叢』64, 1995.

岡本眞希子,『植民地官僚の政治史』, 三元社, 2008.

副田義也,『內務省の社會史』, 東京大學出版會, 2007.

春山明哲・若林正丈,『日本植民地主義の政治的展開』, アジア政經學會, 1975.

松田利彦, 「朝鮮總督府官僚守屋榮夫と'文化政治'」,『日本の朝鮮・臺灣支配と植民地官僚』思文閣出版, 2009.

李昇燁, 「三・一運動期における朝鮮在住日本人社會の對應と動向」,『人文學報』92, 2005.

최린과 천도교 신파의 '민족 자치' 구상

정용서

1. 머리말

1910년 일제에 의해 강제적으로 합병을 당함에 따라 국권을 상실하고 식민지배를 받게 된 한국 사회는, 이후 국내외에서 각계각층의 여러 세력이 민족해방을 위해 다양한 형태의 운동을 전개하였다. 그러나 이러한 다양한 세력의 민족운동이 모두 다 동일한 이념·방법을 가지고 진행된 것은 아니었다. 또 서로 다른 이념을 가진 여러 계통의 민족운동은 민족의 독립을 위해 합류하기도 하였지만, 민족국가 건설의 방향 및 민족운동의 주도권을 둘러싸고 서로 대립하기도 하면서 전개되었다. 그리하여 민족운동 내부의 이러한 갈등과 대립은 상호 지양되지 못하고 1945년 해방 이후 국제정세의 영향하에 민족 간의 대결로 치달았으며, 급기야 민족의 분단으로 귀결되고 말았다. 따라서 일제하에서 전개된 제반 민족운동의 이념과 성격을 파악하는 일은 한국사회가 당면하고 있는 분단현실의 역사적 연원을 이해하는 일이 될 것이다.

3·1운동 이후 한국사회에서는 새롭게 조성된 정세에 맞춰 '신문화건설'과 '문화향상' 등을 내세운 다양한 형태의 '문화운동'이 활발하게 전개되었다. 이들 '문화운동'을 전개한 세력 중 일부는 당장 일제와 대결하지 않고 단계적으로 독립을 준비하자는 입장을 표명하기도 하였다. 그리고 1920년대 중반부터 본격적으로 자치운동을 전개하였다.[1] 이와는 별도로 조선의 독립을 포기하고 일제의 지배를 인정하는 가운데 조선인의 정치적 권리를 획득하자는 자치청원운동, 참정권청원운동, 내정독립청원운동 등을 주장한 친일세력도 공공연하게 등장하였다.

이러한 자치문제와 관련하여 전개된 다양한 움직임에 대해 많은 연구가 진행되었다.[2] 자치운동을 일제가 민족주의 세력 일부를 독립운동 대열에서 탈락시켜 반일역량의 내부분열을 꾀하려는 정책상의 속셈에서 나온 것으로 본 연구,[3] 1910년대 이래의 실력양성운동론을 정치적 측면에서 확대시킨 '민족주의 우파'의 운동으로 1920년대 조선인 민족자본가 최상층의 현실적 필요성 때문에 최소한의 정치적 권리를 획득하기 위해 제기된 것으로 본 연구,[4] 일제의 식민 지배를 인정하면

---

1 박찬승, 『한국 근대 정치사상사 연구─민족주의 우파의 실력양성론』, 역사비평사, 1992.
2 이 문제에 대한 연구는 자치론이 처음 등장하던 일제시기 당시부터 진행되었다고 볼 수 있다. 예를 들어 백남운은 조선인의 자치운동을 융화를 목표로 삼는 "종속적 자치운동"과 분리를 목표로 삼는 "계획적 자치운동"으로 구분하였다. 그리고 후자가 '자치통치'를 요구하는 것인지 "독립의 준비계단으로 자치"를 요구하는지 한계가 분명하지 않다고 하였다. 그리고 결론적으로 자치운동은 "민족적 기혼氣魂을 마취시키는 동시에 계급통일 의식을 교란하고 종국에는 사회분열의 계기가 되고 말 것"이라고 주장하였다(白南雲, 「朝鮮自治運動에 對한 社會學的 考察」, 『現代評論』 1-1, 1927. 1, 49~50쪽).
3 강동진, 『日帝의 韓國侵略政策史』, 한길사, 1980.

서도 조선 독자의 정치·경제적 권리 등을 주장했던 세력이 전개한 '분리형협력운동'으로 규정한 연구[5] 등이 대표적이다. 이외에도 자치운동과 관련된 다양한 방면에서의 연구들이 발표되었다.[6] 이와 같은 다양한 연구를 통해 일제강점기 자치운동이 등장하게 된 배경과 주도세력, 운동의 전개과정과 성격 등에 대한 많은 부분이 밝혀졌다. 또한 일제강점기 '침략과 저항' 사이에서 동요하며 민족운동의 주도권을 장악하고자 했던 인물들의 현실인식과 운동방법 등을 이해하는데도 많은 도움이 되었다. 그렇지만 아직 그들이 자치운동을 통해 실현하고자 한국가 혹은 사회의 모습은 어떤 것이었을까 하는 문제 등에 대해서는 연구가 미진한 편이다.

본 연구에서는 이러한 기존 연구성과를 토대로 최린을 중심으로 한 '천도교 신파'에서 전개한 자치운동을 천도교의 종교논리와 관련해 검토하고자 한다.[7] 천도교는 한국근현대사의 전개과정에서 한편으로는

---

4 박찬승, 『한국 근대 정치사상사 연구─민족주의 우파의 실력양성론』, 역사비평사, 1992.
5 김동명은 일제하 조선인의 정치세력을 크게 저항운동세력, 동화형협력운동세력, 분리형협력운동세력으로 구분했다. 저항운동세력은 일제의 지배를 일체 인정하지 않고 즉시 독립을 요구한 세력으로, 주로 사회주의세력이 여기에 해당된다. 동화형협력운동세력은 일제의 동화주의 지배정책에 대하여 이의 전면적 실행을 주장하고 영구적인 식민지 지배를 인정한 세력으로, 참정권청원운동을 전개한 국민협회·각파유지연맹·갑자구락부 등이 중심이었다. 분리형협력운동세력은 일제의 식민 지배를 인정하면서도 조선 독자의 정치·경제적 권리 등을 주장했던 세력으로, 자치운동을 전개한 세력이 여기에 해당한다(김동명, 『지배와 저항, 그리고 협력─식민지 조선에서의 일본 제국주의와 조선인의 정치운동』, 景仁文化社, 2006).
6 신주백, 「일제의 새로운 식민지 지배방식과 재조일본인 및 '자치'세력의 대응(1919~22)」, 『역사와 현실』39, 2001; 박지향, 「아일랜드·인도의 민족운동과 한국의 자치운동 비교」, 『역사학보』182, 2004; 강정민, 「자치론과 식민지 자유주의」, 『한국철학논집』16, 2005; 이나미, 「일제시기 조선 자치운동의 논리」, 『민족문화연구』44, 2006; 문명기, 「1920년대 韓國·臺灣의 自治運動에 대한 비교사적 접근」, 『중국근현대사연구』39, 2008; 이태훈, 「일제하 친일정치운동 연구」, 연세대 박사논문, 2010; 지승준, 「일제시기 참정권운동 연구」, 중앙대 박사논문, 2011.

종교 활동을 통해, 다른 한편으로는 민족운동·정치운동 등을 통해 현실문제에 깊이 관련되어 있는 현실 참여적 종교 세력이었다. 종교단체가 직접 정치조직을 만들어 활동한, 종교세력과 정치세력의 정체성을 함께 가지고 있는 특별한 경우이다. 따라서 한국근현대사에서 천도교 세력의 역할과 위상은 그들이 전개한 '종교활동'과 '정치활동'을 하나의 문제로 연결하여 검토할 때 좀 더 분명하게 이해될 수 있을 것이다. 그러므로 최린과 천도교 신파가 일제강점기에 가장 적극적으로, 그리고 끊임없이 자치운동의 진원지가 되었던 이유 또한 천도교의 종교논리에 기반을 둔 현실인식, 민족·민족주의관 등과 관련해 살펴볼 때 좀 더 분명하게 밝혀질 수 있을 것이다. 그것은 천도교세력의 현실참여·정치운동 등의 논리가 천도교 사상을 기반으로 마련되었기 때문이다. 또한 천도교세력은 현실인식의 변화에 따라 바뀌는 자신들의 정치참여 논리를 천도교 사상의 재해석을 통해 합리화 시킬 필요도 있었다. 자신들의 활동에 대한 정당성을 확보하거나 스스로 정당성을 부여하기 위해서라도 천도교리를 정리하고 재해석하는 방식으로 일반 천도교인들을 설득해야만 했던 것이다.

---

7   천도교 신파의 자치운동에 대해서도 많은 연구들이 나왔다. 조규태, 『천도교의 문화운동론과 문화운동』, 국학자료원, 2006; 김동명, 『지배와 저항, 그리고 협력—식민지 조선에서의 일본 제국주의와 조선인의 정치운동』, 景仁文化社, 2006; 김정인, 『천도교근대민족운동연구』, 한울, 2009; 이용창, 「한말 최린의 일본유학과 현실인식」, 『역사와 현실』 41, 2001; 조규태, 「최린의 천도교 활동과 민족운동」, 『한성사학』 26, 2011.

2. '주의적 단결'과 자치운동의 전개

1920년대 초 교단 조직과 운영에 대한 개혁요구는 천도교세력의 내적 갈등을 확대시켰다. 그 과정에서 지방중심·개인본위의 평등적 교단체제와 연원의 계급적 등급 폐지를 주장한 오지영 등 '혁신파'는 1922년 말 천도교연합교회를 창설하여 이탈하였고, 천도교는 종리원 중심체제로 개편되었다. 이러한 천도교단의 분열 과정에서 교단의 새로운 실력자로 부상한 것은 최린이었다. 그는 손병희의 사위인 정광조, 천도교 이론가인 이돈화, 천도교청년회 간부로 활동하며 『개벽』을 통해 대내외적인 명성을 얻고 있던 김기전·조기간·박달성·박사직 등과 북부지방 천도교인을 하나의 세력으로 결집하기 시작했다.[8] 그리고 결국 1925년에 교주제 부활문제로 다시 분규가 촉발되어 천도교단은 최린·정광조 등을 중심으로 한 신파와 이종린·권동진 등을 중심으로 한 구파로 또 다시 분열되었다.

천도교 신·구파의 분열은 신파가 압도적 우위를 차지하는 분열이었다. 이는 분열 이후 5년이 지난 시점의 통계이지만 1930년 11월 조선총독부에서 조사한 신·구파의 지역별 천도교인 수를 통해 확인할 수 있다. 이 통계에 의하면, 천도교세력은 북부지방(황해·평안·함경)의 교인이 전체의 87.4%를 차지하고 있다. 또한 신파가 천도교인의 73% 이상을 장악한 천도교단의 주류였음을 보여주고 있다.[9] 그런데 천도교의

---

8   김정인, 위의 책, 163~164쪽.
9   朝鮮總督府警務局, 「最近ノ天道教ト其ノ分裂ヨリ合同ヘノ過程(1930.12)」, 『齋藤實文書』 10, 고려서림, 1990, 574~575쪽(이하 글명, 쪽수만 표기).

분열은 당시 민족주의운동의 분화와 일정한 관련을 맺고 있었다.[10] 이종린·권동진·박래홍·손재기 등 구파세력은 대동단결론에 따라 다른 사회세력과의 연대를 통한 일제와의 비타협적 정치투쟁에 주력하면서 천도교단 밖에서의 활동에 적극 참여하였다. 반면에 최린·정광조 등과 천도교의 문화운동을 선도하던 이돈화·김기전·조기간 등 천도교단의 주도권을 장악한 신파세력은 일제와 타협·협력하는 가운데 천도교청년당을 통한 천도교 중심의 독자적인 활동을 중시하였다.

천도교 신파에서는 즉각적인 독립을 바라기 보다는 때를 기다리며 실력을 양성하는 것이 우선이라고 생각하였다.[11] 즉 조선의 독립을 위해서는 일제와의 직접적인 투쟁보다는 실력을 양성하여 훗날을 기다리는 일종의 '무저항주의'가 올바른 길이라고 주장하였다.

일민족이 타민족과 산업적 자유경쟁을 못하게 되며, 하면 할수록 적에게 실패를 보게 되는 경우일 것 같으면 퇴退하여 꾸준히 자수自守의 도를 지켜 적으로 하여금 감히 대항의 준적準的을 실失케 하는 것이 가장 적당한 도라 할 것이다. 더구나 자본주의적 타민족이 무산적無産的 조선민중에 향하여 참혹한 독수를 신伸함에 미처 우리는 그것을 우둔하게 대항하느니보다 영

---

10 1920년대 천도교의 분화에 대해서는 김정인, 「1910~25년간 天道教 勢力의 動向과 民族運動」, 『韓國史論』 32, 1994; 이용창, 「1920년대 천도교의 분규와 민족주의운동」, 『한국 근현대이행기연구』, 신서원, 2001 참조.

11 조선총독부에서도 천도교의 동향에 대해 "일한병합 후 천도교인들은 스스로를 민족주의자로 불렀다. 일제통치를 벗어나 독립하고자 하는 사상이 천도교인 모두에게 보편화되어 있었다. 이것이 현실로 나타나 1919년 소요사건으로 결산되었다. 목적을 달성하지 못한 천도교인들은 혼돈에서 깨어나 각성하고 그 실력을 양성, 민심을 수습하여 때를 기다리고 있다"고 파악하였다(「最近ノ天道教ト其ノ分裂ヨリ合同ヘノ過程(1930.12)」, 470~471쪽).

리하게 견인하여 후일의 모든 기회를 기다리며 진進하여 그 기회를 조造하여 적의 독수로 하여금 스스로 마비케 함이 가장 득책이 아닐가 함이다.[12]

그리고 이러한 민족적 실력양성이 성취되기 위해서는, "중성衆星이 북극을 표준으로 회전하는 모양으로, 태양계의 제유성諸遊星이 태양을 표준으로 도는 모양으로" 통일된 민족의 각 개인은 그 중심세력을 표준으로 의지하고 활동하는 것이 필요하다고 보았다. 즉 일민족이 통일된 중심세력 없이는 민족적 생활과 사업을 성취할 수 없다는 것이다. 따라서 우선 조선민족의 중심세력이 될 만한 대단체를 만들어야 한다고 보았다.

민족적 중심세력이란 반듯이 그 통치주권자나 또는 정부를 의미하는 것이 안이다. 고대에는 과연 군왕이나 치자계급治者階級이 민족의 중심세력이 되었다. 지금도 그 정부가 민의를 대표하는 동안 중심세력이 될 수 있다. 그러나 정당한 이론으로 말하자면 정부가 민족적 중심세력을 작作하는 것이 아니오 민족적 중심세력이 정부를 산産하는 것이다. 민족적 중심세력이 정부의 모母다. 그러나 민족적 중심세력이란 반듯이 정부적政府的에 한한 것은 안이다. 역사적으로 보건대 종교로도 중심세력이 될 수 있고 또 현금現今의 아라사 가튼 데서는 사회적 이상으로 뭉친 단체가 민족적 중심세력이 되었다. 엇더턴지 그 민족에게 가장 합당한 다시 말하면 가장 그 민족의 마음에 드는 이상을 이상으로 하고 그 이상을 달하기 위하야 일정한 계획

---

12 「問題의 解決은 自決이냐 他決이냐」, 『開闢』 33, 1923.3, 13쪽.

을 가지고 굳게 단결된 단체가 그 민족의 중심세력이 되는 것이다.[13]

그런데 모든 조선민족의 이해가 일치하는 것이 아니기 때문에 당시 조선사회 일각에서 제기되고 있던 막연한 '민족일치 대동단결'을 통해서는 '민족적 중심세력'을 만들 수 없다고 보았다. 오직 동일한 신념과 조직하에 "절대의 약속을 가지고 새로이 내회來會하는 주의적主義的 단결團結"만이 조선의 민중을 정치·경제적인 낙후에서 구할 수 있는 유일한 힘이라고 주장하였다.

우리가 바라볼 유일한 표준점을 인認하고 거기에 도달할 유일한 방도를 발견하야 꼭 동일한 신념과 꼭 동일한 조직과 꼭 동일한 각오의 밑에서 절대의 약속을 가지고 새로이 내회來會하는 주의적 단결! 우리는 써하되 이것뿐이 조선의 민중을 정치적 또는 경제적의 쇠패衰敗에서 구출하는 유일한 역力이라 하며 현하에 나타나 있는 교육운동도 산업운동도 다 같이 이러한 정신 밑에서 활동을 시행是行하는 때에서 뿐 의의가 있으리라 한다.[14]

그리고 이들이 생각한 민족적 중심세력이 될 '주의적 단결'은 아일랜드의 신페인당, 러시아의 볼세비키당, 유태민족의 시온당 같은 정치단체, 즉 정당을 의미하는 것이었다.[15] 특히, "정치의 배경을 떠나서 실력을 양성할 수는 있으며, 가령 백보천보를 양讓하여 우리가 근근히 하나

---

13 「곳해야 할 民族的 中心勢力의 作成」, 『開闢』 34, 1923.4, 5쪽.
14 「民族一致, 大同團結을 云爲하는 이에게」, 『開闢』 35, 1923.5, 16쪽.
15 「곳해야 할 民族的 中心勢力의 作成」, 『開闢』 34, 1923.4, 6쪽.

이나 혹은 둘만한 실력을 얻는다할지라도 우리의 바로 곁에서 열이나 스물의 실력을 얻는 자가 따로 있다하면 그것이 무슨 실력이 될 바가 있을가"라고 하여,[16] 정치권력의 중요성을 제기하였다. 이는 당시 최린의 주장을 통해서도 확인할 수 있다.

우리 전 조선민중을 대표할 만한 일치의 정신으로 조직된 공고한 기관이 업는 것이 가장 걱정이올시다. 그리고 일국의 경제는 정치의 力으로 보호조장해야만 그 경제가 안정이 되고 따라서 민중은 안전한 생활을 할 터인데 우리 조선 사람은 아직까지 우리의 손에 정치의 세력이 업는 까닭으로 아무리 현하와 같이 전민족이 파산을 당하더라도 구제의 도道가 없습니다. (…중략…) 현하 조선이 어떠한 강대국세력 범위내에 잇다 할지라도 세계적 대평화의 문제를 해결할 時에는 반드시 조선문제도 해결될 것은 사실이요. 또 필연의 세勢입니다. 그러니까 우리 조선사람은 현재만 비관하지 말고 미래를 낙관하야 오직 전민족이 일치한 정신하에 완전한 조직적 단결을 하는 것이 무엇보다도 필요한 줄로 생각합니다.[17]

조선민족의 손에 아직 정치권력이 없는 까닭에 "현하와 같이 전민족이 파산을 당하더라도 구제의 도가 없다"는 것이다. 따라서 이를 극복하기 위해서는 오직 전민족이 일치한 정신하에 완전한 조직적 단결을 하는 것이 무엇보다도 급선무라고 주장한 것이다. 다시 말해 최린은

---

16 「民族一致, 大同團結을 云爲하는 이에게」, 『開闢』 35호, 1923.5, 15~16쪽.
17 崔麟, 「現下 朝鮮에 대한 憂慮點과 喜悅点−代表될 만한 組織的 機關이 잇서야 합니다」, 『開闢』 66, 1926.2, 38~39쪽.

조선민족의 안정된 생활을 위해서는 '일치한 주의로 결합된 정치조직'을 통한 일종의 '정치운동'이 필요하다고 주장한 것이다.

이는 천도교 신파의 다른 지도자들에게서도 확인할 수 있다. 이돈화는 정치조직을 통한 정치운동을 통해 정치적 식견을 기르고, 토의·비판할 때 생활을 풍부하게 하며 향상시킬 수 있고, 나아가 "전민족의 자기네의 살림살이를 자기네 손으로 처판處辦할 역량과 이상을 포부하여야 할 것"이라고 생각하였다.[18] 정응봉은 "모든 자유를 위하여는 그 획득운동이 있을 것이오, 그 운동은 반드시 민간의 전적의지를 통괄 표현하는 정치운동적 기관이 조직되어서 능동적 실천이 있음에 따라 위정자의 일편一鞭을 촉促하여야 될 것"이라고 하여,[19] 조선인의 모든 정치적 권익을 획득하기 위해서는 일정한 정치조직이 있어야 한다고 인식하고 있었다.

그런데 최린을 비롯한 천도교 신파의 주요 지도자들이 주장하는 정치운동은 당시 식민지 조선의 상황에서는 '합법적 정치운동'을 의미하는 것이었다. 이는 최린의 "민족 백년대계를 실현하기 위한 방법은 민력을 함양하고 실력을 양성하며 가슴깊이 민족의식을 간직하고, 당국의 시정 및 시설의 결점에 대해서는 합법적 수단에 의하여 항쟁함으로써 서서히 정치적 투쟁훈련을 쌓아야 하며, 청년운동 농민운동에 전력을 기울여 장래 이들을 전위로 하여 확고 견실한 발판을 점하면서 궁극의 목적에 도달해야 할 것"[20]이라는 주장에서도 분명히 드러난다.

18　滄海居士(=李敦化), 「朝鮮人과 政治的 生活」, 『開闢』29, 1922.11, 8쪽.
19　天道教青友黨 鄭應琫, 「現下朝鮮의 當面問題 言論·出版·集會·結社 自由獲得의 具體案—該當法令부터」, 『彗星』7, 1931.10, 27~28쪽.
20　「最近ノ天道教ト其ノ分裂ヨリ合同ヘノ過程(1930.12)」, 473~474쪽.

또한 당시 최린과 불가분의 관계에 있던 이정섭[21]은 "타협적 민족운동이라 또는 절대적 민족주의운동이라 하는 두 운동 사이에 어떠한 근본적인 차이가 있는 것이 아니다. (…중략…) 요는 이 두 가지 가운데 그 어느 운동에 의함이 ○○을 가장 속히 달할 수 있을까 하는 방편상 문제요 편리상 문제이다. 어느 것이 더 진리이냐 하는 문제는 아니다"라고 주장하였다.[22]

이처럼 최린을 비롯한 천도교 신파에서는 당시 조선 상황에서는 일제에 저항하기보다는 일제의 존재를 인정하면서 '합법적 정치운동'을 전개하는 것이 가장 현실적이며, 정치운동의 주도권을 장악하기 위해서는 우선 공고한 세력기반과 정치적 투쟁·훈련이 필요하다고 판단하였다. 이에 따라 이후 천도교청년당을 통해 '합법적 정치운동'을 전개하려고 하였으며, 청년당을 '정치운동'을 전개하기 위한 세력기반 또는 정치적 훈련의 장으로 만들어 나가려고 노력하였다.[23]

이러한 인식을 가지고 있던 최린은 1926년에 접어들면서부터 송진우·김성수 등 『동아일보』 계열과 수양동우회의 일부 인사들과 함께 '합법적 정치운동', 즉 자치운동을 추진하였다.[24] 이 시기의 자치운동은 조선총독부, 일본인 자치론자들이 논의를 주도하고 조선인 자치론

---

21 해방 후 최린은 반민특위 재판을 받는 가운데 이정섭에 대해 "본인이 중학교에 있을 때 가르친 사람이고 본인이 洋行할 때에는 같이 미국으로부터 구라파까지 다녀 온 관계가 있습니다"라고 답하고, 재판장의 "그러면 사상이라든지 행동이라든지가 피고하고는 같은 사람이 아닌가요?"라는 질문에 "그렇습니다"라고 답하였다(「반민특위 제3회 공판기」, 『如菴文集』 하, 1971, 308쪽).

22 李晶燮, 「最近情勢와 崔麟氏」, 『三千里』 4-10, 1932. 10, 15~19쪽.

23 정용서, 「日帝下 天道敎靑年黨 運動路線과 政治思想」, 『韓國史硏究』 105, 1999 참조.

24 「獨立運動終熄後ニ於ケル民族運動ノ梗槪(1927. 1)」, 『齋藤實文書』 10, 고려서림, 1990, 237~240쪽.

자들이 이에 호응하는 형태로 진행된 것이었다. 당시 조선총독부에서는 자치론자들을 식민통치에 적극 편입시키기 위해 '자치의회설치안'을 마련하여 일본 정부와 협의하기도 하였다.[25]

당시 최린은 '조선독립이 오늘날 불가능하다는 데 대해 확신하고 있으며, 조선의회朝鮮議會의 설치가 조선민심의 안정을 꾀하는 데 있어 기장 긴요하고, 나도 민중의 신임을 얻으면 반드시 조선의회의 한 사람이 되기를 사양치 않겠다'는 생각을 아베 마츠이에阿部充家에게 털어놓았다.[26] 최린의 이러한 생각은 1930년대 들어서도 계속되었다. 그는 윤치호에게 '자치만이 유일하게 합리적인 정책'이라고 역설하였다.

우리가 감정만 앞세우며 살수는 없는 노릇이죠. 우리가 독립을 얻을 수 없다고 가정한다면, 조선에 대한 일본인들의 근본정책이 뭘까 하는 게 대단히 중요하겠죠? 내지연장주의정책이 조선을 일본 본토의 일부분으로 대우하는 걸 의미한다고 하는데요. 그렇다면 총독도 필요 없고, 조선에서 적어도 200명의 의원이 일본 중의원에 진출하게 된다는 얘기죠. 일본이 이걸 받아들일 수 있을까요? 그렇다면 조선에 대해서는 자치만이 유일하게 합리적인 정책입니다.[27]

하지만 이런 움직임에 대해 많은 비판이 제기되었으며, 자치운동은

25 박찬승, 『한국 근대 정치사상사 연구─민족주의 우파의 실력양성론』, 역사비평사, 1992, 336~339쪽.
26 「藤實에게 보낸 阿部充家書翰」(강동진, 『日帝의 韓國侵略政策史』, 한길사, 1980, 425쪽 재인용).
27 김상태 편역, 『윤치호 일기』, 역사비평사, 2001, 339쪽(1934년 10월 12일 자).

표면적으로 잠잠해 질 수밖에 없었다. 대신에 자치운동을 추진하던 세력들은 1927년 1월 신간회 창립을 전후해 다른 양상으로 대응하기 시작하였다. 『동아일보』계열에서는 자치론을 표면적으로 내세우는 것을 유보하고, 당시 신간회에 참여하지 않던 세력과 연대하여 신간회 침투공작을 펼치게 되었다. 수양동우회의 일부 인사들도 독자적인 정치운동단체의 결성을 포기하고, 일단 신간회를 활용한다는 구상을 세웠다.[28]

　반면에 최린과 천도교 신파는 이와 다른 행동을 취하였다. 1926년 10월 일본으로 건너간 최린[29]은 1927년 상반기까지 일본 중앙 정계의 주요 인사들과 접촉하면서 자치운동에 열중하였다.[30] 당시 동경에 유학중이던 천도교청년당 간부 이응진은 최린이 동경에 체류하는 동안 만난 인물들은 귀족원의원 가노 지고로嘉納治五郎, 중의원의원 도코나미 다케지로床次竹二郎 등 주로 정계의 원로 거물급들이었다고 회고하였다.[31] 그러나 일본 내각의 교체, 사이토 마코토齋藤實의 제네바회의 대표 파견 등으로 자치제 실시문제의 타결이 늦춰지자 약소민족의 정치적 동향, 서양문화와 동양문화의 대조, 재외동포의 동태, 일본의 국

28　박찬승, 『한국 근대 정치사상사 연구-민족주의 우파의 실력양성론』, 역사비평사, 1992, 340쪽.
29　최린은 위장병 치료를 명목으로 1926년 10월 17일 동경으로 출발하였다(「人事消息」, 『新人間』7, 1926.11, 52쪽). 한편 최린은 전국 각지의 핵심 교인들에게 "서약서들을 받아 놓으신 후 비로소 안심하고 구미제국歐美諸國 만유漫遊의 길을 떠나 3년의 긴 세월을 해외에 나가 마음 놓고 유람"하였다(『如菴文集』하, 1971, 133~134쪽). 즉 최린은 신파 교인들에게 일종의 '충성맹세'를 받은 후 외국으로 떠난 것이다.
30　한상구, 「1926~28년 민족주의 세력의 운동론과 신간회」, 『韓國史硏究』 86, 1994, 146~148쪽 참조.
31　이응진, 「東京까지의 隨行記」, 『如菴文集』상, 1971, 218쪽.

제적 지위 등은 물론 조선을 정확히 인식하기 위해서는 조선 밖에서 살펴봐야 한다는 명목으로 1927년 6월 미국과 유럽 여행을 떠났다.[32] 그는 1927년 6월 21일 하와이에서 이승만과 만나 내외정세와 민족운동 등에 대한 의견을 교환하기도 하였다.[33]

한편 최린의 외국 체류 기간 동안 천도교 신파에서는 청년당을 통해 농민·노동·여성 등 각종 부문운동을 전개해 지지기반을 확장하려 하였으며, 이를 지도·감독할 청년당의 조직체계를 정비하였다.[34] 당시 천도교 신파에서는 '자치정국'이 실현된다면 청년당을 중심으로 한 정치운영이 가능하다고 생각하였다. 이것은 천도교가 종교단체·정치단체·사상단체 등의 성격을 모두 가지고 있기 때문에[35] 굳이 다른 단체와 연합할 필요가 없다는 생각에서 연유한 것이기도 하다.[36] 따라서 천도교 신파에서는 다른 제 사회세력과의 연대보다는 자신들의 세력기반을 공고히 하기 위한 독자적인 활동에 주력하였다.

1928년 4월 미국과 유럽 여행을 마치고 돌아온 최린과 천도교 신파에서는 청년당의 조직기반을 바탕으로 정치운동을 전개할 수 있다는 자신감 속에서 본격적인 활동을 전개하였다. 일제가 허락하는 범위 안에서[37] 청년당을 중심으로 한 정치활동을 추진하였던 것이다. 먼저 귀국 직후 최린은 천도교 신파 지도자들에게 '앞으로 조선민족의 진로는

---

32 『東亞日報』, 1927.6.11, 2면; 崔麟, 「自敍傳」, 위의 책, 209쪽.
33 여암, 「玄菴道兄에게」, 『新人間』 15, 1927.8, 21쪽; 崔麟, 위의 글, 208~209쪽.
34 이 시기 청년당의 조직정비 과정은 정용서, 「日帝下 天道敎靑年黨 運動路線과 政治思想」, 『韓國史硏究』 105, 1999 참조.
35 金炳淳, 「基·佛·天 三敎의 鼎立戰－各敎의 勢力과 事業」, 『彗星』 3, 1931.5, 93쪽.
36 「반민특위재판기록(최린 제2회 공판기)」, 『如菴文集』 하, 1971, 285쪽.
37 위의 글, 294쪽.

내정독립밖에 없다'고 털어 놓고, 청년당원들에게 '자치주의'를 고취시키면서 그 결속을 공고히 하였다.[38] 그리고 12월 천도교 제4회 임시법회에서 종래의 합의제를 폐기하고 중앙집권주의를 부활하여 천도교단의 최고 책임자인 도령道領에 취임하였다.[39] 천도교 신파에서는 도령제 실시 이유를 "이도치세以道治世의 대포부를 가진 우리 교회의 처지에 있어 불통일不統一을 의미하는 다두정치多頭政治로서는 장래의 목적을 달하기에 너무나 통제력이 없기" 때문이라고 설명하였다.[40]

그리고 최린과 천도교 신파에서는 1929년 9월 사이토齋藤實가 조선총독으로 재부임하면서 '조선자치'에 대한 논의가 전개되자, 이에 편승하여 부단한 움직임을 전개하였다. 최린은 1930년 송진우와 만나 정무총감이 자치문제로 일본 정부와 교섭하고 있으니 그 속진을 위하여 '자치운동속진회自治運動速進會'를 만들자는 협의를 하는 한편, 조선에 자치제가 실시된다는 여론을 확산시켜 나갔다.[41] 그리고 1930년 4월 초 천도교 신파의 지방교인들을 초청한 자리에서 자치운동을 전개하자는 제안을 하였다.

하지만 천도교 구파의 청년동맹에서 "본월 4일에 최린과 천도교 일부에서 소위 조선자치운동을 하기로 결의하였다 하니 차此는 천도교의 정신에 위반됨으로 아등은 차를 절대 반대함"이라고 결의를 하는 등 신랄히 비난하였다. 그리고 이로 인해 구파와 신파 사이에는 물리

---

38 「華峰報告書(1930.11.26)」, 『齋藤實文書』16, 고려서림, 1990, 218∼219쪽.
39 「中央彙報」, 『신인간』31, 1929.1, 65∼66쪽.
40 金秉濬, 「新年을 마지하는 新法案 天道敎天約」, 『新人間』31, 1929.1, 6∼7쪽.
41 「京鍾警高秘 제604호(1930.1.14), 自治運動速進會設立ニ關スル件」, 국사편찬위원회 한국사데이터베이스.

적인 충돌까지도 일어났다.[42] 뿐만 아니라 신간회를 비롯한 사회 각계에서도 이에 대한 비판이 그치지 않았다.[43] 이처럼 자신들의 활동이 전 사회에 큰 반향을 불러일으키고, 또한 조선총독부에서 자치론의 확산에 제동을 걸자[44] 최린과 천도교 신파의 활동은 주춤할 수밖에 없었다. 결국 1930년 초까지만 해도 자치제 조기 실현의 가능성을 염두에 두고 활발히 활동을 벌여나갔던 최린과 천도교 신파는 조선사회에서 '고립화'되어 집중 공격대상이 되고 있다는 위기의식을 갖지 않을 수 없게 되었다. 특히 대공황 이후 통제를 강화하는 일제의 지배가 지속되는 상황에서 천도교 신파에서는 그동안 자치제를 동기로 해서 전개해 왔던 정치운동의 영역을 조절하는 가운데, 일제의 새로운 지배체제에 대응하여 천도교의 세력을 확대하고 정치활동의 계기를 새롭게 구축할 필요성이 제기되었다.[45]

---

42 『東亞日報』, 1930.4.9, 2면; 「同盟彙報－崔麟派自治運動反對決議顛末報告文(公函第二號)의 槪要」, 『天道教會月報』 233, 1930.5, 34~38쪽.

43 하지만 이정섭은 최린이 "절대적 민족주의운동으로부터 타협적 민족주의운동으로 그 방향을 전환하였다고 해도 그것이 아무 타락의 의미를 구성함이 못되며 또 설령 그가 대중의 절실한 욕구를 만족시키기 위하여 지도자로서의 변절을 하였다 치더라도 그것이 민중의 복리에 충실 하는 이외의 다른 아무 것도 아닌 이상 무슨 까닭에 세간이 최린 씨의 동정에 대하여 그처럼 시시비비를 말하는지 필자와 같은 천학박식淺學薄識의 배輩로서는 이해하기 곤란하다"고 주장하면서, 최린의 활동을 옹호하였다(李晶燮, 「最近情勢와 崔麟氏」, 『三千里』 4-10, 1932.10, 15~19쪽).

44 조선총독부의 대응에 대해서는 이태훈, 「일제하 친일정치운동 연구」, 연세대 박사논문, 2010, 261~268쪽 참조.

45 이 시기 천도교 신파의 실천논리의 재정립과 이에 따른 '방향전환'에 대해서는, 정용서, 「1930년대 천도교세력의 정치운동론과 시중회 참여」, 『한국민족운동사연구』 68, 2011 참조.

3. 민족문제 인식과 '민족 자치' 구상

1) 민족개벽론과 민족 · 민족주의관

이상에서 살펴 본 것처럼 천도교 신파는 몰락하고 있던 북부지역의 자소작농 층을 주된 기반으로 하면서도 1920년대 중반 이후 '타협적 민족운동'에 경사하게 되는 독특한 입장을 취하였다. 그렇다면 여기서 검토할 것은 그들이 이런 입장을 취한 이유는 무엇인가 또는 어떤 논리로 이와 같은 자신들의 태도를 합리화하려고 하였을까 하는 점 등이다.

천도교에서는 '정신개벽 · 민족개벽 · 사회개벽을 통한 지상천국의 건설'을 주장하였다. 정신개벽은 사상개조를, 민족개벽과 사회개벽은 현실개조를 말하는 것으로서, 이 삼대개벽을 통해 현실사회를 개혁하고 현실사회에 이상세계인 '지상천국'을 건설할 수 있다는 것이다.[46] 그리고 이들에게 지상천국은 어떤 특정한 형식과 조건을 갖춘 것이 아니라 다만 "그 시대 시대에서 각각 보다 좋은 신사회를 의미"하는 것이었다.[47]

먼저 이돈화는 정신개벽이 모든 개벽의 준비행위가 된다고 하였다. 이것은 그가 "우주는 불변하고 세계는 상존할지라도 오직 변하여 무상한 자는 인사人事일 뿐이었다. 이에 개벽이라 칭하거나 개조라 말하는 것은 다만 인간의 영력靈力이 자연의 상上에 작용하여 가는 변화를 말하는 것일 뿐이다"라고 하여,[48] 개조나 개혁은 결코 우주자연의 자체

46　李敦化,『新人哲學』(1931), 천도교중앙총부, 1982, 147쪽(이하 책명, 쪽수만 표기).
47　『新人哲學』, 163쪽.

적 변화를 뜻하는 것이 아니라 인간사人間事의 진화에 관한 것이라고 보았기 때문이다. 인간의 의식적 자각이 자연에 작용함으로써 우주를 개벽하고 만물을 개조한다는 것이다.

사람이 환경을 개조한다는 데는 반드시 의식문제가 수반하는 것이다. 의식으로부터 환경의 결함을 알고 환경의 부조화를 고찰한 후에 그것이 사상으로 변하며 양심의 고통으로 화하여 필경은 이것이 사회화되며 사상화되는 데서 처음으로 개조문제의 현판이 나세게 되는 것이다.[49]

그리고 정신개벽의 구체적 방법으로 "역사적 원인에 대하여 장래의 결과를 고찰하면서 냉철한 이지로써 사리의 시비곡직을 비판"하는 '사람성性 자연自然'에 대한 역사적 고찰과 "기존의 윤리나 정제政制안에서 그 결함을 찾아 감정과 의지로써 부자연에 대하여 반항"하는 반항도덕을 제시하였다.[50] 사람성 가운데는 근본적으로 반항의지가 있기 때문에 지식이 발달되면 궁극적으로 의식개혁까지 할 수 있게 된다는 것이다. 또한 인간성 자체가 역사적으로 각 시대마다 조화와 균형을 얻으면서 무궁히 발전·향상하여 극치점에 달할 수 있음을 의미하는 것이다.[51] 그리고 이들은 이것을 무위이화無爲而化의 과정으로 이해하였다.

---

48 李敦化, 「新時代의 新人物」, 『開闢』 3, 1920.8, 15쪽.
49 崔泰勳, 「새삼스럽게 늦겨지는 精神開闢問題」, 『新人間』 56, 1932.6, 16~19쪽. 이 글은 최태훈이 이돈화의 『신인철학』에서 참조한 것이다.
50 『新人哲學』, 150쪽. 이돈화의 '사람성주의'에 대해서는 허수, 『이돈화연구』, 역사비평사, 2011 참조.
51 『新人哲學』, 108~109쪽.

무위이화는 항구적 향상성을 가지고 있다. 화化라 함은 곧 향상을 의미한 것이며, 진화를 의미한 것이며, 선善을 의미한 것이므로 무위이화는 어떤 국한된 목적을 가진 것이 아니오 그 자체가 스스로 목적이 되어 항구히 진화하는 것으로 결코 기존既存된 목적을 가지고 있지 아니하며 또는 기정既定된 계단에서 주저하는 것도 아니오 부단히 보다 이상以上의 단계를 향하고 나아가게 된다.[52]

이는 '사람성性 무궁주의無窮主義'를 역사의 순환·발전원리에 입각하여 설명한 것이다. 현실사회의 부정적 현상은 인간의 무한한 잠재능력이 정체되거나 퇴화할 때 나타나는 것일 뿐 결코 단절이나 절망을 뜻하는 것이 아니라 오히려 이러한 경우에 진화를 촉진케 하는 반동성이 역으로 발동한다는 것이다. 즉 인간은 반항도덕을 통해 기성 사회의 도덕과 제도적 부조리에 저항하여 개혁을 요구한다는 것이다. 결국 정신개벽은 "선천시대의 역사적 사회적으로 일러진 현재 인간의 의식을 개벽하여 후천사회 창설의 새 의식에로 전환"[53]하자는 일종의 '의식혁명'[54]을 의미한 것이었다.

다음으로 이돈화는 "수운水雲이 보국안민輔國安民 포덕천하布德天下 광제창생廣濟蒼生의 기치를 높이 들면서 모든 개벽을 부르짖었는데, 보국은 민족개벽이요, 안민은 사회개벽이요, 포덕천하는 광제창생·지상천국을 의미한다"고 주장하였다.[55] 현실사회를 이상사회로 만들기

---

52 『新人哲學』, 39쪽.
53 「社會常識述語 第一輯」, 『黨聲』 12, 1932.6.1, 5쪽.
54 金秉濟, 「精神開闢論 ― 各自爲心을 同歸一體에」, 『新人間』 41, 1929.11, 7~12쪽.
55 『新人哲學』, 162쪽.

위해서는 정신개벽과 더불어 민족개벽 · 사회개벽이 이루어져야 한다는 주장이다. 즉 수운주의의 목적인 지상천국의 이상에까지 나가려면 민족개벽과 사회개벽의 단계를 밟아야 한다는 것이다.

사회개벽이란 "사회기구의 물질문화 및 정신문화의 체제를 인간본위의 표준으로서 건설해야 한다"는 것으로,[56] 일종의 이상적 낙원세계 건설을 의미한다. 그런데 이돈화는 사회주의가 이상세계의 건설을 위한 계급적 민중운동의 단결인 점에서 자신들의 사회개벽사상과 비슷하다고 할 수 있으나, 그 중심을 자신들은 유물적 경제문제에 두지 않고 인간에 두고 있으며, 경제문제는 어디까지나 인격적 생활에 대한 일단계적 문제 또는 국부적 문제로 보는 점에서 서로 다르고 하였다. 즉 진실한 이상세계는 "유물적 경제문제 해결에만 있지는 않다. 의식주의 투쟁이 인간의 최고 목적이 아니요 최종의 이상은 창조투쟁 즉 최고 인격성으로부터 우주생활을 실현하는 데 있다"는 것이다.[57] 사회주의자들과 자신들은 이상세계 건설을 위한 계급적 민중운동의 단결이라는 동질성을 갖고 있지만, 사회주의자들의 경우 '유물적 경제문제'의 해결만을 추구한다는 점에서 자신들과 다르다는 것이다.[58]

한편 천도교에서는 민족의 문화와 생활정도 등을 향상 · 발전시키는 것을 목적으로 한 민족개벽을 주장하였다.[59] 그리고 이것은 궁극적으로 '세계일가주의世界一家主義'를 지향하는 준비단계로서의 성격을 내

---

56 「社會常識述語 第一輯」, 『黨聲』 12, 1932.6.1, 5쪽.

57 『新人哲學』, 157~158쪽.

58 이것은 반대로 천도교세력이 추구하는 경제문제 해결방안이 사회주의자들이 주장하는 것과 유사하다는 의미로 해석할 수 있다. 일제하 천도교세력의 농업개혁론은 물론이고, 해방 후 국가건설과정에서 제기된 천도교세력의 경제문제 해결방안을 통해 확인할 수 있다.

59 「社會常識述語 第一輯」, 『黨聲』 12, 1932.6.1, 5쪽.

포하고 있었다. '세계일가'를 이루기 위한 전제조건으로 무엇보다도 각 민족이 세계에 통할만한 지식·도덕·사상 등을 가지고 있어야 하며,[60] 조선민족이 세계일가 건설에 참여하려면 민족개벽을 통해 조선민족의 문화와 생활정도 등을 향상·발전시키기는 것이 급선무라고 주장한 것이다. 이것은 천도교 지도자들의 민족·민족주의문제에 대한 인식에서 연유하는 것이기도 하였다.[61]

천도교에서는 조선의 민족주의는 일종의 '반항주의'에 불과하기 때문에 열강의 침략적 민족주의와 상이하다고 보았다.[62] 당시 조선사회에서는 엄격한 의미에서 민족주의라는 말이 성립할 수 없다는 것이다.

웨 그러냐하면 정말로의 민족주의라 하면 적어도 민족적 부강 내지 침략 즉 민족적이기를 내용으로 하지 않을 수 없는데, 조선의 민족운동은 그 처음부터 이기배타적 사상으로 일어난 것이 아니라, 오직 너도 살고 나도 살자하는 즉 같이 살자하는 일종의 인간의식 국제관념에 의하여 발생된 것인 고故이며[63]

또한 세계 각 민족이 자기 민족만을 표준으로 삼고 다른 민족을 배제·무시한다면, 군국주의의 폐해는 그칠 날이 없고 세계평화는 기대할 수 없다고 보았다. 하지만 인류주의의 입장에서 보면 민족 내부 또

---

60 李敦化,「人類相對主義와 朝鮮人」,『開闢』25, 1922.7, 10쪽.
61 이하의 민족·민족주의 인식에 대한 서술은 정용서,「日帝下 天道敎靑年黨 運動路線과 政治思想」,『韓國史硏究』105, 1999를 참조하여 작성함.
62 「癸亥와 甲子」,『開闢』43, 1924.1, 10쪽.
63 「甲申年來의 '思想'과 壬戌年來의 '主義'」,『開闢』45, 1924.3, 3쪽.

는 각 민족간 차별이 있을 수 없으며, 인류의 재해는 민족에 있지 않고 계급에 있으므로 민족을 근본적으로 거론할 필요가 없다고 하였다.[64] 따라서 당시 사회에서 주창되고 있던 민족주의를 '이기주의利己主義의 대결정大結晶'으로 본 천도교에서는 이후의 민족주의는 반드시 인류주의의 견지하에서 그 기초를 세워야만 시대에 적합한 사상이 될 것이라고 주장하였다.[65]

이처럼 천도교에서는 제국주의 국가에서 주장하던 민족주의를 넘어서는 국제주의·인류주의적인 관점에서만 세계평화가 이루어질 수 있다고 판단하였다. 그들은 인류주의는 "인류를 본위로 한 주의"라는 말이며, 인류를 본위로 한다는 말은 "인류와 타동물을 비교하야 인류 자기네를 본위로 삼았다 해석하기보다 인류이면 누구나 천부의 평등 자유를 가졌다고 한가지로 그 천부의 평등자유를 유감없이 향수享受할 것이라 주창하는 주의"라고 보았다. 따라서 금일 이후 인류는 '현대의 사회제도에 나타난 해독'을 제거하고 "인류 자기네의 꽃다운 이상향을 건설코자 함"을 최고의 이상으로 삼아야 한다고 주장하였다.[66]

그러나 천도교에서 당장 인류주의의 관점에서 민족문제를 해결하자고 주장한 것은 아니었다.

인류주의는 민족과 민족에 차별 관념을 소멸케 하는 것인 고로 이제껏 소약少弱의 민족으로 있던 그이에게는 민족적으로 향수할 복리를 소멸케

---

64 『新人哲學』, 153쪽.
65 「汎人間的 民族主義」, 『開闢』 31, 1923.1, 5쪽.
66 權東鎭, 「人類主義는 나의 가장 贊誦하는 理想이외다」, 『開闢』 33, 1923, 14~15쪽.

하는 동시에 개인의 정도로서는 심한 몰아주의에 투입하여 천연天然한 우승열패의 패감敗減을 초招할 우려가 없지 아니할가 함이라. (…중략…) 인류주의는 외형상으로 자연히 타他의 제민족과 연합하여 공동히 실행치 아니하면 안 될 것인 고로 세부득이勢不得已 인류자연진보人類自然進步의 대운大運을 기다리지 아니치 못할 것이라.[67]

금일의 형편에서는 아직 민족을 전혀 무시하고 타민족과 자민족을 공동조건하에서 모든 것을 취급할 수 없기 때문에 기존의 민족주의를 합시대적으로 개조하여 인류주의와 영합할 포용성을 기르게 하고, 또 인류주의는 당분간 세계 각 민족을 단위로 하여 민족과 민족간의 권리·행복을 평균케 하는 것이 필요하다는 것이다.[68] 우선 각 민족은 민족적 단위로 '민족적 행동'을 얻고, 점차로 민족과 민족의 차별을 융화시켜 '세계일가주의'로 나가야 한다는 것이다. 그리고 이런 의미에서 자신들이 주장하는 민족주의를 기존의 제국주의나 군국주의를 지향하는 민족주의와는 의미가 다른 인도주의에 근거를 둔 '범인간적汎人間的 민족주의民族主義'라고 규정하였다.

제일第一 범인간적 민족주의는 세계를 국가단위로부터 민족단위에 진進케 하자 주장함이라. 국가와 국가가 대립하여 세계의 사事를 토의하던 그것을 민족과 민족이 대립하여 공동한 해결을 짓자 함이라. (…중략…) 제이第二 범인간적 민족주의는 각 민족이 호상 도덕적 원조하에서 각자 성장을

---

67 「汎人間的 民族主義」, 『開闢』 31, 1923. 1, 6~7쪽.
68 『新人哲學』, 154쪽.

수▨하자 함이니 (…중략…) 세계의 각 민족은 비록 대소 강약의 차별이 있다 할지라도 그 대소 강약이 각各 자기의 역량하에서 평등의 생활을 영營하자는 주의이라. (…중략…) 제삼第三 범인간적 민족주의는 현대의 가장 최선한 문화를 표준점으로 하고 세계 각 민족의 정도를 그 표준점의 수평선상으로 인상케 하자 함이라. 그리하여 그를 인도하는 방법은 우등한 민족이 결코 약소의 민족을 강제적으로 함이 아니오 어디까지든지 인도적 정의적 원조하에서 그 권리와 행복을 옹호케 하야 인류의 최후의 이상향을 지상에 건설하기로 노력할지라.[69]

그리고 이러한 '범인간적 민족주의'를 실현하기 위해서는 민족개벽이 필요하며, 이를 통해서만 당시의 제국주의 세계질서를 극복하고 '세계일가(=지상천국)'를 건설할 수 있다고 주장하였다.

이 ××운동은 제국주의 국내에서는 계급투쟁과 약소민족 정치××을 통하여 멀지 않은 날에 해결을 얻을 것이다. 그러나 그 운동이 민족적 국가를 건설하기 위한 것이라면 도리어 생산력의 발달을 조해阻害하는 한 개 집단이 일러지는 데 불과할 것이오 아무 소득이 없을 것이다. 이러한 운동은 민족적 장벽과 민족 간의 알력을 철폐하는데 하등의 이익이 없을 것이다. 자본계급의 한 착취기구 또는 피착취물이 되어 있는 민족이라는 집단으로부터 사해일가의 신사회로 나아가려면 우리는 다시 기성 민족국가와 동일한 민족국가를 건설하기 위한 ××운동을 할 것이 아니라 아주 민족적 계

69　「汎人間的 民族主義」, 『開闢』 31, 1923.1, 8~10쪽.

선이 없는 사회 즉 모든 생산기구 능력(정신)을 세계인류가 공동 협력하여 생산하는 조직적 사회 생산력을 무한히 발전시킬 수 있는 사회의 건설(지상천국)을 목표로 하고서 민족적 ××운동을 하여야 한다. 우리 교의 민족개벽은 이러한 민족××운동을 말한 것이다. 이러한 민족××운동이야말로 X略的 제국주의국가를 ××시키고 자본주의 경제조직으로 인하여 발전조지發展阻止를 받는 생산력은 다시 발전하여 나아갈 것이다.[70]

당시의 제국주의 세계질서를 극복하기 위해서는 '종주국 민족의 계급투쟁, 식민지 민족의 정치투쟁'이 필요하고, 이를 통해서 '만족일가萬族一家의 신사회(=세계일가)'를 건설할 수 있다는 것이다. 그리고 민족개벽은 바로 이를 실현하기 위해 필요하다는 주장이다. 결국 '식민지 민족의 정치투쟁'이란 세계일가에 동참하기 위해 조선민족의 정치·경제적 권익과 문화 등을 향상시키기 위한 민족개벽을 말하는 동시에 '정치운동'을 의미하는 것이었다. 그리고 이 정치운동이 당시 현실에서 일본 제국주의의 지배를 받는 가운데 조선민족의 발전과 세계일가 건설을 준비하기 위한, 다시 말해 '조선민족 자치'를 실현하기 위한 자치운동으로 나타난 것이었다.[71]

70 李應辰, 「經濟學上으로 본 民族問題에 對한 若干의 論議」, 『東學之光』, 1930. 10, 28〜32쪽.
71 정용서, 「日帝下 天道敎靑年黨 運動路線과 政治思想」, 『韓國史硏究』 105, 1999, 256〜257쪽.

2) '민족 자치'와 연방제 구상

천도교 신파에서는 자치운동을 통해 실현하고자 한 '조선민족 자치'의 구체적·현실적인 실현 형태를 어떻게 상정하고 있었을까? 이돈화는 장래의 '이상적 왕국'으로, 국가로서의 왕국이 아니라 인류로서의 왕국이 세계에 출현할 것이라고 보았다. 그에게 인류의 왕국이란 국가와 국가를 초월하며 민족과 민족을 범위로 하여 세계 전인류를 일단一團으로 하고 일대一大 정의·인도의 단결을 의미하는 것이었다. 그럼으로 "이 이상적 왕국이 실현함에 지至하야는 국가와 국가의 전쟁은 필연으로 기적其跡을 절絶할 것이며, 민족과 민족의 탄식呑食은 스스로 기영其影이 단斷할 것이오. 인류가 서로 애愛와 희열로 결합을 견고히 하며, 의義와 도道로 만성萬姓의 행복을 공모共謀하는 것"이라고 하여, 이 지경에 이르면 세계는 별도의 강자도 약자도 없는 '지상천국'을 실현할 수 있을 것으로 보았다.[72]

그런데 그러한 단계로 가기 위해서는 국가가 세계질서의 기본단위가 되어서는 안 된다고 주장하였다. '세계일가의 해방(세계평화)'을 이루기 위해서는 민족이 국가보다 언어, 역사, 도덕, 경제적인 이해관계 등의 측면에서 동일하기 때문에, 그 이론적 기준을 국가보다는 민족에 두어야 한다는 것이다.[73] 다시 말해 세계평화를 위해서는 먼저 그 기본단위 구성인자 자체가 내적 모순이 없는 동일성을 확보해야 하는데 그럴 경우 언어·역사·도덕 등 1차적 동일성에 근거한 민족이 기본

---

72 李敦化,「人類相對主義와 朝鮮人」,『開闢』25, 1922.7, 6쪽.
73 『新人哲學』, 154쪽.

단위가 되어야 한다는 것이었다. 그리고 그렇게 민족단위의 결합이 이뤄진 예로 영국을 들었다.

영국은 세계 모든 나라 가운데 가장 많은 민족으로 구성된 나라이다. 본토本土 · 애란愛蘭 · 인도印度 · 남아南阿 등은 순수한 타민족으로 상합相合된 것이오. 호주濠洲 · 가나타加奈陀 같은 것도 본래 영국민족이 대부분이라 할지라도 이미 분립된 자치령으로 보아서 이해가 같지 않은 지위에 있는 이분자異分子의 규합으로 볼 수 있다. 이렇게 이해가 부동不同한 각 민족이 모인 영국을 추상적으로 영국이라는 단순한 이름으로 그를 통제하기도 곤란하려니와 더욱이 국제상 회합 같은 것으로 말하면 어떤 한 민족을 표준하고 그 대표를 선정하는 것은 각 민족의 이해상 소견이 부일치할 뿐 아니라 또한 이치에 맞지 않고 평형을 잃음으로 여기서 각 민족을 대표하는 대표를 각기 선출하게까지 되었다.[74]

세계평화(=세계일가)를 이룩하기 위한 표준이 국가에서 점차 민족으로 옮겨지고 있다는 논리하에, 제국주의의 역사가 오히려 민족을 단위로 하여 바람직한 질서로 전환되었다는 관점에서 영국을 평가한 것이었다. 영국 · 아일랜드 · 인도 · 남아공 · 호주 · 캐나다 등 민족상의 불일치를 영연방국가는 국제 회합에서 각 지역을 대표하는 대표자를 각각 선출함으로써 해결했다는 것이었다.

요컨대 궁극적인 국가의 형태는 민족단위가 아닌 인류단위라는 점

---

74 『新人哲學』, 154쪽.

에서 민족국가는 해체될 운명이라는 인식아래 다민족 결합 국가를 바람직한 국가형태로 간주하고, 다민족이 평등한 권리를 소유하는 실제적 형태를 '영연방'에서 찾은 것이었다. 이는 식민지 조선을 '지상천국=세계일가'로 연결시킬 중간 고리인 '조선민족 자치'의 구체적 지향점을 천도교 신파에서는 영연방으로 상정한 것으로 볼 수 있다. 즉 "본래 영국민족이 대부분이라 할지라도 이미 분립된 자치령으로 보아서 이해가 같지 않은 지위에 있는" 호주·캐나다와 영국의 관계까지 언급한 것으로 보아, 직접적·공개적으로 조선의 독립을 요구할 수 없는 상황에서 '연방국가'라는 방식을 통해 조선과 일본의 '분리'를 추구한 것이라고 할 수 있다.

또한 그런 점에서 '조선민족 자치'를 통한 연방건설을 주장하는 것은 '세계일가' 즉 '세계연방'이라는 천도교 고유의 종교적 목표를 향해 가는 주체적 실천과정으로 설정되는 것이었다. 1920년대 중반 이후 천도교세력이 가장 적극적으로 끊임없이 자치운동의 진원지가 될 수 있었던 이유 중 하나는 바로 이렇게 자치를 종교원리에 입각한 자기논리화된 노선으로 상정한 데 기인한 것이라 하겠다.[75] 요컨대 세계일가라는

---

75 이러한 논리는 해방 후까지도 계속되었다. 해방 후 이돈화는 천도교의 정치적 이상을 "보국과 안민의 계단을 지나 세계공화의 이상으로 나아가려는 큰 사상"이라고 하였다. 보국은 민족개벽, 안민은 사회개벽이라는 삼대개벽론과 연결해 생각해 보면, 조선을 비롯한 세계 각국은 '민족 자치'를 통해 민족개벽·사회개벽을 실현하고 이를 토대로 세계일가=세계공화 건설에 참가할 수 있다는 말이다. 이어서 이돈화는 '세계공화'에 대해 다음과 같이 설명하였다. "세계공화는 현재의 국가를 단위로 하지 말고 각 민족을 전체로 해방한 후에 각 민족이 세계국의 단위가 되어 유기적 연방상태로 살자는 말이다. 그러므로 세계공화국은 그가 독자적으로 가진 영토가 없을 것이요, 따라서 그가 가진 독자의 인민이 없을 것이다. 그는 세계민족의 인민을 인민으로 한 위에 초월적으로 존재하여 연방최고의 주권을 가질 뿐이다. 최고주권은 어떠한 민족이 단독으로 가지는 것이 아니요, 각 민족의 연방이 연방회의의 의결로 결정할 것이다. 민족 각 연방은 각 민족의 독특

궁극적 목표가 전제되지만 그 과정이 단계적 발전과정이라는 점과 당시 조선의 현실적 조건이 아울러 고려되면서 당면한 현실적 목표로는 '조선민족 자치'가 설정된 것이었다. 현실을 고려하는 가운데 천도교 종교논리의 실현과정이라는 측면에서 자치를 설정하고 그를 합리화하려고 한 것이었다.

그런데 주지하듯이 연방을 독립국가를 대신하는 주요한 근대국가의 한 형태로 제기한 것은 다름 아닌 한말에 천도교와 갈라져 친일활동에 앞장 선 일진회에서였다. 1909년 12월 일진회가 발표한 '대국민 성명서'에 기술된 합방의 내용은 이른바 '정합방政合邦'이었다.[76] 그리고 이때 합방운동을 주도한 이용구 본인은 '정합방'은 곧 독일 · 오스트리아 연방을 의미한다고 주장하였다.[77] 물론 이때 '정합방'의 내용은 연방제를 구성하는 기본적 정치기구인 독자의회 등을 담지 않은 사실상 합방주장을 호도하기 위한 것이었지만, 적어도 주관적으로는 연방을 염두에 두고 합방을 주장했다는 것 자체가 시사하는 바가 크다 하겠다. 특히 이때 일진회가 정합방을 주장하며 장기적으로 만주 · 몽고 · 중국을 포함하는 다민족국가로의 발전 형태를 전망한 것은 민족에 구애받지 않는다는 종교적 보편 논리의 정당화와 결합했음을 보여준다 하겠다.

동학이라는 동일한 종교적 뿌리에서 기원한 천도교는 일진회와 일

한 역사적 문화로 전원이 내적 독립성을 가지고 각자의 향상발달을 도모하게 할 것이다. 세계공화의 주권은 최고문화를 표준하여 각 민족을 지도하는 의무를 지게 할 것이다"(李敦化, 『敎政雙全』, 1947, 28~31쪽).

[76] 『國民新報』, 1909.12.4(호외).

[77] 黑龍會, 『日韓合邦秘史』하, 原書房, 1966, 156~159쪽.

본의 제국주의침략에 대해 입장을 달리하며 민족적 입장을 견지했지만, 이렇게 독립국가가 아닌 반주권적 국가형태로서의 연방에 대한 고려는 일정하게 공유하였다. 예컨대 3·1운동 이후 재판과정에서 이종일은 "일한병합에 반대하는가"라는 질문에 "연방제도라면 모르지만 식민지로 된 것은 반대한다"라고 하여, 연방제를 선호한다는 입장을 표명하였다. 손병희는 송병준에게 "자치제 시행운동을 하자"고 제안했으며, "조선 독립운동을 하고 싶다든가 자치운동을 하고자 하는 것을" 권동진·오세창·최린 등에게 말하였다.[78] 오세창 역시 "일본민족과 조선은 평등하지 않으면 안되는데 평등하지 않으니 그것이 불평"이며, "교육 정도가 낮고 출판 언론 집회 등의 자유를 받지 못하고 있기" 때문에 "1918년 12월 중순 경 권동진·최린과 회합할 때 조선자치라는 것을 절규하기로 협의"하였다고 진술하였다.[79] 재판과정에서 나온 말이기는 하지만, 천도교 지도자들은 독립을 주장하면 현실적으로 자치는 실현될 수 있지 않을까하는 생각을 했다는 등의 진술을 하였다. 이것은 그들이 연방 혹은 그와 유사한 자치를 일제강점기에도 국가체제로서 계속 고려하였다는 것을 의미하는 것이다.[80] 요컨대 천도교 지도

---

78 김삼웅 편, 『33인의 약속−처음 밝히는 33인의 재판기록과 그 후 이야기』, 산하, 1997, 155·203·266쪽.

79 이현희, 「三·一運動裁判記錄을 通해서 본 天道敎代表들의 態度分析」, 『韓國思想』 12, 1974, 380쪽(오세창의 예심답변).

80 최린은 제1차 세계대전 이후 윌슨의 민족자결주의에 의거 독립한 많은 국가들이 형식상 독립은 하였지만 정치적·경제적으로 힘이 대단히 미약해서 국가의 유지가 어려운 자립할 수 없는 상태에 직면했다고 보았다. 또한 그는 1927년 아일랜드를 방문했을 때 만난 외무대신과 차관이 "우리 애란은 현재 7백만이나 되는 인구가 미국 기타 해외에 나가 있고 애란본토에는 불과 6백만 미만의 인구밖에 없는데 이것을 가지고는 도저히 독립해서 혼자 살아가기가 곤란하다. 그러므로 어떤 큰 나라를 배경으로 하지 않으면 독립을 유지하기가 곤란하니 이왕 어떤 대국을 배경할 바에는 역사적으로 지리적으로 인연관계가

자들의 연방제 혹은 자치에 대한 생각은 세계보편을 지향하는 종교논리와 민족본위가 국가를 전제로 하지 않는다는 정치논리가 결합된 것이었다.[81]

한편 천도교 신파가 '조선민족 자치'를 이상적 국가형태의 전단계로 보게 됨에 따라 현실 활동에서는 '자치'를 지향한 여러 세력들과 비슷한 양상을 보이면서도, 자치제가 의미하는 바는 일정한 차이를 드러냈다. 그 가장 핵심적 부분은 위에서 살펴보았듯이 이들이 '조선민족 자치'를 '연방형태'로 설정하고 있는 부분이라 하겠다. 즉 자치운동 안에는 서로 다른 흐름이 공존한 것이다.

우선 자치를 공개적으로 가장 먼저 주장한 친일정치운동단체 '유민회'의 경우, '자치'는 조선총독이 주관하는 일종의 '속령자치'였다. 유민회의 주장은 조선인이 참여하는 독자적 의결기관, 즉 조선의회 설치를 주장했다는 점에서는 '자치'였으나, 통치를 주재하는 주체는 어디까지나 총독이고 여기에 조선인 상층부가 의회에 참여하는 형태였다. 또한 경제적으로는 일본과 융합된 한 부분으로 결합된 형태를 주장했다는 점에서 기본구상 자체가 정치 단위적 독자성이 약한 부분적 자치였다.[82]

깊은 영국과 그대로 관계를 맺어서 독립국가로 나가는 것이 좋겠다"고 한 말을 해방 후 반민특위 재판 때까지 기억하고 있다(「반민특위재판기록(최린 제2회 공판기)」, 『如菴文集』 하, 1971, 289~292쪽). 이것은 최린이 '연방'에 대해 지속적인 관심을 가지고 있었다는 것을 의미하는 것이다.

81 조경달은 동학은 본래 민족을 본위로 하면서도 유교와 같은 전근대의 보편사상에 부정적이었고, 이 점이 유교에 기반을 둔 현실의 국가에 대한 부정적 인식으로 연결되어 본래부터 약한 국가의식에 입각한 내셔널리즘의 성격을 가졌다고 지적하였다. 또한 그는 이것이 손병희 단계에 이르러서는 민족은 있으되 국가는 없다고 하는 인식으로 완결되었으며, 이 점이 자치운동을 가능케 한 내적기반이었다고 설명하였다(조경달, 「朝鮮近代のナショナィズムと文明」, 『思想』 808, 1991, 120~122쪽).
82 이태훈, 「일제하 친일정치운동 연구」, 연세대 박사논문, 2010, 118~128쪽 참조.

또 일제하 자치운동과 관련하여 가장 큰 주목대상이었던 『동아일보』 계열의 자치구상과도 차이가 있었다. 『동아일보』 계열은 '민족적 중심세력'을 구축하여 합법적 정치운동을 전개해야 한다는 점에서는 천도교 신파와 동일한 생각을 갖고 있었다. 비록 『동아일보』 계열이 상정한 자치가 구체화된 형태로 표명되지는 않았지만, 대체로 조선인 상층부가 연합하여 정치적 중심을 구축하고 이를 기반으로 조선통치의 주도권을 조선인이 행사한다는 의미에서의 자치였다고 볼 수 있다. 즉 조선인 지주·부르주아지들의 이해관계가 주도적으로 관철되는 독자적 정치체제를 구축한다는 관점에서의 자치였으며, 그 중심이 되는 조선인 단체·정당은 정치경제적 이해관계를 같이하는 과두적 연합이며, 동시에 강한 자본주의 근대화 지향성을 지니는 것이었다.[83]

그러나 천도교 신파는 양자와 달리 연방이라고 하는 사실상 국가적 독자성이 가장 강한 형태의 자치를 목표로 한 것이었다. 그리고 그 자치의 중심은 천도교라고 하는 단일한 종교적 사상으로 결합된 '같은 주의'의 집단, 즉 청년당이 여타 세력을 하부에 위치 지은 상태에서 소농 중심의 경제체제를 구축한다는 구상을 가진 것이었다.[84] 이렇게 보면,

---

[83] 김용섭, 『韓國近現代農業史研究』, 일조각, 1992; 박찬승, 『한국 근대 정치사상사 연구 -민족주의 우파의 실력양성론』, 역사비평사, 1992 참조. 최근 기존 연구에서 자치운동을 추진한 핵심세력 가운데 하나라고 보는 『동아일보』 계열의 활동을 자치운동과는 다른 관점에서 검토한 연구가 있다(윤덕영, 「1920년대 전반 민족주의 세력의 민족운동 방향 모색과 그 성격」, 『史學研究』 98, 2010; 윤덕영, 「1920년대 중반 민족주의 세력의 정세인식과 합법적 정치운동의 전망」, 『한국근현대사연구』 53, 2010; 윤덕영, 「1920년대 전반 『동아일보』 계열의 정치운동 구상과 '민족적 중심세력'론」, 『역사문제연구』 24, 2010; 윤덕영, 「1926년 민족주의 세력의 정세인식과 '민족적 중심단체' 결성 모색 -연정회 부활 계획에 대한 재해석」, 『東方學志』 152, 연세대 국학연구원, 2010; 윤덕영, 「1930년 전후 조선총독부의 자치정책의 한계와 『동아일보』 계열의 비판」, 『大東文化硏究』 73, 2011 등). 이에 대해서는 다음 기회에 재론하고자 한다.

천도교 신파에서 추진한 자치운동은 민족의 정치·사회·경제·문화적 실력을 양성하고, 이를 토대로 조선과 일본의 '연방국가'를 건설하고 나아가 종교적 이상을 실현하기 위한 '세계연방' 건설을 목표로 한 것이었다.

4. 맺음말

3·1운동 이후 천도교인의 대부분과 교단의 주도권을 실질적으로 장악한 신파세력은 청년당을 '합법적 정치운동'을 전개하기 위한 세력기반, 정치적 훈련의 장으로 만들어 나가려고 노력하였다. 그리고 이를 토대로 자치운동을 추진하였으나 큰 실효를 거두지 못하였다. 신간회 창립을 전후한 시기 국내외 정세가 자치운동 추진에 유리하게 작동하지 않자 천도교 신파세력은 내부적으로 청년당 조직체계를 정비하고, 지지기반을 확장하기 위한 부문운동을 추진하였다. 내적인 결속과 외연의 확장을 모색한 것이다. 이후 자치주의정책을 모색하던 사이토齋藤實가 1929년 조선총독으로 재부임하자 신파세력은 자치운동에 재차 적극 나섰다. 하지만 조선사회의 강력한 반대에 부딪혔다. 또한 '조선민족 자치'를 실현하기 위해서는 합법적 정치운동을 전개하는 천도교의 노력뿐 아니라 일제의 협조가 반드시 필요한데 이마저 불가능한

---

84 1930년대 천도교세력의 농업개혁론은 '반지주反地主 반독점反獨占'을 지향하고 있었다. 이것에서 유추해 볼 때 천도교세력이 구상한 '조선민족 자치'의 경제구조는 자립적 소농경제체제로 볼 수 있다(정용서, 「1930년대 天道敎勢力의 農業問題認識과 農業改革論」, 『東方學志』 117, 연세대 국학연구원, 2002 참조).

상황에 직면하였다. 이에 천도교 신파세력은 자치운동을 유보하지 않을 수 없었다.

이처럼 천도교 신파세력이 자치운동을 적극적으로 추진하였던 이유 중 하나는 그들의 민족·민족주의 인식이 천도교 종교논리에 기반하고 있었기 때문이었다. 그들은 민족주의를 '이기주의의 대결정'으로 보았으며, 민족과 민족을 대립케 하는 원인으로 파악하고 있었다. 따라서 기존의 민족주의를 시대에 맞게 개조한 '범인간적 민족주의'라는 것을 주장하였다. 이것은 민족 내부에서 어떤 한 계급의 전유물이 아닌, 민족 구성원 전체의 공존공영을 추구하는 보편적·추상적인 개념의 민족주의였다. 이를 확장하면 민족 내부에서 지배·피지배 계급의 존재를 인정하지 않듯이 민족 간에도 그렇다는 것이었다.

이에 천도교 신파는 당시의 제국주의 질서와 '민족국가' 단위의 세계질서를 비판하면서 이를 극복한 '세계일가주의'를 주장하였다. 세계평화의 완성을 위해서는 민족주의를 넘어선 국제주의와 인류주의적 관점이 필요하다고 본 것이었다. 하지만 당장 이 관점에서 민족문제를 해결하자고 주장하지는 않았다. 조선민족이 당면한 현실을 무시하고 일본과 조선민족을 동일하게 취급할 수는 없었기 때문이었다. 결국 이들이 말하는 민족문제의 해결은 '세계일가'를 이루기 위한 과정이었다. 그리고 그러한 '세계일가'를 달성하기 위해서는 각 민족이 세계에 통할 만한 지식·도덕·사상 등을 지녀야 했기 때문에 민족의 생활정도와 문화를 향상·발전시키는 위한 민족개벽이 우선 과제였다. 이러한 인식하에 민족개벽을 실현하기 위한 '조선민족 자치'가 합리화되었다. 세계일가라는 궁극적 목표가 전제되었지만 그 단계적 발전과정과 당시 한국사회의 조건이 고려되면서 세계일가에 참여하기 위한 당면한 현실 목표로서 일본의 통치 아래에서의 '조선민족 자치'가 설정된 것이었다.

천도교 신파세력이 구상한 '조선민족 자치'의 구체적 실현 형태는 영국과 캐나다 · 호주 등 영연방 국가들 간의 관계였다. '연방국가'는 '세계일가', 즉 '세계연방'으로 나가는 과도기였다. 천도교 신파세력은 이와 같은 방식을 통해 조선과 일본의 '분리'를 추구한 것이었다. 따라서 '조선민족 자치'는 천도교 고유의 종교적 목표인 '세계일가'를 향해 가는 하나의 과정이었다. 이는 세계 보편을 지향하는 종교논리와 민족본위가 국가를 전제로 하지 않는다는 정치논리가 상호 결합된 것이었다.

참고문헌

자료

『開闢』, 『黨聲』, 『東學之光』, 『三千里』, 『新人間』, 『天道教會月報』, 『現代評論』, 『彗
　　星』, 『國民新報』, 『東亞日報』, 『如菴文集』, 『齋藤實文書』(고려서림, 1990)
김상태 편역, 『윤치호일기』, 역사비평사, 2001.
이돈화, 『新人哲學』(1931), 천도교중앙총부, 1982.
_____, 『敎政雙全』, 1947.

연구논저

강동진, 『日帝의 韓國侵略政策史』, 한길사, 1980.
김동명, 『지배와 저항, 그리고 협력』, 景仁文化社, 2006.
김삼웅 편, 『33인의 약속』, 산하, 1997.
김용섭, 『韓國近現代代農業史研究』, 일조각, 1992.
김정인, 『천도교근대민족운동연구』, 한울, 2009.
박찬승, 『한국 근대 정치사상사 연구』, 역사비평사, 1992.
조규태, 『천도교의 문화운동론과 문화운동』, 국학자료원, 2006.
허　수, 『이돈화연구』, 역사비평사, 2011.

문명기, 「1920년대 韓國·臺灣의 自治運動에 대한 비교사적 접근」, 『중국근현대사연
　　구』 39, 2008.
박지향, 「아일랜드·인도의 민족운동과 한국의 자치운동 비교」, 『역사학보』 182, 2004.
신주백, 「일제의 새로운 식민지 지배방식과 재조일본인 및 '자치'세력의 대응(1919~
　　22)」, 『역사와 현실』 39, 2001.
윤덕영, 「1920년대 전반 『동아일보』 계열의 정치운동 구상과 '민족적 중심세력'론」,
　　『역사문제연구』 24, 2010.
_____, 「1926년 민족주의 세력의 정세인식과 '민족적 중심단체' 결성 모색 ― '연정회
　　부활' 계획에 대한 재해석」, 『東方學志』 152, 2010.
이나미, 「일제시기 조선 자치운동의 논리」, 『민족문화연구』 44, 2006.

이용창, 「한말 최린의 일본유학과 현실인식」, 『역사와 현실』 41, 2001.

이태훈, 「일제하 친일정치운동 연구」, 연세대 박사논문, 2010.

이현희, 「三・一運動裁判記錄을 通해서 본 天道敎代表들의 態度分析」, 『韓國思想』 12, 1974.

정용서, 「日帝下 天道敎靑年黨 運動路線과 政治思想」, 『韓國史硏究』 105, 1999.

_____, 「1930년대 천도교세력의 정치운동론과 시중회 참여」, 『한국민족운동사연구』 68, 2011.

조규태, 「최린의 천도교 활동과 민족운동」, 『한성사학』 26, 2011.

지승준, 「일제시기 참정권운동 연구」, 중앙대 박사논문, 2011.

한상구, 「1926~28년 민족주의 세력의 운동론과 신간회」, 『韓國史硏究』 86, 1994.

黑龍會, 『日韓合邦秘史』 하, 原書房, 1966.

趙景達, 「朝鮮近代のナショナィズムと文明」, 『思想』 808, 1991.

대만순사보를 둘러싼 통합과 배제

전기무관총독前期武官總督시기의 대우待遇와 위령慰靈

오카모토 마키코

1. 머리말-과제와 선행 연구

1) 관료조직에서 대만인 순사보의 위치

본고에서는 일본 통치하 대만의 전기무관총독시기(1895~1919) 경찰기구 말단에 용원傭員으로 배치됐던 대만인 순사보를 대상으로 해서 그들을 둘러싼 통합과 배제의 과정을 검토한다. 본고의 검토대상인 대만인 순사보(이하, 순사보로 줄임)는, 1899년메이지 32에 창설되어 1920년다이쇼9까지 존속했다. 정규관료가 아닌 하급직원인 그들은 총독이나 국장 등과 같은 고급관료처럼 정책을 입안·실행하는 권한은 가지고 있지 않았지만, 대만 전역에 배치되어 대만인 사회와 일상적인 접점을 가지고 있는 존재였다. 대만총독부는 통치정책수행을 위해서는 대만인 사회의 '협력'이 불가결했고, 특히 대만인 사회[1]와 접점을 가지고 있는 법원이나 경찰 등에서는 대만인 하급관료 · 직원의 존재는 중요했다.

여기에서 논의의 전제인 대만총독부와 조선총독부 식민지관료기구의 민족구성에 대해서 설명해 두겠다. 본고가 대상으로 하는 시기보다 뒷시대이지만, 1930년 전후의 양 총독부의 민족구성을 도식화한 것이 〈그림 1〉과 〈그림 2〉이다.[2] 양 총독부는 조선인 · 대만인을 조직에 포함하고 있는데, 그 민족구성은 상이하다. 대만총독부는 본부는 물론 지방관청에서도 대만인의 관료 채용에 소극적이었다. 식민지출신자를 적용대상으로 하는 특별임용제도는 조선에서는 1910년 '한국병합韓國倂合' 때부터 제정되었지만, 대만에서는 일본의 식민지 지배 개시 후 17년째인 1922년에 처음으로 제정되었고 게다가 나중에는 유명무실한 제도가 되었기 때문에 대만인의 정치 · 사회운동으로부터 민족차별의 상징으로 비판의 대상이 되어왔다.[3] 또한 하급관료인 판임관[4]에 대해서도 조선총독부에서 1910년에 도입한 조선인판임관임용제도[5]와 같은 것을 대만총독부에서는 제정하지 않아 대만인의 등용을 배제하는 자세가 두드러졌다. 관료조

---

1   본고에서 다루는 대만인 사회는 일본인을 제외한 대만재주자로 구성된 사회를 가리키고, 대만사회는 일본인을 포함한 대만재주자로 구성된 사회를 지칭한다.
2   岡本眞希子, 「帝國日本の植民地統治と官僚制 — 1920年代の朝鮮總督府 · 台湾總督府」, 川島眞 編, 『岩波講座 東アジア近現代通史』第4卷, 岩波書店, 2011 참조.
3   岡本眞希子, 『植民地官僚の政治史 — 朝鮮 · 台湾總督府と帝國日本』, 三元社, 2008, 제1 · 5장; 岡本眞希子, 「朝鮮總督府官僚の任用制度と俸給制度」, 『日本學報』 제84집, 韓國日本學會, 2010.8 참조.
4   본고에서 판임관 이상을 관리, 그 이하를 하급직원으로 구별한다. 왜냐하면 판임관은 문관임용령으로 신분이 규정된 정규의 관료로 국고에서 봉급, 은급, 여비 등이 지급되지만, 용인傭人 등의 비정규관리는 이러한 제도에서 제외되어 있어 일괄적으로 다루는데 무리가 있기 때문이다.
5   안용식, 「일제하 한국인 판임관에 관한 연구」, 『社會科學論集』 제30호, 연세대 사회과학연구소, 1999.

대만순사보를 둘러싼 통합과 배제

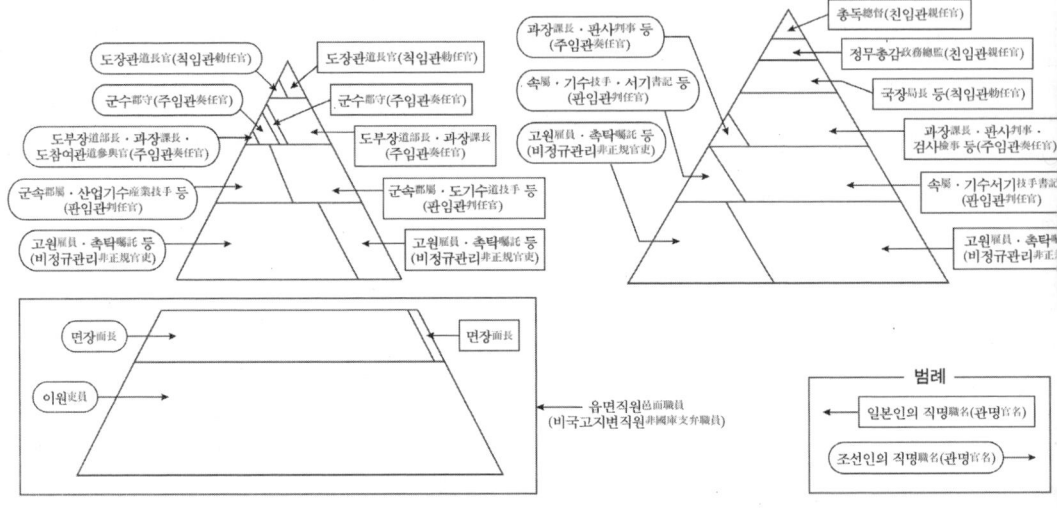

〈그림 1〉 조선총독부 본부 · 지방청직원의 민족별 계층도(1929년)[6]

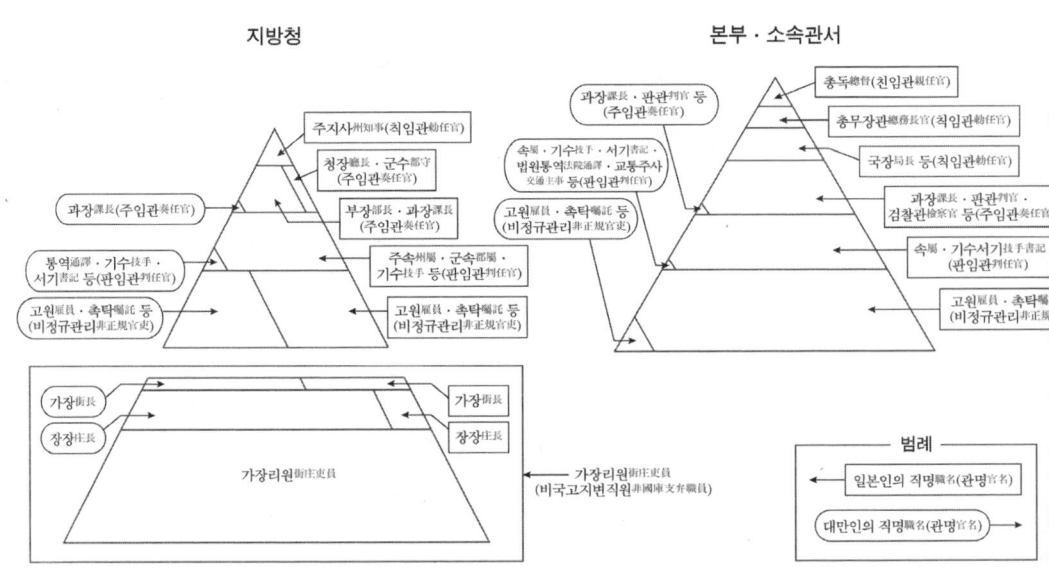

〈그림 2〉 대만총독부 본부 · 지방청직원의 민족별 계층도(1931년)[7]

직에서 대만인의 존재를 확인할 수 있는 것은 판임관 이하의 비정규직원 下級職員이고, 대만인 순사보는 그 대표적인 존재였던 것이다.

2) 하급관료 · 직원에 관한 선행 연구

식민지관료조직의 하급관료 · 직원에 대해서 종래 연구가 충분히 축적되었다고는 말하기 힘들다. 그 이유는 첫째로 통치체제에 참여한 식민지출신자를 검토대상으로 하는 것은 필연적으로 '참가'와 '협력'이라는 미묘한 영역에 관여하지 않을 수밖에 없고,[8] 또한 종래의 식민지 연구가 '지배와 저항'이라는 이항대립적인 도식의 테두리에서 논의되어왔던 것을 본다면, 그들은 대상화하기 힘든 존재였기 때문일 것이다. 둘째로 식민지관료 연구에서 대상화하고 있는 것은 주로 고급관료였다는 점을 들 수 있다. 예전에는 각 총독별로 시기 구분된 '치적사'적인 서술이 중심이었고, 최근에는 고급관료의 정치사나 그 이념을 분석대상으로 삼은 연구가 '제국사帝國史'와도 호응하면서 진행되고 있고, 정치사 · 정책사의 영역에서 보면 중요한 성과를 내고 있다.[9] 그러나 식민지관료는

---

6 본 그림은 『旧植民地人事總攬—朝鮮編』, 日本圖書センター, 1997; 岡本眞希子, 『植民地官僚の政治史』, 三元社, 2008, 제1장을 바탕으로 필자가 작성한 것이다.

7 본 그림은 台灣總督府 編, 『台灣總督府及所屬官署職員録』(昭和6年8月1日現在), 台灣時報社發行所, 1931; 岡本眞希子, 위의 책, 제1 · 10장을 바탕으로 필자가 작성한 것이다.

8 岡本眞希子, 「植民地期の政治史を描く視角について—体制の内と外, そして帝國日本」, 『思想』 No. 1029("韓國併合'100年を問う' 특집호), 岩波書店, 2010. 1 참조.

9 예를 들면, 松田利彦 · やまだあつし 編, 『日本の朝鮮 · 台湾支配と植民地官僚』, 思文閣出版, 2009에 수록되어 있는 필자의 논고를 참조할 것.

반드시 저명한 고급관료만으로 대표되는 것이 아니다. 즉, '얼굴이 보이지 않는' 수많은 관료들이 존재했고, 그리고 그것을 끊임없이 재생산하는 제도의 존재를 묻는 것은 필수의 과제가 될 것이다.[10] 또한 고급관료보다도 한층 '얼굴이 보이지 않는' 하급관료·직원들의 존재는 간과되어 왔다. 식민지통치의 '이념'을 드높이 내걸지도 않고 식민지사회와 대면하면서 일상을 살아온 방대한 하급관료·직원의 존재는 식민지사회의 중층적인 구조를 이해하는데 중요한 과제라고 생각한다.

이러한 연구 상황에서도 최근 '지배와 저항'이라는 이항대립적인 도식의 테두리로는 환원되지 않는 식민지사회의 중층적인 구조를 밝힌 연구가 한국사 연구분야에서 축적되고 있다. 1990년 이후 일본의 한국사 연구에서는 하시야 히로시橋谷弘나 나미키 마사히토並木眞人 등에 의해서 '해방解放' 후 연속과 단절을 시야에 넣으면서 1930년대 후반 이후 총력전체제기 조선사회의 변동이 연구 대상이 되어 '정치참가'를 하는 조선인 하급관료·직원의 존재가 구명되기 시작했다.[11] 이 연구들은 식민지사회의 다면성과 일상성을 파악하려고 하는 시점에 의거해 제창되었고, 한국의 윤해동에 의한 '식민지 인식의 회색지대'의 제언이나[12] 미국에서 '식민지근대성'을 둘러싼 논의와도 호응하면서 조선인

---

10 岡本眞希子, 『植民地官僚の政治史ー朝鮮・台湾總督府と帝國日本』, 三元社, 2008, 서론 및 제1부 참조.

11 橋谷弘, 「一九三〇年代・四〇年代の朝鮮社會の性格をめぐって」, 『朝鮮史研究會論文集』 제27집, 綠蔭書房, 1990이 문제를 제기한 후 並木眞人이 일련의 논고를 통해 논의를 전개했다. 並木眞人, 「植民地期朝鮮人の政治參加について」, 『朝鮮史研究會論文集』 제31집, 綠蔭書房, 1993; 並木眞人, 「植民地期朝鮮政治・社會史研究に關する試論」, 『東京大學大學院人文社會系研究科・文學部朝鮮文化研究室紀要』 제6호, 1999 참조.

12 尹海東, 藤井たけし 譯, 「植民地認識の'グレーゾーン'」, 『現代思想』, 青土社, 2002.5.

관료・하급관료를 대상으로 하는 구체적인 연구 성과를 내고 있다. 특히 마쓰모토 다케노리松本武祝의 연구는 조선 농촌행정의 최전선에 위치한 조선인하급관료・직원을 검토하면서 그들을 '식민지근대植民地近代'화를 실천한 존재로 파악하고, 나아가서 '규율・훈련화規律・訓練化'된 식민지사회상을 제시하고 있다.[13]

또한 장신은 일련의 연구에서 조선에서 하급관료의 등용문인 문관보통시험普文제도와 조선인 수험자・합격자를 분석하여 문관보통시험이 '입신출세'의 열망을 부추김으로써 식민지의 구조적인 모순을 은폐하고 개인의 자질 문제로 환원하는 역할을 담당했다는 것을 밝혔다. 동시에 조선인 수험자의 증가와 '시험열풍受驗熱' 현상도 분석함으로써 조선인 하급관료 등용제도가 내포하는 식민지성과 함께, 식민지사회를 살아가는 당사자의 주체성에도 주목한 논의를 전개하고 있다.[14]

한편 특히 일본의 위와 같은 시각의 한국사 연구에 대해서 조선민중사・민중운동사의 시각에서 조경달趙景達은 애당초 '참가'한 사람들이 조선인사회에서 보편적인 존재가 아니고, 과대평가되고 있는 듯한 점을 우려했다. 또한 이들의 논의가 '근대성'에 착목은 하지만, '식민지성'을 간과하고 있다고 비판하고 있다.[15] 또한 신창우慎蒼宇의 연구도 민중사의 입장에서 경찰의 최말단 기구에 위치한 조선인 헌병보조원과 순사보를 대상으로 해서 조선사회에서 '근대'와 '전통'을 둘러싼 정치

---

13 松本武祝,『朝鮮農村の'植民地近代'経験』, 社會評論社, 2005.

14 장신, 「1919~1943년 조선총독부의 관리임용가 보통문관시험」,『歷史問題硏究』제8호, 2002; 장신, 「1920・30년대 조선총독부의 인사정책―보통문관시험합격자의 임용과 승진을 중심으로」,『東方學志』120, 연세대 국학연구원, 2003.6.

15 趙景達,『植民地期朝鮮の知識人と民衆―植民地近代性論批判』, 有志社, 2008.

문화의 제상諸相을 파헤치고 있다.[16] 이처럼 조선인하급직원을 주된 대상으로 해서 다면적인 검토가 진행되고 있다고 할 수 있다.

반면에 대만사에서는 본래 정규 관료인 대만인이 극소 — 특히 고급 관료는 희소 — 하기 때문에 연구 성과가 많다고 하기 힘들다. 그러나 대만인 하급관료・직원이 존재하는 법원이나 경찰에 관해서는 최근 연구가 축적되고 있다.[17] 순사보에 대해서는 이행진李幸眞의 석사논문 (2009)[18]을 가장 먼저 손꼽을 수 있다. 이행진의 논문은 일본통치 초기 (1898~1906)의 경찰기구에 대해서 일본인・대만인 쌍방을 대상으로 하면서 그 제도 구축 과정을 보여준 획기적인 성과이다. 다만 제도구축이나 훈련이라는 체제 내부 및 운영의 문제에 논의가 수렴되었고, 시기가 고다마兒玉 총독시기에 한정되는 등 검토의 여지가 있다.

물론 대만인 순사보에 대해서는 오탁류吳濁流의 문학작품『진대인陳大人』[19]이나『대만연교台湾連翹』[20]에서 상징되듯 일본통치체제의 '주구'

---

16 愼蒼宇,『植民地朝鮮の警察と民衆世界 1894~1919－'近代'と'伝統'をめぐる政治文化』, 有志舍, 2008. 특히 조선인 헌병보조원을 취급한 제6~8장 참조. 또한 정치문화에 관해서는 趙景達,「政治文化の変容と民衆運動－朝鮮民衆運動史の立場から」,『歴史學研究』제859호, 2009 증간호)도 참조.

17 대만인 '통역通譯'에 대해서는 許雪姫,「日治時期台灣的'通譯'」,『輔仁歷史學報』제18집, 台北, 2006.12; 岡本眞希子,「日治時期在臺湾法院的'通譯'」, 國史館台湾文獻館 編,『第五屆臺湾總督府檔案學術檢討會論文集』, 台中：國史館台湾文獻館, 2008.11 참조. 원주민 경찰관에 대해서는 石丸雅邦,「從理蕃警察的組成探討蕃人警察地位」, 若林正丈・松永正義・薛化元主 編,『跨域青年學者台灣史研究』제3집, 台北：國立政治大學台湾史研究所, 2010.8, 129~182쪽 참조.

18 李幸眞,「日治初期臺灣警政的創建與警察的召訓(1898~1906)」, 國立台湾大學文學院歷史學研究所碩士(修士)論文, 2009.1. 순사보제도에 대해서는 제3장「臺灣人警察－巡查補制度的引進」(37~68쪽), 제4장 제2절「巡查補的日語能力」(99~100쪽) 참조. 참고로 대만에서는 석사논문도 필수적으로 인용되는 연구에 속한다.

19 吳濁流,「陳大人」, 張良澤 編,『吳濁流作品集』, 台北：遠行出版, 1977. 1944년 탈고, 1945년 7월『新新』지상 발표.

20 吳濁流,『台湾連翹』, 台北：草根出版, 1995, 17・22~23・50~55・73~75쪽 참조.

라는 부負의 이미지가 대표적일 것이다. 오탁류 자신이 식민지시기 대만을 살아가는 가운데 직접 견문한 체험을 바탕으로 그려낸 대만인 순사보는 권력을 믿고 대만인 사회에 군림하는 무자비한 존재로 구체성을 동반하여 충분히 설득력을 갖는다. 그렇지만 본 논문에서 보는 것처럼 그들은 반드시 체재 내에 고착해 있는 것이 아니라 경우에 따라서는 체재에서 일탈하거나 대만인 사회 안에서 유동성을 가지고 있다. 또한 체제의 일단에 위치하면서도 지배하는 일본인 측은 그들을 결코 동등하게 취급하지 않았기 때문에 반드시 체제와 일체화할 수 없는 측면도 있다. 이처럼 대만인 순사보의 존재는 통치체제와 대만인 사회의 상관관계뿐만 아니라 식민지시기 대만과 제국 일본에 각각 걸쳐있는 민족문제를 생각하는데 중요한 대상이라고 생각된다.

본고에서는 대만인 순사보를 통치체제와 대만인 사회의 경계interface에 위치하는 존재로서 그들을 둘러싼 제도의 '동요搖らぎ'에도 착목하면서 검토한다. 동시에 일본인 사회와 일본인 경찰관의 관련성에 유의함으로써 식민지시기 대만과 제국 일본에 각각 걸쳐있는 민족문제를 체현하는 존재로서 자리매김 시키고자 한다.

또한 본고에서는 분석대상시기를 고다마 총독시기뿐만 아니라 사쿠마佐久間 총독시기까지 확대해서 전기무관총독시기 전반에 걸쳐 분석한다. 왜냐하면 사쿠마 사마타佐久間左馬太 총독(1906년 취임)시기 이후에 전개된 「오년이번계획五年理蕃計畵」(1910~1914)의 '토번討蕃'정책(원주민21 제압전쟁)을 수행하는 가운데 대만인 순사보는 경찰 일단에 위치하

---

21 선주민족을 가리킨다. 일본통치시기에 일본 측은 '번인蕃人', '번족蕃族' 등으로 호칭. 대만에서는 1990년대 후반 소수민족의 권리회복운동 결과, '원주민'이라는 자칭운동自称運

면서 군대와 함께 전투에 '참가'했기 때문에 1910년대 이후 전투행위와 관련해 사망한 대만인 순사보의 위령방법이 복수민족으로 구성된 제국 일본에 새롭게 '다른 민족의 전사자'라는 중요한 과제로서 부상하게 되었기 때문이다.

대만인 전사자의 위령문제는 종래의 연구에서는 야스쿠니 신사의 조선인 · 대만인 전사자의 합사문제를 둘러싸고 그들이 군인 · 군속으로서 동원된 1940년대의 아시아 · 태평양전쟁시기를 중심으로 서술되어 왔다.[22] 이에 대해서 최근 히야마 유키오檜山幸夫의 연구는 전기 무관총독시기의 대만인 순사보 · 애용隘勇의 전몰자도 포함시킴으로써 비로소 통사적으로 그려냈다는 점에서 획기적이다.[23] 본고에서 사용하고 있는 위령문제에 관한 자료 『대만총독부공문류찬台湾總督府公文類纂』도 히야마 논문에서 사용되고 있지만, 본고에서는 야스쿠니 신사 합사문제뿐만 아니라 동시기 대만 내의 초혼제招魂祭와 차이를 시야에 넣어 대만에서 순사보에 대한 위령을 자리매김함과 동시에 대만사회의 모습을 검토하겠다. 이것은 일본통치시기 대만인 전사자를 둘러싼 기억과 대만사회의 관련 원형初發形態을 확인하는 것으로 이어질 것이다.

이하 본고에서는 먼저, 대만인 순사보의 창설(제2절)과 대우 개선문제

動이 전개되어 현재는 정식 명칭으로 원주민이라는 용어가 사용되고 있어 본고에서도 그 용법에 따랐다. 호칭의 변천에 대해서는 北村嘉惠, 『日本植民地下の台湾先住民族教育史』, 北海道大學出版會, 2008, 19~21쪽 참조.

22 야스쿠니 신사靖國神社 합사자에 대해서는 秦郁彦, 『靖國神社の祭神たち』, 新潮選書, 2010.1, 전후의 대만인 · 한국인 합사자에 대해서는 田中伸尙, 『靖國の戰後史』, 岩波書店, 2002 참조.

23 檜山幸夫, 「帝國日本統治下台湾における台湾人戰沒者の靖國神社合祀問題について」, 『臺灣學研究國際學術檢討會-殖民與近代化論文集』, 台北 : 國立中央圖書館臺灣分館, 2009.12.

(제3절)를 개별 대만인 순사보의 사례를 중심으로 검토하고자 한다. 다음으로 위령문제에 관한 육해군·대만총독부 내부와 대만사회의 동향을 검토한다(제4절). 대만총독부가 작성한 공문서인『대만총독부공문류찬台湾總督府公文類纂』(國史館台湾文献館(台湾台中) 소장)을 주로 사용하면서 동 시대의 총독부계 어용신문인『대만일일신보台湾日日新報』(이하『台日』로 줄임)의 일문·한문란日文·漢文欄, 대만총독부경무국 편『대만총독부경찰연혁지台湾總督府警察沿革誌』,[24] 아시아역사자료센터가 소장하고 있는 군부 관련자료도 사용한다.

2. 대만인 순사보의 창설

1) 전사前史(순사·경리警吏 등)

전술한 바와 같이 대만총독부는 설립 당초부터 대만인 특별임용제도를 창설하지 않았다. 대만총독부의 논리로는 대만점령 이전에 대만에 부임·근무하고 있는 청국관리는 일본이 대만을 점령할 때 대만 밖으로 떠났기 때문에 일본이 인계받을 관료 집단이 부재했고 토착의 대만인을 관료로 등용하는 것을 기피했던 것이다. 조선총독부와 차이에 대한 대만총독부의 설명은 '한국병합韓國併合' 시에는 대한제국으로부터 인계받

---

24 台湾總督府警務局 編,『台湾總督府警察沿革誌』, 南天書局影印版, 1995의 제1편「警察機關の構成」(1933), 제2편「領台以後の治安狀況」(1938), 제3편「警務事績篇」(1934). 이하「警察機關の構成」·「領台以後の治安狀況」·「警務事績篇」로 편명만을 기술한다.

은 관료 집단이 있었고 대만과 조선은 일본 식민지화 과정의 역사적 경위가 달랐기 때문에 양자의 비교 자체도 거부하였다.[25]

다만 대만총독부는 대만점령 당초부터 말단의 보조적 역할을 담당하는 존재로 대만인을 편입시키는 조처를 취했다. 경찰은 가장 빠른 부서에 해당되는데, 경리·순리警吏·巡吏 등의 직명으로 '토인土人'·'본도인本島人'(한족계 대만인, 이하 대만인이라고 칭한다)을 대상으로 경찰사무를 보조하는 고·용雇·傭 등의 하급직원을 각 지역에 개별적으로 설치했다.[26] 대만인을 경계하면서도 고용했던 이유는 예산의 제약이 있는 가운데 지배체제유지라는 과제를 떠안고 있었기 때문이었다. 예를 들면, 대북현台北縣에 순사를 설치할 때 '순사[일본인] 1인의 비용으로 순리巡吏[대만인] 2인을 사용'하는 장점이 거론되는 것처럼, 대만인의 임금을 일본인보다 낮게 억제한다는 전제와 연결된다.[27]

2) 대만인 순사보 제도의 창설

1899년메이지 32 5월 대만총독부는 순사보의 설치를 결정했다. 설치취지와 경위에 대해 『대만총독부공문류찬台湾總督府公文類纂』[28]을 참조

---

25 岡本眞希子, 『植民地官僚の政治史－朝鮮·台湾總督府と帝國日本』, 三元社, 2008, 261～278쪽; 岡本眞希子, 「朝鮮總督府官僚の任用制度と俸給制度」, 『日本學報』 제84집, 韓國日本學會, 2010.8 참조.

26 경리·순리警吏·巡吏에 대해서는 「警察機關の構成」, 33～34·374～376·464～467·486～487쪽. 또한 경리·순리의 창설·운용과정에 대해서는 현재 별고를 준비하고 있다.

27 「警察機關の構成」, 466쪽. 인용문의 [] 안은 인용자가 보충한 것.

28 巡査補設置ニ關スル事項, 巡査補ノ名稱(訓令第二〇四號), 巡査補服制(訓令第二〇五號),

하면 "본도本島 경찰을 보급하기 위해서는 본도인을 사용할 수밖에 없다"고 하여 종래의 경리·순리警吏·巡吏를 전폐하고 지방장관회의와 경찰부장회의의 논의를 수렴하여 채용자격을 순리巡吏나 경리警吏와 마찬가지로 용원傭員으로 하고 명칭을 '순사보'로 해 "오직 순사의 직무를 보조시켜 그 성적의 여하에 따라 점차 적당한 자격을 부여하도록 했다."[29]

같은 해 7월 훈령 제204호에 의해 전도全島 통일의 제도로 순사보제도가 제정되었다. 그것은 '**대만총독부 순사의 직무를 보조하기 위해**' 경찰비의 예산 범위 안에서 "**본도인 가운데 지원자를 용원傭員으로 채용할 수 있도록**"[30] 하여, 대상을 '본도인'으로 명기하고 지원자 가운데 종래의 예산범위 안에 용원傭員으로 사용하게 했다. 다만, 그 직권은 한정적인데 "순사보는 신분상 용원傭員으로 하고 아무런 직권이 없으므로 경부·순사와 동행하는 경우에만 이들을 보조하는 데 불과"하여 이러한 점을 총독부에서는 '공표할 수 없는 성질'로 파악하여 비공표의 내훈內訓으로 통달하였다.[31]

채용과 교습에 대해 정한 「순사보특별채용급교습규칙巡査補特別採用及教習規則」(같은 해 훈령 208호)[32]에서는 그 채용방침을 "순사보는 학술 및

巡査補俸給規則(訓令第二○六號), 諸規則巡査補ニ準用(訓令第二○七號), 巡査補採用及教習見習規則(訓令第二○八號), 巡査補奉職誓年限(訓令第二○九號), 巡査補職務(內訓令第二八號), 警吏廢止, 巡査補ニ關スル諸令達制定ノ儀ニ付臺南縣へ通牒, 巡査補教習所設置方ニ付台南縣へ回電, 巡査補特別採用方ニ付宜蘭廳上申, 巡査補特別採用(內訓第三四號), 警丁ヲ巡査補ニ採用方宜蘭廳へ指令, 巡査補俸給ニ付台中縣へ指令, 巡査補教習所設置ニ關スル件(內訓第二九號), 〔台中縣巡査補俸給ニ關スル件〕,(『台湾總督府公文類纂』제4권, 明治32年·甲種永久保存·351-35文書. 이하 문서번호만 표기).

29 487号「巡査補設置ニ關スル件」, 1899年明治327月4日決裁(351-35文書 수록).

30 「警察機關の構成」, 492쪽. 본고 인용문의 강조는 모두 인용자.

31 1899年7月6日·內訓28號. 民警第72ノ1「訓令訂正ノ件」, 1899年明治328月15日發送(「臺北縣訓令第八十三號巡査補職務執行ニ關スル件訂正方(內訓第四十號)」, 『台湾總督府公文類纂』제2권, 明治32年·永久保存(追加)·422-4文書 수록).

32 「警務事績篇」, 288~289쪽.

체격을 시험하여 그 합격자 가운데 채용한다"고 하고, 시험임용제도를 기본으로 하고 그 조건은 학술시험에서는 '대만보통왕복문臺灣普通往復文을 작성할 수 있고, 해서·행서를 쓸 수 있는 자', 체격시험에서는 '자세·용모가 추악하지 않고 사지가 온존하고 전신의 제 기관 기능이 건전한 자', 신장 5척 1촌 이상(제3조)으로 했다. 자격(제2조)에 관해서 채용이 불가능한 자는 ① 18세 미만 40세 이상, ② 중죄의 형이나 중금고형의 죄에 처해지거나 감시처분 중인 자, 경금고형에 처해졌거나 만기 후 1년이 경과하지 않은 자, ③ 아편흡입자, ④ 상습음주·상습폭행, ⑤ 신분에 어울리지 않는 부채, 가자분산家資分散 처분이 있고 아직 복권되지 않은 자 등이었다. 또한 비록 시험에 합격하더라도 본적지의 가장장街庄長이나 신원이 확실한 자의 보증이 없는 자는 채용이 되지 않았다(제5조).

또한 순사보 교습소를 현·청縣·廳에 설치하고(제7조), 경부·순사가 교사가 되었다(제8조). 교습과목은 복무규정 외에 제복착장制服着裝·대검帶劍·총기휴대 방법과 예식礼式·징벌법과 같은 신체적인 규율에 관한 사항, 직무상 필요한 법률규칙이나 비상경계·호송·흥행興行 시의 임감臨監·경비·경호, 보고서나 공문서류 기재법과 같은 직무에 관한 규율·행동所作, 그리고 '국어(일본어)'였다(제9조). 교습기간은 3~6개월(제10조), 수업시간은 1일 7시간 이상이었다(제11조). 다만, 순사보교습소는 '경비가 배당되지 않아 당분간'은 변무서弁務署 안에 설치되었다.[33]

창설 당시의 대만인 순사보는 복장만 봐도 순사보라는 것을 알 수 있어, 순사(일본인)와 구별할 수 있었다(〈그림 3〉).[34] 순사보의 제복을 제

---

33 民警第618号「巡査補教習所設置ノ件台南縣知事へ回電按」, 1899年明治32 7月 17日 發送(341 –35文書 수록); 「警務事績篇」, 834~836쪽.

巡　　　　巡　　巡
吏　巡　吏　巡　査
（夏）吏　（外套）査　補
　　（冬）　　補（帶劍ヲ
　　　　　（最初ハ執　許サル）
　　　　　　銃ノミ）

〈그림 3〉 순사보 복제(초기)

34　「警務事績篇」, 口繪(10).

정한 「순사보복제巡查補服制」(1899년 7월 훈령 205호)에서는 상의・하의(하카마袴)・외투는 쥐색, 재질은 고쿠라小倉 목면・천축天竺 목면(메이지시대의 목면의 일종―역자 주)으로 했다. 특징적인 것은 그 형상에서 일본인 순사가 본국의 경찰 제도를 모방한 것과는 달리, 대만인 순사보의 상의는 "본도本島의 구관에 따라 소매 없는 속옷衫의 제법製法을 따른다", 하의袴는 "본도本島의 구관에 따라 바지褲의 제법에 따른다"고 하고, 모자는 원형의 '대갑산大甲産의 등심초藺'(속칭 大甲蓙이라고 불리는 것)[35]라고 하는 것처럼, 대만의 전통적인 의복의 형태나 재료로 구성되어 있다. 또한 휴대하는 무기도 순사와는 다른 스나이더 총이었다.

순사보 창설 당시 이점의 하나로 비용 절감 측면을 언급했다. 『台日』 기사에서는 순사 1인의 비용으로 순사보 3인이 사용가능하다고 지적하고 '적은 비용으로 경찰력을 증가시킬 수 있는 제도'[36]라고 했다. 오히려 문제되었던 것은 순사보에 대한 순사의 태도였다. 즉 순사 가운데에는 "그들은 토인土人이고 우리의 부하가 아니다. 가능한 한 우리의 수족으로 그들을 고역苦役시키려고 하는 심보를 가지고 순사보를 기다리는 자"도 있었고, "애시당초 우리가 위에 있다는 것을 뽐내며 폭위暴威를 부리는 데서 생기는 폐해"가 우려되어, "당국자는 이때 상방 간에 한층 그 감시를 엄중히 해야 한다"[37]고 지적하였다.[38]

또한 경찰의 직무수행상 이점도 순사보 설치의 논리로 지적되었다. 1900년의 경찰 회의 석상에서 우라 타로浦太郎 민정부 경보과장은, 순사는

---

35 「警務事績篇」, 1028~1031쪽.
36 「巡査補の任用と巡査の減員」, 『台日』, 1899.11.17(日文欄).
37 「巡査補の成績と其弊害」, 『台日』, 1899.12.6(日文欄).
38 「巡査の任免と定員」, 『台日』, 1899.11.15(日文欄).

대만에 건너간 지 몇 년이 지나더라도 언어나 지방의 인정, 풍속에 밝지 않고 교체도 빈번하기 때문에, "본도本島 경찰의 진보개량"은 "일본인만으로 경찰을 조직하는 한은 절망"적이라 하고, "장래 나아가 본도인本島人을 채용해서 완전한 경찰관을 양성하는 것이 급무"라고 설명하였다. 그리고 '본도인本島人을 관리로 채용하는 폐해를 근심하는 자'에 대해서는 "현재 유럽 각국이 동양식민지에서 경찰기관으로서 토인土人을 다수 채용하고 있는 것을 봐도 그 이해득실을 알 수 있다"고 반대론에 대해 반박했다.[39]

3) 인재의 확보

순사보제도는 시험채용을 기본으로 하고 있었는데, 순사보제도 창설 당시에는 특별히 예외조항이 마련되었다. 순사보배치까지는 일정 기간의 교습이 필요하기 때문에 그 교습기간에 집무상 지장이 생겼고, 인재확보라는 긴급한 과제가 발생했기 때문이다. 그로 인해 전술한 「순사보특별채용급교습규칙巡査補特別採用及教習規則」(동년 훈령 208호)에는 시험채용 이외에 "재직再職의 경우 또는 특수 기능을 보유한 자는 학술시험을 요하지 않는다"라는 단서를 붙여 학술시험을 거치지 않고 채용할 수 있는 여지를 남겼다(제1조).

이러한 배경 아래 종래의 경리·순리警吏·巡吏와 1898년 제정된 '군역장정軍役壯丁'[40](台湾人)에서 순사보로 전용轉用이 행해졌다. 이러한 전용

---

[39] 「警察會議諮問事項並に警察狀況に關する演述」, 台湾總督府 編, 『詔勅·令旨·諭告·訓達類纂』, 台湾總督府, 1941(成文出版, 1999년 복각), 54~58쪽.

방침은 지방장관의 요청에 총독부가 응한 것이었다. 전용을 요청한 대중현台中縣 지사 기노시타 슈이치木下周一는 다음과 같이 말한다. 즉 군역장정軍役壯丁을 "번계蕃界[원주민 거주지역에 해당하는 특종행정구역]에 배치해서 경비·호위·호송의 임무를 담당케 하면 그 능력은 일본인에 비할 바가 아니다. 경찰부내에 사용할 필요가 있다." 그러나 이들은 모두 '무학無學'이기 때문에 시험채용에 의한 채용은 '거의 불가능'했다. 또 경리警吏로 '1년 이상 탈 없이 변무서弁務署 또는 파출소에 근속한 자'는 비록 '문맹'이라도 "경비·호위·호송 등에 대해서는 실제로 현저한 성적을 거두고" 있는데 역시 규칙 조항에 '적합하지 않다'. 그러나 "지금 헛되이 이들을 이산離散시키는 것은 공익상 최대의 관계"가 있으니, 군역장정이나 경리警吏 중에 순사보가 적임이라고 인정되는 자는 특별채용이 가능하도록 요청하고 있다.[41] 이러한 의사를 수렴한 총독은 '현재의 경리警吏·순리巡吏'는 '종래 경찰사무의 보조에 종사하고 있던 자들'로 '상당한 시험 및 실무 교육을 받은 자', '군역장정'은 '엄중한 규율하에 양성된 자'로서 경리警吏·순사·군역장정에 한해 규정에 관계없이 채용할 수 있게 되었다.[42]

또한 군역장정의 전용轉用을 재촉하기 위해 급료를 높게 책정하는 예외규정도 두었다. 순사보의 월급은 「순사보봉급규칙巡査補俸給規則」(訓令 第206號)으로 제1급(14円)에서 제6급(9円)까지 6등等으로 나누어져(第1條), 초임자에게는 최저급 6등(9円)이 지급되어(第2條), 6개월 근무한

---

40 '군역장정軍役壯丁'의 창설·운용 과정에 대해서는 近藤正己, 「徵兵制はなぜ海を越えなかったか?」, 松田利彦·淺野豊美 編, 『植民地帝國日本の法的構造』, 信山社, 2004, 220~234쪽 참조.

41 警第145号 台中縣知事木下周一發·台湾總督男爵兒玉源太郎宛, 1899年7月14日付(351-35文書 수록).

42 明治32年 內訓34號 民警第681号 「巡査補特別採用ノ件」, 1899年8月1日發送(351-35文書 수록).

후에 승급하는 구조였다(第3條). 이에 대해서 기노시타 대중현台中縣 지사는 고다마 총독에게 그 예외 적용을 요구하는 품신을 올렸다. 기노시타 지사는 포리사埔里社의 군역장정을 대중현台中縣 순사보로 채용해주기를 희망하고, 그 이유로서 장정은 '수년 군사교육을 받아온 자'로 "실무 면에서 우수하고 통상 지원자로부터 채용하는 순사보에 비할 바가 아니다." 매우 유용한데, 규칙대로 통상 지원자와 동등한 초임금으로 채용하면 "도저히 순사보를 희망하는 자가 없다"고 했다.[43] 여기에 대해 총독부에서는 경무과장이 동현同縣에 출장을 가서 실지 조사를 한 결과, 군역장정에서 채용한 자의 초임금 증봉을 허가하여[44] 인재확보를 위한 우대조치가 강구되었다.

그러나 대만인 순사보는 낮은 임금 때문에 비교적 높은 급여를 받는 총독부의 다른 사업으로 전직을 시도하는 경향이 있었다. 1900년 12월 무라카미村上 대북현台北縣 지사가 고다마 총독에게 올린 품신에 의하면 각 지방의 토지조사사업에서 통역이나 고원·용원雇員·傭員을 '비교적 다액의 급료를 주고 사용'하기 때문에, "순사보의 현직을 떠나려고 하여 훈유訓諭에 따르지 않고 직무를 방기하려는 자가 속출"했기 때문에, '수개월 훈도해서 양성한 전도유망한 자'에 대해서도 징계처분을 할 수밖에 없는 상황이었고, '하급 경찰기관의 발달상 장애'가 발생하였다. 전직轉職 방지책으로서 대북현台北縣 지사는 징계처분자나 서약연한 안에 퇴직한 자에게는 "관리·준관리官吏·准官吏는 물론 어떤 명의(사환까지도 포

---

43 警第164号 台中縣知事木下周一發·台湾總督男爵兒玉源太郎宛, 1899年8月2日付(351-35文書 수록).
44 民警第703号 「巡査補俸給ニ關スル件」 1899年8月18日發送(351-35文書 수록).

함시켜)로도 관서官署에 사용하지 말 것"을 제언하고 총독부도 이를 인정해, 같은 달에 "지금부터 순사보가 징계로 인해 면직되거나 또는 서약연한을 넘기지 않고 퇴직한 자는 관리 혹은 고원・용원雇員・傭員에 채용해서는 안 된다"는 내훈 제51호를 공포했다.[45] 여기에서 행정말단에서 보조적인 역할을 하는 순사보가 복수의 선택항 중에서 주체적이면서 유연하게 전직을 도모하는 모습, 이에 대해 법령을 개편해서 규칙을 마련하여 인재유출을 저지하려고 하는 총독부의 모습을 엿볼 수 있다.

그렇다면 순사보의 인원과 비율은 어느 정도일까? 1901년에는 순사・순사보의 합계 5,093명, 그 가운데 순사 3,359명(66%)・순사보 1,734명(34%)이었다.[46] 정원이 개정된 뒤인 1907년에는 합계 4,549명, 그 가운데 순사 3,075명(68%)・순사보 1,474명(32%)이었다.[47] 순사보는 대만 전역에 배치되어 경찰조직의 약 3할을 차지할 정도로 불가결한 존재가 되었다.

4) 일본인 사회와 관계

대만인이 경찰기구 말단에 편입됨으로써 '일본인을 단속하는 대만인'이 생길 수 있었다. 이것은 식민지권력의 최말단이라고 할지라도 식민지사회에 엄연히 존재하는 민족 간의 상하관계에 불협화음을 만들어 냈

---

45 「巡査補懲戒免職又ハ誓約年限退職者ヲ他官衙ヘ採用方ノ件(訓令第五一號)」,『台湾總督府公文類纂』제2권, 明治33年・甲種永久保存・473-22文書. 또한 목록에서는 '훈령'으로 되어 있으나 '內訓'의 오기이다.

46 「廳吏定員」,『台日』, 1901.11.12(漢文欄).

47 「全島巡查定員」,『台日』, 1907.3.28(日文欄).

을 지도 모른다. 이 문제에 대해 『台日』에서는 "신영토에서 모국인의 단속은 아주 곤란한 것"으로 "토인土人 경리警吏에게 모국인의 단속을 맡기는 것은 특히 곤란"하다고 했다. '토인土人을 경리警吏로 채용한' 영국의 예를 들어, "처음에는 토인의 단속만 담당시켜 모국인은 경찰 밖에 두었"지만, 나중에 "모국인의 수가 점차 증가하여 경찰사항도 점차 늘어남에 따라 모국 순사의 손이 부족할 때에는 어쩔 수 없이 토인 경리警吏를 모국인의 거주지에 배치했다"는데, 그 업무는 한정적이고 '현행범의 체포에 한정한다'고 했다. 반면에 대만인 순사보의 경우는, 처음에는 '토비土匪 전문의 역할'이었지만, '이어 토인의 단속에 종사'했고, '지금은 일본인 거주지에 배치된' 상황에 이르렀다. 하지만 "순사보의 일본인 단속은 매우 곤란했다"고 한다. 예를 들면, 페스트 발생 시 가옥의 교통을 차단할 때 만약 순사보가 교통을 차단하려고 해도, "일본인이 들어 주지 않는 것은 결국에는 쌍방이 도움이 되지 않는다."[48] 이처럼 일본인 단속 시 '순사보의 위신이 서지 않는 점'에 대해서, 경찰에서는 "직접 일본인 단속에 사용하는 것을 가급적 피하는 방침"을 취해 페스트 환자의 교통을 차단할 때에는 주간부터 야간 12시까지는 순사를 배치하고, 12시 이후 다음 날의 교대시간까지(실질상 교통차단의 업무가 필요하지 않은 시간대)에는 순사보를 배치하는 등[49] 운용상의 '배려'가 필요했다.

또한 양자의 관계를 구체적으로 보여주는 사례로서 일본인에 의한 대만인 순사보 모욕·폭행사건을 살펴보고 싶다. 1901년 6월 대중台中 육군보급창 묘률출장소苗栗出張所의 '역부役夫'인 오쿠무라 준타로奧村順

---

48 「巡査補と內地人」, 『台日』, 1899. 12. 27(日文欄).
49 「巡査補と內地人」, 『台日』, 1899. 12. 28(日文欄).

대만순사보를 둘러싼 통합과 배제 **219**

太郎와 무라시마 슌지村島俊治가 '고력苦力(중국인 노동자—역자 주)을 사역'해서 경편輕便철도노선을 수선하는 중, 순사보 오경하吳景河가 임무를 띠고 수선선로 쪽을 통과하려는 찰라 오쿠무라 등이 "짱꼴라 어디에 가는가라고 조소하면서 통행을 방해했기" 때문에 오경하吳景河 순사보는 "상관의 명에 따라 교통점交通点에 향하는 도중에 있으니 직무집행을 방해하지 말라고 하였지만", "듣지 않고 끝내 조롱하면서 폭행한 끝에 관모·피복官帽·被服을 찢고 대검을 빼앗아 땅바닥에 꽂는 등 방약무인하게 행동하는" 상황이었다. 오쿠무라 등은 '관리모욕사건'의 피고로서 '일단의 조사'를 받았지만, "군속 신분이라 서류·증거물 등과 함께 묘률헌병대苗栗憲兵隊에 처분이 이첩"되는데 그쳤다.[50] '관官' 측의 일원으로 제복을 착용하고 집무하는 대만인 순사보에 대해서 '고력苦力'을 사용하는 일본인 '역부役夫'가 인종차별어를 퍼붓고 제복·대검을 빼앗아 폭행을 가해 모욕하는 모습, 여기에서는 '관官' 측의 대만인에 대해서, 혹은 '관官' 측의 대만인이기 때문에 민족 간의 서열을 확인하고자 하는 충동을 억제할 수 없는 식민지사회 모국인의 심성이 드러났다고 할 수 있겠다.

---

50 「奧村順太郎外一名巡査補侮辱事件台中縣報告」台中縣知木下周一發·台湾總督男爵兒玉源太郎宛, 1911年6月22日(『台湾總督府公文類纂』제28권, 明治34年·15年保存·4880-7文書 수록); 李幸眞, 「日治初期臺灣警政的創建與警察的召訓(1898~1906)」, 國立台湾大學文學院歷史學研究所碩士(修士)論文, 2009.1.

3. 대만인 순사보의 대우 개선문제

1) 창설 당시의 대우 개선

용원備員으로서 창설된 대만인 순사보는 당초 어디까지나 일본인의 보조적인 역할을 하는 존재로 여겨져 그 대우도 외견(제복)도 일본인인 순사와 달랐다. 그러나 그 필요성이 증대됨에 따라 대만총독부는 대우를 점차 개선하지 않을 수 없었다.

먼저, 총독부는 대만 안에서 가능한 대우 개선책으로서 1900년 5월에 순사보를 판임관과 동등한 대우를 받도록 훈령을 제정했다(훈령 제168호).[51] 나아가 1901년에는 판임관대우로 하는 칙령발포를 목표로 했다. 총독부만으로 발령할 수 있는 훈령과는 달리 천황의 명령인 칙령으로 발포할 때는 본국과 교섭을 필요로 한다. 그 필요성에 대해서 대만총독부의 설명에서 현행제도는 순사보에 대한 '직무수행을 방해하는 자'가 있어도 "순사와 동일한 제재를 가할 수 없다", '근래 군역장정 혹은 일본인' 등에 의한 이러한 행위가 발발해도 "법원 및 법관도 이를 처벌할 수 없다", 따라서 "경찰집행상 영향이 적지 않다"고 했다. 이를 방지하기 위해 순사보에게 "순사와 마찬가지로 판임 대우를 부여하여", '칙령을 발포'하기를 희망하였다. 이에 대해 본국은 "총독부의 권한으로 제정하도록 법제국에서 수정"한다고 하는 냉담한 반응을 보였다.[52] 그러나 절충을 거친 결과 같은 해 5월 칙령 제108호로 "대만총독

---

51 「警察機關の構成」, 498쪽.
52 民警第286号 「巡査補待遇ノ件」, 參事官長發・民政長官宛, 1901年4月22日(「巡査補ヲ判任

부 순사보는 판임관으로 대우한다"고 발포하기에 이르렀다.

판임관대우가 되자 총독부는 순사보에 대해 휴가규정을 적용했다(1901년 5월 훈령 제138호).[53] 또한 종래는 순사보에 관한 징벌심사규정이 없었지만 순사와 마찬가지로 징벌규정의 준용準用을 받게 되었다(1902년 6월 내훈 제13호).[54] 또한 순사보와 순사는 그 휴대하는 무기도 달랐는데, 순사보 가운데 "순사와 같은 검을 착용하기를 원하는" 경향이 있었기 때문에, "규율을 엄격히 정해서 지장이 없는 자에 한해", '장려의 일단도 된다는 이유에서[55] 1901년 1월 총독부는 순사보의 착검을 허가하는 지령을 발령했다.[56]

그렇다면 순사보가 사망할 때의 대우는 어떠했을까? 1901년의 민정장관의 회답은 순사(판임관) 수준의 구조령救助令을 적용하지는 않으나, 현재 순사보 사망에 관한 '급여법이 없'으므로 고원雇員 수준의 '사망수당'을 지급할 것을 결정했다.[57] 즉, 사망에 관해서는 제도 불비를 이유로 고원雇員 취급을 했었다는 것을 알 수 있다. 이상과 같이 대만인 순사보의 대우는 일본인 순사의 대우에 점차 접근하도록 조정되고 있었지만, 순사보와 순사를 어디까지나 별개의 체계로 설정한 상태에서 조정이 이루어졌던 것이다.

待遇トスルノ件」,『台湾總督府公文類纂』제1권, 明治34年・甲種永久・580-17文書 수록).

53 「警務事績篇」, 687쪽.

54 「警務事績篇」, 435쪽.

55 警發第322号, 台北縣知事村上義雄發・台湾總督男爵兒玉源太郎宛, 1901年 1月15日(「巡査補帶劍ニ關スル件台北縣ヘ認可」,『台湾總督府公文類纂』제16권, 明治33年・乙種永久・502-12文書 수록); 「警察事績篇」, 1032쪽.

56 民警 第63号「巡査補帶劍ニ關スル件」, 1900年1月16日決濟(502-12文書 수록).

57 民警 第459号「恒春廳長ヘ返電ノ件」, 1901年8月1日決濟(583-14文書 수록).

2) 제복과 단발

판임관 대우 개선과 더불어 외견상의 대우 개선도 같은 시기에 이루어졌다. 전술한 바와 같이 순사보 창설 당시의 제복은 대만의 전통적인 의복을 모방하고 있었고, 순사와 한눈에도 식별할 수 있었다. 그러나 1901년 6월에 「경찰관리복제警察官吏服制」(1901년 칙령 제330호)로 제복을 개정했다(〈그림 4・5〉).[58] 개정이유는 대만에서 새롭게 경부보・순사보의 직을 설치하기 위해 "경찰 관리의 제복을 제정하여 위로는 경부장警部長부터 아래로는 순사보까지 균일하게 계통을 같게"해야 한다는 것이었다.[59] 이 개정으로 순사보의 제복도 순사와 같은 형식이 되어 제복상의 순사와 순사보의 구별은 사라졌다. 다만 다른 문관의 제복[60]과 마찬가지로 관리의 신분에 따라 수장袖章이나 견장의 수를 바꾸는 것으로 관료조직 내부의 신분 식별이 가능했던 것이다. 모자에 붙이는 횡장橫章이나 소매에 붙이는 백색선 수장의 수가 순사는 2줄로 순사보는 1줄로 하고, 또 견장도 순사는 황모사선黃毛絲線 8줄로 순사보는 4줄로 하여, 선의 수로 신분의 차이를 명시했다.

또한 순사보의 모자는 당분간 터키모자로 대용해서 사용할 수 있었는데, 1902년 5월부터는 순사보에게 터키모자를 지급하는 것을 점차

---

58 〈그림 4・5〉 모두 「警察官吏服制敕令」(581-26文書)에 수록.
59 警察官吏服制敕令」(『台湾總督府公文類纂』, 明治34年・甲種永久・第2卷.581-26文書)
60 관료의 제복(관복)은 본국 이외에서 도입된 식민지 고유의 것. 대만에서 1899년에 도입된 것을 효시로 해서 조선・관동주에서도 도입, 조선・대만에서는 1906년에 도입되었다가 1919년에 폐지됨. 그러나 대만에서는 1945년까지 형태를 바꾸면서도 계속되어 '관복'은 대만초독부의 '관료기풍'의 대명사가 되었다(岡本眞希子, 『植民地官僚の政治史—朝鮮・台湾總督府と帝國日本』, 三元社, 2008, 제3장 참조).

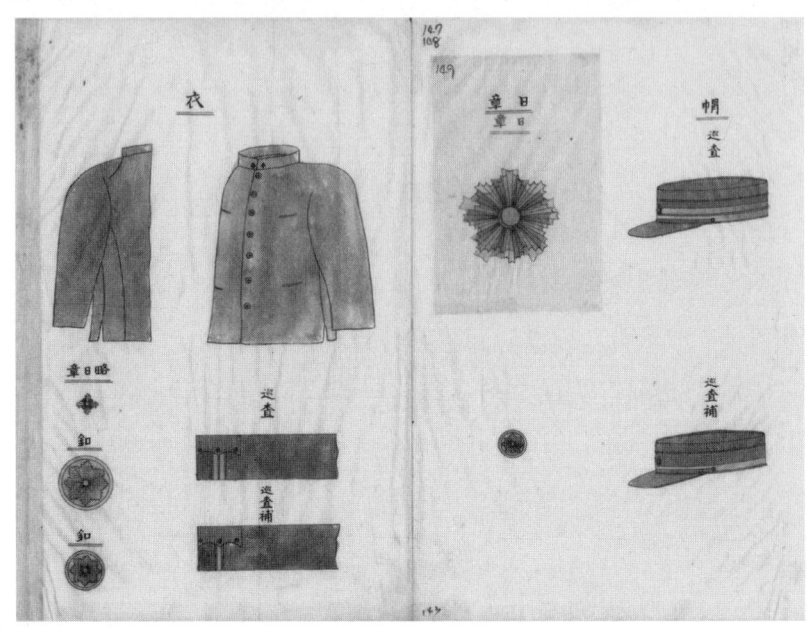

〈그림 4〉 순사보 복제(1901년) ①

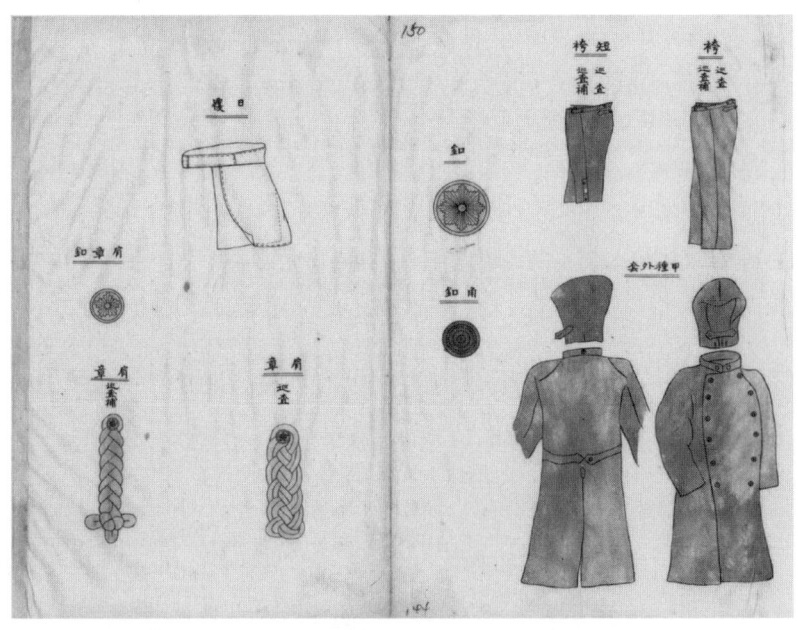

〈그림 5〉 순사보 복제(1901년) ②

식민지라는 물음

폐지하고 이후는 정식 모자를 착용하게 했다.[61] 이것은 대만인의 변발을 없애는 단발 장려와도 관련되어 "변발을 한 자도 장래 모두 보통 제모를 착용하도록" 했다.[62]

이 직후부터 『台日』에는 종종 대만인 순사보의 단발을 장려하는 기사가 게재되고 있다. 같은 해 6월 20일 한문란漢文欄에는 순사보가 판임관대우 이후에 서장署長의 권유로 헌장憲章을 정해서 '변발을 자르고 복장을 바꾸는 것剃髮改裝'을 '개화開化'로 보도했다.[63] 터키모자와 관련해서 "개정된 신제복과 함께 순사보의 단발자에게는 순사와 같은 모자를 지급하고 미단발자에게는 터키모자를 지급하는 이유는 단발을 장려하기 위한 것"이라고 보도하고, "현재 순사보 약 500명 가운데 70명은 이미 단발"했고, "개정된 피복이 내려오면 잇따라 단발할 것이다"고 했다.[64] 또 10월에는 "근래 순사보 가운데 변발하는 자 점차 그 수가 늘어 전지역에 걸쳐서 거의 300명 이상에 달하고 있는데", 그 이유로서 '누속陋俗을 벗어나려는 의지'와 함께 "개정 제모를 쓰는 것이 불편해서 단발한 자가 많았다고 한다"고 보도해[65] 신제복 모자의 효과를 지적하고 있다. 순사보의 단발을 보도한 기사 가운데에는 단발식의 모습을 기록한 것도 있다. 예를 들면 1902년 가의嘉義의 신항지청新港支廳에서 순사보의 '단발축하식' 모습을 보도한 기사에서는, 순사보들의 단발이 지방

---

61 「領台以後の治安狀況」, 746~752쪽; 吳文星, 『日據時期臺灣社會領導階層之硏究』, 正中書局, 1992, 252쪽.

62 「警務事績篇」, 1051~1052쪽.

63 「査補向化」, 『台日』, 1901.6.20(漢文欄).

64 「巡査補の土耳古帽」, 『台日』, 1901.8.31(日文欄).

65 「巡査補の斷髮」, 『台日』, 1901.10.17(日文欄). 이밖에 「鼓勵改裝」, 『台日』, 1901.10.8 (日・漢文欄); 「剪髮鼓勵」, 『台日』, 1901.10.13(漢文欄) 참조.

유력자나 관 측官側 인물 내빈 수십 명 앞에서 축사와 연설 등과 함께 '경축'되면서 공공의 장소에서 거행되었던 것을 알 수 있다.[66]

이처럼 순사보의 제복은 전통적인 형식의 의복에서 순사와 같은 제복을 착용하는 제도로 개변됨과 동시에 솔선해서 단발할 것이 요구됨으로써 순사보는 '근대적'인 옷차림으로 개장改裝하는 모범으로 자리매김되었다.

3) 통역겸장자通譯兼掌者로서 역할

복수 언어로 구성된 대만에서는 행정기구 안에 통역을 두는 것은 중요한 문제였다. 그러나 대만총독부 경찰에서는 전임통역관을 양성하는 제도에 의하지 않고 이미 채용한 직원에게 통역을 맡기는 제도를 취하고 있었다. 이것이 통역겸장제도通譯兼掌制度이다.

통역겸장제도는 1898년 칙령 제68호에 의해 지급대상직종을 판임문관·순사·간수로 하고 '토어 통역을 관장하는 자'로 해서 제정되어 특별수당을 1개월에 7엔 이내로 지급할 수 있게 했다. 대만인 순사보가 창설되자 그들이 '국어(일본어)'를 통역할 수 있었기 때문에, 1901년에 동 칙령을 개정하여, 대상직종에 '순사보'를 포함시키고 대상언어에서 '토어'를 삭제해 '통역을 겸장할 수 있는 자'로 하고 "본도인인 순사보이면서 국어를 말할 수 있는 자에게도 상당한 수당을 지급"해서 '숙

---

66 「斷髪慶祝」,『台日』, 1902.6.6(漢文欄).

달을 장려'하게 했다.[67] 이렇게 해서 '국어'를 습득한 순사보를 통역겸
장자로 임명하고 특별수당을 지급하는 제도가 성립했다.

그렇다면 순사보 통역겸장자는 어느 정도 있었을까? 1904년 5월의
조사에 의하면 전 대만(澎湖·台東은 제외)의 각 지방청의 통역겸장자는
합계 459명, 그 가운데 순사보 133명, 순사 245명, 경부 25명으로 순사
보는 약 29%를 차지하고 있었다.[68]

나아가 대만총독부는 1906년에는 「통역겸장자수당지급세칙通譯兼掌
者手当支給細則」을 일부 개정했다(1906년 3월 훈령 제52호). 이미 "순사보 가
운데 다수는 경찰계에서 통역기관으로서 중요한 위치를 점하고 있는"
상황이었는데, 그 수당은 50전에서 2엔까지 4등급으로 나누어 지급되
는 제도였기 때문에, 1등급자는 더 이상 승급할 수 없었고, 또 초등급
자에게 어학 연구를 위한 월비月費도 지불할 수 없었기 때문에 전직하
는 사례가 빈발했다. 그 때문에 수당의 액수를 증가시키고 "순사와의
균형을 맞추어 장려의 여지를 두고, 유능한 사람을 장기간 경찰계에
머무르게 할 필요"에서 개정했던 것이다.[69]

---

67 「警務事績篇」, 913~915 · 918~919쪽. 통역겸장제도에 관해서는 「警務事績篇」, 912~
941쪽; 李幸眞, 「日治初期臺灣警政的創建與警察的召訓(1898~1906)」, 國立台湾大學文學
院歷史學硏究所碩士(修士)論文, 2009.1, 제4장 「植民地警察的語言訓練」, 69~100쪽; 이
상림, 「試論日治時期日籍基層官僚之雙語倂用現象—以警察通譯兼掌制度爲中心」, 『跨域
青年學者台灣史研究』 제3집, 台北 : 國立政治大學台灣史研究所, 2010.8, 335~349쪽 참조.
68 「警務事績篇」, 920~922쪽.
69 「警務事績篇」, 923쪽. 李幸眞, 「日治初期臺灣警政的創建與警察的召訓(1898~1906)」, 國
立台湾大學文學院歷史學硏究所碩士(修士)論文, 2009.1, 100쪽.

4) 보조적 역할 탈각의 모색과 민족 간 서열

(1) 독립파출소 담당의 시도

일본인 순사의 보조적 역할에 머무르지 않고 대만인 순사보를 독립시켜 독립파출소를 담당하게 하고자 총독부가 시도한 적이 있었다. 1906년 5월 민정국장은 '장래 촉망되고 우등한 순사보'를 "독립시켜 파출소를 담당시켜 그 실적을 시험해서 장래 계획의 자료로 삼고 싶다"고 해서 그 '준비 인선'을 각 관청에 의뢰하고, 추천할 인재의 기준에 대해서는 "재간, 품행, 근무 성적이 우수하고 국어에 능통하며 장래 촉망되는 순사보"로 할 것을 제안했다.[70] 이에 대해 같은 달에 각 관청으로부터 해당하는 순사보의 유무에 대한 회답이 있었고, 이 회답들에는 후보자의 유무, 후보의 경력·이력서, 담당해야 할 지역의 상황 등이 기록되어 대만총독부가 '이상理想'으로 삼는 대만인 순사보상巡査補像 및 바람직한 대만사회와 관계를 엿볼 수 있다.

〈부표〉는 각 관청이 후보자로 올린 대만인 순사보의 일람표이다. 합계 33명의 후보자 가운데, 최종적으로 11명이 선발되었다(선발자는 음영으로 표시했다. 〈부표〉 번호 1·3·4·5·14·15·18·19·21·22·23).[71]

추천된 후보자들의 특징은 먼저 언어에 있다. 후보자의 다수가 앞에서 언급한 통역겸장수당을 받고 총독부가 희망하는 '국어(일본어)'를 집무에서 활용할 수 있는 능력이 있었고, 나아가 '국어' 이외 복수의 언어

---

70 民警第1065号「巡査補ヲシテ單獨派出所ヲ担任セシムル件」, 民政長官發・各廳長宛通牒, 1906年5月11日發(「巡査補ヲシテ獨立シテ派出所ヲ擔當セシムル件(各廳)」, 『台湾總督府公文類纂』 제2권, 明治39年・15年追加・4928-2文書 수록).

71 「巡査補ヲシテ獨立シテ派出所ヲ擔當セシムル件(各廳)」(4928-2文書)에서 작성.

능력을 가지고 있는 것도 추천이유가 되었다. 예를 들면, 아구청阿緱廳에서는 담당예정지가 '월·민粤·閩 두 종족의 거주지'로 거주자는 "월족粤族은 다소 민어閩語를 해독해도 민족閩族은 월어粤語를 알지 못하는" 상황이었는데, 후보의 순사보 2명(曾桂添·李祈福. 번호 19·20)은 "민·월閩·粤두 언어에 능통"함과 동시에 "국어를 해독하고 통역겸장수당을 받고" 있는 복수언어능력이 평가되고 있다.[72] 또한 대동청台東廳도 2명을 추천하고 첫째 증천발曾天發(번호 21)은 담당예정지역의 거주자 합계 180호 가운데 '본도인' 13호, '번인蕃人' 167호, 인구 합계 837명 가운데 '본도인' 53명, '번인蕃人' 784명으로 다수가 원주민인 '부에마족'의 거주지구로 후보자 증천발曾天發이 "부에마족의 인정·풍속 및 언어에 정통한" 것이 평가대상이 되었다. 둘째 구아해邱阿海(번호 22)는 담당예정지의 거주자 합계 92호 가운데 '본도인' 70호·'번인蕃人' 22호, 인구 합계 418명 가운데 '본도인本島人' 334명·'번인蕃人' 84명으로 구아해邱阿海가 "오랫동안 가례완경찰관리파출소加礼宛警察官吏派出所에 근무해서 지방의 인정·풍속을 잘 숙지하고" 있었을 뿐만 아니라, "부근 번사蕃社의 언어도 능통했고", "국어 및 아미어阿眉語를 잘" 하는 것이 평가받았다.[73]

각 관청이 추천하는 후보자의 다수는 순사보 제도가 창설된 1899년 전후에 순사보가 되어 6~7년 계속근무하고 그 사이 직무태도가 근면, 성실하여 종종 상여·상금을 받았다. 그리고 이 상금 가운데에는 '비도형벌령위범匪徒刑罰令違犯'이나 '토비土匪'의 소재를 '문지聞知'해서 순

---

72 阿警親第186号ノ1「警察官吏派出所担当巡査補選拔ノ義ニ付回答」, 阿緱廳長佐佐木基發·民政長官代理殖産局長祝辰巳宛, 1906年5月18日付(4928-2文書 수록).
73 警第6242号ノ1, 台東廳長森尾茂助發·民政長官代理殖産局長祝辰巳宛, 1906年5月19日付(위의 책, 4928-2文書 수록).

사와 '협력해서 체포한 점이 특히 뛰어나' 상금을 하사받거나(번호 4), '비도형벌령위범匪徒刑罰令違犯'의 '포획'·'체포'(번호 11·17·18·21), '비수匪首'의 '귀순유도'(번호 21) 등이 평가대상이 되었다. 대만인의 무장항일운동에 대한 가혹한 탄압에 위력을 발휘했던 '비도형벌령匪徒刑罰令'에 의해 '비도匪徒'·'비족匪族'·'비수匪首' 등의 대만인에 대해서 대만인 순사보는 경찰 측의 일원으로 '협력' 했고, 그 공로로 상금을 받은 경력 등이 있었다. 그 밖에 대만총독부가 추진한 임시대만호구조사에서 '조사위원부통역調査委員附通譯'에 '종사'하는 등(번호 4·5·16·18), 하급행정의 보조도 상여대상이 되었다. 그 가운데에는 "범죄사건에 관해 인민에 대해서 난폭한 행동을 해서 징벌금"을 받은 경우도 있었지만, 이것은 "직무를 열심히 수행한 결과 범죄 수사에서 생겨난 실수"로(번호 5) 간주되어 그다지 문제되지 않았다.[74] 총독부 측이 요청하는 '재간, 품행, 근무 성적 모두 우수'한 인재는 무장항일운동과 '대립'하는 측면을 포함하였고, 바꾸어 말하면 대만인 사회로부터 '주구'로서 비판을 받을 측면이 있었다고 할 수 있다.

(2) 민족서열 간의 질곡

각 관청의 회답문서에는 후보자 추천에 소극적인 자세도 엿보인다. 예를 들면 순사보를 통역으로 붙잡아 두고 싶어서 추천에 소극적이었던 관청으로 창화청彰化廳·묘률청苗栗廳·대남청台南廳을 들 수 있다. 창화청彰化廳에서는 후보자(번호 6~10)추천에 즈음하여, '적당한 인물'은 2명(번

---

74 警第7236号 ノ7, 新竹廳長里見義正發·民政長官代理殖産局長祝辰巳宛, 1906年5月21日付(4928-2文書 수록).

호 6·7)있지만, 현재 "일반 업무를 하면서 통역을 시키고 있는데 특별 근무에 복무시키기" 위해 "두 명 모두 파출소를 담당시키는 것은 어렵다"고 하며 한명의 파출소 담당을 거부하고 있다.[75] 묘률청苗栗廳도 마찬가지로 4명(번호 24~27)을 해당자로 이름만 통지하면서도, "현재 경무과 및 지청의 통역에 종사하고 있어 파출소 근무를 명령할 때는 지장이 있다"고 하고, '경무과 및 해당 지청에서 현재 필요불가결한 인물'이고 당분간은 '파출소 근무를 명령할 수 없는 상황'이라고 하며 선발지시를 넌지시 거부하고 있다.[76] 대남청台南廳도 또한 경무과에서 근무하고 있는 진명패陳明沛를 추천하면서도 "경무과에서 제반 중요한 통역을 하고 있는" 상황이고, "경무과의 복잡하게 뒤얽힌 사법 사무 통역에 본인이 가장 필요"하고 "현재의 경우 다른 사람으로 대체할 수 없다"고 해서 선발을 거부하고 있다.[77] 결과적으로 이들은 모두 선발되지 않고, 복수언어를 구사하는 유능한 대만인 순사보였기에 일본인의 보좌적인 역할에 머무르게 되었다는 것을 알 수 있다.

대만인 순사보의 지위는 어디까지나 일본인 순사의 우위를 유지하는 선에서 준비된 것이었다. 민정장관은 각 관청에 보낸 통첩을 통해 다음과 같이 지시했다.

순사보로 하여금 독립파출소를 맡게 할 때는 동 파출소에 순사는 근무할

---

75 彰警第10829号 / 5, 彰化廳長加藤尙志發·民政長官男爵後藤新平宛, 1906年5月22日付 (4928-2文書 수록).

76 苗警收第7945号 / 3, 苗栗廳長家永泰三郎發·民政長官男爵後藤新平宛, 1906年5月25日 付(4928-2文書 수록).

77 警第1962号 / 7, 台南廳長山形脩人發·民政長官男爵後藤新平宛, 1906年5月20日付(4928 -2文書 수록).

수 없다. 만약 배치할 필요가 있는 경우는 본건 순사보를 다른 적당한 파출소에 전근시켜도 지장이 없고 그때에는 보고하기 바란다.[78]

즉, 대만인 순사보가 독립파출소를 담당할 때에는 일본인 순사보다 상석上席으로 보일 가능성을 배제하기 위해 같은 파출소에 근무시키지 않을 것, 만약 순사의 배치가 필요한 경우에는 순사보를 전근시켜야 한다고 하여, 양자를 동등하게 취급하는 것은 피하고자 하였던 것이다.

5) 일탈자와 대우 개선

(1) 일탈자들

순사보 중에는 대만총독부가 규정한 법률에서 일탈해 징계처분을 받은 사례도 확인된다. 예를 들면 순사보의 경우 채용된 후 봉직 2년 미만일 때는 일신상의 이유로 퇴직하지 않을 것을 서약한 서류를 채용시 제출하도록 의무화되었는데(메이지 34년 5월 훈령 제172호 「순사보채용규정개정」 제6조), 서약연한 내에 징계면직처분을 받은 사람이 끊이지 않았다.

일례로 대북청 경무과에 근무했던 순사보 염운경念雲卿의 경우 "서약연한 이내임에도 불구하고 수입이 많은 다른 분야에 취직하기를 희망하여 단순히 집안사정상의 이유를 들어 퇴직서를 제출"하였는데, 대북청 문관징계령에 의해 그는 면직처분 되었다. 또한 아구청阿緱廳 순사보 엽

---

78 民警第1501号 「巡査補ヲシテ獨立シテ派出所ヲ担任セシムル件」, 民政長官發, 台北·桃園·新竹·嘉義·塩水港·阿緱·台東·澎湖各廳長宛通牒, 1906年明治39 6月 23日發(4928-2文書 수록).

희수葉喜水의 경우 순사보에 임명된 후 "평소 직무에 열심이지 않았고" 1
년 후에는 "건강상의 이유로 칩거 중"임에도 불구하고 "허가를 얻지 않고
함부로 외출 한 후 외박해" 이미 세 차례의 징계처분을 받았음에도 "조금
도 개선의 여지가 보이지 않는다"는 이유로 면직 징계 처분이 내려졌
다.[79] 그리고 아구청阿緱廳 순사보 유춘劉春의 경우 파출소 근무 중에 "사
직한다는 말을 던진 채 외출하고는 열흘 이상 지나도 복귀하지 않고 소
재지가 불명"하여, 대남청台南廳 순사보 오련지吳連池는 순사보에 임명된
후 "직무태만으로 징계처분을 받았음에도 불구하고 개선의 여지가 보이
지 않고" 게다가 1개월 이상씩 "아프다는 이유로 칩거 서류를 제출하여
자택에 칩거하게 했으나 소재가 불명"하여 면직 징계처분이 되었다.[80]

또한 대중청台中廳 순사보 예만춘倪萬春의 경우는 "일본어를 조금 이
해하기" 때문에 "항상 거만 불손한 언동을 하거나 같이 근무하는 순사
에게 반항하고 불평을 늘어놓고", "상관으로부터 지적을 받아도 전혀
개선의 여지를 보이지 않고", "상관 순사 모리森淸恭로부터 설유사건說
諭事件에 대해 통역하도록 명령받"았지만, "피설유자被說諭者가 자신의
지인이며, 훈계說諭항목이 지인에게 불리한 점이 많다"는 이유로 "통역
을 거부하고 자신은 휴식중이라는 이유를 내세워 통역 일에 응하지 않
고, 상관의 명령에 따르지 않아 그 태도를 징계했으나, 반성하는 기색
이 없고 오히려 자신의 숙사로 돌아가 근무에 복귀하지 않고 외출"하
였으므로 징계처분이 내려졌다.[81]

---

[79] 「念雲卿三名巡査, 巡査補免職」, 『台湾總督府公文類纂』 제9권, 明治40年 · 永久保存(進退) ·
1338-58文書.
[80] 「坂口鼎外十九名巡査, 巡査補免職」, 『台湾總督府公文類纂』 제13권, 明治40年 · 永久保
存(進退), 1342-16文書. 1907년 9월 2일 징계처분결정서懲戒處分決定書를 시행.

또한 서래암사건西來庵事件(1915)[82]의 주모자로 사형처분을 받은 여청 방余淸芳도 순사보를 거친 경력이 있다는 점이 흥미롭다. 1879년 태어난 그는 서방書房에서 한학漢學을 배우고 이후 잡화상雜貨商에게 고용되어 일하면서 한편으로는 공학교公學校에 다녀 '국어'를 습득했다. 1899년 7월 대남현台南縣 순사보에 임명되었으나 사기취재혐의詐欺取材嫌疑로 1900년 7월에 해직되었다. 1902년에 봉산현鳳山縣에서 다시 순사보에 임명되어 1904년 해직되었다. 제도가 만들어진 후 순사보에 채용되었던 경력으로 보면 앞서 〈부표〉에서 봤던 순사보들과는 커다란 차이가 있는 것으로 보인다. 순사보 해직 후에도 1904년 5월에는 관제묘가 구장역장서기關帝廟街區長役場書記가 되는 등(7월 해직)[83] 처음부터 통치체제 영역 밖에 위치했던 것은 아니었다.[84]

그 밖에 1911년에는 '순사보의 부정행위 빈발'이 총독부에서 문제시되었는데, 그 배경에는 순사보의 박봉이라는 구조가 있었다. 순사보의 생활실태의 일면을 들어보면 다음과 같다.

물가 앙등으로 생계에 여유가 없고, **기숙사비 등이 지급되지 않기** 때문에 부양가족이 있어서 촌락파출소에 근무하는 사람의 경우 본인만 파출소의 기숙

81 「坂口鼎外十九名巡査, 巡査補免職」(1342-16文書).
82 대만에서 발생한 최후의 대규모 무장항일운동사건. 비도형벌령匪徒刑罰令에 의해 1,957명을 고발. 임시법정臨時法廷에서 1,430명을 기소, 이 중 사형판결 866명, 유기징역 453명(이 중 처형 95명, 후에 은사恩赦 등으로 사형은 무기징역으로 바뀜).
83 台湾總督府法務部 편찬,『台湾匪亂小史』, 台南新報支局印刷部, 1920, 96~97쪽.
84 신창우愼蒼宇는 체제 내에 위치했던 조선인 헌병보조원 강기동姜基東이 '의병'으로 비약하여 일본에 대해 봉기했던 것을 분석하고 있는데, 이는 여러 면에서 풍부한 시사점을 던져준다(愼蒼宇,『植民地朝鮮の警察と民衆世界 1894~1919－近代と'伝統'をめぐる政治文化』, 有志舍, 2008, 제7장, 264~294쪽 참조).

사에 살고 가족은 박봉의 급료에서 월세를 지불해 민가의 방 한 칸을 빌려 가축 등을 키우면서 가계 살림에 보태고, 그렇지도 못할 경우는 촌민 등에게 돈을 빌리기도 하며, 부모 형제가 다소 경제적인 여유가 있을 경우 생계를 유지할 자금을 빌려 겨우 부양하는 등, 생계유지 상태는 실로 참담한 경우가 많고, **지금까지 순사보의 부정행위가 빈발하여 경찰의 위신을 훼손하고 있는데, 그 위신 훼손의 한 원인**은 고결하지 못한 품성 및 심성 수양의 부족에 있다고 할지라도, 더 큰 원인은 생계의 곤란 때문이라고 하지 않을 수 없다.[85]

대만인 순사보의 빈곤 요인으로 지적된 기숙사비용은 원래 식민지에 근무하는 일본인 관료에 한해 지급되던 대우조치였고, 대만인은 대상에서 제외되었던 것이다.[86] 대만인 순사보는 월급조차 일본인 순사에 비해 적게 설정되었으며 게다가 이러한 대우조치도 없었기 때문에 최종적인 급여총액은 민족 간에 큰 격차를 낳았다. 그 결과 대만인 순사보는 생계유지를 위해 '부정행위'를 '빈발'하게 하는 구조가 된 것이었다.

이러한 대만 순사보들의 모습은 총독부에서 보면 일탈행위로 보일 수밖에 없었다. 그러나 순사보의 직무에 매력을 느끼지 못하거나, 혹은 통역시에도 명령받은 대로 그대로 따르지 않는다고 하는 대만인 순사보의 자주적 직무 태도를 보면, 일단 순사보에 채용되었다고 하더라도 반드시 체제 측의 요구에 따라 규율대로 훈련되어 가는 것이 아니

---

85 民內第3409号 「巡查巡查補ノ俸給ニ關スル內規改正ノ件」, 1911年5月18日 發送(「內訓第十五號巡查巡查補ノ俸給ニ關スル內規中改正」, 『台湾總督府公文類纂』 제13권, 明治44年 · 永久保存(追加) · 1900-7文書 수록).
86 岡本眞希子, 『植民地官僚の政治史─朝鮮 · 台湾總督府と帝國日本』, 三元社, 2008, 제4 · 10장 참조, 대만에서의 기숙사비에 대해서는 203~207쪽.

고, 적당히 게으름을 피우거나 전직할 기회를 노리는 등 유연하고 주체적인 모습을 발견할 수 있다.

(2) 대우 개선과 인재유출 방지

인재유출이나 '부정' 방지를 위한 대우 개선 정책을 시급히 고안해야 했던 대만총독부는 우선 봉급인상^{增給} 정책을 취했다. 1907년에 순사보 봉급령을 개정하면서 그 이유로 대만에서는 "토지 민정 기타 재정상 점차적으로 순사의 수를 줄여 우등한 순사보를 양성할 필요"가 있는데, "현재 순사보의 봉급령은 수년전에 제정된 것으로 대만의 현재 상황에 맞지 않기 때문에 적절한 인재를 얻기가 상당히 어렵"다는 점을 들었다. 이에 따라 지급액을 2엔씩 인상하여 전체 순사보 1,188명에 대해 합계로 월액^{月額} 12,163엔, 한 사람당 평균 10.238엔으로, 약 0.5엔씩 인상하기로 했다.[87] 나아가 1911년에도 봉급에 관한 내규를 개정하여 순사보의 초임급을 올렸는데, 이는 빈곤에 의한 '부정행위빈발'을 문제시했던 경무과장 회의에서 "현재 8엔의 급료로는 도저히 그 생계를 유지하면서 충실히 직무에 전력하기를 기대하기 어려울 뿐만 아니라, 좋은 인재를 확보하기는 상당히 곤란"하다는 이유에서 시행되었다.[88]

급여인상안 이외의 지위향상책의 하나로 수적으로는 적은 인원이긴 하지만 정규 관리인 순사로 승진할 수 있도록 하는 제도를 마련했다. 1911년 1월 「순사・간수채용규정개정」(훈령 제3호)에 의해 순사보 재직

---

[87] 「巡査補俸給令改正ノ儀稟議ノ上該俸給令發布ニ關シ通達ノ件(內務大臣各廳長)」, 『台湾總督府公文類纂』 제11권, 明治40年・永久保存・1281-32文書. 1907년 5월 28일 결제.

[88] 民內第3409号 「巡査巡査補ノ俸給ニ關スル內規改正ノ件」(『台湾總督府公文類纂』 제13권, 1900-7文書 수록).

자로 "정근증서精勤証書를 가지고 있고 갑종통역겸장자甲種通譯兼掌者 5등 (2엔) 이상의 수당을 받는 사람으로 건실하고 우수한 사람의 경우 **특별히 순사로 채용할 수 있으며**"(제4조 2항)라고 하여 순사승진의 길을 마련했다. 그 이유로는 현 제도하에서는 "조금이라도 일본어에 능통하고 다소 영리하여 경찰업무 수행에 유용한 인재라고 판단되는 인물은 각종 회사 및 사업가 등에게 유리하게 호소할 수 있기에 앞 다투어 이에 취직하려는 경향이 최근 수년 동안 있"어서 이에 대해 지방경찰간부가 "백방으로 설득하여 겨우 조금 저지하고 있는 상태"인데, '지금과 같은 지위와 급여'로는 "도저히 이 직업을 평생직으로 만족하기 어렵"기 때문에 "상당한 인재를 확보하여 오랫동안 채용하고자 한다면 대우를 개선할 수 있는 방안을 지금 조금이라도 강구해야 하는 것은 당연"하며, "순사보 중에서 우수한 사람을 선발하여 순사로 승진시킬 수 있는 방안을 마련"할 것과, 이에 더하여 "장래에는 한 발 나아가 경부보로도 채용"하는 것이 "가장 시기적절한 조치"라고 하여 총독부가 우수하다고 인정한 인재의 회사나 사업 등 민간으로 유출을 저지해보고자 하는 것이 목적이었다.[89] 그리고 같은 해 10월에는 전도全島 합계 7명을 판임관判任官으로 승임昇任시켰다.[90] 그러나 그 뒤 약 10개월 후에 "일본인 순사는 항상 본도인本島人 순사보다 우위上班에 있다"고 하는 내훈內訓이 통첩되어 일본인과 대만인을 동등하게 취급하는 것은 이때에도 실현되지 못했다.[91]

---

89 「訓令第三號明治三十五年訓令第三十五號臺灣總督府巡査看守採用規則中改正ノ件」,『台湾總督府公文類纂』제13권, 明治44年・永久保存(追加)・1900-3文書;「警務事績篇」, 296쪽.

90 「本島人の巡査採用」・「本島人の巡査」,『台日』, 1911.10.26(日文欄).

91 「警務事績篇」, 296・301・337~338쪽;「警察機關の構成」, 593~594쪽; 岡本眞希子,『植民地官僚の政治史－朝鮮・台湾總督府と帝國日本』, 三元社, 2008, 267쪽.

그렇지만 이러한 제도 개혁은 순사보의 이직대책으로서 반드시 유효했던 것은 아니었던 듯하다. 예를 들면 대남청台南廳에서 1912~1916년 5년간 퇴직한 순사보 157명의 퇴직원인을 살펴보면, 징계면직 44명(28%)・집안사정에 의한 퇴직 32명(20%), 유지諭旨면직 26명 (16%), 신경쇠약 13명(8%) 등이며, 이 중 근속연수 5년 이내인 사람이 114명(73%)・7년 이내가 17명(11%), 7년 이상이 26명(16%)으로 근속연수가 짧은 경우가 대다수를 차지하고 있다. 이에 대한 대남청장台南廳長의 분석으로는 집안사정상 혹은 신경쇠약에 의한 퇴직자 중에는 "전직하거나 또는 개인사정에 의해 퇴직한 경우가 적지 않고", 또한 개인사정상 퇴직한 경우나 징계면직자의 "대부분은 서약연한 내에 정당한 이유 없이 사표를 제출한 사람"으로, 순사보는 "평생 근무할 생각을 가진 사람이 적으"며, 그 "지원자의 대부분은 중류 이하의 인물"로, "그 봉급으로 생계를 꾸려나가려는 사람이 적지 않으며", 따라서 "더 유리한 지위에 취직하길 바라며 순사보라는 직업을 사회적으로나 사업상 유리한 지위를 점할 수 있는 하나의 사다리 혹은 그 요건으로 간주하여, 일정 기간을 채우면 오래 현직에 머무르기를 바라지 않는 경향이 있음은 믿어지지 않는 사실"[92]이라고 지적한다. 구조상 빈곤에 허덕이고, 게다가 낮은 신분에서 고정되어 있는 상황에서 순사보라고 하는 직은 어디까지나 일시적인 선택지에 불과한 것으로 말하자면 일회용품격使い捨て인, 유연하면서도 주체적인 대만인 사회의 일면을 엿볼 수 있다.

순사보에 대해 그다지 좋게 생각하지 않는 주위 대만인의 시선은 대

---

92 枝德二(台南廳長), 「巡査, 巡査補の退職する重なる原因及永年勤續せしむる方法」, 『台湾警察協會雜誌』 제3호, 1917.8, 50~51쪽.

만인 사회에서 대만어로 불려지는 〈대만민요〉[93]에서도 확인할 수 있다.

> 당신은 왜 순사가 되었나요
>
> 왜 가게(상점)에는 채용되지 않았나요.
>
> 경관의 고달픔을 생각해 보면
>
> 하얀 얼굴도 검게 그을려 새까맣게 되고 말아요.[94]

이후 순사보제도는 1920년 8월 31일자로 폐지되고 1,303명의 순사보는 순사로 채용되었다. 이렇게 바뀐 이유는 '순사보'의 명칭이 "얼핏 생각하기에 차별적인 대우로 보일 수 있다"는 것이었는데, 일본인과 동일하게 직명을 순사로 변경한 것이다. 그러나 이러한 개혁시 대만에 재주하는 "다수의 일본인은 모두가 불만 가득한 얼굴색을 띄고 원성을 표출했으며", 개정을 실시했던 덴 겐지로田健次郎 총독에 대해 '총독을 공격매도'하기까지 할 정도였다. 대만인의 정론지政論誌『대만청년台湾青年』의 지적에 따르면 일본인의 이러한 태도는 "평소의 좁은 도량을

---

93 칠언사구七言四句로 구성된 〈대만민요台湾民謠〉(〈속요俗謠〉·〈한자가歌仔歌〉로도 불림)는 '대만가요台湾歌謠'의 한 종류. 〈대만민요〉를 포함한 '대만가요'(다양한 형식의 것이 포함됨)에 대해서는 王育霖,「台湾歌謠考」에서 "대만의 향토색을 띤 가요"라고 했으며, "대만식으로 투영되어 대만색을 띤 것"으로 설명하고 있다(『翔風』 제18호, 台北高等學校文芸部, 1938.10, 48쪽. 王育霖은 1947년 2·28사건으로 체포되어 처형, 사망함).

94 台中生,「趣味の台湾語」,『語苑』 제23권 제5호, 1930.5, 61쪽(독자의 투고, 원문에서는 대만어 부분에는 고유의 표기에 발음이 병기되어 있으나 본고 인용 시에는 생략). 이 〈대만민요〉는 稲田尹(台北帝國大學助手),「臺灣歌謠研究(三)」,『台大文學』 제6권 3호, 1941.7, 202쪽에도 수록되어 있음. 1941년 시점에서 稲田의 "의역意譯"은 "당신은 순사보가 되려고 하고 있어요. 왜 상점에서는 근무할 수 없나요. 대부분의 순사(원문 그대로-인용자)는 고생한답니다. 비바람 맞으며 새하얀 피부도 검게 되고 말아요. 남자를 걱정하는 여성은 순사보가 되지 말고 상점에 근무할 것을 권해요. 좀 더 만날 수 있기를 바래요."

폭로"하는 것이며 게다가 "사회의 리더 역할을 하는 신문잡지사까지도 무분별하게 붓을 들어 일제히 순사등용의 허점을 당당하게 논하고" 있는데, 그 논점은 말하자면 순사등용은 "경부·경부보警部·警部補로도 승진할 수 있는 디딤돌"이 되기 때문에 "**앞으로 대만인 경부警部 밑에 일본인 순사 부하가 생겼을 때 일본인의 면목은 뭐가 되는가**"[95]라고 하여, 대만 내의 일본인 사회는 단순한 명칭변경 이상의 위협으로 받아들였다. 이에 대해 대만인 쪽에서는 "평소의 좁은 도량을 폭로"하는 것이라 하여 냉소적인 태도를 보였다.

단, 호칭상의 구별은 폐지되었지만, 새롭게 순사가 된 사람들은 갑종순사·을종순사甲種巡査·乙種巡査의 두 종류로 나뉘어졌다. 대만인의 경우 실질적으로는 을종乙種에서 시작해야 했고, 급여·승진 등에서도 차별이 생겨나는 등 대만인과 일본인 관리 사이의 차별화 구도는 지속되었다.[96]

4. 대만인 순사보 전사자의 위령문제

1906년 사쿠마佐久間 총독이 취임하고 1910년 「오년이번계획五年理蕃計畵」이 개시되면서 대규모의 '토번討蕃'정책이 전개되는 가운데 군인 뿐만 아니라 문관인 경찰관도 전투행위의 일단을 담당하고, 대만인 순사보도 경찰조직의 일원으로서 '참가'했다. 문관인 경찰관의 전사자,

---

95 林濟川, 「在台內地人に望む」, 『台灣靑年』 제1권 제2호, 1920.8.15.
96 「警務事績篇」, 302쪽. 岡本眞希子, 『植民地官僚の政治史—朝鮮·台灣總督府と帝國日本』, 三元社, 2008, 267쪽 참조.

그리고 대만인 전사자라는 새로운 사태가 발생한 것이다. 대만인 전사자에는 순사보巡査補와 애용隘勇이 있는데 이들의 합사合祀를 둘러싸고 대만 내에서 1908년부터 부활한 초혼제와 일본의 야스쿠니 신사의 대응은 전혀 다른 양태를 보였다.

1) 대북台北초혼제와 대만인 전사자

대만에서 행해진 초혼제는 총독부 측에서 싸운 일본인 전사자와 대만인 전사자 간의 대우는 구분되지 않았다.[97] 북부北部에서 초혼제는 1908년 5월에 제1회 대북台北초혼제로 거행되어, 총독이나 관료·군인이 대다수 참석했고, 여흥도 있고 출점한 음식점도 있는 하나의 큰 이벤트였는데, 합사자로는 일본인 군인·군속·경찰뿐만 아니라, 대만인 순사보와 애용隘勇도 합사되었다. 합사자 합계 5,587명 중, 군인·군속 이외에 경찰관 292명이 합사되었다. 그중 경찰 38명·순사237명과 함께 17명의 순사보와 565명의 애용隘勇이 합사되었다.[98] 순사보나 애용隘勇의 유족은 참배자로 초혼제에 초대되어 무료로 숙박할 수 있었고 도시락도 지급되었다.[99] 참석한 유족은 일본인 십 수 명·대만인 130여 명으로, 대만인이 대부분이었다.[100] 이듬해 1909년 5월 제2회 대북台北초혼제에서

---

97 '토번討蕃'정책에 의해 제압 대상이 되었던 원주민 중의 사망자는 합사 대상에서 고려되지 않았다.

98 「領台以後の忠魂」,『台日』, 1908.5.2(日文欄);「台北招魂祭」,『台日』, 1908.5.6(日文欄);「明日の招魂祭」,『台日』, 1910.5.5(日文欄).

99 「招魂祭と隘勇遺族」,『台日』, 1908.4.24(日文欄);「招魂祭彙報」,『台日』, 1908.4.26(日文欄);「招魂祭と隘勇遺族接待」,『台日』, 1908.4.28(日文欄);「招魂祭所見」,『台日』, 1909.5.7(日文欄).

합사자는 군인·경찰·애용隘勇 모두 합해 5,835명,[101] 참석한 유족은 일본인 17명·대만인 124여 명으로 역시 유족의 대부분은 대만인이었다.[102] 이러한 상황에 대해『台日』에서는 "추모되어야 할 순직자의 대부분은 일본인으로 본도인本島人 중에는 애용隘勇이 불과 600명, 즉 전체 수의 1/10에 불과한데, 일본인 유족의 대부분이 일본으로 돌아가 버렸기 때문에 참석한 유족의 대부분은 본도인本島人이다. 따라서 얼핏 보면 단순히 본도인本島人만의 제전祭典으로 여겨질 정도이다"고 했다.[103]

1910년 5월 제3회 대북台北초혼제에는 합사자 합계 5,941명, 전년부터 추가된 106명 중 대만인은 순사보 1명·애용隘勇 67명이었다. 유족은 전체 127명이 참석하였고, 이 중 일본인은 12명·대만인 105명으로, 이들은 '본도인本島人여관'과 '일본여관'으로 나뉜 여관에 개별적으로 숙박하고, 초혼제위원으로부터 임명된 유족위문위원이 팀을 나누어 유족이 묵고 있는 여관에 개별적으로 위문을 갔다.[104] 유족이 참배할 때에는 통역이 안내해서 10명이 한 조로 편성되어 참배했고, 애국부인회의 안내를 받아 휴식했다.[105]

초혼제의 합사자에 대해『台日』사설에서는

대만점령 시에는 말할 것도 없고 그 이후에도 토비土匪 소멸과 흉번凶蕃 토벌에 다대한 순직자를 냈고, 지금도 대동台東 및 남투南投에 토번討蕃을

---

100 「招魂祭の光景」,『台日』, 1908.5.7(日文欄).
101 「台北招魂祭」,『台日』, 1909.5.5(日文欄).
102 「台北招魂祭」,『台日』, 1909.5.5(日文欄).
103 「無弦琴」,『台日』, 1909.5.7(日文欄).
104 「明日の招魂祭」,『台日』, 1910.5.5(日文欄).
105 「招魂祭光景」,『台日』, 1910.5.7(日文欄).

위한 악전고투가 계속되고 있는데, **본도本島는 모국과 풍토도 지형도 다르기 때문에 이러한 특별임무에 종사한 자**는 험악한 기후와 지형과 싸우며 온갖 결핍에도 견뎌야 하는 고통을 참아야만 하는 상황이다. 이러한 공로를 가히 높게 평가해야 할 것이다. 하지만 **하루아침에 순직하여 식민지 땅에 묻힌 자들을 기려주지 않는다면 그 영령英靈들을 위로할 방법이 없다.**[106]

라고 하여 식민지 대만 고유의 고통을 수반한 '특별임무'에 종사하다가 결국 직무에 충실한 끝에 '식민지 땅'에서 묻힌 자로서, 식민지 고유의 문맥 속에서 위령될 필요가 있다고 말하고 있다.

이처럼 대만 내에서 거행되었던 초혼제에는 군도 관도 일본인도 대만인도 전사자는 모두 동일하게 합사되었고, 유족의 참배에도 일본인·대만인 모두 같은 대우를 받았던 것이다.

2) 야스쿠니 신사 합사와 대만인 전사자 배제

(1) 대만총독부의 대만인 합사 요망과 좌절

야스쿠니 신사에 대만인 전사자를 합사할 것인지 아닌지에 대한 논의가 부상한 것은 사쿠마 총독시기에 들어선 1908년인데, 이 시기는 전술한 초혼제가 시작된 해이기도 하다. 그러나 이 후 본국과 교섭과정에서 대만인 합사 문제는 좌절되고, 최종적으로는 1910년에 대만인

---

106 社說 「台北招魂祭」, 『台日』, 1909.5.6(日文欄).

을 합사대상에서 제외하기로 결정했다.

　그 간의 교섭과정에 대해 대만총독이 작성했던 일련의 자료가『대만총독부공문류찬台湾總督府公文類纂』에 남아있다. 이 자료 중「야스쿠니 신사 합사자에 관한 건」[107]은 '토비土匪 및 생번生蕃 토벌에 종사하다가 사망한 경찰관리'를 야스쿠니 신사에 합사할 것인지 아닌지에 대해 검토한 것으로, 그중에는 순사보와 애용臨勇도 포함되어 있다. 위 자료에 대해서는 히야마檜山 논문[108]에서 상세히 분석되어 있으므로 본고에서는 히야마檜山 논문에 의거하면서 순사보 합사에 관한 경과개요를 파악하고 중요한 부분에 대해서는『대만총독부공문류찬台湾總督府公文類纂』을 인용하여 대만총독부의 의도와 동향을 확인하고자 한다.

　먼저 대만총독부는 경찰관리의 야스쿠니 신사 합사를 희망하고 그 이유로는 "종래 대만에서 **토비土匪 토벌 및 생번生蕃 방어 등에 종사하다가 사망한 경찰관리**"가 야스쿠니에 합사한다고 하는 "**가장 명예로운 국가의 제사祭祀를 받지 못한다는 것은 상당히 유감**"스러운 것으로, 특히 "군대에 참가, 연합하여 동일전선에서 사망한 사람도 적지 않은"데 야스쿠니 신사에 합사한다고 하는 '명예'를 "군인만 누릴 수 있고 경찰관리는 누릴 수 없게 하는 것은 국가가 충혼을 기리지 않는 것"이라고 주장했다. 경찰관의 합사에 대해서는 서남전쟁西南戰爭 때에 "전사한 경시청 직원을 야스쿠니 신사에 합사한 전례"가 있으므로 문제 없는데, "토비土匪 및 생번生蕃 토벌에 종사한 경찰관리 및 종래 생번生蕃 토벌에 종사하다가

---

107 「靖國神社合祀者ニ關スル件(拓殖局總裁其外)」,『台湾總督府公文類纂』제9권, 明治44年·永久保存·1775-3文書.
108 檜山幸夫,「帝國日本統治下台湾における台湾人戰沒者の靖國神社合祀問題について」,『臺灣硏究國際學術檢討會─殖民與近代化論文集』, 台北 : 國立中央圖書館臺灣分館, 2009.12, 26～32쪽 참조.

사망한 자들"에 대해서 "군인과 마찬가지로 야스쿠니 신사에 합사"하면 "완강한 번족蕃族과 대치해 밤낮 가리지 않고 전투상황에 복무했던 그들"을 "고무하고 생번生蕃 토벌에 지대한 효과가 있을 뿐만 아니라 대만통치에도 적지 않은 영향이 있을" 것이라고 했다. 그리고 '특히 **생번**生 蕃 **토벌**'은 "일시적인 사건에 대한 경찰사무가 아닌" '**엄연한**純然 **전투행위**'라고 서술하여, 경찰관리이지만 전투행위에 의한 사망자로 군인과 마찬가지로 야스쿠니 신사에 합사할 것을 희망했던 것이다.[109]

그런데 대만인 전사자에 대해서는 히야마檜山 논문에서 지적된 것과 같이, 대만총독부가 희망한 합사 대상자는 기안당초인 1908년에 제출본과 다시금 제출된 1910년 제출본이 달랐다. 즉, 1908년 안案에서는 경찰관과 애용隘勇도 합사 대상자였으나, 1910년 안案에서는 애용隘勇 은 대상자에서 삭제되었다. 그리고 1908년 안에서는 야스쿠니 합사의 목적으로 "새로이 추가된 민民을 국가의 은혜를 누리는 대상에 넣어줌으로써 감동"시키는 효과를 기대한다고 했으나, 1910년 안案에서는 이런 표현도 삭제되었다.[110] 그 이유는 히야마檜山 논문에서 지적된 바와 같이 육군성의 강경한 반대 때문이었다. 즉,

야스쿠니 신사 합사자 중 순사보에 관해서는, 저번에 **야스쿠니 신사에 애용**隘勇 **전사자를 합사하느냐 여부를 둘러싸고 육군성에서 이의**異議**가 제기되었**

109 本蕃理第595号ノ4, 台湾總督佐久馬發・內務大臣平田東助宛, 1908年4月30日付(1775-3文書 수록). 단, 이 문서는 실제로는 1910년에 자구字句가 수정되어 다시 제출된 안案에 해당됨.
110 1908년 안案(「明治四一年警察官及び隘勇案」)과 1910년 수정안(「明治四三年四月修正隘 勇削除案」)에 대해서는 檜山幸夫, 「帝國日本統治下台湾における台湾人戰沒者の靖國神社合祀 問題について」, 『臺灣學研究國際學術檢討會―殖民與近代化論文集』, 台北: 國立中央圖書館臺灣 分館, 2009.12, 29~30쪽 참조.

는데, 동일한 이유로 이번에는 순사보도 제외시키길 바란다고 한다. 실제로 토인土人에 대해서는 그 효과를 기대하기 어렵다고 하므로 삭제해주기를 바란다는 답신이 있었다.[111]

라고 하여, 육군성의 요구는 '토인土人'은 야스쿠니 신사에 합사한들 '그 효력은 미미'하다는 이유로 순사보도 애용隘勇도 합사대상에서 제외시키고자 했다. 이에 대해 대만총독부는 육군성의 반대에 밀려 대만인의 합사를 단념했다.[112] 대만의 초혼제는 대만총독부의 관할하에 있었지만, 이와 달리 일본 육해군성이 관할하는 야스쿠니 신사의 합사자에 대해서는 대만총독부가 개입할 여지는 없었던 것이다.

(2) 군부의 '남사濫祀' 기피

군부와 대만총독부 사이에는 원래 대만 내의 '토비土匪 토벌 및 생번生蕃 방어'를 전투행위로 간주할 것인가 아닌가, 일본인이라도 경찰관을 전사자로 간주하고 합사할 것인가 아닌가를 둘러싼 기본적인 방침이 크게 달랐다. 이러한 기본방침의 현격한 차이는 대만인 전사자에 대한 대응의 차이를 더욱 복잡한 문제로 만들었다.

방위성방위연구소 소장 해군성 『공문비고公文備考』에 「전몰경찰관리 합사의 건戰沒警察官吏合祀ノ件」[113]이라는 문서가 있는데, 군부관계자

---

111 內田民政長官發・高田民政長官代理宛電報譯文, 1911年3月15日(1775-3文書 수록); 檜山幸夫, 위의 글, 32쪽.

112 民政長官代理發・內田長官宛, 날짜 없음. 총독인總督印 있음. 히야마檜山의 글에서는 3월 18일에 타전打電된 반전안返電案으로 추정하고 있음(檜山幸夫, 위의 글, 32쪽; 1775-3文書 수록).

113 「戰沒警察官吏合祀ノ件」, 海軍省, 『公文備考』 권12, 明治43年, 防衛省防衛研究所 소장 (アジア歷史資料センター 소장, レファレンスコード C06092306400).

의 의도를 파악할 수 있는 귀중한 자료이다. 이 문서 가운데에는 해군성이 육군성에 보낸 통첩[114]중에 해군성의 의사로는 "본건 **경찰관리를 야스쿠니 신사에 합사하는 것은 인정하지 않음. 단, 전시 사변시 직접 거기에 종사하여 전사한 사람이거나 전투 중의 부상으로 사망한 경찰관리에 대해서는 사례별로 의논할 것**"이라고 하였다. 즉 기본적으로 경찰관리의 합사를 인정하지 않을 것, 예외사항으로 전시사변에 직접 종사하여 전몰하였거나 전투부상 후에 사망한 경우에 한하여 사례별로 의논할 것이라고 하는 엄격한 방침이었다. 그 이유로는 "야스쿠니 신사에 합사할 만한 자격"은 최근에는 "남사濫祀로 흘러가는 과거의 바람직하지 못한 경향을 다소 저지하고" 있는데 이런 때에 경찰관리의 합사를 허가할 경우에는 "다른 비슷한 사례에도 적용시켜야 하는" 것이 되어 버려, 그렇게 될 경우 "점차 그 범위가 확대"되고 "끝이 없게 되어" "결국에는 일반 공무에 종사하다가 전몰한 사람조차도 모두 합사해야 하는 상황에 이르게 된다"고 하는 우려를 표명했고, "**평상시에 일반 업무에 종사하다가 사망한 사람을 국가를 위하는 큰 일을 위해 전몰한 사람과 동급으로 취급하는 특전을 주는 것은 이보다 더 심한 경중의 전도는 없다**"고 서술했다. 해군성은 평상시 업무에 종사하다가 사망한 사람과 전쟁에서 사망한 사람을 엄격히 구분하여 합사범위 확대를 막을 것을 주장했던 것이다. 나아가 육군성도 동의할 것이라고 여겨 "양성兩省의 의견을 종합해서 내무대신에 대한 회답을 기안"할 것을 제안하였다.

경찰관리 합사를 기피했던 해군성의 태도는 경찰관 합사라고 하는

---

114 海軍省發陸軍省宛, 「台湾土匪討伐及生蕃防禦等ニ從事シ死沒シタル警察官吏ヲ靖國神社ニ合祀方ニ關スル內務大臣照會ニ附箋案」, 1910年7月8日付(「戰沒警察官吏合祀ノ件」 수록).

전례가 이미 서남전쟁시기西南戰爭期부터 존재하는 이상 — 대만총독부도 그 선례를 인용 — 얼핏 생각하면 논리모순처럼 보인다. 그러나 해군성은 그 선례야말로 비판의 대상이 되어야 한다고 하여 합사범위를 엄격히 하는 것은 필수라고 생각하였다.

이러한 해군성의 통첩에는 육군성 관계자 다수의 의견이 적힌 추가 메모가 더해졌는데, 그 메모 내용에는 왜 경찰관리 합사에 반대하였고 무엇에 대해 우려했는지가 기술되어 있다. 그들의 주장은 대만이나 한국에서 '토벌' '방어' '공무'에 의한 직무상 사망이라고 하는 새로운 영역의 사망자가 발생하고 있는데, 이러한 사례는 종전의 '전몰', '사변' 등의 '전투', '전쟁'에서 군인이 '목숨을 걸고' '전사'한 것과는 다르다고 하는 인식, 그리고 후자야말로 '군신軍神'이며 야스쿠니 신사 합사에 어울리는 존재라는 논리였다.

> 만한満韓지역의 초구草寇를 위해 죽은 자 혹은 대만 애용隘勇 중 공무에 종사하다가 사망한 자도 합사해야 한다고 하는데, 그렇게 되면 결국 남사濫祀로 치달아 군신제사軍神祭祀 영장靈場이 다시 순결純潔해질 수 없다.

라며 우려하고 있다. 합사자의 범위가 애매해지고 확대되는 것에 대해 군부관계자의 의견은 모두가 한결같이 이를 '남사濫祀'로 비난했고 "앞으로는 합사자의 자격을 한층 엄중히" 할 것을 희망했다. 제국 일본의 식민지 확대와 더불어 새로운 영역의 사망자 안에 "공무 때문에 사망한 대만 애용隘勇"이 포함되었던 것으로 볼 때 '남사濫祀'됨을 우려했던 논리 속에는 '군신軍神'의 다민족화에 대한 우려가 있었던 것이며, 이것이 '순결'해야 할 '군신제사軍神祭祀의 영장靈場'을 더럽힐 수 있다고 하는 인식이 깔려 있었다고 하겠다.

(3) 병존하는 두 가지 위령慰靈

군부의 반대에 의해서 이 시기 대만인 사망자를 야스쿠니 신사에 합사하는 문제는 기각되었다. 그러나 한편에서는 대만 내의 초혼제招魂祭에서는 이후에도 순사보나 애용隘勇의 대만인 전사자를 종전과 마찬가지로 합사하였다.[115]

1911년 5월의 『台日』은 도쿄 '야스쿠니 신사 합사제'에서 '생번生蕃 토벌대 전사자'로는 처음으로 경찰관이 합사되는 장면을 보도했다. 그러나 이 지면에는 대만의 제4회 대북초혼제를 보도하는 기사가 있고, 기사 중에는 "오늘 올리는 제사에는 **일본인이든 대만인이든 상관없이 모두 국가를 위해 용맹을 떨친 열사**"라고 칭하고 있다.[116] 그리고 대만인과 일본인 양쪽의 유족이 초대되었는데, 그 접대에도 대만인과 일본인 양쪽을 모두 초대한다고 하는 구조는 계속되었다.[117]

야스쿠니 신사와 초혼제라는 동시기에 병존하는 두 가지 위령慰靈 양태의 존재는 군부와 대만총독부라는 군·관軍·官의 균열을 나타내는 부분이기도 하며, 제국 일본과 대만이라는 두 '지역'의 균열을 상징하는 것이기도 하다. 대만인 순사보는 이 틈새에서 야스쿠니 신사에

---

[115] 「招魂祭彙報」, 『台日』, 1914.4.29(日文欄).
[116] 社說 「招魂祭所感」·「靖國神社合祀祭」, 『台日』, 1911.5.6(日文欄).
[117] 「本日の招魂祭」, 『台日』, 1912.5.6(日文欄); 「遺族の巡覽」, 『台日』, 1912.5.8(日文欄); 「台北招魂祭」, 『台日』, 1915.5.1(日文欄 등을 참조. 그리고 민족民族이나 관민官民을 불문하고 합사한다고 하는 방식은 1928년昭和3에 대북台北에서 건설되었던 건공신사建功神社에서도 채택되었다.

합사되지 못했지만 대만 내의 초혼제에서는 합사되는 모순을 상징하는 존재였던 것이다.

5. 맺음말

본고에서는 전기무관총독시기 대만인 순사보에 착목하여 그 제도의 창설과 대우 개선 및 위령 방식에 대해 검토했다. 대만총독부는 1899년 경찰기구 말단조직에 일본인 순사를 보좌하는 대만인 하급직원인 순사보를 설치하여 경비 면이나 언어 면에서 유효하다고 확인한 후, 확대선발을 위해 대우 개선책을 마련했다. 그리고 순사보의 제복이나 단발장려 등과 같이 순사보를 '근대'적으로 '개화'한 대만인 사회의 모범적 존재로 자리매김하려 했다. 또한 복수의 언어가 통용되는 대만사회에서 대만인 순사보의 언어능력은 경찰에서 중요한 역할을 담당하면서 통역겸장자의 임무도 맡았다.

대만인 순사보에게는 한편으로는 무장항일운동과 대치하여 '주구走狗'로 평가되는 존재이기도 했고 총독부의 요청에 따라 '협력'관계를 구축해 가는 자이기도 했다. 그러나 다른 한편으로는 총독부 측의 의도에 반드시 고분고분 따르는 것만은 아닌 일탈자들, 즉 자기 생활을 고려하면서 자주적 판단에 의해 사직·전직하거나 적당히 게으름 피우는 등, 유연하면서도 주체적인 대만인 사회의 일면을 보여주는 존재이기도 했다. 대만인 순사보를 둘러싼 제도의 변천은 이러한 제도와 대만인 사회 내에서 양자를 둘러싸고 밀고 당기는 작업 속에서 '동요'를 동반하면서 구축되어 갔던 것이라고 할 수 있겠다. 단, 일본인 순사와 동일한 대우를 받게 하는 사태는 엄격히 피하고자 했던 것에서 보이듯이, 민족 간의 서열은 어디까지나 확보된 상태에서 양자를 별개로 두면서 조정하고자 했던 원칙은 유지되었다.

또한 위령慰靈을 둘러싸고 대만총독부는 일본인 전사자와 대만인 전사자를 평등하게 위령하고자 했고, 대만 내에서는 초혼제에서 이를 실현했으나, 제국 일본 차원에서는 군부의 반대에 의해 대만인은 위령대상에서 배제되었다. 이러한 사실을 통해, 대만에서 관철 가능한 정책과 제국차원에서 정책 조정의 복잡함·곤란함이 드러남과 동시에, 민족을 불문한 전쟁 관련한 사망자의 위령이라고 하는 대만 고유의 방식이 지속 유지 되었던 상황도 확인할 수 있겠다.

번역 : 이형식

〈부표〉 단독으로 파출소를 담당하는 순사보 후보자 일람(1906)

번호	현근무지	씨명	담당예정지					이력		
			파출소명	구역	호수	인구	관내 상황·담당 사유	인물평	연월	내용
1	台北廳	李坤	土林支廳竹仔湖警察官吏派出所	芝蘭二堡竹仔湖庄及頂北投庄ノ内土名竹帽山	114호	747명	산간벽지로 부내의 인민은 질박, 온량하여 경찰상 주의를 필요로 하는 인물이 적어 매우 무사, 평온하다. 관내의 호수, 인구가 소수이고 아울러 경찰사고 매우 적어 한 명의 순사보가 충분히 직무를 집행할 수 있으리라 판단됨.	취직 이후 직무에 근면하고 성적이 양호하여 장래 발달할 전망이 있음.	1877(M10).9.26	出生
									1899(M32).11.13	巡查補를 명함(台 巡查補教習生을 ㅁ
									1899(M32).11.30	巡查補教習生卒業 台北弁務署勤務大 署를 명함 / 6級俸
									1900(M33).9.19	5級俸
									1902(M35).5.2	土林支廳勤務를 ㅁ
									1902(M35).11.29	精勤証書附與
									1902(M35).12.23	職務勉勵에 대해 (8円50錢)
									1904(M37).3.31	4級俸
									1904(M37).8.31	通譯兼掌(月手当1
									1904(M37).12.23	職務勉勵에 대해 (5円60錢)
									1906(M39).3.31	3級俸 / 通譯兼掌 2円)
									1906(M39).3.31	3級俸
2	深坑廳 警務課	許益謙	深坑廳直轄 內第三管區	文山堡竹亭坑庄土名竹亭坑, 灸仔頭, 烏月庄, 土名烏月, 旺耽	92호	495명	본관구는 廳所在地 부근이라 감독상 편리가 적지 않을 뿐만 아니라 구역 안의 호수 및 인구가 과소하여 경찰사고의 발생이 비교적 적고 본인은 과거 이 방면 담당순사에 부속된 적이 있어 관내의 사정에 정통하여 독립해서 담당하게 하는 것이 가장 적당하다고 생각한다. 다만 현재 각 파출소마다 담당순사는 모두 점차 관내의 상황에 통달해서 현재 교체하기 어려운 사정이 있을 뿐 아니라 당시 호구조사 등의 복잡한 사무가 있어서 이상의 순사보라고 하더라도 얼마간 우려가 없지 않다. 따라서 廳直轄관내에서 하나의 관구를 담당시켜 그 성적에 따라 장래 다른 파출소를 단독으로 담당하게 하고자 함.	순사보로서 재간, 품행 및 근무 성적 모두 우수하고 국어를 잘 한다. 취직 이후의 경과가 양호할 뿐 아니라 근무를 성실히 해서 장래 발달할 전망이 있음.	1877(M10).11.21	出生
									1900(M33).3.8	巡查補를 명함(台 月俸6円) / 巡查補를 명함
									1900(M33).4.15	巡查補教習所速成科程을 종료
									1900(M33).4.16	6級俸(台北縣)
									1900(M33).12.21	5級俸(台北縣)
									1901(M34).8.30	通譯兼掌 (4等手当·台北縣
									1901(M34).11.11	官制改正에 의해 巡查補
									1902(M35).9.30	4級俸(台灣總督府
									1903(M36).3.23	精勤証書附與(深
									1904(M37).8.31	通譯兼掌 (3等手当·台灣総
									1905(M38).3.31	3級俸(台灣總督府
									1906(M39).3.31	通譯兼掌 (4等手当·台灣総
3	桃園廳 下壢支廳	邱石養	中壢支廳石頭警察官吏派出所	石頭庄, 後=庄, 粤埔頂庄	450호	3,339명	石頭경찰관리파출소 부내 호수, 인구는 中壢支廳관내파출소 가운데 가장 적다. 본인은 종종 필요로 주의, 보고를 해 성적이 양호하다. 장래 점점 진보할 기상을 가지고 있	재간, 품행, 근무성적, 우수 국어의 숙달여부 통역겸 장 수당은 없으나 점점 국어를 통해서 발달의 전망이 있음. 본인은 1900년 6월 15일 순	1877(M10).12.25	出生
									1900(M33).6.16	巡查補를 명함(? / 巡查補教習生을
									1900(M33).7.31	巡查補教習課程을 6級俸
									1900(M33).12.21	職務格別勉勵에

현무지	씨명	담당예정지					인물평	이력	
		파출소명	구역	호수	인구	관내 상황·담당 사유		연월	내용
									與(1円)
						어 시험적으로 파출소담당에 가장 적용한다.	사보에 임명되어 中壢支廳의 근무를 명받은 이후 근무성적이 우수하고 志操가 견실해서 징계처분을 받은 적도 없고 精勤証書를 가지고 있고 아직 부정행위와 같은 악평을 들은 적이 없다.	1901(M34).12.24	職務格別勉勵에 대해 賞金(12円30錢)
								1902(M35).12.22	職務格別勉勵에 대해 賞金(9円)
								1903(M36).3.31	5級俸
								1903(M36).12.22	職務格別勉勵에 대해 賞金(4円)
								1904(M37).12.22	職務格別勉勵에 대해 賞金(6円)
								1905(M38).3.31	4級俸
								1905(M38).11.25	精勤証書授與
葫蘆墩炭支廳	林維	大料炭支廳 鳥=窟警察官史派出所	鳥=窟頭庄	214호	1,185명	鳥=窟경찰관리파출소부내의 호수, 인구는 大料崁支廳 관내파출소 중 가장 소수여서 인민이 질박하고 게다가 경찰상의 사고 적을 뿐만 아니라 현재 본인에게 大料崁支廳직구를 담당시켜 기량을 시험하고 있는데 보통순사에 비해서 조금도 손색이 없고 단독파출소를 담당하게 하여도 지장이 없다고 인정된다.	재간, 품행, 근무성적, 우수 국어의 숙달여부 통역겸장 6등 수당을 받고 있는데 발달의 전망이 있음. 본인은 1900년 1월 13일 순사보에 임명되어 같은 해 3월 7일 咸菜=支廳근무를 명받고 1905년 6월 21일 大料崁支廳에서 근무한 이래 근무성적 우수하고 志操가 견실해서 징계처분을 받은 적도 없고 精勤証書를 가지고 있고 아직 부정행위와 같은 악평을 들은 적이 없다.	1878(M11).8.15	出生
								1890(M23).1.16	於咸菜=街修竹山房書室從王思溫先生敎讀四書修業(~1891(M24).12.6)
								1892(M25).2.5	於咸菜=街橫門書室從李松生先生敎讀五経修業(~1894(M27).3.30)
								1895(M28).1.22	於咸菜=街雜貨小賣業에 종사(~1898(M31).6.5)
								1898(M31).6.6	於咸菜=街研究會從德永榮松先生敎讀國語修業(~1898(M31).12.28)
								1899(M32).2.23	於咸菜=街公學校從石井文四郎先生敎讀國語修業(~1899(M32).7.12)
								1900(M33).1.13	巡查補를 命함(月俸6円·台北縣) / 巡查補敎習生을 命함.
								1900(M33).3.7	巡查補敎習所課程을 수료(台北縣巡查補敎習所) / 6級俸(台北縣) / 三角湧弁務署勤務
								1900(M33).3.8	三角湧弁務署咸菜=支署勤務
								1900(M33).12.21	職務格別勉勵에 대해 賞金(3円50錢)
								1901(M34).8.20	巡查補敎習課程을 수료(台北縣巡查補敎習所)
								1901(M34).8.27	5級俸
								1901(M34).8.30	通譯兼掌(4等手当·台北縣)
								1901(M34).12.24	職務格別勉勵에 대해 賞金(12円40錢·台湾總督府)
								1902(M35).5.19	明治34年12月28日匪徒刑罰令을 위반한 대만인 2명의 소재를 탐지해서 순사 3명과 협력, 체포하여 특별히 賞金下賜(2円·台湾

번호	현근무지	씨명	담당예정지					이력		
			파출소명	구역	호수	인구	관내 상황·담당 사유	인물평	연월	내용
										總督(府)
									1902(M35).5.19	明治35年1月12日 罰令을 위반한 □ 명을 체포하여 특 金下賜(2円)
									1902(M35).9.30	4級俸
									1902(M35).12.22	職務格別勉勵에 다 (13円50錢·台湾總
									1903(M36).5.11	通譯兼掌 (4等手当·桃園府
									1903(M36).12.22	職務格別勉勵에 □ (5円·台湾總督府
									1904(M37).8.31	通譯兼掌(3等手当 仔廳)
									1904(M37).9.30	3級俸
									1904(M37).12.17	咸菜=支廳警察官 講習會助手를 명 仔廳)
									1904(M37).12.22	職務格別勉勵에 金(9円60錢·台湾
									1905(M38).6.21	大料兴支廳勤務
									1905(M38).9.21	臨時台湾戶口調查 員附通譯을 명함 臨時台湾戶口調查 竹內卷太郞
									1905(M38).12.22	事務格別勉勵에 金(9円60錢·台湾
									1905(M38).12.25	精勤証書授與
									1906(M39).3.31	6等手当(台湾總
5	新竹廳	翁情流	中港支廳大 埔警官吏 派出所	竹南一堡 안大埔庄, 崎頂庄, 口公館庄	397호	2171명	당 파출소는 港新竹間의 옛 길을 따라 연안을 관할하는 데 선박이 정박할 장소가 없 고 거주하는 내지인도 없어 서 경찰사고가 많지 않다. 당 파출소는 관내파출소 가 운데 경찰사항이 비교적 근 소하여 평상시 어려운 사고 가 없고 부내인민과는 달리 惡漢이 적고 연안철도가 있 어도 항상 사고가 있는 것은 아니다. 순사보의 힘으로도 충분히 단속할 수 있으리라 사려된다.	1900년 10월 1일 임명된 이 후 시종일관 직무에 精勵 하고 성질 온순해서 상관 의 명령을 잘 준수하고 국 어를 통하여 현재 통역겸 장 수당 6등을 지급받고 있 다. 또 항상 법규, 법령의 研鑚을 게을리 하지 않 응답성적 우등해서 평시 집무 주도면밀해 순사를 능가하고 있다. 1905년 5엔 의 罰俸을 받았는데 집무 에 열심인 나머지 범죄수 사상 생겨난 실수로 종래 의 상황에 있으면 충분히 장래발달의 전망이 있음.	1883(M16).11.20	出生
									1900(M33).10.1	台北縣巡查補을 俸6円) / 巡查補兼 명함
									1900(M33).12.20	巡查補教習所精勵 ス / 新竹弁務署 명함 / 6級俸
									1901(M34).11.17	頭份支廳中港警察 出所勤務
									1901(M34).12.21	慰勞金給與(8円8
									1902(M35).12.10	5級俸
									1902(M35).12.22	慰勞金給與(10円
									1903(M36).12.22	慰勞金給與(5円5
									1904(M37).2.1	三角店警察官吏派
									1904(M37).3.11	阿片令違犯者 대 체포한 상금 급여
									1904(M37).4.23	절도범 대만인 1 포한 상금 급여(
									1904(M37).4.25	범죄사건에 대해 대해서 粗暴의 힛 었다고 懲罰金(5

현근무지	씨명	담당예정지					이력		
		파출소명	구역	호수	인구	관내 상황·담당 사유	인물평	연월	내용
								1904(M37).5.14	大埔警察官吏派出所勤務
								1904(M37).7.13	대여한 총기를 실수로 훼손한 것에 대해 罰俸金(10錢・단, 価換金15錢을 배상)
								1904(M37).10.13	通譯兼掌(月50錢)
								1904(M37).12.1	歸廳을 명함
								1904(M37).12.22	慰勞金給與(3円50錢)
								1905(M38).3.31	4級俸
								1905(M38).11.14	贋造貨幣知情行使犯 1명의 검거 상금 급여(1円)
								1905(M38).12.22	慰勞金給與(5円30錢)
								1905(M38).12.22	임시호구조사에 종사해서 위로금 급여(3円)
								1906(M39).3.3	竊盜犯台湾人2名檢擧ノ賞金給與(1円)
								1906(M39).3.31	通譯兼掌(6等)
化廳務課	林漢能						재간, 품행, 근무성적 등 우수해서 파출소를 담당시킬 자에 해당하는데, 적당한 인물이라고 인정되어도 보통 근무를 하는 한편 통역을 시키는 등 특별근무에 복무시키고 있다. 따라서 두 사람 모두 파출소를 담당시키기 어렵다.		
化廳本支廳	江思聰								
化廳	楊連科						제2류의 인물. 각각 일장일단이 있고 아직 파출소를 담당하게 하기 어렵다.	1882(M15).7.8	出生
								1888(M21).2	漢學修業(~1895(M28).3)
								1897(M30).	鹿港國語伝習所入學
								1898(M31).7	彰化公學校速成科卒業
								1900(M33).7	台南師範學校入學
								1903(M36).7	台南師範學校退學
								1903(M36).9.21	彰化廳巡査補을 명함(7級俸) / 彰化廳警務課勤務을 명함
								1904(M37).12.1	通譯兼掌(月1円)
								1905(M38).3.31	6級俸
								1905(M38).4.7	살인범 대만인 1인을 체포해서 그 공로 현저해서 賞與金(50錢)
								1906(M39).3.31	通譯兼掌(月2円)
化廳	黃煥榮							1878(M11).9.5	出生
								1890(M23)	師吳望蘇에 종사하여 漢學을 익힘(~1895(M28))
								1901(M34).5.20	台中廳巡査補을 명함(9級俸) / 台中廳彰化弁務署第二課勤務을 명함
								1901(M34).11.11	彰化廳巡査補을 명함(7級俸) / 彰化警務課勤務을 명함

번호	현 근무지	씨명	담당예정지					이력		
			파출소명	구역	호수	인구	관내 상황·담당 사유	인물평	연월	내용
									1901(M34).12.22	事務格別勉勵에 勞金賞與(8円)
									1902(M35).12.22	事務格別勉勵에 勞金賞與(6円)
									1903(M36).3.31	6級俸
									1905(M38).3.31	5級俸
10	彰化廳	康三江							1896(M29).2.2	社頭街存德堂書학(~1897(M30).1
									1898(M31).2.17	社頭公學校入學
									1903(M36).12.16	彰化廳巡查補를 級俸
									1903(M36).12.17	社頭公學校卒業
									1903(M36).12.1	通譯兼掌(月50錢)
									1904(M37).3.16	員林支廳勤務 / 6급
									1904(M37).9.30	5級俸
									1906(M39).3.31	4級俸
									1906(M39).3.31	通譯兼掌(月2円)
11	南投廳	莊阿水	濁水警察官吏派出所第二分担區		167호	1,029명		배명 이후 품행방정, 근무면려 제반의 집행 적절하고 국어에 정통하고 學事의 소양 충분하고 일본어 서류작성에 지장이 없어 장래 점점 발달의 전망이 있음.	1895(M28).12.5	埔里社民政署雇員
									1896(M29).4.3	埔里社警察署警吏
									1896(M29).12.26	滿1年勤務에 대하 円)
									1898(M31).7.10	埔里社弁務署第二에 명함
									1898(M31).12.25	職務勉勵에 대해 手当(7円)
									1899(M32).8.10	解職
									1900(M33).5.29	台中縣巡査補拝命
									1900(M33).12.25	5級俸, 職務勉勵 慰勞金手当(2円5
									1901(M34).8.26	通譯兼掌(手当金1
									1901(M34).9.18	匪徒台湾人2名 逮해 賞與(1円)
									1901(M34).12.26	職務勉勵에 대해 手当(15円)
									1902(M35).1.24	匪徒刑罰令違犯 名 捕獲에 대해 50錢)
									1902(M35).9.30	4級俸
									1902(M35).12.22	職務勉勵에 대해 手当(11円)
									1903(M36).9.30	3級俸
									1903(M36).12.22	職務勉勵에 대해 手当(6円)
									1904(M37).9.1	通譯兼掌(月手当
									1904(M37).12.22	職務勉勵에 대해 手当(7円20錢)
									1905(M38).3.26	窃盗犯逮捕에 대 金(5円)
									1905(M38).7.31	精勤証書授與

현 2무지	씨명	담당예정지					이력		
		파출소명	구역	호수	인구	관내 상황·담당 사유	인물평	연월	내용
								1905(M38).12.22	職務勉勵에 대해 慰勞金 手当(5円80錢)
								1906(M39).3.31	阿片令違犯者逮捕에 대해 賞與金(1円×3回分) / 通譯兼掌(月手当4等級)
								1900(M34).5.27	台中縣巡查補拜命(6級俸)
投廳	紀芳耀	牛山警察官 吏派出所第 二分担區		200호	1,072명		재간이 우수하고 배명 이래 품행이 방정하고 근무에 열성이어서 성적이 가장 우수하고 文才를 갖추고 국어에 잘 통하고 항상 연구에 주의를 기울여 장래 충분히 발달할 전망이 있다. 특히 본청에서 가장 가까운 파출소로 감독상에서도 편리하므로 지장이 없음. 집무의 적실 및 사무의 정리 등 일반 순사에 비해서 손색이 없음.	1901(M34).12.26	職務勉勵에 대해 慰勞手 当金(6円70錢)
								1902(M35).9.30	5級俸
								1902(M35).12.22	職務勉勵에 대해 慰勞手 当金(8円50錢)
								1904(M37).3.23	毆打致死犯者逮捕에 대해 賞與(3円)
								1904(M37).12.22	職務勉勵에 대해 慰勞手 当金(3円)
								1905(M38).3.26	故殺犯人逮捕에 대해 賞與金(5円)
								1905(M38).3.31	4級俸
								1905(M38).7.31	精勤証書授與
								1905(M38).12.22	職務勉勵에 대해 慰勞手 当金(5円30錢)
								1904(M37).3.31	南投廳巡查補拜命(月俸6円) / 南投廳巡查補練習生을 명함
投廳	巫俊	埔里社支廳 直轄第三分 担區		220호	1,285명		배명 이후 품행이 단정하고 근무에 勉勵하고 집무에 숙달하고 국어 연구에 열심이어서 국어에 정통해서 순사보 가운데 성적 首位를 점하여 발달의 전망이 있음. 집무의 적실 및 사무의 정리 등 일반순사에 비해서 손색이 없음.	1904(M37).5.31	巡査補敎習課程卒業 / 7級俸
								1904(M37).9.30	6級俸
								1904(M37).12.22	職務勉勵에 대해 慰勞手 当金(3円60錢)
								1905(M38).3.31	巡査補敎習所敎官補ヲ兼 務을 명함
								1905(M38).12.22	職務勉勵에 대해 慰勞手 当金(4円30錢)
								1906(M39).3.31	5級俸, 毆打創傷犯者逮捕 에 대해 賞與(1円50錢)
義廳	陳章	頭橋警察官 吏派出所	頭橋庄, 鴨母庄庄, 江厝店庄 =樓庄	364호	1,652명	호구 수, 인구에서 보면 순사보에게 단독으로 담당시키는 것은 조금 무거운 감이 없지 않으나 파출소가 打狗支廳에서 불과 1리 남짓의 지점에 있다. 호구 수, 인구의 비율로는 구역이 크지 않다. 部民 또한 모두 朴訥하고 온량한 농민뿐이라 본인의 집무상, 감독상 매우 편리하다. 본인은 작년 勢仔파출소 단속순사가 결원일 때 6개	1902년 2월 28일 명을 받아 품행단정하고 취직 이후 경과 매우 양호하고 직무에 열성이고 충실하여 직무상 징계처분을 받은 적이 없이 부지런히 일하여 근무성적 순사보 가운데 우위를 점했다. 뿐만 아니라 성격 기민하고 인내력이 많고 항상 학술에 전념하였다. 특히 이해력이 매우 뛰어나고 국어를 잘 이해하여 장래 점점 발달할 전망은 충분히 있다고 인정됨.		斗六廳下他里霧街書房 에서 修學
								1902(M35).2.28	嘉義廳巡査補를 배명, 이후 근속

번호	현근무지	씨명	담당예정지					인물평	이력	
			파출소명	구역	호수	인구	관내 상황·담당 사유		연월	내용
								월간 동파출소에서 근무하여 단독으로 사무를 정리하여 조금도 지장이 없었다. 현재 通溪파출소에서도 단속순사를 도와서 緊務에 잘 견디고 현재 순사와 동등하게 근무하고 있다. 순사보로서는 재간 및 실무의 성적우수하고 순사의 부속에서 벗어나 단독으로 근무하게 하는 것은 순사보 계발상 효과가 적지 않다고 믿는다.		
15	塩水港廳	李世文	頂長短樹警察官吏派出所	下茄苳北堡頂長短樹庄, 新港東庄	460호	2,118명	부내 민정이 평온하고 2庄을 1구역으로 해서 작년 시험 삼아 순사보로 단속을 맡게 했는데 직무상 조금도 지장 없이 매우 좋은 성적을 거두고 있다. 일반인민도 순사보 단속의 치하에 있는 경험도 있고 해서 특히 당 지역을 골라 순사보로서 담당하게 했다.	취직 이후 이미 6년간 아직 한 번의 징계처분을 받은 적이 없고 품행방정하고 직무에 열심이어서 다소 재산이 있어서 인민의 신뢰가 있음. 국어는 아직 겸장수당이 없는 을종통역후보자로서 추천. 보통 내지어에 지장이 없음. 직무에 열심이어서 현재 순사의 토어 연구 보조에 추천되어 다른 순사보의 존경을 받아 한층 계속 장려하면 장래 유망할 것임.	1874(M7).10	出生
									1884(M17).1	李培英에게漢學(1899(M32).12)
									1900(M33).6.30	台南縣巡査補拜(俸)
									1901(M34).3.12	8級俸
									1902(M35).3.31	7級俸 / 事務特別대해 慰勞手当給與(8円75錢)
									1903(M36).3.31	6級俸
									1904(M37).3.31	5級俸
									1904(M37).12	事務特別勤勵에 勞手当給與(6円)
									1905(M38).9.30	4級俸
16	塩水港廳	張耳	內角警察官吏派出所	馬稠後庄ノ內溪洲仔庄瓦瑤澤庄=仔厝庄頭前溪庄=宅庄番仔園庄ヲ除ク一円	327호	1,562명	內角경찰관리파출소, 番仔=경찰관리파출소는 비교적 호구수, 인구 적고 부내 상황도 사무가 적어 우수한 순사보로 담당하게 하려고 하고 있음.	台南縣 순사보 봉직 이후 근속자로서 소행이 선량하고 근무 우등하고 조금 일본어가 통하고 특히 문서를 잘 해서 근래는 보통통지 서류에도 매우 능숙하여 집무상 기민하고 엄격해서 독립파출소를 담당시켜도 지장 없다고 인정됨. 유도, 지시해서 점차 훈도하면 보통 순사에 뒤떨어지지 않는 경찰능력을 발휘할 수 있으리라 판단됨.	1883(M16).10.3	出生
									1891(M24).1	嘉義趙金臨에게漢(~1894(M27).12)
									1900(M33).7.4	台南縣巡査補拜(円), 塩水港弁務署支署勤務
									1901(M34).3.12	8級俸
									1901(M34).11	塩水港廳店仔口支
									1901(M34).12.27	事務格別勤勵에 勞手当金給與(5円)
									1902(M35).3.31	7級俸, 事務格別 勞手当金給與(75錢)
									1903(M36).10.26	明治34年 台湾南시 진력 그 공 적 金13円을 하사
									1903(M36).12	事務格別勤勵에 勞金給與(3円)60錢
									1904(M37).3.31	6級俸
									1904(M37).12.1	通譯兼掌(乙種4等)
									1905(M38).9.30	5級俸
									1905(M38).12	事務格別勤勵에

현근무지	씨명	담당예정지					이력		
		파출소명	구역	호수	인구	관내 상황·담당 사유	인물평	연월	내용
水港廳	黃萬慶	番仔寮警察官吏派出所	番仔=庄及馬稠後庄/內溪洲仔庄瓦瑤庄	281호	1,176명		台南縣 순사보 봉직 이후 근속자로서 소행이 선량하고 근무 우등하고 조금 일본어가 통하고 특히 문서를 잘 해서 근래는 보통 통지 서류에도 매우 능숙하여 집무상 기민하고 엄격해서 독립파출소를 담당시켜도 지장 없다고 인정됨. 유도, 지시해서 점차 훈도하면 보통 순사에 뒤떨어지지 않는 경찰능력을 발휘할 수 있으리라 판단됨.		勞手当金給與(5円50錢), 임시대만호구조사에 종사한 위로금(3円)
								1879(M12).10.28	出生
								1891(M24)	嘉義西堡梛仔林庄黃茂巳에게漢學修業(~1892(M25))
								1893(M26).1~	상업에 종사
								1900(M33).6.30	台南縣巡査補拝命(月俸6円) / 塩水港弁務署竹仔門支署勤務
								1900(M33).11.30	匪徒刑罰令違犯대만인 1명의 소재를 탐지하고 수사를 잘하여 용이하게 체포한 공에 의해 賞與(2円50錢)
								1901(M34).3.12	8級俸
								1901(M34).11.11	塩水港廳店仔口支廳勤務
								1901(M34).12.27	事務格別勤勵에 대해 慰勞手当金給與(8円)
								1902(M35).9.30	7級俸
								1903(M36).10.26	明治34年台湾南部 소요 시 진력한그공이 적지않아 金13円을 하사
								1903(M36).12	事務特別勤勵에 대해 慰勞手当給與(2円)
								1904(M37).3.31	6級俸
								1902(M37).12.1	通譯兼掌(乙種4等手当)
								1902(M37).12	事務特別勤勵에 대해 慰勞手当金給與(5円30錢)
								1905(M38).9.30	5級俸
								1905(M38).12	事務特別勤勵에 대해 慰勞手当給與(3円)
								1906(M39).3.31	甲種手当5級支給
水港廳	周雷	埤頭警察官吏派出所	蔴荳堡大山脚庄埤頭庄佳里興堡海埔庄	517호	3,055명	당 파출소는 지청을 사이에 두고 약 20丁의 근거리에 있어 항상 감독, 지도할 수 있는 편리가 있다. 호구 수, 인구 등은 비교적 적지 않지만 부내 민심이 평화롭게 사고도 다른 곳에 비해 많지 않아 적당한 순사보로 하여금 단독으로 담당시키는 것은 집무상 지장이 없다고 사려됨.	1899년부터 근속해서 현재 2級俸이고 성질침착하고 직무상 아직 실수없고 특히 취직 이후는 국어를 습득하여 통역검장을 명령받아 상당한 학식을 가지고 있음, 사무의 숙달이 매우 뛰어나 파출소를 단독으로 담당시켜도 직무상 지장이 없을 것임. 본인은 직무에 열심이고 경찰관에 상당하는 소양도 있어서 독립으로 판단하는 腦力을 부여하여 파출소를 담당, 처리하게 하면 점점 지능을 발휘하게 하여 장래 크게 전망이 있	1890(M23).1	漢學修業(~1895(M28))
								1898(M31).9	國語修業(~1899(M32).5.1)
								1899(M32).9	台南縣巡査補教習生을 명함
								1900(M33).1.9	巡査補를 명함(6級俸)
								1900(M33).1	蔴荳弁務署勤務
								1900(M33).12	5級俸 / 事務特別勤勵에 대해 慰勞金給與(6円)
								1901(M34).7.31	4級俸
								1901(M34).8.24	匪徒대만인 1명의 소재를 탐지해서 경부보 내지인 1명의 지휘에 따라서 포획한 그 공로로 현저하여 1円50錢
								1901(M34).12	通譯兼掌(月手当1円), 事

번호	현 근무지	씨명	담당예정지					인물평	이력	
			파출소명	구역	호수	인구	관내 상황·담당 사유		연월	내용
										務特別勉勵에 대하 金給與(11円)
									1902(M35).3	事務特別勉勵에 대 勞金給與(11円)
									1902(M35).12	事務特別勉勵에 대 勞金給與(13円75錢
									1903(M36).3.31	3級俸
									1903(M36).12	事務特別勉勵에 대 勞金給與(4円50錢)
									1904(M37).8	甲種通譯兼掌(3等
								을 것임.	1904(M37).12	事務特別勉勵에 대 勞金給與(4円80錢)
									1905(M38).7	臨時台湾호口調查 員을 명함/塩水港 16監督區第24調查
									1905(M38).9.30	2級俸
									1905(M38).12	事務特別勉勵에 대 勞金給與(5円20錢 시대만호구조사이 한 위로금(3円)
									1906(M39).3	甲種通譯兼掌(5等
19	阿緱廳 六塊厝警 察官吏派 出所	曾桂添	警務課直轄 海豊警察官 吏派出所	海豊庄一 円	347호	1,632명	海豊庄은 粵과 閩 두 종족의 잡거지로 粵族은 다소 閩語를 이해하지만 閩族은 粵語를 이해하지 못한다. 인민은 온순해서 관내에서 가장 官命을 존수한다. 원래 海豊파출소는 순사 1명, 순사보 1명이 담당해왔는데 순사보 1명으로 이것을 담당하게 하는 것은 도저히 불가능하다. 때문에 전기 2명의 순사보를 배치해서 1명을 단속(순사)로 삼고 2명으로 하여금 파출소를 담당하게 하면 한 사람당 호구 수는 180호, 인구 820명을 담당해서 호구 규모로 적당하다고 판단됨. 海豊파출소 관내는 粵族, 閩族의 두 종족으로 구성되어 粵族으로 하여금 閩族 및 국어를 이해시켜 담당케 하는 것이 가장 적당하다고 판단됨.	曾桂添은 1902년 4월 10일 순사보 9급봉을 배명받고 이후 누진해서 현재 5급봉을 받고 있다. 李祈福은 1903년 4월 20일 9급봉을 배명받고 현재 6급봉을 받고 있다. 이 두 사람은 모두 粵族이지만 閩語, 粵語를 잘할 뿐만 아니라 국어도 이해하여 통역경찰 수당을 받고 精勤証書를 가지고 있고 품행이 방정하고 평소 집무를 엄격히 하여 인민을 대하는 데 정중해서 인민도 그를 존경한다. 순사와 다름이 없다. 또 두 사람은 제반사무에 숙달해 있고 종래 순사에 부속하게 하였을 뿐만 아니라 단독으로 파출소를 담당하게 하는 것은 불안이 없지는 않지만 두 사람을 배치해서 협력해서 일을 담당하게 하면 집무에 지장이 없으리라 믿는다	1878(M11).3.24	出生
									1885(M18).1.15	黃虎文先生에게 経修業(〜1887(M2
									1888(M21)	學習雜貨商店 修 1901(M34))
									1902(M35).4.10	阿緱廳巡查補命ス 補教習生을 명함
									1902(M35).9.1	巡查補教習課程ヲ 9級俸/警務課勤
									1902(M35).12.22	年末賞與(4円)
									1903(M36).3.31	8級俸
									1903(M36).12.22	年末賞與(4円)
									1904(M37).12.31	7級俸
									1904(M36).12.22	年末賞與(6円30錢
									1905(M38).9.30	6級俸
									1905(M38).12.22	精勤証書授與/年 (6円)
									1906(M39).3.31	5級俸/乙種通譯 명하됨(8等)
20	阿緱廳 麟洛警察 官吏派出 所	李祈福							1883(M16).3.29	出生
									1891(M24).2.10	港西下里內埔庄先 生書房讀書(〜192
									1903(M36).4.20	阿緱廳巡查補命ス 教習生을 명함
									1903(M36).8.31	巡查補教習課程을 9級俸/警務課勤
									1904(M37).3.31	8級俸

현근무지	씨명	담당예정지					이력		
		파출소명	구역	호수	인구	관내 상황·담당 사유	인물평	연월	내용
								1905(M38).3.31	7級俸
								1905(M38).12.22	精勤証書授與 勤務勉勵에 대해 賞與(4円40錢)
								1906(M39).3.31	6級俸 / 甲種通譯兼掌(6等手当)
台東廳警務課	曾天發	廳直糖知本警察官吏派出所	射馬テ社	180호(本島人13호, 蕃人167호)	837명(本島人53명, 蕃人784명)	순사보 曾天發은 퓨마족의 인정, 풍속 및 언어에 통하고 射馬テ社는 퓨마족으로 하여금 담당하게 하는 것이 적당하다고 사려됨.	품행이 방정하고 근무에 면려하고 국어 및 각종 蕃語를 잘 구사하고 사무에 숙달하여 성적 양호하다. 지도를 잘 하면 독립해서 파출소를 담당하게 하여 좋은 성적을 거둘 수 있음.	1878(M11).5	出生
								1882(M15)	卑南官立學校入學
								1887(M20).1	卑南官立學校卒業
								1898(M31).6.13	卑南第一憲兵隊第五分隊首部副通譯을 명함
								1898(M31).11.23	正通譯을 명함(月俸12円)
								1898(M31).12.1	自今月俸15円을 지급
								1899(M32).1.21	嘉義城內ニ於テ土匪 台湾人2名을 捕獲에 대해 賞與(6円)
								1899(M32).1.22	事務勉勵에 대해 慰勞金(26円)
								1899(M32).6.1	通譯을 명함.
								1899(M32).6.9	嘉義東堡中埔兵分隊首部通譯을 명함(月俸17円)
								1899(M32).7.10	匪首 대만인 1명을 귀순 유도시켜 賞與(3円)
								1899(M32).10.1	依願通譯ヲ免ス
								1899(M32).12.16	卑南憲兵隊支部土語教授雇을 명함
								1900(M33).3.16	雇을 명함
								1900(M33).3.31	台東廳警吏을 명함(3級俸)
								1900(M33).4.1	台東廳巡査補을 명함(6級俸)
								1901(M34).2.18	5級俸
								1901(M34).12.19	4級俸
								1904(M37).3.31	3級俸
								1905(M38).9.30	2級俸
台東廳蓮港支廳	邱阿海	花蓮港支廳加礼宛警察官吏派出所	十六股庄	92호(本島人70호, 蕃人22호)	418명(本島人334명, 蕃人84명)	순사보 邱阿海는 다년 加礼宛경찰관리파출소에 근무해서 지방의 인정, 풍속을 잘 알고 또 부근 蕃社의 언어를 잘 이해하여 담당하게 하는 것이 적당하다고 사려됨.	품정이 방정하고 근무에 면려하고 국어 및 阿眉語를 잘 구사하고 사무에 숙달하여 지도를 잘 하면 독립해서 파출소를 담당하게 하여 좋은 성적을 거둘 수 있음.	1881(M14).7	出生
								1899(M32).	台東國語伝習所寄菜分教場入學
								1900(M33).7	台東國語伝習所寄菜分教場卒業
								1900(M33).8.24	台東廳巡査補을 명함(8級俸)
								1901(M34).7.31	7級俸
								1902(M35).7.31	6級俸
								1906(M39).3.31	4級俸
彭湖廳赤崁支廳	何金水	大赤崁支廳港尾警察官吏派出所	港尾鄉, 中墩鄉, 城前鄉	303호	1,735명	부내는 농업 4할, 어업 2할, 공업 1할 그 외는 타지계절노동인데, 타지계절노동은 주로 台南地方에서 상공업자에게 고용되거나 苦力稼業에 종사한다.	국어를 잘 하고 보통 집무에 지장이 없을 정도로 제법규에 通曉하고 보통순사 이상의 능력을 가지고 있음. 품행이 방정하고 성질 온	1879(M12).10.9	出生
								1899(M32).12.28	澎湖廳巡査補拜命
								현재	4級俸

번호	현근무지	씨명	담당예정지					이력		
			파출소명	구역	호수	인구	관내 상황·담당 사유	인물평	연월	내용
							지청과 근무 파출소의 거리 1里3丁.	화하여도 본도인처럼 유약한 기풍을 벗어나서 일견 모국인과 같은 외견을 가지고 있다. 거동 경쾌하고 정신 비교적 강고하다. 본인은 처 및 1남3녀가 있지만가지고 있는 집을 임대하여 봉급 이외에 5엔의 수입으로 일가의 생계를 꾸려가는 데 전혀 부족이 없음.		
24	苗栗廳 警務課	黃增富					현재 경무과 및 지청의 통역에 종사하고 있어서 파출소 근무를 명할 때는 당장 이 사람을 대신할 사람이 없고 경무과 및 당 지청에서 현재 필요 불가결한 인물이다. 당분간 파출소 근무를 명할 수 없는 실황임.	재간, 품행, 근무 성적 모두 우수하고 국어를 잘 하여 장래 발달의 전망이 있는 자.		
25	苗栗廳 大湖支廳	謝長情								
26	苗栗廳 通霄支廳	張得福								
27	苗栗廳 後織支廳	陳美德								
28	蕃薯寮廳	洪見濤						5명은 지도자 아래에서 1관구를 담당시켜도 집무상 전혀 지장이 없지만 독립해서 1파출소를 담당하게 하는 것은 국문의 達(공문의 일종 – 역자 주) 또는 顧囿類를 충분히 해독할 수 없는 불편이 있다. 지금으로서는 도저히 적당한 자가 없다.	1902(M35).10.31	巡査補拜命
									1906(M39).5.26 현재	5級俸
29	蕃薯寮廳	黃阿水							1900(M33).1.13	巡査補拜命
									1906(M39).5.26 현재	4級俸
30	蕃薯寮廳	劉清前							1902(M35).4.25	巡査補拜命
									1906(M39).5.26 현재	5級俸
31	蕃薯寮廳	葉繼賢							1902(M35).10.31	巡査補拜命
									1906(M39).5.26 현재	5級俸
32	蕃薯寮廳	莊安							1900(M33).8.10	巡査補拜命
									1906(M39).5.26 현재	3級俸
33	台南廳 警務課	陳明沛						현재 경무과에서 제반 중요한 통역을 하고 있다. 품행 및 근무 성적 우수해서 독립해서 파출소를 담당할 수 있는 재간이 있지만 경무과에 들어온 사법사무 등의 통역에는 본인을 가장 필요로 하여 현재 다른 사람이 대신할 수 없다.	1900(M33)	巡査補拜命
									1906(M39).5.20 현재	4級俸 / 通譯兼掌手
備考	該当者皆無의廳		基隆·宜蘭·台中·斗六·鳳山·恒春廳은 該当者なし.							

* 본 표는「巡査補ヲシテ獨立シテ派出所ヲ擔當セシムル件(各廳)」(『台湾總督府公文類纂』明治39年·15年追加·第2卷, 4928-2文書)에 의거해 필자 작성.

참고문헌

자료

臺灣總督府警務局 編, 『臺灣總督府警察沿革誌』, 南天書局影印版, 1995.

臺灣總督府法務部 編纂, 『臺灣匪亂小史』, 臺南新報支局印刷部, 1920.

臺灣總督府 編, 『詔勅・令旨・諭告・訓達類纂』, 臺灣總督府, 1941.

『翔風』第18号, 臺北高等學校文芸部, 1938.

枝德二(臺南廳長), 「巡査,巡査補の退職する重なる原因及永年勤續せしむる方法」, 『臺灣警察協會雜誌』제3호, 1917.

海軍省, 『公文備考』권12, 明治43(1910), 防衛省防衛研究所 소장(아시아 역사 자료센터 소장, C06092306400).

『台日』, 『臺灣青年』, 『語苑』

연구논저

岡本眞希子, 『植民地官僚の政治史 ― 朝鮮・臺灣總督府と帝國日本』, 三元社, 2008.

北村嘉惠, 『日本植民地下の臺灣先住民族教育史』, 北海道大學出版會, 2008.

愼蒼宇, 『植民地朝鮮の警察と民衆世界 1894~1919 ― '近代'と'伝統'をめぐる政治文化』, 有志舍, 2008.

田中伸尙, 『靖國の戰後史』, 岩波書店, 2002.

趙景達, 『植民地期朝鮮の知識人と民衆 ― 植民地近代性論批判』, 有志社, 2008.

秦郁彥, 『靖國神社の祭神たち』, 新潮選書, 2010.

松田利彦・淺野豊美 編, 『植民地帝國日本の法的構造』, 信山社, 2004.

松田利彦・やまだあつし 編, 『日本の朝鮮・臺灣支配と植民地官僚』, 思文閣出版, 2009.

松本武祝, 『朝鮮農村の'植民地近代'經驗』, 社會評論社, 2005.

岡本眞希子, 「朝鮮總督府官僚の任用制度と俸給制度」, 『日本學報』84, 2010.

_____, 「植民地期の政治史を描く視角について ― 体制の内と外, そして帝國日本」, 『思想』1029, 2010.

_____, 「臺灣人巡査補をめぐる統合と排除 ― 前期武官總督期における待遇と慰靈」,

『社會科學』41(1), 2011.

_____, 「帝國日本の植民地統治と官僚制−1920年代の朝鮮總督府・臺灣總督府」, 『岩波講座 東アジア近現代通史』第4卷, 岩波書店, 2011.

趙景達, 「政治文化の変容と民衆運動−朝鮮民衆運動史の立場から」, 『歷史學研究』 859, 2009.

並木眞人, 「植民地期朝鮮人の政治參加について」, 『朝鮮史研究會論文集』31, 1993.

_____, 「植民地期朝鮮政治・社會史研究に關する試論」, 『東京大學大學院人文社 會系研究科・文學部朝鮮文化研究室紀要』6, 1999.

橋谷弘, 「一九三〇年代・四〇年代の朝鮮社會の性格をめぐって」, 『朝鮮史研究會論 文集』27, 1990.

檜山幸夫, 「帝國日本統治下臺灣における臺灣人戰沒者の靖國神社合祀問題について」, 『臺灣學研究國際學術檢討會−殖民與近代化論文集』, 國立中央圖書館臺灣分 館, 2009.

尹海東, 藤井たけし 譯, 「植民地認識の「グレーゾーン」」, 『現代思想』30(6), 2002.

吳濁流, 「陳大人」, 『吳濁流作品集』, 遠行出版, 1977.

吳濁流, 『臺灣連翹』, 草根出版, 1995.

石丸雅邦, 「從理蕃警察的組成探討蕃人警察地位」, 『跨域青年學者臺灣史研究』第三 集, 國立政治大學臺灣史研究所, 2010.

岡本眞希子, 「日治時期在臺灣法院的'通譯'」, 國史館臺灣文獻館 編, 『第五屆臺湾總 督府檔案學術檢討會論文集』, 國史館臺灣文獻館, 2008.

_____, 「臺灣人巡查補的統合與排除−前期武官總督時期的待遇與慰靈」, 國史館 臺灣文獻館 編, 『第六屆臺灣總督府檔案學術研討會論文集』, 國史館臺灣文獻 館, 2011.

李尙霖, 「試論日治時期日籍基層官僚之雙語併用現象−以警察通譯兼掌制度爲中心」, 若林正丈・松永正義・薛化元主 編, 『跨域青年學者台灣史研究』第三集, 國立 政治大學臺灣史研究所, 2010.

李幸眞, 「日治初期臺灣警政的創建與警察的召訓(1898-1906)」, 國立臺灣大學文學院 歷史學研究所碩士論文, 2009.

許雪姬, 「日治時期臺灣的'通譯'」, 『輔仁歷史學報』, 18, 2006.

안용식, 「일제하 한국인 판임관에 관한 연구」, 『社會科學論集』, 30, 1999.

장 신, 「1919~1943년 조선총독부의 관리임용가 보통문관시험」, 『歷史問題硏究』, 8, 2002.

_____, 「1920·30년대 조선총독부의 인사정책 – 보통문관시험합격자의 임용과 승진을 중심으로」, 『東方學志』, 120, 2003.

식민지 조선의 '술의 사회사' 시론

'밀주' 문제를 중심으로

이타가키 류타

1. 머리말

필자가 식민지기 조선의 술을 주제로 사회사적 연구를 구상하게 된 계기는 다음과 같다. 필자는 한국의 농촌인 상주에 1년 9개월간 머물며 조사하고, 이 지역의 식민지 경험에 대해 『조선 근대의 역사민족지』[1] 라는 책을 집필한 바 있는데, 그 과정에서 술의 사회사를 구상하게 되었다. 보다 구체적으로 말하자면, 상주 지역사회의 변화상을 조사하는 과정에서, 식민지 사회의 양태를 고찰하기 위해서는 적어도 다음 두 가지 측면에서 술이 매우 중요한 테마라는 인식에 이르게 되었다.

하나는 지역 엘리트와 관련된 것이다. 예전에 조선의 농촌에서는

---

1   板垣龍太, 『朝鮮近代の歴史民族誌－慶北尙州の植民地経験』, 明石書店, 2008(한국어판 은 혜안에서 근간).

'부자'의 전형적인 이미지가 주조업자('술도가')와 정미업자('방앗간')였다. 1936년에 발행된 상주지역의 회사일람(〈표 1〉)에는 13개 회사가 보이는데, 그 가운데 상주지역에 본점이 있는 지역자본이 9개이다. 이 중 7개가 주류제조업으로, 모두 식민지기에 창업한 것이었다. 일본에는 에도시대 이래의 유서 깊은 주조업자가 존재했지만, 조선반도에는 그러한 업자가 거의 존재하지 않았다. 예를 들어 안동소주 등은 오늘날 유명 브랜드이지만, 조선시대에는 사족土族 집안에 전해져온 귀중한 자가용 술로, 판매용은 아니었다. 식민지기에 지역 엘리트에 의해 창업된 주조회사가 '안동소주'의 이름을 보급시킨 것이다.[2] 상주에서도

〈표 1〉 상주의 회사(1936년 말 현재)

본점	명칭	위치	창립연도	영업종류	공칭자본금 (단위 = 엔圓)	사장
상주	讚岐酒造株式會社	尙州邑西町里	1918.8	주류제조업	78,000	蒲生嘉藤治
	尙州麴子株式會社	尙州邑西町里	1934.6	주류제조업	200,000	朴寅洙
	合名會社尙善酒造場	尙州邑西町里	1934.9	주류제조업	24,000	崔尙善
	尙州酒造株式會社	尙州邑仁鳳里	1928.4	주류제조업	120,000	稻垣德三郎
	尙州藥酒株式會社	尙州邑南町里	1935.5	주류제조업	120,000	朴淳
	尙州運送株式會社	尙州邑城東里	1933.1	운송업	10,000	和田泰一
	梁村合名酒造會社	尙州邑梁村里	1929.10	주류제조업	23,000	朴淳
	咸昌酒造株式會社	咸昌面舊鄕里	1934.10	주류제조업	50,000	金元漢
	咸昌物産株式會社	咸昌面舊鄕里	1935.5	운송업	50,000	廣津友助
경성	殖産銀行尙州支店	尙州邑西町里	1918.10	은행업	30,000,000	倉品銕夫
대구	大興電氣株式會社尙州支店	尙州邑伏龍里	1924.6	전기업	500,000,000	畑山莊司
모지門司	山下黑鉛株式會社	利安面雅川里	1920.3	광물가공판매	450,000	宗三郎
도쿄東京	中外鑛業株式會社	洛東面城洞里	1932.5	금은동철	7,800,000	原安三郎

자료: 尙州郡, 『郡勢一斑』, 1937

---

2 배영동, 「안동소주 생산과 소비의 역사와 의미」, 『지방사와 지방문화』 9-2, 역사문화학회, 2006.11. 단, 식민지기의 '안동소주'도 오늘날과 같은 '전통적' 제조법에 기초한 것과는 전혀 달랐다.

주조업 경영자는 지역사회의 소자본가 엘리트로서 일정한 권력을 장악하고 있었다. 따라서 지역의 권력구조를 해명하기 위해서는 주조업에 대한 연구가 불가피하다.

또 하나의 측면은 민중의 식민지경험과 관련된 것이다. 필자는 조사과정에서 1930년대에 농촌청년이 쓴 일기장을 발견했다.[3] 이 일기의 필자를 S씨로 부르기로 하고, 그로부터 몇몇 문장을 인용해 보기로 하자.[4]

① 노인老人들과 잡담雜談을 하드라니 밀주조사蜜酒調查 왔다고 동리洞里가 야단! (S331120)
② 점심후点心後 세무소稅務所에서 칠 · 팔인七 · 八人이 밀주조사密酒調查을 와 동리洞里가 일시소동一時騷動! 송독댁松洞宅에는 효모삼매酵母三枚들끼 가주고 끝없는 고난苦難를 당當한다 (S350129)

위 인용문에는 S씨가 살고 있는 마을에 '밀주' 조사가 들이닥쳐 온 마을이 한바탕 소동을 겪은 모습이 그려져 있다. '밀주' 단속은 계원이 농가로 들어가 숨겨진 항아리를 찾아내는 방식이었기 때문에, 꽤 강렬한 경험이었다. 또 실제로 단속되지 않았던 집에서도 소동이 벌어진 것은, 다른 집에서도 '밀주'를 만들고 있었기 때문이라고 여겨진다. 실제로 S씨도 1935년에 단속되었다.

---

3 졸저, 『朝鮮近代の歴史民族誌』, 明石書店, 2008, 제5장. S씨 일기로부터의 인용은 Syymmdd (연월일)의 형식으로 표기하기로 한다.
4 오자誤字인 것 같아도 그대로 인용했다. 예) ①의 蜜. 또한 ③의 주조장 앞의 지역명은 익명 원칙의 일환으로 영문 이니셜(O)로 표기 했다.

③ 십시경十時頃에 상주세무서원尚州稅務署員이 밀주국자密酒麴子 조사調査을 하로 부지중不知中에 왔다. 가정家庭과 인가隣家까지 철저적徹底的으로 조사調査하야 동사洞舍 같아오니 결국結局은 서원署員께 발견發見대엿다. O주조장酒造場에서 제사祭祀 수일내數日內라고 통지通知한 뜻! (S350215)

④ 조모임대상祖母任大祥대 들긴 주류벌금酒類罰金이 세무서稅務署서 왔다. 벌금구십원罰金九拾圜 주세칠원십사전酒稅七圜拾四錢 백원百圜을 같아 줄 생각生覺을 하니 정신精神이 앗득! (S350310)

이해는 S씨의 조모가 돌아가신지 2년째로, 관련 제사를 지내기로 되어 있었다. 그 준비를 하던 와중에 조사원에게 단속되었던 것이다. 게다가 S씨의 추측이지만, 지역의 주조업자가 세무서에 밀고한 듯했다. 지역의 주조업자라면 다음에 어느 집에서 제사가 있는지 파악하는 것은 그다지 어려운 일이 아니므로, 이는 충분히 있을 수 있는 이야기였다. 즉, 식민지기의 주조업자의 형성과 '밀주' 단속 사이에 밀접한 관계가 있었음을 알 수 있다.

이하의 서술에서 논의의 중심이 되는 것은, 이 '밀주' 문제이다. 광범위하게 자리 잡고 있었던 자가용 주조가 불법으로 규정되고 그와 동시에 지역자본가 층이 형성된 것은, 식민지 통치가 조선사회에 초래한 큰 변화였다. 결론 같은 말이 될 지도 모르지만, '밀주' 문제는 식민지하의 '국가-자본-민중'의 삼각관계(〈그림 1〉)를 고찰하는 데 매우 적합한 소재이다. 이는 단순히 추상적인 이야기가 아니다. 술을 빚어 마시는 민중의 생활수준에서 출발하여, 주세酒稅를 부과하는 국가, 그리고 지역기업으로 성장하는 자본의 관계를 검토함으로써 식민지경험을 구체적으로 생각해 보고자 한다.

이하에서는 우선 필자가 상정하고 있는 술 연구의 대략적인 테두리를 설명할 것이다. 이를 바탕으로, '밀주'

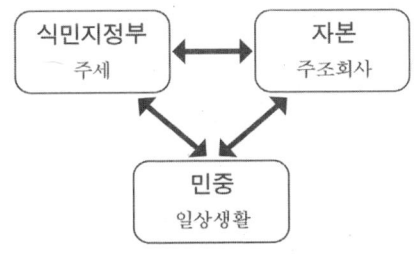

〈그림 1〉 국가-자본-민중의 관계

를 둘러싼 제도적・구조적 측면을 파악할 것이다. 이어서 '밀주'와 그에 대한 단속의 양상을 구체적으로 제시한 후, 그 미시정치에 대해 고찰하고자 한다.[5]

2. 술의 사회사라는 관점

논의의 전제로, 조선 술의 특색에 대해 간략히 서술해 두고자 한다. 조선의 술은 다양하지만, 근세에서 근대에 걸쳐 주를 이룬 것은 막

---

5 식민지기의 주조에 관한 선행 연구를 대략 검토해 둔다. 우선 당시의 일본인 업계관계자에 의한 것으로 朝鮮酒造協會, 『朝鮮酒造史』(1935.10)와 平山與一, 『朝鮮酒造業界四十年の歩み』(財団法人友邦協會, 1969.3) 등이 있다. 이들 논고는 데이터는 풍부하지만 주조업의 '발전'을 일방적으로 강조할 뿐이며, 민중생활 같은 것에는 전혀 관심이 없다. 다음으로 식품학적인 연구로는 전통주 제조법을 복원한 것 같은 것은 다수 있지만(예컨대 鄭大聲, 『朝鮮の酒』, 築地書館, 1987 등), 사회적・역사적인 측면은 매우 약하다. 그러한 가운데, 경제사・재정사적인 연구가 1990년대에 몇 가지 나왔다. 조선인 자본의 성장에 초점을 맞춘 朱益鍾, 「日帝下 韓國人 酒造業의 發展」(『經濟史硏究』 40-1, 1992), 주세제도의 해명을 통해 수탈구조의 일단을 밝힌 鄭泰憲, 「日帝下 酒稅制度의 施行 및 酒造業의 集積 集中 過程에 대한 硏究」(『國史館論叢』 40, 1992), 주조업의 전개를 종합적으로 추적한 李承姸, 「1905년~1930년대 초 일제의 酒造業 정책과 조선 주조업의 전개」(『韓國史論』 32, 1994) 등이 그러하다. 그러나 주조・주조업의 지역사회에서의 위상, 지역에 미친 영향, 개별 가정의 '밀주' 등에 대해서는 해명되지 않은 부분이 많다.

걸리(탁주), 약주, 그리고 소주였다. 막걸리와 약주는 양조주, 소주는 증류주이다. 조선 술 특유의 풍미를 가져오는 것은 누룩이다. 일본 술을 빚는데 사용되는 효모麴(고지)가 쌀에서 만들어지는 데 반해, 누룩의 대부분은 소맥이 원료이다. 소맥을 빻아 틀에 넣어 굳히고 발효시킨 것이다. 누룩은 원래 농가의 부업으로 생산되어 시장에서 판매되었는데,**6** 식민지기에 이르러 공업화되었다. 2001년 상주의 누룩공장을 방문했을 때 여성이 고무신으로 밟아 굳히고 있었는데, 이는 식민지기 이래로 거의 변함없는 광경일 것이다.

다음으로 조선 술의 제조법에 대해 논의 전개상 필요한 범위에서 간략히 정리해 두자. 먼저 쌀을 쪄 고두밥을 만든다. 고두밥에 누룩과 물을 넣어 섞고, 일정한 온도를 유지하며 발효시킨다. 5~10일 정도 지난 후에 체로 걸러내면 막걸리가 된다. 또 쌀가루와 누룩을 2주 정도 발효시킨 후 거기에 찐 쌀 등을 넣어 빚는 투명도 높은 술을 약주라고 한다. 약주는 효모麴와 누룩의 차이 외에는 일본 술과 제조법이 유사하다. 막걸리와 약주는 제조과정에서 가열처리를 하지 않는 술이기 때문에 금방 상한다. 이로 인해 종래에는 광범위하게 유통시키기 어려웠다.

소주는 현재 한국에서 가장 대중적인 술이지만, 오늘날 널리 유통되고 있는 것은 전통적인 소주와는 전혀 다르다. 전통적인 소주는 조선반도의 서부와 북부를 중심으로 퍼져 있었다. 그것은 누룩과 쌀 혹은 고량 등을 원료로 한 탁주, 또는 약주의 술지게미를 고리 등으로 불리

---

6 한말 대구에서의 조사에 따르면, 시장에는 누룩을 파는 농민이 20명 정도 모여 있고, 1명당 3~16개 정도를 각자 가지고 와서 팔고 있었다고 한다(清水千穗彦, 『韓國酒造業調查報告』, 財務週報第20號附錄, 1907).

는 증류기에 증류한 것이었다. 한편, 현재 한국에 보급되어 있는 소주는 '희석식'으로 불린다. 그레인위스키 증류에 쓰이는 공업기계를 사용하여 매우 순도 높은 알코올을 양조하고, 그것을 묽게 한 후 풍미를 더한 것이다. 조선에서는 1930년 전후부터 이러한 소주가 '신식소주' 등으로 불리며 급속히 생산량을 늘려나갔다.

이와 같은 막걸리, 약주, 소주 등 세 가지 술의 특징을 염두에 두며, 필자가 상정하고 있는 술 연구의 구도(〈그림 2〉)를 참조해 주었으면 한다. 세로축은 연구의 규모를 표시한 것으로, 아래부터 마을 규모, 군으로 불리는 지역사회 규모, 조선 규모, 제국 규모의 순으로 구성되어 있다. 행동주체로는 조선의 민중, 특히 농민이 있으며, 식민지국가의 첨병인 세무관리가 있고, 주조업자가 있다. 그림의 오른쪽으로는 주종별 유통범위가 제시되어 있다. 즉, 막걸리는 마을 혹은 그보다 조금 넓은 정도, 약주는 군 혹은 그보다 조금 넓은 정도, 소주와 일본 술은 조선반도 혹은 그를 넘어 유통되었다. 이러한 구도에서 농민이 막걸리를 마시고자 할 경우 선택지는 두 가지였다. 즉, 주조업자로부터 사든가, 자신의 집에서 불법으로 양조하는 것이다. 주조업자는 당연히 사는 것을 바랐고, 총독부로서도 주세를 징수하는 관계상 자가용 주조는 곤란했다. 그래서 모두에서 서술한 바와 같이, 주조업자와 세무서가 결탁하는 일이 발생했던 것이다.

이어서 제국 규모로 눈을 돌려보자.[7] 여기에서 흥미로운 것은 소주이다. 앞서 신식소주가 식민지기에 퍼져나갔다고 서술했는데, 재래식

---

7   이하의 기술은 전게한 『朝鮮酒造史』, 『朝鮮酒造業界四十年の步み』 외에 잡지 『朝鮮釀造協會雜誌』, 『酒』, 『酒の朝鮮』 등에 의한다.

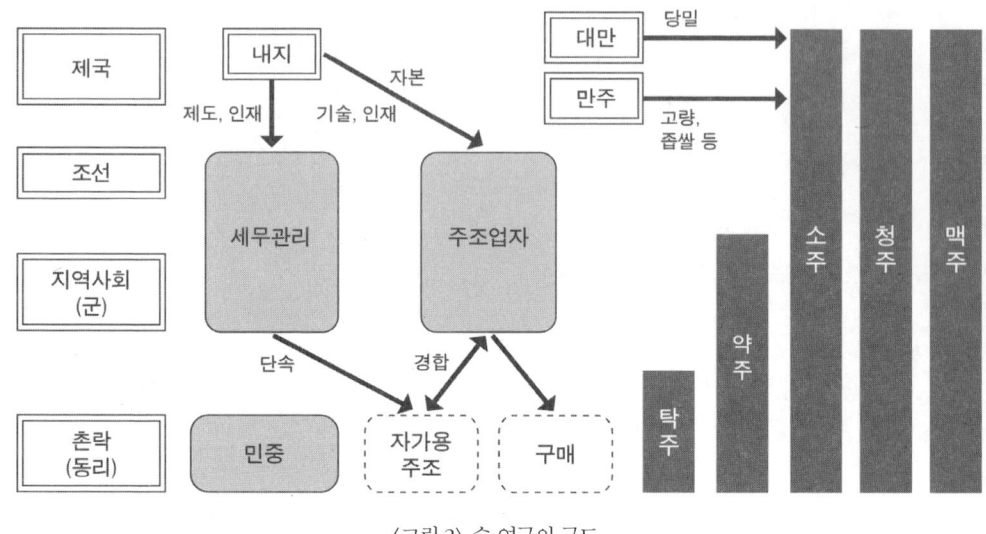

〈그림 2〉 술 연구의 구도

□ 지역에 관한 범주 / ⬭ 주체에 관한 범주 / ■ 술 종류에 관한 범주

소주는 두 단계를 거쳐 주변화되었다. 우선 1920년대이다. 일본 규슈와 오키나와 지방에 검정 효모黑麴를 사용한 소주가 있는데, 이 기법이 조선에 도입되었다. 조선에서는 태국 쌀 외에 만주지역에서 수입된 조, 만주·조선의 고량 등을 사용하여 검정 효모를 만들었다. 그러자 누룩보다 생산비가 줄어들고 수량은 늘어난다는 이유에서 1920년대에 검정 효모 소주가 급속히 퍼져나갔으며, 1930년 무렵에는 많은 지역에서 기존의 소주가 대부분 검정 효모 소주로 바뀌고 말았다〈표 2〉).[8] 다음으로 앞서 서술한 신식소주의 유입이다. 여기서 주원료로 삼은 것은 대만에서 얻은 당밀糖蜜과 만주의 고량 등이었다. 특히 1928년에 대만·대련·조선을 연결하는 정기항로가 생긴 것도 큰 영향을 미

---

8   朝鮮酒造協會,『朝鮮酒造史』, 1935, 194~198쪽.

<표 2> 소주 총 석수에서 흑국소주黒麴燒酎 석수의 비율

	경기	전남	황해	평남	평북	강원	함남	함북
1923							1	
1924		2			38		2	
1925		1			53		5	0.2
1926		1	10		69		10	5
1927	10	5	40	79	66		23	22
1928	26	11	60	78	95		43	34
1929	94	16	80	87	100	98	55	62
1930	92	45	90	96	100	100	69	93
1931	94	52	100	96	100	100	82	95
1932	97	68	100	95	100	100	88	100

자료 : 朝鮮酒造協會, 『朝鮮酒造史』, 1935

쳤다. 이것은 재래식 소주를 주변화시켰을 뿐만 아니라, 예컨대 1932년에는 사할린의 양조업계에도 타격을 주었다고 한다.[9] 또, 1930년대 후반 이후 신식소주업계는 알코올생산에 열을 올리게 된다. 근대일본에서 원유의 확보는 거의 강박관념과 같은 것이었기 때문에, 곡물에서 에너지를 취하는 바이오연료의 개발은 국책사업으로 진행되었다. 그로 인해, 예컨대 제주도에 공장을 세우고 원료가 되는 고구마를 증산한다는 식의 사업도 펼쳐졌다.[10] 이처럼 소주는 제국 규모에서 영향을 받고 있었다.

또 제도 면에서는 흥미로운 비교가 가능하다. 대만에서는 조선이나 일본과는 달리 1923년에 모든 주류에 대해 전매제를 실시했다.[11] 즉, 민간의 주조회사는 사라지고, 모든 주조를 전매국이 담당하게 되었던

---

9 「朝鮮の移入燒酎 樺太でも防遏運動」, 『朝鮮釀造業聯合會報』 6-5, 1931, 16쪽.
10 平山與一, 『朝鮮酒造業界四十年の步み』, 財団法人友邦協會, 1969, 102~128쪽.
11 台湾總督府專賣局, 『台湾酒專賣史』, 1941.

것이다. 이것은 일본내지나 조선의 주조업자에게도 위협이었다. 특히 1920년대 후반의 경제공황의 여파로 1930년 무렵부터 조선에서도 술의 전매화가 논의된 적이 있는데, 민업 압박에 대한 강고한 반대에 부딪혀 실현되지 않았다. 1935~1937년 사이에 알코올생산정책의 일환으로 소주 전매가 논의되었지만, 이 역시 결국 실시되지 않았다.[12] 전시기戰時期에 이르러서는 배급통제경제가 실시되었는데, 일본에서는 1941년에 주류가 배급통제의 대상이 되었다. 조선에서도 1942년부터 주류가 배급통제의 대상이 되었지만, 흥미롭게도 막걸리는 그 대상에서 제외되었다. 조선에서 주조업에 관계했던 사람의 회고에 따르면, 배급통제의 대상으로 삼을 경우 오히려 '밀주'가 증가할 것이라는 판단에 따른 조치였다고 한다.[13] 이처럼 '내지'·조선·대만의 각 정부와 민간업자가 상호작용한 결과, 제국 내에서도 술의 통제를 둘러싼 차이가 생겨나게 되었다.

지금까지 서술한 술 연구의 구도를 정리하면 다음과 같은 3층 구조가 된다.

① '불법'으로 규정된 자가용 주조 등을 그려내는 민중의 일상생활에 대한 미시적 분석

---

12 1930년 총독부 재무국이 다음년도부터 주류전매제 도입을 검토하고 있다고 『每日申報』(1930.2.19)가 보고하자, "일대 센세이션이 야기"되었다(『朝鮮釀造業聯合會報』 5-2, 1930, 3쪽). 조선양조업계의 관계자는 업계잡지 등에서 일제히 반대의 목소리를 높이기도 했다(『朝鮮釀造業聯合會報』 6-2, 1931, 5~10쪽). 1935~1937년에도 소주전매의 움직임이 있었지만, 일본 '내지' 및 조선 소주업자의 반대운동 등의 결과 취소되었다(平山與一, 『朝鮮酒造業界四十年の步み』, 財団法人友邦協會, 86~89쪽).

13 平山與一, 위의 책, 147쪽.

② 지역사회의 주조업자를 둘러싼 산업구조와 지역엘리트의 변화에 관한 중간 규모의 분석

③ 제국 규모의 산업연관에 관한 거시적 분석

이처럼 술이라는 구체적인 물품을 통해 민중수준의 미시사에서 제국 규모의 거시적 사회사에 이르는 일체의 역사상을 그려보고 싶다는 것이 필자의 연구계획이다. 본고는 주로 첫 번째 층을 다루는 것이다.[14]

3. 식민지기 자가용 주조의 위치

근세부터 근대에 걸쳐 술의 주역이었던 막걸리의 경우, 생산과 판매의 분업은 거의 이루어지지 않았다. 막걸리의 생산·유통·소비는 가정이나 마을의 범위에서 소규모로 이루어졌다. 원격유통이 불가능했다는 사정도 있어서, 조선시대에 막걸리의 생산과 유통의 대부분은 자가용 주조와 '주막'이라 불리는 간이 술집에서 이루어졌다. 주막은 시장, 큰 고개기슭, 선착장 등에 많았는데, 술과 안주 그리고 침상을 제공하고 있었다. 주인은 대개 여성, 손님은 남성이었다.[15] 1916년에 조선 술의 주조장이 12만개 있었는데, "거의 전부가 주막이었다"고 일컬어졌다.[16]

---

14 제2층에 대해서는 전게 졸저 『朝鮮近代の歷史民族誌』의 제2장 3-(2)에서 상주를 사례로 논한 바 있다. 제1층에 대해서는 일반사람들이 술을 어떻게 마셨는가라는 측면의 연구도 필요하다. S씨의 경험에 입각하여 다소 논했지만, 이를 실증적으로 연구하는 것은 쉽지 않다. 앞으로 세 층에 대한 연구를 종합하여 한 권의 대중역사서로 정리할 예정이다.

15 裵桃植, 「옛 酒幕의 民俗的 考察」, 『韓國民俗學』15, 1982.

16 朝鮮酒造協會, 『朝鮮酒造史』, 1935, 50쪽.

이 관찰을 믿는다면 평균 1동리마다 약 2채, 약 30세대에 1채의 주막이 있었다는 계산이 된다. 주막은 일반남성들의 의사소통의 장으로서 매우 중요한 역할을 하고 있었다. 예컨대, S씨는 적어도 매달 2~3회 술값을 지출했는데, 그 대부분은 주막에서의 지출이었다. 그러한 까닭에 어느 일본인은 주막을 "조선학을 연구하기에 매우 좋은 장소"라고 형용했으며,[17] 1910년대에 헌병대·지방경무부는 변장한 헌병보조원과 조선인 순사를 주막에 보내 민중의 담화를 기록하게 하기도 했던 것이다.[18]

주조가 농가 일반에 퍼져 있었던 것은, 그것이 농사일이나 제사 등 일상적인 사회행위에 관련된 것이었기 때문이다. 막걸리는 칼로리도 높기 때문에 농사일 전후에 에너지보충 등을 위해 음용하는 식품의 기능도 지니고 있었다. 실제로 식민지 말기에도 총독부 세무관리는 막걸리를 "농촌의 노동자계급이 애호하는 일종의 좋은 식량이다"라고 인식하고 있었다.[19] 또 술은 조상제사와 같은 유교의례와도 연결되어 있었다. 이 경우에는 막걸리가 아닌 맑은 약주가 선호되었다. 가정뿐만 아니라 '향음주례鄕飮酒禮'의 의례 등 유학자들의 네트워크에 있어서도 술은 중요한 존재였다. 향교나 서원으로 불리는 유학교육시설에서도 정기적으로 제사가 행해지고 있었다. 사실 조선총독부는 1927년에 향교에서 주조를 특별히 허가했다.[20] "숭조경신의 미풍을 유지"한다는 것이 명목이었다. 예전의 지배층이었던 유학자들의 회유를 중요 과제로

---

17 沖田錦城, 『裏面の韓國』, 大阪: 輝文館, 1905, 64쪽.
18 公州憲兵隊本部·忠淸南道警務部 편, 『酒幕談叢』, 1912~14(국립국회도서관(서울) 소장). 이 자료에 대해서는 松田利彦, 「『주막담총酒幕談叢』을 통해 본 1910년대 조선의 사회상황과 민중」, 김동노 편, 『일제 식민지시기의 통치체제 형성』, 혜안, 2006을 참조.
19 奧本澤, 「減石と密造」, 『酒之朝鮮』 12-9, 1940, 30쪽.
20 朝鮮酒造協會, 『朝鮮酒造史』, 1935, 194쪽.

삼고 있던 식민지권력은 향교에서 주조를 허가함으로써 유학자들의 불만을 누그러뜨리고자 했던 것으로 보인다.

이처럼 술과 주조는 농업이나 유교와 결합되어 조선 농촌사회의 생활의 일부로 깊이 뿌리내리고 있었다. 조선왕조는 식량정책의 일환으로 주조를 금지하는 일은 있어도(주금정책)[21] 주세를 부과하는 일은 없었으며, 일반적으로 자가용 주조를 금하는 일도 없었다.

이러한 술 문화에 큰 전기가 찾아온 것은 1909년과 1916년이다. 보호국기인 1909년에 발포된 것이 '주세법', 병합 후인 1916년에 발포된 것이 '주세령'이다. 이 두 가지 법령 사이에는 몇 가지 차이점이 있었다. 자가용 주조에 대해 차이점을 설명하자면, 우선 주세법 시대에는 일정한 주세만 내면 자가용 주조는 무제한으로 허가되었다. 1909년 '쥬세 밧치는 빅셩의 명심홀 스건이라'는 탁지부의 광고가 있다(〈그림 3〉).[22] 이것은 주세법의 도입에 즈음하여 일반 민중에게 등록과 납세를 호소한 정부의 홍보문서이다. 거기에는 "지무셔에셔 표를 타지 아니혼 사람은 금년붓터 슐을 혼지 못혼는 법이니 만일 표를 타지 아니혼고 슐을 혼 사람은 중죄를 당혼느니라"라고 쓰여 있다. "중죄를 당혼느니라"는 것은 명백한 위협인데, 처음으로 주세를 지불하게 된 농민들에게는 그런 강한 말투를 사용하지 않으면 관의 의지가 제대로 전달되지 않았을지도 모른다. 그렇게 등록을 독촉한 결과, 자가용 주조의 면허 수는 최대 358,112건(1918년)에 달했다. 이는 약 9세대에 1개의 면허라는 계산

---

21 조선시대의 금주정책에 대해서는 김대길, 『조선후기 牛禁 酒禁 松禁 연구』, 景仁文化社, 2006, 제2장을 참조.
22 서울시내의 모 골동품점에서 촬영, 복사한 것.

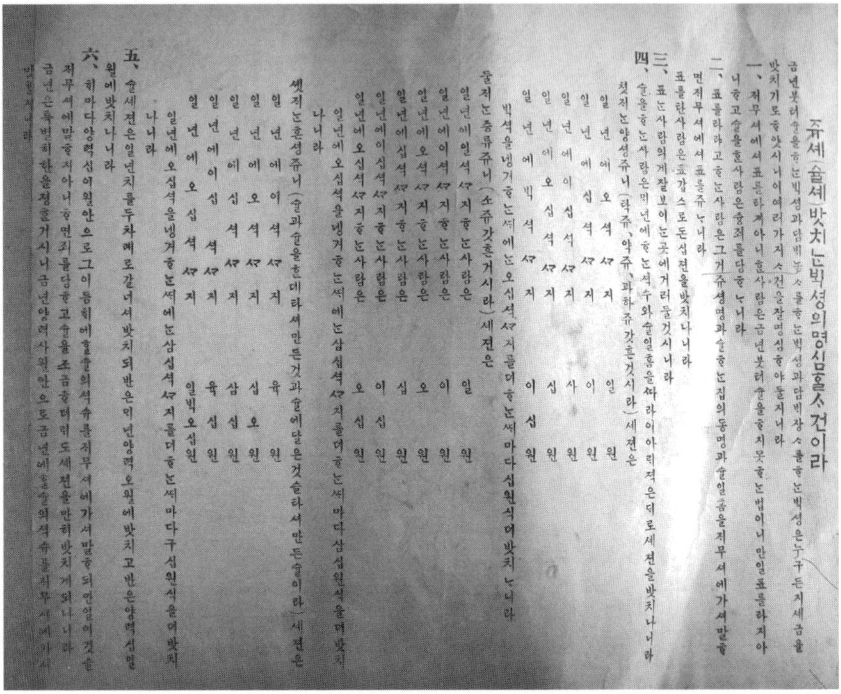
쥬셰(술셰)밧치ᄂᆞᆫ빅셩의명심홀소건이라

금년봇터술을ᄒᆞᄂᆞᆫ빅셩과담ᄇᆡ장ᄉᆞ를ᄒᆞᄂᆞᆫ빅셩은누구든지세금을밧치기로ᄒᆞ얏시니이여러가지소건을잘명심ᄒᆞ야두실지니라

一、져무셔에셔표를타지아니ᄒᆞᆫ사람은금년봇터술을ᄒᆞ지못ᄒᆞᄂᆞᆫ법이니만일표를타지아니ᄒᆞ고술을ᄒᆞᆫ사람은즁죄를당ᄒᆞᄂᆞ니라

二、표를타랴고ᄒᆞᄂᆞᆫ사람은그거쥬셩명과술ᄒᆞᄂᆞᆫ집의동명과술일홈을져무셔에가셔말ᄒᆞ면져무셔에셔표를쥬ᄂᆞ니라
표를탄사람은표갑스로돈십젼을밧치ᄂᆞ니라

三、표ᄂᆞᆫ사람의게잘보이ᄂᆞᆫ곳에거러둘것시니라

四、술을ᄒᆞᄂᆞᆫ사람은ᄆᆡ년에ᄒᆞᄂᆞᆫ셕수와술일홈을ᄯᅡ라이아리적은ᄃᆡ로세젼을밧치ᄂᆞ니라

첫재ᄂᆞᆫ양셩쥬니(탁쥬、약쥬、과하쥬갓흔것시라)세젼은
일년에오셕ᄭᆞ지 일원
일년에십셕ᄭᆞ지 이원
일년에이십셕ᄭᆞ지 사원
일년에오십셕ᄭᆞ지 십원
일년에빅셕ᄭᆞ지 이십원
빅셕을넹기ᄂᆞᆫ써에ᄂᆞᆫ오십셕ᄭᆞ지를더ᄒᆞᄂᆞᆫ써마다십원식더밧치ᄂᆞ니라

둘재ᄂᆞᆫ증류쥬니(소쥬갓흔거시라)세젼은
일년에일셕ᄭᆞ지ᄒᆞᄂᆞᆫ사람은 일원
일년에이셕ᄭᆞ지ᄒᆞᄂᆞᆫ사람은 이원
일년에오셕ᄭᆞ지ᄒᆞᄂᆞᆫ사람은 오원
일년에십셕ᄭᆞ지ᄒᆞᄂᆞᆫ사람은 십원
일년에이십셕ᄭᆞ지ᄒᆞᄂᆞᆫ사람은 이십원
일년에오십셕ᄭᆞ지ᄒᆞᄂᆞᆫ사람은 오십원
일년에오십셕을넹겨ᄒᆞᄂᆞᆫ써에ᄂᆞᆫ삼십셕ᄭᆞ지를더ᄒᆞᄂᆞᆫ써마다삼십원식을더밧치나니라

셋재ᄂᆞᆫ혼셩쥬니(술과술을ᄒᆞᆫ데타셔만든것과술에달은것슬타셔만든술이라)세젼은
일년에이셕ᄭᆞ지 육원
일년에오셕ᄭᆞ지 십오원
일년에십셕ᄭᆞ지 삼십원
일년에이십셕ᄭᆞ지 육십원
일년에오십셕ᄭᆞ지 일빅오십원
일년에오십셕을넹겨ᄒᆞᄂᆞᆫ써에ᄂᆞᆫ삼십셕ᄭᆞ지를더ᄒᆞᄂᆞᆫ써마다구십원식을더밧치나니라

五、술세젼은일년치를두차례로갈너셔밧치되반은ᄆᆡ년양력오월에밧치고반은양력십월에밧치나니라

六、ᄆᆡ히마다양력십이월안으로그이듬히에ᄒᆞᆯ술의셕슈를져무셔에가셔말ᄒᆞ되면얻어것술
져무셔에말ᄒᆞ지아니ᄒᆞ면죄를당ᄒᆞ고술을조금ᄒᆞ더ᄅᆡ도세젼을만히밧치게되나니라
금년은특별히한을정ᄒᆞᆫ거시니금년양력사월안으로금년에ᄒᆞᆯ술의셕슈를져무셔에가셔
말ᄒᆞ지니라

〈그림 3〉 주세 도입에 관한 탁지부 포고문

이 된다.[23] 물론 그 밖에 무면허로 자가용 주조를 하고 있던 세대도 상당수 존재하고 있었을 것이다.

1916년의 주세령에서는 우선 '자가용주'와 '판매주'를 엄격하게 구분했다. 또 '조선 술朝鮮酒'로 불린 탁주, 약주, 조선의 재래식소주에 대해서만 자가용 주조를 허가하고, 기타 주류에 대해서는 자가용 주조를 금지했다. 그러나 이것은 자가용 주조의 공인을 의미하지 않는다. 총독부는 이것을 어디까지나 '과도기'의 조치라고 공언했다. 세무당국이 생각해낸 것은 자가용주의 세율을 판매주보다도 높게 설정하는 것이었다.

23 『朝鮮總督府統計年報』에 의함.

<표 3> 탁주세율의 변천(1916~34)

		주세령에 따른 세율 (1石당, 단위=엔圓)					
		1916	1919	1920	1922	1927	1934
판매용		0.70	1.20	1.50	2.50	3.20	3.40
자가용	1석石 미만	1.00	1.50		3.50	6.00	폐지
	2석石 이상	2.00	3.00				

〈표 3〉에 탁주의 세율변화를 제시한 바와 같이, 당국은 1석당 주세에
서 자가용주 쪽을 높게 설정했으며, 게다가 점점 비율이 맞지 않게 세
율을 변경했다. 즉, 주세를 납부하며 자신의 집에서 술을 담그는 것보
다는 사는 쪽이 이득이라고 여길 만한 조건을 만들어간 것이다. 한편
으로는 무면허 주조를 본보기로 단속하여 합법적인 자가용 주조를 줄
여갔던 것이다. 그 결과, 자가용 주조의 면허자는 1918년의 36만을 정
점으로 급감하여 1920년대 말에는 거의 소멸했다〈그림 4〉). 이에 따라
자가용 주조는 '밀주'의 형태 외에는 존속할 수 없게 되었던 것이다.

자가용 주조의 면허를 줄여가는 것과 동시에 진행되었던 것이 주조
업자의 통폐합이다. 1916년에는 약 9만이던 주조업자가 1930년까지
약 4천으로 통폐합되었다. 그에 반비례하여 각 주조업자의 생산량은
격증했다〈그림 5〉). 1개 주조장당 막걸리 생산량을 살펴보면, 1934년
에는 1916년의 약 90배로 늘어났다. 이러한 생산량의 격증은 총독부의
주세수입 증가로 이어졌다. 주세령 발포 이래로 주세는 계속 늘어나,
정점을 이룬 1934년에는 조선 국세의 28.8%를 주세가 점하기에 이르
렀다〈그림 6〉). 그만큼 총독부재정에서 주세의 존재감은 컸다는 것이
다. 또, 지역수준에서 통폐합의 방식을 구체적으로 살펴보면, 판매지
역이 그다지 겹치지 않도록 면 단위로 배분되었다는 사실을 알 수 있

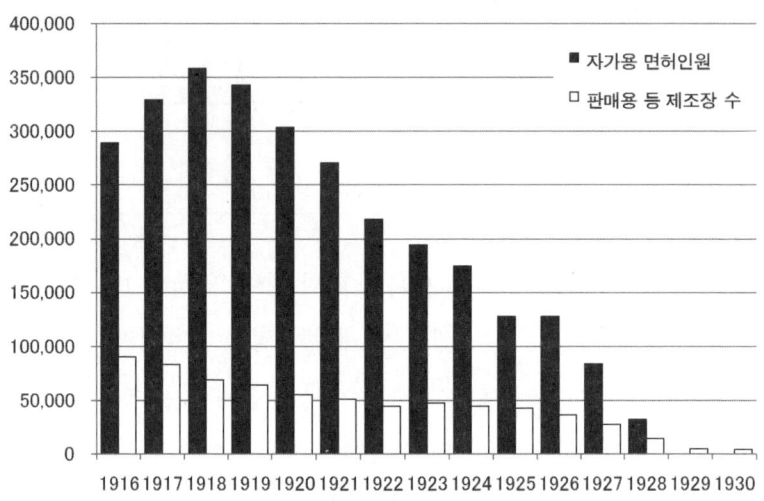

〈그림 4〉 탁주의 제조장 수·자가용 면허인원 수(1916~1930).
자료 : 『朝鮮總督府統計年報』 각년판

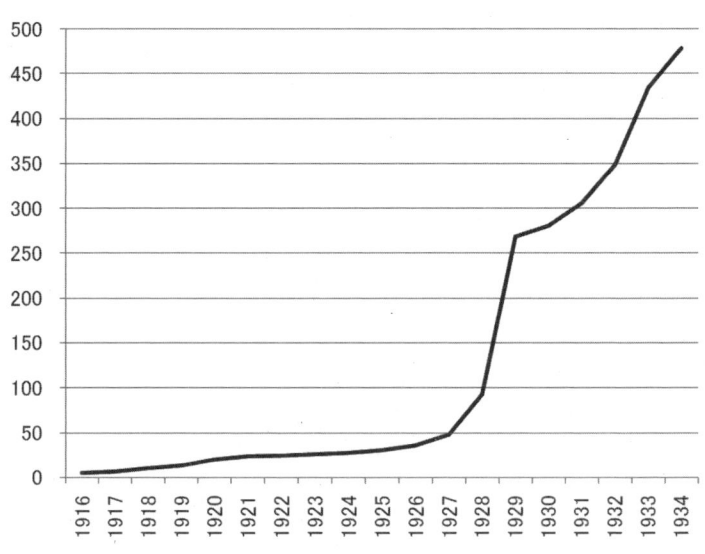

〈그림 5〉 한 제조장당 탁주의 연간 조석 수. 자료 : 『朝鮮總督府統計年報』

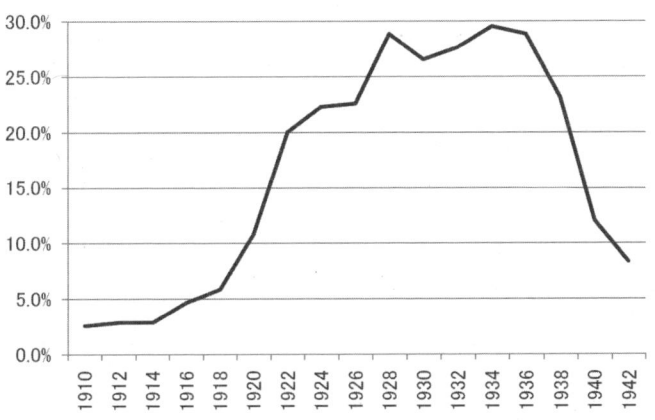

〈그림 6〉 국세 중 점하는 주세의 비율. 자료 : 『朝鮮總督府統計年報』

다.[24] 이런 맥락에서 볼 때, 새로 등장한 지역의 주조업자에게 여타 주조업자는 이렇다 할 경쟁상대가 되지 않았다. 그것은 주조업자들에게 농민의 자가용 주조야말로 최대의 경쟁상대였음을 의미한다. 그러한 까닭에 주조업자로서도 세무서와 결탁하여 '밀주'를 단속하는 것이 자신의 이익에 부합하는 일이었던 것이다.

통계를 통해 밀조주 단속의 구조적 특징을 파악해 보자. 우선 '밀주'에는 명확한 남북차가 있었다〈표 4〉. 대부분의 '밀주' 단속은 남부에서 이루어졌다. 1936년의 수치를 살펴보면, 밀조검거건수의 실로 98.7%가 남부에 집중되어 있다. 물론 남부의 주민이 북부보다 술을 즐겼다는 것은 아니다. 이러한 지역 편차는 술의 종류와 관계가 있다. 세무당국은 남부 8개 도를 '탁주지대', 북부 5개 도를 '소주지대'로 부르고 있었다. 단속 건수 가운데 13.7%가 탁주, 84.9%가 탁주의 제조 과정에서 검거되었다. 즉, 대부분의 단속은 탁주를 대상으로 한 것이었다. 그

---

24 졸저, 『朝鮮近代の歷史民族誌 -慶北尙州の植民地経験』, 明石書店, 2008, 제2장.

<표 4> 연도별·남북별 주류 '밀조' 검거 건수의 내역

연도	지역별	내역						합계	
		탁주	약주	소주	기타주류	주모酒母·료醪	누룩麹子·고지麴	검거 건수	비율
1936	남부	2,904	182	63	29	7,934	10,256	21,368	98.7%
	북부	71	1	2	2	64	146	286	1.3%
	%	13.7%	0.8%	0.3%	0.1%	36.9%	48.0%	21,654	
1937	남부	2,906	165	52	39	8,793	13,574	25,529	97.8%
	북부	73	3	13	6	132	348	575	2.2%
	%	11.4%	0.6%	0.2%	0.2%	34.2%	53.3%	26,104	
1938	남부	2,365	151	37	34	7,270	12,341	22,198	98.4%
	북부	70	5	6	3	116	171	371	1.6%
	%	10.8%	0.7%	0.2%	0.2%	32.7%	55.4%	22,569	

자료: 『酒』 10-8, 1938; 『酒の朝鮮』 11-9, 1939

것도 밀주를 마시고 있는 상황에서 체포된 것이 아니라, 아직 즐기지도 못한 시점에서 잡힌 것으로, 상당히 철저한 감시체제였다.

『조선총독부통계연보』에서는 1914년부터 35년까지의 주세범칙 혐의자 수가 게재되어 있는데, 혐의자 수는 거의 일관되게 늘어나고 있다〈그림 7〉. 주세령이 시행된 1916년에 한 차례 정점을 맞이하고, 1920년대에 들어서서 다시금 증가한다. 이러한 증가추세는 자가용 주조의 면허 취소와 연동되었다. 이 시기에는 쌀 등 농산물의 상품화가 급속하게 전개되었으며, 이에 따라 농민의 계층분해도 진전되고 있었다. 이 시기에 '밀주' 가정의 다수가 소작농을 중심으로 하는 '극빈'이었다는 기사가 있다.[25] 주세령체제하에서는 돈을 지불하고 구입하지 않는 한, 술을 손에 넣는 일은 사실상 불가능했다. 생존에 허덕이던 농가의 입장에서 볼 때, 자신의

---

[25] "자가용 목적의 것은 그 양石數은 매우 적은 반면에 밀조자가 상당히 많다. 밀조자는 극빈자인 까닭에 처벌하려 해도 방법이 없어 당국에서도 곤혹스러워하고 있다"(『朝鮮釀造業聯合會報』 6-4, 1931, 25쪽).

집에서도 담글 수 있는 술을 위해 현금을 지출할 것인가 여부는 실로 사활문제였다고 할 수 있다. 자가용 주조를 없애고 싶은 세무당국·주조업자, 주변에 있는 원료로 담글 수 있는 술을 일부러 사지 않으면 안 된다는 현실에 저항하는 농민의 갈등이 주세범칙 혐의자 수의 증가를 가져왔다고 할 수 있을 것이다. 이 점에 대해서는 후술하기로 한다.

1936년 이후 통계연보에는 사법계통 데이터인 혐의자수가 게재되지 않는다. 그래서 다음으로 재무계통의 통계, 즉 1928년부터 43년까지의 '밀주' 검거건수를 살펴보고자 한다〈그림 8〉. 특히 노구교사건 (1937) 이후의 전시기에 주목하고자 한다. 전시통제의 영향 때문인지 1939년의 대흉작에 이르기까지 검거자수는 감소경향을 보이지만, 이후의 시기를 보면 전시총동원체제기임에도 불구하고 오히려 '밀주'가 늘어나고 있다. 그 이유의 하나로는 단속 증가를 들 수 있을 테지만, 그 것만으로는 충분한 설명이 되지 못한다. 이 시기에는 통제경제로 인해 주조업자에게 돌아가는 술 원료가 줄어들어 생산량이 감소했으며, 정책적으로도 쌀 이외의 원료를 술에 섞도록 되어 있었다. 이에 판매주는 일반민중의 수요를 따라가지 못하고 있었다. 그래서 농촌뿐만 아니라 도시에서도 '밀주'가 격증하고 있었으며, 이러한 사실은 제국의회에도 보고되었다.[26] 즉, '위'로부터의 통제를 강화하는 것이 오히려 '어둠'의 영역을 확대시키고 있었던 것이다.

---

26 "정부의 절미節米운동에 호응하여 잡곡의 강제 혼용이 이루어지고 있으며, 또 원료 입수가 곤란하여 생산량이 감소하고 있다. 이 틈을 타 최근 조선 탁주의 범칙자가 눈에 띄게 증가하였으며, 특히 판매용 밀조주가 격증하기에 이르렀다."(『昭和十九年度(第八十四回議會)議會說明資料』, 朝鮮總督府財務局). "주류의 밀조는 매년 격증하는 추세이다. 그 지역은 종래 농촌에 한정되어 있었으나, 최근에는 도시에도 만연하고 있다."(『第八十六回(昭和十九年十二月) 帝國議會說明資料 參冊ノ內貳冊』).

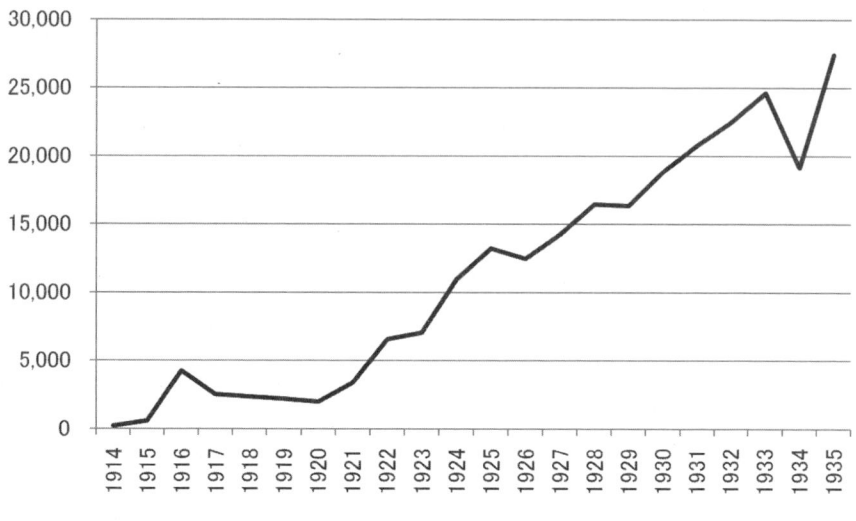

〈그림 7〉 주류 '밀조' 혐의자 인원 수(1914~1935). 자료 : 『朝鮮總督府統計年報』

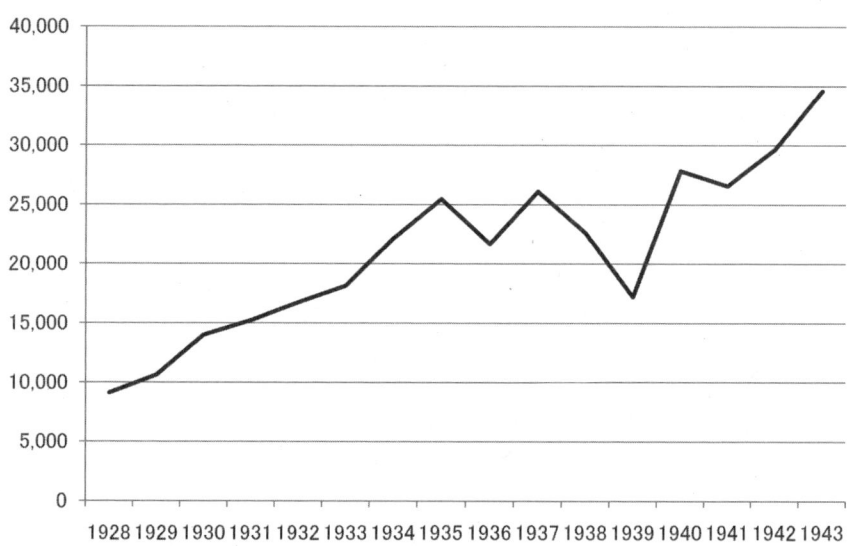

〈그림 8〉 주류 '밀조' 검거자 수(1928~1943).
자료 : 『酒』 10-8; 『酒の朝鮮』 11-9; 朝鮮總督府, 『第八十六回(昭和十九年十二月) 帝國議會說明資料參冊ノ內貳冊』, 1944.

4. '밀주' 단속의 전술

세무관리의 '밀주' 단속 전술을 보다 구체적으로 살펴보자〈그림 9〉.
우선 법적인 구분부터 말하자면, '밀주'는 일반 형사범죄가 아니고
간접국세의 위반에 해당한다. 형사사건이라면 가택수색 등은 재판소
의 허가가 필요하지만, 간접국세의 경우에는 세무관리가 범칙했다고
혐의를 걸면 곧바로 조사에 착수할 수 있었다.

그렇다면, 어떻게 혐의를 걸었는가. 먼저 단속에는 적절한 타이밍이
있다. 당시 세무관리가 사용하던 용어로 '밀조계절'이라는 것이 있었
다. 이는 밀조의 기회가 증가하는 시기라는 의미로, 구체적으로는 모
내기시기, 음력 8월 15일 추석, 수확시기, 음력 정월을 의미했다.[27] 이
'밀조계절'에 세무당국은 집중적으로 단속을 실시했다. 주조업자와 세
무관리가 해당 지역에서 '밀주'의 가능성이 높은 자의 리스트를 작성하
는 경우도 있었다. 예컨대, 어느 지역의 재무주임은 '주류불공급신고酒
類不供給申告'라는 양식을 주조업자에게 제출하게 했다. 이것은 술을 사
지 않는 인근의 마을, 혹은 관혼상제에 주류를 사용했을 것임에도 불
구하고 자신의 주조장에서는 구매한 사실이 없는 집을 신고하게 하는
제도이다.[28] S씨가 인근의 주조장이 알렸다고 추측한 것은 정곡을 찌
른 것이라고 할 수 있다. 그 밖에도 밀고제도가 있다. 예컨대, 1928년

---

27 예컨대, 경상북도의 공문서「酒類の密造防止並之か取締に關する件通牒」(慶尙北道財務部
長→府尹‧郡守‧島司宛, 1928年8月21日付(浦項稅務署, 『酒稅例規甲種』수록, 國家記錄
院, CJA 0022172))에는 "모내기철挿秧期, 백중旧盆, 수확기收穫期, 음력 연말旧歲末 등 주류
의 밀조계절"이라는 표현이 있다.
28 森山勝,「朝鮮酒製造業者の自衛策に就て」, 『酒』9-10, 1937.

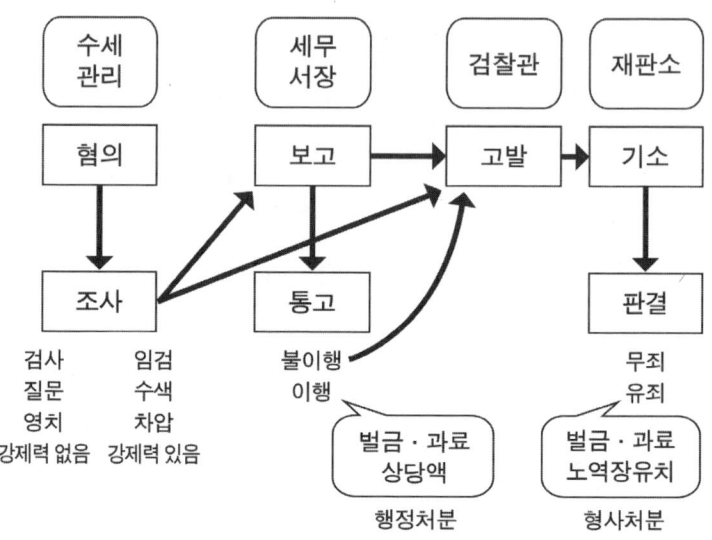

<그림 9> '밀주' 단속의 프로세스

의 세무관련통첩(이하 '1928년 통첩')에는 다음과 같이 지시되었다. "밀고
장려의 실행과 관련하여 한층 그 유도에 노력하고, 또한 본 시설을 확
충하여 밀조 방지에 현저한 공로자에게도 상당한 사례금 급여의 조치
를 강구할 것."[29] 즉, 현상금으로 밀고를 장려하고 있었던 것이다. 식
민지권력은 이런 식으로 혐의를 굳혀갔다.

다음으로 조사 단계에는 강제력 없는 '질문'과 '검사'부터 강제력 있
는 '임검臨檢', '수색', '차압' 등에 이르기까지 다양한 수단이 포함된다.
이는 식민지권력과 민중의 직접적인 접촉경험으로, 가장 드라마틱한
부분이다. 이에 대해서는 다음 절에서 서술하도록 하겠다.

조사에 의해 심증을 얻지 못하면 혐의자는 방면된다. 심증을 얻었을
경우에는 세무서장이 벌금·과태료에 상당하는 금액의 지불을 명하는

---

29 공문서 「酒類の密造防止並之カ取締に關する件通牒」.

'통고'를 시행한다. 이것은 형사처분이 아니라 행정처분이기 때문에 전과가 되지는 않는다. 그러나 이 통고를 이행하지 않을 경우 검찰에 '고발'된다. 도주, 증거인멸의 우려가 있을 경우 등에는 통고의 이행을 기다리지 않고 곧바로 고발하는 것도 가능하다. 기소되어 유죄판결이 내려지면 '전과자'가 된다. 벌금·과태료를 지불하면 형사처분은 종료되지만, 이 또한 지불하지 못할 경우에는 노역장에 유치되게 된다.

이상이 일련의 단속 과정이다. 이외에 총독부는 예방 차원의 조치도 취하고 있었다. 1930년대 포항지역에서 작성된 한 장의 전단지(〈그림 10〉)를 사례로, 1928년 통첩 및 대구세무감독국이 1935년에 작성한 통첩 '주류밀조폐풍교정시설에 관한 건'(이하, '1935년 통첩')[30]을 아울러 검토하며 '밀주' 예방정책의 특징을 살펴보자. 포항의 '주류밀조교정회'의 주요 구성원은 "군청, 경찰서, 학교, 금융조합, 어업조합, 세무서, 주조조합, 지방유력자"라고 전단지에 적혀 있다. 즉, 관공서, 주조업자, 지역유력자가 제휴하여 '밀주' 방지 네트워크를 형성하고 있었다. 1935년 통첩에도 이러한 '지방관민의 협조'에 의한 창설이 지시되고 있다. 전단지에 '갱생농가'라는 표현이 보이는 것에서 미루어 짐작할 수 있듯이, 이러한 '위'로부터의 조직화는 당시의 농촌진흥운동의 동향에 편승한 것이었다. 1928년 통첩에서는 "밀조 방지에 관한 선전 전단지 및 포스터를 인쇄배포"할 것이 지시되고 있는데, 이러한 전단지의 작성 자체가 '교화'의 일환이었다. 흥미로운 것은 전단지에 실린 소학생의 밀조 방지 표어이다. 6학년생이 "술의 밀조, 신이 벌을 준다"라고 쓰고, 5학년생 아이가

---

30 '酒類密造弊風矯正施設方ニ關スル件'(大邱稅務監督局稅務部 → 各稅務署長宛, 1935年9月3日付(乃城稅務署, 『酒稅例規』 수록, 國家記錄院, CJA 0022180)).

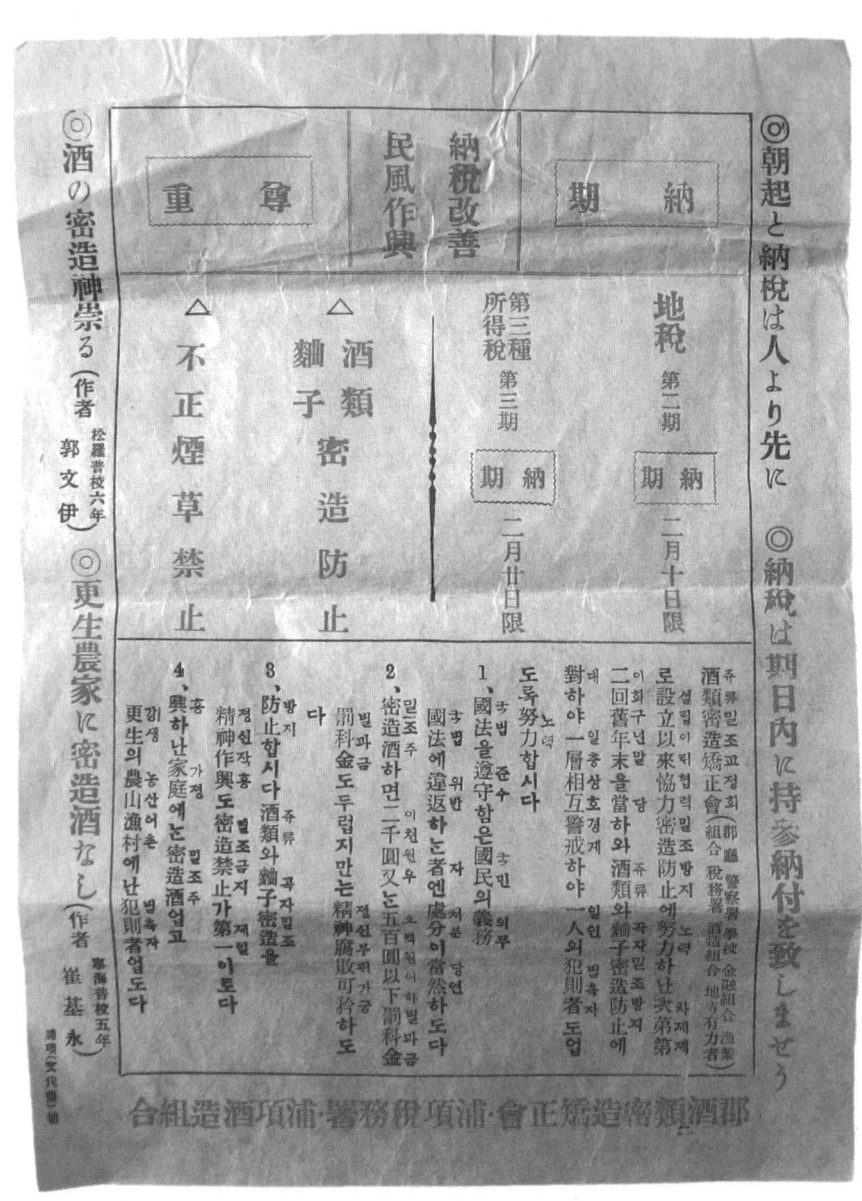

〈그림 10〉 포항군 주류밀조교정회 전단지

"갱생농가에 밀조주 없다"라고 쓰고 있다. 1935년 통첩에서는 학동에 대한 학교 측의 강화講話를 통해 교화할 것이 지시되고 있다. 이를 아울러 생각해 볼 때, 학동을 '밀주' 방지의 계몽을 위한 일종의 앞잡이로 간주하고 있었음을 알 수 있다. 이상과 같이, '밀주' 방지를 하나의 목적으로 하여 진행되고 있었던 것은 '위'로부터의 조직화와 통합이었다.

5. '밀주'의 실천

이상을 전제로, 식민지권력 측의 전술과 농민이 어떻게 맞부딪혔는지를 살펴보기로 하자.

우선 농민은 단속되지 않도록 다양한 수단을 사용했다. 농민의 전술은 문헌상으로는 확인할 길이 없지만, 필자는 몇 분으로부터 관련된 이야기를 들을 수 있었다. 상주에서는 구멍을 파고 숨겼다는 이야기를 들은 적이 있다. 또, 일부러 거름더미 근처에 숨겼다는 일화를 이야기해준 사람도 있었다. 어느 명문사족의 가정에서는 선조의 위패를 넣어둔 사당에 술을 감췄다고 했다. 사당은 신성한 장소이기 때문에, 조선 문화에서는 함부로 들어갈 수 없는 곳이다. 말단관리도 그러한 문화를 공유하고 있었다는 이야기인지도 모르겠다. 동래지역에서 들은 이야기로는, 농민들은 제사를 지내기에 앞서 주조업자부터 소량의 술을 사두곤 했다고 한다. 그리고 "술을 사주었으니 집에서 조금 만드는 정도는 넘어가 달라"고 했다고 한다. 주조업자도 지역주민이기에 그에 응하는 정도의 인간관계는 유지하기도 했다는 것이다.

이러한 수단을 동원해도 단속의 대상이 되는 경우가 있었다. 앞서 서술한 바와 같이, '밀주' 단속은 세무서의 관리와 임시직원雇員들에 의한 가택수색을 동반했기 때문에 강렬한 경험이 되었다. 진주군의 사례에서는 숨기고 있던 술을 찾기 위해 자물쇠로 잠겨 있는 문을 부수는 등 단속이 너무나 폭력적이었기 때문에 강도로 착각한 집주인이 주재소에 통보했다고 하는 사건이 있을 정도였다.[31] 당시의 신문기사에도 세무서원의 폭력이 상당수 거론되고 있으며, 총독부 내에서도 그러한 문제가 있는 것은 인식되고 있었다.[32] 이러한 식민지의 말단 관공리는 민중으로부터는 미움 받았으며,[33] 관료조직에서도 성가신 존재로 취급되고 있었다.

단속이 정치적 수단이 되는 일도 있었다. 예컨대, 밀양군에서는 밀조용의로 검거된 18명 전원이 수리조합 반대파였고 찬성파가 1명도 단속되지 않았기 때문에 군청 수사의 자의성에 대해 비난여론이 들끓었다.[34] 단속은 정책 반대파를 억누르는 수단으로도 이용되고 있었던 것으로 보인다. 앞서 서술한 밀고제도가 이러한 경향을 조장했으리라는 점도 충분히 상정할 수 있다.

이러한 부당한 단속에 대해 공동의 저항이 전개된 경우도 있다. 공

---

31 『東亞日報』, 1926.11.30.
32 예컨대, 광주지방법원검사는 전라남도 각 지방의 세무과장을 대상으로 한 강연에서 폭력사태에 대해 언급하며, "그릇을 깨뜨린다든지 범칙자의 얼굴을 때려서는 안 된다"고 말했다('間接國稅犯則者處分に付で' 1923年7月13日(羅州稅務署, 『間接國稅犯則者處分例規』 수록, 國家記錄院, CJA 0022164)).
33 앞서 언급한 동래에서의 취록과정에서는, 어느 세무관리는 퇴직 후에도 주변주민 앞에서는 슬금슬금 숨어 다녔다는 증언을 들었다.
34 『東亞日報』, 1928.2.8.

동성의 최소 단위는 가족이었다. 고령군에서는 군청서원이 B의 집에서 탁주 2홉을 발견하고 이를 압류하려던 차에 B의 누이가 곤봉으로 직원의 머리를 때렸다.[35] 부여군에서는 N이 모친의 제사 준비를 위해 탁주와 약주를 준비했는데, 세무관리에게 밀조주로 적발되었다. N은 사온 술이라고 주장하는 한편, "문제된 술로는 제사를 지나지 안겠다"라며 술병을 깨려 했다. 이를 세무관리가 제지했기 때문에 N의 처와 남자하인들까지 달려들어 격투가 일어났다.[36]

보다 크게는 마을의 주민에 의한 집단저항이 전개되는 경우도 있었다. 예컨대, 영동군의 M의 집에서 자식의 결혼식이 거행되고 있을 때, 밀고를 받은 군청원이 방문하여 술을 발견했다. M의 조모는 용서해 달라고 간절히 빌던 와중에 기절하고 말았다. 이를 본 친족과 마을주민이 "이놈들이 사람을 죽인다"라며 직원을 구타했다. 이로 인해 8명이 검거되었으며, 그 가운데 M의 친족 5명이 송검되었다.[37] 모처럼의 결혼식이 엉망이 되었다. 또, 달성군의 K가에서는 세무관리가 술과 누룩을 찾아냈다. 조사원은 "더 있을 것이다"라며 여성의 방까지 들어가 뒤지기 시작했다. 이 언동이 주민감정을 자극하여 마을의 농민 수십 명이 조사원에게 충고했다. 그런데도 듣지 않았기 때문에 난투극이 벌어져 서원 4명이 중경상을 입었다.[38]

부당한 단속에 대한 저항은 폭력적인 것만 있었던 것은 아니었다. 옥천군에서는 어느 노인이 '밀주' 벌금 40엔을 지불하지 못해 형무소에

---

35 『朝鮮中央日報』, 1933.6.29.
36 『東亞日報』, 1935.6.23.
37 『東亞日報』, 1930.3.29 · 4.8.
38 『東亞日報』, 1935.6.20;『朝鮮中央日報』, 1935.6.21.

수용되고 말았다. 이에 대해 마을주민 15명이 돈을 모아 대리로 벌금을 지불하여 석방시키는 사건이 있었다.[39] 앞서 서술한 바와 같이, 자가용 주조를 하는 자 가운데에는 빈곤층도 다수 포함되어 있었다. 그러나 그러한 가정이 단속되었을 때 벌금은 지불되기 어려웠다. 벌금을 완납하지 못할 경우에는, 앞서 언급한 것처럼 노역장 유치 처분이 기다리고 있었다. 예컨대, 1931년의 경상북도 통계를 보면, 벌금 완납자는 약 6할에 지나지 않았고 나머지 4할은 모두 신체형을 받았다는 보고가 있다.[40] 경주군에서는 불과 5엔을 지불하지 못해 유치장에 들어간 노인이 사망하는 사건도 있었다.[41] 이러한 부당함에 대항하여 동리의 주민이 결속했던 것이라고 여겨진다.

이러한 '밀주'를 둘러싼 사건에는 여성이 종종 등장한다. 본래 생활의 일부로서 주조를 맡았던 것이 주로 여성이었기 때문에,[42] 단속의 대상으로 여성이 등장하는 사례도 자연히 많아지게 된 것이다.[43] 여성과 '밀주'의 관계에 대해서는 제국의회에도 보고되었다. 전시기에 밀주가 증가한 사실은 앞서 서술한 바와 같지만, 이를 설명하는 제국의회자료에는 그 방지대책으로 당시의 총동원조직을 활용하면서 "민중

---

39 『東亞日報』, 1932.10.30.

40 『朝鮮醸造協會雜誌』7-1, 1932, 15쪽.

41 『東亞日報』, 1935.10.29.

42 실증적인 조사는 보이지 않지만, 주조는 "일반적으로 천업으로 인식되어 대부분 부녀자의 손에 맡겨져 있다"(朝鮮酒造協會, 『朝鮮酒造史』, 1935, 116쪽)는 등, 다양한 자료가 여기저기 보인다.

43 국가기록원에 '수형자명부', '범죄인명부' 등이 대량으로 소장되어 있으며, 그 가운데 '주세령위반'이 다수 포함되어 있다. 프라이버시 문제로 열람에 제한이 있어, 주소란을 블라인드 처리한 후 상주 일부지역의 것을 열람할 수 있었다. 성별이 따로 기재되어 있지 않기 때문에, 이름에서 성별을 추측할 수밖에 없었다. 샘플로 K면의 1933~1935년분의 '범죄인명부'를 살펴보면, 13명 가운데 남성이 9명, 여성이 4명이었다.

의 교도, 특히 범칙행위자인 조선인 부녀자의 각성촉진에 노력하여 밀조 폐풍의 불식을 기하고 있다"라고 기술되어 있다.[44] 그녀들은 때로 술 단지를 감추거나 술병을 깨기도 하고, 조사원을 주조장까지 데려가서는 구입한 술이라고 주장하거나 곤봉으로 조사원을 구타하기도 했다. 이에 대해서는 두 가지 해석이 가능하다. 즉, 한편으로 이것은 가내분업의 결과, 나아가 가부장제의 산물이라는 측면이 있다. 그와 동시에 부당한 단속에 대해서는 생활을 지키기 위해 여성이 그러한 가부장제로부터 불거져 나와 과감히 저항했다고도 할 수 있다.[45]

6. 저항을 둘러싸고

이제 지금까지 논의한 농민들의 행위를 '저항'이라는 관점에서 생각해 보자. 저항이라고 해도 민족적 저항이라기보다는 일상적 저항의 영역에 해당한다. 이를 통해 식민지하에서의 민중의 주체성과 정치의 문제를 생각해 보고자 한다. 식민지하의 '밀주'는 세 가지 의미에서 저항의 성격을 가지고 있다. 첫째, 금지되어 있음에도 불구하고 계속 주조했다는 의미에서, 말하자면 '행위로서의 저항'이다. 둘째, 뜻하지 않게 그것이 결과적으로 총독부권력과 자본에 부(負)의 영향을 미쳤다는 의미에서, '결과로서의 저항'이다. 끝으로, 부당한 '밀주' 단속에 대한 비판이

---

44 『第八十六回(昭和十九年十二月) 帝國議會說明資料 參冊ノ內貳冊』.
45 재일조선인 여성과 '밀조주'와의 관계에 대해서는 宋連玉, 「植民地主義が創出した'在日' 朝鮮人女性」(歷史學研究會 編, 『韓國併合'100年と日本の歷史學』, 青木書店, 2011) 등에서 논의되고 있다.

라는 의미에서, '항의로서의 저항'이다. 이에 대해 차례로 검토해 보자.

먼저 '행위로서의 저항'과 관련하여 근본적인 물음을 던지고 싶다. 조선의 농민들은 금지된 자가용 주조를 왜 계속했던 것인가. 그에 대한 명확한 답은 곧바로 얻을 수 있을 것 같지는 않다. 술을 좋아해서, 혹은 밀매하여 이익을 얻고 싶어서라는 이유도 있었을 테고, 예전부터 해왔기 때문이라는 문화적 타성의 측면도 있었을 것이다. 그러나 그 정도의 해석으로 정리하기에는 그 행위에 상당한 절박함이 있었다. 여기에서는 아슬아슬한 생존경제subsistence economy 수준에서 일상을 보내던 농민의 선택이라는 요소를 시야에 넣을 필요가 있다. 이것은 예전에 제임스 스코트가 『농민의 도덕경제—동남아시아의 반란과 생존경제』에서 동남아시아 농민의 행동원리의 기초로 설정한 것이다.[46] 식민지하의 농촌과잉인구로 인해 농촌에 체류하고 있던 빈농층에게 현금지출은 사활문제였다. 그러한 상황에서 농민은 생활의 일부였던 술을 살 것인가 자신이 담글 것인가, 또는 마시는 것 자체를 포기할 것인가라는 선택지를 앞에 두고 모종의 결단을 내리지 않으면 안 되었다.

산다는 선택지를 고른 경우에는 현금수입이 필요하게 된다. 앞서 예시한 S씨의 1935년 연간지출 가운데 술값의 지출은 도합 17.5%나 차지하고 있다. 그가 혼자서 마시는 일은 없었기 때문에, 그에게 술은 의사소통의 매개물이었다. 의사소통을 위해 그만한 돈을 쓰는 것이 꽤 부담이었다는 점은 틀림없을 것이다.

그래서 다음으로 술을 마시지 않는다는 선택지가 등장한다. 1920년

---

46 James C. Scott, *The Moral Economy of the Peasant : Rebellion and Subsistence in Southeast Asia*, Yale University Press, 1976.

대 이후의 이른바 '생활개선운동'을 통해 술과 '낭비' 혹은 '나태'를 결부시켜 '금주'를 촉구하는 담론이 퍼져나갔다. 또한 1930년대에 '자력갱생'을 슬로건으로 하여 널리 전개된 농촌진흥운동에서도 '소비절약'의 일환으로 종종 '금주'가 거론되었다.[47] 그러나 음주와 양조가 언제나 '낭비', '나태'의 상징으로 거론되었던 것은 결코 아니다. '밀주' 단속을 맡고 있던 세무서원 조차 "이것(=탁주)의 결핍문제는 동시에 식량 결핍 문제다"라고 썼을 정도이다.[48] 그러한 의미에서 현금으로 술을 사기보다는 자기 주변의 원료로 술을 양조하는 편이 오히려 '절약'이고 '자력갱생'이라고 조차 할 수 있다.

이와 관련하여 한 가지 흥미로운 사실을 소개하고자 한다. 식민지기 이전에는 수전水田 지대를 중심으로 공동노동의 관행이 널리 확인되는데, 그 가운데 온 마을 사람들이 총출동하여 모내기나 수확하는 것을 일반적으로 '두레(농사農社)' 등으로 불렀다. 그러나 식민지기에는 그러한 공동노동이 급속히 쇠퇴했다. 농촌경제학자 강정택은 자신의 출신 마을을 중심으로 면밀하게 현지조사를 하며 식민지기의 공동노동에 대해 논문을 작성했다. 이 논문에서 강정택은 두레가 쇠퇴한 원인을 몇 가지 열거했는데, 그중 하나가 술 문제였다. 그는 다음과 같이 적고 있다.[49]

---

47 예컨대, 양덕군의 어느 동리에서는 "음주금연 및 도박의 엄금"이 상호 약조되어 위반자에게 벌금을 물렸으며(『自力更生彙報』 2호, 1933.4), 해주군의 어느 동리에서는 매달 1일부터 1주일을 "금주주간"으로 정했다. 또, 창성군의 어느 동리에서는 평소뿐만 아니라 관례와 혼례에서도 금주를 결정했다(『自力更生彙報』 30호, 1936.2).

48 奧本澤, 「減石と密造」, 『酒之朝鮮』 12-9, 1940, 33쪽.

49 姜鋌澤, 「朝鮮における共同勞働の組織とその史的変遷」, 『農業経濟研究』 17-4, 1941, 544~545쪽. 강정택에 대해서는 강정택(박동성 역·이문웅 편), 『식민지 조선의 농촌사회와 농업경제』(YBM si-sa, 2008)를 참조.

먼저 고려하지 않으면 안 되는 점은 자가용 주권自家用酒權(자가용 술을 담가 마실 권리)의 박탈과 밀조 단속의 철저화가 공동작업에서 술의 제공을 점차 감소시켰다는 사실이다. 이것이 농사農社의 폐절과 깊은 관련이 있다는 점은, 많은 촌락에서 농사 폐절의 원인을 농민에게 물어보면 반드시 술이 없어서라고 답하는 것에 비춰보아 분명하다 할 것이다.

막걸리는 일명 '농주'라고도 불리듯이, 특히 농촌의 공동작업에 활력을 불어넣는 데 반드시 필요한 아이템이었다.[50] 즉, 막걸리의 자가용 주조는 '나태'의 상징이기는커녕 오히려 '근면'한 노동을 위한 도구였다. 강정택은 농사일, 농악, 술을 합쳐 "노동·오락·향연의 삼위일체체제"라고 표현했으며, 이것이 "훼손됨으로써 농사農社 존립기반의 중요한 한 측면이 무너졌다"라고 평가했다. 그의 조사 연구의 배경에는 1930년부터 전시기戰時期에 걸친 농촌정책이 존재한다. 농촌진흥운동과 그 후의 전시체제 구축과정에서 조선총독부는 동원을 위해 '위'로부터 마을의 공동조직을 만들고자 했다. 그중에는 모내기나 벼 베기 등의 공동노동을 장려하는 것도 포함되어 있었다. 강정택의 조사과정에서 인지된 "술이 없기" 때문에 공동노동을 하지 않게 되었다는 농민들의 육성은, 그렇게 '위'로부터 아무리 공동성을 끌어내려 해도 정작 핵심적인 매개물이 빠져 있었음을 시사한다.

따라서 자가용 주조는 정책적으로 '위'로부터 밀어붙이는 것이 아닌 별개의 '자력갱생', '절약', '공동성'의 존재방식을 오히려 보여주는 것

---

50 특히 두레의 간식에 해당하는 '참'에서 술은 빠질 수 없는 존재였다(朱剛玄, 『한국의 두레』 1, 집문당, 1997, 154~160쪽).

이기도 했다. 그러한 의미에서 '밀주'라는 선택지에서는 이른바 '정치 참가'나 '민족운동'과는 또 다른 의미에서의 정치의 존재방식을 발견할 수 있다.[51]

다음으로 '결과로서의 저항'의 측면에 대해 생각해 보자. 앞서 서술한 바와 같이, 주세는 총독부 재정에서 높은 비율을 점하고 있었다. '밀주'가 수천, 수만 건 단위가 되면, 총독부 재정의 적지 않은 감수減收로 연결된다. 또, 자가용분의 술을 사지 않는다는 것은 신흥 지역자산가인 주조업자의 관점에서 본다면 사실상의 보이콧이다. 이에 단속도 관민 일치가 되어 실시되었던 것이다. 그러한 의미에서 '밀주'는 **총체로서 결과적으로** 식민지정부와 자본에 대한 저항이 되었다. 이 '총체로서 결과적으로'라는 말은 강조해둘 필요가 있다. 결과를 놓고 보자면 간디의 '소금 행진'에 비견할 만한 저항이라고도 할 수 있을지 모르지만, 물론 그와 같은 조직성은 없었다. 그것은 의도치 않은 산발적 저항이었던 것으로, 딱히 총독부 재정이나 자본에 타격을 준다는 목적을 가지고 '밀주'를 했던 사람은 없을 것이다. 생활의 일부로 행해져온 것이 총독부 지배하에서 '불법'화 되었던 까닭에, '밀주'를 계속하는 것이 뜻하지 않게 전시하의 제국의회에도 보고될 정도의 큰일이 되어버렸던 것이다.

끝으로 '항의로서의 저항'이다. 저항이 보다 적극적인 공동행위로 표출된 경우가 있었다. 이미 서술한 것처럼, 그중 신문기사화 된 사건의 다수는 폭력을 동반한 것이었다. 그것은 모두 생활세계에 무단으로 들이닥친 단속의 부당함에 대한 의사표시가 결과적으로 그러한 형태

---

51 이 점에 대해서는 다음의 졸고를 참조. 「朝鮮の地域社會と民衆」(山室信一 外編, 『東アジア近現代通史 第5卷 −新秩序の模索 1930年代』, 岩波書店, 2011).

로 나타났다고 할 만한 것들이었다. 많은 비엘리트는 자신의 경험을 글로 써서 남기지는 않았지만, 사건 등에서 표출될 때 그 경험이 가시화된다고도 할 수 있다. 그들은 추상적인 문제에 대해 항의하거나 들고 일어서지 않는다. 반드시 문제는 구체적으로 드러나며, 행동도 구체적으로 나타난다. 그러한 의미에서는 앞서 예시한 사건들에서 읽어내야 할 것은, 꼭 그 같은 행위로 발전하지 않았다 하더라도, 민중이 느끼고 있었을 사회의 모순과 갈등이다. 그것은 밀주단속의 부당함에 그치지 않고, 식민지정부와 자본주의가 생활차원에서 어떻게 경험되었는가를 비춰준다.

부연하자면, 그것은 식민지하에서의 자본주의와 법의 폭력성이라는 문제를 경험적인 차원에서 가시화하고 있는 것은 아닐까. 주세령의 목적은 산업육성과 그를 통한 조세의 안정적인 확보였다. 그러나 이것을 농민의 관점에서 보자면, 본래 주변의 자원으로도 간단히 취득 가능했던 물품을 일부러 구입해야 되었다는 것을 의미한다. 가령 주조권이라는 권리가 있었다고 한다면, 농민은 주조권을 일방적으로 박탈당했던 것이며, 그들은 술을 입수하기 위해 노동으로 간신히 얻은 귀중한 화폐를 술과 교환하지 않으면 안 되는 상황에 처했던 것이다. 그 화폐가 이번에는 지역 자본가의 성장과 총독부 재정을 위해 활용된 것은 농민의 눈에도 명백한 사실로 비춰졌다고 여겨진다. 생활에 밀착된 권리가 저항할 수 없는 강제력에 의해 박탈되고, 그것이 바로 그 강제력의 행사자를 살찌운다. 그러한 의미에서 이것은 실로 자본주의의 원초적 축적에서의 폭력 경험이었다고 할 수 있다.

그것은 또 식민지에서의 비민주적인 법의 문제이기도 했다. 이 점에 대해서는 몇 가지 문답을 상정하여 생각해 보자. 왜 자가용 주조는 안 되는 것인가. 그것은 법으로 정해져 있기 때문이다. 왜 그런 법이 있는 것인가. 그것은 그렇게 나라에서 정했기 때문이다. 구조적으로 민의가 반영되지 않고 따라서 법의 정당성이 민의에 전혀 의거하고 있지 않은 식민지의 비민주주의적인 시스템에서 이 문답은 "법은 법이다" 혹은 "국가는 국가이다"라는 동어반복tautology에 머물 뿐이다. 그리고 이러한 동어반복을 궁극적으로 지탱하고 있는 것이 국가폭력의 강제력이라는 점도 가시화시키고 만다.

모두에서 인용한 S씨의 "정신이 빼앗긴 것 같다"는 감각은 의례의 장까지 들이닥치는 자본주의와 식민지국가 폭력의 부당함을 드러낸 것이라고 할 수 있을 것이다.

7. 맺음말 – 식민지경험에 대하여

끝으로, 식민지경험으로서 '밀주'에 대해 고찰하며 논의를 끝맺고자 한다.

주세제도는 일본에도 메이지明治 시대에 처음으로 도입되었다. 처음에는 자가용 주조가 인정되었지만 나중에 금지되었다는 점, 청일전쟁·러일전쟁 시기를 포함하여 근대일본의 국가재정에서도 주세가 큰 역할을 했다는 점 등, 조선의 제도를 앞서 구현하고 있었다.[52] 조선

---

52 野添憲治·眞壁仁, 『どぶろくと抵抗』(たいまつ社, 1976) 등을 참조.

에서의 제도는 실로 일본국내의 경험을 식민지에 응용한 것이었다. 일본국내에서도 도호쿠東北 지방을 중심으로 '도부로쿠'라고 불리는 '밀주'가 번성하여 그 대책을 위한 자료도 다수 남아 있다.[53] 그러한 맥락에서 볼 때, 이것은 꼭 식민지경험이라고 할 수 없는 것은 아닌가, 오히려 '근대성'의 경험이라고 할 수 있는 것은 아닌가라는 논의가 일단 성립할 것이다. 세율 등의 세제 자체가 조선에서 가혹했던 것은 아니며, 오히려 조선 술에 대한 세율은 억제되어 있어서 꼭 제도적 차별이 있었다고는 할 수 없다. 또 해방 후에도 자가용 주조가 계속해서 금지되었기 때문에, 이것은 식민지기만의 문제가 아니라 식민지 이후로도 이어지는 문제이기도 했다. 그러나 조선에서 주세제도는 식민지화에 따라 도입된 것이었으며, 민의를 반영하는 시스템이 존재하지 않은 채로 식민지기 내내 존속했다. 게다가 '밀주' 적발이 격렬하고 부당한 경험이었던 만큼 자가용 주조의 금지는 기타 폭력의 경험과 함께 식민지경험으로서 깊이 기억되었다.

이에 대해서는 식민지로부터의 해방 이후의 상황과 아울러 생각해볼 필요가 있다. 해방 후, 일시적으로 자가용 주조가 사실상 가능하게 되었던 흔적이 남아 있다. 1947년에 강화도에서 인류학적 조사를 벌이고 있던 코넬리우스 오스굿은 조사보고서에서 다음과 같이 기술하고 있다.[54]

---

53 『東北六縣酒類密造矯正沿革誌』(仙台稅務監督局, 1920)는 그 상세한 기록의 하나이다. 대략 조선보다도 공적인 기록은 상세히 남아 있다고 해도 좋다. 지역사정을 일정하게 배려한 '내지'와 상세한 조사도 없이 진행된 식민지와의 차이인지도 모른다.
54 Cornelius Osgood, *The Koreans and Their Culture*, New York : Ronald Press Company, 1951, pp.88~89.

일본은 알코올음료의 생산을 중요한 수입원으로 독점했지만, 미국의 점령 이래, 자가소비를 위한 사적인 양조가 허가되었다. 그러나 마을 사람들은 알코올 도수가 낮은 종류만을 만들고 도수가 높은 것은 시장에서 사고 있다.

또 조선은행이 편집한『경제연보』에는 1948년에 "도비都鄙를 막론莫論하고 밀주密酒가 성행盛行하여 공장양조工場釀造조차 공공연公々然하게 밀주화密酒化한 경향傾向이 있었음으로 통계적 숫자統計的數字를 계상計上하기는 곤란困難하다"라고 기술되어 있다.[55] 미군정이 자가용 주조를 법적으로 인정한 흔적은 현시점에서는 확인되지 않고 있다. 오히려 1946년에 식량정책의 일환으로 양조금지령이 발포된 사실조차 존재한다.[56] 따라서 해방 후에 제도가 이완되었다는 것은 아닐까 생각한다. 어쨌든 식민지기에는 불가능했던 자가용 주조가 다소나마 가능하게 된 것은 식민지로부터의 '해방'을 실감케 하는 하나의 요소가 되었다고 여겨진다. 예컨대, 해방으로부터 약 2개월 후에 양주지역의 한 농민은『자유신문』에 투고한 문장에서 "아즉도 일본제국의주시대에 아첨하야 어덧든 잔존세력을 그대로 유지하야 농민들의 피를 파라먹는 반역자"의 한 사례로 폭리를 탐하는 "탁주양조장 주인"을 들고 있다. 농민의 시각에서 볼 때, 식민지로부터 '해방'이 악덕양조장으로부터 '해방'으로도 비춰지고 있었다는 점을 의미한다.[57] 그러한 인식이 '밀

---

55 朝鮮銀行調査部,『朝鮮經濟年報 1948年版』I-114.
56 1946년 3월, 식량부족을 이유로 잡곡을 이용한 소주를 제외한 주류제조의 금지령이 발포되었으며(『東亞日報』, 1946.3.22), 11월에는 전면금지령이 나왔다(『東亞日報』, 1946.11.1). 이 조치는 오히려 '밀주'를 확산시킨 데다 질 나쁜 술이 시중에 나도는 결과를 초래하여 다음해에 해제되었다.
57 '感光板 濁酒暴利取締해라'(『自由新聞』, 1945.10.26).

주' 단속을 식민지경험으로 기억하게 하는 계기가 되었다는 점은 쉽사리 상상할 수 있다.[58]

그러나 그 후의 권위주의체제하에서 밀주 단속은 엄격해져갔다. 식민지로부터 '해방'이 생활차원에서 '해방'으로 지속되었던 것은 아니었다. 제도의 완화는 민주화를 기다리지 않으면 안 되었는데, 그것은 전혀 '해방감' 없이 찾아왔다고 여겨진다. 그 시점에서 농촌은 과소過疎와 고령화 등에 의해 급속히 해체되고 있었으며, 글로벌화의 파도가 한국사회에 밀려들고 있었다. 막걸리도 1960~70년대의 공업화에 연동하여 이미 술의 주역 자리에서 밀려났다. 즉, 오늘날 자가용 주조를 한다 하더라도 국가재정이나 자본주의에 이렇다 할 영향은 없다. 바야흐로 '저항'의 장은 전혀 다른 곳으로 전환되어 있는 것이다.

번역 : 이세연

---

58 이러한 '밀주'를 둘러싼 '해방'감은 재일조선인의 경험에서는 거의 관찰되지 않는다. 이 점에 대해서는 별도의 기회에 논하고 싶다.

참고문헌

자료
• 식민지시기(문서류 / 단행본 및 기사 / 신문 및 잡지)
浦項稅務署,『酒稅例規甲種』, 국가기록원, CJA 0022172.
乃城稅務署,『酒稅例規』, 국가기록원, CJA 0022180.
羅州稅務署,『間接國稅犯則者處分例規』, 국가기록원, CJA 0022164.
朝鮮總督府,『昭和十九年度(第八十四回議會)議會說明資料』, 1944.
_____,『第八十六回(昭和十九年十二月) 帝國議會說明資料參冊ノ內貳冊』, 1944.
公州憲兵隊本部・忠淸南道警務部 편,『酒幕談叢』, 1912~14(국립국회도서관 소장).

沖田錦城,『裏面の韓國』, 輝文館, 1905.
奧本澤,「減石と密造」,『酒之朝鮮』12-9, 1940.
姜鋋澤,「朝鮮における共同勞働の組織とその史的変遷」,『農業經濟研究』17-4, 1941.
淸水千穗彦,『韓國酒造業調査報告』, 財務週報第20號附錄, 1907.
仙臺稅務監督監督局,『東北六縣酒類密造矯正沿革誌』, 1920.
臺灣總督府專賣局,『臺灣酒專賣史』, 1941.
朝鮮酒造協會,『朝鮮酒造史』, 1935.
平山與一,『朝鮮酒造業界四十年の歩み』, 財団法人友邦協會, 1969.
森山勝,「朝鮮酒製造業者の自衛策に就て」,『酒』9-10, 1937.

『東亞日報』,『朝鮮中央日報』,『每日申報』,『朝鮮總督府統計年報』,『朝鮮釀造協會雜
    誌』,『酒』,『酒の朝鮮』,『自力更生彙報』

• 해방 이후
朝鮮銀行調査部,『朝鮮經濟年報 1948年版』, 1948.
『東亞日報』,『自由新聞』

연구논저

강정택, 이문웅 편·박동성 역, 『식민지조선의 농촌사회와 농업경제』, YBM si-sa, 2008.

김대길, 『조선 후기 牛禁酒禁松禁 연구』, 景仁文化社, 2006.

주강현, 『한국의두레』 1, 집문당, 1997.

배도식, 「옛酒幕의 民俗的 考察」, 『韓國民俗學』 15, 1982.

배영동, 「안동소주 생산과 소비의 역사와 의미」, 『지방사와 지방문화』 9-2, 역사문화
      학회, 2006.11.

松田利彦, 「『주막담총酒幕談叢』을 통해 본 1910년대 조선의 사회상황과 민중」, 김동
      노 편, 『일제 식민지시기의 통치체제 형성』, 혜안, 2006.

이승연, 「1905년~1930년대 초 일제의 酒造業정책과 조선주조업의 전개」, 『韓國史
      論』 32, 1994.

정태헌, 「日帝下 酒稅制度의 施行 및 酒造業의 集積集中過程에 대한 硏究」, 『國史館
      論叢』 40, 1992.

주익종, 「日帝下 韓國人 酒造業의 發展」, 『經濟史硏究』 40-1, 1992.

板垣龍太, 『朝鮮近代の歷史民族誌－慶北尙州の植民地経驗』, 明石書店, 2008.

板垣龍太, 「朝鮮の地域社會と民衆」, 山室信一 外編, 『東アジア近現代通史 第5卷－
      新秩序の模索1930年代』, 岩波書店, 2011.

宋連玉, 「植民地主義が創出した'在日'朝鮮人女性」, 歷史學硏究會 編, 『'韓國倂合'100
      年と日本の歷史學』, 靑木書店, 2011.

鄭大聲, 『朝鮮の酒』, 築地書館, 1987.

野添憲治·眞壁仁, 『どぶろくと抵抗』, たいまつ社, 1976.

Osgood, Cornelius, *The Koreans and Their Culture*, Ronald Press Company, 1951.

Scott, James C., *The Moral Economy of the Peasant : Rebellion and Subsistence in Southeast Asia*,
      Yale University Press, 1976.

노래^歌를 들어서 글자^字를 안다*

일본 통치하의 타이완 가요와 문예대중논쟁

천페이펑

1. 머리말

타이완의 유행가 산업은 일본 식민지 통치기인 1930년대에 시작되어, 불과 10년 정도 사이에 인구에 회자되는 악곡을 다수 생산하였다. 이들 타이완 유행가는 타이완의 중요한 문화유산일 뿐 아니라 식민지 지배하 타이완의 역사이기도 하다. 전전^{戰前} 유행가의 태동 생성, 발전은 문학과 깊은 관계를 맺고 있었고 이 섬 문학사의 일부였다. 그럼에도 불구하고 히트한 타이완 유행가는 대부분이 연애를 노래한 오락적인 것으로, 이 때문에 그 중요성은 간과되는 경향이 있었다.

일본의 통치기 타이완에서는 5, 6천 장의 레코드가 제작되었는데 히

이 글은 타이완 중앙연구원 "전후 타이완역사의 다원적 상감과 주체 창조^{戰後臺灣歷史多元鑲嵌及主體創造}" 연구성과의 일부이다. 이 자리를 빌려 관계자들께 감사의 뜻을 전한다.

노래를 들어서 글자를 안다

트곡이 되어 사람들의 기억에 남아 있는 악곡은 흥행 경쟁에서 승리를
거두었지만 주목 받지 못했던 대량의 가요는 패자가 되었다. 일본의
통치기, 타이완 가요는 복잡하고 또 지난한 역사를 거쳐 왔다. 이 섬의
역사의 무게를 짊어진 악곡이 많이 있었지만 상업상 경쟁의 패퇴와 함
께 이들 악곡에 내포된 역사의 흔적과 정신, 문화적인 의의는 어둠 속
에 묻혀졌다.

본고는 패자의 역사를 실마리로 하여 1930년대 향토문학, 문예대중
화운동에 초점을 맞추어 이제까지 그다지 주목 받지 못했던 타이완 가
요사의 또 하나의 측면을 추적하고자 한다. 또한 타이완 근대문학의
복잡한 상황을 이해하는 새로운 시점을 제공하고자 한다.

2. 식자교육이 결여된 근대문학

1) '탈일입중脫日入中'의 중국 백화문운동

청일전쟁 후인 1895년에 타이완은 일본의 식민지가 되었다. 19세기
이전의 식민지 통치는 기본적으로 백인이 구미문화를 가지고 먼 곳의
유색인종을 지배하는 구조를 가지고 있었다. 그러나 일본의 타이완 통
치는 동아시아권 내에서 정치지배이고 황색인종의 한자 문화권 내의 지
배라는 복잡한 양상을 노정하고 있었다. 일본은 정치상의 통치자라고
는 하지만, 한자, 한문 및 한시의 전통문화를 피통치자인 타이완과 공유
하고 있었다. 이민족에 대한 통치를 보다 순조롭게 수행하기 위하여 반

세기에 걸친 타이완 지배에서 한자, 한문이 온존되고 있었던 것이다.

한편, 조선은 영토 전체를 지배받았던 것에 반해 타이완은 청조清朝 영토의 일부를 관할받은 것이었다. 일본보다 가까운 곳에 '조국'인 중국이 존재하였다. 타이완인은 식민지 지배하에서 한자, 한문의 본가인 '조국'과 인적, 상업적, 문화적인 교류를 단절하지 않으면서 중국과의 '동문同文'관계를 유지하고 또한 확인할 수 있었다. '동문'을 배경으로 일본통치하의 타이완에는 다른 표기언어를 가진 근대문학이 두 개나 존재하고 있었다. 식민자가 가지고 들어온 일본어와 동아시아의 공동 문화유산인 한문은 타이완 문학의 수단으로서 그 역할을 감당하고 있었다.

1917년 이후, 중국에서는 반봉건주의, 반귀족문학, 반고전문학을 주제로 한, 이른바 중국 백화문白話文운동이 제창되었다. 이 운동은 백화 즉 구어체에 의한 국민문학, 사실문학寫實文學, 사회문학이라는 이념을 표방하면서 문학은 통속적이고 대중적이어야 한다고 주장하였다. 또한 구한문과 문언문을 사용하는 상층계급에 의해 문학이 독점되는 것을 타파하고, 문어체를 개혁함과 동시에 이른바 언문일치의 실행을 목표로 하고 있었다. 1920년 이후, 근대 계몽정신을 표방한 중국 백화문운동의 풍조가 중국 각지로 확대되어 갔다. 이와 맞물려서 이민족으로부터 식민지 지배를 받았다고는 하지만 거의 같은 시기에 타이완에도 '조국'으로부터 중국 백화문운동의 바람이 불어왔다.

1924년 9월부터 11월에 걸쳐 타이완에서 중국 백화문운동의 기수들은 『타이완민보臺灣民報』라는 반체제 잡지에 일련의 문장을 발표하였다. 여기에서 그들은 낡은 시대의 인습을 타파하고 중국의 명조, 청조 이래의 구식한문의 봉건사상을 답습하는 구문학, 즉 청일전쟁 이후

'동문'관계로 인하여 타이완에 온존되어 통치자와 피통치자가 유착한 전근대적인 문학인 한시, 한문을 비판하고, 근대문학에서 중국 백화문을 창작의 도구로 하는 신문학운동을 제창하였다.[1] 신문학운동에 찬동하는 타이완 지식인들은 일본 통치하에서 타이완인들이 받은 정치적인 차별, 경제적인 착취, 사회적인 억압을 규탄하는 소설을 발표하였다. 이들 작품은 자유, 민주, 해방을 목표로 당시 타이완 사회를 반영한 고도의 리얼리즘 정신을 풍부하게 담아내고 있어 1920년대 타이완 지식인층에 큰 인상을 주었다. 중국 백화문운동은 타이완 근대문학의 실질적인 출발점이 된 것이다.

근대소설의 창작을 시도한 타이완에서 중국 백화문운동은 근대계몽이라는 사회운동의 의미를 가졌을 뿐만 아니라, '탈일입중'이라는 의도도 가지고 있었다. 타이완 지식인은 신문학을 제창하고 전통적인 한시, 한문을 비판하면서 청일전쟁 이후 타이완의 구문인을 진부한 인간이라 규탄하였다. 또한 중국 백화문이라는 일본인에게 별로 친숙하지 않은 언어문체를 통하여 그들과 구별되는 새로운 문학공동체를 구축하고자 하였다. 신문학운동은 중국 백화문을 수단으로 하는 창작상의 실천에 의해 '조국'과 문화적인 아이덴티티를 확인하고 있었던 것이다. 따라서 중국 백화문운동은 문화와 언어 면에서는 근대계몽의 색채를 띠고 있었고 정치면에서는 '탈일입중'의 의도, 즉 반식민지라는 정치적인 색채를 띠고 있었다.[2]

---

1 『타이완민보』가 창간된 후, 쨩워쥔張我軍은 「糟糕的台湾文學界」(1924.11.21), 「爲台湾的文學界一哭」(1924.12.11), 「絶無僅有的擊鉢吟的意義」(1925.1.11), 「揭破悶葫蘆」(1925.1.21) 등 수많은 논문을 발표하였다.
2 타이완에서의 중국 백화문운동에 관해서는 웡성평翁聖峯의 『日據時期臺灣新舊文學論爭

1920년대 당시 타이완 지식인은 대부분이 타이완어 즉 민난어閩南語와 광동어廣東語가 모어였다. 북경어北京語를 음성표준으로 하는 중국 백화문의 문장은 그들의 언어와 상당한 거리가 있었기 때문에 신문학을 지향하면 할수록 '언문불일치'라는 모순이 발생하게 되었다. 때문에 1930년대가 되면 타이완에서 향토문학 및 타이완 화문話文(민난어)에 관한 운동이 발생하고(이하 향토·화문운동) 이와 맞물려 대규모의 논쟁이 일어나게 된다.

2) 현실의 자신을 발견하는 향토·화문운동

1930년 8월, 황스후이黃石輝는 "당신들은 타이완인이고 타이완 하늘 아래에서 살고 타이완의 대지를 밟고 있다. (…중략…) 그리고 말하는 말도 타이완의 언어이다. 때문에 당신의 서까래 같은 건필健筆, 재필才筆로 타이완의 문학을 써야만 한다"[3]고 하여 이 향토·화문 논쟁의 시발을 알리고 있다.

타이완 화문이라는 것은 중국 백화문처럼 '외부'로부터 이입된 언어 문체가 아니라 타이완의 전통적인 한문이 구어화된 독자적인 문체를 말한다. 1920년대 타이완 사회에 유행한 중국 백화문은 진보적이고 계

新探』, 臺北 : 五南圖書出版有限公司, 2007 참조.
3 黃石輝, 「怎樣不提唱文學」, 『伍人報』 제9-11호, 1930.8.16~9.1; 中島利郎 編, 『1930年代 台湾鄕土文學論戰資料彙編』, 高雄 : 春暉出版社, 2003.3, 417쪽. 본고 중 향토·화문 논쟁 관련자료는 대부분 나카지마 도시로中島利郎 편의 이 책을 인용한 것이다. 이하 『彙編』 이라는 약칭을 사용하겠다.

몽적이며 모던한 이미지를 가지고 있었지만 타이완의 구어와 거리가 있어 일부 지식인에게만 보급되었다. 또한 이 문체는 구어, 전통, 서민, 감성 등의 요소가 결여되어 있었기 때문에 타이완 사회 저변의 비참한 세계와 서민의 희노애락을 표현하기에는 부적절하다고 생각되었다. 중국 백화문에 의한 타이완 신문학의 안티테제로서 황스후이의 주장은, 타이완 문학은 내용상 타이완, 특히 농어촌 등 사회 저변의 주민을 창작대상으로 하고 이 때문에 형식적으로는 타이완의 구어체에 가까운 타이완 화문을 그 수단으로 해야 한다고 주장하는 것이다. 황스후이의 사고방식은 꾸어치우성郭秋生, 쩡쿤우鄭坤五, 양셔우위楊守愚, 리시엔장李獻章 등 이른바 타이완 화문파의 지지를 얻어 향토·화문운동은 전개되어 갔다.[4]

한편, 황스후이와 꾸어치우성의 주장은 랴오위원廖毓文, 주띠엔런朱點人, 자오리마趙櫪馬, 장선치에張深切, 린커후林克夫, 라이밍홍賴明弘 등 이른바 중국 백화문파의 반발을 초래하였다. 이들의 반대 이유를 다음 세 가지로 정리하면, 첫째, 타이완어는 조잡하고 유치해서 문학창작의 도구로 할 수 없다. 둘째, 타이완어로 창작하면 건너편 '조국'인 중국인이 이해할 수 없다. 셋째, 타이완어의 실천 기반, 즉 표기법의 확립과 보급을 어떻게 해결할까, 라는 것이었다.

중국 백화문파의 반대와 비판에 대해 타이완 화문파는, 문예는 프롤레타리아 계급을 주요 대상으로 해야 하고 타이완 문학은 언문일치이지 않으면 안 된다, 또 타이완 화문이야말로 타이완인의 사색과 감정

---

4 향토문학 논쟁의 경위에 대해서는 천슈롱陳淑容의『1930年代鄉土文學−台湾話文論爭及其餘波』, 台南 : 台南市立図書館, 2004 참조.

을 충분히 표현할 수 있는 도구여야만 한다고 반박하였다.[5]

원래 향토·화문 논쟁은 1920년대 이후 일본어 교육에 의한 타이완 지식인의 문화적인 위기감 및 일본어 교육시설 보급의 불비로 인한 문맹의 구제가 목적이었다. 타이완 화문을 타이완 문학의 수단으로 하면서 향토문학의 정신은 통치자에게 억압, 착취되는 타이완 노동계급의 실태를 리얼하게 묘사하는 것이었다. 중국 백화문운동 즉 신문학운동과 마찬가지로 향토문학운동은 반식민지의 정치적인 색채를 농후하게 띠고 있었기 때문에 향토·화문 논쟁을 둘러싼 향토문학의 정당성이나 필요성에는 양자 사이에 큰 차이는 보이지 않고, 그 실천 도구를 중국 백화문으로 할지 혹은 타이완 화문으로 할지 쌍방이 고집하고 있을 뿐이었다.[6]

하나의 언어문체 및 문학개혁운동을 실천하기 위해서는 새로운 언어문체의 표기방식과 규범을 확립하고 표준화된 새로운 언어문체를 교육으로 보급해가야만 하였다. 그러나 앞에서도 언급했듯이, 일본 통치하의 타이완에서는 중국 백화문이나 타이완 화문을 전수하는 교육시설이 전무하였다. 이러한 곤란한 상황 속에서 두 운동은 어떠한 방법으로 실천을 시도 하였을까?

1920년 이후 중국 백화문을 타이완 사회에 보급시키기 위해서 반일 미디어의 거점이었던 『타이완』이나 『타이완민보』는 중국 백화문 관련서적을 판매하고 중국 백화문에 관한 논문이나 문장을 적극적으로

---

5   위의 책 참조.
6   陳培豊, 『日本統治と植民地漢文 —台湾における漢文の境界と想像』, 東京 : 三元社, 2012, 131~182쪽.

게재하면서 대중에게 이 문체의 학습과 사용을 호소하였다. 더욱이 중국 백화문과 관련된 공부모임을 열고 독자가 쓴 중국 백화문 문장을 무료로 수정해 주는 등 교육과 선전활동을 이어나갔다. 중국 백화문이라는 '외부'로부터 도입된 근대화된 언어문체가 이미 존재하고 있었기 때문에 이를 모델로 하여 학습방법을 모색할 수 있었다.

그렇지만 타이완 화문은 강압적인 식민지정책이 더해져서 '조국'인 중국의 백화문과 마찬가지로 조직적인 교육자원을 갖지 못하였다. 그뿐 아니라, 원래 타이완 사회에는 규범화된 타이완어의 표기 시스템도 없어서 타이완 화문운동은 체계화된 실천수단의 부재라는 벽에 부딪혔다. 중국 백화문운동에 비해서 타이완 화문운동의 실천은 보다 심각한 어려움을 극복해야만 하였다. 이러한 곤란한 상황 속에서 논쟁 당초 꾸어치우성은 타이완 화문을 '문맹'구제운동의 우회수단으로 쓰고자 하였다. 한자가 갖고 있는 표의와 상형의 특성을 살려 타이완 화문운동의 실천 기반으로 삼으려는 것이다. 이 식자방법의 특이한 점은 한자의 시각성을 충분히 이용한 "노래를 들어서 글자를 안다"는 것이었다.

3. 문맹구제의 처방전으로서 레코드 산업

1) "노래를 들어서 글자를 아는" 식자법

꾸어치우성이 제창한 식자방법이라는 것은 '문맹'인 사람들이 타이완 사회에서 오랫동안 구승에 의해 전해져 오는 속가(俗歌)나 민요를 빈번하게 접해 온 것을 이용하고, 더욱이 비식자非識字층의 귀에 친숙한 가요나 속가의 청각적인 기억을 통해서 문자의 화상표기를 인식시킨 다는 것이었다.[7] "노래를 들어서 글자를 안다"는 발상은 기발하고 황당무계하지만 전승문화를 합리적으로 이용한 방책이라고 할 수 있다.

1930년대의 타이완 사회에는 다양한 속가나 민요가 존재하였는데 이들 전승문화 중에서도 '염가자唸歌仔'가 가장 유행하였다. '염가자'라는 것은 연극관람이나 약 장사, 신불공양 등의 장에서 접할 수 있는 일본의 나니와부시浪花節와 같은 민간예능이다. 노래를 생업으로 하는 '가자선歌仔先(노래 선생님)'이 거리에서 '염가자'를 피로披露하고, 남녀노소는 모두 '염가자 듣는 것'을 유일한 오락으로 삼고 있었다. 그리고 인쇄기술이 발달함에 따라 '가자선'이 '염가자'를 할 때 그 자리에서 노래 가사 책인 이른바 '가자책歌仔冊'을 청중에게 나누어 주었다. '가자책'의 내용 대부분은 몇백 년 이상 전승된 오래된 이야기나 전설로 청중은 그 스토리나 대사를 이미 기억하고 또 암기까지 하고 있었다. 이 때문에 '염가자'는 오락으로서 기능하였을 뿐 아니라, 청나라 시대부터 "노래를 들어서 글자를 안다"는 효과를 발휘하고 있었다.[8]

꾸어치우성이 제창한 식자방법은 프롤레타리아 계급의 "혜택 받지 못한 환경"이라는 의식을 이용하고, 가요나 강담물講談物이라는 서민의 오락을 통해서 "그들의 흥미를 촉진하고 자발적으로 글자를 기억시

7   郭秋生, 「建設'台湾話文'一提案」, 『台湾新民報』, 1931.8.29·9.7(中島利郎 編, 『彙編』에 서 재인용, 93쪽).
8   陳培豊, 『日本統治と植民地漢文─台湾における漢文の境界と想像』, 東京 : 三元社, 2012, 152~164쪽. 또한 '염가자唸歌仔'에 관한 연구로는 쉬청짱許成章의 『臺灣俗文學探討』(叢稿之二), 高雄 : 高雄市文獻委員會, 1967 등을 들 수 있다.

킨다"는 것이었다. 가까이 있는 '가자책'을 보면서 귀로는 '염가자'를 듣는 민간문학을 이용하는 것이 타이완 화문을 보급시켜서 '문맹'을 식자층으로 만들 수 있는 수단이라고 생각했던 것이다.[9]

언어라는 것은 글자의 형태와 소리의 결합이다. "노래를 들어서 글자를 안다"는 것은 한자 문화권에서만 성립할 수 있는 '역행조종逆行操縱'의 식자법이라는 것을 알 수 있다. 교육이 보급되지 않았던 시대, '문맹'인 사람들에게 민가民歌의 전파 속도와 범위는 '어떤 시, 글, 문집보다도 몇만 배' 빠르고 넓으며, 그 전파능력이나 학습효과는 비록 학교라는 교육 시스템에 필적할 수 없더라도 일반 출판물의 선전효과에 뒤지지 않는다고 꾸어치우성은 생각했던 것이다.[10]

2) 〈설매사군雪梅思君〉과 향토문학운동

향토·화문운동의 실천적인 전략으로서 "노래를 들어서 글자를 안다"는 식자법은 식민 통치하에서 타이완인의 안타까움을 엿볼 수 있게 하는 것이었다. 이 방법은 일본어 교육에는 도저히 저항할 수 없는 것이었지만 꾸어치우성 본인은 자신만만하였다. 그리고 꾸어치우성의 자신감의 근거는 다름 아닌 타이완에서 레코드 산업의 출현이었다.

---

9 '염가자'는 국어를 학습해도 한문을 알지 못하는 타이완 지식인과 같은 문화의 '문맹'에게도 도움을 주었다. 황떠스黃得時라는 당시 타이완의 대표적인 지식인은, '염가자'는 가난한 노동자뿐 아니라 지식인의 오락이기도 했다고 술회하였다. 그 자신 역시 '염가자'의 애호가였기 때문이다.

10 陳培豊, 『日本統治と植民地漢文—台湾における漢文の境界と想像』, 東京 : 三元社, 2012, 152~164쪽.

향토·화문운동이 막을 연 1930년, 일본인 상인 가시노 쇼지로柏野正次郎가 타이완에서 '콜롬비아' 레코드를 창립하고, 이어서 타이완인도 레코드 회사를 설립하여 타이완의 레코드 산업은 경쟁이 과열화되었다. 1930년대 타이완 각 레코드 회사는 〈남북관곡南北管曲〉, 〈가자희조歌仔戲調〉, 〈산가山歌〉 등 타이완의 전통적인 속요 외에 대중오락적인 신식 유행가도 대량으로 발매하여 백가쟁명百家爭鳴의 음성시대를 고하게 되었다.[11] 그뿐 아니라 유행가 산업의 출현은 향토·화문운동에 촉진제가 되기도 하였다.

1933년 콜롬비아가 '개량응표改良鷹標'라는 상표로 발매한 〈설매사군〉(남편을 사모하는 설매)이라는 레코드는 타이완 각지에서 유행하여 큰 인기를 얻었다. 〈설매사군〉은 중국 샤먼廈門의 속요이다. 가사 내용은, 봉건사회 속에서 학대 받은 여성이 자신의 애달픈 인생을 회상하는 것이다. 이 속요는 새롭게 편곡되고, 가사는 「칠세부처七世夫妻」라는 구승문학에 기초하여 1월부터 12월까지 매월 1단段 방식으로 쓰여졌다. 12단의 형식으로 구성된 이 곡은 글자 수가 모두 843자나 되었다.

〈설매사군〉이 일반대중에서 '비식자'층인 농어촌의 대중에게까지 지지를 받아 인구에 회자되자, 이것이 발매된 다음해에 꾸어치우성은 "노래를 들어서 글자를 안다"는 생각에 이를 수 있었다. 〈설매사군〉의 가사가 모두 타이완 화문으로 쓰여져 가사카드에 게재되고 당연히 '염가자'나 '가자책' 이상의 효과를 발휘하여 비식자층의 귀에 친숙한 멜로디를 통해서 문자의 화상표기를 인식시킬 수 있다, 왜냐하면 '염가

---

11 陳培豊, 「演歌の在地化─重層的な植民地文化からの自助再生の道」, 蕭新煌·西川潤 編, 『東アジア新時代の日本と台湾』, 東京：明石書店, 2010, 239~300쪽.

자'의 전파능력은 일시적이고 청중과 범위도 한정되어 있지만 이에 반해 레코드의 영향력은 광범위하고 장기간에 걸쳐있다. 따라서 레코드 산업과 유행가를 이용하면 타이완 화문에 "소리는 있으나 문자가 정해져 있지 않다"는 표기문제, 또 대중의 식자수단의 결여문제를 한번에 해결할 수 있다고 꾸어치우성은 생각했던 것이다.[12]

　타이완 화문파에게 레코드 산업의 융성은 바로 대중의 식자 장해를 타파하는 원군援軍이 되었다. 특히 향토·화문 논쟁이 격렬해지는 시기, 타이완에는 이미 콜롬비아, 태평泰平, 박우락博友樂, 오계奧稽, 문성文聲이라는 레코드 회사가 설립되어서 타이완 사회에는 바로 '백가쟁명'의 음성 텍스트 선풍이 불고 있었다. 레코드업계의 융성은 타이완 화문이 보급되는 데 긍정적인 재료가 될 수 있었다.[13]

　레코드 산업의 출현은 프롤레타리아 대중의 '식자' 라인의 다양화를 촉진하고 향토문학의 구현화를 가져왔다. 유행가가 많이 발매되면 될수록 향토·화문운동의 성과도 높아져 가게 되었다.

12　황스후이黃石輝는 "향토문학이 발전할 때에 일체의 문학작품, 민간고사, 동요, 속가 등이 문자와 힘을 합친다면 타이완어는 문화화될 수 있다. 한편으로 간단한 읽을거리를 편집하여 군집群集으로 확대시킨다. 이렇게 한다면 서점이 없더라도, 한문과가 폐지되더라도 문제가 되지 않는다. 군집은 무의식적으로 문자를 기억시킨다. 어떠한가 이때 부모는 교사가 되고, 친구도 교사가 되고, 약장수도 교사가 되고 레코드조차도 교사가 된다. 언제 어디서라도 문자를 기억하는 기회가 생겨나는 것이다"라고 말했다(黃石輝, 「解剖明弘君的愚論」, 『臺灣新民報』, 974~978호, 1933.11.5~9).

13　林良哲, 「日治時期台語流行歌詞之研究」, 台中市 : 國立中興大學台湾文學研究所碩士論文, 2009, 198쪽.

4. 타이완 문학과 중첩된 유행가의 그림자

1) 관계자 및 창작정신의 중복

타이완에서 유행가의 태동과 발전은 분명 문학의 전개와 밀접한 관계를 맺고 있었고 양자 사이에는 어느 정도 상호의존과 보완관계가 형성되고 있었다. 실제, 타이완의 레코드 산업에 종사한 구성원들과 타이완의 문학계, 특히 향토문학 관계자는 많이 겹쳐 있었다.

일본 통치기에 타이완 가요의 작사자는 대개 '지식인 출신의 타이완 문학운동가'와 '민간출신의 창작자' 두 종류로 나뉘었다.[14] 향토·화문운동이 실천작품보다 논쟁이 많다는 비판을 받고 교착상태에 빠진 1934년, 타이완에서 처음으로 전국 규모의 '타이완 문예협회'가 설립되었다. 당시 유행가 창작에 종사하고 있던 천쥔위陳君玉, 랴오한천廖漢臣, 차이떠인蔡德音, 황떠스黃得時, 자오리마, 황스후이, 양윈핑楊雲萍, 주띠엔런朱点人, 리시엔장 등은 거의 '타이완 문예협회'의 멤버임과 동시에 일찍이 향토문학 논쟁의 참가자였다. 향토문학 논쟁의 참가자 외에 대표적인 지식인으로 차이페이휘蔡培火, 루삥띵盧丙丁 등의 이름을 들 수 있다. 이들은 직접적 혹은 간접적으로 향토·화문운동에 관여한 사람들이다. 이상과 같이 '지식인 출신의 타이완 문학운동가'는 타이완 유행가의 중요한 작사 제공자가 되었던 것이다.

주목해야 할 점은 1934년 7월 '타이완 문예협회' 발행의 프롤레타리

---

14 위의 글.

아 문학잡지인 『선발부대』에 당시 타이완 레코드계에서 세 손가락에 드는 태평 레코드의 광고가 게재됐다는 것이다. 잡지명에서 알 수 있듯이 『선발부대』는 사회주의 잡지이다. 1934년 태평 레코드가 설립되었을 당시 자오리마는 문예부 주임을, 차이떠인은 전속가수를 맡고 있었고, 작사자로는 자오리마, 랴오위원, 양셔우위, 황떠스, 황스후이 등 향토문학 논쟁의 참가자가 이름을 잇고 있다. 이들은 강도는 다르지만 사회주의자였다.

태평 레코드의 모회사는 태평 축음기로 1932년부터 타이완 본토에서 레코드 제작을 시작하고 있었다. 당시 〈강고설창講古說唱〉 타이완의 강담물講談物의 스타인 왕쓰밍汪思明이 〈시국구설時局口說 — 육탄삼용사肉彈三勇士〉라는 새로운 형태의 '염가자'를 통하여 러일전쟁의 국민적인 영웅을 풍자하고 모욕하였다고 하여, 일찍이 태평 레코드는 당국의 규제를 받았다. 그 외에 〈미려도美麗島〉, 〈길거리 유랑街頭的流浪〉 등 타이완 사회 저변의 약자를 묘사한 작품을 발표하고 나아가 레코드 광고를 『선전부대』라는 사회주의를 표방한 잡지에 게재하였다.[15]

1934년 12월에 발매된 〈길거리 유랑〉은 당시 경제불황으로 인한 타이완 민중의 실업상황을 그려서 사회하층 생활의 비참함을 호소하고 있다. 때문에 당국의 주의와 여론의 반발을 초래하고 결국 총독부로부터 '가사불온'이라는 판정을 받아 발매정지 명단에 오르게 되었다.[16]

---

15 黃裕元, 「日治時期台灣唱片流行歌之研究 — 兼論一九三〇年代流行文化与社會」, 台北市 : 國立台灣大學歷史學系博士論文, 2011.
16 위의 글 참조.

〈街頭的流浪〉

守眞 詞 / 周玉當 曲 / 靑春美 唱(泰平商標 82003)

景氣一年一年歹 生理一日一日害

頭家無趁錢 轉來食家己

唉呦 唉呦 無頭路的兄弟 有心作牛拖無犁

失業兄弟行滿街 好時無得睏 歹時無得去

唉呦 唉呦 無頭路的兄弟

毋是大家歹八字 著恨天公無公平

日時遊街去 暝時惦路邊

唉呦 唉呦 無頭路的兄弟

〈길거리 유랑〉

셔우전守眞 작사 / 쩌우위땅周玉當 작곡 / 칭춘메이靑春美 노래(태평상표 82003)

경기는 해마다 나빠지고 장사는 날마다 힘들어지네.

주인님이 돈을 벌지 못하니 홀로 돌아가 찾아볼 수 밖에.

아이고 아이고, 일이 없는 형제들이여.

일하고 싶어도 일자리 없어, 거리에는 실업자 형제들뿐.

호경기엔 잘 시간도 없더니, 불경기라 일하고 싶어도 일할 수 없네.

아이고 아이고, 일이 없는 형제들이여.

운이 나쁘다고 신이 불공평하다고 원망하지 않으리.

낮에는 거리를 어슬렁거리고, 밤에는 길바닥에 웅크리고 앉아 있네.

아이고 아이고, 일이 없는 형제들이여.

　같은 시기 대형 회사인 콜롬비아나 박우락 레코드와 달리 태평 레코드가 제작하는 곡은 연애뿐 아니라 향수나 사회의 리얼리즘, 생명에 대한 배려를 주제로 하였고 근대문학과 마찬가지로 마음의 내면을 그리고 있었다. 또한 태평 레코드는 때때로 『선발부대』 등에 게재된 신시新詩나 가사에 곡을 붙여 악곡을 만들었다. "음악이면서 문학이다", 즉 가요와 문학의 상관관계에서 이들 가요를 보면, 계몽, 교화, 혹은 일본통치에 대한 불만, 불평을 호소하는 창작동기 외에 프롤레타리아 문학 정신이 담겨 있는 것을 알 수 있다.[17] 참고로 〈길거리 유랑〉의 가사 중에는 '歹bai', '生理sing-li', '害hai', '頭家tao-ge', '無趁錢bo-tan-zinn', '無得睏 bo-dit-kun' 등의 타이완 화문 용어가 있는데, 이들을 중국 백화문으로 표현하면 '不好', '生意', '差', '老闆', '沒賺錢', '無法休息'이다. 표기와 발음은 완전히 다르다.

　『선발부대』가 창간되었을 때 태평 레코드는 〈선발부대〉라는 레코드까지 발표하였는데, 거기에는 "태평 가극단 전원출연"이라는 문구가 기재되어 있었다. 자오리마의 주도하에서 태평 레코드가 제작한 유행가는 분명 당시 타이완의 문학운동과 밀접하게 연결되어 있었다. 본래 중국 백화문파인 자오리마에게 가요는 자신의 심경이나 사상을 토로하고

17　林良哲, 「日治時期台語流行歌詞之研究」, 台中市 : 國立中興大學台湾文學研究所碩士論文, 2009.

타이완의 사회상황이나 계몽운동을 투영하는 대체물이었던 것이다.

2) 가사에 보이는 감상성과 테마성

　일본 통치기 타이완 유행가의 창작자와 향토문학운동의 참가자 사이에는 어느 정도의 중복이 보이고 창작정신에도 일정한 연대감이 형성되어 있다. 양자에게 음성과 문학 사이의 거리는 결코 먼 것이 아니라, 서로간의 부족함을 보완하는 것이었다. 표기수단이 불완전하고 요동하는 타이완 근대문학에 있어 유행가는 바로 새로운 창작의 무대이고 가사와 문학은 융합하여 일체가 될 수 있었던 것이다.

　실제로 1930년대, 타이완 유행가의 가사는 항상 『남음南音』, 『선발부대』, 『타이완문예』, 『삼육구소보三六九小報』, 『풍월보風月報』라는 타이완인 발행의 문학잡지에 게재되었다. 이들 잡지는 가요란이나 신시 코너를 만들어서 작품을 실었고, 한편 문학잡지에 게재된 시詩도 레코드 회사에 채용되어 상품화되었다. 음성이 넘쳐나는 시대에 시와 가사는 문학형태로는 표리일체의 존재이고, 음성화, 상품화의 가능성을 내포한다. 신문잡지는 타이완 유행가 가사의 공급원이 되었다. 〈길거리 유랑〉의 작사자인 셔우전守眞도 가끔 자신의 시작詩作을 위의 문학잡지에 발표했던 사람 중 하나였다.

　그 외에도 앞서 언급한 천쥔위, 랴오위원, 차이떠인, 황떠스, 자오리마, 차이페이휘, 황스후이, 루삥띵, 린칭위에林淸月, 양위펑, 주띠엔런, 리시엔장 등은 이들 잡지의 가사 발표란의 단골이었다. 이들은 정치운동가, 문학자, 문화인, 의사였고 반드시 작사 전문가는 아니었기 때문에 이들의 작품이 모두 유행가가 되어 상품으로서 시장에 나간 것은 아니었다. "음악이면서 문학이다"라는 이들의 작품은 일본 통치기 타이완 문학의 일부로서 남아 있다.

타이완 유행가 중에서 문학의 영향이 짙고 감상성이 높은 작품의 예로서 〈안핑소조安平小調〉를 들 수 있다. 1939년 콜롬비아 발행의 〈안핑소조〉는 타이난台南의 안핑安平을 무대로 한 천쥔위 작사의 악곡이다. 드라마틱한 악곡으로 마무리한 가사의 정경은 사토 하루오佐藤春夫가 1925년 발표한 「여계선기담女誡扇綺譚」[18]을 연상시키는데, 주로 안핑의 '황폐미'를 묘사하고 있다.

〈安平小調〉

陳君玉 詞 / 鄧雨賢 曲

(愛愛) 秋風吹 秋天時

腹內愁聲 時常悲 悲愁聲 混在秋風裡

---

18 사토 하루오佐藤春夫, 1892~1964는 1920년에 타이완을 3개월간 여행하고, 귀국 후 「식민지의 여행植民地の旅」 등의 기행문을 썼다. 그 후 1925년 『여성女性』 5월호에 타이난 안핑台南安平에서 일어난 로망괴기사건을 테마로 한 소설 「여계선기담女誡扇綺譚」을 발표하였다. 이 작품에서의 타이완 풍경 묘사는 당시 일본사회에서 타이완에 대한 로맨틱한 이미지를 만들어 내는데 큰 영향을 끼쳤다. 이야기의 대략은, 주인공이 안핑의 옛 항구의 일각에 있는 폐허가 된 부호의 집을 탐험한다. 이 부호의 집은 해난海難으로 인해 몰락하였지만, 소문에 의하면 아름답게 꾸민 딸이 방 안에서 죽었다고 한다. 주인공은 황폐해진 방 안에서 부채를 줍고 그곳을 떠난다. 부채는 이 지역에서 발생한 불륜사건과 정사사건과 관계가 있는 것이었다. 몇 개의 시공과 이야기가 겹쳐진 로망 괴기물이다. 중국어 역으로 佐藤春夫, 邱若山 譯, 『殖民地之旅』, 台北 : 草根文化, 2002 참조.

亦有留戀味 窮倒舊城址 憶及早當時 宮主美

悲愁人 設使能得做幸運兒

(說明 / 純純)在安平殘廢的城址 有一個襤褸的靑年 坐在城邊 默默塊想的

中間 不覺煞睏落眠

來夢見著眼前變成美麗城 城中有一妖裘嬌豔的宮主出現

行偎近伊的身邊 在這美麗的城內 過了無上的快樂

由夢中醒來的時 看見伊猶原是在這殘廢的城邊 目矚展金四邊一嚇看

城壁有一首的古詩 是來乎伊更加感嘆 同時腹內悲愁的聲又再起了

(印不吹送)好宮主 知我意

我心早早着有你 送我扇

安慰我心思

喜淚流落去 染著伊玉膝 不敢再看伊 將目閉

溫心兒 享受這款的甛蜜味

(豔豔)秋風吹 秋天時

腹內愁聲 聲又起 醒悟來 猶原廢城邊

白玉的膝枕 却是石頭只 枕頭邊一枝 白綾扇

那後面 一首幽雅的抒情詩

〈안핑소조〉

천쥔위^{陳君玉} 작사 / 덩위시엔^{鄧雨賢} 작곡

(아이아이愛愛)

바람 부는 가을 날.

마음에는 근심의 소리, 언제나 슬픈 소리가 가을바람에 섞이네.

미련이 남는 오래된 성터는 폐허가 되고

옛날을 생각하니 아름다운 아가씨.

슬픈 사람은 행복해지길 꿈꾸네.

(설명 / 춘춘純純)

안핑安平의 황폐한 성터에 남루한 옷을 입은 청년이 성곽에 앉아 생각에 잠겨 있다가 어느새 잠이 들었다. 꿈속에서는 눈앞에 아름다운 성이 나타나고 그 성에서 절세의 아름다운 아가씨와 함께 행복한 시간을 보낸다. 꿈에서 깨어났을 때 청년은 본래의 황폐한 성 앞에 있고 주변을 둘러보니 성벽에는 한 수의 시만 남아 있다. 비탄도 한층 더해져 마음에는 다시 슬픈 소리가 용솟음친다.

(보족설명印不吹送)

아름다운 공주는 나의 기분을 알고 있다. 나의 마음에는 전부터 계속 그녀가 살고 있고 그녀는 부채를 보내 나를 위로한다. 기쁨의 눈물이 흘러 그녀의 무릎을 적신다. 더 이상 그녀를 바라보지 않고 눈을 감는다. 마음은 따뜻해지고 감미로운 기분에 휩싸인다.

(옌옌豔豔)

바람 부는 가을날에 마음에는 근심의 소리,

소리는 다시 일어나고 눈을 떴을 때는 원래의 폐성廢城 주변,

백옥 같은 무릎베개는 돌멩이이고 베개 옆에는 흰 비단 부채,

그 뒤에는 우아한 서정시.

곡조로 보면, 〈안핑소조〉의 가사는 리듬감이 부족하다. 그 대신 '감상성'을 강하게 띠고 있다. 또한 가사에 있는 '腹內bak-lai', '早當時za-dang-si', '設使siat-su', '塊deh', '睏落眠 kun-loh-mi', '目賙bak-ziu', '一嚇看zit-e-kuann' 등은 중국 백화문에서 '內心', '當初', '倘若', '在', '睡著', '眼睛', '環顧四周'를 의미한다. 〈길거리 유랑〉의 가사와 마찬가지로 이들 타이완 화문은 거의 '아테지当て字'(한자의 의미에 상관없이 한자의 음이나 훈을 빌려 쓰는 것 – 역자주)화 되어 있기 때문에 중국 백화문식으로 읽어서는 의미를 알 수 없다. 덧붙여 '賙', '嚇'는 중국 백화문에는 없는 타이완의 독자적인 한자이다. 그리고 곡 중의 장황한 가사는 가사 카드라는 가시성을 가진 전달수단에 의해 "노래를 들어서 글자를 안다"라는 주장이 실천 가능하다는 것을 증명하고 있다. 특히 가사 카드에 실린 '설명' 즉 내레이션이나 '인뿌취송印不吹送'이라는 보족설명은 가사와 문학과의 거리를 단축시켜 양자의 일체감을 명확하게 하고 있다.

가사 카드에 인쇄된 타이완 화문의 내용은 실제 녹음된 음성보다 길다. 이는 타이완 유행가를 통하여 타이완인이 문학상 일본이나 중국 사이에 있는 '동문同文'관계의 실타래를 풀고, 타이완어 · 타이완 화문 즉 '이음異音' · '이문異文'이라는 지역성이 높고 또 가장 직접적인 언어 문체로 창작한다는 이상을 실현하고자 한 것이었다.

향토 · 화문 논쟁 기간 중 타이완 지식인들은 이 가사들에 대해 다른

견해를 품고 있었다. 그 이견의 초점은 가요 및 가사에 대해서만이 아니었다. 가사의 수단으로서 타이완 화문의 표기방식의 적합성, 중국 백화문을 잘라 내버리고 타이완 화문을 지향해야 하는 필요성, 즉 문자나 문체 선택의 문제까지 포함하는 것이었다. 악곡이나 음악을 사상한 이러한 논의는 본래 전도轉倒된 경향은 있지만, 향토·화문 논쟁의 일부가 되었다.[19] 타이완 유행가는 향토문학·화문운동의 지류였다고 할 수 있다.

5. 주체성을 가지고 일본 가요와 대치對峙한다

1) 유행가에 보이는 명확한 '타이완'

향토문학 논쟁이 전개되는 1930년대는 타이완 문학이 바로 발전하는 활동기였다. 한문, 중국 백화문, 타이완 화문, 일본어 등 서로 다른 수단으로 쓰여진 작품들이 빈번하게 각 신문과 잡지에 게재되었다. 이처럼 문자세계가 백가제방百家齊放이었던 것에 반해 타이완 가요의 세계에서는 '염가자'도 현대 유행가도 중국 백화문이나 일본어가 아니라, 모두 타이완어(민남어, 객가어)로 발음되었다.

실제 타이완에 콜롬비아가 설립될 당시 가시노 쇼지로는 중국 백화문 즉 북경어로도 레코드를 발매하였지만, 매상이 오르지 않아 그만두

---

19 林良哲, 「日治時期台語流行歌詞之研究」, 台中市 : 國立中興大學台湾文學研究所碩士論文, 2009, 194쪽.

었다.[20] 그 후 타이완어 레코드 제작 한 가지에 집중하고 나서 시장에서 성공을 거둔다. 타이완 지식인이 어떠한 표기법으로 문학을 창작하고 프롤레타리아 대중을 포괄할지 또 '언문일치'를 실천해야 할지 고민하며 논쟁을 반복하던 바로 그때, 아이러니하게도 이 일본인은 레코드 즉 자본주의에 의한 가성歌聲 플러스 가사라는 수단으로 음성과 문학의 간극을 어떻게 조정해야 할지에 대한 난제에 하나의 가능성을 제시했던 것이다.

향토·화문 논쟁이 격렬해지는 것과는 대조적으로 유행가요의 세계에는 중국 백화문이 들어갈 틈이 거의 없었다. 이는 타이완 화문이 서민의 감정을 표현하기에 적당하고 유효했다는 것을 보여줄 뿐 아니라 향토문학의 정당성과 필연성을 명확하게 해 주는 것이었다. 더욱이 '타이완이란 무엇인가'라는 물음에 대한 가장 자연스러운 해석을 제공해 주었던 것이다.

중국 백화문 및 향토·화문 논쟁이 상징하듯이 일본 통치기의 타이완 지식인은 문자 텍스트의 세계에서 어떠한 수단 즉 언어로 자기와 타자 사이에 경계선을 그을까, 자신들의 문학공동체의 경계선은 어디에 있는가에 대해 탐색하며 암중모색하고 있었다. 이에 대해 뜻밖에도 타이완 가요의 세계에서 활로를 찾아내었다. 문체가 애매하고 계속해서 요동하는 문자텍스트에 비해 타이완 음성텍스트는 구체적이고 안정적이고 또한 명료했다.

타이완 유행가는 안정된 주체성을 명확하게 드러내고 있었으며 따

---

20 黃裕元,「日治時期台灣唱片流行歌之研究─兼論一九三○年代流行文化与社會」, 台北市 : 國立台灣大學歷史學系博士論文, 2011, 41~43쪽.

라서 1930년대 유행가 레코드에는 타이완 각지의 풍경을 주제로 한, 혹은 타이완의 지명을 곡명으로 사용한 작품이 다수 보인다. 게다가 천쥔위, 차이떠인, 황떠스, 차이페이훠라는 작사가들은 일찍이 언어, 문학운동과 관계된 지식인들이었다.

〈표 1〉 1930년대 타이완 지명을 테마로 한 레코드의 악곡 일람

곡명	가수	작사	작곡	연월	회사	출품
대도정행진곡 大稻埕行進曲	찌앙허링江鶴齡	문예부	덩위시엔鄧雨賢	1932	문성	1010
타이페이행진곡 台北行進曲	춘춘純純	장위산런張震山人		1932	Col	80184
우리타이완咱台灣	린스하오林氏好	차이페이훠蔡培火	차이페이훠蔡培火	1934	Col	80298
봉래화고蓬萊花鼓	춘춘純純	천쥔위陳君玉	까오진후高金福	1934	Col	80307
도강행진곡稻江行進曲	훙위紅玉 (박우락 전속가수)	허팅鶴亭	예짜이띠葉再地		Pop	85001
미려도美麗島	훠훠芬芬	황떠스黃得時	주훠성朱火生	1934.12.29	태평	82004
신봉래화고新蓬萊花鼓	춘춘아이아이純純愛愛				Col	80359
아리산아가씨 阿里山姑娘	허루赫如	떠인德音			태평	T407
신타이페이행진곡 新台北行進曲	이커逵客				태평	T409
야반적대도정 夜牛的大稻埕	춘춘純純	천쥔위陳君玉	야오짠후姚讚福	1935	Col	80387
안핑소조安平小調	아이아이, 옌옌艷艷	천쥔위陳君玉	덩위씨엔鄧雨賢		Reg-R	T1165

자료 : 黃裕元, 「日治時期台湾唱片流行歌之硏究－兼論一九三〇年代流行文化与社會」, 台北市 : 國立台湾大學歷史學系博士論文, 2011, 246쪽.

　타이완 문학의 경계가 애매했던 것에 반해 타이완 가요의 대상성은 상당히 구체적이고 명확했다. 레코드는 월경하여 남양이나 샤먼廈門에서도 판매되었지만, 상정된 작품을 듣는 청자의 범위와 대상은 기본적으로 타이완이었다. 때문에 문학에서처럼 한시문은 동아시아, 신문학

은 중국, 향토문학은 타이완으로 대상이 한정되어 있고 다른 지역에 걸쳐있는 것은 아니었다.[21] 즉 향토·화문 논쟁에서 타이완 화문파가 타이완을 그 창작대상으로 한다는 일관된 주장은 가요의 세계에서도 그대로 실천되고 있었다. 그뿐 아니라, 향토문학의 반식민적인 정신까지도 어느 정도 그 가요 속에 녹아들게 하였다.

2) 통치자와 대치관계

1930년대에 음성이 상품이 되어 타이완 사회에 출현하기 이전에 일부 타이완 지식인은 가요를 교화나 반식민의 수단으로 삼고자 하였다. 문화협회라는 항일단체의 요원이었던 차이페이휘에 의해 1920년대의 의회 청원가가 창작되었고 미대단美台團이라는 계몽단체를 통해 영화해설 등이 이루어졌다.[22] 거기에는 타이완인이 가요를 이용해서 식민지 지배에 저항하는 궤적이 보인다.

1920년대 후반에 들어서 통치자는 이른바 '신민요'의 모집활동을 주최하고 음성에 의해 타이완이란 무엇인가를 탐색하고 확인하고자 시도하였다. 정치면에서 보면 1930년대 타이완 유행가의 출현은 통치자와 피통치자 사이에 타이완의 자화상을 어떻게 그려넣을지를 둘러싸고

---

21 陳培豊,『日本統治と植民地漢文－台湾における漢文の境界と想像』, 東京 : 三元社, 2012, 315~319쪽.
22 차이페이휘蔡培火는 모친의 장수축하연에서 문화협회의 동지로부터 받은 축의금으로 도쿄에서 미국제 영사기와 계몽적 성격의 교육 필름 십 수장을 구입하여 문화협회의 영화선전사업을 시작하였다. 그리고 '미대단美台團'이라는 3인 조직을 결성하였다.

벌어진 분쟁의 시작이었다고 말할 수 있다. 이 분쟁은 '음두音頭'라는 장르의 가요에서 보다 명확하게 드러난다.

1930년대의 일본에서는 〈동경음두東京音頭〉의 반주와 같은 오하야시お囃子나 지방축제인 마쓰리祭에서 쓰이는 가구라神樂가 유행하였다. 이처럼 '전통'의 숨결을 지니면서 춤의 배경음악에도 사용할 수 있는 리듬감 있는 음악의 유행은 타이완에도 전해진다. 그러나 타이완에서 '음두'를 받아들일 때 일본풍의 이 음악이 그대로 들어온 것은 아니었다. 이러한 스타일의 음악을 모방하면서 스스로 타이완 풍의 무용음악을 제작하였다.

타이완의 콜롬비아에서는 〈화고花鼓〉라는 레코드가 발매되었다. 작사가인 천췬위와 작곡가인 까오진후는 타이완 민요에 무용을 섞고 타이완 전통 악기를 사용하여 무용의 배경음악에 적합한 악곡인 〈봉래화고蓬萊花鼓〉, 〈적다화고摘茶花鼓〉, 〈관월화고觀月花鼓〉 등 '화고악花鼓樂'이라는 일련의 〈화고〉 시리즈 작품을 발표하였다.[23] 게다가 이 '화고악'은 의도적으로 복로福佬(복건성福建省 출신의 객가客家-인용자 주)나 객가客家(중국고대 전란을 피해 북방지역에서 이주한 집단-인용자 주) 혹은 원주민의 음악요소나 주제를 가사나 곡조, 편곡에 끌어들여 변화를 준 것이었다. 분명 '화고악'에는 일본의 '음두'에 저항하는 자세가 포함되어 있었다. 피통치자인 타이완인의 꾸미지 않은 자립불패라는 혼의 진수를 느낄 수 있다.

---

23 黃信彰, 『伝唱台湾心聲-日據時期的台語流行歌』, 台北 : 台北市政府文化局, 2009, 64쪽.

〈蓬萊花鼓〉

陳君玉 詞 高金福 曲 純純 唱(古倫美亞唱片 80307)

來跳呀 來跳呀 來跳蓬萊的花鼓

蓬萊自本風景好 宛然一幅山水圖 (合)正實一幅山水圖

美麗島 四面海 寶潭寶庫清世界

四時春色攏無改 和風定定入蓬萊 (合)和風定定入蓬萊

四季花 自然美 隨心隨意隨時開

汝麼親像六月桂 阮是古都的春梅 (合)親像古都的春梅

合歡山 唱山歌 桃李結合在山坡

酸澀總有一項好 雙雙相褒來憩陶 (合)雙雙相褒來憩陶

甘蔗甛 初戀味 黃金花結黃金子

人人合唱花鼓詩 花鼓聲響鵝鑾鼻 (合)花鼓聲響鵝鑾鼻

〈봉래화고〉

천권위 작사 / 까오진후 작곡 / 춘춘 노래(고륜미아창편古倫美亞唱片 80307)

춤춥시다 춤춥시다 봉래 화고의 춤을 춥시다.

봉래는 경치가 아름다워 마치 산수화 같네.

(추임새)바로 산수화.

미려도美麗島는 바다로 둘러싸여 아름다운 물, 보석 같은 멋진 세계.

일년 내내 봄과 같은 부드러운 바람이 불어오네.

(추임새)부드러운 바람이 봉래에 불어오네.

사계절의 꽃, 자연의 미 언제라도 어디라도 꽃이 피네.

당신은 6월의 물푸레나무, 나는 고도古都의 봄 매화.

(추임새)고도의 봄 매화.

흐어환산合歡山 산가山歌를 노래하니, 복숭아도 배도 산에서 열매를 맺네.

시지도 떫지도 않아 좋아라. 함께 노래하며 놀러 갑시다.

(추임새)함께 노래하며 놀러 갑시다.

사탕수수의 달콤함 첫사랑의 맛, 황금 꽃은 황금 열매를 맺고.

모두 화고의 시를 노래하니 화고 소리가 어우란비鵝鑾鼻에 퍼지네.

(추임새)화고 소리가 어우란비에 퍼지네.

　　문학세계에서 타이완 가요는 일본의 영향을 받고는 있었지만 통치자와 대치관계의 연장선상에서 내용은 독자적인 색채를 띠고 있어 양자 사이에 예속관계는 보이지 않는다. 아열대 타이완을 대상으로 하여 현실과 사상事象을 명확하게 그려냄으로써 이 섬에 대한 통치방침인 '내지연장'이나 '동화'라는 문화통치에 대한 위화감도 드러내고 있다. 양자는 필연적으로 대치하는 관계에 있었던 것이다.

6. 가요와 대중에 대한 다양한 사고방식

1) 가요, 계몽, 문학

1930년대에 타이완 유행가는 출현하였다. 유행가 활동은 타이완 지식인이 문학의 전개에서 좌절하고 그 우회방법으로서 음성텍스트로 전략을 전환한 문화현상이었고 문학의 분신이나 지류였다고 말할 수 있다. 그런데 홍행상 참패를 당하고 계몽, 교화, 식자, 저항의 역할을 담당한 유행가는 타이완의 대중으로부터 악평을 받는다.

황위위엔黄裕元의 연구에 의하면, 1930년대 타이완 유행가 레코드는 일반적으로 4만 장이 평균적인 발매매수이고 5만 장 이상의 매상을 올리면 히트곡이 되었다. 〈심산산心酸酸〉(1936), 〈쌍안영雙雁影〉(1936) 등의 인기곡은 8만 장에 달하였다. 〈홍앵지명紅鶯之鳴〉(1933)은 12만 장이나 팔렸기 때문에 대 히트곡이 되었다. 그리고 〈행진곡行進曲〉의 판매 수는 대략 5만 장이었다. 〈도무시대跳舞時代〉(1933)라는 모던한 악곡은 최근 타이완에서 화제가 되고 있는데, 당시 판매 수는 1, 2만 장에 그쳤다. 사회체제를 비판한 〈길거리 유랑〉(1934)은 2만 장이 팔렸지만, 〈시국구설時局口說─육탄삼용사肉彈三勇士〉의 판매 수는 300장에 불과하였다.

지식인 차이떠인이 관계한 악곡인 〈홍앵지명〉을 제외하고 그 매상은 거의 완패였다. 참고로 〈홍앵지명〉의 경우, 멜로디는 중국 속요이고 차이떠인이 쓴 가사는 연애를 주제로 하고 있다. 〈심산산〉, 〈쌍안영〉 등의 인기곡은 모두 민간인이 작사, 작곡한 작품이다.[24] 상업상으로 참패했을 뿐 아니라, 이들 악곡을 둘러싸고 지식인 내부에도 이론異

論이 발생하여 논쟁이 일어났다.

타이완 문학의 특징 중 하나는 실천작품에 비해 논쟁이 많다는 것이다. 향토·화문 논쟁 말기, 일본의 예술대중화 논쟁이 파급되면서 타이완에서도 문예대중화 논쟁이 문화계를 떠들썩하게 하였다. 유행가에 대한 타이완 지식인의 논의도 향토·화문 논쟁에서 문예대중화 논쟁으로 전환되어 갔다. 1930년대 타이완 사회에서는 '문예' 및 '대중'이라는 단어가 범람하였고 가요곡을 논의하는 중요한 개념이 되었다. 유행가가 '문예', '대중'이라는 영역에 흡수되더라도 이에 대한 타이완 지식인의 사고방식이 모두 일치하는 것은 아니었다.

우선 가요를 식자 수단으로 생각한 황스후이, 꾸어치우성 등의 타이완 화문파는 유행가를 타이완 문학의 일부로 파악하여 문맹자에게 타이완 화문을 보급시키기 위해서, '레코드는 모두 교사'이고 유행가는 타이완어를 문자화하는 중요한 수단이라고 생각하였다. 본래 중국 백화문파였던 랴오위원도 "문학은 문자만으로 이루어진 것이 아니다, 문자를 알지 못하는 사람에게도 문학은 존재한다"고 하면서 교육이 결여된 타이완어에 의한 근대 한자문학의 발전이라는 곤란한 문제를 고민하였고 타이완 가요는 앞으로 크게 연구 발전할 여지가 있다고 생각하였다.[25] 직접 유행가를 작사한 랴오위원에게 가요와 문학의 거리는 매우 좁았다.

향토·화문 논쟁에서는 입장이 달랐지만 가요를 문학의 일부로 생

---

24 黃裕元, 「日治時期台湾唱片流行歌之研究 —兼論一九三〇年代流行文化与社會」, 台北市 : 國立台湾大學歷史學系博士論文, 2011, 55~75쪽.
25 「台湾文芸 北部同好者座談會」, 『台湾文芸』 2-2, 1935.2.1, 5쪽.

각하는 황스후이, 꾸어치우성, 랴오위원의 발상의 기반은, 논쟁 때에 드러난 "노래를 들어서 문자를 안다"라는 식자법에 대한 사고방식이라기보다도 문예는 지식계급이 전유하는 특권인가 아니면 노동계급, 나아가서 문맹계급도 공유할 수 있는 것인가라는 문제에 대한 사고의 공감에 있었다.

노동계급이나 문맹계급에 대한 구제의 필요성을 인정한 중국 백화문파는 그 외에도 있었다. 예를 들어 랴오위원과 마찬가지로 중국 백화문을 지지하면서도 타이완 화문으로 작사를 창작한 주띠엔런은 문예는 "당연히 문맹계급을 그 대상으로 해서 점차 대중 속으로 확대해 가야만 한다"고 하면서 창작자는 "지극히 통속적이고 또 알기 쉬운 말로 대중에게 들려주어야만" 하고, 가요는 바로 대중과 친숙해지기 쉽고 가까이 할 수 있는 문예라고 강조하였다.[26]

주띠엔런이 그린 이상적인 문예관에는 비판적인 의미가 담겨 있었다. 그 비판의 방향은 같은 중국 백화문파인 장선치에, 린커후 등에게로 향하고 있었다. 문예란 무엇인가라는 질문에 대해 장선치에는 "가곡은 음악이지 문학은 아니다"라는 태도로 일관하고 있었기 때문이다.

연극가인 장선치에는 "타이완에서 가장 긴요한 과제는 신극의 제창"이고, "소설이나 문자는 소수의 식자층밖에 감상할 수 없다. 희곡은 글을 읽을 수 있는지 없는지에 상관없이 누구나 즐길 수 있다"고 하면서[27] 연극은 "문예대중화를 실현하는 가장 유력한 예술이고" 타이완 문학의 활로라고까지 주장하였다. 장선치에는 연극에 비해서 가요는

---

26 点人, 「南國的使者-我希望「南音」如此!」, 『南音』 1-2, 1932.1.15, 1쪽.
27 楚女, 「評先發部隊」, 『台湾文芸』, 창간호, 1934.11.5, 7쪽.

단순한 오락이고 문학이 아니며 또 계몽이라는 사회교화의 기능도 갖고 있지 않다고 반박하였다.[28] 그 대신에 연극은 음성뿐 아니라, 연기, 표정, 무대장치, 게다가 배경음악도 사용할 수 있고 유행가에 비해서 작품 상연시간도 길기 때문에 작가의 사고나 의도를 보다 완전하게 표현하고 반영시킬 수 있다고 하였다.

덧붙여서 말하면, 장선치에는 연극을 대중계몽의 수단으로서 파악한 것은 아니지만 그의 작품은 계몽의 요소를 담고 있었다. 그가 타이완 유행가를 비판한 근거 중 하나는 당시 타이완 유행가는 가사 내용에 계몽적인 요소가 결여되어 있고 또 봉건적이고 진부하다는 점이었다.

2) 식자의 수단인가, 봉건부패의 오락인가

더욱이 장선치에는 "민보, 선발부대(제일선), 타이완문예에서 모은 시가詩歌 100 수 이상을 검증하고 아주 실망하였다. 10수 가운데 7, 8수가 연애를 묘사했거나 그렇지 않으면 사회에 대한 실망을 주요 내용으로 하였는데, 타이완의 현 상황에서 그저 슬퍼하는 것은 사회에 무익할 뿐 아니라 유해하기까지 하다"고 비판한다.[29]

장선치에의 의견에 동조하는 린커후도 타이완 유행가를 "배금예술의 레코드 가요"라고 비아냥거렸다. 단지 평가할만한 가사로서 당시 타이중台中에서 일어난 대지진의 참상을 그린 〈공포의 이른 아침一個恐

---

28 賴明弘・林越峰・江賜金, 「第一回 台湾全島文芸大會紀錄」, 『台湾文芸』 2-1, 1934. 12. 18, 6쪽.
29 HT生, 「詩歌的批評及其問題的二, 三」, 『台湾文芸』 2-4, 1935. 4. 1, 101쪽.

怖的早晨〉을 들고 있다.[30] 또한 향토문학운동의 촉진제가 된 〈설매사군〉, 게다가 민간소설인 시공안施公案, 팽공안彭公案 육재자六才子, 용봉배龍鳳配 등에 대해, 이 작품들은 옥석혼효玉石混淆이고 대중문예가 아니라 시대의 잔재라고 폄하하고, 개중에는 지배계급이 담아낸 '수상적은 것'이 숨겨져 있다고 경계했다.[31]

린커후와 마찬가지로 라이밍홍도 『삼백영대三伯英台』 등의 가본歌本은 "과거의 문학이고 현재 대중의 지식이나 생활향상에 기여하는 바가 조금도 없다", "이들 낡은 문학에 만족하고, (…중략…) 이것이 대중에게 가장 인기 있는 프롤레타리아 문학이라고 생각한다면 타이완 문학은 발전할 수 없다. 뿐만 아니라, 타이완인이 퇴화되어 간다"라고 하면서 당시 발매된 속요를 비판하였다.[32]

1930년대의 타이완 가요나 레코드를 랴오위원, 주띠엔런은 '계몽수단'의 하나로 생각하였고, 황스후이, 꺼우치우성은 나아가 '식자수단'이라는 기능을 인정하였다. 타이완 화문파의 구성원 대부분이 가요, 레코드를 대중문예의 주요한 내용이라고 생각하였던 것이다. 이에 반해 중국 백화문파는 타이완 가요나 레코드를 반진보적이고 봉건의 잔재이며 사회질서를 파괴하고 도덕풍속을 문란시키는 오락상품으로 간주하였다.

---

30 林克夫, 「詩歌的重要性及其批評」, 『台湾新文學』 1-7, 台中市 : 台湾新文學社, 1936.8, 88쪽. 린커후가 말하는 "3월호에 배금예술의 레코드 가요"라는 것은, 천쿤위가 『台湾新文學』 제1권 2호에 발표한 〈여명산가黎明山歌〉와 〈반야조半夜調〉를 말한다(林良哲, 「日治時期台語流行歌詞之硏究」, 台中市 : 國立中興大學台湾文學硏究所碩士論文, 2009, 200쪽).
31 林克夫, 「淸算過去的誤謬-確立大衆化的根本問題」, 『台湾文芸』 2-1, 1934.12.18, 18~19쪽.
32 林良哲, 「日治時期台語流行歌詞之硏究」, 台中市 : 國立中興大學台湾文學硏究所碩士論文, 2009, 203쪽.

1930년대 급속하게 진행되는 근대화의 과정에서 타이완 지식인은 봉건제도에 민감하게 반응하고 배척하는 태도를 취하고 있었다. 타이완 유행가, 특히 흥행상 승리를 거둔 민간 작곡가와 작사가가 만든 연애작품에는 확실히 봉건적이고 퇴폐적인 색채를 띤 것이 있었다. 또한 꾸어치우성이 좋아한 〈설매사군〉과 같은 속요에도 그러한 요소가 있었다. 또한 〈인도人道〉나 〈일개홍란一個紅卵〉이라는 유행가도 고풍스런 여성을 찬미하고 더욱이 과부로 있으면서 재혼하지 않는 것을 미덕으로 하는 내용이었다.[33] 당시 이런 '전통'적인 사고방식은 타이완 대중에게는 미덕이었지만 진보적인 지식인에게는 비판의 대상이었다. 그러나 이러한 낡은 가치관, 질서관, 구시대를 예찬하는 작품은 논쟁을 일으킬 만한 것이었지만 타이완어 표기를 규범화하는 매개이며 수단이라는 점에서는 타이완 화문파에게 이견은 없었다.

〈표 2〉 타이완 가요에 대한 지식인의 시각과 태도

	오락	봉건, 진부	계몽	식자	문학(예)
장선치에*	○	○	×	×	×
천쿤위	○	○	○		○
린커후*	○	○	○	×	×
랴오위원*, 자오리마*	○	×	○	×	○
황스후이, 꾸어치우성	○	×	○	○	○

비고 : *는 중국 백화문파이다.

위의 표에서 알 수 있듯이, 반계몽적이라는 이유로 타이완 가요를 비판하는 사람들의 대부분은 중국 백화문파이고, 타이완 화문파는 봉

---

33 위의 글, 164~165쪽. 좌익이 가요곡에 대해 퇴폐적이라고 비판한 것은 전후 일본에서도 있었다.

건적이고 진부하다는 이들 가요를 자신의 전통이라는 이유로 관용적으로 취급하고 있다. 계몽, 진보 대 전통, 봉건의 경계선은 중국 백화문 대 타이완 화문의 차이에 어느 정도 중복되는 것이다. 더 나아가 가요를 문맹의 식자법으로 인정할지는 가요의 계몽적 요소 유무의 판단에 영향을 주었다.

7. 연전연패의 대중 쟁탈전

1) '문예대중'이란 과연 누구인가?

타이완 가요의 사회적, 시대적인 의의에 대한 견해가 나뉘는 지점은 계몽에 대한 사고방식의 차이라고 할 수 있다. 그런데 이러한 상호 견해의 괴리를 더욱 확대시킨 것은 이른바 '대중'이라는 개념을 어떻게 파악할 것인가에 대한 방식의 차이였다.

1934년, '타이완 문예대회'가 열리고 주요한 의제는 '문예대중화'였다. 대회 중 린커후는 다음과 같이 말한다.[34]

현재 타이완 무산대중이 이렇게 많은 상황에서 어떻게 문예대중화를 생각해야 할까? 식자층은 40%에 불과하다. 게다가 무산대중의 식자층은 더욱 소수이다. 이처럼 어찌할 수 없는 상태에 있는 타이완 문학은 종래의 오류

---

34 林克夫, 「淸算過去的謬誤－確立大衆化的根本問題」, 『台湾文芸』 2-1, 1934. 12. 18, 19쪽.

를 청산하고, 다시 대중화의 근본적인 문제를 명확히 하지 않으면 안 된다.

린커후는 무산대중 중에서 식자층이 극소수인 현 상황에서 민주주의 등의 근대적인 개념을 노동자나 농민대중에게 확대시키는 것은 곤란하다고 생각하였다. 때문에 문예대중화는 비식자층인 노동자나 농민대중을 대상으로 하는 것이 아니라, 간접적으로 지식능력을 가진 프티 부르주아를 대상으로 해서 이들에게 대중의 어려운 상황을 이해시키는 것이 우선 중요하다고 여겼다. 이를 이해한 프티 부르주아는 프롤레타리아의 세계관, 노농대중의 생활을 예술의 주제로 삼아 시가, 소설, 연극 등 문예작품을 창작할 수 있다. 결국 대중화의 첨병인 프티 부르주아가 각성함으로써 당초 자신들의 이상 실현이 가능하다고 주장한 것이다.[35]

린커후가 문예대중화 논쟁 속에서 설정한 '대중'이라는 것은 식자층이고 그의 문예대중화운동에 문맹문제는 존재하지 않았다. 실제로 린커후의 말에는 모순이 보인다. 『남음南音』이라는 타이완 화문을 지지하는 잡지가 창간될 때 린커후는 축사로 타이완인의 지식에 대한 기아, 영양부족 증상을 치료하기 위해서는 "대중의 위장에 좋은 소화가 쉬운 문자를 선택해서 대중의 독서욕을 촉진"하고, "무산대중의 형제들에게 읽"힐 필요가 있다고 설명하고 있다.[36] 이때 린커후는 '무산계급'도 문예적인 재능을 키워 '지식 기아나 영양부족 증상'을 해소할 수 있는 문예를 창출해야 한다고 호소하였다. 여기서 말하는 '무산계급'은 '식자층이 40%에 불과한' 사람들이다. 그렇지만 어떻게 무산계급에게 읽힐

---

35 위의 글.
36 林克夫, 「祝『南音』的産生 並將來的希望」, 『南音』 1-2, 1932.1.15, 3쪽.

수 있을까. 어떻게 그들의 '독서욕'을 만족시킬 수 있을까. 이러한 난문에 대해 린커후는 구체적인 대답을 내놓고 있지 않다.

린커후와 마찬가지로 가요나 레코드에 대한 비판에 가세하여 타이완 화문파의 주장을 비판하고 '비식자의 무산대중'을 문예 밖으로 배제하려는 사고방식은 라이밍훙과 장선치에에게서도 보인다. 라이밍훙은 당시 성행한 가자희歌仔戱(타이완의 전통연극)나 타이완 유행가를 문학의 범주에 포함시키지 않았다.

린커후 등의 비판에 대해 황스후이는, "우리들이 매일 외치는 '문예대중화'는 대중화의 이름만 빌리고 실제로는 인텔리화되어 '대중 속으로'는 완전히 공론空論이 되었다"고 반격하고, 더욱이 타이완 지식인은 대중에게 다가가지 못하고 문예는 카페나 댄스홀에 침투하기 위한 유한계급의 오락이 되어 대중과 점점 멀어지게 되었다고 개탄하였다.[37] 그리고 유행가 가사를 문학의 범주에 포함시키는 것에 대해 이의를 제기하는 사람들에게 타이완 유행가의 가사를 대중문학 속에 포함시킴으로써 대중은 처음으로 문학을 알게 되었고, '문예대중화'를 달성할 수 있게 되었다고 호소하였다.

보편적인 말이기는 하지만, '대중'이라는 것은 복잡한 개념이다. 대중이라는 것은 익명성을 가진, 이화異化되기 쉽고, 암시되기 쉽고 무관심의 특성을 가진 집합체를 가리킨다. 통상 대중은 특권계급에 대해 소외감을 품고 있으며 수적으로는 많으나 조직화되지 않은 총체이다. 또한 소비능력을 가진 사람들이라고 이해되고 논해졌다.[38] 그렇지만

---

[37] 黃石輝, 「沒有批評的必要, 先給大衆識字」, 『先發部隊』, 台北市 : 台湾文芸協會, 1934.7, 1~2쪽.

발신하는 입장의 차이에 따라 대중의 정의와 범위는 같지 않다.

레이몬드 윌리암스Raymond Henry Williams, 1921~1988가 말했듯이 "대중 같은 것은 실제로 없고 인민을 대중으로 간주하는 방식이 있을 뿐이다"고 언급하고 있다.[39] 1930년대 일본에서 문예대중화 논쟁이 일어났을 때 사용된 '대중'이라는 말의 내용은 거의 '서민'이라는 의미이고, 학술적인 사용이라기보다 오히려 '서민'이라는 관념을 모던하게 바꾸어 말한 것에 불과한 것이었다.[40] 타이완의 문예대중화운동에도 그러한 경향이 보인다.

1934년 5월 '타이완 문예대회'가 설립되고 이때 장선치에는 조직의 중요성 및 설립 취지를 설명하였다. '대중'을 키워드로 사용한 이 연설은 박수갈채를 받았으나, 문예대중화의 대상은 누구인가? 대중이란 누구인가? 라는 과제에 관해 타이완 지식인들의 견해는 분산된 상태였다. 문예대중화를 논의할 때에 타이완 지식인은 각자가 인식하는 '대중'으로 말했기 때문에 대중에 대해 조준을 맞추기가 어려웠다.[41]

〈표 3〉 유행가요에 관해 타이완인이 인식하는 '대중'

	프티 부르주아계급	무산계급
장선치에, 린커후	○	×
랴오위원, 자오리마	×	○
황스후이, 꺼우치우성	×	○
민간 가요창작자	○	○

38 李承機, 「植民地台湾におけるメディア・ミックスの競合と'大衆'」, 『アジア遊學』 54호, 2003.8.
39 彼德布魯克Peter Brooker, 『文化理論詞彙A Glossary of Cultural Theory』, 台北市 : 巨流, 2003, 235쪽.
40 尾崎秀樹, 『大衆文學』, 東京 : 紀伊國書店, 1994.1.
41 賴明弘・林越峰・江賜金, 「第一回 台湾全島文芸大會紀錄」, 『台湾文芸』 2-1, 1934.12.18, 4쪽.

타이완 화문파나 중국 백화문파 지식인의 대부분은 유행가를 문화나 오락으로 삼았다. 뿐만 아니라 식민지 통치하에서 해결할 수 없는 타이완 문학의 정치, 사회, 문화의 무거운 짐을 음성텍스트에 위탁하여 유행가에 대중교화의 도구로서의 기능을 부여하였다. 그러나 일부 지식인은 타이완 가요를 멸시하고 독소를 품은 오락이라고 생각하였다. 〈표 2〉가 보여주듯이 지식인이 상정한 가요대중은 신축적이어서 범주야 다르지만 어느 것이나 한정된 계층으로 좁혀졌다. 이에 반해 민간인 작사가나 작곡가는 단순한 자본주의의 이해 즉 시장이나 매상을 고려하면서 광범위한 대중의 기호나 요구에 영합하였다. 대중을 설정하는데 양자의 차이가 그대로 시장에 반영되어 비즈니스 면에서 승패는 분명해졌다. 지식인을 이긴 상대는 통치자가 아니라 같은 타이완인인 민간 가요창작자들이었다.

2) 식민지까지 침투한 『킹』의 영향

1930년대, 타이완 지식인이 관여한 타이완 가요활동은 상업적인 면에서 패자가 되었다. 그 실패의 원인을 타이완 내에서가 아니라, 일본제국의 '대중의 쟁탈'이라는 관점에서 조감한다면 큰 시대적인 의의가 있을 것이다.

일본에서 예술대중화 논쟁은 1920년대 시작되어 1930년대 후반까지 계속되었다.[42] 타이완의 문예대중화 논쟁은 일본보다 뒤쳐졌으나 그 내실이나 목적은 일본의 그것과 유사했다. 이 논쟁이 식민지에서 일어난 것은, 이 제국을 범위로 하는 대중쟁탈전의 전장戰場 속으로 타이완이 뒤쫓아가는 형태로 잠입하고 있었다는 것을 의미한다.

1930년대 일본의 문예대중화 논쟁 속에서 사회주의 지식인들의 관심은 문예라는 민중교화의 도구를 이용하여 우익과 다투어 무산계급서민, 즉 농어민이나 노동자의 정치의향을 변혁하고 군집의 힘으로 부르주아 계급에 대항하는 것이었다. 이때 우익을 대표하는 고단샤講談社 발행의 대형 오락잡지인『킹』은 군국주의나 황국사상을 교묘하게 잡지에 엮어 넣어서 사회하층을 포함하는 각 계층 다수 대중의 지지를 얻었다.

『킹』의 내용은 일러스트, 만화, 사진을 많이 사용한, 알기 쉽고 재미 있는 것이었다. 『킹』은 광고나 독자투고란을 설치하고 나아가 레코드 회사까지 설립하였다. 유행가를 발매함으로써『킹』의 독자는 지식인 에서 노동자에까지 이르렀고 발행부수는 백만 부를 넘었다.[43] 사회 대중 교화의 주도권을 잡은 우익진영은 기세를 몰아 일본국민을 군국주

---

42 일본 문예대중화 논쟁에서는 1928년에 나프(전일본무산자예술연맹, 이후 전일본무산자 예술단체협의회)결성 전후 예술대중화가 프롤레타리아 문학운동의 중요과제로서 논의 되었다. 중심은 구라하라 고레히토藏原惟人, 나카노 시게하루中野重治, 가지 와타루鹿地亘 였다. 1928년 나카노는「이른바 예술대중화론의 오류에 대하여いわゆる芸術大衆化論の誤り について」에서 예술지상주의의 입장에서 출발하였다. 한편, 가지는「소시민성의 도량에 대항하여小市民性の跳梁に抗して」에서 다른 입장에서 예술대중화론에 반대하였다. 이에 대해 구라하라는「예술운동 당면의 긴급문제芸術運動当面の緊急問題」에서 나카노의 논리 는 일본대중의 실정을 무시한 이상론이라고 비판하고 가지와 함께 문학의 자율성 문제 를 부정하여 예술의 대중화와 프로 문예의 통일전선을 강조하였다. 그 후 세 사람은『전 기戰旗』에서 논쟁을 이어가다가 마지막에는 일본 무산계급작가동맹 중앙위원회에서 「예술대중화에 관한 결의芸術大衆化に關する決議」를 결정하였다. 혁명적인 무산계급 이데 올로기에 의해 대중의 의견을 파악할 것을 선언하면서 논쟁은 일단락을 고하였다. 논쟁 이 정치와 문학의 변증관계에 대해서는 해결을 보지 못하였기 때문에 그 후에도 예술가 치논쟁이 일어난다. 葉渭渠,『日本文學思潮史』, 台北市:五南図書, 2003, 426~429쪽; 長 谷川泉,『近代文學論爭事典』, 東京都:至文堂, 1962, 206~208쪽.

43 佐藤卓己,『キングの時代-國民大衆雜誌の公共性』, 東京都:岩波書店, 2002, 77~93쪽.

의의 길로 유도해 갔다. 『킹』의 성공은 일본의 좌익잡지에게 중압이 되었고 좌익잡지들은 부득이 고단샤와 같은 자본주의적 편집방침을 모방하여 부담스럽지 않고 가벼운 문장을 게재하고, "재미를 주면서 교화한다"는 방침으로 키를 돌렸다. 여가적이고 알기 쉽고 게다가 재미있다는 요소를 사회주의 문학잡지가 도입해 간다.[44]

이 '독자대중의 쟁탈'이라고 불린 문화적, 정치적인 현상은 1930년대 타이완에도 파급되었다.[45] 『킹』의 선풍은 타이완까지 영향을 미쳐서 타이완 지식인의 잡지 『남음』, 『선발부대』, 『타이완신문예』 등은 '독자대중의 쟁탈'에서 참패하였다. 일본의 예술대중화 논쟁과 마찬가지의 구도를 형성하였다. 앞서 언급한 향토문학 논쟁의 배후에는 실질적으로 일본보다 더욱 복잡한 '독자대중 쟁탈'의 구도가 숨겨져 있었다. 문학의 수단에 관한 주장의 차이에 기초해서 타이완 대중쟁탈전은 다음 세 가지로 구성된다.

① '국어'교육이나 대량의 사회교육 시설을 통하여 노동계급을 교화하고, 군국주의, 황국사상, 자본주의를 선전하는 식민 통치자
② '중국 백화문' 혹은 일본어를 창작수단으로 하여 통치자와 대치하는 타이완 지식인
③ ②와 마찬가지로 저항의 의도를 가지면서 타이완 화문을 제창하는 타이완 지식인

---

44 위의 책.
45 陳培豊, 「殖民地大衆的爭奪「送報伕」・「國王」・「水滸伝」」, 『台湾文學硏究學報』, 제9기, 2009.10, 249~290쪽.

'독자대중의 쟁탈'이라는 각도에서 보면 일본어, 중국 백화문, 혹은 타이완 화문을 잡지의 수단으로 삼아 온 타이완 지식인이 문자 텍스트에서 대중의 쟁탈에 패배한 후, 즉 타이완 자생의 잡지가 일본에서 들어온 잡지에게 타도된 후, 음성의 분야로 전장戰場을 이동한 결과가 바로 유행가였다고 말할 수 있다. 이 전장의 이동은 타이완인에게 한 가닥의 희망을 가져왔다. 이것은 앞에서도 언급했지만 정해진 표기법이 없기 때문에 소설, 시가 등의 문자 세계에서 타이완인은 통치자와 대적할 수 없었으나, 음성 즉 유행가의 세계에서 타이완 가요는 일본 가요를 능가하였다. 타이완 지식인은 가요라는 문예에 의해 대중을 쟁탈하고 계몽교화가 시도된다는 것을 알았다. 이는 타이완의 가요가 가능성, 승산을 가진 저항의 도구였다는 것을 의미하는 것이었다. 반식민의 전장이 '문예대중'의 영역으로 자리를 옮긴 후, 타이완 지식인은 음성이라는 무기를 얻었지만 역시 고배를 맛보게 되었다. 이러한 원인 중 하나는 이 지식인들이 '문예'란 무엇인가, '대중'이란 무엇인가, 더욱이 가요라는 '문예대중' 쟁탈전 속에서 어떠한 역할을 수행해야 하는지에 대해 일치된 사고를 공유하고 있지 않았기 때문이다.

유행가 가사는 전문적이고 특수한 창작영역이다. 선율이나 리듬, 템포 등의 면에서 보면 '지식 엘리트'가 쓰는 유행가 가사나 시는 악보에 올려서 노래하기에 반드시 어울린다고는 할 수 없다. 이들 작품은 어느 정도 읽을 가치나 문학적 특질을 갖추고 있어도 음악성이나 리듬감이 부족했기 때문에 레코드 산업의 유행가 가사로서 추구되는 오락성이나 상업성이라는 요소가 결여되어 있었던 것이다.

사회주의 지식인의 가요활동 즉 '대중 계몽의 수단으로서' 가요, '대중 식자수단으로서' 가요는 결국 '대중오락으로서' 가요 더욱이 '봉건적 독소를 가진' 진부하고 퇴폐적인 가요에 패퇴하게 된다.

이를 바꾸어 말하면, 일본제국과의 독자 대중 쟁탈전에서 타이완 좌익 지식인이 연전연패했다는 것을 의미하는 것이다.

8. 맺음말

일본 통치하 타이완인은 근대문학의 길을 걷기 시작하였다. '자신들의' 문학 수단 즉 근대화된 표기언어가 결여된 곤경 속에서 타이완인은 문자 이외의 문화운동을 반복해서 이용할 필요가 있었다. 문학이나 가요는 통치자의 사회저층에 대한 교화에 대항하고 대중교화의 쟁탈전에서 이기利器가 될 수 있었기 때문이다.

가요의 세계로의 우회, 전장戰場의 이동을 강요받아 문화활동을 전개해 나가는 데는 많은 논쟁이 수반되었다. 중국 백화문파가 타이완 화문으로 유행가를 창작하기 시작했다는 것은, 향토문학·화문 논쟁에서 본래 반대파였던 자신들의 주장에 대한 패도수정, 즉 타협을 의미하는 것이었다. 그러나 타이완 지식인의 가요활동은 일반대중에게까지 침투하지 못하였다. 창작한 가요 레코드의 매상이나 인기가 서민성, 오락성, 음악성을 갖춘 민간 작사자의 작품에 미치지 못했기 때문이다. 가요대중의 쟁탈전에서도 지식인들은 승리자는 될 수 없었다. 문학에서는 일본에게, 음성에서는 타이완의 민간 작사자에게 항복한 좌익 지식인은 대중의 쟁탈전에서 연전연패를 맛보고 끊임없이 좌절을 경험했던 것이다.

문예대중 쟁탈의 전개는 많은 근대화의 과제 — 문자, 음성, 자본주의, 피식민, 지식의 폭발 — 에 동시에 포위된 지난날의 타이완 지식인의 곤경을 지금 다시 타이완인에게 묻고 있는 것이다.

번역 : 송혜경

참고문헌

자료

『台湾民報』,『伍人報』,『台湾新民報』,『臺灣新民報』

『南音』,『台湾文芸』

台湾文芸協會,『先發部隊』.

台湾新文學社,『台湾新文學』.

연구논저

許成章,『臺灣俗文學探討(叢稿之二)』, 高雄 : 高雄市文獻委員會, 1967.

佐藤春夫, 邱若山 譯,『殖民地之旅』, 台北 : 草根文化, 2002.9.

葉渭渠,『日本文學思潮史』, 台北市 : 五南図書, 2003.4.

彼德布魯克Peter Brooker,『文化理論詞彙 *A Glossary of Cultural Theory*』, 台北市 : 巨流, 2003.10.

陳淑容,『1930年代鄕土文學/台湾話文論爭及其餘波』, 台南 : 台南市立図書館, 2004.12.

翁聖峯,『日據時期臺灣新舊文學論爭新探』, 臺北 : 五南圖書出版有限公司, 2007.

黃信彰,『伝唱台湾心聲-日據時期的台語流行歌』, 台北 : 台北市政府文化局, 2009.5.

林良哲,「日治時期台語流行歌詞之硏究」, 台中市 : 國立中興大學台湾文學硏究所碩士論文, 2009.

黃裕元,「日治時期台湾唱片流行歌之硏究-兼論一九三〇年代流行文化与社會」, 台北市 : 國立台湾大學歷史學系博士論文, 2011.

陳培豊,「殖民地大衆的爭奪「送報伕」・『國王』・『水滸伝』」,『台湾文學硏究學報』제9기, 2009.10.

尾崎秀樹,『大衆文學』, 東京 : 紀伊國書店, 1994.1.

佐藤卓己,『キングの時代-國民大衆雜誌の公共性』, 東京都 : 岩波書店, 2002.

陳培豊,『日本統治と植民地漢文-台湾における漢文の境界と想像』, 東京 : 三元社, 2012.8.

中島利郎 編,『1930年代台湾鄕土文學論戰資料彙編』, 高雄 : 春暉出版社, 2003.3.

長谷川泉,『近代文學論爭事典』, 東京都 : 至文堂, 1962.12.

陳培豊,「演歌の在地化─重層的な植民地文化からの自助再生の道」, 蕭新煌・西川潤
　　編,『東アジア新時代の日本と台湾』, 東京：明石書店, 2010.
李承機,「植民地台湾におけるメディア・ミックスの競合と'大衆'」,『アジア遊學』54호,
　　2003.8.

경성지방법원 검사국 기록과 '사상부^{思想部}'의 설치

정병욱

1. 과제와 자료 현황

고려대학교 아세아문제연구소(이하 '아연'으로 줄임)는 '구 조선총독부 경무국 항일독립운동관계 비밀기록'을 소장했었다. 국사편찬위원회(이하 '국편'으로 줄임)는 '경성지방법원 재판기록'과 '경성지방법원(검사국) 편철문서'를 소장하고 있다. 필자가 주장하는 바는 세 기록이 동일한 조직이 생산한 기록군이라는 점이다. 이는 기존 연구에서도 막연하나마 감지되었다.[1] 다만 여러 생산자명과 명칭이 혼용되었으며, 기록 분산의 경위도 밝혀지지 않았다. 또한 국편의 '경성지방법원 재판기록'은 논외였다.[2]

---

1 곽건홍, 「조선총독부 기록의 관리의 이용—경무국 재판 기록을 중심으로」, 한국국가기록연구원 편, 『기록사료관리와 근대』, 진리탐구, 2005; 박성진·이승일, 『조선총독부 공문서—일제시기 기록관리와 식민지배』, 2007, 역사비평사, 358~360쪽.
2 이애숙은 이관술 등의 동일한 사건기록이 아연과 국편에 분산 소장되었음을 지적하였다

필자는 2011년 7월 1일 고려대 민족문화연구원과 도시샤코리아연구센터同志社コリア研究センタ가 공동 주최한 '서울-교토 상호방문 국제학술회의 : 식민지 연구의 최전선'(장소 : 일본 교토)에서 "경성지방법원 검사국 '형사사건기록'과 식민지 사회"란 제목으로 발표했고, 이를 약간 보완하고 축약하여 2013년 출판한 책『식민지 불온열전』(역사비평사)에 '보론'으로 실었다.[3] 이를 통해 위의 세 기록이 동일한 기록군이며, 그 생산주체는 기록군의 '사건기록' 위반법으로 판단컨대 경성지방법원 검사국의 사상계思想係 쪽이라고 주장했다. 이 글에서는 우선 기록학의 '생산자' 개념과 기록군 중 '서무기록' 분류 및 분석을 통해 기록 생산자를 좀 더 분명히 하고, 관련자 인터뷰 등을 통해 분산 경위를 밝힘으로써 이후 연구의 발판으로 삼고자 한다. 다음으로 서무기록을 통해 생산자의 형성 과정과 그 특징을 살펴보겠다. 필자가 생각하는 생산자인 사상검사와 사상부思想部에 관해서는 제도와 인물을 통해 접근한 장신, 미즈노 나오키水野直樹의 연구가 있다.[4] 그런데 기록은 그 생산자에 대해서 적지 않은 것을 말해준다. 기록에는 '사상' 탄압·통제의 지휘부가 형성되는 과정은 물론이고 그 과정에서 나타난 변화가 담겨있다. 이 글은 사상검사, 사상부에 대한 기록을 통한 접근이다.

(이애숙, 「일제 말기 반파시즘 인민전선론」, 『한국사연구』 제126호, 2004.9, 207쪽). 국편의 '경성지방법원 재판기록'과 아연 소장자료가 동일한 기록군일 가능성이 제기된 셈이나, 기록의 역사는 이 논문의 주된 관심 사항이 아니었다.

3　정병욱, 『식민지 불온열전―미친 생각이 뱃속에서 나온다』, 역사비평사, 2013, 215~228쪽.
4　장신, 「1920년대 民族解放運動과 治安維持法」, 『學林』 19, 1998; 水野直樹, 「植民地期朝鮮の思想檢事」, 『International Symposium 30 日本の朝鮮·臺灣支配と植民地官僚』, 國際日本文化研究センター, 2007; 水野直樹, 「思想檢事たちの戰中'と'戰後―植民地支配と思想檢事」, 松田利彦·やまだあつし 編, 『日本の朝鮮·臺灣支配と植民地官僚』, 思文閣出版, 2009.

본론에 들어가기 앞서 세 가지 기록의 현황에 대해서 간략히 언급해 두겠다. 아연 소장의 '구 조선총독부 경무국 항일독립운동관계 비밀기록'(이하 '아연 자료'로 줄임)은 현재 고려대학교 도서관 한적실에 원본이 보관되어 있다.[5] 아연의 해제에 따르면 총 147권 약 13만 쪽이나 약간의 누락이 있다. 해제에 부여된 번호와 '문서철명'으로 신청하면 열람할 수 있다.[6] 이글에서도 이 기록을 지칭할 때 이 번호를 붙여 '아연 ○○'로 하겠다. 이 자료의 일부는 김준엽金俊燁·김창순金昌順 공편,『한국공산주의운동사―자료편韓國共産主義運動史―資料編 I～II』(고려대 아세아문제연구소, 1979~1980)로 출간되었으며, 김경일 편,『한국민족해방운동사자료집韓國民族解放運動史資料集』(총 10권, 永進文化社, 1992)으로도 영인됐다.[7] 자료 전체는 마이크로필름으로 촬영되어 일본 유쇼도雄松堂에서 "구조선총독부소장旧朝鮮總督府所藏 조선인항일운동조사기록朝鮮人抗日運動調査記錄"이란 이름으로 판매됐다.[8] 또한 '아연 자료'는 국회도서관 홈페이지(http://www.nanet.go.kr)에서도 원문 서비스를 한다.[9]

국편이 1985년 서울지방검찰청에서 수집한 '경성지방법원 재판기록'(이하 '국편 자료 A'로 줄임)은 총 "656건, 1,119책, 48만 매"로 일제강점

---

5 역사성과 인지도를 감안하여 이글에서는 종전처럼 '아연 소장' '아연 자료'라 하겠다.

6 고려대 아세아문제연구소,『稀貴文獻 解題―舊 朝鮮總督府 警務局 抗日獨立運動關係 秘密紀錄』, 고려대 출판부, 1995의 「序文」. 또한 아연에서 여러 권을 합본한 경우가 더러 있고 누락본이 있어 아직 원자료의 전체 '건수'를 확인하지 못했다. 이 글에서는 아연의 해제에 따라 '권'과 그 번호를 그대로 사용하겠다.

7 이 자료집은 김경일 편,『日帝下社會運動史資料集』(총 10권), 한국학술정보, 2002와 동일하며, 공훈전자사료관(http://e-gonghun.mpva.go.kr)에서 전문을 볼 수 있다.

8 시작 화면에는 "稀貴文書마이크로필름集―朝鮮總督府所藏 朝鮮人抗日運動調查記錄, 1993, 高麗大學校 亞細亞問題研究所"라는 정보가 나온다.

9 다만 '해외소재한국관련자료'로 분류되어 있는데, 일본 유쇼도雄松堂의 마이크로필름으로 스캔 작업을 했기 때문인 듯하다.

기 외에도 대한제국기와 해방 이후의 기록이 있다. 이 글에서는 일제
강점기 부분(전체 건의 80%, 전체 책의 89%)만 다루겠다.[10] 현재 마이크로
필름으로 열람가능하며, 일부가 탈초 번역되어 원문과 함께 국사편찬
위원회 편, 『한민족독립운동사자료집韓民族獨立運動史資料集』 1~70(국사
편찬위원회, 1986~1997)으로 간행되었다. 나머지에 대해서는 세 권의 해
제집이 간행되었다.[11] 또한 적은 분량이지만 한국사데이터베이스
(http://db.history.go.kr)의 시대별 → 일제강점기 → 국내외항일운동문서
→ 일제하 사회·사상운동자료에 9건이 텍스트로 서비스되고 있다.
글에서 이 자료를 인용할 때는 마이크로필름 번호를 사용하겠다.

국편이 1996년 대검찰청에서 수집한 '경성지방법원(검사국) 편철문
서'[12](이하 '국편 자료 B'로 줄임)는 총 300건(해방 전 286건, 해방 후 14건)으로
이 글에서는 해방 전, 즉 일제강점기 기록만 다루겠다. 청구기호 "367.2
대13"의 자료로 건별로 일련번호가 부여됐다. 글에서 이 기록을 언급할
때 이 번호를 써서 '국편 자료 B ○○' 또는 '국편 ○○'으로 쓰겠다.[13] 이
자료의 일부는 한국사데이터베이스(http://db.history.go.kr)의 시대별 →
일제강점기 → 국내외항일운동문서의 '국내 항일운동자료' 및 '국내 경

---

10 서울지방검찰청기록관리과, 「獨立運動關聯記錄 등 整理記錄目錄」, 1984; 정병욱, 『식민
지 불온열전－미친 생각이 뱃속에서 나온다』, 역사비평사, 2013, 218쪽.

11 국사편찬위원회, 『일제강점기 사회·사상운동자료 해제』 I·II, 국사편찬위원회, 2007·
2008; 국사편찬위원회, 『일제강점기 경성지방법원 형사사건기록 해제』, 국사편찬위원회,
2009.

12 국사편찬위원회 한국사데이터베이스의 일제강점기 → 국내외항일운동문서의 해제 목
록에는 "일제 경성지방법원 편철문서"로, 해제 본문의 제목은 "京城地方法院 檢事局 編
綴文書"로 되어 있다.

13 다만 국사편찬위원회 전자도서관(http://library.history.go.kr)에서 청구기호 "367.2 대
13"으로 검색하면 자료 전부가 검색되지 않는다.

제관련자료'에서 원문을 볼 수 있다.[14] 또한 복사본(청구기호 한367.2 대 13)과 마이크로필름으로도 일부를 열람할 수 있다.

2. 기록의 생산자와 분산 경위

외관상 세 가지 자료의 연관성은 뚜렷하다. 우선 '아연 자료'와 '국편 자료 A'를 비교해보자. '아연 자료'의 약 절반가량은 보통 '신문조서'라 명명된 기록이다(총 147권 중 79~143권 145권~147권까지 합 68권, 전체의 46%). 이는 특정 피의자 또는 사건에 대한 경찰과 검사의 수사 자료 및 각 법원의 공판 자료로, 검경의 '피의자 신문조서'가 많은 분량을 차지 하기 때문에 '신문조서'로 이름 붙인 것 같다. '재판기록'으로 명명된 '국 편 자료 A'도 동일한 양식의 기록이다. 그중에는 같은 피의자 또는 사 건에 대한 기록이 나뉘어 소장된 경우도 있다. 〈그림 1〉은 1941년 체포 된 사회주의계열 운동가 이관술李觀述 등의 '치안유지법위반 등' 사건에 관한 기록 표지이다. 좌측은 '국편 자료 A'이고 우측은 '아연 자료'이다. 비록 부분적으로 차이가 있지만 동일한 양식의 기록이라 할 수 있다(그 림 설명 참조). 이관술 등의 사건기록은 국편에 제2책, 제18책, 제19책, 별 책 제2책, 아연에 제5책, 제11책, 제13책이 소장되어 있다.[15] 이렇게 동

---

14 이 글이 수록된 논문집 『기록학 연구』가 발행될 무렵(2014년 4월 말) 국사편찬위원회의 '한국사데이터베이스' 사이트가 전면 개편되었다. 2014년 7월 10일 현재 '국내 항일운동 자료' '국내 경제관련자료' '일제하 사회・사상운동 자료'는 '일제강점기 → 국내 항일운 동 자료: 경성지방법원 검사국 문서'로 통합되어 서비스되고 있다.

15 1941년 이관술 등의 치안유지법위반 등 사건은 일련번호로 볼 때 최소한 21책 이상의 기록 이 있었던 것으로 추정된다(이애숙, 「일제 말기 반파시즘 인민전선론」, 『한국사연구』 제

〈그림 1〉 이관술 등의 '치안유지법위반 등' 사건에 관한 기록 표지

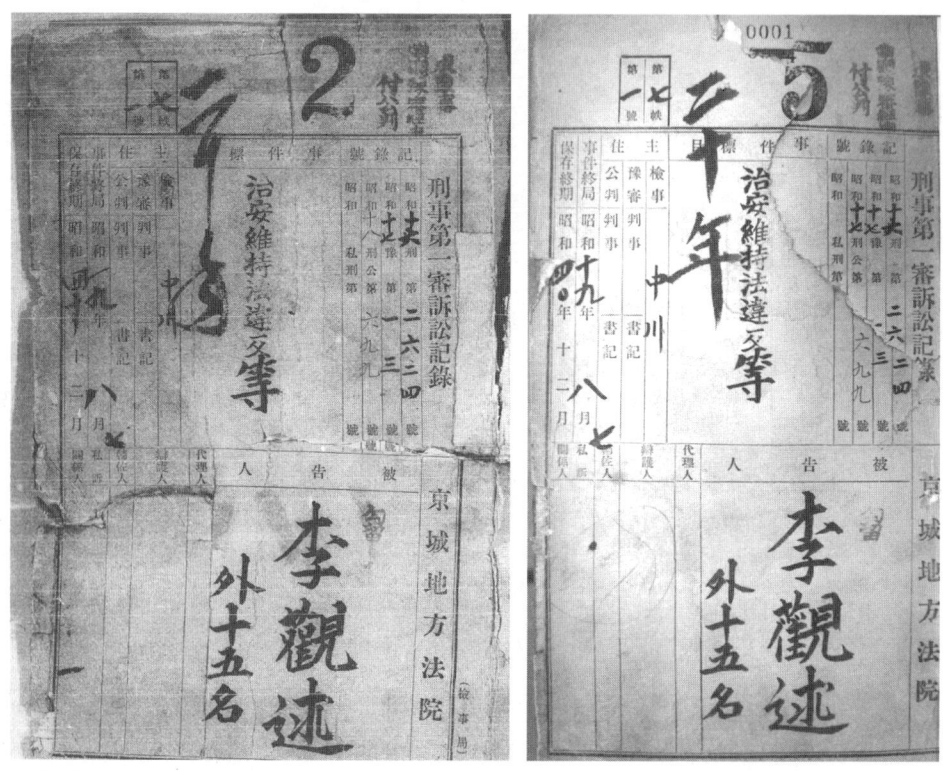

설명 : 좌측은 '국편 자료 A'(마이크로필름 출력본), 우측은 '아연 자료'(원본 촬영본)이다. 같은 양식이며 '사건표목' '주임' '피고인' 등에 기입한 내용과 필체 및 여러 날인이 동일하다. 상단 날인으로 볼 때 좌측은 제'2'책, 우측은 제'5' 책이다. 다만 기록호 중 '形公第 六九九'의 연도가 좌측은 "昭和十八", 우측은 "昭和十七"이다. 국편 소장의 제18, 19 책, 아연 소장의 제13책은 "昭和十八"이고 아연 소장의 제11책은 "昭和十七"이다. 또한 보존기한("二十年")의 서체 와 '保存終期'의 숫자 표기 방식("四十"과 "四○")이 다르다. 그렇다 하더라도 이 기록은 표지 우단에 나와 있듯이 "경성지방법원(검사국)"이 편철한 이관술 등의 "刑事第一審訴訟記錄"이다(제2책과 다른 책에는 "京城地方法院" 옆에 "(檢事局)"이 인쇄되어 있으나, 제5책은 소장기관이 새로 제본함에 따라 가려 보이지 않는다).

126호, 2004.9, 207쪽). 현존 기록에 대한 해제는 국사편찬위원회, 『일제강점기 사회·사상 운동자료 해제』II, 국사편찬위원회, 2008, 331~334쪽; 고려대 아세아문제연구소, 『稀貴文 獻 解題－舊 朝鮮總督府 警務局 抗日獨立運動關係 秘密紀錄』, 고려대 출판부, 1995, 383 ~386쪽 참조.

일한 사건이 양쪽에 나뉘어 소장된 경우로 이관술 등의 사건 외에도 1929년 진홍거陳鴻巨 등, 1929년 홍승유洪承裕 등, 1931년 김낙준金洛俊, 1931년 강문수姜文秀 등, 1934년 권영태權榮台 등의 사건이 있다. 따라서 '아연 자료'와 '국편 자료 A'는 현재 소장기관에서 부여한 명칭과 상관없이 동일한 기록군으로 언젠가 분산된 것이라고 추정할 수 있다.

다음으로 '아연 자료'와 '국편 자료 B'를 비교해보자. '아연 자료' 중 '신문조서'류를 제외한 기록(총 147권 중 1~77권, 144권 합 78권, 전체의 53%) 중에는 다양한 정보기관이 경성지방법원 검사국에 통보한 것들이 많다. '국편 자료 B' 역시 마찬가지다. 이 중 경성지방법원 검사국이 주로 관내 경찰서로부터 보고 받은 정보를 편철한 『사상에 관한 정보思想ニ關スル情報』를 비교해보면, 두 가지가 동일한 기록군에서 나온 것임을 알 수 있다(〈그림2〉 참조). 양 기관에는 '사상에 관한 정보'류 외에도 '경찰정보'류, '선내鮮內 검사국 정보'류에서도 시기상 이웃하는 기록들이 나뉘어 소장되어 있다. 역시 '아연 자료'와 '국편 자료 B'도 현재 소장기관에서 부여한 명칭과 상관없이 동일한 기록군이라고 추정할 수 있다.[16]

따라서 다음과 같이 가정해볼 수 있다. '아연 자료'가 '국편 자료 A' 및 '국편 자료 B'와 동일한 기록군이라면 '국편 자료 A'와 '국편 자료 B'도 동일한 기록군이다. 여기서 '동일한 기록군'에 대한 개념을 명확히 해둘 필요가 있다. 기록학에서 '기록군'이란 "하나의 조직이나 가족, 개인이 생산·수집한 전체 기록"을 말한다. 이때 '생산(자)'은 기록을 실제 생산하는 '작성(자)'과 다르다. 생산자란 기록을 생산 축적 유지하는

---

16 동일한 기록군이지만 중복되는 경우는 거의 없다. 현재까지 확인한 바로는 아연 자료 42 『治安槪況』(京畿道警察部, 1929.5)이 국편 자료 B 268(MF8310)과 동일하다.

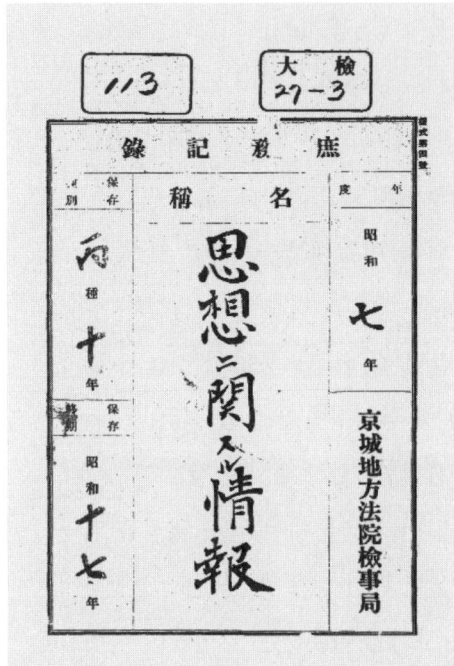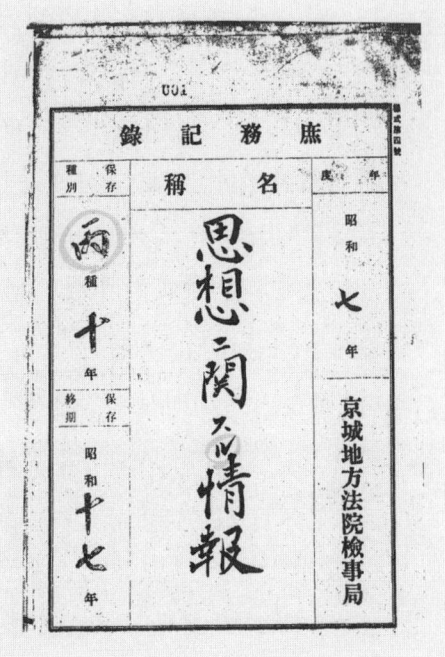

설명 : 좌측은 '국편 자료 B', 우측은 '아연 자료'이다(둘 다 웹 데이터 출력본이다). 표지에 '서무기록'이란 분류 아래 '연도', 편철기관 '경성지방법원검사국', '명칭', '보존종별', '보존기한'이 표시되어 있다. 같은 양식으로 정리된 동일한 기록군이며 필체도 같다. 좌측은 주로 1932년 10월에 접수한 문서들이, 우측은 주로 동년 11월에 접수된 문서들이 편철되었다. 현재 1932년 『思想ニ關スル情報』는 6월분, 9~12월분이 남아 있다.[18]

데 책임을 지는 개인이나 단체를 의미한다.[17] 이 글에서 사용하는 '동일한 기록군'의 의미는 소장처나 작성자의 일치를 의미하는 것이 아니라 '동일한 조직이 생산 축적 유지한 기록군'을 의미한다.

그러면 '국편 자료 A'와 '국편 자료 B'는 동일한 기록군인가? 국편은

---

17 한국기록학회 편, 『기록학 용어 사전』, 역사비평사, 2008, 55·147쪽.
18 필자는 지난 글에서 아연과 국편의 자료를 합쳐도 누락된 부분이 있다며 1932년 12월 접수 분을 예로 들었으나(정병욱, 『식민지 불온열전─미친 생각이 뱃속에서 나온다』, 역사

전자를 1985년 서울지방검찰청에서,[19] 후자는 1996년 대검찰청에서 수집하였다.[20] 더욱이 〈그림 1〉과 〈그림 2〉를 비교하면 겉보기에도 양식이 달라서 동일한 기록군이라고 생각하기 힘들 것이다. 그러나 일제강점기 재판소와 검사국의 기록 관리를 이해하면 판단하기 어렵지 않다. '조선총독부 재판소 급 검사국 서기과 처무규정朝鮮總督府裁判所及檢事局書記課處務規程(1937.8, 總訓 56호)'에 따르면[21] 재판소와 검사국의 기록은 두 가지로 나뉜다. "행정사무에 관한 기록을 서무기록庶務記錄이라 하고 재판 및 검찰사무에 관한 기록을 사건기록事件記錄이라 한다"(제17조). 서무기록은 "예규에 관한 기록"에서 "잡사雜事에 관한 기록"까지 총 27가지로 분류됐는데(제18조),[22] '국편 자료 B'는 3장에서 보듯이

비평사, 2013, 282쪽), 국사편찬위원회의 한국사데이터베이스(http://db.history.go.kr) — 국내 항일운동 자료의 "思想에 關한 情報(2)"(〈표 2〉의 국편 110)이 12월 접수분이다. 1932년 '사상에 관한 정보' 중에 지금까지 확인된 누락분은 1~5월, 7~8월분이다.

19 이상일, 「국사편찬위원회의 독립운동자료 수집현황과 과제」, 『한국민족운동사연구』, 27, 2001, 101쪽. '국편 자료 A'에 대해서는 당시 국편 위원장(박영석)이 "서울지방검찰청의 문서보관 사실을 청문"하고 검사장, 총무처장관 등의 협조를 얻어 "재판기록 1,999책"을 인수하였다고 한다(국사편찬위원회 편, 『국사편찬위원회 65년사』, 국사편찬위원회, 2012, 189쪽). 누구로부터 청문하였을까. 국편이 인수하기 전에 이 기록의 존재를 알고 있었던 연구자로 윤경로가 있다. 이 기록을 바탕으로 썼던 『105人事件과 新民會研究』(一志社, 1990)의 서론에 "그동안 서울지방검찰청 지하창고에 있던 것을 1984년 말 동 검찰청 기록관리과에서 일제시대부터 해방 전후한 재판기록 일체를 정리하는 과정에서 발굴된 것이다. 이때 총 660건 1,204권에 달하는 방대한 재판기록문서가 발굴, 정리되어 현재 국사편찬위원회에 이관되어 있다"고 했다(12쪽).

20 이상일, 위의 글, 117쪽. 기록 인수를 담당했던 이상일은 당시 대검찰청이 8·15광복절을 맞이하여 언론에 공개한 '정보보고문서' 기사를 보고 대검찰청을 찾아가 자료 인수를 교섭했다고 한다. 『동아일보』 1996년 8월 15일 자 31면에 「東亞日報 일장기 말소, 日警 "日帝 증오해 저지른 일" 분석—大檢, 당시 정보보고문서 공개」란 제목의 기사가 게재됐는데 '조선출판경찰월보철' '이재명 등의 모살미수사건'의 기록 표지 사진이 실렸다.

21 이하 규정 내용은 朝鮮總督府 編纂, 『朝鮮法令輯覽』 상권 제6집, 1940, 2~5쪽 참조.

22 27가지는 다음과 같다. ① 예규에 관한 기록(이하 '에 관한 기록' 생략) ② 기밀사항 ③ 재판소의 구성 ④ 감독사무 ⑤ 호적사무 ⑥ 감옥의 감독사무 ⑦ 전례典禮 및 교제交際 ⑧ 현재 직원이력서철 ⑨ 비非현재직원이력서철 ⑩ 직원의 진퇴 기타 신분 ⑪ 공증인의 신분 ⑫ 변호사의 신분 ⑬ 관리가 아닌 집달리직무취급자의 신분 ⑭ 사법서사司法書士의 신분

작성자는 여럿이지만 거의 경성지방법원 검사국이 생산(접수 또는 작성)
보관한 '서무기록'에 해당한다(앞의 〈그림 2〉의 기록에도 상단에 '庶務記錄'이
란 분류명이 보인다).

사건기록은 사건별로 편철하고 기록호記錄號를 부여한다(제20, 21조).
사건은 형사사건과 민사사건으로 나뉘는데, 형사사건이 완결되었을
때 기록 처리규정은 다음과 같다.

> 제일심형사사건第一審刑事事件이 완결되었을 때 서기는 속히 소송기록訴
> 訟記錄 및 재판서裁判書를 검사국에 송부해야 한다. 상소가 완결되었을 때는
> 그 소송기록은 재판의 등본과 함께 그 심급의 검사국에 송부하고 그 검사
> 국은 하급심의 검사국을 거쳐 원재판소에 이를 반환해야 한다. 제일심재
> 판소는 반환을 받는 기록 및 재판의 등본을 제일심검사국에 송부해야 한다
> (제44조).

형사사건의 경우 사건기록은 처음 사건을 수사하여 법원에 기소한
제일심검사국, 즉 지방법원 검사국으로 송부되어 보존된다. 이는 지방
법원에서 기록을 보관하는 민사사건의 경우와 다르다(제45조).[23] '국편
자료 A'는 거의 경성지방법원 검사국에서 기소/불기소한 사건기록으
로 기록호가 붙어있다. 다만 서무기록의 경우와 달리 표지의 분류명에

---

⑮ 판사징계처분 ⑯ 검사징계처분 ⑰ 공증인징계처분 ⑱ 변호사징계처분 ⑲ 회동, 순회,
출장 ⑳ 민사 ㉑ 형사 ㉒ 검찰사무 ㉓ 사형집행 ㉔ 은사恩赦 ㉕ 통계 ㉖ 회계 ㉗ 잡사雜事.
이상의 기록은 장관의 인가를 받아 다시 세분할 수 있다.

[23] 기록을 폐기할 때에도 민사 기록의 폐기는 재판소장, 형사 기록의 폐기는 검사국장이 인
가했다(「朝鮮總督府裁判所及檢事局書類保存規程」(1918.1, 總訓 1호/개정 1939.8, 44호)
제22조(朝鮮總督府 편찬, 『朝鮮法令輯覽』 상권 제6집, 1940, 6쪽)).

'사건기록'이 명기된 경우는 드물고,[24] 주로 사건의 진행 단계에 따라 '불기소사건기록不起訴事件記錄' '형사제일심소송기록刑事第一審訴訟記錄' '형사공소소송기록刑事控訴訴訟記錄' '형사상고소송기록刑事上告訴訟記錄'으로 나뉜다. 기록 표지에는 각각 주관기관인 경성지방법원검사국, 경성지방법원, 경성복심법원, 고등법원이 명기되어 있지만 위의 규정에 따라 최초 기소자인 경성지방법원 검사국에서 기록을 보관하였다. '국편 자료 A'의 대부분은 '형사제일심소송기록'이지만 상소한 경우는 상급 법원의 기록까지 함께 편철되어 있다.[25]

이상에서 알 수 있듯이 '국편 자료 A'는 경성지방법원 검사국의 사건기록, '국편 자료 B'는 경성지방법원 검사국의 서무기록으로 동일한 조직이 생산 접수하여 보관한 기록군이다. '아연 자료'도 동일한 기록군으로 경성지방법원 검사국의 사건기록과 서무기록이 함께 수집된 것이다. 그렇다면 동일한 기록군이 어떠한 경위로 이렇게 분산된 것일까?

필자는 이전 글에서 대강의 경위를 추적하고 이유를 추정해보았는데, 요약하면 이렇다.[26] 해방 이후 1948년 법원과 검찰청이 분리되면서 경성지방법원 검사국은 서울지방검찰청이 되었고 기록도 승계됐을 것이다. 1960~70년대 아연의 김준엽·김창순은 공산주의운동 연

---

24 현재까지 확인한 바로는 경성복심법원 검사국에서 편철한 '형사공소사건재판원본철' 제1책(MF7520)의 표지 분류명이 '사건기록'이다.
25 대표적인 예가 1925년 신일용辛日鎔, 김동성金東成, 김형원金炯元의 '치안유지법 및 신문지법 위반사건'(MF7895)으로 일심(경성지방법원)-공소(경성복심법원)-상고(고등법원)로 진행됨에 따라 각각의 소송기록이 함께 합본되어 있다(국사편찬위원회, 『일제강점기 사회·사상운동자료 해제』I, 국사편찬위원회, 2007, 4~7쪽; 한국사데이터베이스(http://db.history.go.kr)의 일제강점기 → 국내 항일운동 자료 → 辛日鎔 外 2名(治安維持法違反, 新聞紙法違反).
26 정병욱, 『식민지 불온열전─미친 생각이 뱃속에서 나온다』, 역사비평사, 2013, 216~224쪽.

구를 위해 경성지방법원 검사국 기록 중 대표적인 지도자들의 자료와 방증 문헌을 선별 입수하여 이를 바탕으로 『한국공산주의운동사 1~5』(1967~1976)와 『한국공산주의운동사—자료편 1~2』(1979~1980)를 펴냈고, 이후 이 기록 원본은 아연에 보관됐다. 국편은 1985년 서울지방검찰청에서 아연이 수집하고 남은 기록 중 사건기록을 수집하였고, 1996년 대검찰청에서 남은 서무기록을 수집하였다. 이로 볼 때 서무기록은 1985년 이후 언젠가 서울지방검찰청에서 대검찰청으로 이관됐던 것 같다. 현존 경성지방법원 검사국 기록들의 보존기한은 최대 20년으로 일제강점기 또는 해방 이후 곧 폐기되어야 했다. 폐기되지 않고 이렇게 보존되었던 '특별한 사유'는 무엇일까.[27] 이 기록군은 공산주의 민족주의 등 사상범·사상사건에 관한 것이 대부분이며, 식민지시기의 사상통제 기조가 해방 이후 분단체제하에서도 지속되는 상황에서 여전히 활용가치가 있었기 때문인 것 같다.

여전히 풀리지 않는 의문점은 아연의 기록 원본 입수 과정이다. 아연은 포드 재단Ford Foundation에서 연구비를 지원 받아 1962년 9월부터 '북한공산권 연구'를 시작했는데, 1967년 출판된 『한국공산주의운동사』제1권이 '북한공산권연구총서' 제1권이다. 같은 해에 나온 총서 제4권 『북한 '조선노동당'의 형성과 발전』이 눈에 띈다. 제1장 '해방전시기의 공산

---

27 일제강점기 '재판소 및 검사국 서류 보존규정' 제7조에는 "특별한 사유로 인하여 보존할 필요가 있는 기록 또는 서류는 보존기간 경과 후라도 그 사유가 지속되는 동안 보존해야 한다"고 했다(朝鮮總督府 編纂, 『朝鮮法令輯覽』 상권 제6집, 1940, 6쪽). 주지하다시피 1948년 12월 치안유지법과 유사한 국가보안법이 제정되었다. 1981년에 제정되어 현재까지 통용되고 있는 『검찰보존사무규칙』을 보면 내란 및 외환外患의 죄, 반공법 및 국가보안법 위반의 죄에 관한 사건기록은 '영구보존'이 기본이다(법률지식정보시스템 http://likms.assembly.go.kr/law/jsp/main.jsp 참조).

주의운동'은 총서 제1권과 겹치지 않도록 주로 '파벌투쟁'을 중심으로 개관했다고 하는데, 경성지방법원 검사국의 서무기록과 사건기록을 이용하였다. 저자는 방인후方仁厚로 당시 대검찰청 수사관이자 아연 연구원으로 대검찰청 수사국의 『좌익사건실록』 편찬도 담당하였다.[28]

『한국공산주의운동사』와 그 자료편 발간에 줄곧 참여했던 A씨의 증언에 따르면 아연 공산권 연구 분과에 참여했던 검찰청 인사를 통해서 1963년경 검찰청의 "폐기문서 창고"에서 자료를 "비공식적으로" 입수했다고 한다. "신문조서"(즉, 사건기록)는 기존 관련 문헌에서 봤던 주요 활동가를 중심으로, "정보철"(즉, 서무기록)은 공산주의운동과 관계된 것을 중심으로 선별했고, 그 선별 목록에 따라 검찰청 인사가 연구소에 올 때마다 조금씩 가져오는 식으로 입수했다고 한다. 그러나 선별한 것이 다 수집되지는 않았다. 한 예로 '김철수金鑀洙 신문조서'는 선별했으나 고려대학교에 필사본이 있다는 이유로 입수되지 못했다고 한다.[29]

---

28 방인후, 『北韓 '朝鮮勞動黨'의 形成과 發展』, 고려대 출판부, 1967의 「'硏究叢書' 第一輯을 刊行하면서」·「序文」·제1장(9~78쪽) 및 「北韓共産圈硏究叢書' 간행후기」; 「販禁解題된 『朝鮮勞動黨의 形成과 發展』」, 『東亞日報』, 1968년 7월 13일 자 5면.

29 A씨와 전화 인터뷰(2014. 2. 28·3. 25). A씨는 '신문조서 필사본'에 대해 이인, 김병로 등이 변호를 위해 필요한 부분을 필사한 것이라 한다. 김병로에 의하면 '사상범' 변호를 위한 '형사공동연구회'에 같이 참여했던 김영훈이 사상범에 대한 기록을 고려대학교에 기증했다고 한다(김병로 외, 「島山을 말한다(좌담)」, 『새벽』, 1960. 11, 32쪽). 이 필사본은 고려대학교 도서관 홈페이지에서 검색되지 않지만, 한적실에서 청구기호 '貴 2160 19'로 약 40여 책이 소장되어 있음을 이번에 확인했다. 김철수 건은 '치안유지법위반 피의자조서' 란 제목으로 총 3권('貴 2160 19 3.1~3.3')이다.
A씨는 자료 인지 과정에 대해 이렇게 말한다. 공산권 연구를 같이하면서 봤던 책으로 로버트 A. 스칼라피노·이정식, 『韓國 共産主義 運動의 起原』(韓國研究圖書館, 1961)이 있는데, 그 책에 '여운형 신문조서'가 인용되었다(인용 자료: 高等法院檢事局思想部, 『朝鮮思想運動調查資料』 제2집, 1933. 3). 그 원본을 찾을 수 없을까 얘기하던 중 검찰청 인사가 원본이 있다고 해서 폐기문서 창고에 가보게 되었다. 현재 고려대 도서관에 소장된 로버트 A. 스칼라피노·이정식의 책 중 등록번호 '471000894'는 원래 아연 도서관 소장본인데, 5쪽 해당 인용 자료에 누군가가 밑줄을 그었다. 이외에도 여러 자료명에 표시를 해두었다.

이때 남은 김철수의 사건기록은 1985년 국편에서 인수했다.[30]

이로써 경성지방법원 검사국의 기록이 한곳에 보관되어 있다가 1960년대 초부터 분산되었음을 알 수 있다. 또한 왜 이웃하는 기록들이 함께 수집되지 못했는지도 짐작할 수 있다. 그때까지 공산주의 연구 지식에 의존할 수밖에 없었고, 비공식적인 자료 입수로 조사나 이관이 원활하지 못했던 것 같다. 폐기문서 창고에서 기록이 소실되거나 원질서가 흐트러졌을 가능성도 있다. 다만 아연이 수집한 뒤 남은 서무기록이 대검찰청으로 이관된 시기는 1985년 이전일 가능성도 있다. 1960년대 초중반 아연이 수집한 뒤 국편이 다시 수집하기까지 자료의 행방은 아직까지 확정하기 어렵다.

3. 서무기록을 통해 본 '사상부'의 설치와 정보수집 체계

경성지방법원 검사국의 서무기록은 아연(고려대)에 78권, 국편에 286건이 소장되어 있다. 일제시기 검사국의 서무기록 27가지[31]와 비교해 보면 두 가지 특징을 발견할 수 있다. 첫째, 인사나 회계와 같은 일상적이고 기본적인 업무와 관련된 기록이 없거나 적다. 둘째, 치안이나 사상 관련 정보나 사건에 관한 것이 많다. 이 서무기록은 검사국 전반이 아니라 검사국 안의 특수 업무와 관련된 기록인 것 같다. 이를 상징적

---

30 국사편찬위원회, 『일제강점기 사회·사상운동자료 해제』 I, 국사편찬위원회, 2007, 201~211쪽.

31 주 22 참조.

으로 보여주는 것이 '잡서·잡문서철'이다. 이 부류는 국편에만 7건이 소장되어 있는데(국편 230~236), 그 내용을 보면 접수문서이건 발송문서이건 치안유지법위반사건 문서나 사상관련 정보인 것이 많다. '잡雜'은 전혀 잡스럽지 않고 '사상'에 집중되었다. 서무기록의 편철기관명이 대부분 "경성지방법원검사국"이지만, 어떤 경우는 "경성지방법원검사국사상부京城地方法院檢事局思想部" "경지검京地檢 사상계思想係"라 표기된 경우도 있다.[32] 또한 표지에 "思"가 찍힌 기록도 있으며 보고자의 소속과 지위로 "경성지방법원검사국사상부"와 "사상계검사"가 표기되기도 했다〈표 2〉 참조).

기존 연구를 보면 약간의 차이는 있지만 1928년에 식민지 조선의 고등법원 검사국과 경성지방법원 검사국에 사상사건을 전담하는 사상계검사가 배치되었음을 알 수 있다.[33] 당시 신문, 잡지의 관련 기사를 정리해보면 〈표 1〉과 같다.

관보에 의하면 경성복심법원판사 이토 겐로伊藤憲郎가 1927년 12월 27일자로 검사에 임명되면서 평양복심법원검사 겸 고등법원 검사로 보직되었다.[34] 이 경우를 사상계검사, 즉 사상전문검사의 배치로 볼 수 있는지 논란이지만, 이후 이토가 사상통제의 중심 역할을 한 것은 확실하다. 모리우라 후지오森浦藤郎는 1928년 5월 11일자로 경성지방법원검사에로

---

32 전자의 경우로 국편 자료 B 107 『思想에 關한 情報 副本』(1931.1~4), 후자의 경우로 국편 자료 B 126~128 『思想ニ關スル情報』를 들 수 있다. 모두 한국사데이터베이스(http://db.history.go.kr)에서 원문 표지를 볼 수 있다.

33 장신, 「1920년대 民族解放運動과 治安維持法」, 『學林』 19, 1998, 96~97쪽; 水野直樹, 「植民地期朝鮮の思想檢事」, 『International Symposium 30 日本の朝鮮・臺灣支配と植民地官僚』, 國際日本文化硏究センター, 2007, 387~388쪽.

34 「敍任及辭令」, 『朝鮮總督府官報』 제305호, 1928.1.9.

〈표 1〉 1928년 전후 사상계思想係검사 관련 주요 기사

연월일	지면 명	기사제목(주요 내용 발췌)
1927.5.6	동아일보	**사상운동취체 전문검사** 特置, 팔월경부터 실시? (경성지방법원검사정 談 : 복심과 지방법원의 검사국 겸무)
1927.8.26	중외일보	검사국내의 思想係 설치, 이미 그 준비행동으로 植山통역고등과견습(植山서기, 思想係 전임서 기로서 경기도경찰부고등과에 임시근무하면서 사상운동 관련자 명부 작성)
1927.10.26	동아일보	豫審係에도 思想係 신설, 要視察人名簿도 作成, 각 단체내용 엄밀조사
1928.1.13	중외일보	사상범 격증의 대책, **사상전임검사** 임명, 사법당국에서 엄중 취체 전제로, 조선현실을 말하는 사실(경성복심법원판사 伊藤憲郎를 **경성지방법원 검사국 검사**로 임명)
1928.1	조선사법 협회잡지	본년 1월부터 고등법원검사국에서 專任職員을 두고 조선의 사상문제에 관한 사항을 조사 연 구[7-2호 103쪽]
1928.2.23	동아일보	사상관계사건은 伊藤判事가 전담, 예산문제로 전문검사는 불치, 總督府 法務局의 決定(사상 전문검사 임명은 예산관계로 실시 못해, 경성복심법원판사 伊藤憲郎를 **고등법원 겸무**로 임명)
1928.5.4	동아일보	사십만 원경비로 **사상전문검사** 배치, 귀임한 淺利경무국장 담, 고등경찰 일층 충실(내무성 사 상취체를 위한 추가예산 200만 원 편입, 그중 40만 원 조선에 계상. 5만 원은 사상관계 전문검사 배치비, 35만 원은 고등경찰 충실비로 쓸 것)
1928.6.7	중외일보	**思想專門檢事**, 경성지방법원검사국에 우선 森浦(藤郎) 씨 한명을 두어(전 조선을 통해 사상전 문검사는 고등법원의 伊藤 외에는 경성지방법원이 처음)
1928.7.8	중외일보	朝共 최후 공판, 최초의 **사상검사** 입회, 검사는 징역 이년 구형(경성지방법원, 森浦 사상검사)
1928.7.11	조선사법 협회잡지	조선의 사상취제경찰방면의 직원, 칙령으로 증원[7-8호 95쪽. 원자료 7월11일자 관보]
1928.8.30	조선사법 협회잡지	조선에서 사상취체를 위해 전임검사 이하 직원, 칙령(1928년칙령216호)으로 증원[7-9호 94 쪽, 원자료 8월31일자 관보]
1928.8	동아법정 신문	'高等法院民事刑事部構成 − 형사부, 민사부, 검사국, 검사분실. **檢事分室(思想係) : 檢事 伊藤憲 郎, 書記長 山口吸─**[173호, 49쪽]
1928.9.17	조선사법 협회잡지	**思想係檢事** 회동, 사법성에서 열려. 조선에서 伊藤, 森浦 양 검사 출석[7-10호 94쪽]
1928.10.20 ~22	조선사법 협회잡지	내지 사상계검사 關, 德江 양씨 조선시찰 [7-11호, 100쪽]
1928.11.22	동아일보	대구법원에도 사상전문검사 (사상취체 전문검사로 경주지청에 근무하든 酒井검사*가 전입)
1928.12	조선사법 협회잡지	高等法院檢事局思想部,『治安維持法提案討議』발간 [7-12호, 110쪽]

비고 : "( )"는 주요 내용을 발췌한 것이다. "[ ]"는 해당 잡지의 호수와 쪽수이다. 고딕체는 필자의 강조 표시이다. "酒井"검사
는 "酒見(縅次)"의 오식인 것 같다.

보직되었다.[35] 이 경우는 예산이 확보되어 처음부터 사상계검사로 배치된 것으로 볼 수 있다. 같은 해 8월에는 "검사분실(사상계)"이 고등법원의 구성표에 등장하며, 마침내 사상검사 등의 증원이 칙령으로 확정됐다. 같은 해 9월 이토와 모리우라는 일본 사법성에서 열린 사상계검사 회동에 참석했다.[36] 같은 해 12월 1일에 이토 겐로는 『치안유지법제안토의治安維持法提案討議』를 "고등법원검사국사상부"의 이름으로 편찬, 발간했다.[37] 고등법원의 예에 따른 듯 1929년경 경성지방법원 검사국 기록 중에 "경성지방법원검사분실"이란 편철자명도 보이며,[38] 1930년에는 팸플릿 『조선공산당사건朝鮮共産黨事件』을 "경성지방법원검사국사상부"란 이름으로 인쇄했다. 또한 1930, 31년에 경성지방법원 검사국 사상계검사의 소속명으로서 "경성지방법원검사국사상부"가 자주 쓰였다〈표 2〉 참조).

　1928년 사상계검사와 검사분실, 사상부[39]의 등장은 조선에서 '사상'

35　「敍任及辭令」, 『朝鮮總督府官報』 제409호, 1928. 5. 12.

36　당시 신문기사를 보면 두 검사국 사상계검사(伊藤憲郎, 森浦藤郞)의 협조관계가 눈에 띈다. 간도출장에 동행하거나 '공산당재건사건' 기소결정을 분담했다(「判事歸任後에 間島事件着手」, 『東亞日報』, 1930. 11. 11, 2면; 「今日內로 決定될 共産黨再建事件」, 『東亞日報』, 1931. 10. 16, 2면).

37　이 책 서문은 1928년 11월 "고등법원 검사분실檢事分室"에서 이토 겐로伊藤憲郎가 썼다(高等法院檢事局思想部 編纂, 『治安維持法提案討議』, 1928. 12의 「序」 참조.

38　국편 자료 B 58 『朝鮮思想通信(昭和4年1月分)』, 同 154 『治安維持法違反豫審中被告人調(昭和4年)』가 그 예이다. 물론 편철자명이 후대에 부여된 경우도 있다. 『情報綴第1冊(1925. 1~8)』(아연30)의 경우 편철되지 않은 채로 끼어져 있는 목차에 "京城地方法院檢事分室"이 찍혀있다. 이는 1928년경 사상부가 설치되면서 전대의 관련 자료를 정리하는 과정에서 날인된 것 같다.

39　식민지 조선에서 검사국의 "사상부思想部"가 규정에 나오는 정식 명칭인지는 명확하지 않다. 주로 대외적으로 발간하는 팸플릿이나 『思想月報』『思想彙報』와 같은 잡지의 편자로서 지속적으로 등장한다. "경성지방법원검사국사상부"가 기록에 편철자명으로 나오는 경우는 '국편 자료 B' 중 57(1942, 3년), 107(1931년), 162(1934년) 정도다. 사상계검사의 소속명으로 쓰인 경우는 1930, 1931년이다〈표 2〉 참조). 또한 "고등법원검사국사상부"의 경우도 그렇게 많지 않다(齊藤榮治 編纂, 『高等法院檢事長訓示通牒類纂』, 1942, 478쪽의 「裁判書送付方ノ件」(1934. 3. 26, 高檢720호)에 나오는 "當局思想部" 등). 1935년

탄압·통제의 지휘부가 수립되었음을 의미한다.[40] 이는 그만큼 조선인의 '사상'운동이 치열했음을 반영하는 것이다. 당시 변호사였던 김병로의 표현을 빌자면 "사상운동이 있으매 사상사건이 생기고, 사상사건이 너무 자꾸 생기매 나중에 사상부가 생겨 전임하는 판검사까지 있게" 된 것이다.[41] 조선총독부는 조선인의 사상운동이 증가하자 대책 마련에 부심했다. 〈표 1〉에서 보듯이 사상계검사가 등장하기 전에 전담서기 / 직원들이 사상 단속을 위한 조사를 진행했다. 예산이 확보되거나 법령이 정비되기 이전에 사상사건을 전담하는 검사가 배치되었다는 점도 그만큼 처리해야할 사상관련 사건이 많았음을 반영한다.

경성지방법원 검사국 기록, 특히 서무기록은 '사상' 탄압·통제의 지휘부가 수립되기까지 기록상에 어떠한 변화가 있었는지 보여준다. 1920년대 전반기 경성지방법원 검사국의 정보 수집 양상을 체계적으로 보여주는 것이 1923년 편철기록 『정보情報』 세 권이다(아연 자료 27~29). 세 권이 원래 분철된 것인지 소장기관에서 분철한 것인지 명확하지 않지만 표지는 제27권에만 남아 있다. 정보 제공처에 따라 제27권은 '헌병대의 부部', '경찰서의 부', 제28권은 '경무국의 부', 제29권은 '경찰부警察部의 부'로 나뉘며 각각 시작 면에 속지가 있다. 1923년 경성지

경 신문이나 잡지에 나오는 지방법원의 '사상부' 신설 논의는 지방법원 '형사부刑事部'에서 '사상부'를 독립시키려는 것으로, 검사국 사상부와 무관하지 않겠지만 구체적인 관련은 모호하다. 또한 '사상계思想係'는 주로 검사의 전문분야를 지칭하지만 때로는 부서명, 조직명처럼 사용되기도 한다. 두 명칭에 대한 검토가 좀 더 필요하다.

40 장신은 1928년을 치안유지법과 이를 운용하는 고등경찰, 사상판검사라는 "사상통제의 기본틀"이 갖추어지기 시작한 해로 보았다(장신, 「1920년대 民族解放運動과 治安維持法」, 『學林』 19, 1998, 98쪽).

41 金炳魯, 「半島의 思想判檢事陣, 高等·覆審·地方의 三法院을 通하야」, 『三千里』 7-3호, 1935.3, 40~44쪽.

방법원 검사국이 관내 헌병대, 경찰서, 경찰부와 경무국으로부터 정보를 제공받았음을 알 수 있다. 주로 사안별로 정리하여 통보한 경무국, 주기적인 도내 민정 보고 형식의 경찰부와 달리 헌병대와 경찰서는 사건이 발생할 때마다 일상적으로 보고했다. 이 두 기관의 일상적 보고는 이후 시기와 비교할 때 우선 분량이 적었다. 관내 경찰서의 1년 보고가 900여 쪽에 불과했다. 또한 내용이 잡다했다. 조선인 동향이나 공산주의운동과 관련된 것도 많았지만 유명 조선인의 가정문제, 패싸움, 불법 주식중매, 범죄, 사기와 같은 것도 포함되었다.

이후 경성지방법원 검사국의 서무기록은 정보제공 기관별로 편철되었던 것 같다. 남아 있는 기록을 보면 경무국의 정보는 1920년대 후반까지 계속『정보(철)』로 편철되었으며 1930년대 초에는 제목 "정보" 앞에 "경무국(장)"이 붙는다. 헌병대의 경우 남은 기록이 많지 않아 경향성을 파악하기 어렵지만 1930년대 초반의 기록은 경무국처럼『헌병대정보』라는 제목으로 편철됐다. 경찰부의 경우는 해당 경찰부가 연례적으로 작성한『관내상황管內狀況』『치안개황治安槪況』『치안정황治安情況』 등이 검사국에 송부되었고 검사국은 그 제목 그대로 편철했다.

가장 큰 변화는 관할 경찰서의 정보 기록이다. 1924~1926년『검찰사무에 관한 기록(行政)檢察事務二關スル記錄』, 1926~1929년『사상문제에 관한 조사서류思想問題二關スル調査書類』, 1930~1934년『사상에 관한 정보思想二關スル情報(綴)』라는 제목으로 편철됐다. 제목을 달리하지만 모두 경기도, 강원도의 관할 경찰서에서 경성지방법원 검사국에 통보한 문서가 수록됐으며, 검사국은 그중 일부를 다시 고등법원 및 복심법원과 법무국에 송부했다〈표 2〉참조).

〈표 2〉 경성지방법원검사국의 서무기록 중 관할 경찰서의 '일상적 보고'류(1924~1934)

표지			수록시기 (발송일)	비고	소장처 / 번호
기록명	연도	편철기관 / 인			
行政檢察事務ニ關スル記錄 [(1)]	1924	京城地方法院 檢事局	1923.12~24.7		국편89
行政檢察事務ニ關スル記錄 第二 [(2)]	1924	京城地方法院 檢事局	1924.8~12		국편90
檢察事務ニ關スル記錄 [(1)]	1925.1 ~8		1925.1~9		국편92
檢察事務ニ關スル記錄 [(2)]	1925		1925.4~12		국편91
檢察事務ニ關スル記錄 [(3)] 民情査察ニ關スル文書	1926	京城地方法院 檢事局 思	1926.1~12	丁, 보존 5년	국편94
思想問題ニ關スル調査書類 [(1)]		京城地方法院 檢事局	1925.12~26.6		국편93
思想問題ニ關スル調査書類 [(2)]	1926.1 ~27.6	思	1926.2~27.6		국편95
思想問題ニ關スル調査書類 [(3)]	1927.7 ~12	京城地方法院 檢事局 思	1927.5~12		국편96
思想 ~ [思想問題ニ關スル調査書類(4)]		京城 ~	1928.1~9	~ 이하 판독불능	국편97
思想問題ニ關スル調査書類 二 [(5)]	1928.10 ~12	京城地方法院 檢事局 思	1928.10~12	보존 5년	국편98
思想問題ニ關スル調査書類 [(6)]	1929.1 ~3	京城地方法院 檢事局	1929.1~3		국편99
[思想問題ニ關スル調査書類(7)]			1929.4~7		국편100
思想問題ニ關スル調査書類	1929.7 ~9	京城地方法院 檢事局	1929.7~9		아연10
[思想ニ關スル書類(1)]			1930.1~12		국편101
[思想ニ關スル情報綴 第一冊]			1929.11~30.1	주로 1월분	국편102
思想ニ關スル情報綴 第二冊		京城地方法院 秘	1930.1~2	주로 2월분 공열 思想係檢事 → 高等法院檢事長 / 檢事, 覆審法院檢事長 / 檢事	국편103
思想ニ關スル情報綴 第三冊		京城地方法院 秘	1930.2~3	주로 3월분 공열 京城地方法院檢事局思想 部 思想係檢事 → 上同	아연11

표지			수록시기 (발송일)	비고	소장처 / 번호
기록명	연도	편철기관 / 인			
思想ニ關スル情報綴 第四冊		京城地方法院 ㊙	1930.3~4	주로 4월분 上同 → 上同	아연12
[思想ニ關スル情報綴 第五冊]			1930.4~5	주로 5월분 上同 → 上同	아연13
思想ニ關スル情報綴 第六冊		京城地方法院 ㊙	1930.5~6	주로 6월분 上同 → 上同	국편104
思想ニ關スル情報綴 第七冊		京城地方法院 ㊙	1930.6~7	주로 7월분 上同 → 上同	국편105
思想ニ關スル情報綴 第九冊		京城地方法院 ㊙	1930.8~9	주로 9월분 上同 → 上同	아연14
思想ニ關スル情報綴 第十冊		京城地方法院 ㊙	1930.9~10	주로 10월분 上同 → 上同	국편106
思想ニ關スル情報 副本	1931.1 ~4	京城地方法院 檢事局 **思想部**	1931.1~4		국편107
思想ニ關スル情報綴 [(1)]	1931.9	京城地方法院 ~	1931.9	~ 이하 판독불능	국편108
思想ニ關スル情報 [(1)]	1931	京城地方法院 檢事局	1931.9~12		국편109
思想ニ關スル情報綴	1931.10	~	1931.10	上同 → 上同	아연15
思想ニ關スル情報	1932	京城地方法院 檢事局	1932.10~11	丙 보존 10년 공열 供閱 京城地方法院 **檢事局** **思想係檢事** → 上同	아연16
思想ニ關スル情報 [(2)]	1932	京城地方法院 檢事局	1932.11~12	주로 12월분 上同 → 上同 丙 보존 10년	국편110
思想ニ關スル情報 [(3)]	1932	京城地方法院 檢事局	1932.5~6	주로 6월분 上同 → 上同 丙 보존 10년	국편111
思想ニ關スル情報 [(4)]	1932	京城地方法院 檢事局	1932.8~9	주로 9월분 上同 → 上同	국편112
思想ニ關スル情報 [(5)]	1932	京城地方法院 檢事局	1932.9~10	주로 10월분 上同 → 上同	국편113
思想ニ關スル情報 (警察)	1933	京城地方法院 檢事局	1932.12~33.2	주로 1, 2월분 上同 → 上同	국편114
思想ニ關スル情報	1933	京城地方法院 檢事局	1933.2~4	주로 3, 4월 上同 → 上同	아연17

표지			수록시기 (발송일)	비고	소장처 /번호
기록명	연도	편철기관 / 인			
思想ニ關スル情報	1933	京城地方法院 檢事局	1933.5	上同 → 上同	국편161
思想ニ關スル情報綴 [(2)]	1933	京城地方法院 檢事局	1933.5~7	丙 보존 10년 上同 → 上同	국편115
思想ニ關スル情報 [(6)]	1933	京城地方法院 檢事局	1933.4~12		국편116
思想ニ關スル情報 [(7)]	1933, 34	京城地方法院 檢事局	1933.12~34.6	上同 → 上同	국편117

자료 : 高麗大學校 亞細亞問題研究所, 『稀貴文獻 解題－舊 朝鮮總督府 警務局 抗日獨立運動關係 秘密紀錄』, 高麗大學校 出版部, 1995; 국사편찬위원회 전자도서관(http://library.history.go.kr)의 청구기호 "367.2 대13"의 자료
비고 : 아연의 번호는 위의 해제에 부여된 번호이다. 국편의 번호는 건별 번호다. 예를 들어 청구기호 "한367.2 대13 v.110"의 기록은 "국편 110"으로 표기했다. 원본과 대조하여 기록명 등을 바로잡았다. "[ ]" 안의 내용은 소장처에서 기입한 것이다. 고딕체는 필자의 강조 표시이다.

1925년 '치안유지법'의 시행, 1928년 사상계검사와 사상부의 등장에 이르기까지 관할 경찰서의 일상적 보고는 우선 양적으로 확대되었다. 해마다 1,000쪽이 넘는 경우가 많아 몇 권으로 분철됐으며 1930년에는 월 단위로 분철됐다. 더욱이 내용을 보면 '사상'으로 집중되었다. 1924 ~25년까지 『검찰사무에 관한 기록』에는 이전처럼 여러 가지 다양한 정보가 섞여 있었다. 1926년에 『사상문제에 관한 조사서류』(국편 93)가 등장하면서 '사상' 관련 정보는 이에 집중되고 『검찰사무에 관한 기록』(국편 94)은 "민정사찰民情査察에 관한 기록"이란 부제가 붙었다. 1926 년 동일시기의 두 기록을 비교해보면 아직 정돈되지는 않았지만 사상 운동, 사상단체의 동향은 『사상문제에 관한 조사서류』에 집중되고 있음이 뚜렷하다. 이전까지 『검찰사무에 관한 기록』에 실렸던 '조선노농 총동맹' 관련 보고는 이제 '사상'으로 시작되는 기록류에서만 보인다. '사상'이 일반 '민정'에서 분리되기 시작했던 것이다.

그러나 여전히 『검찰사무에 관한 기록』(국편 94)에는 이후 시각에서 보면 형평사와 같은 '사상' 계통의 정보가 실려 있다.[42] 초기에 실무자들에게는 '사상'사건을 구별하는 기준이 필요했을 것이다. 1926년 12월 법무국장이 각 지방법원 및 지방법원지청의 검사에게 '사상에 관한 범죄' 조사 지시를 내리면서 그 범위를 "보안법·다이쇼大正 8년 제령 제7호·치안유지법·다이쇼 15년 법률 제60호·출판법 각 위반, 소작쟁의 및 노동쟁의, 기타 소요·공무집행 방해·살인·상해·왕래방해·협박죄 등으로 적어도 사상과 관련해서 발생한 범죄"로 규정했다.[43] 사상통제의 지휘부가 형성된 후 그 범위는 좀 더 명확해진다. 1929년경 고등법원 검사국에서 "사상계검사가 집무에 참고할 문서"들을 수록한 『조선사상검찰제요朝鮮思想檢察提要』를 인쇄했는데, 그중 「사회사상 연구조사에 관한 강요社會思想研究調査に關する綱要」를 보면 '종별적 연구'로 "① 정치반대－공산주의, 사회주의, 무정부주의, 독립운동 ② 사법 부인－법정폭행, 항의문 ③ 계급투쟁－노동쟁의, 소작쟁의, 형평운동"을 열거하고 있다. 「지방법원 사상사건검찰 사무장정」에서는 사상계검사가 담당할 사건으로 "① 치안유지법위반 ② 다이쇼 8년 제령 제7호 위반 ③ 보안법 위반 ④ 황실에 대한 죄 ⑤ 내란에 관한 죄 ⑥ 소요죄 ⑦ 신문지법 위반 ⑧ 출판법 위반 ⑨ 폭력행위 등 처벌에 관한 건 ⑩ 폭발물취체벌칙 ⑪ 기타 사상운동에 관한 범죄"가 언급되었다. 여전히 임의

---

42 京城鐘路警察署長, 1926.4.26 「(京鍾警高秘4047호-2)衡平社中央執行委員會ニ干スル件」, 京城地方法院檢事局, 『檢察事務ニ關スル記錄[3]』(국편 94), 1926 등.

43 法務局長, 「思想ニ關スル犯罪調査方件」(1926.12.27), 京城地方法院檢事局, 『思想問題ニ關スル調査書類 [(2)]』(국편 95), 1926~1927. 1919년 제령 제7호는 '정치에 관한 범죄 처벌의 건', 1926년 법률 제60호는 '폭력 행위 등 처벌에 관한 법률'을 말한다.

적인 요소가 있지만 '사상'사건이 확대되고 세분화되었다.

관할 경찰서의 '일상적 보고'에서 『사상문제에 관한 조사서류』, 『사상에 관한 정보(철)』와 같은 '사상' 류가 등장하면서 1927년 이후 『검찰사무에 관한 기록』은 보이지 않는다. 이것이 원 기록군에서 그랬던 것인지 현재에 이르는 과정에서 누락된 것인지 모르겠다. 다만 '신문잡지 행정처분에 관한 기록'류에서 『검찰사무에 관한 기록』이 "신문지 및 출판물의 취체에 관한 조사서류新聞紙及出版物ノ取締ニ關スル調査書類"란 부제를 달고 1926년에서 1929년까지 편철되어 있다(국편 61~67). 또한 1932년에 편철된 『검찰사무에 관한 기록』이 한 건 있는데, "경미한 잡문서輕微ナル雜文書"라는 부제가 달렸다(국편 146). 놀라운 점은 이 기록에 들어 있는 사건은 사기, 무고, 위증, 폭행 등 '경미'한 경우도 있지만 살인사건으로 사형 판결이 내려진 것도 있다.[44] 이제 검찰의 사무는 사상과 사상 아닌 것으로 나눠지며 전자에 비해 후자는 '경미'한 것으로 치부되었다.

또한 관할 경찰서의 '일상적 보고'류를 통해 사상계검사가 배치되기까지 경과를 알 수 있다. 보고 및 회람 문서의 상단에는 경성지방법원 검사국 책임자의 공람난이 찍히기 마련인데, '검사정檢事正'에 이어 1927년 6월경부터는 '차석검사'의 난이 마련되었다. 보통 이후에도 사상계검사 배치되지 않은 지방법원에서는 '차석검사'가 '사상계'의 업무를 맡았다. 1928년 2월경에는 새로 '주임검사'란이 마련되었으며, 사상계검사가 배치되자 이해 12월경부터는 '주임검사' 대신 '사상계검사'

---

44 京城地方法院刑事第一部, 「昭和7年刑公第1호 判決」(1932.3.4), 京城地方法院檢事局, 『檢察事務ニ關スル記錄(輕微ナル雜文書)』(국편 146), 1932 등.

난이 보인다. 사상 정보의 담당자가 차석검사 → 주임검사 → 사상계 검사로 바뀌었음을 알 수 있다. 1930년경부터 경성지방법원 검사정이 아니라 사상계검사가 복심법원 검사정과 고등법원 검사정에 문서를 공람시켰으며, 1930~31년에는 '경성지방법원검사국사상부'가 발송자 인 사상계검사의 소속명으로, 또는 편철자명로 나온다⟨표 2⟩ 참조⟩. 이 는 1930년 팸플릿 『조선공산당사건』 간행과 함께 경성지방법원 검사 국 사상부의 확립을 뒷받침하는 증거라 할 수 있다.

현존 서무기록을 통해 경성지방법원 검사국 사상부의 정보수집 체계 전체상을 파악할 수 있다. 1929년경 고등법원 검사국에서 인쇄한 『조선사상검찰제요』에는 지방법원 사상계서기가 사무에 참조해야 할 것으로 「고등법원검사국 사상계서기 사무장정」이 수록되었다.[45] 사상관계 문서의 발송접수는 검사국 주임서기가 하며, 접수문서 중 "사상계에서만 필요한 것", "이외 사상계도 공람할 필요가 인정되는 것"은 모두 사상계에서 보존한다. 사상(계) 우선의 기록관리라 할 수 있다. 서기가 정리해야할 기록으로 접수문서, 계획문서, 사상계 발행 팸플릿, 사상관련 도서 및 신문잡지류, 장부류, 명부류가 열거되었다. 그 밖에도 신문절발첩新聞切拔帖 및 사상계통도 작성, 각종 사상관계 문서의 정서 및 등사, 사상 연구조사, 사상 단속 관헌과 연락절충 보조, 이외 사상관계 서무잡무 일체가 사상계서기의 사무로 규정되었다. 이 장정의 접수문서 분류에 따라 현존 아연과 국편의 경성지방법원 검사국 서무기록 중 접수문서를 분류해본 것이 ⟨표 3⟩이다.

45　高等法院檢事局, 『朝鮮思想檢察提要－第一冊』, 1929(?), 3・20~23쪽.

〈표 3〉 경성지방법원 검사국 서무기록 중 접수문서 분류

고등법원 검사국 '思想係' 접수문서 분류		경성지방법원 검사국 서무기록 중 해당 자료			
		편철 기록명	주요 발송자 / 작성자	소장처	수록 시기
1. 諸情報類	管內各檢事局情報	鮮內檢事局情報綴, 鮮內情報綴, 思想事件起訴狀決定判決寫綴, 思想ニ關スル情報綴*, 中國共産黨上海支部責任者金命時ニ對スル聽取書寫 등	大田, 平壤, 大邱, 청진, 신의주 등의 지방법원 검사국, 木浦, 開城, 鐵原 등의 지방법원지청의 검사국	국편 14건 (132~144, 149)	1932 ~41
				아연 7.5권 (21~26, 48, 67 일부)	1932 ~43
	警務局情報	檢察行政事務ニ關スル記錄, 思想問題ニ關スル調査書類, 思想ニ關スル情報綴, 思想ニ關スル書類 警察情報綴, 情報	주로 관내 경찰서	국편 50건 (89~129, 161, 174~181)	1924 ~40
				아연 11.5권 (10~19, 27일부, 39)	
		情報綴, 朝鮮治安狀況 在外朝鮮人ノ槪況 治安狀況	경무국, 경무국보안과	아연 12권 (28~37, 40, 49)	1922 ~33
				국편 2건(170~71)	1937 ~38
		在中國韓人靑年同盟狀況槪要	함경북도, 경무국장 (편철자 : 고등법원검사분실)	아연 1권 (51)	1928 ~31
		'光州京城ニ於ケル學生事件' 등 각종 주제 및 사건별 보고서류	경무국, 경기도(경찰부), 강원도경찰부, 관할경찰서장	국편 16건 (147~8, 153, 155~160, 163~7, 211~2)	1928 ~39
				아연 16권 (55, 58~9, 61~6, 69~75, 77)	1928 ~41
	朝鮮憲兵隊情報	(憲兵隊)情報	경성 등 각 지역 헌병대[장]	아연 1.5권 (27 일부, 38)	1923, 1933
		晩近ニ於ケル鮮內思想運動情勢 등	조선헌병대사령부 (편철자 : 고등법원검사국)	아연 1권 50	1928
	各道情報	管內狀況, 治安情況, 治安狀況, 治安槪況	강원도 (고등)경찰부, 경기도경찰부	국편 5건 (168, 169, 172, 173, 268)	1924 ~25, 1929
				아연 3권 (41, 42, 44)	1934 ~35, 1938
		支那事變關係情報綴, 經濟情報	경기도(경찰부장), 강원도(경찰부장)	국편 17건 (185~201)	1937 ~40
	朝鮮軍參謀 情報				

고등법원 검사국 '思想係' 접수문서 분류	경성지방법원 검사국 서무기록 중 해당 자료			
	편철 기록명	주요 발송자 / 작성자	소장처	수록 시기
警視廳情報	內地ニ於ケル朝鮮共産黨事件公判狀況	(日本)警視總監	아연 0.5권 (67 일부)	1930
內地思想係情報	內地檢事局情報綴 司法省情報 豫審終結決定書寫	東京刑事地方裁判所檢事, 名古屋控訴院檢事, 司法省刑事局長, 東京地方裁判所 등	國편 8건 (202~209)	1931 ~42
			아연 2권 (20, 60)	1928 ~30
其他情報	間島總領事情報, 間島領事館情報綴, 間島領事館狀報綴, 間島治安槪況, 高麗靑年會 滿洲總局 東滿道 幹部會員 檢擧顚末, 高麗共産靑年會東滿道幹部ノ當面問題ニ對スル研究資料, 間島地方共産黨ノ組織方針竝運動ノ實狀等ニ關スル件	間島總領事館(警察部)	아연 12.5권 (1~9, 43일부, 56, 57, 63)	1928 ~37
2. 諺文新聞抄譯類	諺文(朝鮮文)新聞(抄·飜)譯(綴), 新聞(朝鮮文)記事抄譯, 北鮮地方ノ大水害ニ對スル諺文新聞ノ論調	警務局長, 警務局 圖書課	國편 32건 (75, 87, 238~267)	1923 ~40
3. 思想研究調査記錄	共産運動研究資料集 第一卷	(日本 外務省)歐米局第一課	아연 1권(54)	1928
	幸德秋水及難波大助事件ニ關與シタル辯護士今村力三郎ノ兩件ニ對スル感想錄, 猶太人及其ノ起源幷歐州ニ於ケル勢力ノ原因	警務局長, 北滿洲特務機關(飜譯)	國편 2건 (228, 229)	1926, ?
	高麗共産靑年會東滿道幹部ノ當面問題ニ對スル研究資料	間島總領事館	아연 1권(57)	1928
4. 新聞雜誌行政處分에 관한 기록	刊行物行政處分通報(綴), (新聞紙)出版物行政處分通報,	警務局 圖書課	國편 16건 (42~57)	1929 ~41
	朝鮮出版警察月報, 新聞紙(出版物)要覽		國편 40건 (1, 2, 4~41)	1926 ~38
5. 差押 等에 관한 신문잡지기사 기록	支那新聞差押記事槪要, 不許可出版物竝削除記事 槪要譯文, 諺文新聞 不穩記事 槪要, 移入輸入不穩刊行物槪況, 新聞紙及出版物ノ取締ニ關スル情報(書類), 檢察事務ニ關スル記錄(新聞紙及出版物ノ取締ニ關スル調査書類) 등	警務局 圖書課	國편 27건 (3, 61~74, 76~86, 88)	1926 ~29
6. 統計에 관한 文書(사상사범에 관한 分만)	高等警察ニ關スル諸統計表	江原道	國편1건(210)	1929
7. 잡문서(사상관계)	檢察事務ニ關スル記錄(輕微ナル雜文書), 雜書綴	서대문형무소, 각 지방법원, 경무국 등	國편 4건 (146, 230~32)	1924 ~33

자료 : 高等法院檢事局, 『朝鮮思想檢察提要－第1冊』, 1929(?), 20~23; 高麗大學校 亞細亞問題研究所, 『稀貴文獻 解題－舊 朝鮮 總督府 警務局 抗日獨立運動關係 秘密紀錄』, 高麗大學校出版部, 1995; 국사편찬위원회 전자도서관(http://library.history.go.kr) 의 청구기호 "367.2 대13"의 자료.

비고 : 아연의 번호는 위의 해제에 부여된 번호이다. 국편의 번호는 건별 번호다. 예를 들어 청구기호 "한367.2 대13 v.156"의 기록은 "국편 156"으로 표기했다.

경성지방법원 검사국 서무기록 중 접수문서를 예시된 고등법원검사국 사상계의 접수문서 종류에 따라 분류해보면 대략 대응이 된다. 이 기록군의 생산자가 검사국 중에서도 사상계 쪽임을 알 수 있다. 또한 현재 기록군에 대한 원 질서를 파악할 수 없는 상황에서 고등법원 검사국의 사상계 문서 분류는 하나의 대안이 될 수 있다. 맥락 없이 간도총영사관의 정보철부터 시작하는 아연의 분류[46]나 경무국 도서과가 발송한 다수의 출판물 통제 기록을 거친 다음에야 여러 정보류(〈표 3〉의 '諸情報類)가 등장하는 국편의 분류[47]에 비해 체계적이고 생산자의 활동과 특성이 잘 드러난다.[48]

접수문서를 보면 경성지방법원 검사국은 조선과 일본의 검사국, 경

---

[46] 부여한 문서번호를 보면 아연은 대략 세 가지로 기록을 분류하고 있다. 1~39는 100단위, 40~77은 200단위, 나머지 300단위이다. 분류 기준을 밝히지 않았지만 대략 100단위는 일상적인 정보철, 200단위는 정례적 또는 연례 보고서, 사건별 보고서, 300단위는 '신문조서' 즉 사건기록이다(고려대 아세아문제연구소, 『稀貴文獻 解題－舊 朝鮮總督府 警務局 抗日獨立運動關係 秘密紀錄』, 고려대 출판부, 1995 참조).

[47] 국편은 다음과 같이 17가지로 분류하고 순서대로 번호를 부여했다. ① 간행물에 대한 전반적인 통계 등 ② 간행물차압 행정통보 서류 ③ 조선사상통신 미영인분 ④ 차압잡지기사 내용 ⑤ 불온격문 등의 내용 ⑥ 운동에 대한 일상정보 보고 ⑦ 각종 재판서 / 잡범 서류 / 심문서 ⑧ 특정 사건 종합 보고류 ⑨ 각종 치안상황류 ⑩ 정보 보고 / 특정사안에 대한 종합보고 ⑪ 중일전쟁 이후 그에 대한 민심동향 등 ⑫ 전시통제체제하의 경제 관련 정보 및 경제사범 관련서류 ⑬ 일본 내의 운동에 대한 정보 ⑭ 검찰, 경찰 회의 관계서류(각종 통계, 주요 범죄 등) ⑮ 훈시, 실무교양강좌 등 ⑯ 복권, 형집행 등 서류 ⑰ 기타 및 잡서철(한상구, 「대검찰청소장자료 중 일제검찰 편철문서 마이크로필름 목록」, (국편) 마이크로필름실, 2000). 국편 소장 기록에는 "大檢" 번호도 기입되어 있는데, 이는 대검찰청과 국편의 기록 인수인계 과정에서 부여된 것으로 보인다. 이 "大檢" 번호 순으로 정렬해보면 여전히 뒤섞여 있기는 하지만 대체로 여러 '정보류'가 앞으로 나오고 출판 통제나 번역문 등이 뒤에 배치된다.

[48] 접수문서 이외에 경성지방법원 검사국 사상부가 작성한 정보기록 및 기타 서무기록이 있으며, 『조선사상통신朝鮮思想通信』『조선통신朝鮮通信』『사상월보思想月報』와 같은 사상관련 도서가 있다. 위의 「고등법원검사국사상계서기사무장정高等法院檢事局思想係書記事務章程」의 분류를 주로 하고 「조선총독부재판소급검사국서기과처무규정朝鮮總督府裁判所及檢事局書記課處務規程」(1937.8, 總訓 56호)의 서무기록 분류 등을 참조하면 전체 기록에 대한 분류를 체계화할 수 있다.

무국, 관내 경찰서 및 도(경찰부), 조선헌병대 등으로부터 정보를 수집했다. '조선군참모'와 '경시청'으로부터 접수된 자료가 거의 없다. 이 기관들은 고등법원과 달리 경성지방법원 검사국과는 직접 문서를 주고받지 않았던 것 같다. '사상연구조사기록'은 각 정보기관의 사건별, 주제별 보고를 포함시키면 양이 늘어날 것이다. '통계에 관한 문서'가 적은 이유는 통계류가 대부분 영구보존이어서 별도로 보존되었기 때문일 것이다.

전체 접수문서를 볼 때 1923년『정보』단계에 비해 앞에서 지적한 관내 경찰서 정보의 증가 및 '사상' 집중과 함께 다음 두 가지 특징을 더 지적할 수 있다. 하나는 조선과 일본의 검사국으로부터 정보 수집이 활발해져, 1930년대 초에는 조선 내 검사국 또는 일본 검사국의 정보철이 따로 분철됐다. 경찰과 달리 검사국 정보의 경우는 '관내'를 넘어서 전 조선과 일본의 검사국에서 문서가 접수되었다. 일본과 조선의 지방검사국 간에 사상사건 정보의 공유체계가 구축되었다고 할 수 있다. 다른 하나는 간도관련 업무와 정보의 수집이다. 이는 1923년『정보』단계는 물론 1929년경「고등법원 검사국 사상계서기 사무장정」에도 명기되지 않은 영역이다. 1920년대 후반부터 간도와 인접 경찰서 및 검사국으로부터 '만주' 정보가 접수되었으며 1930년대에 들어서면 간도총영사관, 동 경찰부로부터 상시적으로 정보가 통보되었다. 이는 조선인의 사상운동이 이 지역과 밀접한 관련을 맺으며 전개되었고, 1930년 이후 경성지방법원 검사국이 재간도영사관 관할에 속하는 형사사건을 많이 처리하게 되면서[49] 나타난 현상이다.

4. 기록 명칭에 대하여

이상 검토를 통해 밝힌 바는 다음과 같다. 첫째, '국편 자료 A'는 경성지방법원 검사국의 사건기록, '국편 자료 B'는 동 검사국의 서무기록이며, '아연 자료'는 동 검사국의 사건기록과 서무기록이 함께 수집된 것이다. 따라서 세 가지 기록은 동일한 조직, 즉 경성지방법원 검사국이 생산 접수하여 보관한 기록군이다. '사상' 탄압·통제와 관련된 내용이 많으며, 편철기관명이나 보고자의 소속과 지위, 접수문서의 분류로 보건대, 생산자는 경성지방법원 검사국 사상부인 것 같다.

둘째, 1925년 치안유지법 시행과 1928년 사상계검사의 배치, 사상부의 설치는 서무기록에도 반영되었다. 이전에 비해 관할 경찰서의 일상적인 정보 보고가 많아졌고, 내용이 사상에 집중되었다. 사상 정보는 일반 민정民情에서 분리되었으며, '사상(계)' 우선의 기록관리가 이뤄졌다. 이제 검찰의 사무는 사상과 사상 아닌 것으로 나눠지며 전자에 비해 후자는 '경미'한 것으로 치부되었다. 또한 전 조선과 일본의 지방검사국 간에 사상사건 정보의 공유체계가 구축되었고, 간도관련 정보의 수집이 늘었다.

경성지방법원 검사국 기록의 전모와 그 특징을 파악하기 위해서는 통합 목록 작업, 전 시기 기록의 형식과 내용에 대한 정밀한 분석, 관련 기록군과 비교[50] 등이 필요하다. 이는 일제강점기 조선총독부의 '사상'

---

49 水野直樹, 「植民地期朝鮮の思想檢事」, 『International Symposium 30 日本の朝鮮·臺灣支配と植民地官僚』, 國際日本文化硏究センター, 2007, 389쪽.
50 국가기록원의 김재순은 "대검찰청 등에서 판결문 등 사건기록을 정부기록보존소로 이관할 때, 그동안 남아있었던 일부 신문조서들이 국사편찬위원회에 역사 연구 자료로 이

탄압·통제, 그에 대한 조선인의 대응을 밝힐 수 있는 중요한 작업이며, 기록군에 나타난 식민지 사회와 삶에 접근할 수 있는 디딤돌이 될 것이다. 또한 그 분산의 경위와 현황에서 짐작할 수 있듯이 해방 이후 이 기록군은 시기에 따라 상이한 목적으로 활용되었다. 경성지방법원 검사국 기록이 해방 이후 현재에 이르는 과정과 그 활용의 역사를 분단과 반공, 민주화의 도래 등 시대상과 연관하여 입체적으로 조명할 필요가 있다.

마지막으로 이 기록군의 명칭에 대해서 정리해보겠다. 우선 생산자로 '조선총독부 경무국'(아연 자료) '경성지방법원'(국편 자료 A) '경성지방법원' 또는 '경성지방법원 검사국'(국편 자료 B)이 표기되는데, 경무국은 일부 기록의 작성자이지 생산자는 아니다. 경성지방법원과 경성지방법원 검사국 중 후자가 더 정확한 명칭이다. 일제강점기에 검사국은 재판소, 즉 법원에 "병치倂置"되었다.[51] 각 단위 법원에 검사국이 있었으니 '고등법원 검사국' '복심법원 검사국' '지방법원 검사국' 하는 식이었다. 그렇더라도 검사국은 법원의 부속기관이 아니고 "병치"라는 말

관되었다"고 했다(김재순, 「정부수립이전 행형기록 해제」, 『기록보존』 제11호, 행정자치부 정부기록보존소, 1998, 194쪽). 우선 국가기록원에 각 법원 검사국이 생산자인 기록이 얼마나 어떻게 분포되어 있는지 검토해봐야 한다. 동일한 생산자의 기록이라도 국가기록원에 보존된 '재판' 또는 '행형' 기록은 대부분 보존기한이 '영구'이고 이 글에서 다룬 기록은 보존기한이 최대 20년인 폐기해야 될 기록이다. 따라서 양자는 별도로 관리됐을 가능성이 크다. 그렇다 하더라도 한 사건이나 인물, 나아가 시대상을 재구성하고 전체상을 파악하기 위해서 양자의 비교 검토, 통합 이해가 필요하다(정병욱, 『식민지 불온열전─미친 생각이 뱃속에서 나온다』, 역사비평사, 2013, 224~225쪽).

51 「朝鮮總督府裁判所令」(1909.10, 勅令 236호 / 개정 1937.8, 15호) 제9조 1항 "조선총독부 재판소朝鮮總督府裁判所에 검사국을 병치倂置한다"(朝鮮總督府 編纂, 『朝鮮法令輯覽』 상권 제3집, 1940, 74쪽). 이 조항은 1909년 10월 공포된 '통감부재판소령統監府裁判所令'(칙령 236호)부터 있었다.

그대로 독자성을 유지했다. 이를 상징적으로 보여주는 것이 1937년 8월 재판소와 검사국에 별개의 서기과書記課 설치이다.[52] 따라서 생산주체를 표기할 때 '경성지방법원'과 '경성지방법원 검사국'은 구별할 필요가 있다. 법원과 검찰청이 분리된 현재 상황을 감안하면 불필요한 오해를 막기 위해서라도 생산 주체를 명확히 해주는 것이 좋다.

기록 내용과 관련해서는 '항일독립운동관계 비밀기록'(아연 자료), '재판기록'(국편 자료 A)으로 표기되는데, '항일독립운동관계'는 생산자의 의도를 반영한 것은 아니며, 후대의 연구 방향을 제시하는 제목이라 할수 있다. '비밀기록'은 중요성을 부각시켜주기는 하나 비밀기록이 아닌 경우도 있다. '재판기록'은 부분적으로만 옳다. 사건기록에는 검경의 수사에서 재판(공판)에 이르는 과정이 망라되어 있으며, 어떤 사건은 재판까지 가지 않고 불기소로 종료되는 기록도 있다. 이 자료에 대한 속칭으로 '신문조서'가 가장 많이 사용되는데, 이는 실제 자료의 많은 부분이 검경의 피의자 신문조서로 채워졌기 때문이다. 그런데 '신문조서'는 검경의 수사 단계에서 발생하는 기록이지, 재판 단계의 기록이 아니다.[53] 더욱이 '재판기록'이라 하면 생산주체로 법원과 판사를 떠올리기 쉽다. 또한 '편철문서'(국편 자료 B)는 기록의 정리 방식과 물리적 특성을 알려주지만 내용과는 무관하여 기록명으로 미흡하다.[54]

필자가 보기에 이 기록군의 명칭은 당시 규정을 반영하여 전체를 지칭할 때는 '경성지방법원 검사국 기록', 나눠서 지칭할 때는 '경성지방

---

52 문준영, 『법원과 검찰의 탄생』, 역사비평사, 2010, 448~449쪽.
53 재판단계의 판사 신문 과정에서 발행한 기록은 '공판조서'라 한다.
54 '편철'에 관해서는 한국기록학회 편, 『기록학 용어 사전』, 역사비평사, 2008, 264쪽 참조.

법원 검사국 사건기록',[55] '경성지방법원 검사국 서무기록'이라 하는 것이 정확하다. 내용을 드러낸다면 '경성지방법원 검사국 사상탄압·통제 기록'이 적당하다.

55 주체를 경성지방법원만 표기하거나 주체 없이 쓸 때는 '형사사건기록'이라는 용어도 무방하다. '형사사건기록'이란 말에 이미 '검사국의 사건기록'이란 의미가 담겨있다.

참고문헌

자료

高等法院檢事局思想部 編纂, 『治安維持法提案討議』, 1928.12.

高等法院檢事局, 『朝鮮思想檢察提要－第一冊』, 1929(?).

齊藤榮治 編纂, 『高等法院檢事長訓示通牒類纂』, 1942.

朝鮮總督府 編纂, 『朝鮮法令輯覽』 상권, 1940.

『東亞法政新聞』, 『東亞日報』, 『三千里』, 『朝鮮總督府官報』, 『朝鮮司法協會雜誌』,
　　『中外日報』

고려대 아세아문제연구소, 『稀貴文獻 解題－舊 朝鮮總督府 警務局 抗日獨立運動關
　　係 秘密紀錄』, 고려대 출판부, 1995.

국사편찬위원회 편, 『韓民族獨立運動史資料集』 1~70, 國史編纂委員會, 1986~1997.

국사편찬위원회, 『일제강점기 사회·사상운동자료 해제』 Ⅰ·Ⅱ, 국사편찬위원회, 2007·
　　2008.

_____, 『일제강점기 경성지방법원 형사사건기록 해제』, 국사편찬위원회, 2009.

김경일 편, 『韓國民族解放運動史資料集』, 永進文化社, 1992(金炅一 編, 『日帝下社會
　　運動史資料集』, 한국학술정보, 2002).

김준엽·김창순, 『韓國共産主義運動史』 제1권, 고려대 출판부, 1967.

김준엽·김창순 편, 『韓國共産主義運動史－資料編 Ⅰ~Ⅱ』, 高麗大 亞細亞問題硏究
　　所, 1979~1980.

로버트 A. 스칼라피노·李庭植, 『韓國 共産主義 運動의 起原』, 韓國硏究圖書館, 1961.

방인후, 『北韓 ‘朝鮮勞動黨’의 形成과 發展』, 고려대 출판부, 1967.

김병로 외, 「島山을 말한다(좌담)」, 『새벽』, 1960.11.

서울地方檢察廳記錄管理課, 「獨立運動關聯記錄 등 整理記錄目錄」, 1984.

한상구, 「대검찰청소장자료 중 일제검찰 편철문서 마이크로필름 목록」, (국편) 마이
　　크로필름실, 2000.

공훈전자사료관, http://e-gonghun.mpva.go.kr

국사편찬위원회 전자도서관, http://library.history.go.kr
국사편찬위원회의 한국사데이터베이스, http://db.history.go.kr
법률지식정보시스템, http://likms.assembly.go.kr/law/
A씨(고려대 아세아문제연구소 '한국공산주의운동사' 편찬사업 종사)와 전화 인터뷰,
    2014.2.28・3.25.

연구논저
문준영, 『법원과 검찰의 탄생』, 역사비평사, 2010.
박성진・이승일, 『조선총독부 공문서-일제시기 기록관리와 식민지배』, 역사비평
    사, 2007.
윤경로, 『105人事件과 新民會硏究』, 一志社, 1990.
정병욱, 『식민지 불온열전-미친 생각이 뱃속에서 나온다』, 역사비평사, 2013.
한국기록학회 편, 『기록학 용어 사전』, 역사비평사, 2008.

곽건홍, 「조선총독부 기록의 관리의 이용-경무국 재판 기록을 중심으로」, 한국국가
    기록연구원 편, 『기록사료관리와 근대』, 진리탐구, 2005.
김재순, 「정부수립이전 행형기록 해제」, 『기록보존』 제11호, 행정자치부 정부기록보
    존소, 1998.
이상일, 「국사편찬위원회의 독립운동자료 수집현황과 과제」, 『한국민족운동사연구』
    27, 2001.
이애숙, 「일제 말기 반파시즘 인민전선론」, 『한국사연구』 제126호, 2004.9.
장 신, 「1920년대 民族解放運動과 治安維持法」, 『學林』 19, 1998.

水野直樹, 「植民地期朝鮮の思想檢事」, 『International Symposium 30 日本の朝鮮・臺
    灣支配と植民地官僚』, 國際日本文化硏究センター, 2007.
_____, 「思想檢事たちの'戰中'と'戰後'-植民地支配と思想檢事」, 松田利彦・やま
    だあつし 編, 『日本の朝鮮・臺灣支配と植民地官僚』, 思文閣出版, 2009.

식민지 인도의 '영어교육'과 '비교 정치'*

도고 미노루東郷實의 식민지 교육론과 제국횡단적帝國橫斷的 기원

미즈타니 사토시

1. 머리말

1) '어설프게 교육된 현지인'이라는 범주의 기원

1835년 토마스 매콜리Thomas Babington Macaulay, 1800~1859는 유명한 「교육에 관한 각서Minute on Education」에서 '피와 피부색은 인도인이지만 취미, 견해, 도덕, 지성은 영국인'인 집단을 영국령 인도에서 창출할 필요성을 호소했다.[1] 베네딕트 앤더슨이 '심적 혼혈화mental miscegenation'

* 2007년에 착수한 본 연구는 도시샤대학同志社大學 인문과학연구소, 무라타村田학술진흥재단, 미시마 카이운三島海雲기념재단에서 2008년부터 2010년까지 연구조성을 받았다. 성과의 일부는 水谷智, 「'比較する主体'としての植民地帝國－越境する英領インド教育政策批判と東郷實」, 『社會科學』 85, 志社大學人文科學硏究所, 2009로 간행했다. 그러나 그 후 새로운 사료의 발굴을 포함하여 연구를 더욱 진척시켰고 기존 연구를 대폭적으로 수정한 것이 본고이다. 교토대학京都大學 교육학부의 고마고메 다케시駒込武 씨는 몇 가지 사료의 열람에 대한

라고 형용한 '매콜리주의'는 교육을 통해서 문화적으로 '백인화된 현지인'을 창출하려는 이념을 뜻한다.[2] '매콜리주의'는 총독 윌리엄 벤팅크 William Bentinck(벵갈 총독(1828~33)을 거쳐 초대 인도 총독(1833~35))에 의해서 1830년대 후반 이후 영국령 인도의 언어 · 교육 · 관리등용정책의 방향을 규정했다. 19세기 중반까지 영어를 매개로 한 영국식 고등교양교육, 이른바 '영어교육English education'을 실시하여 '갈색 영국인'을 조직적으로 공급하는 제도가 점차 정비되었다. 마침내 1857년 캘커타대학교, 마드라스대학교, 봄베이대학교 등 3개 대학이 설치되었다.[3] 상위카스트 남성 힌두교도가 대부분인 '매콜리 아이'들은 '영어교육'으로

편의를 제공해주었다. 도시샤대학 글로벌지역문화학부의 동료인 이토 겐고伊藤玄五 씨는 프랑스어 문헌에 대한 귀중한 도움을 주었다. 또한 DOSC Doshisha Studies in Colonialism의 구성원들은 오랫동안 많은 비평과 조언을 해주었다. 본고의 집필은 공동연구회가 존재하지 않았다면 불가능했다. 여기서 감사의 인사를 드린다. 마지막으로 독해의 편의를 위해 본고에서 인용한 사료 중의 한자는 원칙적으로 신자체新字体로 고쳤고 쉼표와 마침표 등을 붙였다.

1 Lord Macaulay, "Lord Macaulay's Minute. 2nd February, 1935", W. Nassau Lees, *Indian Musalmàns : Being Three Letters Reprinted from the 'Times'... With an Appendix containing Lord Macaulay's Minute*, London : Williams and Norgate, 1871, pp.87~104, 특히 p.102.

2 Benedict Anderson, *Imagined Communities : Reflections on the Origin and Spread of Nationalism*, London : Verso, 1983, p.91. 영국령 인도의 특징은 '심적'으로 '혼혈화'된 현지인의 식민지 문관등용이 '유라시안'이라고 부르는 혈통적 혼혈인의 지위 상실과 표리관계에 있었다는 점이다. 결국 '영국인화된 인도인'이 '인도인화된 영국인'보다도 우선되었다. Satohi Mizutani, *The Meaning of White : Race, Class, and the 'Domiciled Community' in British India, 1858~1930*, Oxford : Oxford University Press, 2011, pp.62~64.

3 이후 라홀대학교(1869), 펀자브대학교(1882), 알라하바드대학교(1887)가 설립되었다. 학위수여기관인 대학교에서 실제의 교육을 담당한 전문학교college 수는 1902년까지 191개(학생 수 22,909명)에 이르렀다. 그러나 그 가운데 현지어로 가르치는 학교는 5개(503명)에 불과했고 나머지는 전부 영어가 교수언어였다. 여기서 매콜리주의 교육의 영어중심주의를 파악할 수 있다. 또한 교육 내용을 보면, 문과교양계열에 속하는 전문학교arts college가 140개 이르고 학생 수도 전체의 약74%를 차지했다. 한편 법률, 의학, 공학, 교육, 농업 계통을 포함한 전문직업계열에 속하는 전문학교professional college도 존재했지만(각각 30개, 4개, 5개, 4개, 3개), 문관양성을 위한 인문교양교육을 중시하는 매콜리주의 교육에서는 주변적 존재였다. K. Krishnawaswamy and Laitha Krishnawaswamy, *The Story of English in India*, New Delhi : Foundation Books, 2006, p.71.

학습한 근대 유럽적 행동과 사고방식을 가지고 영국인 통치자를 보좌하는 역할을 부여받았다. 그들은 본국 출신 영국인이 취임하는 최상급 자리 이외의 주요한 식민지 문관 관직을 독점했다.

그러나 영국령 인도 정부가 대학교 학위의 취득을 정점으로 한 고등교육제도를 완성시키고 현지 사회에서 관료를 효율적으로 확보하는 제도를 구축한 직후부터 '영어교육'을 받은 인도인이 제국 지배에 불만을 품기까지는 20년이 걸리지 않았다. '영어교육'을 받았어도 대학교 진학과 학사 취득은 난관이었다. 더욱이 안정된 수입과 사회적으로 존경받는 지위, 즉 '품위'를 보증하는 문관의 관직 수는 제한적이었다. 일부를 제외하면, 그들 대부분은 '영어교육'이 약속하는 관직을 얻지 못했다. 본인과 가족의 지속적이고 막대한 교육투자에도 불구하고 말이다. 경쟁에서 패배한 갈 곳 없는 고학력자는 '어설프게 교육된 현지인 semi-educated native'이라고 인식되었다. 그들은 지배자의 시선에서도 존경할 만한 '교육된 현지인 educated native'과 구별되었고 늦어도 1870년대 말에는 영국 지배에 불필요하고 위험한 존재로 인식되었다.[4] '심적 혼혈화'를 통해서 '취미, 견해, 도덕, 지성은 영국인'인 현지인을 창출하려는 정책은 역설적으로 정치적 불온의 원천이 되는 존재를 창출했고 통치자들 스스로가 '영어교육'을 점차 문제시하는 경향이 나타났다. 특히 1880년대 이후 교육개혁에서 고학력자의 반체제화 맹아를 제거하려는 제국적 시도가 현재화되었다.[5]

---

4   水谷智, 「比較する主体」としての植民地帝國－越境する英領インド教育政策批判と東郷實」, 『社會科學』85, 志社大學人文科學研究所, 2009에서는 '교육된 현지인'과 '어설프게 교육된 현지인'이라는 두 가지 식민지적 범주를 충분히 구별하지 못했다. 그러나 그 후 실증연구에서 그 중요성이 판명되었다. 이 점에 관한 다른 논문을 준비 중이다.

2) 비교대상으로서 영국령 인도의 교육정책

'영어교육'이 인도 민족주의 대두의 요인 중 하나였다는 사실은 이미 오래전에 지적되었다.[6] 그러나 지금까지 연구에서 미진한 점은 '어설프게 교육된 현지인'이라는 식민지 언설과 그것이 **영국령 인도의 외부**에서 어떻게 확장되었는가라는 부분이다. 민족주의에 직면한 인도의 영국인 경험을 '반복되어서는 안 되는 실정失政'으로 파악하고 그 교훈을 학습하는 가운데 기존 식민정책을 검토·수정하는 관점을 정식화하며, 세기의 전환기부터 20세기 전반까지 국제적 확산에 큰 역할을 수행한 사람이 '사회심리학' 창시자로 유명한 프랑스 지식인 귀스타브 르 봉Gustave Le Bon, 1841~1931이었다.

1886년 간행한 논문에서 르 봉은 영국령 인도의 '영어교육'을 '지성과 도덕성의 두 측면'에서 '완전히 실패했다고 볼 수밖에 없는 무리'를 창출한 요인이라고 단언했다.[7] 그는 이 제도가 초래한 현지인의 심리적 변조變調는 고학력자 취직난에 기인한 뿌리 깊은 불만·분노의 감

---

5   Suresh Chandra Ghosh, "English in tastem in opinions, in words and intellect", J.A. Mangan(ed.), *The Imperial Curriculum : Racial Images and Education in the British Colonial Experience*, London : Routledge, 1993, pp.175~193.

6   예를 들어 Bruce Tiebout McCully, *English Education and the Origins of Indian Nationalism*, Gloucester, MA : Peter Smith, 1966(1940); Anil Seal, *The Emergence of Indian Nationalism : Competition and Collaboration in the Later Nineteenth Century*, Cambridge : Cambridge University Press, 2007(1968).

7   G. Le Bon, "Modern India : How a colony is founded, how it is kept, and how it is lost"(translated by Mark Stirrup from the article G. Le Bon, "L'Inde Moderne : Comment on fonde un colonie, comment on la garde, et comment on la perd", published in Revue Scientifique, vol.22, 20 November 1886), *the Journal of the Manchester Geographical Society*, vol.2, 1886, pp.352~364, 특히 p.358.

각과 결합하여 현지인을 영국의 적으로 변모시키고 그것 때문에 인도는 가까운 장래에 영국인 손에서 '아마 벗어나게 될 것이다'라고 예견했다.[8] 이러한 비관적 평가가 다른 제국에게 영향력을 가졌던 이유는 르 봉이 영국령 인도 상황을 19세기 영국의 인도 지배라는 특정한 역사적 문맥에 한정되는 고유한 사례가 아니라, 세계의 모든 이민족 통치에 관통하는 보편적 문제의 발로로 규정했기 때문이다. 르 봉에 따르면, 영국령 인도의 사례는 '우월한 인종의 필요에 맞추어 실시된 교육이 비교적 열등한 인종에게 초래한 결과'의 예증이었다. 그 결과는 '식민지를 건설할 뿐만 아니라 특히 식민지를 소유하고 계속해서 식민지를 욕구하는 모든 국가에게 가장 흥미로운 문제'였다.[9]

르 봉이 상기 견해를 발표한 지 10년이 지난 1895년 일본은 대만을 영유하면서 '식민지 제국'으로 변모했다. 신흥 제국에게 영국령 인도의 교육정책은 주시할 필요가 충분한 선례였고 의논되기까지는 오랜 시간이 걸리지 않았다. 영국령 인도의 교육정책을 빈번히 언급한 식민정책론자 중 한 사람이 바로 도고 미노루東鄕實, 1881~1959였다.

일본의 식민정책 교육과 문관 양성을 위한 선구자적 기관이었던 삿포로 농학교札幌農學校(홋카이도대학北海道大學 농학부의 전신)에서 수학한 도고는 1906년부터 18년 동안 대만총독부에 근무한 식민지 관료였다.[10] 많은 책을 저술한 그는 학문적 소질을 지닌 관료였고 자신의 담

---

8   Ibid., p.352.
9   Ibid., p.357.
10 도고 미노루의 경험과 출판 이력은 金子文夫,「東鄕實の年譜と著作」,『台湾現代史研究』
    창간호, 1978, 127~136쪽을 참조. 또한『植民政策と民族心理』와『日本植民論』의 요약
    은「付錄 文獻解題名」, 酒井哲哉 編,『帝國』日本の學知 第一卷 '帝國'編成の系譜』, 岩波書
    店, 2006, 35쪽에 있다. 도고의 식민지정책론을 분석한 논문은 많지만, 다음의 논문이 상

당업무와 직접적 관계가 없는 식민정책 전반에 대해서도 여러 책을 출판했다. 대만 시절 도고는 교육정책에 직접 관계하지 않았지만, 피지배민족의 교육문제는 그의 식민정책론에서 가장 중요한 위치를 차지했다.[11] 일본제국의 식민지 교육방식 중에서도 특히 '동화주의' 교육의 시비是非를 논의하는 가운데 도고가 빈번히 참조한 사례가 바로 영국령 인도의 '영어교육'이었다.[12] 예를 들어 1911년 그는 매콜리주의 교육이 '인도인의 도덕심을 파괴'하고 동시에 고학력 실업에서 파생되는 불만이 '독립사상 발전'을 재촉한다고 지적했다. 도고에 따르면, 영국의 인도 지배는 '수준 높은 외국 문물제도가 식민지에 이입되어 어떻게 해독을 퍼뜨리는지'를 증명하는 사례였다.[13]

대만 지배의 당사자인 도고의 식민정책론은 이민족 대만인을 어떻게 통치할 것인가라는 물음에서 출발했다. 그렇다면 왜 그는 '영어교

세하게 논의하고 있다. 小熊英二, 『"日本人'の境界』, 新曜社, 1998, 168~194쪽; Michael A. Schneider, "Colonial Policy Studies in a Period of Transition : Nitobe Inazo, Okawa Shumei, and Togo Minoru at Takushoku University", 『拓殖大學百年史研究』 제3권, 1999, 1~28쪽.

11 대만총독부에서 도고는 농정農政과 이민사업을 담당하는 부서를 거쳐 총독관방조사과장을 역임했다.

12 영어를 통한 교육이 도입되었다고 해서 영국령 인도에서 이른바 '동화정책'이 실시되었다고 곧바로 연결시킬 수 없다. '영어교육' 대상은 극소수의 현지인이었다. 더욱이 그들 대부분은 도시에 거주하는 남성 힌두교도였다. 여성과 하위카스트인, 이슬람교도는 거의 포함되지 않았다(Sumit Sarkar, *Writing Social History*, New Delhi : Oxford University Press, 1997, pp.169~172). '동화교육'은 한정된 일부 사회집단에게만 실시되었다. 또한 영어를 통한 교육이 실시되었다고 해도 영어는 인도 사회의 일상언어로 확산되지 못했다. 예를 들어 1901년 국세조사를 보면, 영어를 말하는 현지인은 남성과 여성 인구의 각각 0.0056%와 0.0001%에 불과했다(H.H. Risley and E.A. Gait, *Report on the Census of India, 1901*, Calcutta : Superintendent of Government Printing, 1903, p.167). 이와 같이 압도적 다수의 인도인이 배제된 상황을 고려하면, 매콜리주의 정책은 결코 동화주의라고 말할 수 없다. 그러나 매콜리주의 교육이 민족주의 대두의 요인으로 보였기 때문에 프랑스와 일본 반동화주의자의 주목을 끌었다고 생각된다.

13 東鄕實, 「非同化論」, 『台湾時報』 23, 1911, 16~20쪽, 특히 18쪽.

육'을 빈번히 언급했는가. 왜 영국이라는 다른 제국이 지배하는, 일본의 지배와 직접적 관계가 없는 인도의 문맥에서 실시된 특정한 교육정책을 비교대상으로 중요시했는가. 도고는 누구를 향해서, 어떠한 목적에서 대만과 인도의 교육정책을 비교분석했는가. 그리고 '비교하는 행위'는 제국 세계에서 살았던 사람들과 그들의 역사를 연구하는 우리들에게 도대체 어떠한 의미를 지니는가.

2. '비교'와 '비교 정치'

1) '비교하는 행위'의 의미

당초 본 연구는 서구와 일본의 식민지주의를 비교 연구하기 위한 통일적 분석틀의 구축을 목표로 한 공동 연구에서 착상되었다.[14] 필자에게 공동 연구는 전문분야인 영국제국사를 비교 관점에서 파악하는 둘도 없는 기회였다. 제국 일본 논자의 영국 식민정책에 대한 관점은 영국제국 연구를 보다 국제적 시각에서 파악하는 데 일조할 수 있다.[15]

---

[14] 이 공동 연구는 도시샤대학을 중심으로 한 연구모임인 DOSC(Doshisha Studies in Colonialism, 도시샤 식민지주의 연구회)에서 실시되고 있다. 이 모임은 도시샤대학 인문과학연구소 제16기 연구회(2007~2009)와 제17기 연구회(2010~2012)의 제9연구반으로 활동했고 현재는 제18기 연구회(2013~2015)의 제10연구반으로 활동 중이다.

[15] 영국제국사 연구자가 일본과 영국의 비교관점에서 제국주의를 분석한 연구는 木畑洋一, 『イギリス帝國と帝國主義-比較と關係の視座』, 有志舍, 2008이 있다. 이 연구는 '비교'에 관한 시사적 논의를 다수 포함하고 있다. 梶井佳廣, 『植民地支配の史的研究-戰間期日本に關する英國外交報告からの檢証』, 法律文化社, 2006도 마찬가지로 비교관점에서 식민지 지배에 접근하지만, 그 초점은 일본의 제국적 지배(보다 구체적으로는 일본의 조선 통치)

또한 이러한 관점의 연구가 일본사, 조선사, 대만사 등 제국 일본과 직접적으로 관계하는 연구영역에 무엇인가 기여할 수 있다는 기대도 있었다. 그러나 수렴된 개별 연구에 대한 심도 깊은 논의와 달리, 공동 비교 연구를 위한 이론 틀을 탐구하는 작업은 의외로 난항을 겪었다. '비교한다'는 행위는 여러 가지 곤란을 동반하고 경우에 따라서는 의도하지 않은 부정적 결과를 야기할 수 있다는 점을 깨달았다.

우선 비교를 시도하는 한, 연구자는 전문분야 이외의 영역에 발을 들여놓을 수밖에 없다. 그 결과 논의가 부족하고 초보적 실수를 범할 위험성이 높다. 특히 상이한 전문지역의 언어 장벽을 초월하기가 쉽지 않다는 현실은 통일적 틀의 구축을 곤란하게 만든다.[16] 또한 비교는 손쉬운 일반화를 유인한다. 예를 들어 '프랑스와 일본 식민지주의는 동화주의이고 영국과 네덜란드 식민지주의는 그렇지 않다', '백인이 지배자가 아닌 일본 식민지주의는 특수한 사례이다', 혹은 반대로 '후발 제국국가인 일본 식민지주의는 모두 서구를 모방했다'와 같은 틀에 박

가 영국에게 어떻게 관찰되었는가에 있다. 도고 미노루의 식민정책론에서 영국 지배만이 비교대상으로 다뤄지지 않았다. 프랑스, 네덜란드, 미국의 식민지 통치도 주목되었다(미국의 경우 필리핀 지배). 현지인 사회의 관습과 전통을 이용한 통치를 주창한 입장에서 네덜란드령 인도의 식민지 경영을 높게 평가한 부분이 많지만, 지면관계상 생략하겠다.

16 본고에서는 프랑스인의 식민정책론을 불가피하게 분석했다. 그런데 필자에게는 프랑스어 사료를 검증할 수 있는 언어능력이 없기 때문에 영어로 번역된 일차 사료나 영어권과 일본어권 연구자의 프랑스제국사 연구에 의존했다. 이러한 작업이 이상과 거리가 먼 방식이라는 점은 필자도 자각하고 있다. 따라서 결함을 보완하기 위해서 앞으로 프랑스제국사 전문가와 긴밀한 대화가 필요하다고 생각한다. 그러나 다른 한편으로 프랑스인 논자의 식민정책론이 동시대에 영어로 번역되고 반대로 영국인 논자의 글이 프랑스어로 번역되었다는 역사적 사실은 식민지 사상의 생성에서 비교가 중요한 일부였다는 가능성을 시사한다. '비교하는 주체'로서 제국 통치자들이 언어의 장벽을 초월하여 사고했다는 점에서 번역을 단순한 원판의 복사라고 판단할 수 없고 배후에 있는 '비교 정치'와의 관계에 주목할 필요가 있다.

힌 분류의 반복·강화가 도출된다. 특히 판에 박힌 방식이 'A국가 지배는 B국가 지배보다도 C였다'(C에는 '관용', '폭력적', '착취적' 등 일련의 형용사가 들어간다)는 정치적 함축이 존재하는 우열 판단과 쉽게 결합할 수 있다는 점에서도 비교 연구가 지닌 문제는 근원적이다.[17] 모든 비교 연구에 내재하는 '비교의 덫'은 연구자를 괴롭히고 필자도 그것에서 결코 자유롭지 못하다. 그러나 본고에서는 그 부분을 인정하고 감히 위험한 영역에 발을 내딛고 싶었다.[18]

비교를 활용한 비판적 식민지주의 연구를 위해서는 어떠한 돌파구가 필요한가. 지금까지 비교 연구는 여러 식민지주의를 조감도적 관점에서 비교하여 유사성과 차이를 발견하고 각각의 특징을 끄집어내서 유형화하는 경향이 강했다. 이러한 접근의 문제 중 하나는 사후적 관점에서 정적인 역사공간을 상정하고 비교대상인 제국들의 동시대적 관련성에 대한 질문을 차단시켰다는 점이다. 19세기 후반 이후 식민지 세계에서 상호 충돌과 협력을 반복했던 제국들의 식민지주의 이해는 단순한 비교에서 나아가 동시대적 상호작용의 역사 가운데 문맥화할 필요가 있지 않을까. 예를 들어 대만에서 일본과 영국 제국주의 사례를 분석한 고마고메 다케시駒込武처럼, 동일한 역사적 문맥에서 복수의

---

17 예를 들어 공동 연구의 구성원인 프랑스제국사 연구자 히라노 치카코平野千果子는 '일본 지배가 가장 가혹했다'는 서구 식민지주의 대해서 일본 식민지주의의 '특수성'을 강조하는 비교관점이 존재한다고 지적하고 그 문제점을 논의했다. 히라노는 이러한 관점이 일본 지배의 가학성을 명확히 하려는 양심에 기초했지만, '프랑스 지배를 받은 식민지민은 일본 지배를 받은 식민지민보다 나았다는 별개의 무의미한 전제와 연결'되고 '그러한 주장은 프랑스지배를 받은 사람들의 고통을 가볍게 하는 것'이라고 지적했다. 平野千果子, 「フランスの事例にみる'植民地忘却'を考える―『新植民地主義論』を手がかりに」, 西川長夫·高橋秀壽 編, 『グローバリゼーションと植民地主義』, 人文書院, 2009, 63~78쪽, 특히 71~74쪽.
18 '비교의 덫'이라는 표현은 공동 연구 구성원인 이타가키 류타板垣竜太 씨에게서 차용했다.

제국이 중첩되는 상황을 논의하고[19] '제국 틈새'[20]에서 여러 식민지주의를 동시적으로 비판하는 방식이 있다. 또한 본고가 시도하는 방식처럼, 이미 실시되고 있는 제국 식민정책이 다른 제국에게 어떻게 비교·참조의 대상이 되었는가를 명확히 밝히고 '비교하는 행위'의 역사성을 추구하는 방향성이 존재한다. 비교는 다수의 덫을 품고 있다. 그러나 덫을 극복하기 위해서는 '지역 연구'라는 안전지대로 물러나지 않고 비교에 발을 내딛으며 내재적 비판을 수행할 필요가 있지 않을까.

2) '비교 정치'

본고가 시도하는 비교의 내재적 비판방식에 중요한 참조가 된 개념은 미국의 역사인류학자 앤 스톨러Ann Stoler의 '비교 정치politics of comparison'이다. 스톨러에 따르면, 비교 연구는 여러 식민지주의가 비교할 만한 어떤 독자성, 혹은 공통성을 지녔다고 무비판적으로 전제할 경우에 종주국 '특색'으로 환원되는 다양한 틀에 박힌 방식(예를 들어 '이상주의적 프랑스형', '현실주의적 영국형' 등)을 조장할 위험이 존재한다. 이러한 문제를 답습했던 그녀는 '비교한다'는 작업을 역사화하고 그 배경에 있는 정치를 명확히 분석하는 방향성을 제언한다. 현대 식민지주의 연구자는 비교를 시도할 경우 통치하는 입장에 있던 사람들에게 비교가 근본적 중

---

19 駒込武, 「日本の植民地支配と近代 : 折り重なる暴力」, 『トレイシーズ』 2, 2001, 159~197쪽; 駒込武, 「在台軍部と'反英運動'─ジュノー號事件を中心に」, 松浦正孝 編, 『昭和・アジア主義の實像』, ミネルヴァ書房, 2007, 259~285쪽

20 駒込武, 「'帝國のはざま'から考える」, 『年報・日本現代史』 10, 2005, 1~21쪽.

요성을 가졌다는 사실에 유의해야 한다. 비교를 역사학적 방법이 아니라 역사학적 대상으로 취급하는 자세가 중요하다. '**비교 정치**를 역사화'하고 '언제, 어떠한 이유로, 누가, 어떠한 취지에서 비교가 채택되고 제외되었는지'를 질문해야 한다.[21]

근대 제국은 서로 고립된 채 존재하지 않고 상호 비교되었다는 스톨러의 주장은 간단하지만 지금까지 간과되었던 중요한 지적이라고 필자는 생각한다. 일반적으로 제국들 비교는 외견상 상호 모순적인 두 가지 방향성을 가진다. 제국들은 자신의 식민지주의를 다른 제국과 비교하면서 자국 식민지주의의 독자성과 예외성을 호소하고 또한 정당화했다. 그러나 동시에 피지배자를 통치하는 방법의 최신 정보와 기술은 공유했다. 특히 통치의 불안정 요인(예를 들어 '혼혈문제'와 '반제국주의 운동')의 출현을 어떻게 예방할 것인가, 혹은 출현 후 어떻게 대처할 것인가라는 문제에 대한 이해는 일치했다. 제국주의 시대에 '비교하는 행위'는 중립적이고 무해했다고 말할 수 없다. 오히려 '비교하는 행위'는 상술한 모순을 지닌 철저한 정치적 행위이자 근대 식민지제국의 생성과 변용을 형성하는 하나의 요소였다.

본고가 당시 아직 보잘 것 없는 식민지 관료에 불과했던 도고 미노루의 식민지정책론을 논의대상으로 선택한 이유는 '비교 정치'의 관점에서 극히 흥미로운 사례이기 때문이다. 순수히 식민지 교육정책사의 측면

---

21 An Laura Stoler, "Refiguring Imperial Terrains", A. L Stoler, C. McGranahan and P. Perdue(eds.), *Imperial Formations*, Santa Fe : School of American Research Press, 2007, pp.3~47, 특히 p.15. 스톨러의 '비교 정치' 개념의 상세한 소개는 이하를 참조. 水谷智, 「アン・ストーラーの植民地研究と東アジアからの応答可能性」, 『人文學報』 100, 京都大學人文科學研究所, 49~75쪽, 특히 61~67쪽.

〈그림 1〉 도고 미노루東鄕實
(자료 : 犬養內閣編纂所 編, 『犬養內閣』,
犬養內閣編纂所, 1932)

에서 분석한다면, 도고보다도 모치지 로쿠사부로持地六三郞와 같은 사람이 중요하다. 그러나 도고의 텍스트는 비교행위를 명확히 분석하는 데 중요한 요소를 구비하고 있다. 예를 들어 도고 텍스트의 특징 중 하나는 서구 식민정책론을 빈번히 참조했다는 점이다. 특히 1925년 간행된 『식민정책과 민족심리』(1925)[22]는 참조된 2차 문헌의 대부분이 최신의 서구 저작물이기 때문에 일본인의 서구 식민지주의에 관한 식민정책론의 '비교 정치'를 추출하는 데 적절한 연구대상이다. 또한 '민족심리학'이라는 통일적·이론적 틀을 전면에 내세웠기 때문에 다른 논자에 비해 비교논리를 쉽게 탐구할 수 있는 장점도 있다. 본고의 전반부에서는 도고가 어떠한 역사적 배경과 정치적 동기에서, 그리고 어떠한 비교언설을 통해서 영국령 인도의 '어설프게 교육된 현지인'을 논의했는지를 분석한다.

후반부에서는 여러 가지 텍스트를 횡단하면서 도고 미노루의 '비교 정치'를 분석한다. 여기서는 도고 저작물만이 아니라 그가 누차 참조한 프랑스, 영국, 미국의 일련의 식민정책론자의 텍스트도 독립된 분석대상으로 한다. '영어교육'에 관한 도고 언설의 특징 중 하나는 당시 영어, 프랑스어, 독일어 등으로 출판된 식민정책론 관련 문헌을 누차 반복적

---

22 東鄕實, 『植民政策と民族心理』, 岩波書店, 1925.

으로 인용했다는 점이다. 도고가 '어설프게 교육된 현지인'이라는 인도의 존재를 전경화前景化하여 대만과 관련지어 논의할 때, 그것은 단순한 비교행위라기보다도 **이미 제국횡단적·국제적으로 유통되는 비교모델의 적용**이었다. 도고의 식민지 교육론을 보다 완전히 이해하기 위해서는 '어설프게 교육된 현지인'이라는 식민지 표상의 생성과 국제적 확산을 텍스트 횡단적인 접근을 통해 명확히 하는 작업이 불가결하다.

3. 도고 미노루와 인도의 '영어교육'

1) 비교에 대한 의지

삿포로 농학교 재학 당시, 도고 미노루의 주된 학문적 관심은 해외 영토로의 일본인 농업 이민이었다.[23] 그러나 그가 졸업 후에 부임한 대만은 본국인을 대규모로 이민시키는 이주형 식민지settler colony라기보다는 오히려 피지배자 통치에 집중하는 착취／개발형 식민지colony of exploitation에 가까웠다. 그래서 도고는 대만으로 건너간 후 이른바 '토인정책'native policy에 큰 관심을 가졌다. 부임 후 그는 베를린에 파견되어(1909~1912) 독일 식민지주의 연구의 권위자였던 막스 체링Max Zering 휘하에서 '토인정책'에 대한 입장을 『대만시보』 등의 잡지에 발표하기 시작했다. 1911년에는 「비동화론」, 「식민정책상 공생주의를

---

23 이 주제에 관한 그의 졸업논문은 『日本植民論』, 文武堂, 1906으로 간행되었다.

논한다」라는 논문에서 반동화주의적 현지인정책론을 명확히 내세웠다. 그는 식민지 대만 현지인은 종주국 일본인과 민족적으로 매우 다르고 후자를 이상형으로 하여 전자를 후자에 가깝게 동화하는 일은 불가능하다고 주장했다. 그리고 도고는 두 민족이 상호 어울리지 않는 별도의 사회계층을 형성하는 현상은 자연스럽다, 피지배민족은 자신의 종속적 입장에 부합하는 권리들과 고용기회에 만족해야 한다, 지배자와 피지배자가 별도의 사회공간을 차지하는 현상은 식민지 사회의 본연의 모습이고 그것의 실현을 위해서 일본의 식민정책은 '동화'가 아니라 '격리=공생'을 기본노선으로 설정해야 한다고 주장했다.[24]

교육문제는 도고의 식민정책론에서 항상 중심적 위치를 차지했다. 앞서 언급했듯이, 비록 총독부 실무자로 교육정책에 직접 관여하지 않았지만, 그에게 교육문제는 피지배민족을 어떻게 통치할 것인가라는 질문의 근간에 해당하는 사항이었다. 그리고 '토인정책'에 관한 도고 사상의 맹아기부터 이미 영국령 인도의 '영어교육'은 비교·참조의 중요한 열쇠로 부상했다. 「비동화론」이라는 논문에서 도고는 영국 식민지주의를 프랑스 식민지주의와 비교하면, 확실히 동화주의 색채가 희박하고 대체로 이상보다 실익을 중시하는 유연성을 가졌다고 인식했다. 그러나 그에게 중요한 점은 영국의 현실주의가 아니라 영국제국이 19세기 인도에서 잘못을 계속해서 저질렀다는 사실이었다. 도고는 비록 수적으로 미미한 비율에 불과하지만, 영국은 본국인과 민족적으로 어울릴 수 없는 현지인을 마치 본국 근대사회의 성숙한 '개인'과 같이

24　東鄕實, 「非同化論」, 『台湾時報』 23, 1911; 東鄕實, 「植民政策上の共生主義を論ず」, 『台湾時報』 24, 1911, 1~3쪽.

취급하는 실수를 저질렀고 말할 필요도 없이 매콜리 '각서'에 영향을 받은 '영어교육'제도가 실정失政의 중심이라고 주장했다.[25]

후술하겠지만, 도고는 미국의 국제정치학자 폴 레인쉬Paul Reinsch 저작을 통해서 매콜리주의 교육을 처음으로 인식하게 되었다고 추측된다. 한편 도고는 자신과 동시대의 영국인 지배자들도 영국령 인도의 과거 교육정책을 비판적으로 평가하고 있음을 인식했다. 1914년에 간행된 『대만농업식민론』에서 그는 인도 총독 커존 경Lord Curzon(1898~1905년 재임)이 '영어교육'의 결과 대두된 민족주의를 진정시키기 위해서 얼마나 교육개혁에 고심했는지를 언급했다.[26] 이때 도고의 영국령 인도의 교육정책에 대한 관점은 발렌타인 치롤Valentine Chirol, 1852~1922의 *The Indian Unrest*(1910)에게서 강한 영향을 받았다. 치롤은 영국 신문 *The Times*의 고명한 편집자였고 커존 경뿐만 아니라 알프레드 리올Alfred Lyall, 크로머 경Lord Cromer, 프레데릭 루가드Frederick Lugard 등 19세기 후반부터 20세기 전반까지 영국제국을 대표하는 식민지 권력자들에게 영향력을 지닌 인물이었다. 『대만농업식민론』에서 도고는 '영어교육'이 '어설프게 교육된 현지인'을 창출하고 그들의 존재가 '인도 불온Indian unrest'의 요인이 되었다는 치롤 주장을 요약・소개했다.[27] 더욱이 『식민정책과 민족심리』에서 치롤의 다음과 같은 주장을 인용했다.

그 제도(인도의 '영어교육')는 많은 결함을 지녔다. 때문에 과도하게 교

---

25 위의 글(「非同化論」), 17~18쪽.
26 東鄕實, 『台湾農業殖民論』, 富山房, 1914, 174~175쪽.
27 Valenine Chirol, *The Indian Unrest*, London : Macmillan, 1910(위의 책, 173~174쪽).

육을 받은 계급이 창출되고 그들은 쓸데없이 지망志望이 커져 직업에 나아
갈 생각이 없었다. 고등교육을 받은 사람은 서구 문화의 피상을 추구하는
데 그쳤다. 더욱이 공리공론을 일삼아 위험한 교란의 종자를 산포했다. 인
도의 불안은 필경 교육제도가 야기한 나쁜 결과였다.[28]

인도인 고학력자의 민족주의와 영국인 통치자의 대결이 도고라는
일본의 식민정책론자에게 중요했던 이유는 '동화주의' 위험성을 일본
인에게 선전하는 데 효과적이었기 때문이다. 도고는 교육제도 방식에
따라서 대만에서도 점차 '위험한 교란의 종자'가 출현할 수 있다고 경
고했던 것이다. 그렇다면 대만 교육정책은 어떠한 상황이었는가. 도고
는 어떠한 문맥에서 동화주의 교육정책에 반대했는가.

2) 대만인 교육논쟁과 '비교'

도고가 '토인정책'에 대한 논문을 발표하기 시작했을 때, 그의 대만
인 교육에 관한 견해는 대만총독부와 거의 일치했다. 1903년부터 1911
년까지 대만총독부 학무과장으로 교육정책을 지휘했던 모치지 로쿠
사부로1867~1923는 종래의 동화주의 조류를 뒤집고 일본인에 비해 대
만인 교육수준을 의도적으로 낮게 하는 우민화정책을 실시했다. 도고
와 마찬가지로 모치지 또한 영국의 인도인 교육경험을 비교의 중요한

---

28 *Ibid.*, p.2(위의 책, 213~214쪽에서 의역).

기준으로 간주했다. 그는 학무과장이었던 1910년 「샤이에 씨 인도 교육제도 문제에 관하여」라는 제목의 논문 집필에 착수하고 퇴임 후 곧바로 간행했다(제목의 '샤이에 씨'란 본고 후반부에서 논의하는 프랑스인 조셉 샤이에 베르이다). 논문에서 모치지는 '인도 사정을 감안하지 않고 오로지 영국 교육제도를 모방·이식하고 영어를 교수용어로 하며, 영국 정체政體와 역사를 가르치고 권리와 자유라는 영국적 사상을 고취'했다는 이유로 '영어교육'을 추진한 영국 통치를 부정적으로 판단했다. 도고와 마찬가지로 모치지는 이러한 교육정책은 영국 지배의 정치적 자살행위였다고 강조했다. 왜냐하면 '영어교육'의 결과 '영국적 사상을 함양한 토인 청년이 지식 발달에 따라서 인도의 정치·경제적 억압 현상을 목격하여 영국 통치에 불만을 품고 결국에는 이것을 타파하려는 시도에 이른 현상은 자연스러운 논리적 결과'였기 때문이다.[29] 도고와 모치지의 공통점은 단순히 교육정책을 반동화주의적으로 접근하지 않고 대만에 대한 일본 식민지주의를 고찰할 때 영국령 인도의 역사적 전개를 극히 중요한 비교·참조대상으로 규정했다는 것이다.[30]

---

29 持地六三郎, 「シャイエ氏インド教育制度問題に就いて」, 持地六三郎, 『台湾植民政策』, 富山房, 1912, 575~593, 특히 586쪽.

30 일본인 식민정책론자 가운데 영국령 인도의 교육정책을 언급했던 사람은 도고와 모치지만이 아니었다. 필자가 파악하고 있는 수준에서 인도와 관계된 '비교 정치'가 나타난 가장 초기의 사례는 역사가이자 정치가인 타케코시 요사부로竹越與三郎의 『比較殖民制度』 (1906)이다. '영어교육'이 영국령 인도의 민족주의 대두의 요인이라고 생각한 타케코시는 '영국은 인도를 통치하여 성공적인 업적을 쌓았음에도 불구하고 현재 인도에서 교육이 보급됨과 동시에 불평의 목소리가 높아지며, 독립사상이 사방에서 충만하게 되었다'고 기술했다(『比較殖民制度』, 讀賣新聞社, 1906, 231쪽). 그의 견해는 그가 일본 식민지주의의 동화주의 경향에 이의를 제기했던 것과 밀접히 연관되어 있었다. 『比較殖民制度』는 서구 식민지주의를 제도적 측면에서 비교·분류하여 연구서의 외관을 보이고 있지만, 그 집필 동기는 다분히 정치적이었다. 이것을 보여주는 부분은 책 마지막에 수록된 일본의 조선 지배에 대해서 논의하는 여러 '부록' 논문이다. 상술한 바와 같이, 타케코시

반동화주의 식민지 교육론을 주창하기 시작한 도고의 문제는 그가 독일에서 귀국하는 시점인 1912년이 되면, 동일한 사상을 공유한 모치지가 이미 교육행정의 최고 자리를 후임에게 양도했다는 점이다. 복직 후 도고는 모치지를 이어서 1911년부터 1920년까지 9년 동안 학무부장을 역임한 구마모토 시게키치熊本繁吉 아래에서 교육행정이 동화주의로 회귀하는 과정을 경험했다. 구마모토는 민족 사이의 장벽을 허무는 공학제도를 도입하여 초등 이상의 교육에서 대만인이 일본인과 함께 배우는 기회를 마련했다. 구마모토 부임 이후 동화주의는 총독부 교육행정의 기조가 되었다. 그리고 1920년 구마모토는 대만에서 교육은 같은 아시아인인 지배자와 피지배자가 단결하는 수단이라고 선언했다.[31] 이어서 1922년 '제2차 대만교육령'에서 총독부는 중등과 고등교육에서 공학화를 규정하고 대만인 생도의 문화적 '일본인화'를 추구했다.[32]

결과만을 본다면, 도고의 식민정책 이상은 동화교육의 부활과 함께 실패했다. 1924년 그의 대만총독부 사퇴도 이것과 무관하지 않다고 생각된다. 그러나 이러한 사실만을 가지고 반동화주의론과 그것을 정당화한 영국령 인도의 교육정책을 둘러싼 '비교 정치'의 역사적 중요성을

는 매콜리주의를 비판적으로 일본 독자에게 소개했지만, 그것은 '동화라는 질병에 어느 새 전염되어 조선에서 동화주의를 실시하는' 일본 정치가에 대한 그의 비판과 필연적으로 관계되어 있었다(竹越与三郎, 「妹邦が勝國か」, 『比較殖民制度』, 193~194쪽). 즉 동화주의적 교육을 받은 현지인이 반제국주의운동을 전개한 영국령 인도의 사례를 제시하여 일본이 조선에서 동화주의 교육을 채용하는 것에 반대하는 자신의 입장을 정당화했다.

31 See Mark R. Peattie, "Japanese Attitudes Towards Colonialism, 1895~1945", R. H. Myers, M. R. Peattie and Q. Chen(eds.), *The Japanese Colonial Empire, 1895~1945*, Princeton : Princeton University Press, 1984, pp.80~127, 특히 p.103.
32 대만총독부 교육정책의 형성과 변천에 대해서는 陳培豊, 『同化の同床異夢－日本統治下台湾の國語教育史再考』, 三元社, 2001, 66~98·142~191쪽; 駒込武, 『植民地帝國日本の文化統合』, 岩波書店, 1996, 128~189쪽 참조.

경시할 수 없다. 일본인과 대만인의 공학제도에 대한 관료 사이의 논쟁을 보면, 영국제국에서 경험된 종류의 '문제'가 일본제국에서도 재현될 수 있다고 우려한 사람은 도고 이외에도 존재했다. 예를 들어 1915년 본국 내무성 관료였던 츠기타 다이자부로次田大三郎는 동화교육이 곤란의 원인이 된 서구 식민지주의 선례가 있다는 비교언설을 통해서 구마모토의 공학계획에 반대했다. 츠기타는 대만인 교육은 '국어(일본어)'가 아니라 현지어vernacular를 교수용어로 사용해야 한다는 자신의 주장을 전개할 때, 폴 레인쉬와 크로머 경의 식민정책론을 참조했다.[33] 후술하겠지만, 이 두 사람의 외국인 논자는 도고 미노루도 많은 사상적 영향을 받았던 식민정책론의 국제적 권위자였다.

이 논쟁에서 츠기타와 대립했던 구마모토 시게키치가 자신의 입장을 정당화하는 가운데 영국령 인도의 교육정책을 언급했던 사실은 주목할 만하다. 그는 1914년 '인종, 문자, 관습상'의 차이가 그다지 없음에도 불구하고 '영국의 인도인 교육의 성패를 가지고 우리 제국의 신영토 교육을 처리하는 방식'은 부당하고 주장했다.[34] 똑같이 영국령 인도를 언급하면서도 비교언설은 츠기타, 혹은 모치지나 도고의 방식과 반대였다. 결국 '인종'에 의거할 수 없는 일본인의 대만 지배는 '백인'인 영국인의 인도인 식민지화와 별개이고 영국령 인도의 '영어교육' 성부는 의논과 **관계가 없다**는 점이 구마모토 견해였다. 일본과 영국의 식민지주의가 근본적 성질이 다른 이상, 인도의 '영어교육'과 대만의 '국어

---

33 隈本繁吉, 「大正5年6月1日至同6日 內務省卜交涉槪要」, 『隈本繁吉文書』(敎育關係04). 구마모토와 내무성 사이의 논쟁에 대해서는 駒込武, 위의 책, 146~149쪽; 陳培豊, 위의 책, 170쪽 참조.
34 駒込武, 위의 책, 146쪽에서 인용.

교육' 비교는 무의미하다는 주장이었다.

이러한 주장은 구마모토가 영국령 인도의 '영어교육'을 적극적으로 평가했다는 것을 의미하지 않는다. 그도 '영어교육'이 영국의 식민지 지배를 불안정하게 만들었다는 점에 동의했다. 식민지 관료였던 구마모토가 이와 같은 정책을 긍정적으로 보았다고 생각하기 어렵다. 고마고메 다케시와 천 페이펑陳培豐이 명확히 밝혔던 것처럼, 인도의 영국인 지배자와 마찬가지로 대만의 일본인 지배자였던 구마모토도 현지인의 교육적 요구가 통치 안정을 잠재적으로 위협한다고 인식했다. 이는 도고와 같은 '영어교육' 비판론자들과 구마모토가 크게 다르지 않았음을 말해준다. 다만 차이는 구마모토의 경우 대만 동화교육은 오히려 영국령 인도에서 나타났던 민족주의적 감정에 대한 '안전판' 역할을 수행할 수 있다고 판단했다는 점이다. 그는 대만인 사회 내부에 영향력을 지닌 향신층鄕紳層의 평등교육 요구에 대응하지 않는 상황에서 향신층이 자신들의 자제를 중국의 기독교학교, 혹은 본국(일본) 학교에 유학시키는 현상을 우려했다. 그리고 어느 경우든 총독부 감시가 미치는 대만 안의 교육에 비해 대만인 청년이 '위험'한 사상에 물들 가능성이 높다고 생각했다. 이러한 지배자 측의 불안은 1911년 신해혁명辛亥革命을 계기로 대만인 엘리트층의 충성심이 일본을 떠나 대륙을 향한다는 우려와 연결되었다. 구마모토는 대만인 엘리트층을 만족시키는 일이 통치를 안정화하는 데 중요하고 일본인과 동등의 교육기회를 요구하는 그들의 목소리에 하다못해 어느 정도 대답할 필요가 있다고 판단했다.[35]

---

35 陳培豐, 『『同化』の同床異夢－日本統治下台湾の國語教育史再考』, 三元社, 2001, 135~14
4・169~172쪽; Takeshi Komagome, "Japanese Colonial Rule and Modernity; Successive

대만의 동화주의 식민지 교육정책을 정당화하면서도 구마모토 시게키치는 당시 동화주의처럼 보였던 영국령 인도의 교육정책을 추수하자고 주장하지 않았다. 오히려 두 개의 교육정책은 똑같은 동화주의이지만 매우 다르기 때문에 비교할 수 없다는 **비교불가능성** 논리를 전면에 내세웠다. 이것은 일종의 '비교 정치'를 드러냈다고 파악할 수 있는 동시에 반대로 그의 정책과 정반대 입장에 서 있었던 도고 미노루의 식민지 교육정책론이 **비교가능성** 논리에 기반을 두어 성립되었다는 점을 두드러지게 한다.

3) 비교가능성의 언설

도고 미노루의 '비교 정치'는 비교가능성의 언설에 의거했다. 영국이 인도에서 저지른 실패가 일본 통치 아래의 대만에서도 반복될지도 모른다는 경고를 일본제국이 받아들이게 하기 위해서는 일본 식민지주의가 역사상 찾아볼 수 없는 고유한 종류이고 영국을 포함한 기존 서구제국과 비교할 수 없다는 뿌리 깊게 만연한 '편견'을 논박할 필요가 있었다. 동화주의자의 이념에 따르면, '위험한 교란'을 야기할 현지인을 창출할 수 있다는 동화교육 위험은 일본제국 안에 존재하지 않았다. 매콜리주의 교육은 유럽 식민지주의라는 지배 문맥에서 실천된 반면, 일본 통치 아래의 동화교육은 같은 아시아인이라는 동질성을 전제

Layers of Violence", *Traces*, vol. 2, 2001, pp. 207~258, 특히 pp. 238~240을 참조.

로 지배자와 피지배자의 단결과 협동을 실현하기 위해 이상화된 것이었다. 지배자인 일본인은 대만인, 조선인과 '인종'적 차이가 존재하지 않을 뿐만 아니라 같은 한자문화권을 형성하여 문화적으로 다수의 공통성을 가진다는 점이 강조되었다. 1910년대 후반 이후 서서히 영향력을 증대시킨 동화교육정책은 비백인非白人 아시아인의 연대를 서구 백인국가의 제국주의에 대한 도전과 결부시킨 범아시아주의적 일본 제국주의 이데올로기와 친화성을 강조하는 방향으로 나아갔다. 일본 중심적 범아시아주의에서 지배자 상은 서구 제국주의와 같이 피지배자를 '아이'로 취급하는 부권주의적父權主義的 지배자가 아니라, 공통의 억압자인 백인에게 고통을 받는 아시아 '형제'들에게 구제의 손을 내미는 '자비심이 깊은 형'이었다.[36]

도고는 일본은 식민지 지배국가이지만 백인국가가 아니라는 사실에 기인하여 도입된 소박한 일본 식민지주의 특수론을 비판했다. 1910년대 후반에 집필되어 대만총독부를 사직한 다음해에 간행한 『식민정책과 민족심리』(1925) 서론에서 도고는 '본 연구의 목적은 민족심리학적으로 이민족 통치책을 연구하고 과학적 입론에 기반을 두어 합리적 식민지정책을 도출하며, 이를 통해 우리 국가의 식민지 경영상에 이바지하는 것이다'고 기술했다.[37] 직감에 의거한 손쉬운 비판을 배제하고 서구와 일본의 표면적 차이에 현혹되지 않으며, 세계의 다양한 식민지 경험

---

36 범아시아주의의 역사적 중요성에 대해서는 이하를 참조. 松浦正孝, 『'大東亞戰爭'はなぜ起きたのか—汎アジア主義の政治経濟史』, 名古屋大學出版會, 2010; Cemil Aydin, *The Politics of Anti-Westernism in Asia : Visions of World Order in Pan-Islamic and Pan-Asian Thought*, New York : Columbia University Press, 2007.

37 東鄕實, 「凡例」, 『植民政策と民族心理』, 岩波書店, 1925, 1쪽.

의 비교분석을 통해서 후자의 식민정책을 재검토하는 작업이 필요했다. 도고에 따르면, 일본제국의 식민지 교육정책은 아시아주의라는 이상론과 감정론에서 탈피하여 과학적이고 객관성에 기초하여 책정되어야 하고 객관성을 보증하기 위해서는 비교방법이 불가결했다. 일본이 선택해야 할 방향성은 한편으로 외국의 다양한 선행 사례를 주의 깊게 비교하여 모범을 선별하고 다른 한편으로 다른 제국이 저지른 과오를 반복하지 않도록 '위험'한 정책을 분류하고 그 본질을 파헤치는 것이었다.

'영어교육'을 논의하면서 도고는 단순히 '영어교육'을 실정으로 치부하지 않았다. 궁극의 목적은 인도에서 야기된 결과가 대만과 조선에서 반복될 수 있다는 점을 일본인에게 경고하는 것이었다. 물론 그의 주장은 일본과 영국이 본질적인 측면에서 다르지 않음을 넌지시 시사했다. 그렇지만 일본과 영국의 식민지주의가 상호 비교대상이 될 정도로 유사성을 가졌는지 구체적으로 어떻게 증명하는가. 대체 어떠한 조건에서 비교가 가능한가.

일본과 서구의 식민지주의 비교를 정당화하는 하나의 방법은 서유럽 백인국가의 식민지주의라고 하더라도 엄밀히 검증한다면, 반드시 인종 차이에 의거하지 않고 비백인국가인 일본과 근본적으로 다르지 않다고 지적하는 것이었다. 즉 일본인이 인종적으로 같은 아시아인을 지배하듯이, 백인도 같은 백인을 지배하는 실제가 존재하고 그것도 식민지주의와 차이가 없다고 주장하는 것이다. 도고는 근대 유럽에서 백인민족이 다른 백인민족을 지배하는 '내국식민지주의internal colonialism' 사례들을 여러 차례 언급·강조했다. 이러한 '내국식민지주의' 사례는 같은 인종집단 내부에서 '식민지적' 관계성의 발현이 세계사적으로 결코 드물지 않음을 의미했다. 그리고 도고에게 '내국식민지주의'는 일본제국과 식민지의 통합형태는 인종 차이에 의거하지 않기 때문에 비교를 초월한 독자성을 지녔다고 주장하는 동화주의자 언설을 모순에 빠지게 하는 사례였다.

더욱이 도고는 인도의 '어설프게 교육된 현지인'에서 전형적으로 나타나는 문제는 인종이 다른 지배로 한정되지 않고 내국식민지주의 문맥에서도 마찬가지로 경험된다고 지적했다. 재외 연구를 수행했던 베를린에서 그는 폴란드계 주민에 대한 독일의 정책을 연구하고 1911년 보고서에서 독일 교육정책의 경험은 대만에 대한 일본 식민정책에도 참조된다고 주장했다.[38] 같은 해 간행된 「독일 내국식민정책에 대한 폴란드 토인의 반항」이라는 논문에서 도고는 오토 폰 비스마르크가 이끄는 독일은 같은 백인임에도 불구하고 폴란드인과 독일인 사이에 존재하는 민족적, 종교적 차이를 무시한 동화교육을 강행했다, 동화교육은 뜻밖에도 폴란드계 주민의 저항적 단결을 재촉하고 신생 독일국가의 통합은 실패했다, 독일 사례는 일본 제국처럼 지배자와 피지배자의 인종 차이가 없는 경우라도 동화교육이 제대로 이루어질 수 없다는 점을 보여주는 교훈이라고 해석했다.[39]

도고는 그 후 『식민정책과 민족심리』에서도 비교·참조대상으로서 다른 제국의 내국식민지주의 중요성을 지적하고 영국의 아일랜드 지

---

38 그는 연구 결과를 『獨逸內國植民論』, 拓殖局, 1911에 발표했다. 독일의 폴란드계 주민에 대한 내국식민지주의에 대해서는 Sebastian Conrad, *Globalisation and the Nation in Imperial Germany*, Cambridge : Cambridge University Press, 2010, pp.144~202를 참조.

39 東鄕實, 「獨逸の內國植民政策に對する波蘭土人の反抗(承前)」, 『台湾時報』27, 1911, 13~16쪽; 東鄕實, 『獨逸內國植民論』, 拓殖局, 1911, 383~492쪽. 츠기타 다이자부로도 동일한 주장을 전개했다.

배까지 언급했다. 그는 영국이 아일랜드에서 격심한 독립운동에 직면한 이유는 인종적으로 동일하지만 민족적, 종교적으로 다른 아일랜드인에게 영어를 강요하는 등 강제적으로 '영국인화'를 추진했기 때문이라고 주장했다.[40] 동화교육이 불충의 온상이 될 수 있는 원인은 단순히 인종문제로 환원될 수 없다는 것이 도고의 논점이었다. 그에 따르면, '영어교육'의 결과 인도에서 출현한 형태의 사회집단은 인종적 구분에 기반을 두지 않는 식민지적 상황에서도 출현할 가능성이 있었다. 그리고 이러한 가능성은 일본 동화주의자가 사용한 비교불가능성 언설을 무효화했다. 확실히 일본 지배는 유럽 중심주의적 인종개념에 의거하지 않았다. 그러나 영국을 필두로 한 서구제국의 식민지 지배와 다름을 강조하는 사고 경향이 도고에게는 문제였다. 그는 '우리 국가의 조선과 대만에 대한 민족관계가 독특한 지위에 있고 일본민족이 다른 민족을 동화시킬 수 있는 특수한 재능을 보유했다고 확신'하는 '독단적 관찰'의 확산을 우려했다.[41] 폴란드와 아일랜드 사례처럼 인종구분이 식민지적 비대칭성의 출현에 필요조건이라고 할 수 없는 한, 일본 식민지주의는 독특하다고 말할 수 없고 따라서 일본제국에게도 동화교육은 '어설프게 교육된 현지인'을 창출하고 '위험한 교란의 종자'를 산포할 위험이 있다는 주장이 도고의 비교언설이었다.

인종 구분이 아니라고 한다면, 과연 무엇이 식민지적 관계 성립의 절대적 필요조건인가. 도고에게 요구된 바는 대체된 차이화의 기준 제시였다. 지배자와 피지배자의 불평등을 절대시하는 도고 미노루는 서

---

40 東鄕實, 『植民政策と民族心理』, 岩波書店, 1925, 170~171 · 343~344쪽.
41 위의 책, 343쪽.

구의 인종개념을 부정하면서도 인종개념이 지닌 결정주의의 유용성을 발견했다. 도고는 일본 제국주의가 서구 제국주의와 동등할 정도로 성장할 수 있다고 주장하면서 후자를 비판하지도 후자에 대한 저항을 호소하지도 않았다. 다만 유럽의 식민지 지배를 정당화하는 인종주의는 백인지상주의이고 그것은 일본이 비백인국가이면서 우월한 식민지 보유국이라는 도고의 세계관과 모순된다는 점이 문제였다.⁴² 그래서 인종개념에 의거하지 않고 인류사회의 필연적 불평등성을 결정주의적으로 설명하기 위한 분류법 확립이 그에게 요구되었다. 『식민정책과 민족심리』에서 도고는 '인종'을 대체하여 '민족'이라는 단위를 지배자와 피지배자를 구분하는 가장 근원적 기준으로 채용하고 민족을 귀스타브 르 봉의 집단심성론과 결합시켰다. '심성'이라는 불가시적 특징을 통한 차이의 주장은 인종 차이라는 가시적 특징에 의지할 필요가 없는 장점이 존재했다. 이러한 이론적 조작을 통해서 도고는 다른 '민족' 사이의 '심성' 차이가 다른 인종 사이의 차이와 마찬가지로 항구적 관계의 불평등성을 발생시킨다고 주장했다. 책의 제목이 말해주듯이, 도고의 비교식민정책론은 인종개념이 아니라 '민족심리'에 의거했다.

도고의 식민정책론에서 민족심리학은 그의 '비교 정치'와 불가분의 관계였다. 도고의 희망적 독해와 달리, 그가 이론적 지주로 사용한 르 봉의 *Lois psychologiques de l'évolution des peuples*『민족 진화의 심리학적 법칙』(1894)

---

42 도고는 처녀작인 『日本植民論』에서 백인만이 지배의 적성을 구비했다고 주장하는 서구 식민정책론에 대해서 불만을 표출하고 '황화론黃禍論'을 비판하면서 일본인에게도 지배자성이 존재한다고 주장했다(359~360 · 362쪽). 또한 『台湾農業殖民論』(9쪽)에서는 일본이 대만을 '성공'적으로 경영하는 모습을 본다면, 서유럽 백인만이 지배자로서 적합하다는 암묵적 이해가 얼마나 잘못되었는지를 파악할 수 있다고 주장했다.

는 전체적으로 제국주의 시대의 전형적인 백인지상주의가 관철되고 '민족'이라는 용어도 '인종'과 거의 교환가능할 정도로 사용되었다. 그러나 르 봉 이론을 자신의 목적에 맞게 사용하기 위해서 도고는 아마 고의로 책을 오독하고 마치 책이 '민족'을 '인종'과 다른 개념으로 사용한 것처럼 소개·원용했다.[43] 이 방법은 도고의 '비교 정치'에 불가결했다. 그는 이러한 방법을 통해서 처음으로 인종개념을 부정하면서 결정주의적으로 일본제국의 식민지적 관계에 대해서 논의할 수 있는 자유를 획득했다. '민족심리' 개념은 외견상 구별할 수 없는 사람들 사이에 존재하는 식민지적 관계를 자연화하는 이데올로기 역할을 수행했다. 도고에 따르면, '영국인', '아일랜드인', '일본인', 혹은 '대만인'이라는 특정한 민족집단의 동일성은 그 성원이 공유하는 '심적 조직mental constitution'의 존재에 따라서 결정되었다. '심적 조직'은 '과거 수년간 유전으로 만들어진 확고·불변'한 것이고[44] 각 '민족'의 언어·종교·문화의 기층으로 존재했다.[45] '심적 조직'의 생성에 필요한 시간은 수년, 수십 년이 아니라 수세기를 단위로 하고 일단 완성된 '심적 조직'은 다

43 東鄕實, 『植民政策と民族心理』, 岩波書店, 1925, 51~58쪽.

44 Gustave Le Bon, *The Psychology of Peoples*, New York : G. E. Stehert & Co., 1912, pp.81~82 (위의 책, 105·199쪽에서 인용).

45 필자는 다음과 같은 르 봉 저작의 영어 번역판을 활용하여 르 봉을 분석했다. Gustave Le Bon, *The Crowd : A Study of the Popular Mind*, New York : Macmillan, 1896(Gustave Le Bon, *Psychologie des foules*, Paris : Felix Alcan, 1895의 번역); Gustave Le Bon, *The Psychology of Peoples*, New York : G.E. Stehert & Co., 1912(Gustave Le Bon, *Les Lois psychologiques de l'évolution des peuples*, Paris : Alcan, 1894의 번역); Gustave Le Bon, *The World in Revolt : A Study of the Popular Mind*, New York : Macmillan, 1921(Gustave Le Bon, *Psychologie des temps nouveaux*, Paris : Ernest Flammarion, 1920의 번역). 르 봉 사상의 전반적 개요에 대해서는 Jaap Van Ginnen, *Crowds, Psychology and Politics, 1871~1899*, Cambridge : Cambridge University Press, 1992; Josep R. Llobera, *The Making of Totalitarian Thought*, Oxford : Berg, 2003을 참조.

른 민족 사이의 '우열'을 불가역적으로 고정시켰다.

민족들의 차이가 항구적이라고 가정하면, 필연적으로 민족들의 차이는 교육정책에서 중대한 의미를 지니게 되었다. 민족의 심리적 특징의 '진화/퇴화'가 수백 년 단위로 나타난다고 가정하면, 교육제도를 통해 어느 민족을 다른 민족으로 단기간에 동화하는 일은 불가능했다. 도고가 르 봉에서 인용했듯이, '교육은 사람을 한층 도덕적이고 행복하게 할 수 없고 사람의 본능과 유전적 습관을 교정할 수 없을 뿐만 아니라 교육을 적절히 적용하지 않을 경우에 교육은 때때로 유해무익有害無益한 것'이 될 수밖에 없었다.[46] 그의 '민족심리'론에 따르면, 대만인은 일본인과 인종적으로 같지만 민족적으로 다르고 민족 고유의 심적 조직에 부합하지 않는 교육, 즉 결국 '일본인화'를 목적으로 하는 동화교육은 '유해무익'했다.

차이에 관한 외래 이론(르 봉의 집단심성론)을 국산의 범주화 방법('인종'이 아니라 '민족'을 기초단위로 한 분류)과 융합시킨 도고의 궁극적 목적은 일본인 독자에 대한 대만인의 '일본인화'가 수반하는 중대한 위험의 충고였다. 보편이 된 '민족심리' 법칙에 따르면, 일본과 서구의 차이에 상관없이 어느 식민지 지배국가도 영국령 인도에서 경험된 종류의 교육문제에서 자유롭지 못했다. 동화주의자는 누차 '동종동문同種同文'이라는 아시아주의 모토에 의거하여 일본은 피지배자의 민족주의적 저항문제와 전혀 관계가 없다는 주장을 정당화했다. 이러한 주장에 대해 도고는 '민족심리학'적 관점을 대치시켰다. '민족심리학'적 관점에 따

---

46 Le Bon, *The Psychology of Peoples*, New York : G. E. Stehert & Co., 1912, p.84(東鄕實, 『植民政策と民族心理』, 岩波書店, 1925, 215~216쪽에서 의역).

르면, 일본인과 동아시아 다른 민족들은 확실히 문어文語 가운데 한자를 공유하지만, 일상회화에서는 자국어vernacular를 사용하고 그것이 '심적 조직'을 형성하고 있다. 또한 그들이 상호 수용될 수 없는 내면세계를 가진 점은 각 문화의 공유를 불가능하게 할 뿐만 아니라 그들 사이에 우열관계를 발생시켰다. 도고는 가장 발전한 일본인 문화를 정점으로 하여 아시아 문화들이 서열화되었다고 주장했다.[47] 따라서 그는 일본과 서구의 식민지주의를 구별하고 대만과 조선에서 동화주의가 지닌 위험성을 인정하지 않는 언설은 잘못이라고 지적했다.

우리 국가의 조선과 대만에 대한 관계는 영국과 인도에 비해, 또는 프랑스의 인도차이나에 대한 관계와 내용이 다르다. 이른바 '동종동문'의 국가이기 때문에 동화가 쉽다는 주장이 존재한다. 그러나 우리는 결코 그와 같은 주장을 믿을 수 없다. 동종이라고 하지만 조선과 대만민족은 일본민족과 본성이 다르고, 동문이라고 하지만 언어가 다르고 사상 또한 동일하지 않다. 때문에 동문은 단순히 얼마만큼의 편리가 존재함을 의미할 뿐 결코 민족의 일치를 의미하지 않는다.[48]

이처럼 '민족심리' 법칙과 결부된 이유의 도출은 도고의 식민지 교육 정책론에도 현저히 반영되었다. 르 봉을 따라서 도고는 교육을 근대화·민주화 수단으로 위험시하고 '현대 민주정치의 만병통치약[49]으로

---

47 東鄕實, 『植民政策と民族心理』, 岩波書店, 1925, 139~143・196~197쪽.
48 위의 책, 115쪽.
49 Le Bon, *The Psychology of Peoples*, New York : G. E. Stehert & Co., 1912, p.xv(위의 책, 201쪽에서 인용).

교육이 확장되어 각 '심적 조직'에 상응하지 않는 지식과 교양을 습득한 '부자연스러운' 집단들이 등장하게 되었다고 경종을 울렸다. 이미 영국 제국 안에서 거대한 반체제 세력이라고 인식된 '어설프게 교육된 인도 인'이나 도고가 일본제국 안에서 출현을 우려한 '어설프게 교육된 대만 인'이 이러한 집단에 해당했다. 실제로 그가 『식민정책과 민족심리』를 집필한 1919년에는 식민지 조선에서 3·1독립운동이 발발했다. 도고는 일본제국의 식민지 교육정책 결함이 원인이라고 판단했다. 최근 식민 지 조선의 교육은 '조선인의 민족적 자각을 촉진하고 인류 공통의 분화 적 본능을 발전시키며, 마침내 일종의 독립운동으로 볼 만한 소요를 야 기하기'에 이르렀다는 것이다. 도고는 19세기 영국령 인도의 '어설프게 교육된 현지인'의 민족주의화와 유사한 현상이 이미 일본 식민지에서도 반복되고 있음을 위기로 인식했고 대만도 예단할 수 없는 상황이라고 판단했다. 그는 최근 대만에서 "'모국연장주의母國延長主義'가 고조되고 있는데, 대만민족의 성격에 관한 사적 관찰을 따른다면 교육의 진보와 함께 조선에서 나타난 동일한 현상이 발현할 수 있다"고 지적했다.[50]

대만총독부를 떠난 뒤 도고의 '민족심리학'에 의거한 동화교육 비판 은 더욱 거세졌다. 사직 3년 후인 1927년 발표한 「식민지 교육제도론」 이라는 논문에서 그는 대만교육령을 비판했다. 도고는 총독부가 실시 해야만 하는 일은 동화주의 교육제도의 제정이 아니고 오히려 대만인 학생(특히 중학생)이 '심적 조직'을 충분히 습득할 수 있도록 일본인과 다 른 교육기회를 제공하는 것이라고 주장했다.[51] 그는 '위험한 잡종'이

---

50 위의 책, 342쪽.
51 東鄕實, 「植民地教育制度論」, 『台灣時報』 89, 1927, 1~19, 특히 15쪽.

된 인도의 고학력 현지인과 같이 일본인과 대만인의 공학이라는 동화
주의 제도에서 교육된 대만인 청년은 자신이 속한 민족 집단 내에서
대대로 계승된 문화로부터 점차 분리된다고 판단했다.

4. '비교 정치'의 제국횡단적 계보

1) 월경하는 텍스트

일본 지배 아래의 대만에 있었던 도고 미노루의 19세기 영국령 인도
의 '영어교육'에 대한 반복적 언급은 어떻게 이 특정한 정책이 해당 식
민지 문맥을 초월하여 논의대상이 되었는지를 보여준다. 그러나 인도
외부에서 이 정책을 주목한 사람은 도고, 혹은 모치지 로쿠사부로와
같은 일본인 식민정책론자만이 아니었다. 그들에 앞서 외국의 많은 논
자들은 이미 왕성히 이 정책을 논의했고 도고는 그들 저작에서 이 정
책에 관한 지식과 견해를 왕성히 흡수했다. 실제로 그는 당시 국제적
권위자였던 다른 제국 논자의 저작을 인용하면서 '영어교육문제', 그것
과 일본 식민지주의 관계에 대해서 논의했다.

도고의 영국령 인도의 교육정책관에 최초로 영향을 주었던 이론은
폴 레인쉬Paul Reinsch, 1869~1923의 식민정책론이었다. 레인쉬는 당시
이미 저명한 미국의 정치학자였고 그의 연구는 일본에서도 강한 영향
력을 지녔다.[52] 도고는 레인쉬 저작을 통해서 '영어교육'에서 전형적으
로 나타난 식민지 교육의 '위험성'을 처음으로 접하지 않았나 판단된다.

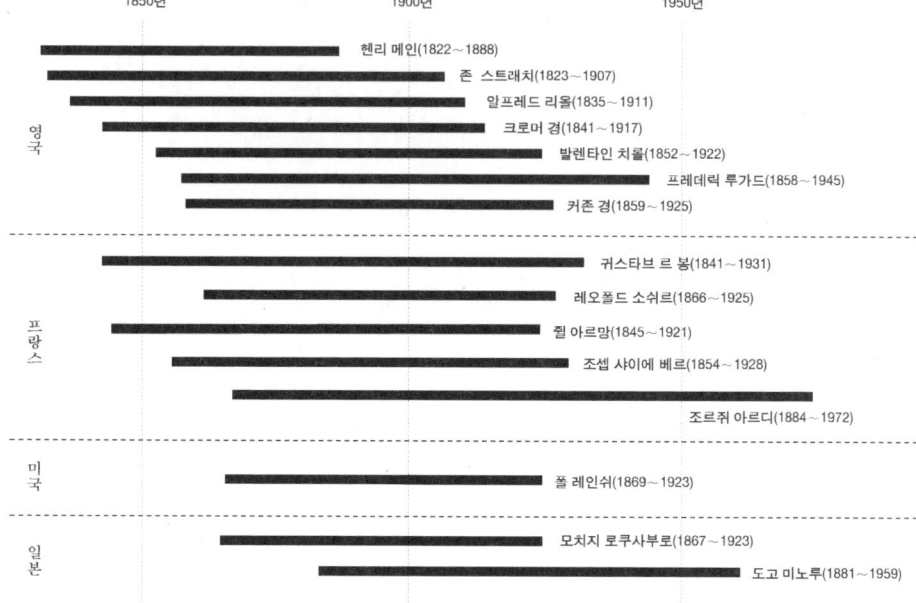

영국
- 헨리 메인(1822~1888)
- 존 스트래치(1823~1907)
- 알프레드 리올(1835~1911)
- 크로머 경(1841~1917)
- 발렌타인 치롤(1852~1922)
- 프레데릭 루가드(1858~1945)
- 커존 경(1859~1925)

프랑스
- 귀스타브 르 봉(1841~1931)
- 레오폴드 소쉬르(1866~1925)
- 쥘 아르망(1845~1921)
- 조셉 샤이에 베르(1854~1928)
- 조르쥐 아르디(1884~1972)

미국
- 폴 레인쉬(1869~1923)

일본
- 모치지 로쿠사부로(1867~1923)
- 도고 미노루(1881~1959)

〈그림 2〉 각 제국의 '반동화주의'자들

도고가 대만에 부임하기 전인 1905년에 간행된 *Colonial Administration*은 식민정책론을 선도하는 책이었고 도고의 '토인정책'론 형성에 영향을 주었다. 1911년 도고는 「비동화론」에서 '레인쉬가 말한 바와 같이 식민지 통치는 개인이 아니라 사회를 목적으로 해야 한다'고 기술하고 *Colonial Administration*에서 제시된 레인쉬의 동화주의 비판을 적극적으로 도입했다.[53] 동일 논문에서 도고가 인도 '영어교육'에 관한 레인쉬 주

---

52 레인쉬의 식민사상과 배경에 대해서는 Brian C Schmidt, *The Political Discourse of Anarchy : A Disciplinary History of International Relations*, Albany : State University of New York Press, 1998), pp.123~149를 참조. 레인쉬는 도고만이 아니라 고토 신페이後藤新平, 니토베 이나조新渡戶稻造 등에게 영향을 미쳤다. 이러한 점이 일본인의 식민지정책론을 분석할 때 매우 중요하다는 주장에 대해서는 酒井哲哉, 『近代日本の國際秩序論』, 岩波書店, 2007, 194~232쪽을 참조.

장을 인용한 부분은 이것만이 아니었다. 레인쉬가 *Colonial Administration*의 다른 부분에서 '유럽적 방법으로 힌두교도를 교육하는 영국정책은 사회를 수정할 수 없다는 진리를 간과했기 때문에 실패했고 한심스러운 결과를 만들었다'고 기술한 부분을 고려한다면,[54] 도고는 레인쉬의 식민정책론을 통해서 '영어교육'의 위험성을 학습했다고 판단된다.

그 후 도고는 다른 저작에서도 레인쉬를 계속해서 원용했다. 『식민정책과 민족심리』에서는 레인쉬의 묘사를 그대로 소개하면서 매콜리주의 교육을 정의했다. '서구적 지식의 주입을 통해서 토인의 유전적 사상을 탈각시킬 수 있다는 확신에 기초한' 방식이 매콜리주의 교육이라고 말이다.[55] 더욱이 매콜리주의를 대체할 새로운 교육원리에 대해서도 '적당한 교육제도를 공급하기 위해서는 그 전에 식민지와 인종적 요소의 특질에 대한 연구가 필요하다'는 레인쉬의 주장이 참조되었다.[56]

동일한 의미에서 도고는 영국제국의 크로머 경Lord Cromer, 1841~1917의 식민정책론을 중요하게 참고했다. 미국인인 레인쉬와 마찬가지로 영국인인 크로머 경의 식민정책론은 인도의 영국인 경험을 중요한 비교·참조의 선례로 파악하는 비교에 대한 의지를 강하게 반영했다. 1883년부터 1906년까지 영국 점령 아래의 이집트에서 총영사로 근무한 그는 사실상 식민지 지배의 최고책임자였다. 크로머 경은 세계 식민정책론자들 사이에서 명성을 얻은 *Modern Egypt*(1908)와 *Ancient and*

---

53 Paul S. Reinsch, *Colonial Administration*, London : Macmillan, 1905, p.31; 東鄕實, 「非同化論」, 『台湾時報』 23, 1911, 20쪽.
54 *Ibid.*, p.32(필자 번역).
55 *Ibid.*, p.46(東鄕實, 『植民政策と民族心理』, 岩波書店, 1925, 211쪽에서 인용).
56 *Ibid.*, p.41(위의 책, 219~219쪽에서 의역).

Modern Imperialism(1910)을 간행했다. 대만에 이어서 조선을 영유하기 시작한 20세기 초 일본제국의 정치가, 관료, 학자들은 크로머 경을 경험이 풍부한 통치 이론가·실천가로 상찬했다.[57] 후술하겠지만, 도고는 크로머 경의 저작을 식민정책론의 최전선으로 파악하면서 연구를 진행했고 영국령 인도의 교육정책에 대한 지론을 형성하는 데 레인쉬와 함께 많은 영향을 받았다. 『식민정책과 민족심리』에서 그는 *Ancient and Modern Imperialism*의 교육정책 부분을 번역하여 다음과 같이 인용했다.

정복자는 피정복지 토인을 동화시키기 위해서 국어(종주국의 언어)의 보급에 노력했지만, 우리들이 경험한 바에 의하면 국어를 보급해도 동화라는 목적은 달성되지 않았다. 더욱이 교육의 결과 토인은 지식이 발달하고 민족의 독립과 자치를 자각하며, 정복자에 대한 반항적 운동을 개시했다. 인도는 명확한 본보기였다.[58]

영국령 인도의 선례가 잘못된 식민지 교육정책을 상징한다는 크로머 경의 견해는 '식민지에서 국어 보급이 어디로 귀착할지 설명'하는 이론으로서 도고에게 유용했다.[59]

같은 문맥에서 도고에게 중요했던 또 한 사람은 앞서 어느 정도 언급한 귀스타브 르 봉이었다. 도고는 르 봉에게서 '심적 조직'론뿐만 아

---

57 宮島博史, 「比較史的視点からみた朝鮮土地調査事業－エジプトとの比較」, 中村哲·梶村秀樹·安秉直·李大根 編, 『朝鮮近代の経済構造』, 日本評論社, 1990, 98쪽; 木畑, 『イギリス帝國と帝國主義』, 有志舍, 2008, 112쪽을 참조.

58 The Earl of Cromer, *Ancient and Modern Imperialism*, London : John Murray, 1910, pp.107~108(東郷實, 『植民政策と民族心理』, 岩波書店, 1925, 174쪽에서 의역).

59 *Ibid.*, pp.107~108(위의 책, 174쪽에서 의역).

니라 '영어교육'관도 영향을 받았다. 고고학적 조사를 위해 인도를 방문한 경험이 있는 르 봉은 인도 경험에 기초하여 「근대 인도 — 어떻게 식민지가 건설되고 유지되며, 실패되었가에 대해서」라는 제목의 논문을 1886년에 발표했다. 같은 해 영국에서 이 논문의 영어판이 간행되었고 그것은 다음해 간행된 르 봉의 *Les civilisations de l'Inde*(1887)[60]의 최종 장으로 수록되었다. 필자가 파악하고 있는 수준에서 르 봉의 논문만큼 매콜리주의 교육을 제국 공통의 보편적 문제로 명확히 취급한 텍스트는 없다. 이 논문에서 르 봉은 영국의 식민지 행정상 필요에 의해서 인도 현지인 가운데 '특수'한 고학력층이 탄생하고 그 수가 계속해서 증가했다, 이러한 사람들은 '예외적으로 특수한 지적 · 도덕적 양상 physiognomy'을 지니고 '완전히 특정 가능한 종류의 형태'를 형성했다, 제국에서 제공된 '영어교육' 덕분에 근대 유럽의 개념들에 심취된 그들의 문제는 '자신이 속한 인종의 유전적 개념들hereditary ideas'의 소중함을 망각해버렸다는 점이다, 인도인이 '유일하게 도달 가능한 것'은 이러한 유전적 개념에도 불구하고 인도인은 유전적 개념을 '한결같이 경멸적인 것'으로 폄하했다고 지적했다.[61]

르 봉의 이 논문은 그의 수많은 연구 가운데 거의 알려지지 않았다. 도고가 열거하는 참고문헌 목록에도 르 봉의 이 논문은 존재하지 않는다. 따라서 도고는 이 논문을 참조하지 않았다고 판단된다. 르 봉이 자신의 학문적 경력의 초기에 영국령 인도에 대해 특별한 관심을 가졌다는 사실을 도고는 아마 잘 알지 못했을 것이다. 특히 주저인 『식민정책

---

60 Gustave Le Bon, *Les Civilisations de l'Inde*, Paris : Didot, 1887.
61 Le Bon, "Modern India", p.358(필자 번역).

과 민족심리』을 집필할 때 도고는 르 봉의 저작물에 크게 의존했지만, 그가 참조한 르 봉 책은 *Les civilisations de l'Inde*가 아니라 나중에 간행된 책이고 그것들은 영국령 인도의 교육과 함께 식민정책조차 직접적 주제로 다루지 않았다. 그러나 르 봉의 저작 가운데 '어설프게 교육된 현지인'을 언급하는 부분이 존재하고 도고가 그 부분을 간과하지 않고 인용했다는 점은 중요하다.

대표적 저작인 1895년의 *Psychologie des foules*『군집심리』의 각주 중에서 르 봉은 당시 파리의 고학력 실업문제를 언급하면서 '활약한 기회가 없는 지식 획득은 사람들을 반란으로 내모는 확실한 방법 중의 하나'라고 경고했다.[62] 근대 유럽사회에서 학교 교원들의 진보주의를 위험시하는 인식은 반동적 보수주의자인 르 봉의 계급의식의 반영인 동시에 1880년대 영국령 인도의 체류 경험에서 형성된 그의 식민지 인종주의적 관점과 밀접히 관련되어 있다. 그는 파리의 실업 교사들에게서 반체제적 경향이 나타난다고 지적하면서 인도의 '고학력자 특수계급a special class of educated persons'의 반체제화와 유사하다고 주장했다. *Psychologie des foules*을 읽으면서 도고 미노루는 르 봉의 식민지에 대한 소략한 언급을 놓치지 않았다. 르 봉이 단언하고 도고가 인용한 바에 따르면, '그들(인도인)에게 주었던 (영어를 통한) 교육의 제일 결과는 도덕 수준의 하락이었다.'[63]

식민정책론자인 도고에게 이와 같은 텍스트가 인용되었다는 점은

---

62 Le Bon, *The Crowd : A Study of the Popular Mind*, New York : Macmillan, 1896, p.88(필자 번역).

63 *Ibid.*, p.88~89(東鄕實, 『植民政策と民族心理』, 岩波書店, 1925, 211쪽(도고는 프랑스어판 Le Bon, *Psychologie des foules*를 사용).

중요하다. 이는 식민지주의에 관한 르 봉의 초기 연구가 말년에 그를 유명하게 만든 '사회심리학'의 생성에 어떻게 밀접히 관련되었는가를 간접적으로 시사한다.[64] 식민지주의적 발상과 '사회심리학'의 기원적 관련성에 입각하면, 반체제자의 군중심리에 관한 르 봉 사상이 도고와 같은 후발 식민정책학자에게 매혹적으로 반영되었다고 해도 하등 이상하지 않다. 아마 도고는 프랑스 제국주의자인 르 봉의 사상과 활동을 직접적으로 파악하지 못했을 것이다. 그러나 **그렇기 때문에** 전자가 후자의 사상에서 식민정책과의 연계를 간파한 사실은 반대로 그것의 식민지적 기원을 확실히 드러내 준다고 판단할 수 있지 않을까.

2) 연쇄하는 '비교 정치'

도고 미노루는 인도에서 영국의 식민지 교육정책이라는 주제에 대해서 처음부터 실증적으로 역사적 분석을 시도하지 않고 이미 표준화된 설명을 선택적으로 흡수하는 방법을 통해서 이미지를 형성했다. 상술했듯이, '영어교육'이 통치를 불안정하게 만드는 중요 요인이라는 관점은 폴 레인쉬, 크로머 경, 귀스타브 르 봉과 같은 식민정책론의 국제적 권위자를 통해서 정식화되고 또한 경고의 차원에서 표현되었다. 도고의 영국령 인도의 교육정책관이 복수의 기원을 가진다는 사실은 인

---

64 르 봉은 *Psychologie des temps nouveaux*(1920)(*The World in Revolt*(1921))에서 프랑스와 인도의 '실업자'에 대해서 논의했다(Gustave Le Bon, *The World in Revolt : A Study of the Popular Mind*, New York : Macmillan, 1921, p. 18).

도에서 영국의 식민지 교육경험을 실정의 전형으로 보는 언설이 1910년대 중반까지 이미 제국의 국경을 초월하는 형태로 확산·순환되었음을 시사한다. 그렇다면 도대체 왜, 도고가 관심을 기울이기 이전에 이 언설은 동시대적으로 광범위하게 확산되었는가. 도고의 주된 관심이 일본 지배 아래의 대만이었듯이, 도고에게 영향을 준 각 논자도 자신과 가장 관계가 깊은 특정한 식민지적 상황을 고려하면서 텍스트를 작성했다. 그럼 왜, 그들은 영국령 인도라는 별개의 식민지적 상황에 같은 관심을 가졌는가. 이하에서는 각 논자의 영국령 인도의 교육정책에 관한 인식이 도고와 마찬가지로 '비교 정치'에 의거하고 '비교 정치'가 하나의 모델로서 국제적으로 확산되었음을 분석하겠다.

『식민정책과 민족심리』에서 도고 미노루는 '필리핀의 타갈로그족 한명을 직접적으로 미국화시키는 작업은 실로 무경험에서 나온 일종의 우매한 학술'이라는 폴 레인쉬의 *Colonial Administration*의 한 부분을 인용했다.[65] 영국령 인도의 교육정책에 관한 레인쉬의 학술적 언명을 도입하는 한편으로 도고는 아마 그것이 미국령 필리핀의 교육정책(필리핀은 1898년 이후 미국의 식민지)에 대한 레인쉬의 정치적 입장과 결부되었다고 판단했다. 실제로 레인쉬는 동화주의 교육정책을 추진한 미국 식민지주의를 공공연히 비판했다. *Colonial Administration*이 간행되기 1년 전 설립된 미국정치학회American Political Science Association의 강연에서 그는 학술적 교육이 현지인의 '큰 불만'을 야기한 '동양과 열대 식민지의 일반적 경험'에 대한 주의를 촉구했다.[66] 레인쉬가 동화주의 교

---

65 Reinsch, *Colonial Administration*, London : Macmillan, 1905, p.26(東鄕實, 『植民政策と民族心理』, 岩波書店, 1925, 107쪽에서 인용).

육이 일반적으로 통치에 문제를 발생시킨다고 주장할 때, 영국령 인도의 경험을 언급했다는 점은 이듬해 간행된 *Colonial Administration*의 내용에서 확인된다. 영국인 경험을 인용한 레인쉬의 의도는 필리핀에서 영국인 경험을 충분히 교훈으로 삼지 않는 미국인 태도를 비판하기 위해서였다. 레인쉬는 당연히 현지인 사회의 전통과 관습을 신중히 연구한 후에 점진적인 식민지화를 추구해야 함에도 불구하고 미국은 종주국 여론과 현지 엘리트의 요구에 타협하여 필리핀 사회를 성급히 근대화시키고[67] 그 결과 미국인은 영어를 매개로 한 학술적 내용을 중시하는 동화주의 교육의 추구라는 덫에 빠졌다고 주장했다. 레인쉬가 한탄한 바는 '언어학습을 편애하고 우리(미국인) 자신의 국민생활과 완전히 다른 (식민지) 상황에 그것을 도입'하려는, 즉 교육정책에서 종주국과 식민지의 위험한 혼동이었다.[68] 이처럼 나중에 대만에서 도고 미노루의 '비교 정치'에 영향을 주는 레인쉬의 식민정책론은 이미 '비교 정치'의 소산이었다.

레인쉬와 마찬가지로 크로머 경의 영국령 인도의 교육정책에 대한 부정적 평가도 그를 비교로 향하게 만들었던 특정한 역사적 문맥에 위치시켜 파악할 필요가 있다. 이집트 통치의 최고책임자인 크로머 경의 교육정책은 엘리트층을 포함한 현지인 사회에 대한 공교육의 소극적 실시가 특징이었다. 교육성敎育省을 공공사업성公共事業省 소속의 국국局

---

66 Reinsch, "Colonial autonomy, with special reference to the government of the Philippine Islands", *Proceedings of the American Political Science Association held at Chicago, December 28 ~30, 1904*, Lancaster, PA : Wickersham Press, 1905, pp.116~143, 특히 p.124(인용부분의 번역은 필자).

67 Ibid., p.117.

68 Ibid., p.123.

으로 격하시키고(1883)[69] 수업료 자기부담 방침 등에서 드러나듯이,[70] 크로머 경이 교육정책 전반에 거의 태만할 정도로 소극적이었다는 점은 역사 연구자에 의해서 이미 지적되었다.[71] 여기서 특별히 주목되는 점은 고등교육에서 나타나는 크로머 경의 반매콜리주의 경향이다. 크로머 경은 반체제적 민족주의로 이어질 가능성이 있다는 이유로 정부의 대학교육 제공을 거부했다.[72] 또한 그의 재임 중, 이집트에서 영어를 통한 고등교육은 법률·의학·공학·농학·약학 등 전문교육기관에서 실시되었지만, 여기서 핵심은 인도와 같은 현지인 엘리트 관리양성을 위한 인문교양교육은 배제되고 전문적·실용적 교육만 실시되었다는 점이다.

크로머 경의 현지인 엘리트교육 경시는 '위험'한 고학력층 출현을 예방하기 위한 계산된 정책일 가능성이 높다. 도고 미노루는 이러한 교육정책을 높게 평가하면서 그것이 인도와 관계된 비교 정치에 영향을 주었음을 간파했다. 당시 크로머 경에 대해서는 자유당에 가까운 자유주의자이면서도 식민지 교육을 근대화시키고 있지 않다는 비판이 존재했고 크로머 경도 그러한 비판에 민감하게 반응했다. 비판에 대해 크로머 경은 *Modern Egypt*에서 '이집트의 영국인은 매콜리가 주창한 원

---

69 Donald M. Reid "Educational and Career Choices of Egyptian Students, 1882~1922", *International Journal of Middle East Studies*, vol.8, 1977, pp.349~378, 특히 pp.355~356.
70 정부의 원조는 미미했고 학생의 수업료 자기부담율은 1892년 73%였다. Sana Hasan, *Christians Versus Muslims in Modern Egypt*, New York : Oxford University Press, 2003, p.47.
71 당시 대두한 민족주의도 교육정책과 관계된 크로머 경의 통치방침에 특히 비판적이었다. Afaf Lutfi Al-Sayyid, *Egypt and Cromer*, London : John Murray, 1968, p.86; Roger Owen, *Lord Cromer*, Oxford : Oxford University Press, 2004, p.316.
72 Hussein N Kadhim, *The Poetics of Anti-colonialism in the Arabic Qaṣīdah*, Leiden : Brill, 2004, p.15.

칙에 기반을 두어 행동'했다고 주장하면서 '정치적 이유로 이집트인의 무지와 비굴을 조장했다는 주장'을 반대로 비판했다.[73] 물론 도고도 크로머 경의 대응을 인식하고 있었다. 그러나 실제로 도고는 비판자의 주장이 옳다고 판단했고 오히려 그렇기 때문에 크로머 경을 상찬했다. '이집트인의 무지와 비굴을 조장'했다는 주장은 표현을 바꾼다면, 자유주의 이상에 현혹되지 않은 비동화주의 원칙의 관철을 뜻하고 그것은 도고가 대만 통치책임자에게 요구하는 바였다. 도고는 자유주의자인 크로머 경의 변명에도 불구하고 그가 현실에서 수행한 교육정책의 관찰을 통해서 실제로 크로머 경이 반매콜리주의자였다는 사실을 이해했다고 생각된다. 도고는 『대만농업식민론』에서 '현명한 크로머 경'은 '인도 교육제도의 폐해'를 고려하면서 통치를 수행하고 '이집트 교육에서 아직까지 인도와 같은 많은 폐해가 나타나지 않은 것은 통치의 일대 성공이라고 칭찬할 수 있다'고 크로머 경의 '비교 정치'를 평가했다.[74]

실제로 이러한 도고의 인식은 정확했다. *Modern Egypt*에서 변명이라는 정반대의 형태로 드러난 매콜리주의에 관한 크로머 경의 본심은 존 스트래치(후술)에게 보낸 서간에 명확히 각인되어 있다.

동양에 살면 살수록, 나는 점점 더 다양한 측면, 특히 연구에 관한 측면에서 인도는 무엇을 피해야 하는가에 대한 교훈을 제공한다고 확신했다. 교육에 관해 말한다면, 우리들은 피상적으로 교육된 상류계급을 만들었던 것이다.[75]

---

73 The Earl of Cromer, *Modern Egypt*(New Edition), London : Macmillan, 1911, p.873(필자 번역).

74 東鄕實, 『台湾農業殖民論』, 富山房, 1914, 182쪽.

75 Cromer to Strachey, 3 April 1906, Cromer Papers(PRO, FO 633/8), p.447(필자 번역).

크로머 경이 이집트에 부임한 해는 1879년이었다. 그러나 그것보다 중요한 점은 그가 이집트에 부임하기 이전에 인도에 체류하면서 영국 통치에 깊이 관여했다는 사실이다.[76] 역사 연구자 로저 오웬도 지적하듯이, 이 인도 경험은 크로머 경의 이집트 통치정책에 큰 영향을 미쳤다.[77] 크로머 경은 본인이 나중에 '선동자가 될 요소를 구비하고 말이 많으며, 어설프게 교육된 현지인'[78]이라고 부르게 될 집단이 출현할 가능성을 인도에서 학습했다. 인도 체류 중에 그는 현지인의 관심을 '영어교육'에서 다른 데로 돌릴 필요성을 주장했다. 이집트에 부임하기 1년 전, 크로머 경은 런던 인도성印度省의 정무사무차관에게 편지를 보냈다. 그는 영어로 교육된 고학력 현지인의 축적된 불만의 '안전판'으로서 그들의 의식을 공공사업과 현지어 교육이라는 '무해'한 주제로 돌려야 한다고 진언했다.[79]

여기서 영국제국 안에서 '영어교육'과 관계된 '비교 정치'에 참여한 사람은 결코 크로머 경만이 아니라는 사실을 지적해 둘 필요가 있다. 카루나 만테나의 역사 연구가 밝히고 있듯이, 세포이 항쟁(1857) 이후 영국령 인도의 통치책임자들 사이에서는 '영어교육'에서 전형적으로 드러나는 '영국인화Anglicization' 방침에 대한 회의적 관점이 확산되었다. 인도에서

---

76 그는 1872년부터 4년 동안 인도 총독을 역임한 종형제 노스 브룩ノースブルック 경의 사설 비서로 인도에 체류했다.

77 Roger Owen, "the influence of Lord Cormer's Indian Experience on British Policy in Egypt 1883~1907", A. Hourani(ed.), *St. Antony's Papers*, no.17, Oxford : Oxford University Press, 1965, pp.109~139.

78 The Earl of Cromer, "The French in Algeria", *The Earl of Cromer, Political and Literary Essays, 1908~1913*, London : Macmillan, 1913, pp.250~263, 특히 p.260(필자 번역).

79 Roger Owen, *Lord Cromer : Victorian Imperialist, Edwardian Proconsul*, Oxford : Oxford University Press, 2004, p.168.

총독부의 참사회 법무관과 캘커타대학 부학장을 역임한 저명한 법학자인 헨리 메인Henry Maine, 1822~1888의 『인도 농촌사회론』에서 강하게 영향을 받은 알프레드 리올Alfred Comyn Lyall, 1835~1911(인도 북서주北西州 부총독과 아우도 장관을 역임), 존 스트래치John Strachey, 1823~1907(아우도 장관과 인도 참사회 회원 등의 요직을 역임) 등의 고위 행정관들은 나중에 '간접통치indirect rule'라고 명명된 새로운 통치이론의 실천을 시도했다. 간접통치이념은 피지배사회의 기존 권력구조와 규범, 관습을 통치에 이용하는 정책을 추구한 반면, 현지인의 '영국인화'를 통한 근대성 이식은 오히려 통치를 불안정하게 만드는 요소로 위험시했다. 이 과정에서 '영어교육'은 잘못된 정책으로 인식되었다.

유명한 영국제국의 '간접통치'는 20세기 전반 영국령 아프리카에서 프레데릭 루가드Frederick Lugard, 1858~1945(1914~1919년 나이지리아 총독)에 의해 최종적으로 체계화되었다. 핵심은 이 통치이념이 영국령 인도에서 자유주의 실정의 교훈을 기원으로 하고 루가드 자신이 인도의 마드라스에서 태어났다는 점이다. 루가드와 함께 인도 이외의 지역에서 인도 경험을 교훈으로 삼는 통치, 즉 비교에 의거한 통치를 실시한 영국인 지배자의 대표자가 크로머 경이었다.[80]

도고 미노루에게 가장 큰 영향을 주게 되는 귀스타브 르 봉도 레인쉬와 크로머 경에서 나타난 '비교 정치'를 실천했다. 르 봉이 인도를 인용하면서 전개한 논의대상은 자국 프랑스의 공화주의에 근거한 동화주의 식민정책이었다. 「근대 인도―어떻게 식민지가 건설되고 유지되

---

80 Karuna Mantena, *Alibis of Empire : Henry Maine and the Ends of Liberal Imperialism*, Princeton : Princeton University Press, 2010.

며, 실패되었가에 대해서」라는 논문에서 르 봉은 부적절한 교육제도가 제국에 대한 '원한이 깊은 적'을 창출한 전형으로 영국의 인도 지배를 소개했다. 이와 같은 주장은 다른 제국의 식민정책을 냉정하고 객관적으로 판단하는 모습을 연상시키지만, 실제로는 자국 식민지주의를 어떻게 할 것인가라는 주관적 동기와 결부되어 있다. 르 봉에게 라이벌 제국인 영국의 실패가 중요했던 이유는 프랑스의 올바름과 우위를 증명하기 때문이 아니라 오히려 프랑스 식민지주의의 위험을 암시했기 때문이다. 지금까지 자명한 것으로 존중받은 동화주의를 방기하지 않는 한, 프랑스인도 영국인과 마찬가지로 식민지에서 적을 창출할 수 있다는 위기감이 논문 집필의 정치적 배경이었다. 르 봉은 프랑스 혁명 이념이 만인에게 똑같이 내면화되었다는 점을 전제로 백인과 비백인의 '심적 조직'의 차이를 무시한 식민지 피지배자의 '프랑스인화'가 프랑스식 동화주의라고 판단했다. 매콜리주의는 프랑스 식민지주의를 재고하는 과정에서 근본적으로 중요한 비교대상이 되었다. 왜냐하면 매콜리주의에 의거한 '영어교육'만큼 '어떤 국민에게 심적 조직에 적절하지 않는 교육을 제공했을 때의 위험성을 명확히 보여주는 사례는 역사상 찾아볼 수 없기' 때문이다.[81]

르 봉은 '비교 정치'를 더 논쟁적으로 식민지 통치에 관한 공론장에서도 피력했다. 「근대 인도」의 간행 이후 3년이 흐른 1889년 르 봉은 파리에서 개최된 국제식민지회의에서 프랑스령 알제리의 동화교육 영향에 대해서 다음과 같이 선언했다.

---

81 Le Bon, "Modern India", p.361(필자 번역).

마치 힌두교도를 위한 인도가 영국식 교육을 받은 모든 인도 현지인의 표어이듯이, 현지인 전원의 일치된 표어는 아랍인을 위한 알제리이다.

그는 비록 현 단계에서 수적으로는 미미하지만, 반영적反英的 현지인 고학력자의 존재는 '인도에서 영국 권력의 장래에 가장 심각한 위험'이 된다고 경고했다. 프랑스가 본국식 교육을 식민지에 도입할 경우 발생할 폐해를 비교방법을 통해서 설명했던 것이다.[82] 르 봉의 동화주의에 대한 철저한 비판은 프랑스제국의 내외에서 많은 식민지 통치 관계자가 출석한 이 회의의 가장 흥미로운 부분 중의 하나였다.[83] 그는 동화주의정책들이 식민지 사회를 마치 프랑스 본국의 일부로 변화시키려 한다고 지적한 후에, 노골적으로 인종주의 언사를 통해서 동화주의정책들을 공격했다. 르 봉은 '인간과 시민의 권리 선언'에 대표된 공화주의 가치관을 '흑인, 미개인, 아랍인, 황색인종'에게 이식하려 한다고 조소하고 '뇌의 발달이 석기시대 우리 선조의 수준에도 이르지 못'한 '흑인'까지도 정치와 행정에 참가하는 무모함을 꼬집으면서 동화주의 식민정책과 결별을 호소했다.[84]

---

82 *Compte-rendu de Congrés Colonial International de Paris, 1889*, Paris : A. Challamel, 1889(이하 *CCCI*), p.58(Martin Deming Lewis, "One Hundred Million Frenchmen : The 'Assimilation' Theory in French Colonail Policy", *Comparative Studies in Society and History*, vol.4, 1962, pp.129~153, 특히 p.138에서 인용-).

83 스톨러와 쿠퍼가 지적했듯이, 이러한 국제회의 장소에서 식민정책이 논의되었다는 자체가 비교의 역사적 중요성을 시사한다. Ann Laura Stoler and Frederick Cooper, "Between Metropole and Colony : Rethinking a Research Agenda", A. Stoler & F. Cooper(eds.), *Tensions of Empire : Colonial Cultures in a Bourgeois World*, Berkeley : University of California Press, 1997, pp.1~56, 특히 p.13.

84 *CCCI*, pp.59~60(Lewis, "One Hundred Million Frenchmen", p.138에서 인용-). 이 식민지 회의에 대해서는 Raymond F. Betts, *Assimilation and Association in French Colonial Theory, 1890*

프랑스제국 내부의 반동화주의 입장은 1889년 국제회의 때까지 소수 파에 불과했다. 그러나 르 봉과 같은 반동화주의는 그 후 착실히 식민지 관료와 식민정책론자들 사이에 영향력을 미쳤다. 예를 들어 10년 후에 출판된 레오폴드 드 소쉬르Léopold de Saussure, 1866~1925의 *Psychologie de la colonisation francaise*(1899)은 그 제목(『프랑스 식민지화의 심리』)에서도 드러나듯이, '심적 조직' 개념에 의거하고 확실히 르 봉주의적인 식민정책론이었다.[85] 이 책의 독특한 반동화주의 견해는 그 후 다른 식민정책론자들에게서 지지를 획득했다. 소쉬르도 참가한 1900년 식민지 사회학 국제회의에서 참가자들은 합심하여 프랑스 동화주의를 비난했다.[86]

르 봉의 반동화주의 영향력을 분석할 때, 핵심은 심성에 중점을 둔 그의 인종결정론과 더불어 영국령 인도의 교육정책과 관계된 그의 비교정치가 그대로 수용되었다는 점이다. 예를 들어 쥘 아르망Jules Harmand, 1845~1921은 프랑스 영사로 캘커타에 근무하면서 영국인 식민지 관료였던 존 스트래치의 저서 *India*를 프랑스어로 번역하고(1892년에 *L'Inde*라는 제목으로 파리에서 간행), 5년 전에 간행된 르 봉의 *Les civilisations de l'Ind*을 참조하면서 번역서에 기고할 장대한 서문을 집필했다.[87] 아르망은 프랑

~1914, Lincoln : University of Nebraska Press, 2005(1st edition, 1961), p.68을 참조.

85 L. de Saussure, *Psychologie de la colonisation francaise*, Paris : Félix Alcan, 1899. 소쉬르에 대한 르 봉의 영향에 대해서는 John E. Joseph, "Language and 'psychological race' : Léopold de Saussure on French in Indochina", *Language & Communication*, vol.20, 2000, pp.29~35를 참조. 소쉬르 사상을 분석한 연구는 Robert J. C. Young, "Race and Language in the Two Saussures", Peter Osborne and Stella Stanford(eds.), *Philosophies of Race and Ethnicity*, London : Contiuum, 2002, pp.63~78을 참조.

86 Hamid Irbough, *Art in the Service of Colonialism*, London : Tauris Academic Studies, 2005, p.73; Betts, *Assimilation and Association in French Colonial Theory, 1890~1914*, Lincoln : University of Nebraska Press, 2005, pp.69~76; Patricia M. E. Lorcin, *Imperial Identities*, London : I.B. Tarius Publishers, 1995, p.194.

스령 인도차이나에서 군의관, 자연과학자, 식민지 관료, 외교관으로서 프랑스 통치에 깊이 관여한 인물이자 식민정책론 분야에서 동화주의를 대체할 통합이념인 '협동주의associationism' 주창자로서 극히 중요한 위치를 차지했다. 그의 저작인 *Domination et Colonisation*(1910)[88]은 프랑스 식민지주의 미래를 우려한 아르망에게 영국령 인도의 교육정책이 얼마나 중요한 비교대상이었는가를 증명한다. 아르망은 이 책에서 피지배자인 베트남인에 대한 서양식 고등교육 제공이 지닌 위험성을 강조했는데, 그때 그가 독자에게 환기시켰던 선례가 바로 영국령 인도였다. 아르망은 매콜리주의가 상위카스트 힌두교도에게서 조상 대대로 전래된 고결한 문화유산을 박탈하고 대신에 근대의 악덕惡德을 이식시킨 영국령 인도를 인용하는 비교언술을 통해서 프랑스령 인도차이나에 대한 본국식 교육도입의 위험성을 주장했다. 또한 그 과정에서 르 봉만이 아니라 커존 총독과 스트래치 등의 영국제국 내부의 비판을 원용했다.[89]

프랑스인은 자국의 동화주의를 비판할 때, 그들의 현실주의노선에 따라서 영국의 인도 통치를 모방해야 할 대체모델로서 수차례 호의적으로 참조했다. 프랑스인 제국주의자들 중에 '영국 애호가Anglomania'가 적지 않았음을 지적한 역사 연구자 레이몬드 베츠는 '프랑스인들 사이에 프랑스와 영국정책을 비교하는 경향이 있었고 프랑스인은 언제

---

87 Jules Harmand, "Préface et traduction de Jules Harmand", John Strachey, *L'Inde*(traduction de Jules Harmand), Paris : Société D'éditions Scientifiques, 1892, pp.III~IV, LV~LVIII.

88 Jules Harmand, *Domination et Colonisation*, Paris : Ernest Flammarion, 1910.

89 Scott McConnell, *Leftward Journey : the Education of Vietnamese Students in France in 1919~1939*, New Brunswick : Transaction Publishers, 1989, pp.9~10; Michael Adas, *Machines as the Measure of Men : Science, Technology, and Ideologies of Western Dominance*, Ithaca : Cornell University Press, 1990, p.322.

나 2등으로 끝났다'고 지적했다.[90] 실제로 영국 식민정책론의 주요 문헌 대부분은 프랑스에 소개되었다. 존 로버트 실리의 *The Expansion of England*『영국팽창사』(1883), 프랑스령 인도차이나 총독 장 마리 앙투안 드 라네쌍(재위 1891~1894)이 서문에서 '현지인, 식민자, 모국의 이익을 최대화하는 형태로 어떻게 식민지가 창설·통치되고 풍요롭게 될 수 있는가를 프랑스인은 여기서 배울 수 있다'고 평가한 벵갈 부총독 리차드 템플Richard Temple(재위 1874~1877)의 *India in 1880*(1880),[91] 존 스트래치의 *India*(1888) 등, 영국인 학자나 행정관의 권위 있는 연구가 프랑스어로 번역되었다. 또한 번역이 진행되는 한편으로 프랑스인의 영국령에 관한 연구서도 집필되었다. 19세기 말부터 20세기 초까지 대표적인 프랑스 제국주의자였던 조셉 샤이에 베르Joseph Chailley-Bert, 1854~1928[92]는 *Colonisation de l'Indo-Chine : L'expérience anglaise*(1892)와 *L'Inde britannique : société indigè, politique indigène, les idées directrices*(1910)[93]라는 영국 통치에 관한 책을 스스로 프랑스어로 저술했다. 이 두 책은 각각 *The Colonisation of Indo-China*(1894), *Administrative Problems of British India*(1910)라는 제목으로 런던에서 번역·간행되었고 프랑스어권이 아닌 지역에서도 유통되었다. 그의 영국령 인도 통치론은 모치지 로쿠사부로, 도고 미노루를 필

90　Betts, *Assimilation and Association in French Colonial Theory, 1890～1914*, Lincoln : University of Nebraska Press, 2005, p.43.

91　*Ibid.*, p.46에서 인용.

92　프랑스 제국주의에서 샤이에 베르의 중요성에 대해서는 Stuart M. Persell, "Joseph Chailley-Bert and the Importance of the Union Coloniale Francaise", *The Historical Journal*, vol.17, 1974, pp.176~184를 참조.

93　Joseph Chailley, *Colonisation de l'Indo-Chine : L'expérience anglaise*, Paris : Colin, 1892; Joseph Chailley, *L'Inde britannique : societe indigene, politique indigene, les idees directrices*, Paris : Colin, 1910.

두로 한 일본의 식민정책론에게도 영향을 주었다.[94]

이처럼 일반적으로 동화주의와 상반된다고 여겨지는 영국 식민지주의에 관심이 높았던 상황은 프랑스 내부에 종래 동화주의정책에 대한 불만, 르 봉과 같은 노골적 동화주의 비판이 지지를 받아도 이상하지 않는 분위기가 존재했음을 시사한다. 프랑스제국사 연구자인 히라노 치카코平野千果子도 지적하듯이, 이러한 논자들 중에서도 특히 샤이에 베르와 아르망에게는 프랑스가 지배형태를 모색하던 시기에 프랑스령 인도차이나 통치에 관여했다는 공통된 특징이 있다. 그들이 활약한 시대에 동화이념은 완전히 퇴색하지 않았다. 그러나 제국 영토가 급속히 확대되는 가운데 그들은 인도차이나의 식민지 경험을 통해서 동화의 엄밀한 진행이 대체로 비현실적이라고 판단했다. 그리고 지금까지 프랑스제국의 원칙에도 불구하고 영국을 필두로 한 다른 제국의 통치형태를 적극적으로 흡수하는 비교식민지주의를 제창했다.[95]

프랑스 식민정책론자가 제국주의 경쟁에서 오랫동안 적수였던 영국에게서 식민지 통치기술을 배웠던 사실은 비교의 역사적 중요성을 보여주는 대목이다. 영국과 프랑스의 식민지주의는 대체로 통치모델의 두 가지 전형으로 대비·논의되지만, '비교하는 주체'로서 식민지제국을 주제화하는 관점에서 파악할 경우 현대 연구자가 쉽게 유형화할

---

94 J. Chailley-Bert(translated by Baring Brabant), *The Colonisation of Indo-China*, London : Archibald Constable & Co., 1894(English translation of La Colonisation de l'Indo-Chine : L'experience anglaise); Joseph Chailley-Bert(translated by William Mayer), *Administrative Problems of British India*, London : Macmillan, 1910.

95 平野千果子,『フランス植民地主義の歴史』, 人文書院, 2002, 197~200쪽. 베르 등에 의거하면서 이 시대의 동화주의 비판을 간결하게 정리한 연구는 松沼美穂,『帝國とプロパガンダ―ヴィシー政權期とフランス植民地』, 山川出版社, 2007, 25~27쪽을 참조.

만큼 양국 관계는 단순하지 않았음을 엿볼 수 있다.

　다만 인도의 교육정책에 관한 한, 영국 식민지주의는 '영국 애호가' 조차도 프랑스가 배워야 하는 모범이라고 간주하지 않았다는 점이 중요하다. 도고 미노루가 자신의 식민정책론을 완성시킨 1920년대까지 반동화주의는 프랑스제국 내부에서 이론과 실천의 두 측면에서 일정한 지지를 획득했다. 그러한 가운데서 영국령 인도의 교육정책을 식민정책의 모범이 아니라 실패의 전형으로 참고할 필요가 있다는 르 봉의 '비교 정치'는 널리 수용되었다. 물론 매콜리주의 교육을 위협시키는 비교언설의 침투는 즉시 실제의 통치에 영향을 주지 못했다. 프랑스령 인도차이나에서는 반동화주의자의 반대에도 불구하고 베트남인 엘리트가 프랑스어로 고등교육을 받는 흐름이 지속되었다. 역사 연구자 스코트 맥코넬의 연구가 시사하듯이, 예를 들어 아르망의 *Domination et Colonisation*은 확실히 많이 읽혀졌지만 파리에서 유학한 경험이 있는 현지인을 중심으로 한 독립항쟁의 조직화 흐름을 제어하지 못했다.[96] 그렇다면 인도차이나 이외의 지역에서는 어떠했는가. 역사학자 마이클 에이더스는 프랑스제국에서 의식적으로 반매콜리주의 교육정책이 실시된 지역은 아프리카의 새로운 영토(알제리는 제외)였다고 주장하면서 조지 하디Georges Hardy, 1884~1972의 교육정책을 제시했다. 소쉬르, 아르망 등의 르 봉주의자 계보에 속하고 1914년에 프랑스령 서아프리카 교육사찰관에 임명된 하디는 아프리카인에 대한 본국 프랑스의 가치관과 제도의 주입이 지니는 무모함을 역설하고 기술자, 목수, 대장장

---

96 McConnell, *Leftward Journey : the Education of Vietnamese Students in France in 1919~1939*, New Brunswick : Transaction Publishers, 1989.

이 등의 비사무직 노동자의 형성과 관계된 실천적 직업교육을 중요시하는 정책을 실시했다.[97]

르 봉의 영국령 인도의 교육정책에 대한 관점의 생성과 그것이 프랑스제국 내부에 미친 영향에 대해서 도고 미노루가 상세히 알지 못했다는 사실은 앞서 언급했다. 그러나 도고는 프랑스 식민정책론이 반동화주의로 경도되고 있다는 사실을 명확히 인식했기 때문에 도고를 충분히 그 계열에 위치시킬 수 있다.[98] 동화주의라고 알려진 프랑스 제국주의가 동시대에 수정노선을 선택한 현실은 일본제국에서 동화주의에 이의를 제기하는 도고에게는 유리한 사항이었다. 이는 도고의 샤이에 베르 인용에서도 나타났다. 도고는 『식민정책과 민족심리』에서 *L'Inde britannique : société indigè, politique indigène, les idées directrices*의 영어판인 *Administrative Problems of British India*를 참조하면서

식민지 교육문제는 샤이에Joseph Chailley가 인도 교육문제를 논의할 때 주장했듯이, '식민지정책 중에서 가장 중대하면서도 곤란한 것' 중의 하나였

---

97 Adas, *Machines as the Measure of Men : Science, Technology, and Ideologies of Western Dominance*, Ithaca : Cornell University Press, 1990, pp.324~325. 하디의 교육정책에 대해서는 Alice L. Conklin, *A Mission to Civilize : the Republican Idea of Empire in France and West Africa, 1895~1930*, California : Stanford University Press, 1997, pp.132~139를 참조. 다만 다수의 연구자들은 이러한 정책의 실시를 근거로 동화주의에서 반동화주의로의 명확한 전환이 있었다는 주장은 성급한 결론이라고 지적한다. 마틴 데밍 루이스Martin Deming Lewis에 따르면, 동화주의와 반동화주의는 애매한 형태로 공존했다(Lewis, "One Hundred Million Frenchmen", pp.149~150).

98 이러한 점은 오구마 에이지小熊英二도 지적했다. 小熊英二, 『「日本人」の境界－沖縄・アイヌ・台湾・朝鮮植民地支配から復帰運動まで』, 新曜社, 1998, 174~182쪽. 야마모토 유조山本有造도 오구마의 의논에 일부 의거하면서 프랑스인의 동화주의 비판을 일본 논자와 관련지어 논의했다. 山本有造, 「植民地統治における「同化主義」の構造－山中モデルの批判的檢討」, 『人文學報』83, 京都大學人文科學研究所, 2000, 57~73쪽, 특히 59~61쪽.

다. 세계의 식민지는 대부분 실패의 역사를 말하고 있다.

라고 기술했다.[99] 동일한 책에서 샤이에 베르는 당초 '유전적, 혹은 획득
적 경험'을 결여한 사람이 현지인을 대표하는 현실은 '오랜 시간에 걸쳐
서 순수하게 귀족정치 국가의 국민이었던 (인도의) 사람들에게 정말로
정통이라고 인정받지 못'할 뿐만 아니라 영국 교육정책이 초래한 '가장
안 좋은 종류의 정치적 실태失態'라고 기술했다. 그것은 르 봉과 르 봉에
게서 영향을 받은 아르망의 문장을 방불케 하는 주장이었다.[100] 도고 미
노루의 샤이에 베르 원용은 일본제국에서 르 봉의 '심적 조직' 개념을 채
용한 도고 미노루와 르 봉에게서 영향을 받은 프랑스제국의 반동화주의
자가 국제적으로 공진하고 있음을 보여주는 사례라고 할 수 있다.

　　도고 미노루의 영국령 인도의 교육정책에 대한 관점의 제국횡단적
기원을 맹아단계인 영국의 간접통치론과 프랑스의 반동화주의론 궤적
에 덧붙여 분석하는 작업이 필요한 이유는 이 두 가지 조류가 반드시
개별적으로 전개되지 않았다는 사실을 파악하기 위해서이다. 프랑스
와 영국의 식민정책론자들은 인도의 '영어교육'에 대해서 논의하면서
상대방 견해를 의식하고 학습했다. 예를 들어 알프레드 리올은 1884년

---

99 Chailley-Bert, *Administrative Problems of British India*, London : Macmillan, p.478; 東鄕實, 『植
民政策と民族心理』, 岩波書店, 1925, 209쪽.

100 당초 샤이에 베르는 영국령 인도의 교육정책에 관해서 비교적 긍정적 견해를 가졌다. *La
Colonisation de l'Indo-Chine*(1892)에서는 영국령 인도의 정책에 대해서 '이 엘리트에게 높은
수준의 학문분야를 교육시키는 데 많은 비용을 소모하고 오랫동안 초등교육을 경시'하
는 '실패'를 저질렀다고 지적했지만, 동시에 그것을 반성하여 '초등교육을 도입하기 시작
했다'고 최근 움직임을 평가했다(Chailley-Bert, *The Colonisation of Indo-China*, London :
Archibald Constable & Co., 1894, pp.385~386(필자 번역)). 그러나 18년 후 *L'Inde
britannique*(1910)에서는 냉혹한 평가를 내렸다.

『에든버러 리뷰』라는 잡지에 실은 논문에서 '어설프게 교육된 현지인' 출현에 대해 경고했다. 이 논문은 다음해 프랑스어로 번역되었고, 1887년 귀스타브 르 봉은 *Les civilisations de l'Inde*에서 알프레드 리올의 논문을 일부 인용하면서 지론을 전개했다.[101] 상술한 것과 같이, 리올은 영국령 인도에서 전개되고 있었던 현지인 사회의 전통과 관습의 이용을 중시하는 새로운 통치론의 대표적 논자였고 영국령 아프리카에서 반자유주의적 통치를 확산시킨 크로머 경과 루가드는 부분적으로 그의 영향을 받았다. 르 봉의 영국령 인도의 교육정책에 대한 관점은 맹아단계인 영국의 '간접통치' 발상과 이미 밀접한 관련을 맺었다.

그러나 이와 같은 영향관계는 일방적으로 영국제국에서 프랑스제국으로 나아가는 형태가 아니었다. 반대로 영국인 통치자가 프랑스인 르 봉과 아르망의 텍스트를 원용하는 현상도 존재했다. 예를 들어 스트래치의 고학력 현지인의 위험성에 관한 언설은 아르망 언설을 일부 인용하면서 형성되었다. 저서 *India*의 개정판(1894)에서 스트래치는

아르망 씨가 기술했듯이, 대체로 이러한 종류의 교육은 "아시아적 뇌에 위험한 식물이었다. 그것은 그들이 알고 있고 느끼고 있는 것의 모든 기초를 혼란시켰고 그들에게서 도덕적 안정성을 빼앗으며, 정신을 근저에서 어지럽게 만들었다."

---

[101] Le Bon, *Les Civilisations de l'Inde*, Paris : Didot, 1887, p.712. 르 봉은 리올의 견해를 Alfred C. Lyall, "Government of the Indian Empire", *The Edinburgh Review*, vol.159, 1884, pp.1~41의 프랑스어판에서 추출했다. 이 간략한 판은 Alfred C. Lyall, *Asiatic Studies, Religious and Social*, London : Murray, 1882의 프랑스어판인 Alfred C. Lyall, *Études sur les moeurs religieuses et sociales de l'Extrême-Orient*, Paris : Thorin, 1885에 수록되었다.

고 서술했다.[102] 상술한 바와 같이, 아르망은 스트래치의 *India* 제1판 (1881)의 프랑스어판(1892)에 서문을 기고했다. 스트래치는 그 서문 중에서 '영어교육'에 관한 아르망 주장을 개정판에 원용했던 것이다. 앞서 지적한 대로 아르망의 언사는 이미 르 봉적이었다. 그리고 스트래치의 아르망 원용은 르 봉적인 프랑스 반동화주의 계보와 영국의 간접통치론이 각각의 형성단계에서 상호 긴밀한 관계를 형성했다는 점, 인도의 '영어교육'정책에 대한 견해가 이러한 접점의 형성에서 일종의 중요한 열쇠였다는 점을 시사한다. 그러한 측면은 후에 영국 간접통치론의 대명사적 존재로 부각되는 프레데릭 루가드가 1922년 주저인 *The Dual Mandate in British Tropical Africa*『영국령 열대아프리카의 이중통치론』에서 르 봉을 인용한 사례에서도 드러난다. '유럽인화된 아프리카인'의 정치적 열망을 비판적으로 논의한 문맥에서 루가드는 르 봉을 인용하면서 다음과 같이 기술했다.

어느 프랑스인 저자(르 봉)는 유럽 방식의 학술적 교육은 해로운 결과를 초래하여 이를 통해서 "의무감과 높은 이상을 불어넣었지만, 자국에 감사하지 않고 반대로 지독한 원한을 지닌 현지인 계급을 형성했다"고 결론을 내렸다.[103]

이처럼 도고 미노루가 의거한 영국과 프랑스의 두 가지 식민정책론

---

[102] John Strachey, *India*(the second edition), London : Kegan Paul & Co., 1894, pp.215~216.
[103] F. D. Lugard, *The Dual Mandate in British Tropical Africa*, Edinburgh and London : William Blackwood and Sons, 1922, p.89(Gustave Le Bon, "Lois Psychologiques de l'Evolution des Peuples", *Colonial Journal*, April, 1914에서 인용).

계보는 상호 교착하면서 발전했다. 비록 도고 자신이 그것에 대해서 숙지하지 않았다고 하더라도 두 가지 식민정책론이 도고의 텍스트 안에서 정합적으로 병존한 사실은 극히 자연스러운 현상이었다고 할 수 있다.

5. 맺음말

'영어교육'제도의 가장 중요한 결과인 고학력자 실업문제와 민족주의 대두는 현실적으로 그러한 현상에 대한 대응이 요구되는 영국령 인도의 영국인 통치자뿐만 아니라 별개의 식민지적 문맥에서 유사한 현상의 현재화에 두려움을 느낀 다른 통치자와 식민정책론자, 예를 들어 인도 이외의 문맥에서 이민족 지배를 실시하는 영국인과 영국령 이외의 지역에서 식민지 지배를 실시하는 프랑스인, 미국인, 일본인 등의 통치자와 식민정책론자에게서 집요하게 논의되었다. '어설프게 교육된 현지인'이라는 언설의 생성과 전파의 월경적 궤적은 민족주의적인 반식민지운동에 대한 편집증적 불안이 19세기 말 이후 여러 제국들 사이에 광범위하게 퍼져있었음을 시사한다. 이러한 불안은 세계의 다양한 문맥에서 비교에 대한 의지를 유발했다.

이와 같은 상황에서 여러 제국들 사이에 전파된 것은 영국 식민지주의와 영국령 인도 지배에 관한 단순한 지식만이 아니라, 비교를 통해서 자국 식민정책의 위험을 지적하고 그 맹아를 제거하는 '비교 정치'였다. 매콜리주의를 참고하면서 자국의 식민지 교육정책의 동화주의 경향을 견제하는 행위가 여러 제국들 사이에서 점차 하나의 표준이 되었다. 일본제국의 식민정책론자인 도고 미노루의 반동화주의 교육론이 이미 발표된 외국 논자의 상호 유사한 여러 견해에 권위를 부여했던 사실은 '비교 정치'가 월경적으로 연쇄했다는 점, 그 과정에서 '비교 정치'가 점차 표준화되었다는 점을 극히 선명하게 보여준다.

번역 : 이명학

참고문헌

자료

隈本繁吉,「大正5年6月1日至同6日內務省卜交涉槪要」,『隈本繁吉文書』(敎育關係04).

竹越與三郎,『比較殖民制度』, 讀賣新聞社, 1906.

東鄕實,『日本植民論』, 文武堂, 1906.

_____,『獨逸內國植民論』, 拓殖局, 1911.

_____,『台湾農業殖民論』, 富山房, 1914.

_____,『植民政策と民族心理』, 岩波書店, 1925.

持地六三郎,『台湾植民政策』, 富山房, 1912.

『台湾時報』

Alfred C. Lyall, *Asiatic Studies, Religious and Social*, London : Murray, 1882.

_____, "Government of the Indian Empire", *The Edinburgh Review*, vol.159, 1884.

_____, *Études sur les moeursreligieuses et sociales de l'Extrême-Orient*, Paris : Thorin, 1885.

Bruce Tiebout McCully, *English Education and the Origins of Indian Nationalism*(Gloucester, MA : PeterSmith, 1966(1940)).

Cromer to Strachey, 3 April 1906, Cromer Papers(PRO, FO633/8).

The Earl of Cromer, "The French in Algeria", *The Earl of Cromer, Political and Literary Essays, 1908 ~1913*, London : Macmillan, 1913.

F. D. Lugard, *The Dual Mandate in British Tropical Africa*, Edinburgh and London : William Blackwood and Sons,1922.

G. Le Bon, "Modern India : How a colony is founded, how it is kept, and how it is lost"(translated by Mark Stirrup from the article G. Le Bon, "L'Inde Moderne : Comment on fonde un colonie, comment on la garde, et comment on la perd", published in *Revue Scientifique*, vol.22, 20 November 1886), *The Journal of the Manchester Geographical Society*, vol.2, 1886.

Gustave Le Bon, *Les Civilisations de l'Inde*, Paris : Didot, 1887.

_____, *The Crowd : A Study of the Popular Mind*, New York : Macmillan, 1896.

_____, *The Psychology of Peoples*, New York : G.E.Stehert & Co., 1912.

_____, *The World in Revolt : A Study of the Popular Mind*, New York : Macmillan, 1921.

H.H. Risley and E.A. Gait, *Report on the Census of India*(1901), Calcutta : Superintendent of Government Printing, 1903.

J. Chailley-Bert(translated by Baring Brabant), *The Colonisation of Indo-China*, London : Archibald Constable & Co., 1894(English translation of La Colonisation de l'Indo-Chine : L'experience anglaise).

John Strachey, *India*(the second edition), London : Kegan Paul & Co., 1894.

Joseph Chailley, *Colonisation de l'Indo-Chine : L'expérience anglaise*, Paris : Colin, 1892.

_____, *L'Inde britannique : societe indigene, politique indigene, les idees directrices*, Paris : Colin, 1910.

Joseph Chailley-Bert(translated by William Mayer), *Administrative Problems of British India*, London : Macmillan, 1910.

Jules Harmand, "Préface et traduction de Jules Harmand", John Strachey, *L'Inde*(traduction de Jules Harmand), Paris : Société D'éditions Scientifiques, 1892.

_____, *Domination et Colonisation*, Paris : Ernest Flammarion, 1910.

L. de Saussure, *Psychologie de la colonisation française*, Paris : FélixAlcan, 1899.

Lord Macaulay, "Lord Macaulay's Minute. 2nd February, 1935", W. Nassau Lees, *Indian Musalmáns : Being Three Letters Reprinted from the 'Times'... With an Appendix containing Lord Macaulay's Minute*, London : Williams and Norgate, 1871.

Paul S. Reinsch, *Colonial Administration*, London : Macmillan, 1905.

Reinsch, "Colonial autonomy, with special reference to the government of the Philippine Islands", *Proceedings of the American Political Science Association held at Chicago, December 28~30, 1904*, Lancaster, PA : Wickersham Press,1905.

The Earl of Cromer, *Modern Egypt*(New Edition), London : Macmillan, 1911.

연구논저

小熊英二, 『'日本人'の境界』, 新曜社, 1998.

梶井佳廣, 『'植民地'支配の史的研究—戰間期日本に關する英國外交報告からの檢証』,

法律文化社, 2006.

金子文夫,「東郷實の年譜と著作」,『台湾現代史研究』창간호, 1978.

木畑洋一,『イギリス帝國と帝國主義ー比較と關係の視座』, 有志舍, 2008.

駒込武,『植民地帝國日本の文化統合』, 岩波書店, 1996.

_____,「日本の植民地支配と近代ー折り重なる暴力」,『トレイシーズ』제2권, 2001.

_____,「'帝國のはざま'から考える」,『年報・日本現代史』제10호, 2005.

_____,「在台軍部と'反英運動'ージュノー号事件を中心に」, 松浦正孝 編,『昭和・ア
    ジア主義の實像』, ミネルヴァ書房, 2007.

酒井哲哉 編,『帝國'日本の學知 第一卷 '帝國'編成の系譜』, 岩波書店, 2006.

酒井哲哉,『近代日本の國際秩序論』, 岩波書店, 2007.

陳培豊,『'同化'の同床異夢ー日本統治下台湾の國語教育史再考』, 三元社, 2001.

平野千果子,『フランス植民地主義の歴史』, 人文書院, 2002.

_____,「フランスの事例にみる'植民地忘却'を考えるー『新植民地主義論』を手がかり
    に」, 西川長夫・高橋秀壽 編,『グローバリゼーションと植民地主義』, 人文書院, 2009.

松浦正孝,『'大東亞戰爭'はなぜ起きたのかー汎アジア主義の政治経濟史』, 名古屋大
    學出版會, 2010.

松沼美穂,『帝國とプロパガンダーヴィシー政權期とフランス植民地』, 山川出版社, 2007.

水谷智,「アン・ストーラーの植民地研究と東アジアからの応答可能性」,『人文學報』
    100号, 京都大學人文科學研究所, 2011.

宮島博史,「比較史的視点からみた朝鮮土地調査事業ーエジプトとの比較」, 中村哲・
    梶村秀樹・安秉直・李大根 編,『朝鮮近代の経濟構造』, 日本評論社, 1990.

山本有造,「植民地統治における'同化主義'の構造ー山中モデルの批判的檢討」,『人文
    學報』83호, 京都大學人文科學研究所, 2000.

Afaf Lutfi Al-Sayyid, *Egypt and Cromer*, London : JohnMurray, 1968.

Alice L. Conklin, Alice L. Conklin, *A Mission to Civilize : the Republican Idea of Empire in
    France and West Africa, 1895~1930*, California : Stanford University Press, 1997.

Anil Seal, *The Emergence of Indian Nationalism : Competition and Collaboration in the Later
    Nineteenth Century*, Cambridge : Cambridge University Press, 2007(1968).

An Laura Stoler, "Refiguring Imperial Terrains", A.L Stoler, C. McGranahan and P.
    Perdue(eds.), *Imperial Formations*, SantaFe : School of American Research Press, 2007.

Ann Laura Stoler and Frederick Cooper, "Between Metropole and Colony : Rethinking a Research Agenda", A. Stoler & F. Cooper(eds.), *Tensions of Empire : Colonial Cultures in a Bourgeois World*, Berkeley : University of California Press, 1997.

Benedict Anderson, *Imagined Communities : Reflections on the Origin and Spread of Nationalism*, London : Verso, 1983.

Brian C Schmidt, *The Political Discourse of Anarchy : A Disciplinary History of International Relations*, Albany : State University of New York Press, 1998.

Cemil Aydin, *The Politics of Anti-Westernism in Asia : Visions of World Order in Pan-Islamic and Pan-Asian Thought*, New York : Columbia University Press, 2007.

Donald M. Reid "Educational and Career Choices of Egyptian Students, 1882~1922", *International Journal of Middle East Studies*, vol.8, 1977.

Hamid Irbough, *Art in the Service of Colonialism*, London : Tauris Academic Studies, 2005.

Hussein N Kadhim, *The Poetics of Anti-colonialism in the Arabic Qaṣīdah*, Leiden : Brill, 2004.

Jaap van Ginnen, *Crowds, Psychology and Politics, 1871~1899*, Cambridge : Cambridge University Press, 1992.

John E. Joseph, "Language and 'psychological race' : Léopold de Saussure on French in Indochina", *Language & Communication*, vol.20, 2000.

Josep R. Llobera, *The Making of Totalitarian Thought*, Oxford : Berg, 2003.

Karuna Mantena, *Alibis of Empire : Henry Maine and the Ends of Liberal Imperialism*, Princeton : Princeton University Press, 2010.

K. Krishnawaswamy and Laitha Krishnawaswamy, *The Story of English in India*, New Delhi : Foundation Books, 2006.

Martin Deming Lewis, "One Hundred Million Frenchmen : The "Assimilation" Theory in French Colonial Policy", *Comparative Studies in Society and History*, vol.4, 1962.

Michael Adas, *Machines as the Measure of Men : Science, Technology, and Ideologies of Western Dominance*, Ithaca : Cornell University Press, 1990.

Michael A. Schneider, "Colonial Policy Studies in a Period of Transition : Nitobe Inazo, Okawa Shumei, and Togo Minoru at Takushoku University", 『拓殖大學百年史研究』第3卷, 1999.

Patricia M. E. Lorcin, *Imperial Identities*, London : I.B. Tarius Publishers, 1995.

Raymond F. Betts, *Assimilation and Association in French Colonial Theory, 1890~1914*,

Lincoln : University of Nebraska Press, 2005(1st edition, 1961).

Robert J. C. Young, "Race and Language in the Two Saussures", Peter Osborne and Stella Stanford(eds.), *Philosophies of Race and Ethnicity*, London : Contiuum, 2002.

Roger Owen, "The influence of Lord Cromer's Indian Experience on British Policy in Egypt 1883~1907", A. Hourani(ed.), *St. Antony's Papers*, no.17, Oxford : Oxford University Press, 1965.

_____, *Lord Cromer : Victorian Imperialist, Edwardian Proconsul*, Oxford : Oxford University Press, 2004.

Sana Hasan, *Christians Versus Muslims in Modern Egypt*, New York : Oxford University Press, 2003.

Satohi Mizutani, *The Meaning of White : Race, Class, and the 'Domiciled Community' in British India, 1858~1930*, Oxford : Oxford University Press, 2011.

Scott McConnell, *Leftward Journey : the Education of Vietnamese Students in France in 1919~ 1939*, New Brunswick : Transaction Publishers, 1989.

Sebastian Conrad, *Globalisation and the Nation in Imperial Germany*, Cambridge : Cambridge University Press, 2010.

See Mark R. Peattie, "Japanese Attitudes Towards Colonialism, 1895~1945", R. H. Myers, M. R. Peattie and Q. Chen(eds.), *The Japanese Colonial Empire, 1895~1945*, Princeton : Princeton University Press, 1984.

Stuart M. Persell, "Joseph Chailley-Bert and the Importance of the Union Coloniale Francaise", *The Historical Journal*, vol.17, 1974.

Sumit Sarkar, *Writing Social History*, New Delhi : Oxford University Press, 1997.

Suresh Chandra Ghosh, "English in taste, in opinions, in words and intellect", J.A. Mangan(ed.), *The Imperial Curriculum : Racial Images and Education in the British Colonial Experience*, London : Routledge, 1993.

Takeshi Komagome, "Japanese Colonial Rule and Modernity; Successive Layers of Violence", *Traces*, vol.2, 2001.

근대일본 식민지통치모델의 형성과 변용*

'대만모델'의 관동주關東州 · 조선朝鮮으로 이식과 그 한계

문명기

1. 문제제기 – 제국사 연구와 식민지 통치모델

1990년대, 즉 탈냉전이 본격화된 이래 일본학계에서는 종래의 제국 주의 연구帝國主義研究와는 맥락을 달리하는 제국사 연구帝國史研究가 대 두하면서 동아시아 식민지사 연구도 직·간접적으로 그 영향을 받아 왔다.[1] 대체로 ① 복수의 식민지·점령지와 일본 '국내國內'의 구조적 연관의 규명 ② 종주국과 식민지의 영향 관계를 상호규정적인 것으로

---

* 이 글은 2012년 2월 21일 고려대학교 민족문화연구원(HK사업단)과 도시샤대학同志社大學 コリア研究センタ가 일본 교토京都에서 공동주최한 학술회의('植民地硏究の最前線' III)에서 발표한 내용을 수정·보완한 것이다. 발표의 기회를 주신 두 기관의 정병욱·이 타가키 류타板垣龍太 교수, 그리고 유익하고 날카로운 논평을 제공해준 오카모토 마키코 岡本眞希子 교수 등께 감사를 표한다.

1 戶邊秀明, 「ポストコロニアリズムと帝國史研究」, 日本植民地研究會 編, 『日本植民地研究 の現狀と課題』, アテネ社, 2006, 56~57쪽.

포착 ③ (종래의 경제사적 식민지 연구와 대비되는) 정치사·문화사 영역의 적극적 해명 ④ 자명한 것으로 여겨지던 민족(=국민) 개념의 상대화 등을 주된 특징으로 하면서[2] 문화론적 전환과 공간론적 전환으로 표현되는 연구방향의 전환을 통과하고 있는 제국사 연구는, 국민제국론國民帝國論(山室信一)이나 아시아간무역론間貿易論(杉原薰), 아시아 국제통상질서 연구(籠谷直人) 등의 흥미로운 연구들을 생산해 왔다.

특히 야마무로 신이치山室信一는 제국사 연구의 보다 구체적인 분석개념으로서 '통치양식統治樣式의 천이遷移'와 '통치인재統治人才의 주류周流'를 제시하여 관련 연구를 촉발했고,[3] 이 문제를 둘러싸고 실증 연구 차원에서 검증이 진행되고 있는 상황이다.[4] 이 개념들이 이미 학문적 시민권

---

2 駒込武, 「'帝國のはざま'から考える」, 『年報·日本現代史』 10호, 2005 및 駒込武, 「'帝國史'研究の射程」, 『日本史研究』 452호, 2000을 참조.

3 山室信一, 「植民帝國·日本の構成と滿洲國─統治樣式の遷移と統治人才の周流」, ピーター·ドウス, 小林英夫 編, 『帝國という幻想─'大東亞共榮圈'の思想と現實』, 青木書店, 1998.

4 예컨대 松田利彦, 「近代日本植民地における'憲兵警察制度'に見る'統治樣式の遷移'─朝鮮から關東州·滿洲國へ」, 『日本研究』 35호, 國際日本文化硏究センター, 2007은 헌병경찰제도를 대상으로 하여 통치양식의 천이 문제를 검토하면서, "계수의 과정을 명확히 하지 않는다면, 단순한 우연일 가능성도 배제할 수 없고", "시대적·지리적 제약에 동반한 개편·변용도 항상 고려하지 않으면 안 된다"고 비판하면서 가설적 개념으로서의 '천이'라는 분석시각의 유효성에 의문을 표시하고 있다. 또한 岡本眞希子, 『植民地官僚の政治史─朝鮮·臺灣總督府と帝國日本』, 三元社, 2008은 야마무로의 실질적인 분석대상이 만주국의 통치인재에 머무르고 있고 따라서 대만이나 조선의 통치인재가 어떻게 존재하고 어떻게 이동했는가를 장기적으로 분석할 필요가 있다는 점을 지적하고, 아울러 제국사 연구가 대만이나 조선 등 개별지역 연구와 갈등을 일으킬 소지도 있다는 점도 유의해야 한다고 보고 있다(30~31쪽). 뿐만 아니라 '천이'로부터 배제·억제된 측면에도 눈을 돌릴 필요가 있다는 중요한 논점을 제시하고 있다(816쪽). 반면 文竣暎, 「植民地司法制度の形成と帝國への擴散」, 淺野豊美·松田利彦 編, 『植民地帝國日本の法的構造』, 信山社, 2004는 사법 부문의 행정 부문에의 종속이라는 메이지 일본의 사법제도상의 특성이 대만에 이식되고 이것이 식민지시대 조선 사법제도에도 거의 그대로 관철되었음을 강조하여 '통치양식의 천이'라는 개념을 지지하는 입장에 서 있는 듯하다. 또한 田中隆一, 「帝國日本の司法連鎖」, 『朝鮮史硏究會論文集』 제38호, 2000은 본국 사법재판소와 식민지 사법재판소 간의 사법공조를 소재로 하여 통치양식이 공유되고 있음을 밝혔다. 식민제국 일본과 식민지 대만의 제도적 상호관계를 연구한 Hui-yu Caroline T'sai蔡慧玉, *Taiwan in*

을 얻었다고 보기에는 다소 이른 시점이기는 하지만, 그동안 개별 식민지 단위에서만, 또는 개별 식민지와 본국 일본의 관련 속에서만 논의되던 식민지사 연구를 유기적이고도 총체적인 시야에서 조망할 수 있는 가능성을 제시했다는 점에서 그 문제의식만큼은 인정할 수 있을 것 같다.[5]

필자는 동아시아 식민지사 연구와 관련하여 (야마무로의 연구를 포함한) 제국사 연구가 제기해온 문제의식을 일정하게 수용하면서 동시에 필자가 진행하고 있는 한국·대만 식민지사 비교 연구를[6] 통해 만들어 나가고 있는 나름의 문제의식을 결합하여 제국사 연구, 나아가 최근의 식민지사 연구를 어떻게 평가하고 이해할 것인가의 문제를 성찰해보는 기회를 가지고자 한다.

필자는 특히 대만·관동주·조선 등의 식민지에 실행되었던 식민지 통치모델의 '전이轉移'라는 문제에 주목해보고자 한다.[7] 식민제국

Japan's Empire Building : An Institutional Approach to colonial engineering, Academia Sinica on East Asia, Routledge, London & New York, 2009, pp.4~11은 일본제국의 통치모델은 지역에서 지역으로 전이되었다기보다는 전체적으로는 현지의 필요에 따라 '조정'되었다고 파악하고 있다.

5   예컨대 야마무로는 자신이 이들 분석개념을 제시하면서 추구하고자 했던 점을 이렇게 밝히고 있다. "첫 번째로 이제까지 대만·조선·미크로네시아 등등의 개별 식민지사로서 포착해온 역사 사상事象을, 일본 본국과 각 식민지 간의 통합적 합체로서 재파악하여 식민제국 일본의 통치체제의 총체사로서 구성하는 것이다. 그리고 두 번째로 식민제국 일본이 만들어낸 통치수법과 그 담당자들의 만주국滿洲國으로의 유입·유출流入·流出에 관한 통시적 분석을 통해 만주국을 말하자면 정점관측의 장으로서 삼으면서 20세기 동아시아사를 묘사해내는 것이다"(山室信一, 「植民帝國·日本の構成と滿洲國-統治樣式の遷移と統治人才の周流」, ピーター ドウス, 小林英夫 編, 『帝國という幻想-'大東亞共榮圈'の思想と現實』, 靑木書店, 1998, 198쪽).

6   문명기, 「1920년대 한국·대만의 自治運動에 대한 비교사적 접근-지배층의 존재양태와 '中國' 요인을 중심으로」, 『중국근현대사연구』 제39집, 2008; 문명기, 「대만·조선총독부의 초기 재정 비교 연구-'식민제국' 일본의 식민지 통치역량과 관련하여」, 『중국근현대사연구』 제44집, 2009.

7   야마무로가 말하는 '통치양식統治樣式의 천이遷移'와 필자가 사용하고자 하는 '통치모델의 전이轉移'라는 개념은 미묘하면서도 중요한 차이를 가지는 것 같다. 우선 ① '천이'에

일본의 최초의 식민지인 대만은 일본 '식민통치의 실험실'이었을 뿐만 아니라[8] 이후에 획득한 식민지 지배에 참고할 수 있는, 통치모델의 원형原型으로서의 의미를 가진다. 따라서 대만 통치를 위해 고안·실행했던 통치모델(이하 '대만모델'로 부름)의 핵심적인 특징을 추출하고, 이 특징들이 이후의 식민지에 어떻게 전이되었는가(또는 전이되지 못했는가), 그리고 그렇게 된 원인은 무엇인가를 해명해보고자 한다. 또한 필자가 얻은 검토결과를 토대로 해서 식민지 조선에서 '근대(화/성)'의 문제를 다소 다르게 이해할 가능성은 없는지에 대해서도 초보적이나마 검토해보고자 한다.

관해 야마무로는 "만주국 이전 일본의 군정軍政·식민지경영·권익확장 등에서 사용되어온 통치양식이, 만주국 통치에 계수繼受될 때 계수되는 측(=식민지)의 여러 조건에 규정되고 변용되어 결국에는 어떻게 달라진 통치양식으로서 새로운 지역에 계수되는가, 라고 하는 태양態樣의 변이變移를 가리킨다"라고 말하면서 '천이遷移'의 번역어로 'succession'을 고르고 있다(山室信一, 「植民帝國·日本の構成と滿洲國-統治樣式の遷移と統治人才の周流」, ピーター ドウス, 小林英夫 編, 『帝國という幻想-"大東亞共榮圈の思想と現實』, 靑木書店, 1998, 155~156쪽). 따라서 '천이'는 '계승繼承'이나 '계수繼受'의 의미에 가까운 것 같다. 반면 필자가 사용하는 '전이'는 어떤 특정한 통치모델의 이식(영어로는 transfer 또는 transplant 정도)을 의미한다. 보다 구체적으로는 일본 식민통치의 원형이라 할 수 있는 '대만모델'을 (분석을 위한) 하나의 이념형에 가까운 어떤 것으로 설정하고 있다. 개념의 정의상 야마무로의 '천이'가 상대적으로 유연한 반면 필자의 '전이'는 다소 경직되어 있다는 인상이 강하다. 하지만 '천이' 개념은 유연한 만큼 애매하기도 하여 이현령비현령 식의 견강부회까지도 가능해질 위험성이 있다고 판단된다. 그리고 ② 야마무로의 '통치양식'과 필자의 '통치모델' 역시 차이를 보이는데, 후술하듯이 필자가 말하는 '통치모델'은 식민지통치를 위해 고안된 정치체제와 전략 및 노선을 아우른 총합적인 개념인데 반해 야마무로의 '통치양식'은 어떤 때는 통치체제(예컨대 도독부都督府나 총독부總督府)를 지칭하기도 하고 어떤 때는 문관文官과 무관武官의 관계설정을 지칭하기도 하며 심지어는 정치지도政治指導의 수법手法을 의미하기도 해서 서로 다른 차원에서 논의될 사안들이 뒤엉켜 있다는 인상이 강하다. 마지막으로 ③ 야마무로를 포함한 제국사 연구자들은 대체로 식민제국 일본의 제국으로서 위상을 인정하는 것을 전제로 하면서 논의를 진행하는 경향이 강한 반면, 필자는 역사적 현실로서 존재한 '대일본제국'은 인정하면서도 (후술하듯이) '대일본제국'의 제국으로서의 식민지 통치역량(특히 조선에 대한)에 대해서는 회의적이다.

8   강상중, 이경덕·임성모 역, 『오리엔탈리즘을 넘어서-근대문화비판』, 이산, 1997, 116쪽.

2. 식민통치의 원형 창출—'대만모델'의 형성과 그 특징

청일전쟁의 결과 맺어진 시모노세키 조약을 통해 식민제국 일본의 최초의 식민지가 된 대만의 통치방식에 관해 일본 정부 내부에서는 확고한 방침이 정해지지 않았고,[9] 이는 대만 주민의 무장 항일운동과 맞물려 초기 대만통치의 혼란을 가중시켰다. 때문에 커크우드Kirkwood, Montague, 르 봉LeVon, Michel 등 외국인 고문의 식민지제도에 관한 견해를 참고하는 한편,[10] 여러 차례의 제도적 개변을 통해 적절한 통치방식을 찾아나가려 애썼지만 좀처럼 실마리는 보이지 않았다. 때문에 대만 매각 주장이 힘을 얻는 상황이 발생하기도 했다.[11]

대만통치에 중요한 돌파구가 열린 것은 총독 고다마 겐타로와 민정장관 고토 심페이 두 '콤비'가 부임한 1898년부터였다. 고다마—고토의 긴밀한 협력하에 전개된 식민지경영이 본궤도에 오르기 시작하면서 대만 통치는 안착하게 된다. 고다마—고토에 의해 고안되고 실행된 대만모델의 기본적인 골격은 아래와 같이 요약될 수 있다.

① 군정과 민정을 총람함은 물론, 행정 · 사법[12] · 입법[13] 등 통치행위에

---

9 鶴見祐輔, 一海知義 校訂, 『正傳後藤新平 4—滿鐵時代, 1906~1908』(決定版), 藤原書店, 2005, 50~60쪽.

10 カークードKirkwood, Montague, 「臺灣制度 · 天皇の大權及帝國議會に關する意見書」(1895.7.24), 伊藤博文 編, 『秘書類纂—臺灣資料』, 秘書類纂刊行會, 1936; ミシエル ルボンLeVon, Michel, 「遼東及臺灣統治に關する答議」(1895.4.22), 같은 책.

11 대만 영유는 일본에게 사치에 불과하고 따라서 외국 또는 중국에 팔아버려야 한다는 주장이 '국민유식자國民有識者'들에 의해서도 제기되었다(矢內原忠雄, 『帝國主義下の臺灣』, 岩波書店, 1988, 8쪽).

12 持地六三郎, 『臺灣殖民政策』(東京第2版, 1912), 1998(南天書局復刻版), 86~106쪽; 文竣

관한 광범한 권한을 총독에 부여하여 총독의 전제專制를 가능케 함과 동시에 대만 통치의 자율성을 상당부분 보장한 통치체제의 실행(총독부체제)[14]

② 정치적으로는 피식민지인의 정치참여를 배제(또는 극도로 제한)하여 정치과정을 최대한 생략하고 경제적으로는 식민 본국의 자본주의 발전에 식민지경제를 종속시키는 전략의 구사(정치적 배제와 경제적 종속)

③ 소위 생물학적 원칙에 입각한[15] 식민지 현지에 대한 광범하고도 치밀한 구관조사舊慣調査 및 구관의 존중에 바탕을 둔 (토지조사사업을 비롯한) 제반 정치·경제적 조치의 실행(선택적 구관온존정책舊慣溫存政策)

④ 제반 '문명화' 조치를 통해 피식민지인을 '자발적으로 귀의'하게 하기

映,「植民地司法制度の形成と帝國への擴散」, 淺野豊美·松田利彦 編,『植民地帝國日本の法的構造』, 信山社, 2004, 52~60쪽. 다만 사법의 행정에의 종속이라는 형태의 '대만형' 사법제도가 메이지시대 일본의 행정·사법 관계가 대만에도 관철된 결과라고만 보는 문준영의 소론에는 다소 위화감이 들기도 한다. 그 이유는, 조선은 물론이고 대만을 포함한 중국에서는 명청시대明淸時代에도 지방관이 행정·사법을 통합적으로 관할해온 전통이 있기 때문이다. 따라서 이 문제를 제국의 제도적 장치가 일방적으로 식민지에 관철되었다고 보기보다는 (경비절감 등의 현실적 이유까지도 포함한) 구관舊慣의 (선택적) 온존溫存이라는 각도에서도 접근할 필요가 있다고 판단된다.

13 持地六三郎, 위의 책, 49~66쪽.

14 위의 책, 435~437쪽은 대만 통치 '성공'의 중요한 요인 중 하나로서 고토가 원하는 소장·유능少壯·有能한 관리를 자유롭게 대거 등용한 점을 꼽고 있고, 실제로 고토는 고다마 총독의 양해하에 니토베 이나조(일본 식민정책학의 태두), 나카무라 고레키미(동경대학 법학과, 만철 부총재), 오카마츠 산타로(경도대학 법학교수) 등 당시의 최고 수준의 인재를 대거 등용할 수 있었다(鶴見祐輔, 一海知義 校訂,『正傳後藤新平 3─臺灣時代, 1898~1906)』(決定版), 藤原書店, 2005, 74~80쪽).

15 고토는 대만 부임 직전 작성한「대만통치구급안臺灣統治救急案」에서 "무릇 식민경영의 대체는 오늘날과 같은 과학진보의 시대에는 생물학의 기초에 서지 않으면 안된다. 생물학의 기초란 무엇인가. 과학적 생활을 증진하고 식산·흥업·위생·교육·교통·경찰 등의 모든 것을 생물학에 기초하여 실행함으로써 생존경쟁의 장에서 적자생존의 이치를 실현하는 것이다. 동물이 한서寒暑를 이기고 기갈飢渴을 견뎌내며 상황에 순응하여 생존하듯이, 우리는 시간과 장소에 따라 제반의 곤란을 타파하고 제반 조치의 핵심을 얻어 대만경영에서 광휘를 발양해야 한다"고 하고 있다(위의 책, 52쪽). 고토의 생물학적 원칙에 관해서는 張隆志,「後藤新平─生物學政治與臺灣殖民現代性的構築(1898~1906)」, 國史館 編,『20世紀臺灣歷史與人物─第六屆中華民國史專題論文集』, 國史館, 2002가 상세하다.

위한 사회간접자본의 확충[16] 및 이를 위한 적극재정 노선의 채택(적극주의적 식민지경영).[17]

　이러한 대만모델에 근거한 대만통치는 동시대의 일본인뿐만 아니라 서구인 관찰자들에게도 '성공적인' 식민지통치로 평가되었고,[18] 대만모델의 실질적인 총지휘자였던 고토로 하여금 자신의 식민통치방식의 유효성에 대한 확신을 갖게 했다.[19] 대만모델의 '성공'이라는 고토의 업적은 그를 초대 만철 총재에 부임하게 하는 직접적인 계기가 되었고, 이로써 대만에 이은 두 번째 식민지租借地인 관동주關東州에도 대만모델이 시도될 개연성이 높았다.

16　持地六三郎, 『臺灣殖民政策』(東京第2版, 1912), 1998(南天書局復刻板), 216~227쪽.

17　'적극주의적 식민지경영'이라는 개념은 小林道彦, 『日本の大陸政策, 1895~1914―桂太郎と後藤新平』, 南窓社, 1996, 88~95쪽에서 빌려왔다.

18　예컨대 持地六三郎, 『臺灣殖民政策』(東京第2版, 1912), 1998(南天書局復刻板), 426~429쪽. 오해를 피하기 위해 대만 통치의 '성공'을 통치효과와 관련된 평가의 결과로 한정해서 사용하기로 한다. '통치효과'라는 개념은 식민지권력의 통치행위에 대한 식민지사회의 순화馴化의 정도를 의미하는 것으로 사용하기로 한다. 近藤釼一 編, 『太平洋戰下の朝鮮及び臺灣』, 朝鮮史料研究會 近藤研究室, 1961, 89~90쪽에 따르면 대만에서는 전제순화專制馴化(전제통치에 의한 식민지 인민의 순화)가 용이하게 달성되었고 따라서 대만통치는 일본의 의도를 성공리에 관철한 반면, 조선의 경우는 전제순화의 각도에서 명백히 실패했다고 진단했다.

19　고토는 『일본팽창론日本膨脹論』에서 "나의 대만생활은 불과 10년이란 짧은 기간에 불과했지만 내가 얻은 경험은 실로 나의 자랑이며 정신적 명예이다. (…중략…) 나는 대만에 부임하고 나서 여러 가지 종류의 실험을 하면서 점점 위와 같은 감정을 절실하게 느끼고 한층 흥미를 갖게 되었다. (…중략…) 무릇 모든 정책은 마땅히 생물학적 원칙을 기초로 해야 한다는 나의 오랜 신념은 대만에서 실제 경험을 통한 교훈에 의해 더욱 확고해졌다. 하늘은 나에게 은총을 내리시어 복잡다단한 인류 생활을 통해 그 성질과 의의, 이법理法에 정통하고 확실하게 이해할 수 있도록 해주셨다"고 회고하고 있다(後藤新平, 中村哲 해제, 『日本植民政策一斑・日本膨脹論』, 日本評論社, 1944, 141~143쪽).

3. 대만모델의 전이 시도와 좌절—관동주關東州의 사례

러일전쟁의 결과 남만주에서의 러시아의 기존 이권을 승계한 일본 정부는 관동도독부關東都督府를 설치하는 한편, 부속 철도에 대한 운영을 위해 남만주철도주식회사(이하 '만철'로 줄임)를 설립하고 그 초대 총재로 고토 심페이를 임명했다. 러일전쟁 직후부터 미·영을 포함한 서구열강의 만주 진출에 대한 경계와 만주의 식민지로서의 가치에 대한 평가를 둘러싸고 일본 정부 내에서는 고다마—고토의 군비확장 억제 + 적극주의적 만주경영 노선과 이토 히로부미—야마가타 아리토모 등의 군비확장 + 소극주의적 만주경영 노선이 대립하고 있었는데,[20] 1906년 5월 개최된 만주문제에 관한 협의회에서는 결국 이토—야마가타 노선이 승리하게 된다.[21] 하지만 고토는 포기하지 않고 대만에서 '실습'한 통치모델을 관동주에도 재현하기 위한 움직임을 멈추지 않았다.

우선 총재 부임 직후부터 관동주關東州의 통치구조에 대한 변경을 모색하게 된다. 러일전쟁 직후 만주 경영은 관동도독부·만철·봉천영사관(=외무성)에 의한 소위 '삼두정치三頭政治' 체제였다.[22] 삼두정치체제가 들어서게 된 데에는 관동주가 기본적으로 속지屬地(=영토)가 아닌 조차지租借地였다는 사실,[23] 그리고 만주에 이해관계를 가지는 여러 열강

---

20 小林道彦, 『日本の大陸政策, 1895~1914—桂太郎と後藤新平』, 南窓社, 1996, 115~122쪽.
21 川島淳, 「日露戰後における植民地統治構想の相剋—'關東都督府官制'制定經緯の再考」, 『東アジア近代史』 7호, 2004, 23~24쪽.
22 伊藤健, 「滿鐵創立時期後藤新平與日本政府的對立」, 吉林大學 碩士論文, 2007, 32~33쪽.
23 만주문제에 관한 협의회에서 이토 히로부미는 만주 경영에 관해 "일체一切를 지휘하는 관아官衙"를 설치할 것을 주장한 고토에 대해 "만주는 결코 우리나라(=일본)의 속지가 아니다. 순연한 청국淸國의 일부이다. 속지도 아닌 곳에 우리 주권이 행해질 도리는 없고

(영·미·러 등)과의 외교적 조정을 위한 외무성의 역할이 중시되었다는 점 등이 작용했는데,[24] 이는 요동총독부遼東總督府를 설치(민정장관에는 고토 임명 예정)하고 관동주를 사실상의 식민지로서 적극 경영하려던 고다마-고토의 구상과는 크게 다른 것이었다.[25] 이 점이 고토의 만철 총재 취임을 여러 차례 주저하게 만든 원인이기도 했지만,[26] 고다마의 급서急逝로 인해 결국 만철 총재에 취임한 고토는 자신의 적극주의적 식민지경영 노선을 관철하기 위한 노력을 멈추지 않았다.

그 첫 번째가 전술한 삼두체제의 개혁이었다. 고토는 관동주에 대한 중앙집권적 경영에 방해된다고 생각되던 (삼두체제에 의한) 권력 분산을 막기 위해 일본 정부 내에 집권적 성격의 척식拓植 기관 설립을 진언했다. 하지만 이 제안과 만철 총재의 친임親任 대우(이를 통해 청국淸國 및 각국 외무대신과 대등한 입장에서의 교섭이 가능) 요구가 야마가타와 하라原敬의 반대에 부딪혀 좌절되자, 만철과 관동도독부를 사실상 통합하는 조

따라서 척식무성拓植務省과 같은 것을 신설해서 사무를 취급할 필요는 없다"고 하여 반대 의사를 분명히 하고 있고, 야마가타 역시 "만주 땅은 전후에 청국에 환부되는 것이 당연한 지역이고, 제국은 열국에 대한 신의를 고려해야 하기 때문에 공약을 파기할 수는 없다"고도 하고 있다(川島淳, 「日露戰後における植民地統治構想の相剋─'關東都督府官制'制定經緯の再考」, 『東アジア近代史』 7호, 2004, 24쪽 및 28쪽). 이는 러일전쟁 직후에 맺어진 조약·협정 등에 명시된 내용이기도 하거니와, 정책적 판단에서 국제환경을 최우선적으로 고려한 이토 히로부미의 정치·외교 스타일을 반영한 것이기도 할 것이다(森山茂德, 「倂合と自治の間─伊藤博文の國際·韓國認識と'保護政治'」, 『東アジア近代史』 14호, 2011, 23~24쪽).

24 小林道彦, 『日本の大陸政策, 1895~1914─桂太郎と後藤新平』, 南窓社, 1996, 143~145쪽.
25 고다마는 「만주경영책경개滿洲經營策梗槪」에서 "전후 만주경영의 요체는 양陽으로는 철도경영의 가면을 쓰고 음陰으로는 백반百般의 시설施設을 실행하는 것"이라고 하여 적극적 만주경영 구상을 제시한 바 있다(伊藤健, 「滿鐵創立時期後藤新平與日本政府的對立」, 吉林大學 碩士論文, 2007, 13~14쪽).
26 鶴見祐輔, 一海知義 校訂, 『正傳後藤新平 4─滿鐵時代, 1906~1908』(決定版), 藤原書店, 2005, 31~49쪽.

치를 요구하게 된다. 구체적으로는 만철 총재의 관동도독부 고문 임명, 부총재의 관동도독부 민생장관民生長官 임명, 관동도독의 만철 총재 겸임 등을 제안했는데, 이들 제안은 모두 관동주 통치와 만주 경영 과정에서 발생할 수 있는 갈등의 최소화와 권한의 집중을 겨냥한 것이었다.[27] 하지만 만주문제에 관해 당장은 적극적 식민지경영의 의사가 없었던 일본 정부의 일관된 반대에 부딪혀 이들 모두 좌절되고 만다.

이로써 대만모델의 실행을 위한 기본조건이라고 할 수 있는 ① 총독 (부)체제(또는 그에 필적하는 집권적 통치기구)의 수립은 좌절되었다. 뿐만 아니라 ② 정치과정의 생략과 식민지 경제의 모국 경제에의 종속 전략 역시 관동주가 속지屬地가 아닌 조차지租借地였다는 근본적인 한계 및 만주에서의 현상유지를 당면의 정책 목표로 삼았던 일본 정부의 기본 방침에 막혀 원활히 수행될 수 없었고, ④ 식민지 기초공정을 위한 적극재정 역시 '무배상無賠償 강화講和'라는 러일전쟁의 종결 방식과 전후 불경기로 인한 긴축재정 탓에 염가廉價의 만주경영(즉 본국의 재정 보조 없는 만주경영)을 내건 일본 정부의 방침으로 인해 온전하게 실행될 수 없었다. 후에 고토는 이를 인비주의吝費主義로 비난하게 된다.

또한 ③ 생물학적 원칙에 입각한 구관조사 역시 만철조사부滿鐵調査部(1908년 조사과調査課로 개칭) · 동아경제조사국東亞經濟調査局 · 중앙시험소中央試驗所 · 지질연구소地質研究所 및 만선역사지리조사부滿鮮歷史地理調査部 등 다양한 조사기관의 수립이라는 결과를 낳긴 했지만,[28] 실제

---

27 川島淳,「日露戰後における植民地統治構想の相剋-'關東都督府官制'制定經緯の再考」,『東アジア近代史』7호, 2004, 34~35쪽; 伊藤健,「滿鐵創立時期後藤新平與日本政府的對立」, 吉林大學 碩士論文, 2007, 32~35쪽.
28 고토後藤의 대만 및 만주에서의 구관조사와 그 기저를 이루는 조사사상調査思想(소위 학

조사 성과는 고토의 기대에 미치지 못했다. 거기에 기구 축소의 영향도 받으면서 대만에서 거두었던 『대만사법臺灣私法』, 『청국행정법淸國行政法』, 『대만번족조사보고서臺灣蕃族調査報告書』와 같은 방대하고도 뛰어난 조사 성과는 (적어도 관동주 통치 초기에는) 나오지 않게 된다.[29]

이로써 대만에서의 식민통치 경험을 총괄하면서 만주 경영의 청사진으로 제시한 고토의 소위 문장적 무비文裝的武備론은[30] 관동주를 둘러싼 내·외적 조건의 한계로 인해 거의 관철될 수 없었다. 때문에 만철 총재로 취임한 지 2년 만에 고토는 본국의 체신대신遞信大臣으로 이임함으로써 관동주에서의 대만모델 실험은 사실상 좌절되고 만다.[31]

속병진俗騈進)에 대해서는 村上綱實, 「植民地調査と後藤新平」, 川合隆男 編, 『近代日本社會調査史』I, 慶應通信株式會社, 1989를 참조.

29 만철총재를 사임한 후에 고토는 일본 정부의 만주경영 방침에 대해 기회 있을 때마다 강도 높게 비판했다. 예컨대 조선통치 5주년을 맞아 간행된 『신조선新朝鮮』에의 기고를 통해서는 "일본민족은 조사사업을 우원迂遠하다고 여기면서 눈앞의 공리만을 급하게 좇는 폐습이 있다"면서 "무용한 날에 유용한 일을 하여 항상 모든 일의 핵심적 정보의 제공자가 되고 조성자助成者가 되는 것은 조사기관이다. 만일 이러한 기관이 갖추어져 있다면 누구의 명령, 어떠한 촉탁이라도 자연적으로 필요로 하는 바의 연구가 행해질 수 있는"데도, "일본 국민은 이러한 사업에 지극히 냉담하여 일찍이 내가 기획한 중앙연구소中央研究所나 만철조사부滿鐵調査部에 격렬한 비난을 가하는 자가 적지 않았다"고 말하고 있다(後藤新平(前遞信大臣·男爵), 「同化政策根本策論」, 朝鮮硏究會 編, 『新朝鮮』, 1916, 34~39쪽). 고토의 이러한 분개는 정부관료들이 "수성守成에 얽매일 뿐 실제의 변통을 강구하지 않는다"거나 "오늘날의 식민관료는 법학통론의 수준을 벗어나지 못한다. 그들의 토론이란 기껏해야 학생들의 토론시합에 지나지 않아 탁상에서 막대한 시간을 허비한 후 결국에는 '만주문제를 이해하게 되었다'는 식의 결론이나 도출하니, 나는 분개·통석하지 않을 수 없다"고 하고 있다(伊藤健, 「滿鐵創立時期後藤新平與日本政府的對立」, 吉林大學 碩士論文, 2007, 38~39쪽).

30 고토의 표현을 빌리면 문장적 무비란 "문사적文事的 시설로 장래의 침략에 대비하되 일단 급한 일이 있으면 무단적武斷的 행동을 돕는 방편을 아울러 강구해 두는 일"이다. 즉 식민지 통치는 단순히 무력에 의존할 것이 아니라 교육·위생·학술이라는 넓은 의미의 문사적文事的 시설施設을 구사해야 하며, 피식민지인 사이에 식민통치자에 대한 경외심이 생겨나면 군사·외교적 비상 상황이 발생하더라도 외부로부터의 침략을 막을 수 있다는 것이었다. 그리고 이 문사적 시설의 핵심이 바로 과학적 조사활동이었다(고바야시 히데오小林英夫, 임성모 역, 『만철 — 일본제국의 싱크탱크』, 산처럼, 2004, 47~48쪽).

4. 대만모델의 전이와 굴절 – 조선朝鮮의 사례

1905년 이래의 보호국 단계를 거쳐 1910년 병합이라는 독특한 형태로 일본의 식민지가 된 조선에 대해서도 일본 정부는 대만과 유사한 통치체제를 구축한다.[32] 하지만 제2절에서 제시한 대만모델의 전부를 채용한 것은 아니었다. ① 총독의 전제를 가능케 한 총독부체제,[33] 그리고 ② 정치적 배제와 경제적 종속은 거의 그대로 수용된 반면,[34] ③

---

[31] 다만 대만총독부와 관동도독부·만철 간에는 주로 관료인사의 면에서 상당한 연속성이 발견되기도 한다. 예컨대 고토의 총재 부임에 동반하여 대만총독부 재무국장 겸 총무국장을 지낸 나카무라中村是公가 부총재에 임명되고, 대만총독부 참사관장 이시즈카石塚英藏와 세키야關屋貞三郎, 아리이즈미有泉朝次郎 등이 관동주關東州 민정서民政署로 차례차례 이임하게 된다. 이들을 포함해 대만총독부의 고위직에 있다가 관동주 민정서로 이임한 관료는 王鐵軍, 「臺灣總督府官僚と關東都督府の設立－植民地間の官僚交流を中心として」, 檜山幸夫 編, 『帝國日本の展開と臺灣』, 東京 : 創泉堂, 2011, 210~211쪽에 따르면 적어도 22명 정도에 달한다. 이는 물론 왕철군王鐵軍의 지적대로 외지관료체제外地官僚體制에 제도적으로 '횡적인' 인사교류가 형성되어 있었기 때문은 아니지만, 고토 심페이가 이들 관료들의 (대만에서 만주로의) 전임을 직·간접적으로 요청한 것으로 미루어 보아 대만에서의 식민통치 경험을 관동주에 이식하려는 노력의 일환으로 간주하는 데는 무리가 없는 듯하다. 또한 만주에서의 구관조사의 원형을 대만에서의 구관조사가 제공하고 있다는 지적(鄭政誠, 「日治時期臺灣舊慣調査對滿洲舊慣調査的輸出－以調査模式與人員的移植爲中心」, 『法制史研究』13기, 2008)으로 미루어 대만모델의 관동주로의 전이가 특정 부문에서 제한적으로나마 이루어진 점은 확인할 수 있을 듯하다.

[32] 大江志乃夫, 「植民地戰爭と總督府の成立」, 大江志乃夫 外編, 『岩波講座 近代日本と植民地 第2巻－帝國統治の構造』, 岩波書店, 1992는 총독부라는 형태의 통치체제가 대만과 조선에 수립된 원인으로서, 할양(대만)과 병합(조선)에 의해 두 지역이 식민지화되었다 하더라도 식민지화를 완결하기 위해서는 피식민지 사회와의 군사적 대결, 즉 '식민지전쟁'이라는 단계를 거쳐야 했던 점에서 찾고 있다.

[33] 김낙년, 『일제하 한국경제』, 해남, 2003, 35~44쪽.

[34] 사법의 측면에서는 '대만형' 사법제도를 그대로 채용하고 있고(文竣映, 「植民地司法制度の形成と帝國への擴散」, 淺野豊美·松田利彦 編, 『植民地帝國日本の法的構造』, 信山社, 2004), 입법의 경우에는 명칭도 차이가 날 뿐만 아니라 대만 입법과 관련해 적용된 기한 규정(육삼법六三法과 삼일법三一法)이 조선의 경우에는 없었다는 차이가 있다. 이 점에 대해서는 Edward I-te Chen陳以德, "Japanese Colonialism in Korea and Formosa : A Comparison of the Systems of Political Control", *Harvard Journal of Asiatic Studies*, vol.30, 1970이 비교적 잘 정리하고 있다.

의 경우에는 상당히 불철저한 형태로밖에는 실현되지 않았고,[35] ④ 재정문제와 관련해서는 거의 전이되지 못했다.

특히 대만모델이 가진 통치효과가 제대로 발휘되기 위해서는, 다시 말해 ①·②·③의 성공적인 구현을 위해서는 통치효과의 실현을 감당할 수 있는 ④ 재원조달 능력이 무엇보다도 핵심적인 요소였다고 본다면, 조선의 경우에는 적극주의적 식민지경영(=적극재정)을 구현한 대만모델과는 거리가 있었다. 이를 좀 더 구체적으로 살펴보자. 아래의 표는 대만과 조선의 세출을 인구로 나누어 각 식민지에 소요된 1인당 통치경비를 비교한 것이다.[36]

〈표 1〉 조선·대만의 1인당 통치경비 비교[37]

연도	조선 세출 결산액(엔円)	조선 인구(명)	대만 세출 결산액(엔)	대만 인구(명)	1인당 조선통치 경비(엔)	1인당 대만통치 경비(엔)
1910	17,815,655	13,313,017	41,201,533	3,299,493	1.337	12.487
1911	46,172,311	14,055,869	43,621,251	3,369,270	3.285	12.947
1915	56,869,947	16,278,389	38,249,707	3,569,842	3.494	10.715
1920	122,221,297	17,288,989	95,334,111	3,757,838	7.069	25.369

---

35 예컨대 조선에서 실시한 구관조사의 결과물인 『관습조사보고서慣習調査報告書』는 일본인 판사들의 신랄한 비판을 받을 만큼 조사방식과 조사내용에서 문제가 많은 보고서였다(홍양희·양현아, 「식민지 사법관료의 가족 '관습' 인식과 젠더 질서-『慣習調査報告書』의 호주권에 대한 인식을 중심으로」, 『사회와 역사』 제79집, 2008 가을, 176~177쪽). 또한 1920년대에 시작된 조선사회사정조사朝鮮社會事情調査와 부락조사部落調査 역시 소기의 목적을 달성하지 못하고 중단되었다(박현수, 「일제의 식민지 조사기구와 조사자」, 『정신문화연구』 21권 3호(통권72호), 1998, 15~20쪽). 요컨대 식민지 조선에서의 구관조사는 대만에서의 그것에 비해 질·양 양면에서 현저히 못 미친다는 것이 일반적인 관측인 듯한데, 현재로서는 그러한 차이가 발생한 원인을 명확히 제시하기 어렵지만 비교사적 관점에서 흥미를 끄는 대목 중 하나이다.

36 이하의 내용은 문명기, 「대만·조선총독부의 초기 재정 비교 연구-'식민제국' 일본의 식민지 통치역량과 관련하여」, 『중국근현대사연구』 제44집, 2009.12, 103~105쪽 및 111~112쪽에 근거하되, 필자가 새로이 추가한 부분에 대해서는 따로 각주를 달아 놓았다.

연도	조선 세출 결산액(엔)	조선 인구(명)	대만 세출 결산액(엔)	대만 인구(명)	1인당 조선통치 경비(엔)	1인당 대만통치 경비(엔)
1925	171,763,081	19,015,526	87,770,875	4,147,462	9.033	21.162
1930	208,724,448	20,256,563	109,970,881	4,679,066	10.304	23.503

---

37 문명기, 「대만·조선총독부의 초기 재정 비교 연구-'식민제국' 일본의 식민지 통치역량
과 관련하여」, 『중국근현대사연구』 제44집, 2009.12, 104쪽에 제시된 표를 축약해 정리한
것이다. 이 표는 北山富久二郎, 「豊かな臺灣の財政」, 『臺北帝國大學文政學部·政學科研
究年報』 제1집, 1934에 제시된 수치를 필자가 1인당 통치경비 부분을 추가하여 작성한 것
인데, 커즈밍, 문명기 역, 『식민지시대 대만은 발전했는가-쌀과 설탕의 상극』, 일조각,
2008; 이윤상·김상태, 「1910년대 조선총독부의 재정정책-세입·세출 예산의 분석을
중심으로」, 권태억 외, 『한국 근대사회와 문화 Ⅱ-1910년대 식민통치정책과 한국사회의
변화』, 서울대 출판부, 2005; 박노보, 「조선총독부특별회계 분석을 통한 일본의 조선통치
정책 연구-재정의 변천과정과 세입구조 분석을 중심으로」, 『일본학연보』 제3집, 1991
등에 제시된 수치와 비교해보면 대만·조선 주둔군 유지를 위해 소요되는 군사비는 제외
된 수치임을 알 수 있다. 이는 식민지 군사비가 본국정부의 일반회계一般會計에 속하고 통
상적인 식민지 통치경비는 특별회계特別會計에 속하는 사정에 따른 것인 듯하다(細川嘉
六, 『植民史-現代日本文明史 第十卷』, 東洋經濟新報社, 1941, 315~316쪽 역시 조선재정
을 언급하면서 "군사비軍事費 등의 제국帝國 회계부담會計負擔은 포함되지 않은 것에 주의
해야 한다"는 점을 지적하고 있다). 어쨌든 군사비를 〈표1〉에 제시된 수치에 포함시킬 경
우 1인당 통치경비에도 다소의 변동이 있을 수 있을 것이라는 점은 부기해둔다.
　이와 관련하여 矢內原忠雄, 「朝鮮統治上の二·三の問題」, 『矢內原忠雄全集 第4卷-植
民政策研究 Ⅳ』, 岩波書店, 1963, 308쪽에는 조선에 관한 군사비 규모가 제시되어 있는
데, 예컨대 1915년에는 697만 엔, 1919년에는 1,584만 엔이 지출된 것으로 파악되고 있다.
따라서 조선총독부의 전체 재정규모는 군사비만큼 증가될 터이다. 하지만 대만총독부
예산에서도 군사비 항목은 제외되어 있고, 또 군사비는 성격상 식민지주민의 통제나 식
민지개발과 직접 연관이 없는 항목이므로, 본고가 주목하는 통치효과와 관련해서는 제
외해도 무방한 항목이라고 판단된다. 다만 식민지에 군사비를 분담케 했던 영국·프랑
스·독일에 반해, 1937년 '임시군사비특별회계臨時軍事費特別會計'가 성립하여 식민지회
계가 '임시군사비특별회계'로의 조입금操込金을 계상할 때까지는 육해군비의 지출이 전
혀 없었다(다시 말해 일본 식민지는 군사비를 부담하지 않았다)는 점은 일본 식민지재정
제도의 중요한 특색 중 하나라고 할 수 있다(平井廣一, 「19世紀末~20世紀初頭における
列强の植民地財政制度」, 『經濟論集』 38권2호, 北海學園大學, 1990, 92~93쪽). 예컨대
영국의 경우 인도 주둔군 중 인건비가 영국인 군인의 절반 내지 1/3 수준인 인도인을 대
거 고용해 본국의 재정 부담을 낮추는 한편, 식민지에 본국의 군사비를 분담하게끔 하는
조치를 통해서 식민지 주둔군 군사비를 거의 지불하지 않아도 되었다. 영국 식민지정부
가 (적어도 1857년의 세포이반란 전까지는) 인도 카스트제도에 따른 인도사회의 분열적
상황을 활용해 현지인을 대거 용병으로 고용하면서도 식민지정부에 대한 반란을 우려하
지 않은 점은 흥미로운 대목이다.(金子勝, 「安價な政府と植民地財政-英印財政關係を
中心にして」, 『商學論集』 48권3호, 福島大學 經濟學會, 1980).

두 지역의 1인당 통치경비의 차이가 확연하게 드러나고 있다. 〈표 1〉에 제시된 대만 인구 1인당 통치경비를 조선 인구에 적용하면 대략 조선총독부가 (대만통치에 상응하는) 통치효과를 거두기 위해 필요했던 세출규모가 산출된다. 예컨대 1915년의 경우 10.7엔(대만 1인당 경비) × 16,300,000(조선 인구) = 1억 7,441만 엔(조선통치 필요경비)인 데 반해 실제로 투입된 경비는 5,690만 엔 정도로 필요경비의 1/3 수준에 불과했고, 1925년의 경우 21.2엔(대만 1인당 경비) × 19,000,000(조선 인구) = 4억 280만 엔(조선통치 필요경비)이 필요했으나 실제 투입된 액수는 1억 7,200만 엔에 불과했다. 이는 조선통치에 관한 한 필요경비와 실제경비의 현저한 간극을 잘 보여주는 결과이다.

이렇게 대만 재정과 조선 재정에 중대한 차이를 발생한 원인에 대해서는 여러 각도에서 해명될 수 있겠지만,[38] 무엇보다도 식민지 조선은

---

[38] 두 지역의 세원稅源으로서의 잠재력revenue potential, 본국정부의 재정지원 규모와 태도, 그리고 전매수익의 현격한 차이 등을 주된 원인으로 지적할 수 있다(위의 글, 101~103쪽). 세원으로서의 잠재력과 관련해서는 흥미로운 일화가 涂照彦, 「臺灣の政治經濟情勢と兩岸關係」, 中村勝範 等, 『アジア太平洋における臺灣の位置』, 早稻田出版, 2004, 138쪽에 소개되어 있다. 『日本勸業銀行史』(제6편, 未定稿, 1952)는 식민지시대 대만을 "최대의 ドル箱dollar box"이라고 불렀는데, 그 이유는 내지에서의 영업부진으로 인해 식민지 대만으로 진출한 일본권업은행이 수리·관개 시설의 정비·확충에 소요되는 자금을 대만 농민에게 대출해주고 막대한 이자수입을 올렸기 때문이다. 이 사례는 세원으로서의 잠재력과 직접적인 연관은 없지만, 역으로 말하면 대만 농민의 이자부담능력, 나아가 담세능력을 설명해주는 사례로서도 의미를 가질 수 있지 않을까.
또한 대만의 경우 전매 품목도 다양하고 전매 수익이 전체 세입에서 차지하는 비중이 대단히 높았던 데 반해 조선의 경우에는 전매 품목도 상대적으로 빈약할 뿐만 아니라 전매수익의 비중이 그다지 높지 않다는 것도 두 지역 재정의 대조적인 특징이다. 전매는 '사회'의 경제적 이익을 '국가'가 독점적으로 전유한다는 점에서 본질적으로 정치와 경제의 접점이다(金子文夫, 「書評－平井廣一, 『日本植民地財政史研究』」, 『社會經濟史學』 64권 6호, 1999, 104쪽). 따라서 전매정책의 수행 방식과 규모 등은 두 식민지의 국가-사회 관계를 측정하는 데 있어서 하나의 중요한 지표라고 판단되는데, 이에 관해서는 문명기, 「대만·조선총독부의 초기 재정 비교 연구－'식민제국' 일본의 식민지 통치역량과 관련하여」에서 보다 상세히 논하고 있다.

대규모의 재원을 초기에 집중 투자하여 적극적으로 재원을 발굴함으로써 풍부한 재정을 확보하고 이를 다시 식민지통치에 활용하는 대만 모델을 적용하기에는 그 규모가 지나치게 컸던 점이 일차적으로 중요하다. 면적으로는 조선의 약 1/6, 인구로는 1/4 정도에 불과한 대만에서는 비교적 유효하게 작동했던 통치모델이 조선에서는 그 유효성을 상실할 수밖에 없었던 것이다.

이렇게 필요경비가 적절하게 투입되지 못함으로써 발생하는 통치효과의 차이와 관련하여 몇 가지 사례를 살펴보자. 우선 동시대 관찰자인 모치지 로쿠사부로持地六三郎에 따르면, "조선의 제반 행정은 대만과 같이 주도周到(면밀)하지 못하고 극히 조방적粗放的인 행정으로 만족할 수밖에 없다. 예컨대 함경남도의 경우 1도道의 면적이 대만 전체와 같은데, 대만에서는 총독總督을 두고 5주州2청廳이지만 조선에서는 오직 한 명의 도지사道知事가 다스리고 있다. (…중략…) 우편국郵便局 분

한편 이 문제와 관련하여 平井廣一, 『日本植民地財政史硏究』, ミネルヴァ書房, 1997에 제시된 논점을 검토해볼 필요가 있다. 본서는 일본 식민지경제사 분야에서도 의외로(?) 성과가 적은 분야인 식민지재정사 분야에서 일종의 'pioneer work'에 해당하는 의미 있는 저서임에는 분명하다(위의 글; 山本有造, 「書評-平井廣一, 『日本植民地財政史硏究』」, 『經濟學論集』64권 1호, 東京大學 經濟學會, 1998, 82쪽). 다만 대만과 조선, 관동주와 남양군도를 포함하는 일본 식민지재정의 특징을 '관업'의 비중이 압도적이라는 점에서 찾는 히라이平井의 접근방식에는 선뜻 동의하기 어렵다. 적어도 대만과 조선에 관한 한 재정적 측면에서의 선명한 차이는 (전매와 철도·체신 등을 망라하는) 관업 전체라기보다는 전매 부문에 국한된 현상이다. 다시 말하면 저자도 잘 지적하고 있듯이 대만에서는 아편중독자로부터의 수탈(아편전매)과 생번에 대한 무력탄압(장뇌전매)을 통해 전매가 관철된 반면, 조선에서는 연초를 제외하고는 이렇다 할 전매품목도 없었고 연초전매 역시 상당히 불철저한 형태로 진행될 수밖에 없었던 점에 '풍부한' 대만 재정과 '빈약한' 조선 재정의 결정적인 차이가 존재하는 것이다. 왜 대만에서는 전매의 관철을 위해 수탈과 탄압이 관철된 반면, 조선에서는 그것이 어려웠는가? 바로 이 점을 적절하게 해명해야만 두 총독부의 재원조달 능력의 차이를 설명할 수 있고, 나아가 두드러진 통치효과의 차이도 설명할 수 있다고 생각한다.

포에서도 대만에서는 면적 14방리方里, 인구 2만 명당 하나가 있지만, 조선에서는 26방리方里, 인구 3만 2천 명에 대해 하나 있다"는 것이다.[39] 함경남도를 도지사 한 명이 다스리고 있다고 하는 등 다소 과장된 비교가 눈에 거슬리기는 하지만, 이를 최근의 연구 성과에 근거해 표로 작성하면 아래와 같다.

연도	대만총독부 직원 수(총계)	조선총독부 직원 수(총계)
1915	25,292	25,933
1920	30,153	36,450
1925	36,422	41,463
1930	37,243	48,808
1935	42,037	55,965
1940	80,131	76,211

이 수치를 〈표 1〉에 제시된 대만·조선 총인구로 나누어 계산해보면, 1915년의 경우 관료 1인당 담당인구는 대만이 141.15명, 조선이 627.71명, 1920년의 경우 대만이 124.63명, 조선이 474.32명, 1925년의 경우에는 대만이 113.87명, 조선이 389.60명이 된다. 관료수의 절대규모로는 당연히 조선쪽이 항상 조금 많고, 또 (1940년을 제외하면) 점차 관료 1인당 담당인구의 격차가 줄어드는 추세에 있기는 하지만 두 지역의 인구규모를 고려하면 대만 쪽의 행정이 훨씬 촘촘하다는 모치지의 관찰과 부합하는 결과이다.

뿐만 아니라 두 지역의 경찰력 배치에서도 적지 않은 차이가 보인다. 1930년대의 자료에 의거해 순사巡査 1인당 담당 인구수를 보면 조

---

39 持地六三郎, 『日本植民地經濟論』, 改造社, 1926, 113쪽.

선은 1,202명, 대만은 652명이고, 10㎢당 경찰수를 따져보면 조선은 약 0.85명, 대만은 약 3.1명이다.[40] 또 피식민지인의 순치馴致에 중요한 역할을 할 터인 각종 학교의 설립도 지지부진할 수밖에 없었고, 이는 두 지역 식자율識字率의 현격한 차이로 나타나게 된다.[41]

이러한 조선통치의 상황에 대해 야나이하라 다다오矢內原忠雄는 "일본의 식민지통치의 특색인 관치적官治的 내지연장주의內地延長主義는 통치비용이 증대하는 반면, 산업 및 교육에 대한 부권적父權的 보호保護의 적극성을 가진다"고 지적하면서 "조선에서는 소위 재정독립을 희생하여(=식민본국의 재정지원에 의존하여—필자) 산업 및 교육의 보호·조장정책을 채용해갔다"고 파악했지만,[42] 높은 통치비용에 상응하는 재원조달 능력을 구조적으로 보장하지 않는 한 식민제국 일본이 표방했던 '부권적 보호'는 안정적으로 실현되기 곤란했을 것이다.

이런 점에서 대만 통치에 직·간접적으로 관여한 바 있는 고토 심페이와 다케코시 요사부로竹越與三郎의 조선통치에 대한 견해는 주목할 만하다. 우선 고토는 러일전쟁의 결과 새로이 "제국의 식민지정책을

---

40 李理,『日據臺灣時期警察制度研究』, 臺灣:海峽學術出版社, 2007, 318~319쪽. 대만에서는 '민중의 경찰화'가 비교적 성공적으로 관철된 반면, 1920년대 조선에서 시도된 '경찰의 민중화'·'민중의 경찰화'는 소기의 성과를 달성할 수 없었던 것으로 판단되는데(松田利彦,『日本の朝鮮植民地支配と警察, 1905~1945년』, 校倉書房, 2009의 관련 장절章節을 참조), 이 역시 경찰인력의 (상대적!) 부족으로 인해 기층사회로의 침투가 대만에 비해 미약했던 결과라고 볼 수도 있을 것이다.

41 周婉窈,「從比較的觀點看臺灣與韓國的皇民化運動(1937~1945)」,『新史學』5-2, 1994. 또한 행정경비를 줄이기 위한 무리한 행정구역(특히 면面) 통합은 신설될 학교의 소재지를 둘러싼 지역사회의 갈등과 충돌을 양산하게 되는데, 이에 대해서는 이기훈,「1920~30년대 보통학교와 지역사회」, 윤해동·황병주 편,『식민지공공성—실체와 은유의 거리』, 책과함께, 2010을 참조.

42 문명기,「대만·조선총독부의 초기 재정 비교 연구—'식민제국' 일본의 식민지 통치역량과 관련하여」,『중국근현대사연구』제44집, 2009, 111~112쪽.

펼 지방을 인방隣邦(=한국)에 엄유奄有하게 되었다"고 평가하면서, 기존의 열강들이 식민지 지배에 실패했던 원인으로 "모국이 당초에 풍부하게 자력資力을 투자해야 하는데, 필요한 경비를 쓰지 않아서 회유·개발의 기초를 확립하지 못했기 때문"이라고 주장했다. 나아가 그는 "국가는 경륜經綸 일체를 기인其人(=피식민지인—필자)에게 신뢰를 주도록 하며, 경륜經綸이 필요로 하는 바는 경비의 지출을 풍부하게 하는 것"임을 강조했다.[43] 대만통치의 기초를 수립하는 데 결정적인 역할을 한 고토에게 식민통치 성공의 요체는 다름 아닌 필요한 경비를 투입하여 회유와 개발의 기초를 확립하는 데 있었던 것이다.

또 대만통치의 '성공'을 『대만통치지臺灣統治志』 등을 통해 정력적으로 소개한 바 있는 다케코시 역시 조선병합은 시기상조였다고 주장하면서 그 근거로 조선의 왕실王室과 귀족貴族을 이용하여 간접적으로 통치하면 된다는 점, 현재 일본의 급무는 해군확장海軍擴張이지 조선병합이 아니라는 점과 아울러 "재정상財政上 득책得策이 아니다"라는 점을 들고 있다. 아울러 조선통치를 위해서는 "20년간 8억 엔의 부담을 져야 하는 상황에서 (병합을) 단행한다면, 이는 국민國民의 이해利害와 국가國家의 휴척休戚을 생각할 때 유감스러운 결정"이라고 비판하면서, "눈앞의 인기에 따라 움직이면 왕왕 이러한 실책이 일어난다는 점을 이후의 정치가들은 깊이 새겨야 할 것"이라고까지 말하고 있다.[44] 한일합방과 관련해 이토 히로부미를 지지하는 입장에 있었던 다케코시의 정치적 입장의 표명에 불과하다고 폄하할 수도 있지만, 대만 통치를 위해 본국정부가 투여한

---

43 위의 글, 112쪽.
44 위의 글, 112쪽.

재정규모를 잘 알고 있던 다케코시에게 대만에서의 통치방식과 본질적인 차이가 없는, 따라서 다대多大한 재정수요를 발생시키는 통치방식을 조선에 적용하는 것은 이해하기 힘든 일이었을 것이다.[45]

그렇다면 일본 정부는 효율성은 인정되지만 막대한 재정수요를 유발하는 (高費用-高效率의) 대만모델을 어째서 굳이 강행한 것일까. 논리적 비약을 무릅쓰고 한 발 더 나아가 보자면, 1910년 병합을 단행해야 할 시점에서 식민제국 일본은 조선통치와 관련하여 일종의 딜레마에 빠져 있었던 것 아닐까. 대만 정도의 규모에서 비교적 유효하게 작동한 총독부체제를 (규모가 상대적으로 훨씬 큰) 조선에 적용하려면 그에 상응하는 인적·물적 자원의 투입이 동반되어야 했다.[46] 하지만 본국정부의 재원을 아무런 제약 없이 투입할 수는 없는 상황이었을 터이고, 그렇다면 통치방식에 모종의 변경을 가해야 했을 것이다(예컨대 피식민지인의 광범한 정치적·경제적 참여를 허용함으로써 식민지권력의 직접적 재정투입을 억제할 수 있는 일종의 간접통치방식).[47] 하지만 1905~1910년간의 통

---

45 다케코시의 이러한 견해는 1905~1910년 사이에 발표한 일련의 논설을 통해서도 확인할 수 있는데(竹越與三郎, 『比較殖民制度』, 讀賣新聞社, 1906), 이에 대한 상세한 분석은 히라이시 나오아키, 「한국보호국론의 제 양상에 대하여-독립과 병합 사이 주요 학자의 논리를 중심으로」, 김용덕·미야지마 히로시 공편, 『근대교류사와 상호인식 Ⅱ-일제강점기』(한일공동연구총서), 아연출판부, 2007을 참조.

46 커즈밍, 문명기 역, 『식민지시대 대만은 발전했는가-쌀과 설탕의 상극, 1895~1945』에 따르면, 일본 정부는 대만통치를 위해 초기 10년간 본국정부 예산의 7% 규모의 재원을 매년 투입했다. 이는 19세기 말에서 20세기 초의 서구열강의 식민지재정에 대한 보조(영국은 약 3%, 프랑스는 약 3.2%인데, 이 수치는 平井廣一, 「19世紀末~20世紀初頭における列强の植民地財政制度」, 『經濟論集』 38권2호, 北海學園大學, 1990, 87~88쪽에 따랐다)에 비해 두 배 이상의 지출규모였다고 한다. 다만 平井廣一, 같은 글에 제시된 영국과 프랑스의 수치는 1907~1910년 대만총독부 재무국장을 역임한 바 있는 小林丑三郎의 『植民地財政論』, 美國經濟學會의 『植民地財政論』 등의 2차 자료에 의거한 것이어서 이 수치를 그대로 받아들여야 하는지에 대해서 좀 더 심사숙고할 필요는 있는 것 같다.

47 이 문제와 관련하여 야나이하라는 "식민지 통치의 목표가 가능한 한 빨리 재정적 독립을

감부체제의 운영을 통해 조선사회의 저항, 그리고 조선사회의 문명화와 그에 따른 조선인의 '귀화歸化'가 용이한 과제가 아니라는 점을 실감한 일본 정부로서는 섣불리 간접통치방식을 채택하기도 힘든 상황이었을 것이다.[48] 결국 일본은 (방대한 재정투입을 포함한) 적극재정 전략을 배제한 대만모델이라는 애매한 노선을 선택했고, 식민지 조선사회에 대한 통치효과는 대만의 그것에 비해 현저하게 뒤처지게 된다.

달성하는 것에 있다고 한다면 조선통치의 성적은 여전히 목표에 도달했다고 말할 수 없다"(「朝鮮統治上の二·三の問題」, 309쪽)고 지적하면서 세출 절감을 위한 방안을 몇 가지 내놓았는데, 그중 하나가 내지에 비해 훨씬 많은 봉급을 받는 일본인 관료를 상대적으로 급여수준이 낮은 조선인 관료로 대체하는 것이다. 하지만 조선통치의 근본방침인 관치적 내지연장주의가 관료의 감원減員과 (조선인 관료로의) '치환置換'정책에 커다란 제약을 가하고 있다고 비판하고 있다(「朝鮮統治上の二·三の問題」, 310쪽). 또 식민정책학자인 야마모토山本美越乃 역시 과거와 같은 모국본위주의母國本位主義 또는 전제적專制的 동화주의同化主義에 입각해서는 곤란하고 시정의 근본방침을 자치주의自治主義로 전환해야 한다는 점을 강조하면서, 외교와 국방은 일본이 담당하고 내정은 조선인에 맡기는, 달리 말하면 통감부시대로의 회귀야말로 조선통치의 장기적 도달점이 되어야 한다고 제언하고 있다(山本美越乃, 「朝鮮統治の根本問題」, 『經濟論叢』 9권 3호, 京都帝國大學 經濟學會, 1919.9, 86~90쪽). 이렇게 여러 논자들에 의해 반복적으로 기존의 무단통치와 '동화주의'를 버리고 조선인의 정치 참여를 광범하게 허용하자는 '자치주의'가 등장한 것도 기존의 통치방식이 가지는 한계를 인식한 결과일 것인데, 이러한 인식의 근저에는 총독부체제와 같은 고비용(이자 고효율)의 통치체제가 조선에 적절한 것인가, 라는 의구심이 공통적으로 자리하고 있다고 판단된다. 이렇게 한편으로는 (재정적 측면을 포함해서) 전제적 동화주의를 포기해야 하는 상황과 다른 한편으로는 자치주의의 실행으로 초래될 수 있는 모종의 변화를 심각하게 고려해야 하는 상황이 공존했지만, 끝내는 자치주의의 방향으로는 나아가지 못했던 조선총독부와 일본 정부의 딜레마는 1945년에 이르기까지 해결되지 못했다.

48 森山茂德, 김세민 역, 『근대 한일관계사 연구―조선 식민지화와 국제관계』, 현음사, 1994는 통감 이토 히로부미가 부임 초기와 달리 점차 조선통치에 대한 자신감을 상실해 갔고, 결국 1909년에 이르러 어느 정도는 자포자기의 심정으로 조선통감에서 물러난 것으로 묘사하고 있다.

5. 遍在하는 근대? 偏在하는 근대?-맺음말에 대신하여

이상의 필자의 검토는 현재까지의 식민지사 연구나 제국사 연구에 어떠한 함의를 가질 수 있을까. 일본은 최초의 식민지 대만에서의 '실험'을 통해 대만에서 실행한 통치모델의 유효성을 확인한 후 (고토 심페이라는 제국관료를 주된 매개로 하여) 대만모델을 관동주와 조선에도 적용해보려고 애썼지만, 좌절(관동주)과 굴절(조선)이라는 비교적 초라한 성적에 그쳤다. 그렇다면 '전지전능하고omnipotent' '편재하는omnipresent', 따라서 강력한 국가능력을 보유한 국가(그것이 일본 중앙정부였든 조선총독부였든)에 의한 '근대'의 성립을 전제로 하는 식민지근대화론과 식민지근대(성)론의 논리적 전제는 일정하게 수정되거나 재검토되어야 하지 않을까.

식민지근대화론과 식민지근대(성)론은 '근대(성)'을 긍정적으로 보는가, 부정적으로 보는가를 기준으로 할 때 명확히 상반된 입장을 취하고 있다. 달리 말하면 '긍정적 연속설'(식민지근대화론)과 '부정적 연속설'(식민지근대(성)론)로 대비되는 두 입장은,[49] 그러나 식민지시대 조선사회에 '근대(성)'가 성립하고 있었다고 강조한다는 점에서, 그리고 '근대(성)'의 형성과정에서 중요한 역할을 수행한 식민지권력(≒조선총독부)의 '국가능력'에 대한 판단에서는 동일한 전제를 공유하고 있는 것으로 보인다.[50]

---

49 김진균·정근식 편, 『근대주체와 식민지 규율권력』, 문화과학사, 1997, 17~18쪽.
50 김낙년, 「'식민지근대화' 재론」, 『경제사학』 제43호, 2007, 179쪽 역시 "전자(= 식민지근대성론―필자)는 후자(= 식민지근대화론―필자)와 근본적으로 다르다고 그 차이를 강조하고 있지만, 전술했듯이 근대에 관한 긍정 또는 부정의 가치판단을 개입하여 그 차이

예컨대 식민지근대(성)론의 입장을 취하는 것으로 보이는 한 연구자는 조선총독부의 조선 통치를 '국가의 과도한 발전'이라 규정하면서 군대·경찰력의 과도한 확장을 통한 억압력의 증대를 거쳐 탄생한 "일제시대의 국가는 개인의 일상생활 전 영역에 걸쳐 개입함으로써 어디서나 존재하고omnipresent 모든 힘을 행사할 수 있는 전지전능한omnipotent 존재가 되었다. (…중략…) 개인이 국가에 대해 저항할 수 있는 가능성은 과도하게 중앙집권화된, 그리고 물리적 강제력에 기반을 둔 통치를 실행하는 일제의 식민체제에 의해 질식되었다"라고 보았다.[51] 또한 조선총독부를 '식민국가'로 규정한 한 연구자도 조선총독부의 국가로서의 능력을 높이 평가('강한 국가')한 점에서는 동일한 입장에 서 있다.[52]

식민지근대화론 역시 식민지권력의 국가능력에 대한 평가에서는 식민지근대(성)론과 크게 다르지 않은 듯하다. 총독부 전제권력을 '개

를 과장하고 있을 뿐이다"라고 지적하고 있다.

51 김동노, 「일본 제국주의의 조선지배의 독특성」, 김동노 편, 『일제 식민지시기의 통치체제 형성』, 혜안, 2006, 35~45쪽.

52 박명규, 「1910년대 식민통치기구의 형성과 성격」, 권태억 외, 『한국 근대사회와 문화 II－1910년대 식민통치정책과 한국사회의 변화』, 서울대 출판부, 2005, 35~39쪽. 윤해동의 「'식민국가'로서의 조선총독부와 근대적 동아시아 질서」(『국가체제와 동아시아 질서』, 성균관대 동아시아학술원 인문한국사업단 국제학술회의 자료집, 2008.8.22~23) 역시 박명규, 같은 글의 주장을 적극적으로 수용하면서 (국가권력으로서의 자율성은 제한적이었다고 보면서도) 뛰어난 국가능력을 갖춘 '근대국가'로서의 조선총독부의 성격을 강조하는 점에서 식민지근대(성)론과 궤를 같이 하고 있다. 또한 식민지사 연구를 식민지근대(성)론의 대표적 연구(마츠모토 다케노리 및 윤해동)와 민중사적 입장의 대표적 연구(신창우 및 조경달)를 중심으로 하여 1990년대 이래 진행된 식민지사 연구를 검토한 허수, 「식민지 연구의 현주소－'식민지 근대'와 '민중사'를 중심으로」, 윤해동·황병주 편, 『식민지공공성－실체와 은유의 거리』, 책과함께, 2010 역시 유사한 판단을 하고 있다. 즉 "식민지 조선에서 일제는 ('과대성장'된 국가, 즉 총독부권력과 독점자본에 의해 진행된) 폭력적 제도와 물리력에도 **불구하고**(강조는 인용자) 역설적으로 식민지 주민을 '국민'으로 통합하는 데 어려움을 가졌다"라고 보면서 그 이유로서 "식민지에서 행사되는 서구문화의 헤게모니 능력이 상대적으로 제한적이었음"을 들고 있다(허수, 같은 글, 104쪽).

발권력'으로 규정한 한 연구자가 근대적 형태의 화폐·금융·재정제도와 법률제도를 포함한 근대적 제도의 이식과 1920년대에 추진된 산미증식계획 및 전력電力 개발을 포함한 공업화 추진 등의 산업정책의 추진 과정에서 담당한 조선총독부의 역할을 중시한 점에서는[53] 식민지근대(성)론과 다르지 않아 보인다.[54]

하지만 식민지 통치모델에 대한 초보적 검토를 통해 드러난 조선통치의 실상이 본고가 묘사한 것에 근사한 상황이었다면, 근대(성)의 이식에 가장 중요한 역할을 담당했다고 간주되는 식민지권력과 각종 (규율)권력기구(예컨대 경찰·학교·병원·공장 등)가 식민지 조선사회에 작용한 실제적 영향력의 범위에 대해서 일정한 재고가 필요하지 않을까. 이와 관련하여 식민지근대(성)론을 비판하는 쪽에서는 근대성의 침투가 제한적이었던 식민지사회의 현실을 고려하여, 근대성과는 상대적으로 거리를 둔 민중세계의 두터운 존재를 중시하는 민중사적 시점의 필요가 역설되고 있기도 하다.[55] 다시 말해 지배시스템의 '외부'가 두텁게 존재하고 있었다는 식민지사회의 현실을 충분히 고려해야 한다는 것이다.[56]

---

53 이영훈, 『한국 시장경제와 민주주의의 역사적 특질』, 한국개발연구원, 2000, 47~50쪽. 또한 일제의 조선 지배가 남긴 최대의 유산으로서 근대적 관료제를 꼽는 것으로 미루어 보더라도(이영훈, 같은 책, 69~71쪽) 조선총독부의 '국가능력'에 대한 평가가 어떠한지를 쉽게 짐작할 수 있다.

54 김진균·정근식 편, 『근대주체와 식민지 규율권력』, 문화과학사, 1997, 17쪽이 '단절적 발전설'이라고 표현한 식민지수탈론 역시 식민지권력의 부정적 측면을 강조하기는 하지만, 논리적으로 보았을 때 수탈이 실제로 광범하고 '폭압적으로' 진행되기 위해서는 조선총독부의 고도의 수탈능력을 전제로 해야 한다는 점에서 본다면 결코 예외가 아닐 것이다.

55 이 점에 대해서는 조경달의 일련의 연구(趙景達, 「15年戰爭下の朝鮮民衆－植民地近代性論批判試論」, 『學術論文集』 제25집, 朝鮮獎學會, 2005; 趙景達, 『植民地期朝鮮の知識人と民衆－植民地近代性論批判』, 有志舍, 2008; 조경달, 「한국강제병합과 현재」, 『창작과 비평』 150호, 2010 겨울 등)를 참조.

56 때문에 식민지 민중의 주체성은 합리적 계산에 기초한 권력과의 관계 구축보다도 오히

예컨대 식민지근대(성)론에 근거하고 있음을 표방한 전술의 연구서가 분석의 대상으로 삼고 있는 것은 보통학교와 학교규율, 공장체제와 노동규율, 의료적 규율화, 자녀양육, 근대적 사회사업 등인데, 해당 저서의 내용적 타당성 여부를 떠나서 분석대상이 '도시에 거주하는 조선인'에만 국한되어 있다는 인상이 강하다.[57] 식민지시대 조선의 도시화에 대한 분석에서 알 수 있듯이[58] 조선인의 대다수(식민지시대 전체 기간에 걸쳐 80% 이상)가 농촌을 근거로 생활하고 있었다는 점을 상기한다면, 식민지근대(성)론이 설명(해석)할 수 있는 식민지사회의 영역은 생각보다 왜소할 수도 있지 않을까.[59] 달리 말해서 근대성이 조선사회에서

려 소요·범죄 등의 일탈행동이나 폭력·종교활동 등에 나타난다고 하는 주장도 가능할 것이다(趙景達, 「暴力の公論—植民地朝鮮いおける民衆の暴力」, 須田努·趙景達·中嶋久人, 『暴力の地平を超えて—歴史學からの挑戰』, 青木書店, 2004, 290~291쪽). 다만 "민중의 세계를 자율성이 높은 전통사회의 계속으로 포착하고, 민중운동을 전통사회의 근대에 대한 저항으로서만 포착해서는, 탈식민지기까지 연결시켜 민중의 주체성을 관통하여 보기는 어려운 것 아닐까?"라는 의문이 제기되는 것도 사실이며, 따라서 식민지근대(성)론과 민중사적 시점의 접점을 찾으려는 노력이 필요할 것이다(戶邊秀明, 「ポストコロニアリズムと帝國史研究」, 日本植民地研究會 編, 『日本植民地研究の現狀と課題』, アテネ社, 2006, 69쪽).

57 『근대주체와 식민지규율권력』의 문제의식을 보다 심화시켜 일상생활의 영역에서 식민지근대성을 확인하고자 하는 노력이 공제욱·정근식 편, 『식민지의 일상—지배와 균열』, 문화과학사, 2006이라는 연구 성과로 제출되었는데, 이 책에서도 분석대상은 시간체제, 의복통제, 미각과 광고, 체육교육, 도시문제, 영화 관람과 소비 등 대체로 도시생활에 초점을 맞추고 있는 점은 크게 달라지지 않고 있다.

58 김낙년, 「'식민지근대화' 재론」, 『경제사학』 제43호, 2007, 162쪽은 堀和生, 『朝鮮工業化の史的分析』, 有斐閣, 1995, 110~112쪽을 인용하여 1925~1940년 사이의 도시 인구는 7%에서 20%까지 증가한 것으로 보았다.

59 이와 관련하여 식민지시대 농촌의 근대 경험을 비교적 체계적으로 다룬 저서(마쓰모토 다케노리, 윤해동 역, 『조선농촌의 식민지근대 경험』, 논형, 2011)가 출간(일본어판은 2005)된 것은 식민지근대(성)론의 중요한 돌파구를 열려는 시도라는 점에서 필자에게는 참신하게 다가왔다. 왜냐하면 조선농촌의 식민지근대 경험을 입증할 수만 있다면, 과거 지나치게 도시 위주의 식민지근대 탐색이라는 편향을 수정할 가능성도 그만큼 넓어질 수 있기 때문이다. 하지만 그의 저서를 따라가면서 얻게 되는 필자의 전체적인 인상은 "조선 농촌에서의 (식민지) 근대 경험의 '실체'가 과연 무엇일까?"라는 것이었다. 저자도

작동한 '힘의 크기'[60]에 대한 (논거에 입각한) 판단이 중요해지는 시점에 도달한 것은 아닐까.[61] 그래야만 식민지근대(성)론이 가지는 분석개념으로서의 가치와 한계를 적확하게 파악할 수 있기 때문이다.

이러한 재검토의 필요성은 식민지근대화론에 대해서도 거의 동일하게 지적될 수 있다. 식민지근대화론의 입장에 선 한 연구자도 인정하듯이, 시장경제의 발달과 자본주의화, 공업화 및 도시화 등의 진전은 식민지에서 분명히 나타나지만, 이 과정은 해방 후의 고도성장에 비하면 그 규모나 범위가 제한적이었다.[62] '틀은 갖추었으되 실질은 미약한具體而微' 식민지시대 조선의 근대를 어떻게 개념화하여 포착할

근대에 대한 지향성과 전통적 규범의 유지라는 두 측면을 가진 조선인 농민의 모습을 묘사하면서도 "조선인 농촌 엘리트의 언설 속에서 이를 반영하는 방법론에 입각한 간접적인 언급에 머무르고 있어 (…중략…) 불충분한 분석에 머무르고 있음을 인정할 수밖에 없다'고 인정하고 있다(같은 책, 6~7쪽). 농촌에서의 의료·위생문제를 다룬 제1장에서도 동일한 문제가 드러나 있는 것 같다. 즉 식민지시대 조선 농촌 의료제도의 특징으로서 근대적 의료기관 이용도가 낮았다는 점을 꼽으면서 이를 달리 보면 식민지시대의 조선 농촌은 병원·의사라는 '규율권력' 장치로부터 상대적으로 자유로웠음을 의미한다고 파악했다. 하지만 조선 농촌이 위생·의료 분야의 규율권력 총체로부터 자유로웠던 것은 아니라면서, 방역사업이나 위생에 관한 계몽사업을 통해 경험한 공포와 호기심 혹은 과학적 지식이 일상생활의 '규율화'를 촉진하는 데 충분할 만큼의 동기를 농촌 주민에게 부여했다고 주장한다(같은 책, 90쪽). 규율권력 장치에 대한 직접 경험이 부재한 상황에서의 계몽사업 등을 통한 간접 경험이 일상생활의 '규율화'를 어느 정도로 추동할 수 있을지도 의문이고, 식민지 조선 농촌에서 규율권력을, 나아가 '근대'를 애써 '발견'하려는 저자의 시도는 다소 견강부회의 혐의가 있는 것 아닐까?

60 三ツ井崇, 「朝鮮」, 日本植民地研究會 編, 『日本植民地研究の現狀と課題』, アテネ社, 2006, 111쪽.

61 이런 점에서 전우용, 「서평 ─ 한국 근대사 연구의 새 틀, 그 새로움의 한계」, 『역사비평』 43호, 416~420쪽의 비판은 여전히 경청할 만하다고 생각된다. 그는 "식민지 근대라는 것은 내면화의 기제가 작동하지 않거나 작동하지 못하는 근대"이며, 그렇기 때문에 처벌과 강제가 항상 우위를 차지할 수밖에 없었던 것 아닐까, 라는 의문을 제기한다. 뿐만 아니라 내면화를 위한 훈련의 장(예컨대 학교나 병원)은 여전히 제한되어 있었고, 황민화 이데올로기의 주입도 전시에 집중되는 등 여전히 ('遍在'가 아닌) '偏在하는 근대'를 고려해야 함을 강조하고 있다.

62 김낙년, 「'식민지근대화' 재론」, 『경제사학』 제43호, 2007, 180쪽.

것인가의 문제는, 때문에 적어도 필자에게는 이미 자명한 전제가 아니라 앞으로 해결해나가야 할 과제로서 인식되고 있다.[63]

---

63 이 문제와 관련하여 필자는 한국근대사에서의 근대(성)의 성립을 굳이 식민지시대 또는 해방 이후라는 하나의 시점으로 특정할 필요는 없지 않을까, 라는 생각을 해보게 된다. 예컨대 제도와 '형식으로서의 근대'가 일단 식민지시대에 그 추형雛形이나마 갖추어졌다는 점(이영훈,『한국 시장경제와 민주주의의 역사적 특질』, 한국개발연구원, 2000, 49쪽)을 역사적 사실로서 인정하되, (자산계급 민주주의의 해방 이후의 성립과 해방 이후의 비약적 경제성장, 그리고 그에 따른 규율권력 장치의 확산과 일상화 등을 포함하는) '실질로서의 근대'는 해방 이후에 달성된 것으로 파악하는, 말하자면 일종의 '2단계 근대론'은 어떨까. 한국의 근대를 이렇게 단계적으로 파악할 경우 형식形式과 내용內容, 명과名실이實 합치되는 과정으로서 이해할 수 있다. 또한 근대(성) 성립의 시점을 어느 한 시대로 특정할 경우 제기될 수 있는 불필요한 '정치적 오해'는 물론이고 역사적 현실과의 괴리도 상당 부분 극복할 수 있지 않을까. 필자가 한국 식민지사에 관한 연구사를 아직까지 체계적으로 정리하지는 못하고 있고, 따라서 '2단계 근대론'이라는 구상이 제기된 적이 있는지의 여부는 파악하지 못하고 있으나, 차후에 조사와 연구가 진전되면 별고를 통해 이 구상을 보다 구체화해보려고 한다. 한편 식민지시대 근대(화)의 '완성도'와 관련하여, 식민지근대화론에서 제시하는 계량화된 수치(만일 이를 수용한다면)와 식민지시대 조선사회가 전체적으로 가졌던 '실감' 사이에는 분명한 괴리가 존재하는데, 이 괴리를 정합적으로 설명(해석)할 방법론을 개발하는 것도 중요한 연구 과제라고 생각한다.

참고문헌

자료

北山富久二郎, 「'豊かな'臺灣の財政」, 『臺北帝國大學文政學部・政學科硏究年報』 제1
　　　집, 1934.

山本美越乃, 「朝鮮統治の根本問題」, 『經濟論叢』(京都帝國大學 經濟學會) 9권 3호, 1919.9.

細川嘉六, 『植民史－現代日本文明史 第十卷』, 東洋經濟新報社, 1941.

矢內原忠雄, 「朝鮮統治上の二・三の問題」, 『矢內原忠雄全集 第4卷－植民政策研究
　　　IV』, 岩波書店, 1963(1923).

＿＿＿＿＿＿, 『帝國主義下の臺灣』, 岩波書店, 1988(1929).

伊藤博文 編, 『秘書類纂－臺灣資料』, 秘書類纂刊行會, 1936.

竹越與三郎, 『比較殖民制度』, 讀賣新聞社, 1906.

持地六三郎, 『臺灣殖民政策』(東京第2版, 1912), 1998(南天書局復刻板).

＿＿＿＿＿＿, 『日本植民地經濟論』, 改造社, 1926.

後藤新平, 中村哲 解題, 『日本植民政策一斑・日本膨脹論』, 日本評論社, 1944.

後藤新平(前遞信大臣・男爵), 「同化政策根本策論」, 朝鮮研究會 編, 『新朝鮮』, 1916.

연구논저

공제욱・정근식 편, 『식민지의 일상－지배와 균열』, 문화과학사, 2006.

김낙년, 『일제하 한국경제』, 해남, 2003.

김진균・정근식 편, 『근대주체와 식민지 규율권력』, 문화과학사, 1997.

이영훈, 『한국 시장경제와 민주주의의 역사적 특질』, 한국개발연구원, 2000.

강상중, 이경덕・임성모 역, 『오리엔탈리즘을 넘어서－근대문화비판』, 이산, 1997.

고바야시 히데오, 임성모 역, 『만철－일본제국의 싱크탱크』, 산처럼, 2004.

마쓰모토 다케노리, 윤해동 역, 『조선농촌의 식민지근대 경험』, 논형, 2011.

모리야마 시게노리, 김세민 역, 『근대 한일관계사연구－조선 식민지화와 국제관계』, 현
　　　음사, 1994.

커즈밍, 문명기 역, 『식민지시대 대만은 발전했는가－쌀과 설탕의 상극』, 일조각, 2008.

김낙년, 「'식민지근대화' 재론」, 『경제사학』 제43호, 2007.

김동노, 「일본 제국주의의 조선지배의 독특성」, 김동노 편, 『일제 식민지시기의 통치체제 형성』, 혜안, 2006.

문명기, 「1920년대 한국·대만의 自治運動에 대한 비교사적 접근─지배층의 존재양태와 '中國' 요인을 중심으로」, 『중국근현대사연구』 제39집, 2008.

_____, 「대만·조선총독부의 초기 재정 비교연구─'식민제국' 일본의 식민지 통치역량과 관련하여」, 『중국근현대사연구』 제44집, 2009.

박노보, 「조선총독부특별회계 분석을 통한 일본의 조선통치정책 연구─재정의 변천과정과 세입구조 분석을 중심으로」, 『日本學年報』 제3집, 1991.

박명규, 「1910년대 식민통치기구의 형성과 성격」, 권태억 외, 『한국 근대사회와 문화 Ⅱ─1910년대 식민통치정책과 한국사회의 변화』, 서울대 출판부, 2005.

박현수, 「일제의 식민지 조사기구와 조사자」, 『정신문화연구』 21권 3호(통권72호), 1998.

윤해동, 「'식민국가'로서의 조선총독부와 근대적 동아시아 질서」, 『국가체제와 동아시아 질서』(성균관대 동아시아학술원 인문한국사업단 국제학술회의 자료집), 2008.8.22·23.

이기훈, 「1920~30년대 보통학교와 지역사회」, 윤해동·황병주 편, 『식민지공공성─실체와 은유의 거리』, 책과함께, 2010.

이윤상·김상태, 「1910년대 조선총독부의 재정정책─세입·세출 예산의 분석을 중심으로」, 권태억 외, 『한국 근대사회와 문화 Ⅱ─1910년대 식민통치정책과 한국사회의 변화』, 서울대 출판부, 2005.

전우용, 「서평─한국근대사 연구의 새 틀, 그 새로움의 한계」, 『역사비평』 43호, 1998.

조경달, 「한국강제병합과 현재」, 『창작과비평』 150호, 2010 겨울.

허 수, 「식민지 연구의 현주소─'식민지 근대'와 '민중사'를 중심으로」, 윤해동·황병주 편, 『식민지공공성─실체와 은유의 거리』, 책과함께, 2010.

홍양희·양현아, 「식민지 사법관료의 가족 '관습' 인식과 젠더 질서─『慣習調査報告書』의 호주권에 대한 인식을 중심으로」, 『사회와 역사』 제79집, 2008 가을.

히라이시 나오아키, 「한국보호국론의 제 양상에 대하여─독립과 병합 사이 주요 학자의 논리를 중심으로」, 김용덕·미야지마 히로시 편, 『근대교류사와 상호인식 Ⅱ─일제강점기』(한일공동연구총서), 아연출판부, 2007.

伊藤健,「滿鐵創立時期後藤新平與日本政府的對立」, 吉林大學 碩士論文, 2007.

李 理, 『日據臺灣時期警察制度研究』, 臺灣：海峽學術出版社, 2007.

張隆志,「後藤新平－生物學政治與臺灣殖民現代性的構築(1898~1906)」, 國史館 編, 『20世紀臺灣歷史與人物－第六屆中華民國史專題論文集』, 國史館, 2002.

鄭政誠,「日治時期臺灣舊慣調查對滿洲舊慣調查的輸出－以調查模式與人員的移植爲中心」, 『法制史研究』13기, 2008.

周婉窈,「從比較的觀點看臺灣與韓國的皇民化運動(1937~1945)」, 『新史學』5-2, 1994.

岡本眞希子, 『植民地官僚の政治史－朝鮮・臺灣總督府と帝國日本』, 三元社, 2008.

駒込武, 「'帝國史'研究の射程」, 『日本史研究』452호, 2000.

_____, 「'帝國のはざま'から考える」, 『年報・日本現代史』10호, 2005.

堀和生, 『朝鮮工業化の史的分析』, 有斐閣, 1995.

近藤釰一 編, 『太平洋戰下の朝鮮及び臺灣』, 朝鮮史料研究會 近藤研究室, 1961.

金子文夫,「書評(平井廣一, 『日本植民地財政史研究』)」, 『社會經濟史學』64권 6호, 1999.

金子勝, 「'安價な政府'と植民地財政－英印財政關係を中心にして」, 『商學論集』48권 3호, 福島大學 經濟學會, 1980.

大江志乃夫,「植民地戰爭と總督府の成立」, 大江志乃夫 外編, 『岩波講座 近代日本と植民地－第2卷 帝國統治の構造』, 岩波書店, 1992.

涂照彦,「臺灣の政治經濟情勢と兩岸關係」, 中村勝範 等, 『アジア太平洋における臺灣の位置』, 早稻田出版, 2004.

文竣映,「植民地司法制度の形成と帝國への擴散」, 淺野豊美・松田利彦 編, 『植民地帝國日本の法的構造』, 信山社, 2004.

山本有造,「書評(平井廣一, 『日本植民地財政史研究』)」, 『經濟學論集』64권 1호, 東京大學 經濟學會, 1998.

山室信一,「植民帝國・日本の構成と滿洲國－統治樣式の遷移と統治人才の周流」, ピーター ドウス・小林英夫 編, 『帝國という幻想－'大東亞共榮圈'の思想と現實』, 靑木書店, 1998.

三ツ井崇,「朝鮮」, 日本植民地研究會 編, 『日本植民地研究の現狀と課題』, アテネ社, 2006.

森山茂德,「併合と自治の間－伊藤博文の國際・韓國認識と'保護政治'」, 『東アジア近代史』14호, 2011.

小林道彦, 『日本の大陸政策, 1895~1914－桂太郎と後藤新平』, 南窓社, 1996.

松田利彦,「近代日本植民地における'憲兵警察制度'に見る'統治樣式の遷移'－朝鮮か
　　　ら關東州・滿洲國'へ」,『日本硏究』35호, 國際日本文化硏究センター, 2007.

＿＿＿＿,『日本の朝鮮植民地支配と警察, 1905～1945년』, 校倉書房, 2009.

王鐵軍,「臺灣總督府官僚と關東都督府の設立－植民地間の官僚交流を中心として」, 檜
　　　山幸夫 編,『帝國日本の展開と臺灣』, 東京：創泉堂, 2011.

田中隆一,「帝國日本の司法連鎖」,『朝鮮史硏究會論文集』第38호, 2000.

趙景達,「暴力の公論－植民地朝鮮いおける民衆の暴力」, 須田努・趙景達・中嶋久人,
　　　『暴力の地平を超えて－歷史學からの挑戰』, 靑木書店, 2004.

＿＿＿,「15年戰爭下の朝鮮民衆－植民地近代性論批判試論」,『學術論文集』제25집,
　　　朝鮮獎學會, 2005.

＿＿＿,『植民地期朝鮮の知識人と民衆－植民地近代性論批判』, 有志舍, 2008.

川島淳,　「日露戰後における植民地統治構想の相剋－'關東都督府官制'制定經緯の再
　　　考」,『東アジア近代史』7호, 2004.

村上綱實,「植民地調查と後藤新平」, 川合隆男 編,『近代日本社會調查史』I, 慶應通
　　　信株式會社, 1989.

平井廣一,「19世紀末～20世紀初頭における列强の植民地財政制度」,『經濟論集』38
　　　권 2호, 北海學園大學, 1990.

＿＿＿＿,『日本植民地財政史硏究』, ミネルヴァ書房, 1997.

鶴見祐輔, 一海知義 校訂,『正傳後藤新平 4－滿鐵時代, 1906～1908』(決定版), 藤原書
　　　店, 2005.

戶邊秀明,「ポストコロニアリズムと帝國史硏究」, 日本植民地硏究會 編,『日本植民地
　　　硏究の現狀と課題』, アテネ社, 2006.

Edward I-te Chen陳以德, "Japanese Colonialism in Korea and Formosa：A Comparison of
　　　the Systems of Political Control", *Harvard Journal of Asiatic Studies*, vol.30, 1970.

Hui-yu Caroline T'sai蔡慧玉, *Taiwan in Japan's Empire Building : An Institutional Approach to
　　　colonial engineering*, Academia Sinica on East Asia, London & New York：Routledge,
　　　2009.

| 프랑스에서 포스트 콜로니얼리즘과 공화주의 |

식민지사 연구의 지평에서

히라노 치카코

1. 머리말

2000년 전후부터 일본에서는 포스트 콜로니얼 연구가 활발하게 이루어지고 있다. 포스트 콜로니얼 사상이 발상지인 영미권뿐만 아니라, 널리 제국지배에 관련된 나라나 지역과 연관되어 있다는 것은 말할 필요도 없다. 하지만 그렇다고 해서 구 지배국가에서 필연적으로 이런 종류의 논의가 수용되는 것은 아니다. 예를 들면 이전에 광대한 식민지제국을 영유했던 프랑스에서는 오랜 기간 이 사상이 수용되지 않았다.

그런데 최근 몇 년 간 프랑스에서도 영어서적의 번역서가 간행된다든지, 잡지에 특집이 기획되는 등 갑자기 관심이 고조되고 있다.[1] 그러

---

1   최근 몇 년간의 번역서를 몇 가지 소개해 둔다. Arjun Appadurai, *Après le colonialisme : les conséquences culturelles de la globalisation*, Paris, Payot, 2005(門田健一 譯, 『さまよえる近代―グ

면 그 실상은 어떠한 것일까? 도대체 이 사상이 논의 되는데 왜 프랑스에서는 이토록 시간이 걸린 것일까? 포스트 콜로니얼 사상을 어떻게 파악하는가는 식민지 지배의 과거를 어떻게 이해하는가, 또한 그 문제를 어떻게 다루고 있는가라는 문제와도 밀접한 관련이 있다고 생각된다. 관심이 높아진 지금 프랑스의 연구 상황을 검토해 보는 것은 의미 있는 작업일 것이다.

우선 그 배경을 조금 정리해보자. 프랑스에서는 1990년대 말부터 알제리독립전쟁(1954~62)의 과거가 당시 행해진 고문문제를 포함하여 급속히 사회 전면에 나오게 되었다. 또한 같은 1990년대 말인 1998년은 노예제 폐지 150주년이었는데, 이때부터 논의한 끝에 2001년에는 대서양노예무역과 노예제가 '인도人道에 대한 죄罪'였다고 인정하는 법, 이른바 토비라Taubira법이 성립되었다.

이런 종류의 역사가 부상한 데에는 구 식민지계 프랑스인이 현저하게 증가한 현실이 있었다는 점에 주의를 기울여야 한다. 게다가 그들은 사회에 충분히 통합되고 있다고 할 수 없다. 프랑스에서 태어난 프랑스인

ローバル化の文化研究』, 平凡社, 2004); Neil Lazarus(ed), *Penser le postcolonial*, Paris : Editions Amsterdam, 2006; Stuart Hall, *Identités et cultures : Politiques des cultural studies*, Paris : Editions Amsterdam, 2007; Homi Bhabha, *Les lieux de la culture : une théorie postcoloniale*, Paris : Payot, 2007(正木恒夫・外岡尙美 外譯, 『文化の場所－ポストコロニアリズムの位相』, 法政大學出版局, 2005). 잡지의 특집은 다음과 같다. "Penser le postcolonial", *Esprit*, no.330, décembre 2006; "Qui a peur du postcolonial?", no.51, septembre-octobre 2007. 본호 권말에는 문헌목록이 게재되어 있다. 또한 다음과 같은 책과 논고도 나와 있다. Catherine Coquiot(dir), *Retours du colonial : disculpation et réhabilitation de l'histoire coloniale*, Nantes, L'Atalante, 2008; Yves Lacoste, "Le postcolonial et ses acceptions contradictoires dans trois récents recueils d'articles", *Hérodote : Revue de géographie et de géopolitique*, n°128, 2008; Patrick Weil et Stéphane Dufoix(dir), *L'esclavage, la colonisaiton, et après.*, Paris : PUF, 2005. Achille Mbembe, *De la postcolonie : essai sur l'imagination politique dans l'Afrique contemporaine*, Paris : Karthala, 2000.

임에도 구 식민지계 사람들은 '이민'이라고 뭉뚱그려 부르는 경우가 많은 것은 현실의 한 단면을 보여주는 것이다.[2] 석유위기가 일어났던 1970년대부터 조금씩 자기주장을 시작한 그들의 행동은, 예를 들면 1983년 북아프리카계 이민2세가 중심으로 조직한 '평등을 향한 행진'(이른바 '부르의 행진')[3]처럼 사회에 널리 어필한 경우도 있었지만, 그들의 프랑스사회로의 통합을 추진하는 움직임으로는 쉽사리 이어지지 않았다.

구 식민지계 프랑스인이 소외되었던 모습이 또렷이 보였던 것은 2005년 가을 파리 교외에서 일어나 전국의 대도시 교외로 확산되었던 '폭동'일 것이다. 그 중심인물들이 처했던 환경이 식민지 지배의 직접적인 결과라고 하는 것은 물론 성급한 결론에 불과하다. 그래도 이를 진압하기 위해 만들어진 비상사태법이 알제리 전쟁기 알제리를 대해서 제정되었다는 점은 식민지 과거를 다시금 사람들의 의식 속에 떠오르게 했다.

2005년은 식민지 과거에 얽힌 사건이 많이 일어났던 해였다. 몇 가지를 언급한다면 구 식민지계 프랑스인이 스스로 매일 직면하는 차별을 감안하여 '우리는 공화국의 원주민'이라는 어필을 인터넷에 발표하

---

2 「'이민'이라고 부르지 않는 일본」(오노 히로토)이라는 기사가 2008년 4월 13일 자 『아사히신문朝日新聞』에 게재되었다. 일본의 행정에서 '외국인 노동자'라는 말이 사용되고 있는 것에 대해서 왜 '이민'이라고 부르지 않는가라는 문제제기이지만, 프랑스의 '이민의 사회통합정책'을 참고로 하고 있는 정부의 문구를 인용하여, 그렇다면 '이민이라고 부르면 좋지 않은가'라고 적고 있다. 프랑스에서 '이민'이라고 불리는 사람 중에 많은 '프랑스인'이 포함되는 것을 깨닫지 못하는 상태에서 일본에 보도가 되고 있는 일례이다. '이민'과 인종주의의 이른바 불즉불리不卽不離의 관계에 대해서는 エティエンヌ バリバール, 松葉祥一・龜井大輔 譯, 『ヨーロッパ市民とは誰か―教會・國家・民衆』, 平凡社, 2007이 도움이 된다.
3 북아프리카계 이민에 대해서 '아랍'의 반대 단어인 '부르beurs'가 사용되게 된 것은 1980년대이다(프랑스어 사전 『쁘띠 로베르』에 따르면 초출은 1980년). 모멸의 뉘앙스를 동반하는 호칭을, 바로 부르들이 자칭하여 자기주장을 한 이 운동에 대해서는 다음을 참조하기 바란다. Nora Barsali et al., *Générations Beurs : Français à part entière*, Paris : Autrement, 2003.

고 서명을 받은 것이 1월이다. 2월에는 식민지로부터 귀환한 자에 대한 보상을 목적으로 한 '귀환자지원법'이 제정되었는데, 그 안에 식민지 지배의 긍정적 측면을 학교교육에서 가르친다는 문구가 든 조항이 있다는 점은, 역사가의 비판뿐만 아니라 구 노예식민지로서 현재는 해외주海外縣인 지역에서 강렬한 반발을 불러일으켰다. 그 외에도 글로벌 히스토리의 시도라는 명목을 내걸고 복수형으로 『노예무역』이라는 책을 공간했던 역사가가 그 내용으로 인해 제소된다거나, 혹은 아프리카계 사람들이 흑인단체대표회의CRAN를 창설하는 등 식민지를 상기시키는 사건이 놀랄 만큼 많았다.[4] 2005년을 프랑스에서 '흑인의 해'라고 명명한 책도 나왔다.[5]

한편으로 이처럼 식민지 지배의 과거를 중심으로 공화국 역사의 부負의 측면이 과잉으로 거론되는 것은 프랑스에게 참회를 요구하는 것이라 하여 적지 않은 반감을 불러 일으켰으며, 프랑스사에 대한 '과도한 비판'을 비판하는 책이 여러 권 출판되었다.[6] 과거에 대한 자세의 차이는 '기억의 전쟁'이라 불렸고, 이번에는 이런 타이틀을 내건 책들

---

4 2005년의 여러 사건들에 대해서는 우선 다음을 참조. 졸고, 「歷史を書くのはだれか─二〇〇五年フランスにおける植民地支配の過去をめぐる論爭」, 『歷史評論』 677, 2006.9. 또한 CRAN의 공식 사이트는 다음과 같다. Conseil Représentatif des Associations Noires de France, http://www.le-cran.fr(최종검색일 : 2013.4.21).

5 Géraldine Faes et Stephen Smith, *Noir et Français*, Paris : Panama, 2006, p.15. 최근 몇 년간 프랑스에서의 '흑인'에 대한 연구는 급속히 진척되고 있다. Cf. Pap Ndiaye, *La condition noire : essai sur une minorité française*, Paris : Calmann-Lévy, 2008.

6 Cf. Max Gallo, *Fier d'être français*, Paris : Fayard, 2006; Pascal Bruckner, *La tyrannie de la pénitence : essai sur la masochisme occidental*, Paris : Grasset, 2006; Daniel Lefeuvre, *Pour en finir avec la repentance coloniale*, Paris : Flammarion, 2006; Bernard Lugan, *Pour en finir avec la colonisation*, Monaco : Rocher, 2006; Général Bigeard, *Adieu ma France*, Monaco : Rocher, 2006.

이 잇따라 나왔다.[7] 프랑스에서 포스트 콜로니얼과 관련된 언론이 일어났던 것은 이러한 움직임을 배경으로 하고 있었다.

이상을 대체적인 전제로 하여 본 연구에서는 프랑스 식민지사를 연구해오던 입장에서 우선 프랑스에서 포스트 콜로니얼 연구를 둘러싼 상황을 개관하고자 한다. 다음으로 이러한 연구에 주목하게 된 주요 요인인 식민지계 사람들을 둘러싸고 어떠한 이야기가 만들어져 왔는가라는 문제의식에서 이민의 역사에 대한 논점을 정리한다. 마지막으로 이른바 이슬람의 '히잡사건'을 소재로 프랑스의 비종교성(라이시테)[8] 문제를 검토해 보고 싶다.

결론을 미리 말한다면 이와 같은 다각적인 분석에서 공통으로 프랑스의 공화주의가 부상할 터이다. 오늘날 프랑스 성립에 기초가 된 공화주의의 이념이 역사학 연구에 어떻게 관련되어 있는지, 이상의 점에 대해서 고찰하면서 검토해 보고자 한다.

또한 영어권에서는 프랑스어로 쓰인 작품을 대상으로 한 포스트 콜로니얼 연구도 진행되고 있다.[9] 이에 대해서는 필자도 알고 있지만, 그

---

7 Cf. Romain Bertrand, *Mémoires d'empire : la controverse autour du "fait colonial"*, Broissieux : Editions du croquant, 2006; Jean-Pierre Rioux, *La France perd la mémoire*, Paris : Perrin, 2006; Benjamin Stora, *La guerre des mémoires*, Paris : L'aube, 2007; Pascal Blanchard et Isabelle Veyrat-Masson, *Les guerres de mémoires : La France et son histoire : enjeux politiques, controverses historiques, stratégies médiatiques*, Paris : La Découverte, 2008; Dominique Wolton, *Hermès 52 : les Guerres de mémoires dans le monde*, Paris : CNRS, 2008.

8 라이시테는 '세속성', '비종교성', '탈종교성' 등으로 번역되는 반면, 최근에는 '라이시테'라고 외래어로 쓰는 경우도 많다. 본 연구에서는 기본적으로 '비종교성'이라는 뜻으로 쓰겠다. 이와 관련하여 ジャン ボベロ, 三浦信孝・伊達聖伸 譯, 『フランスにおける脱宗教性の歴史』, 白水社, 2009, 번역자의 「キーワードの譯語と解説」을 참조하기 바란다(Jean Baubérot, *Histoire de la laïcité française*, Paris : PUF, 2000).

9 Cf. Alec G. Hargreaves, *Memory, Empire and Postcolonialism : Legacies of French Colonialism*, Oxford : Lexington Books, 2005; David Murphy and Charles Forsdick(ed), *Francophone*

연구들이 반드시 프랑스에서 수용의 문제로 자각되고 있다고는 생각하지 않는다. 예를 들면 일본에서도 포스트 콜로니얼리즘이라고 하면 맨 먼저 언급되는 프란츠 파농 등은 프랑스의 언론계와 사상계에서는 거의 잊혀진 존재이다.[10] 이러한 지知의 비틀림과 같은 현상은 왜 일어나는 걸까? 포스트 콜로니얼리즘을 둘러싼 논의를 살펴보는데, 식민지 지배와 관련해서 나온 책의 포스트 콜로니얼성을 둘러싸고 해당 구 종주국인 프랑스에서는 그다지 관심을 받지 못하는 현상[11]에는 눈을 감은 채로 그 주변부에 위치한 자들 사이에서만 논의가 진행되는 듯한 사태에 다소 위화감을 느끼는 것은 부정할 수 없다. 그것이 우선 본 연구의 출발점이다.

2. 연구상황

본 절을 시작하기에 앞서 용어에 대해 확인을 해 두자. 포스트 콜로니얼리즘이라는 단어에 대해서는 다소 해석에 편차가 있지만, 최대 공약

Postcolonial Studies : A Critical Introduction, London : Arnold, 2003. 또한 같은 편저자 두 사람의 아래의 논집에는 본 절에서 다루는 프랑스인 연구자도 기고하였다. *Postcolonial Thought in the French Speaking World*, Liverpool : Liverpool University Press, 2009.

10 2007년 10월 31일, 11월 1일 양일간에 걸쳐 유네스코 주최로 '오늘날 프란츠 파농을 생각한다'("Penser aujourd'hui à partir de Frantz Fanon")라는 심포지엄이 파리에서 열렸는데, 이것이 파농을 테마로 한 프랑스에서의 첫 번째 심포지엄이었다. 물론 이런 기획이 이루어진 것 자체는 시대의 분위기를 반영하는 것이다. 필자는 둘째 날에만 일부를 들을 수 있었다.

11 프랑스에서는 포스트 콜로니얼리즘 작가라는 것이 모멸의 표현이라는 지적도 있다. Marie-Claude Smouts(dir), *La situation postcoloniale : les postcolonial studies dans le débat français*, Paris : Sciences Po, 2007, p.38.

수적인 요소를 든다면, 식민지 독립 후 또는 식민지제국 붕괴 후의 시대임에도 불구하고 식민지주의는 어떤 형태로든 존재하며 계속 재생산되고 있다는 점, 그러한 인식 위에서 이제까지 지배당해 온 측, 또는 타자他者가 되어온 측으로부터의 반전과 역습의 이론이며, 다른 사회로의 전망이 포함되어 있다는 점, 이상 두 가지는 우선 지적해도 좋을 것이다.[12]

그런데 프랑스의 논의에서는 이들 요소가 공유되는 것처럼 보이지 않는다. 몇몇 전문가를 제외하면 일반적으로 포스트 콜로니얼리즘은 식민지 과거를 되묻고, 또 보편적으로 이어지는 서양사상을 되묻는 것이라고 인식되고 있다. 즉 식민지 '후'의 세계에서 '서양 비판'의 도구라는 이해이다.[13]

포스트 콜로니얼리즘이 침투되지 않는 이유는 그 연장선상에 있는 것이다. 먼저 식민지 지배의 과거를 비판하는 입장에 선 사람들은 프랑스는 아직 '포스트'가 아니라고 한다. 확실히 프랑스의 해외영토 중에는 현재 진행형으로 독립운동이 전개되고 있는 지역도 있다.[14] 반대로, 서양 비판의 도구라고 보는 입장에서는 식민지 지배의 과거를 파내고 비판해서는 국민의 일체성一體性이 손상된다는 두려움이 나타난

---

12 姜尙中 編, 『ポストコロニアリズム』, 作品社, 2001; 本橋哲也, 『ポストコロニアリズム』, 岩波新書, 2005 등을 참조.

13 Cf. Entretien avec Achille Mbembe, "Q'est-ce que la pensée postcoloniale?", *Esprit*, no. 330, 2006.

14 남태평양의 폴리네시아와 뉴칼레도니아에 대해서는 일본에서도 기회 있을 때마다 보도가 있었지만, 프랑스는 인도양에서도 문제를 안고 있다. Cf. Pierre Caminade, Como-res-Mayotte : une histoire néocoloniale, Marseille : Agone, 2003. 또한 독립해도 프랑스와의 강고한 관계가 계속되는 지역도 있으며, 탈식민지화가 실질적으로는 되지 않은 것이 아니냐는 관점에서 포스트 콜로니얼을 둘러싼 논의가 진전되지 않는 이유를 검토하는 논자도 있다. Catherine Coquiot(dir), *Retours du colonial : disculpation et réhabilitation de l'histoire coloniale*, Nantes, L'Atalante, 2008, pp. 22~31.

다. 과거를 비판적으로 검증하는 자세는 역사학의 기본이라고도 하지만, 식민지에 얽힌 역사는 현대사회의 문제에 직결되는 것이기도 하며, 솔직히 다시 직시하는 것은 상당히 곤란해 보인다.

국민일체성에 대해서는 반복되어 나오겠지만 직접적으로 공화주의와 관련이 있다. 이는 프랑스는 평등한 개인을 사회의 구성원리로 하는 공화주의를 기본으로 하지만, 식민지 지배의 과거를 큰 소리로 말한다면 그것은 아랍계와 아프리카계 프랑스인이 조우하는 차별의 고발로 이어지는 면이 있으며, 결과적으로 프랑스 사회가 민족마다 분단되어 버릴 우려가 있다. 19세기 말 이후 국세國勢조사 시 출신과 종교를 묻지 않는 것으로 상징되어온 것처럼, 프랑스에서는 평등한 개인 간에 출신에 따른 차이는 없다고 전제되고 있다. 포스트 콜로니즘 같은 사상을 근거로 다양한 출신의 사람들이 각각의 입장을 주장하게 되는 사태를 우려하는 논자들은 공화주의 원칙으로 돌아갈 것을 항상 주장한다.[15]

이러한 사상思想 속에서 지난 몇 년 동안 프랑스에서는 포스트 콜로니얼리즘을 둘러싸고 어떠한 메시지가 발신되고 있는 것일까? 여기에서는 프랑스인에 의한 연구 세 가지를 분석의 대상으로 삼기로 한다.

---

15 예를 들어 1998년에 『르 몽드』지에 게재된 '공화주의자여, 이제 두려워하지 말자'라는 논설은 비유럽계 이민이 집단 거주하는 교외의 문제를 지적하고, 공화국의 재건을 주장하고 있다. 서명자는 『에스프리』지 편집자, 역사가 등 일본에서도 저명한 좌파 논객이 눈에 띈다. Régis Debray, Max Gallo, Jacques Julliard, Blandine Kriegel, Olivier Mongin, Mona Ozouf, Anicef Le Pors et Paul Thibaud, "Républicains, n'ayons plus peur!", *Le Monde*, 1998.9.4.

1)『식민지공화국』

우선 세 명의 공저인『식민지공화국』(2003)을 다루고자 한다.[16] 저자 중 역사가인 파스칼 블랑샤르와 니콜라 반셀은 1990년대부터 식민지와 식민지 사람들이 문화매체를 통해 어떻게 표창表彰되어 왔는지 하는 문화 연구를 표방하고, 공동 연구로 많은 논집을 출판하고 있다.[17] 프랑수아즈 베르제즈는 해외주중 하나인 레위니옹 섬 출신의 정치사상가로서 서양사상을 연구하면서 노예제 문제 등 식민지에 관련된 주제를 많이 다루어 왔다. 현재는 런던대학에서 포스트 콜로니얼 연구에 종사하고 있다.[18]

이 책은 세 사람이 식민지주의의 역사에 관해서 포스트 콜로니얼의 입장에서 선다고 선언한 책이다. 그들의 출발점은 앞에서도 지적한 것처럼 구 식민지계 프랑스인이 사회에 통합되지 않은 상황에 있다. 방금 언급했듯이, 프랑스에서는 평등한 권리를 누릴 수 없는 사람들이 존재하기 때문에 공화주의의 원칙으로 돌아가야 한다는 주장이 주류이다. 이에 비해 세 명의 저자는 문제를 식민지 시대로 거슬러 생각할 것을 제기한다.

---

16 Pascal Blanchard, Nicolas Bancel et Françoise Vergès, *La République coloniale : essai sur une utopie*, Paris : Albin Michel, 2003(菊池惠介·平野千果子 譯,『植民地共和國フランス』, 岩波書店, 2011).

17 우선 하나를 들어보면 다음과 같다. Pascal Blanchard et Nicolas Bancel(dir), *Culture post-coloniale : 1961～2006*, Paris : Autrement, 2006.

18 베르제즈의 주요 저서는 다음과 같다. Françoise Vergès, *La mémoire enchaînée : questions sur l'esclavage*, Paris : Albin Michel, 2006. 에이메 세제르와의 대화도 있다. *Nègre je suis, nègre je resterai*, entretiens avec Aimé Césaire, Albin Michel, 2005(立花英裕, 中村隆之 譯,『ニグロとして生きる』, 法政大學出版局, 2011).

즉 프랑스의 역사가 사이에는, 예를 들면 프랑스의 식민지 확장·지배의 역사도 자유와 평등 혹은 인권을 내거는 공화주의로부터 일탈이라는 견해가 뿌리 깊다. 식민지 지배의 역사를 공화정시대를 포함해서 비판적으로 파악하려고 하는 사람들 사이에도 그러한 경향이 현저하다.[19] 이 책은 그러한 견해에는 눈길을 주지 않고, 식민지 확장·지배가 공화주의의 이름으로 행해진 사실을 중시한다. 즉 공화주의 자체가 식민지 지배를 용인하고 실행해 왔다는 측면이다. 그래서 그들은 공화주의의 탈구축을 제언한다. 현실을 보면 바로 공화주의와 같은 추상적인 보편개념을 되물을 필요가 드러나기 때문이다.[20]

그러나 저자들이 공화주의나 식민주의의 비판을 목적으로 하는 것은 아니다. 단순한 비판으로는 조금도 건설적인 것은 나오지 않는다. 비판─반비판이라는 이분법적 대치방법을 넘어서기 위해, 그들은 포스트 콜로니얼의 입장에 선다고 하지만, 또한 주장하는 것은 역사인식의 전환이다. 그것은 식민사에 '팩스턴 혁명'이 필요하다는 점으로 나타난다. 1960년대까지의 프랑스에서는 제2차 세계대전의 독일점령하에

---

19 예를 들자면, 망스롱의 『마리안느와 식민지』는 프랑스공화국(=마리안느)에 의한 식민지 지배의 문제를 다룬 저작이지만, 마지막에서 저자는 식민주의는 절대 왕정의 사상이며 공화정에 의한 행위는 혁명의 이념으로부터 일탈이었다고 한다. 공화주의의 문제를 논하면서 이런 결론을 끌어낸 문제의식의 자세에는 약간 헛물을 켠 느낌도 있다. Cf. Gilles Manceron, *Marianne et les colonies*, Paris : La découverte, 2003, p.276.

20 이 책에 대해서 공화주의와 식민지제국이 필연적 관계에 있다고 한다면, 거기에는 본질주의의 문제가 있다는 비판이 있다. 그러나 예를 들어 망스롱이, 프랑스는 공화국임'에도 불구하고' 본래의 가치를 배반하고 식민지제국을 건설했다는 것처럼 공화국의 보편적 가치를, 다시 말해 공화국이 본질적으로 가져야할 모습을 전제로 하고 있다고도 말할 수 있는데 비해서, 블랑샤르들의 책은 공화국이 보편적 가치를 체현해야할 것이라는 전제를 애당초 문제에 붙이고 그 탈구축을 시도하려고 하는 것이며, 이러한 비판에는 논쟁의 여지가 있을 것이다.

성립한 비시정권기에 대해 '레지스탕스 사관'이 석권하고 있었다. 그러한 상황에 큰 파문을 일으킨 것이 미국인 역사가 로버트 팩스턴이었다. 그의 저서 『비시시대의 프랑스』(1972)는 레지스탕스 사관을 '탈신화화脫神話化'하는 효시가 되었고, 후에 '팩스턴 혁명'으로 불린 것처럼 역사관의 전환을 가져왔다.[21] 저자들이 주장하는 것은, 식민지사에서 그런 인식의 쇄신이다. 식민지에 관한 역사 연구가 진전되고 지知가 축적되어 왔음에도 불구하고, 인식의 전환에 도달하지 않았기 때문이다. 적어도 포스트 콜로니얼리즘을, 단순한 비판의 도구가 아니라는 것을 확인하면서 활용하려는 자세는 확인될 것이다.[22]

2) 『포스트 콜로니얼 상황』

다음으로 『포스트 콜로니얼 상황』(2007)이라는 논집으로 옮겨 가보자.[23] 편자인 마리 클로드 스무트는 국제정치학자이며, 이 책은 바로 2005년의 여러 사건에서 포스트 콜로니얼 연구의 필요성을 호소했지

---

21 ロバートO パクストン, 渡辺和行・劍持久木 譯, 『ヴィシー時代のフランス』, 柏書房, 2004(Robert O. Paxton, *Vichy France : Old Guard and New Order 1940~1944*, New York : Columbia University Press, 2nd ed., 2001.).

22 Pascal Blanchard, Nicolas Bancel et Françoise Vergès, *La République coloniale : essai sur une utopie*, Paris : Albin Michel, 2003, p.170을 참조. 다만 포스트 콜로니얼의 입장에서 공화주의의 문제성을 강조하고 있기 때문에, 그들의 주장에는 식민지사를 공화주의적인 것으로 환원하여 왜소화하고 있다는 비판이 있다. 이 책의 주장은 오늘날 프랑스사회에서 공화주의라는 것에 무조건적으로 돌아가려하는 움직임이 강해지고 있는데 경종을 울리는 의미에서 인식의 전환이기도 하고, 논쟁적인 성질이라는 것은 다시 한 번 확인해둔다.

23 Marie-Claude Smouts(dir), *La situation postcoloniale : les postcolonial studies dans le débat français*, Paris : Sciences Po, 2007.

만, 스무트는 그 즈음에 그저 영어권의 이론을 도입하는 것이 아니라, 프랑스류를 모색하려는 자세를 보이고 있다. 이 책의 제목은 1951년에 간행된 사회학자 조르쥬 발랑디에의 「식민지상황」이라는 논문을 쉽게 연상시키기 때문이다. 사실 이 책의 서문은 발랑디에가 썼다.

그러면 발랑디에의 논문은 어떤 것인가. 발랑디에는 사하라 이남 아프리카를 전공하고 있지만, 「이론적 접근」이라는 부제를 가진 이 논문에서는 현지사회의 연구에서 지배자／피지배자로 단정하지 않고, 또한 연구대상을 고정적으로 파악하지 않는 것이 기본적인 자세이다. 발랑디에는 지배당한 아프리카사회에서 복잡성과 이종혼교성hétérogénéité를 찾아내고, 더욱이 식민지에서 지배자의 사회와 현지사회의 상호작용으로 쌍방이 변용하다는 점을 강조하고 있다. 1951년이라고 하면 오리엔탈리즘적 사고가 여전히 널리 보급되던 시기지만, 그러한 시대의 한복판에서 발랑디에는 극히 포스트 콜로니얼적인 사고를 제시하고 있었다. 발랑디에는 오늘날에도 건필을 휘두르고 있는 존재지만, 이 논문이 잊혀지지 않고 반세기 후인 2001년 처음으로 본 논문이 게재되었던 『국제사회학잡지』에 다시 약간 단축된 버전으로 재수록되었다.[24] 이것도 포스트 콜로니얼적 요청이 높아지고 있는 하나의 표현일 것이다.

스무트는 발랑디에를 인용하면서 식민지 상황은 소수파인 유럽에 의한 지배가 전제이며, 그 연구의 중요성은 오늘날 여전히 존재한다고 본다. 그리고 발랑디에가 식민지 상황에서 강조하는 상호작용성에 착목하고, ‘포스트 콜로니얼 상황’에 대해 다음과 같이 서술하고 있다. 즉

---

24 Georges Balandier, "La situation coloniale", *Cahiers internationaux de sociologie*, vol.11, 1951(extrait : vol.110, janvier-juin 2001).

그것은 과거와 현재, 안과 밖이 겹치는 것으로, 정복과 식민지화 등의 결과로 나타난 사회적·문화적 복잡성이라는, 원래 식민지라는 외부에 있던 것이 구 종주국 내부에까지 확장되어 식민지 관계가 다른 형태로 살아남은 상황이다.

스무트 자신의 요약에 따르면 오늘날 포스트 콜로니얼 연구의 도입이 시급한 것은 ① 오늘날 프랑스에 식민지 과거가 전면적으로 관련되어 있다는 현실 인식하에 ② 상호작용의 결과, 식민지 지배는 식민지의 현지사회뿐만 아니라 구 종주국에도 근본적인 증거를 남긴 것을 인정하고 ③ 오늘날은 국민 통합을 유지하기 위해서야말로 식민지 지배의 과거를 받아들이고, 존속하는 그 흔적을 인정해야만하기 때문이다.[25]

먼저 지적했듯이 포스트 콜로니얼리즘을 도입하면 프랑스의 일체성이 손상된다는 비판이 있었지만, 그것은 하위계층subaltern이 언어를 가지면 그 하위계층의 집단마다 사회가 파편화되고 말 것이라는 두려움이다. 이에 비해서 스무트는 반대로 포스트 콜로니얼리즘을 받아들이면 분열이 진행된다고 주장하지만, 그때의 포스트 콜로니얼적 사고란 역사와 현재의 상호작용, 상호관계에 눈을 돌리는 관점을 지닌다는 것이다. 그것은 결국 '스피박Chakravorty Spivak을 하는 것이 아니라 발랑디에Georges Balandier를 하는 것'[26]이며, 영미권으로부터 사상 수입이 아니라 프랑스류의 포스트 콜로니얼리즘을 생각하는 것이라고 할 수 있다.[27]

---

25 Marie-Claude Smouts, "Introduction", *La situation postcoloniale : les postcolonial studies dans le débat français*, Paris : Sciences Po, 2007, p.26.

26 Ibid., p.63.

27 Cf. Jacques Chevallier, "L'héritage politique de la colonisation", *Ibid*. 또한 스피박의 『서벌턴은 말할 수 있는가』의 불어 번역이 출판된 것도 포스트 콜로니얼리즘에 대한 관심이 높아졌던 때였다. Gayatri Chakravorty Spivak, *Les subalternes peuvent-elles parler?*, Paris :

3) 『버림받은 서양』

본 절의 마지막으로 장-루 앙셀의 『버림받은 서양』(2008)을 살펴보자. 이것은 포스트 콜로니얼 사상을 전반적으로 부정한 책이다.[28] 이 책은 이 사상을 숙지하고 있는 저자가 세계의 포스트 콜로니얼 사상(아프리카, 아시아=인도, 남미)을 조감한 후 관심이 높아진 바로 그때에 부정한다는 체제로 되어 있다. 프랑스에 이 사상이 침투하지 않는 이유의 대부분이 나타나고 있어서 검토의 소재로 적절하다.

왜 앙셀은 포스트 콜로니얼 사상의 의미를 인정하지 않는가? 앙셀은 사하라 이남 아프리카를 필드로 하는 인류학자이지만, 식민지화 이전부터 아프리카에는 하나의 문화 내부에서 중심-주변, 혼교, 디아스포라 같은 이른바 포스트 콜로니얼의 키워드로 말할 수 있는 세계가 있다고 한다. 또한 자신은 1942년생 유태계로 유대인으로서 억압된 기억으로부터 알제리 독립전쟁 등에 즈음해서는 프랑스에서 억압받는 측과 연대한 경험을 가진다. 즉 자신의 전공은 피억압자의 입장을 공유하는 것에서부터 스스로 타자他者에게 개방해온 결과이며, 그러한 시각에서 본다면 포스트 콜로니얼리즘 등이 주창하는 세계의 모습에는 어떠한 새로운 논점이 없다는 것이 주된 이유이다.

앙셀은 각지의 포스트 콜로니얼 연구를 전혀 평가하지 않는 것은 아니지만, 어떤 논자도 서양의 사고 틀에서 벗어나지 않았다고 비판한다. 예를 들면 아프리카성을 추구하는 아프리카인의 연구에서도, 기본

Editions Amsterdam, 2006.

28 Jean-Loup Amselle, *L'Occident décroché : enquête sur les postcolonialismes*, Paris : Stock, 2008.

은 반제국주의와 마르크스주의이고, 혹은 1장을 일부러 할애한 그람시라 하더라도, 마르크스주의의 틀 속에서 생각하고 있었고, 그람시가 말하는 하위계층성은 서양 자체를 반문하는 것은 아니라는 정도이다. 앙셀의 주장에서는 사상이 원래의 맥락과 떨어져서 전개되어가는 측면이 등한시되었고, 비판하지 않았기 때문에 사상이 왜소화되고 있는 측면은 부정할 수 없다.

앙셀의 눈에는 영어권에서 프랑스로 도입된 포스트 콜로니얼리즘은 각각의 집단이 각각 자기 역사의 '고난'을 말하는 결과를 불러왔고, 프랑스는 헌팅턴이 말하는 세계가 되었다고 비춰졌다. 즉 포스트 콜로니얼 이론을 도입하더라도 겨우 미국류의 다문화주의가 될 뿐이며, 그것은 미국제국주의라고 앙셀은 단정하고 있다. 포스트 콜로니얼 사상은 개개의 아이덴티티를 분출시키고 사회를 단편화시키며, 그러한 상황을 '보편'의 최후의 아성인 공화주의를 탈구축하는 대가로서 받아들일 수 없다는 것이 앙셀의 주장이다.

그렇다면 앙셀이 도달할 결론은 이미 드러난다. 공화주의에 난점이 있는 것을 인정하면서 노예제는 1848년에 성립한 제2공화국에 의해 폐지된 것을 언급하며, 공화주의에 입각한 사회를 찬양하고 이 책은 끝나기 때문이다. 공화주의의 원점으로 되돌아가는 것이야말로 단편화된 사회에 필요하다는 인식은, 프랑스에 종래부터 있던 포스트 콜로니얼 비판의 입장과 조금도 다른 점이 없다. 어느 쪽이든 간에 프랑스에 포스트 콜로니얼리즘이 침투하지 않은 큰 요인으로 공화주의가 가로막고 있다고 확인된 것이 아닐까.[29]

그런데 원래 프랑스에서 포스트 콜로니얼 연구가 주목받게 된 것은 사회에 통합되지 않은 구 식민지계 프랑스인='이민'이 늘어난 데 있다. 따라서 어느 정도 필연적으로 그들을 둘러싼 이야기가 무엇인지 살펴 볼 필요가 있다. 그러면 다음으로 '이민'의 역사로 눈을 돌려 보자.

3. 이민사를 둘러싼 논의 – 식민사에서 이민사로?

1) 이민사 연구에서 대립

프랑스에서 이민의 역사는 언제부터 연구의 대상이 되어 온 것일까? 카트린느 비톨 드 뺀덴에 따르면, 이민은 1970년대 무렵까지는 노동운 동사에서 다루어진 정도이지 역사학에서는 고상한noble 테마로 간주 되지 않았다. 변화는 석유위기와 함께 찾아왔다. 외국인 노동자를 둘 러싼 정책이 변화하는 가운데, 북아프리카를 중심으로 한 구 식민지 출신자가 급증했다. 1980년대가 되면 길어지는 불황을 배경으로 그들 의 배척을 내건 극우세력이 대폭 늘어난 것은 새삼 말할 필요도 없다. 이러한 사회·정치정세에 힘입어서, 80년대 이후 이민 연구는 폭발적 으로 증가했다고 비톨은 말한다.[30] 오늘날 프랑스는 '이민의 나라'로 알려져 있지만, 프랑스가 그러한 자각을 가진 것은 역시 1980년 전후 에 지나지 않는다.[31]

---

29 기타 포스트 콜로니얼리즘 비판으로서 우선 다음을 들 수 있다. Jean-François Bayart, *Les études postcoloniales : un carnaval académiques*, Paris : Karthala, 2010.

30 Catherine Wihtol de Wenden, "Le thème de l'immigration entre à l'université", *Hommes et Migrations*, no.1190, septembre 1995.

다만, '이민'이 구 식민지계 사람들만을 가리키는 것은 물론 아니다. 특히 프랑스는 저출산이 일찍 시작되어, 이미 19세기 중반부터 인근 유럽계 노동력에 대한 의존도가 높아졌다. 즉 다른 유럽 국가와는 달리, 프랑스는 19세기부터 외국인 노동자 수입국이었다는 독자적인 역사를 가진다. 따라서 프랑스에서 '이민의 역사'는 한 세기에 걸친 유럽계 유입자들에 이어서 20세기 중반 이후 식민지제국의 붕괴 전후부터 비유럽계, 주로 구 식민지계 사람들이 증가한 흐름으로 그려질 수 있다. 실제로 식민지시기부터 식민지 출신자들도 노동자로서 도래했지만, 숫자상으로 보면 위와 같은 경향을 지적해도 좋을 것이다.

그런데 프랑스에서는 이민의 역사를 어떻게 파악하는가에 대해서는 연구자들 사이에 큰 균열이 있다. 필자는 프랑스의 식민지사 연구를 해나가는 가운데 자연히 구 지배지역 출신자의 이주와 이동이 시야에 들어왔지만, 실은 이처럼 식민지역사의 연장으로 이민의 역사를 파악하는 방법은 프랑스에서는 극도로 기피되어 왔다.

왜일까? 이민사 연구의 1인자인 제라르 누아리엘은 매우 명쾌하다. 이러한 관점에 서있다면 '통합에 성공한 유럽계' 및 '통합의 원리가 기능하지 않는 구 식민지계'라는 두 이민군移民群으로 나누게 되고, 그것은 실제로 있는 차별을 고정화시킬 우려가 있다는 것이다. 그 기본에는 프랑스는 공화주의에 입각하고 있으며, 누구나 다 이 공화국의 도가니에 '프랑스인'으로 녹아들어야 할 것이라는 생각이 있다.[32] 누아리

---

31 이민사의 전체상에 대해서는 우선 다음을 적어둔다. Marie-Claude Blanc-Chaléard, *Histoire de l'immigration*, Paris : La Découverte, 2001; Philippe Dewitte, *Deux siècles d'immigration en France*, Paris : La Documentation française, 2003.

32 Cf. Gérard Noiriel, *Le Creuset français : Histoire de l'immigration XIXe-XXe siècle*, Paris : Seuil,

엘은 또한 프랑스 정부가 고도경제성장기인 1960년대에 외국인 노동력을 도입하려고 했을 때, 프랑스사회에 친숙해지기 어려운 이민자그룹을 배제하려고 했음을 지적한다. 누아리엘은 이민의 존재를 식민지 지배의 연장선상에 두려는 시선은 당시 정권이 가지고 있던 차별적인 주장을 의도치 않게 답습하게 된 것이라고 경종을 울리고 있다.[33]

이에 비해 현실에서 식민지계 이민들에게는 다른 이민군移民群과 다른 점이 있고, 식민지 지배의 역사를 고려함으로써 그 이유를 탐구할 수 있다고 생각한 역사가들이 있다. 포스트 콜로니얼파라고 불리는 연구자는 대체로 그 입장에 서 있지만 포스트 콜로니얼리즘이 논의에 오르기 이전부터 그런 문제의식을 가진 연구도 있었다.[34]

양측의 대립은 감정적으로까지 나간 느낌이 든다. 예를 들어 2007년에 간행된 논집 『이주移住』는 20세기 프랑스 이주자를 테마로 한 것이지만 여기에는 이민의 역사를 식민지의 역사와 결부시키는 입장에서 대해 격노라고 할 수 있을 정도의 비판을 쓴 논고에 바로 이어서, 양자의 연결을 자명한 것으로 논하는 논고가 게재되어 있다.[35] 이 현저한

1988, 2006.

33 Cf. Gérard Noiriel, *Immigration, antisémitisme et racisme en France*, Paris : Fayard, 2007, p.681.

34 예를 들어 에릭 사봐레즈는 북아프리카 출신자에 대한 공포심이 어떻게 프랑스사회에서 구축되었는지를 식민지 지배의 역사 속에서 고찰하고 있다. Eric Savarèse, *Histoire coloniale et immigration : une invention de l'étranger*, Paris : Séguier, 2000. 또한 최근 몇 년간은 관련성을 중시하는 입장의 연구가 늘고 있다. Dominique Vidal et Karim Bourtet, *Le mal-être arabe : enfants de la colonisation*, Marseille : Agone, 2005; Hédi Saïdi(dir), *Mémoire de l'immigration et histoire coloniale*, Paris : L'Harmatttan, 2007. 잡지 『사람과 이주Hommes et migrations』에는 식민지 지배의 역사와 이민의 역사의 연관성을 보려는 특집이 이미 많이 나와 있다. Cf. "Imaginaire coloniale : figures de l'immigré", no.1207, mai-juin 1997; "L'héritage colonial : un trou de mémoire", no.1228, novembre-décembre 2000.

35 다음의 논집 Benjamin Stora et Emile Temine(dir), *Immigrances : l'immigration en France au XXe siècle*(Paris : Hachette, 2007)에 게재된 두 가지 논고 참조. Jean-Jacques Jordi, "Colonisation et

대비로 보건대 편자가 굳이 이런 체재를 취했다고도 생각할 수 있지만, 어떤 '종합synthèse'에 도달하는 어려움이 짐작되는 바이다.

2) 이민의 역사의 '비식민지화'

이 점에 대해서 『르 몽드』지의 기자 필립 베르나르는 식민지 지배의 역사와 이민을 관련지어서 논할 경우의 적극적인 면으로서 공화주의에서 평등이라는 신조crédo가 얼마나 애매한가를 분명히 할 수 있는 측면을, 또한 부정적인 면으로서 본국이 '식민지에 식민지화된다'는 위기감을 부추기는 극우정당의 그럴듯한 논리에 편승하는 측면을 각각 지적하고 있다. 그리고 누아리엘과 같은 입장에 대해서 '프랑스는 공화주의의 전통 때문에, 현대의 프랑스, 특히 이민출신의 사람들과 식민지주의 시대라는 지나간 시대의 사이에는 아무런 관계도 없다는 환상을 계속 가지고 있다'고 적고 있다.[36]

베르나르의 견해를 부연한다면, 오늘날의 사회적 약자, 주변화된 '프랑스인'의 존재는 식민지 지배의 과거와는 무관하다는 견해를 '공화

---

immigrations : un héritage?"; Abdellali Hajjat, "Les usages politiques de l'héritage colonial".

36 Philippe Bernard, "De la colonisation à l'immigration", *Le Monde*, 2006.10.13. 덧붙여 프랑스에서는 1931년의 국제식민지박람회 때 지어진 식민지박물관이 폐관되고 치장을 새롭게 하여 2007년 가을에 이민박물관으로 개관했다. 이러한 방향전환에는 역사를 새로 윤색하는 것이라는 비판이 계획 공표의 당초부터 있었고, 그에 응하는 형태로 새로운 박물관 발족을 앞둔 2006년 9월 당 박물관 주최로 '프랑스에서 이민의 역사와 식민지문제'라는 제목의 심포지엄이 열렸다. 베르나르의 논평은 이 심포지엄을 보고 작성된 것이다. 심포지엄 보고서는 다음 논집에 정리되어 있다. Nancy L. Green et Marie Poinsot(dir), *Histoire de l'immigration et question coloniale en France*, Paris : La Documentation française, 2008.

주의'가 허용하고 있다거나 또는 사회상승이 가능한지 여부는 개인의 노력에 달려 있다고 함으로써 공화주의가 차별의 구실로 사용되고 있다는 것이다.[37] 역사 연구에서 이러한 공화주의적 입장에 선다면 구식민지계의 '프랑스인'은 도가니에 녹아들어야 할 것이라고 전제함으로써, 오히려 합당한 연구대상에서 배제될 수도 있다.

물론 '이민' 차별이 식민지시대부터 계속된다고 인정함으로써 문제가 해결되는 것이 아니며, 그래서는 역사가 단순화되고 말 것이다. 하지만 식민지에 얽힌 요소는 무관하다고 잘라내는 것 또한 현실의 한 측면을 고의로 놓칠 위험을 무릅쓰게 된다. 오늘날 사회에서 드러난 격차로 상징되는 것 같은 여러 문제에는 과거의 역사 평가와는 별도로 현실적으로 대처해야 하겠지만, 프랑스에서는 이미 전간기戰間期부터 식민지계 사람들은 다른 유럽출신의 외국인보다 '동화同化'가 곤란하다고 하여 더 '문제시'되는 존재였다는 지적이 있다.[38] 오늘날 '사회문제'의 역사적 근원의 일단을 확인하는 것도 필요한 작업이 아닐까 한다.

그런 문제들을 포함하여 생각한다면, 이민의 역사라는 주제에서 식민지 지배의 연장으로 평가되는 면이 있다는 것은 부정하기 어려우며, 이런 종류의 요소를 완고하게 거부하는 자세는 짓궂게 말하자면 '이민

---

37 Françoise Lorcerie, "Le primordialisme français, ses voies, ses fièvres", Marie-Claude Smouts(dir), *La situation postcoloniale : les postcolonial studies dans le débat français*, Paris : Sciences Po, 2007, p.327.

38 Patrick Weil, "Racisme et discrimination dans la politique française de l'immigration : 1938 ~1945 / 1974~1995", *Vingtième Siècle*, no.47, juillet-septembre 1995. 이 논문에서 소개되는 것은 1937년 어느 자동차공장에서 진행된 조사에서 대상이 된 5,075명의 외국인 노동자의 작업에 대한 적성이 출신별로 10점 만점으로 표시되어 있다(공장 전체 노동자 수는 대략 17,000명). 결과는 점수가 높은 순으로 벨기에인=9, 스위스인=8.5, 이탈리아인=7.3 스페인인=6.5, 폴란드인=6.4, 아르메니아인=6.3, 그리스인=5.2, 그리고 아랍인=2.9였다.

의 역사의 비식민지화'를 시도한 것이라고 할 수 있을 것이다. 제1절에서 밝힌 바와 같이 포스트 콜로니얼 사상의 수용에 대해서는 공화주의가 매우 크게 얽혀 있는데, 이민의 역사라는 주제를 놓고도 프랑스는 같은 문제를 안고 있는 것처럼 보인다.

'식민지사에서 이민사'로 라는 인식은 극우정당을 이롭게 하려고만 작용하는 것은 아니다. 페르낭 브로델은 만년의 대저작 『프랑스의 아이덴티티』(1986)에서 다음과 같이 말하고 있다. "어차피 처음으로 '국민적' 관점에서 이민은 프랑스에 어떤 종류의 '식민지' 문제를 제기하고 있다고 나는 생각한다. 그것도 프랑스 자신의 내부에 뿌리 내린 것으로서."[39] 어떤 사회에 외부에서 이주해 오는 사람들에게 공통으로 발생하는 문제는 당연히 있다. 그들과는 별개로 구 식민지계이기 때문에 생기는 논점도 있다. 그것은 개개의 '이민 집단'에 개별 체험이 각자 있다는 의미에서 이다. 그런 점을 판별해 나가는 것이 이민의 역사를 발전적인 방향으로 '비식민지화' 하는 것은 아닐까?

그런데 최근 몇 년간 이들 '이민'을 둘러싸고 큰 논쟁이 된 것이 공립학교에 종교적 표장標章을 갖고 오는 것을 금지한 2004년의 법률이다. 프랑스 공화주의의 모습을 파악하기 위해서도 이 법에 대해 약간의 고찰을 시도하고자 한다.

---

[39] Fernand Braudel, *L'identité de la France : les hommes et les choses*, t. 1, Paris : Arthaud, 1986, p. 187.

4. 종교표장법 — 비종교성(라이시테)의 '식민지화'?

1) 히잡 착용의 합법성

2004년 봄에 성립된 종교표장법宗敎標章法은 소위 히잡사건이 발단이 되었다. 이 일련의 사건이 대해서는 지금은 잘 알려져 있다. 개략해서 쓴 다면 이슬람교 여학생이 이슬람의 징표인 히잡을 쓰고 '공립' 학교에 등 교하는 것이 '공공의 장소에서 비종교성(라이시테)'이라는 프랑스 공화주 의의 원칙을 어기는 것이라며, 학생들이 출석 정지나 퇴학 처분을 받은 것이다. 1989년 가을 파리 북부의 크레이라는 인구 3만 명 정도인 소도시 의 공립중학교에서 3명의 여학생이 수업 중에도 히잡을 벗지 않고 학교 측과 대립한 끝에 출석정지 처분을 받은 것이 사건의 최초 발단이었다.

그 후 거의 매년 이런 종류의 '사건'이 프랑스 전역에서 빈발했다. 1994년 가을부터 1년 동안은 3천 건 넘게 일어났다는 수치도 있다.[40] 현장의 혼란도 끊이지 않았기에 21세기에 들어 재선된 자크 시라크 대 통령의 명을 받은 위원회가 2003년 12월 보고서를 정리하였고, 이에 기초하여 2004년 봄 공립학교에 종교적 표장을 반입하는 것을 금지하 는 법, 이른바 종교표장법이 성립되었다.

반복해서 지적되는 것이지만, 이 법은 모든 종교를 대상으로 한다지 만 발단이 된 사건에서도 알 수 있듯이 실질적으로는 소녀들이 쓰는 이 슬람의 히잡이 대상이 되었다. 그런 의미에서는 철학자 알랭 르노가 지

---

[40] Hanifa Cheriffi, "Application de la loi du 15 mars 2004", *Hommes et migrations*(Laïcité : les 100 ans d'une idée neuve-I. A l'école), no.1258, nov. ~déc. 2005.

적한 대로 이를 '히잡에 관한' 법이라고 부르는 것이 매우 타당하다.[41]

이 법에 대해서는 일본에서도 이미 많이 연구되어 왔다.[42] 공립학교에서 종교의 표장이 초점인 것을 생각하면, 정교분리법 이후의 공립학교를 둘러싼 역사적 상황에도 주목해야 하지만, 이 문제는 다른 기회에 얘기하도록 하고,[43] 여기에서는 포스트 콜로니얼리즘 수용문제를 염두에 두면서 조금 생각해보고자 한다. 먼저 크레이사건에 대하여 같은 해 11월에 국무원이 처음 내린 판단을 돌이켜 보자.

국무원의 판단에는 공립학교의 세속화를 규정한 페리Ferry법(1882)과 정교분리법(1905), 그리고 1789년의 인권선언, 제4·5공화정 헌법 등 합계 23개에 이르는 법이나 정령政令, 국제규약 등을 근거로 하여 프랑스에서 종교의 자유가 확인되었다. 게다가 직접적으로는 '사건' 직전에 제정된 1989년의 두 법에 기초하여 공립학교에서 히잡 착용 자체는 비종교성의 원칙과 상반되는 것이 아니라는 결론이 나와 있었다. 두 가지 법이란 7월 10일자 교육에 관한 법(제1조에서 다원주의와 중립성의 원칙을 존중하는 범위 내에서 종교의 '표현의 자유'가 인정되고 있다) 및 8월 2일에 발포된 외국인의 체류와 입국에 관한 법(종교의 자유에 더하여 개인적으로도 집단으로서도 '자신의 종교를 표명하는 자유'가 보증되어 있다)이다.[44] 이 조

---

41 Alain Renaut et Alain Touraine, *Un débat sur la laïcité*, Paris : Stock, 2005, p.11. 이 법은 시크교 남자의 터번에까지 미쳤지만, 보베로의 앞의 책(Jean Baubérot, *Histoire de la laïcité française*, Paris : PUF, 2000)에서는 이것은 예상외였다고 썼다.

42 内藤正則・阪口正二郎 編, 『神の法 vs. 人の法』, 日本評論社, 2007; ジョーン W スコット, 李孝德 譯, 『ヴェールの政治學』, みすず書房, 2012(Joan W. Scott, *The Politics of the Veil*, Princeton University Press, 2010) 등을 참조.

43 우선 이하의 졸고 참조. 「ラヴァルのヴィシー」と世俗的教師」, 『史林』, 77-1, 1994.1; 「ヴィシー政權期フランスの教育政策と公敎育の世俗性」, 『西洋史學』175, 1994.12.

44 국무원의 판단은 다음의 사이트에 전문이 게재되어 있다. http://www.conseil-etat.fr/me

항들이 두 가지 법에 담긴 배경은 분명하지 않지만, 최초의 히잡사건 직전에 이런 내용의 법이 성립되었던 것에서 얼마나 이런 종류의 '사건'이 상정되지 않았던지 그 일단을 엿볼 수 있다.

주지하는 바와 같이 프랑스가 공공의 장에서 비종교성을 중시하는 배경에는 근대 가톨릭교회와 세속공화파의 치열한 대립이 전개된 역사가 있다. 19세기 말 이후 교회세력은 페리법에 의해 교육의 장에서 추방되었고, 이어 정교분리법으로 공적 지원을 받을 길이 끊어졌다. 이들 시책으로 공화주의에 기초한 국가건설은 더욱 진척을 보게 되었다.[45] 거기에 이슬람이라는 새로운 종교의 존재가 상정되지 않은 것은 당연할 것이다. 어쨌든 특정 종교의 징표를 걸치고 등교하는 것 자체에 위법성을 인정하지 않았던 국무원의 결론은 어떤 가치판단을 포함한 것이 아니라 법에 따른 매우 객관적인 판단이었다.

2) 새로운 '문명화'

그런데 프랑스에서는 종래부터 공립학교에서 히잡을 쓰는 학생들이 있었음에도 불구하고,[46] 왜 그것이 1989년의 시점에서 '사건'이 된

---

dia/document//avis/346893.pdf(최종검색일 : 2011.11.15). 小泉洋一, 『政教分離の法－フランスにおけるライシテと法律・憲法・條約』, 法律文化社, 2005도 참조.

45 통사적 개관은 ルネ レモン, 工藤庸子・伊達聖伸 譯, 『政教分離を問いなおす－EUとムスリムのはざまで』, 靑土社, 2010(René Rémond, *L'invention de la laïcité française : de 1789 à demain*, Paris : Bayard, 2005); 谷川稔, 『十字架と三色旗－もう一つの近代フランス』, 山川出版社, 1997을 참조.

46 '사건'화하는 이전에 히잡을 걸치고 공립학교에 통학하고 있던 소녀들의 사례는, 예를 들

것일까? 이 점에 대해서는 지금까지 그다지 논의되지는 않았다. 물론 '문제'라고 지적한 교장의 개인적 견해도 있겠지만[47] 문제시된 더 넓은 의미를 검토하기 위해 1980년대라는 시대를 다시 생각할 필요가 있다.

프랑스에서 비종교성 연구의 제일인자인 쟝 보베로는 『비종교성(라이시테)−1905∼2005년』에서 1989년에 일어난 루슈디사건의 중대성을 지적하고 있다. 영국 거주의 인도계 영국인작가 살만 루슈디는 그의 저서 『악마의 시』가 이슬람을 모독하고 있다고 이란의 호메이니로부터 사형을 선고받았다. 이 책의 일본어 번역자가 암살되어 일본에도 충격을 준 것은 기억에 남아 있다. 히잡사건을 둘러싼 국제적 맥락으로 불관용의 이슬람이라는 막연한 인식을 단번에 과열시킨 이 사건을 보베로는 베를린장벽의 붕괴('유토피아의 종언')와 대등한 1989년의 큰 사건이라고 기술하고 있다.[48]

루슈디사건에 이르기까지 1980년대에는 팔레스타인에서도 새로운 비극이 일어나고 있었다는 사실을 덧붙여 두자. 프랑스는 많은 이슬람계 주민을 끌어안고 있기에 팔레스타인문제가 직접 사회에 영향을 미

면 다음에 소개되고 있다. "Rares et tolérés hier, l'affaire de Creil rend les foulards islamiques voyants et mal vus : le choc de l'islam sur l'école de la République", *Libération*, 1989.10.21 ∼22. 또한 '하나여서 불가분'인 공화국에 포함되어 있는 해외 주의 하나인 인도양의 레위니옹 섬은 원래 이슬람 섬이었던 사실이 1절에서 인용한 『식민지공화국』에서 강조되고 있다(Blanchard et al., *Ibid.*, pp.145∼146). 2011년 3월에 해외 영토에서 해외 주로 이행한 코모로 제도의 마이요트(인도양)도 이슬람이다.

47 크레이의 교장이던 에르네스토 세니에루는 마르티니크 태생이다. 우아즈에 이주하여 청년시절은 인도차이나, 알제리의 두 전쟁에 반대 입장을 취했다. 1993년 총선(우파가 승리)에서 공화국연합 측 국민의회 의원으로 당선되었다. 그때 온갖 이민을 저지하여 내셔널 아이덴티티를 재구축하고 싶다고 밝혔다. *Le Monde*, le 12 juin 1993. 비유럽계 세니에루는 '이민'의 범주에 넣어야할지도 모를 입장의 사람이다.

48 Jean Baubérot, *Laïcité 1905∼2005 : entre passion et raison*, Paris : Seuil, 2004, p.155.

치는 경우가 종종 있다. 1982년 레바논의 수도 베이루트에 있는 팔레스타인 난민캠프, 사브라Sabra와 샤틸라Shatila에서 많은 난민이 학살된 사건도 그 한 예이다. 이때 프랑스는 구 식민지 레바논에 파병하였고, 1980년대 초에 결성된 것으로 알려진 헤즈볼라(아랍어로 '신神의 당党')에 의한 '테러' 활동은 프랑스까지 미쳤다. 1986년 파리에서도 사망자를 내는 폭탄사건이 여러 차례 일어났다.

사브라·샤틸라 같은 학살사건에는 프랑스 여론도 크게 반응했다. 그러나 그 귀결의 하나로서 프랑스 자신이 폭탄 공격을 입게 된다면, 그것이 대이슬람 감정의 악화로 이어질 것은 쉽게 상상되는 것이다.

본 연구의 관심으로 돌아온다면 이민의 역사를 둘러싸고 언급했듯이, 석유위기 후의 1980년대는 불황 속에서 계속 증가하는 이슬람계 '이민'의 존재가 프랑스 사회에 공포심을 일으키고, 사회에 이질적인 요소가 '너무 많다'는 일종의 혐오감이 팽배했던 시기이다. 그것은 극우세력의 약진으로 직결되었고, '이민' 배척의 목소리는 그 어느 때보다 높아졌다. 즉 1980년대는 이른바 프랑스의 안과 밖에서 이슬람에 대한 기피감이 뚜렷하게 조성되어 직접적으로 표명된 시기이기도 했다. 그 1980년대 마지막 해의 가을에 공립학교에서 이슬람의 히잡이 '사건'화한 것이다.

앞에서도 기술한 것처럼, 히잡사건은 그 후 전국에서 빈발하여 15년이 지나 금지법이 성립되었고, 이 법에는 압도적인 찬성이 있었다고 한다.[49] 여기서는 몇 안 되는 비판적 견해로서 피에르 테바니언의 『경

---

[49] 시라크가 임명한 베르나르 스타지를 장으로 하는 위원회는 보베로 단 한명이 기권을 하고 나머지는 전원이 금지에 찬성했다. 이와 관련하여 1905년 정교분리법을 둘러싼 다양한 상황에 대해서는 보베로가 편집한 다음 논집이 도움이 된다. Jean Baubérot et Michel Wieviorka(dir), *De la séparation des Eglises et de l'Etat à l'avenir de la laïcité*, La Tour d'Aigues,

멸의 공화국』을 인용해 보자. 2004년 법의 하나의 근거로서 공립학교의 세속화를 규정한 1882년 페리법이 자주 인용되지만, 테바니언은 페리법이 규정한 것은 시설이나 교사의 비종교성이며, 학생의 종교는 문제가 되지 않는다고 지적한다. 즉 공적 시설 '사용자'의 비종교성이 추궁당하고 있는 것은 아니며, 페리법 이후의 비종교성 전통 때문에 히잡을 금지하는 것은 잘못이라고 하였다.[50]

이것은 1989년 국무원의 판단을 따른 것이기도 하며, 테바니언의 지적 자체는 적절하다고 생각된다. 다만 소녀들의 이슬람 히잡 착용은 전술한 바와 같이 프랑스의 역사에서 상정되지 않았던 점이었다. 새로운 법률이 필요한 것은 기존의 법률에 의해서는 공립학교에서 착용을 금지 할 수 없기 때문이었고 금지의 법제화는 결론이 먼저 나있는 문제였다. 그렇다면 테바니언과 같은 지적은 역시 반론으로서 성립되지 않을 것이다.

히잡 착용의 시비는 프랑스사회의 또 다른 측면을 부각시킨다. 그것은 '다문화성'의 문제이다. '하나로서 불가분'을 내건 프랑스 공화주의는 이념상 다문화주의와 양립하지 않지만, 현실을 보면 프랑스 사회에는 이미 다양한 문화가 존재하고 있다.[51] 프랑스가 이민의 나라라는

L'Aube, 2005.

50 Pierre Tévanian, *La République du mépris : les métamorphoses du racisme dans la France des années Sarkozy*, Paris : La Découverte, 2007, pp.40~41. 테바니언은 2005년 덴마크 일간지가 무하마드의 풍자화를 게재한 것이 세계적인 비판을 부른 것을 언급하고, 이러한 풍자화는 표현의 자유로 허용되는 한편, 소녀의 종교 표명은 엄격히 금지된다고 비꼬았다. *Ibid.*, p.44. 비판적 입장으로는 다음도 적어 둔다. Charlotte Nordmann(dir), *Le foulard islamique en question*, Paris : Editions Amsterdam, 2004.

51 1999년 프랑스의 여러 언어에 대해 조사한 세르키리니에 따르면 '구주지역어 헌장'의 기준에 의한다면, 프랑스에는 75개의 지역어와 소수 언어가 존재한다고 한다(베르나르 세

자각을 가지기 시작한 1980년대 이후 프랑스와 다문화사회를 둘러싼 논의도 증가하게 되었다.[52]

그러나 다문화사회라는 자각이 소수파의 문화를 존중하는 자세로 반드시 연결되는 것은 아니다. 다문화주의라는 것이 결국은 다수파의 문화에 종속되는 형태로서만 소수파 문화의 존재를 인정하는데 불과하다는 논점은, 갓산 하지의 『화이트 네이션』에 치열하게 그려진 그대로이다.[53] 프랑스에서는 다문화사회라는 현실을 수용하려는 움직임도 확산되는 한편, '비종교성'의 원칙을 지키는 것이 그 전제로서 이야기되는 경우도 있다.[54] 그러한 자세는 프랑스 공화주의에 준거한 비종교성이라는 하나의 문화 상태를 '보편'으로서 사회의 기반으로 둔 후에, 다른 문화의 존재를 인정하려고 하는 것이다. 거기에는 하지가 지적하는 '다문화주의'의 위험성이 그대로 오버랩 되어 보인다.

여기서 서두 부분에서 언급한 '우리는 공화국의 원주민'이라는 어필

르키리니, 「言語的多樣性—フランスにとっての挑戰か好機か」, 『日仏文化』, 2008.3, 92~93쪽). 이들의 대부분은 옛날부터 있는 지방어가 아니라 구 식민지인 해외 주와 해외 영토에서 유래하는 것, 혹은 근대 이후 프랑스로 유입된 사람들에게서 받은 것이었다. 덧붙이자면 1992년에 헌법 개정이 이루어져 제2조에서 '공화국의 언어는 프랑스어다'라는 문구가 추가된 것은 언어적 다양성이 진행되는 현실과 대립하는 움직임으로 지적되었다.

52 제1절에서 다룬 앙셀은 프랑스류 다문화주의의 근원을 켈트계와 게르만계가 대립해 온 프랑스의 역사에 찾고, 그 위에 식민지를 관련시켜 논하고 있다. Jean-Loup Amselle, *Vers un multiculturalisme français : l'empire de la coutume*, Paris, Aubier, 1996(Flammarion, 2001). 또한 적극적으로 프랑스류 다문화주의를 창출하려는 입장도 있다. Joël Roman, "Un multiculturalisme à la française", *Esprit*, juin 1995.

53 ガッサン ハージ, 保苅實, 塩原良和 譯, 『ホワイト・ネイション—ネオ・ナショナリズム批判』, 平凡社, 2003(Ghassan Hage, *White Nation : Fantasies of White Supremacy in a Multicultural Society*, Pluto Pr Australia, 1998).

54 예를 들어 알제리사가史家 스토라는 프랑스류의 다문화주의를 창조해야 한다고 하면서, 그 전제로서 비종교성 같은 공화주의의 원칙은 절대적으로 지켜져야 한다고 말하고 있다. Cf. Benjamin Stora, *La guerre des mémoires*, Paris : L'Aube, 2007, pp.46~54.

(2005년 1월 인터넷상에 게재)로 돌아가 보자. 이것은 과거 식민지 지배를 받고 있던 지역의 출신자로 프랑스에 살고 있는 사람들은 지금은 프랑스 공화국 내에서 차별받는 '원주민'이라는 고발이지만, 바로 종교표장법을 비판하는 입장에서 쓴 것이다.[55] 바꿔 말하면 이 어필은 비종교성이라는 '특수'한 사회의 모습을 소수파에 강제하는 이른바 프랑스류 다문화주의의 상태에 대한 비판도 된다. 이슬람의 히잡이 공공의 장에서 배제되는 상황은 공화주의에 기초한 '비종교성'이 과연 중립적인 개념인가라는 질문을 통해, 다문화 사회나 다문화 공존에 대한 물음을 다시 던지고 있다.

그러면 지금 종교표장법은 어떻게 평가될까? 간과해서는 안되는 것은 이러한 법 제정에는 일찍부터 많은 여성운동가들이 큰 찬의를 표명했다는 점이다. 이 점은 강조되어도 좋다. 이슬람의 히잡은 여성을 억압하는 상징이며, 걸치고 등교하는 소녀들도 자신의 의지가 아니라 부친이나 형제에게 강요당하고 있다는 견해는 뿌리 깊다. 이러한 주장은 당사자인 이슬람계 출신인 여성들로부터 나온 것이지만, 이슬람계 여성이라는 당사자성을 띤 발언은 그 옳고 그름과는 별도로 설득력을 가지는 것이 확실하다.[56]

---

55 앞의 피에르 테바니언은 이를 주도한 인물이다. Anne-Sophie Mercier, *La vérité sur Dieudonné*, Paris : Plon, 2005, p.106.

56 이슬람계 여성이 분단된 상황에 대해서는 다음을 참조. Narcia Guénif-Souilamas, "Ni pute, ni soumise, ou très pute, très voilée : laïcité d'en haut et féminisme d'en bas", Charlotte Nordmann(dir), *Le foulard islamique en question*, Paris : Editions Amsterdam, 2004. 히잡 금지라는 수단에 의해 소녀가 표적이 되는 것의 문제성과 그 위험성은 다음에 상세히 논의되어 있다. Françoise Gaspard et Farhad Khosrokhavar, *Le foulard et la République*, Paris : La Découverte, 1995, ch.2 et conclusion.

역사적으로는 프랑스 지배하의 알제리와 모로코 등 이슬람지역에서 히잡을 벗기려는 프랑스의 행위는 '문명화'라고 표현되어왔다.[57] 그런 점도 포함하여 생각한다면 2004년 종교표장법의 성립은 프랑스 국내의 '지연된 인식을 가진 자'들에 대한 새로운 '문명화'의 역사로도 말할 수 있다. 결과적으로 이 법은 비종교성을 보다 강고히 한 것이고, 프랑스의 비종교성을 둘러싼 역사에 새로운 한 페이지를 더했다고 할 수 있겠다.

앞서 언급한 어필 '우리는 공화국의 원주민'에는 프랑스가 아직 여전히 식민지국가이며, 프랑스의 비식민지화가 긴급한 과제라는 문구가 들어 있다.[58] 이 어필에 대해서는 역사가로부터도 호된 비판이 나오고 있다. 예를 들면 식민지사가植民地史家 클로드 리오쥐는 '식민지 지배를 "죄"로, 현재의 문제를 식민지적 인종 차별로, 또한 식민지사 연구를 회개로 비방하는' 것이며, 과거를 조작하여 자신의 이익을 위해 이용하는 것이라는 심한 말을 사용하고 있다. 그러나 리오쥐도 인정하는 것처럼 식민지에 대해서는 학교 교과에서 거의 사라지고, 연구에서는 주변화되고 대중레벨에서는 거의 의식되지 않는 현실이야말로 이러한 움직임을 낳은 측면이 있다.[59] 이러한 상황이라면 이슬람의 히잡을

---

57 森千香子,「フランスの'スカーフ禁止法'論爭が提起する問い-'ムスリム女性抑壓'批判をめぐって」, 内藤正則・阪口正二郎 編,『神の法 vs. 人の法』, 日本評論社, 2007; ジョーン W 스コット, 李孝德 譯,『ヴェールの政治學』, みすず書房, 2012.

58 Cf. "Nous sommes les indigènes de la République!", Les mots sont important.net, http://lmsi.net/Nous-sommes-les-indigenes-de-la(최종검색일 : 2013.11.1). 이 어필에 대해서는, Denis Sieffert, *Comment peut-on être (vraiment) républicain?*, Paris : La Découverte, 2006, pp.130~132.

59 리오쥐의 베르트랑의 저서(Romain Bertrand, *Mémoires d'empire : la controverse autour du "fait colonial"*, Broissieux : Editions du croquant, 2006)에 대한 서평을 참조. Claude Liauzu, "Note sur le livre de Romain Bertrand"(23 janvier 2007), Etudes coloniales, http://etudescoloniales.canalblog.com/archives/2007/01/23/3778168.html(최종검색일 : 2013.4.21).

주요한 금지 대상으로 한 법의 제정이 프랑스의 비종교성 문제를 '식민지화했다'고 까지는 아니라도 다소 식민지주의의 색조를 덧붙인 것같이 생각된다.[60] 결국 2004년의 법은 제국지배에 기원을 가진 '이민'이 증가한 귀결의 하나이기도 하기 때문이다.

프랑스의 공화주의는 이 법과 함께 포스트 콜로니얼리즘이 드디어 논의되기 시작한 시대에 더욱 강고해졌다. 프랑스는 '보편'을 상대화하는 방향으로 나가는 것은 아닌 것 같다.

5. 맺음말 – 금후의 전망

1) 식민지사 연구의 진전

영국의 포스트 콜로니얼 연구, 문화 연구를 대표하는 폴 길로이의 『유니온 잭에는 검은 색이 없다』(1987)라는 저작이 있다.[61] 주지하듯이 유니온 잭은 잉글랜드, 스코틀랜드, 아일랜드 수호성인의 십자를 합친 것으로 세 지역 이외는 표상되지 않는다. 길로이의 책 제목은 극히 상징적 의미를 갖는다.

---

60 이러한 논조는 프랑스에서도 볼 수 있다. Cf. Catherine Coquiot(dir), *Retours du colonial : disculpation et réhabilitation de l'histoire coloniale*, Nantes, L'Atalante, 2008, p.14.

61 Paul Gilroy, *There Ain't No Black in the Union Jack : The Cultural Politics of Race and Nation*, London : Hutchinson, 1987. 실제로 히잡을 쓰고 있던 것은 알제리계 보다는 같은 구 프랑스령 모로코나 혹은 터키계 소녀가 많았지만, 이 점은 간과되어 왔다는 지적이 있다. Françoise Gaspard et Farhad Khosrokhavar, *Le foulard et la République*, Paris : La Découverte, 1995, p.204.

이에 비해서 프랑스의 삼색기가 혁명의 이념인 '자유, 평등, 우애'를 나타내는 것은 역시 주지하는 바이지만, 그러나 이것들은 '보편'적인 이념으로 인식되고 있으며 프랑스 공화주의의 기초를 만들고 있다. 프랑스 국기에 대해서 길로이와 같은 관점에서 나오는 비판은 애당초 있을 수 없다. 모든 것은 '보편'에 포함되어 있다고 생각할 수 있기 때문이다.

이 두 가지 국기에 나타나는 차이는 포스트 콜로니얼 연구가 활발한 영국과 공화주의라는 '보편'으로 간주되는 이념에 의거하여 세워진 프랑스의 차이를 상징적으로 보여준다. 이와 동시에 프랑스에서 '보편'을 다시 묻는 것이 얼마나 곤란한지 상징적으로 보여준다.[62]

최근 몇 년 간 프랑스에서는 비유럽계 주민의 증가에 발맞춰 공화주의를 비판적으로 짚어 보려는 연구도 나오게 되었다.[63] 그러나 본 연구에서 검증한 논점에서 보더라도 그러한 경향이 곧바로 공화주의의 탈구축은 물론이거니와 비판적 재검토의 방향으로조차 나갔다고 생각하기 어렵다.

더욱이 공화주의적 평등의 이념이 원칙으로 자리 잡았기에, 현실 사회에서 혜택을 받거나 사회적 상승을 이룬 사람들이 식민지출신자도

---

62 그러나 필자는 포스트 콜로니얼 연구가 활발한 영국이 다문화주의에 입각하고, 공화주의에 서있는 프랑스보다 비유럽계 사람들과 공존이 잘 되고 있다고 보는 것은 아니다. 하지가 비판하는 '다문화주의'적 모습이 프랑스의 현실과 겹치는 측면은 본론에 쓴 대로지만, 원래 어느 사상에 대한 연구가 활발한 것은 그 사회의 실정을 반영하는 것은 아니며, 또한 이념이 그대로 현실정책에 직결하지 않는다는 것은 말할 필요도 없다. 여기에서는 우선 폴 길로이의 다음 저작을 지적해 둔다. Paul Gilroy, *Postcolonial Melancholia*, Columbia University Press, 2004. 그것과 관련해서 다음도 참고하기 바란다. Entretien avec Paul Gilroy par Jim Cohen et Jade Lindgaard, "De l'Atlantique noir à la mélancolie postcoloniale", *Mouvements*, n°51, Paris : La Découverte, 2007.

63 Cf. Nacira Guénif-Souilamas, *La république mise à nu par son immigration*, Paris : La fabrique, 2006; Laurent Lévy, *Le spectre du communautarisme*, Paris : Editions Amsterdam, 2005.

포함하여 존재한다는 사실을 잊어서는 안 된다. 본 연구를 통해서 프랑스에서 공화주의의 중요성과 동시에 약간의 문제성이 명확해졌다고 생각되지만, 공화주의의 프랑스라는 측면이 사회의 지지를 얻고 있는 이상, 이 이념에 대해서 식민지 지배의 과거를 기점으로 다시 추궁하는 방향으로 나아가는 것이 그다지 현실적이지 않은 것도 확실하다.[64]

그러면 포스트 콜로니얼리즘을 둘러싸고는 어떠한 전망을 그릴 수 있을까? 최후로 두 가지 방향성을 제시해두고 싶다.

하나는 역시 식민지사 연구의 진전이다. 이에 대해서는 스무트의 논집에 소론을 기고한 뱅자맹 스토라를 인용하고 싶다. 오늘날 프랑스에서 알제리 근현대사의 제1인자인 스토라는 국립동양언어문화학원INALCO의 교수이지만 자신의 알제리사 수업에 300명의 학생이 몰려든다고 한다. 특히 양친이 해외영토 출신인 젊은이 중에는 자신의 출신origines을 알고 싶다는 갈망un désir immense이 있다고 스토라는 적고 있다.[65]

스토라는 예전에 파리 제8대학에서 교편을 잡았는데, 오늘날 상황은 20년 전 당시와 큰 차이가 있다고 서술하고 있다. 사회구성원으로 비유럽=구 식민지 출신자가 증가함으로써 프랑스사회의 얼굴이 변했다는 것을 피부로 느끼는 한 사람이 스토라라고 할 수 있다. 그러한 변모한 사회에서 그야말로 역사가 필요하게 된 것이고, 그것을 '식민지화 역사의 연구 문제'라고 말하는 것이 길다면, '포스트 콜로니얼'의 문

---

64 예를 들어 니콜라 사르코지 전 대통령은 재임 중에 프랑스인의 내셔널 아이덴티티에 대한 논의를 시작하려 했지만, 그것과 관련하여 통합고등평의회장은 '비종교성, 평등, 우애' 등의 '공화주의의 가치에 교섭의 여지는 없다'고 발언하였다. Cf. "Les valeurs républicaines ne sont pas négociables", Le Monde, le 21 avril 2009.

65 Benjamin Stora, "La France postcoloniale", Marie-Claude Smouts(dir), La situation postcoloniale : les postcolonial studies dans le débat français, Paris : Sciences Po, 2007, pp. 293~294.

제라고 해도 좋으며, 그 편이 간단하다는 것이 스토라의 생각이다.[66]

이러한 표현에는 약간 엄밀함이 결여되었다는 비판도 있을 것이다. 그러나 관점을 바꾸면 포스트 콜로니얼이라는 단어 등을 반드시 사용할 필요는 없다는 인식이라고 말할 수 있지 않을까? 프랑스 식민지 출신인 젊은이가 찾고 있는 것은 프랑스와 식민지 사이에 무엇이 있었는지, 양자는 어떻게 관련되어 있는지라는 역사에 대한 지知이며, 그것을 어떻게 표현하든 간에 문제는 그 내실이기 때문이다.

스토라는 식민지의 역사가 '일부의 예외적 연구로서 남겨져서는 안 된다'고 경종을 울리고, '그것이 프랑스든 네덜란드든 영국이든, 대학의 학문 속에, 학교의 교과목 속에 포함되어야 한다'고 결론 짓고 있다.[67] 그러한 연구가 제시하는 것은 그 언어를 사용하는지 여부와 상관없이 이른바 포스트 콜로니얼 연구와 많은 공통점을 가지게 될 것이다. 부연하자면 이와 같은 방향성을 주장하는 스토라의 시야에 국민사國民史 고쳐 쓰기라는 과제가 있다고 보는 것은 그다지 과녁을 벗어난 것은 아닐 것이다.

2) '국민사' 고쳐 쓰기

두 번째 방향성으로서 바로 이 점을 지적해두고자 한다. 그런 의미에서 나와야 할 것이 나왔다고 생각된 논집을 한 권 소개하고 싶다. 아메도 부베겔과 아부데라리 하지야토가 펴낸『(포스트) 콜로니얼 이민의

---

66 Ibid., p.298.
67 Ibid. 단, 스토라의 기본적 입장에 대해서는 주 54 참조.

정치사』(2008)이다. 이름부터 아랍계로 생각되는 편자編著는 서문에서 서양의 근대나 국민의 규범이라는 것은 식민지시대에 이미 비유럽계 이민(=포스트 콜로니얼 이민)과 조우에서 내부로부터 전복되었다고 지적한다.[68] 유럽계의 이민이 프랑스의 도가니에 녹아들었던 것에 비하여, 식민지로부터 이민은 그렇지 않았기 때문이다. 그럼에도 불구하고 프랑스는 1세기 이상에 걸쳐서 이민의 나라라고 자각하지 못했다.

이러한 현상 인식하에 2명의 편자는, 오늘날 필요한 것은 포스트 콜로니얼 이민의 존재 때문에 사회가 위기에 직면했다고 걱정하는 것이 아니라 '사회의 단편, 혹은 권력으로부터 배제된 존재'에 대해서 적극적으로 관심을 기울여야 한다고 한다. 국경을 넘어서 이동하는 이민은 '글로벌 히스토리'의 선구적 존재인 한편, 국내적으로는 공화주의가 제창하는 보편성이 적용되지 않는 예외적 존재이다. '국민'으로부터 배제된 이민을 통해서 탐구함으로써 '자신의 원칙을 존중하지 않는 사회'가 어떻게 구축되어 왔는가를 찾을 수도 있을 것이다.[69]

본 논집에는 20세기를 중심으로 식민지계의 이민들이 노동운동이나 사회운동에 어떻게 관련되어 왔는지를 다루는 논고가 게재되어 있다. 프랑스사에서 식민지에 얽혀있는 사상事象은 괄호에 넣어서 이야기되어 왔다. 강조의 괄호가 아니라 삽입의 괄호이다. 때문에 식민지에 관해서는 '본줄기 프랑스사' 속에서는 언급되지 않고 지나갈 수 있었으며, 혹은 언급되더라도 언제라도 추려내고 생략할 수 있었다.

---

68 Ahmed Boubeker et Abdellali Hajjat(dir), *Histoire politique des immigrations (post)coloniales : France 1920 ~2008*, Paris : Editions Amsterdam, 2008, p.12.
69 *Ibid.*, pp.15~16.

프랑스에서 식민지사 연구는 최근 몇 년 관심을 모았다고는 하지만, 식민지사는 오랫동안 프랑스라는 본줄기 역사의 곁에 위치하였고, 적어도 이 지역의 출신자까지를 포함한 '프랑스 국민사'는 프랑스에서는 아직 쓰인 적이 없다. 굳이 말하자면 이민사에 대해서도 제2절에서 지적한 상황을 통해서 보이는 것은 본줄기 프랑스사 곁에 식민지출신의 이민 역사가 괄호 첨부로 붙어있는 모습이며, 식민지사를 둘러싼 이야기가 재현되고 있는 것 같은 기시감既視感을 가진다.

그러한 가운데 본 논집은 식민지의 역사에서 괄호를 벗기고 '프랑스사' 속에서 국민으로서 당연한 장을 만드는 돌파구를 열려는 시도라고 해도 좋다.[70] 피에르 노라가 펴낸 『기억의 장소』가 '복수複數의 프랑스'를 타이틀로 내걸면서 식민지에 얽힌 제재를 적극적으로 다루지 않는 것에 대해서는 이미 비판도 있었지만,[71] 본 논집은 그렇게 밝히지는 않았지만 노라류 국민사의 새로운 고쳐쓰기를 시야에 넣고 있다고 생각된다.[72]

본 연구의 서두에서 토비라법(대서양노예무역과 노예제를 '인도에 대한 죄'

---

[70] 본 논집의 테마와 관점은 직접 아프리카대륙 출신자에게 중점을 두는 반면, 카리브해 출신자에게는 장을 할애하지 않았고, 노예제의 과거와의 연결이 충분히 논의되었다고 말하기 어렵다. 이는 본 논집이 20세기에 초점을 맞추고 있는 것과 관련이 있을 것이다. 다만 적어도 구체적인 문제제기가 시작됐다는 느낌이 든다. 또한 포스트 콜로니얼 이민이라는 단어의 첫 출현은 분명하지 않은데, 1980년대에는 이미 사용되고 있다.

[71] 이 점은 2003년 가을 노라가 방일했을 때에도 이미 날카롭게 지적되고 있다. 또한 예를 들면 페리 앤더슨은 『기억의 장소』가 말하지 않고 있는 테마의 하나로서 식민지제국을 언급하고 있다. Perry Anderson, *La pensée tiède : un regard critique sur la culture française*, Paris : Seuil, 2005, p.52.

[72] 본 논집의 서문에서는 노라가 '복수複數의 프랑스'라는 개념을 제시한 것을 언급하고 있지만, 『기억의 장』의 '결락'에 대해서는 직접적으로 언급하지 않는다. 덧붙이자면 『(포스트) 콜로니얼 이민의 정치사』의 서문에서 편저자는 포스트 콜로니얼이라는 단어가 프랑스에서는 '식민지시대의 후'로 이해되는 경향이 강하지만, 이 말은 스튜어트 홀이 사용하는 의미로, 즉 이른바 '포스트 콜로니얼리즘'의 의미로 사용되어야 한다고 말하고 있다. Boubeker et Hajjat, *Ibid.*, p.14.

로 인정한 법)을 언급했지만, 프랑스는 예전의 노예식민지를 오늘날 '해외 주'로서 본국에서 끌어안고 있으며, 노예의 후예가 프랑스국민이라는 현실을 빼고서 이러한 법의 성립은 생각할 수 없다. 이 법에 이름을 남긴 크리스티안 토비라Christiane Taubira 자신이 구 노예식민지인 남미 기아나출신의 의원이다. 국내의 마이너리티로부터의 요청이 상징적인 데 그쳤다 하더라도, 이러한 법의 성립으로 길을 연 것을 확인해 두는 것은 의미 없는 일이 아니다.

앞서 국기의 예를 언급했지만 보편을 다시 묻는다는 위로부터의 접근이 아니라, 고의든 아니든 불문하고 망각되어 이야기되지 못했던 역사를 이른바 아래로부터 끌어올려 다시 엮어가는 착실한 작업을 쌓아나가는 것이 '국민의 역사'에 수정을 재촉하고 나아가 공화주의를 재고하는 계기가 되는 것은 아닐까? 포스트 콜로니얼 사상의 도전은 역사를 식민지주의로 환원하는 것이 아니라, 근대세계가 형성되어온 근저에 있는 과정으로서 식민지주의를 인식하려고 하는 것이다.[73] 그렇다면 프랑스에서의 국민사 고쳐쓰기의 시도는 이러한 말에 호응하는 바가 있다. 장기적으로 그것은 포스트 콜로니얼이라는 용어의 사용 여부와 관계없이 공화주의적 보편을 다시 묻는 돌파구가 되리라고도 생각된다.

번역 : 노기영

---

73 Fernando Coronil, "Les études postcoloniales latino-américaines et la décolonisation du monde", Neil Lazarus(ed), *Penser le postcolonial*, Paris : Editions Amsterdam, 2006, pp.336~337.

참고문헌

자료
『朝日新聞』

Cahiers internationaux de sociologie, *Esprit*, *Hommes et Migrations*, *Le Monde*, *Mouvement*, *Penser le postcolonial*, *Vingtième Siècle*

Claude Liauzu, "Note sur le livre de Romain Bertrand"(23 janvier 2007), Etudes coloniales, http://etudescoloniales.canalblog.com/archives/2007/01/23/3778168.html.

Conseil d'Etat, http://www.conseil-etat.fr/media/document//avis/346893.pdf.

Conseil Représentatif des Associations Noires de France, http://www.le-cran.fr/, 2013.

"Nous sommes les indigènes de la République!", http://lmsi.net/Nous-sommes-les-indigenes-de-la.

연구논저
エティエンヌ バリバール, 松葉祥一・龜井大輔 譯,『ヨーロッパ市民とは誰か—境界・國家・民衆』, 平凡社, 2007.

ガッサン ハージ, 保苅實・塩原良和 譯,『ホワイト・ネイション—ネオ・ナショナリズ ム批判』, 平凡社, 2003(Ghassan Hage, *White Nation : Fantasies of White Supremacy in a Multicultural Society*, Pluto Pr Australia, 1998).

姜尚中 편,『ポストコロニアリズム』, 作品社, 2001.

小泉洋一,『政教分離の法—フランスにおけるライシテと法律・憲法・條約』, 法律文 化社, 2005.

ジャン ボベロ, 三浦信孝・伊達聖伸 譯,『フランスにおける脱宗教性の歴史』, 白水社, 2007(Jean Baubérot, *Histoire de la laïcité française*, Paris : PUF, 2000).

ジョーン W. スコット, 李孝德 譯,『ヴェールの政治學』, みすず書房, 2012(Joan W. Scott, *The Politics of the Veil*, Princeton University Press, 2010).

谷川稔,『十字架と三色旗—もう一つの近代フランス』, 山川出版社, 1997.

內藤正典・阪口正二郎 編,『神の法 vs. 人の法—スカーフ論爭からみる西歐とイスラームの断層』, 日本評論社, 2007.

本橋哲也, 『ポストコロニアリズム』, 岩波新書, 2005.

ルネ レモン, 工藤庸子・伊達聖伸 譯, 『政教分離を問いなおす－EUとムスリムのはざまで』, 青土社, 2010(René Rémond, *L'invention de la laïcité française : de 1789 à demain*, Paris : Bayard, 2005).

ロバート O. パクストン, 渡辺和行・劍持久木 譯, 『ヴィシー時代のフランス－對獨協力と國民革命 1940〜1944』, 柏書房, 2004(Robert O. Paxton, *Vichy France : Old Guard and New Order 1940-1944*, New York : Columbia University Press, 2nd ed., 2001).

北川忠明, 「フランス'共和國モデル'の現在」, 『思想』1020, 2009.

平野千果子, 「'ラヴァルのヴィシー'と世俗的教師」, 『史林』77(1), 1994.

_____, 「ヴィシー政權期フランスの教育政策と公教育の世俗性」, 『西洋史學』175, 1994.

_____, 「歴史を書くのはだれか－二〇〇五年フランスにおける植民地支配の過去をめぐる論爭」, 『歴史評論』, 677, 2006.

ベルナール セルキリーニ, 「言語的多樣性－フランスにとっての挑戰か好機か」, 『日仏文化』, 75, 2008.

Achille Mbembe, *De la postcolonie : essai sur l'imagination politique dans l'Afrique contemporaine*, Paris : Karthala, 2000.

Ahmed Boubeker et Abdellali Hajjat(dir), *Histoire politique des immigrations (post)coloniales : France 1920-2008*, Paris : Ed. Amsterdam, 2008.

Alain Renaut et Alain Touraine, *Un débat sur la laïcité*, Paris : Stock, 2005.

Alec G. Hargreaves, *Memory, Empire and Postcolonialism : Legacies of French Colonialism*, Oxford : Lexington Books, 2005.

Anne-Sophie Mercier, *La vérité sur Dieudonné*, Paris : Plon, 2005.

Arjun Appadurai, *Après le colonialisme : les conséquences culturelles de la globalisation*, Paris : Payot, 2005(門田健一 譯, 『さまよえる近代－グローバル化の文化研究』, 平凡社, 2004).

Benjamin Stora, *La guerre des mémoires*, Paris : L'Aube, 2007.

Bernard Lugan, *Pour en finir avec la colonisation*, Monaco : Rocher, 2006.

Catherine Coquiot(dir), *Retours du colonial : disculpation et réhabilitation de l'histoire coloniale*,

Nantes : L'Atalante, 2008.

Charles Forsdick and David Murphy, *Postcolonial Thought in the French Speaking World*, Liverpool University Press, 2009.

Charlotte Nordmann(dir), *Le foulard islamique en question*, Paris : Ed. Amsterdam, 2004.

Daniel Lefeuvre, *Pour en finir avec la repentance coloniale*, Paris : Flammarion, 2006.

David Murphy and Charles Forsdick(ed), *Francophone Postcolonial Studies : A Critical Introduction*, London : Arnold, 2003.

Denis Sieffert, *Comment peut-on être (vraiment) républicain?*, Paris : La Découverte, 2006.

Dominique Vidal et Karim Bourtet, *Le mal-être arabe : enfants de la colonisation*, Marseille : Agone, 2005.

Dominique Wolton, *Hermès 52 : les Guerres de mémoires dans le monde*, Paris : CNRS, 2008.

Eric Savarèse, *Histoire coloniale et immigration : une invention de l'étranger*, Paris : Séguier, 2000.

Fernand Braudel, *L'identité de la France : les hommes et les choses*, t. 1 : Paris, Arthaud, 1986.

Françoise Gaspard et Farhad Khosrokhavar, *Le foulard et la République*, Paris : La Découverte, 1995.

Françoise Vergès, *La mémoire enchaînée : questions sur l'esclavage*, Paris : Albin Michel, 2006.

Gayatri Chakravorty Spivak, *Les subalternes peuvent-elles parler?*, Paris : Ed. Amsterdam, 2006.

Général Bigeard, *Adieu ma France*, Monaco : Rocher, 2006.

Géraldine Faes et Stephen Smith, *Noir et Français*, Paris : Panama, 2006.

Gerard Noiriel, *Le Creuset français : Histoire de l'immigration XIXe-XXe siècle*, Paris : Seuil, 2006(1988).

_____, *Immigration, antisémitisme et racisme en France* : Paris, Fayard, 2007.

Gilles Manceron, *Marianne et les colonies*, Paris : La Découverte, 2003.

Hédi Saïdi(dir), *Mémoire de l'immigration et histoire coloniale*, Paris : L'Harmatttan, 2007.

Homi Bhabha, *Les lieux de la culture : une théorie postcoloniale*, Paris : Payot, 2007(正木恒夫・外岡尚美 譯,『文化の場所―ポストコロニアリズムの位相』, 法政大學出版局, 2005).

Jean Baubérot et Michel Wieviorka(dir), *De la séparation des Eglises et de l'Etat à l'avenir de la laïcité*, La Tour d'Aigues : L'Aube, 2005.

Jean Baubérot, *Laïcité 1905-2005 : entre passion et raison*, Paris : Seuil, 2004.

Jean-François Bayart, *Les études postcoloniales : un carnaval académiques*, Paris : Karthala, 2010.

Jean-Loup Amselle, *Vers un multiculturalisme français : l'empire de la coutume*, Paris : Aubier, 1996(Flammarion, 2001).

_____, *L'Occident décroché : enquête sur les postcolonialismes*, Paris : Stock, 2008.

Jean-Pierre Rioux, *La France perd la mémoire*, Paris : Perrin, 2006.

Marie-Claude Blanc-Chaléard, *Histoire de l'immigration*, Paris : La Découverte, 2001.

Marie-Claude Smouts(dir), *La situation postcoloniale : les postcolonial studies dans le débat français*, Paris : Sciences Po, 2007.

Max Gallo, *Fier d'être français*, Paris : Fayard, 2006.

Nancy L. Green et Marie Poinsot(dir), *Histoire de l'immigration et question coloniale en France*, Paris : La Documentation française, 2008.

Nègre je suis, nègre je resterai, entretiens avec Aimé Césaire, Albin Michel, 2005(立花英裕・中村隆之 譯,『ニグロとして生きる』, 法政大學出版局, 2011).

Neil Lazarus(ed), *Penser le postcolonial*, Paris : Editions Amsterdam, 2006.

Nora Barsali et al., *Générations Beurs : Français à part entière*, Paris : Autrement, 2003.

Pap Ndiaye, *La condition noire : essai sur une minorité française*, Paris : Calmann-Lévy, 2008.

Pascal Blanchard et Isabelle Veyrat-Masson, *Les guerres de mémoires : La France et son histoire : enjeux politiques, controverses historiques, stratégies médiatiques*, Paris : La Découverte, 2008.

Pascal Blanchard et Nicolas Bancel(dir), *Culture post-coloniale : 1961-2006*, Paris : Autrement, 2006.

Pascal Blanchard, Nicolas Bancel et Françoise Vergès, *La République coloniale : essai sur une utopie*, Paris : Albin Michel, 2003(菊池惠介・平野千果子 譯,『植民地共和國フランス』, 岩波書店, 2011).

Pascal Bruckner, *La tyrannie de la pénitence : essai sur la masochisme occidental*, Paris : Grasset, 2006.

Patrick Weil et Stéphane Dufoix(dir.), *L'esclavage, la colonisaiton : et après…*, Paris : PUF, 2005.

Paul Gilroy, *There Ain't No Black in the Union Jack : The Cultural Politics of Race and Nation*, London : Hutchinson, 1987.

_____, *Postcolonial Melancholia*, Columbia University Press : 2004.

Perry Anderson, *La pensée tiède : un regard critique sur la culture française*, Paris : Seuil, 2005.

Philippe Dewitte, *Deux siècles d'immigration en France*, Paris : La Documentation française, 2003.

Pierre Caminade, *Comores-Mayotte : une histoire néocoloniale*, Marseille : Agone, 2003.

Pierre Tévanian, *La République du mépris : les métamorphoses du racisme dans la France des années Sarkozy*, Paris : La Découverte, 2007.

Romain Bertrand, *Mémoires d'empire : la controverse autour du «fait colonial»*, Broissieux : Editions du croquant, 2006.

Stuart Hall, *Identités et cultures : Politiques des cultural studies*, Paris : Ed. Amsterdam, 2007.

Abdellali Hajjat, "Les usages politiques de l'héritage colonial", Benjamin Stora et Emile Temine(dir.), *Immigrances : l'immigration en France au XXe siècle*, Paris : Hachette, 2007.

Benjamin Stora, "La France postcoloniale", in Smouts(dir), *Le Monde*, le 21 avril 2009.

Jean-Jacques Jordi, "Colonisation et immigrations : un héritage?", Benjamin Stora et Emile Temine(dir.), *Immigrances : l'immigration en France au XXe siècle*, Paris, Hachette, 2007.

Joël Roman, "Un multiculturalisme à la française", *Esprit*, juin 1995.

Patrick Weil, "Racisme et discrimination dans la politique française de l'immigration : 1938-1945 / 1974-1995", *Vingtième Siècle*, no.47, juillet-septembre 1995.

Hanifa Cheriffi, "Application de la loi du 15 mars 2004", *Hommes et migrations(Laïcité : les 100 ans d'une idée neuve —I. A l'école)*, no.1258, nov.-déc. 2005.

Yves Lacoste, "Le postcolonial et ses acceptions contradictoires dans trois récents recueils d'articles", *Hérodote : Revue de géographie et de géopolitique*, n°128, 2008.

식민지제노사이드와 세계사

식민지주의와 전체주의의 연속성을 둘러싼 최근의 논의로부터

나가하라 요코

1. 머리말

1990년대 초, 일본군의 '위안부' 제도로 인해 피해를 입은 여성들이 실명을 밝히며 일본 정부에 보상을 요구하기 시작했다. 이를 계기로 세계 각지에서 식민지주의 폭력의 사실이 새삼 인지되었으며, 그에 대한 보상을 요구하던 사람들의 운동은 한층 활기를 띠게 되었다. 예컨대, 아프리카의 남부 나미비아에서 불거진 독일식민지시대의 대학살에 관한 소송,[1] 영국식민지시대 말기의 토지운동 마우마우Mau Mau의

---

[1]   나미비아(제1차 세계대전 이전의 '독일령 서남아프리카')에서는 1904~08년 아프리카인의 봉기 때 자행된 독일군의 대량학살, 노예화 등의 피해에 대해 보상을 요구하는 목소리가 1990년 무렵부터 고조되어, 독일 정부와 기업을 상대로 소송이 제기되었다. 재판 자체는 불성립으로 마무리되었지만, 이 소송제기는 식민지폭력에 대해 보상을 요구하는 재판의 효시로 자리매김 되어 세계적으로 주목받았다.

진압에 대한 케냐인들의 소송,[2] 대네덜란드 독립전쟁 와중에 일어났던 라와그데Rawagede 학살을 둘러싼 인도네시아인들의 소송 등을 들 수 있다.[3] 또한 최근에는 카리브공동체CARICOM가 식민지체제하에서 자행된 노예화 및 학살과 관련하여 서구제국諸國에 보상을 요구하는 움직임을 공식화하고 있다. 마우마우 소송과 라와그데 소송에서는 영국과 네덜란드 법정이 각각 자국 정부에 대해 피해보상을 명하는 판결을 내렸다. 한편 관계자에 따르면 아파르트헤이트시대의 중대 인권침해사례를 다룬 남아프리카의 '진실화해위원회'는 '위안부' 여성들의 운동에 크게 자극받아 설립되었다고 한다. 백인소수정권하에서 자행된 학살·고문·성폭력 등에 관한 사실의 해명과 피해자의 구제, 사회적 화해를 지향한 이 위원회의 경험이 그 후 한국에서 같은 이름의 위원회가 성립하는 데 영향을 준 사실은 잘 알려져 있다. 이와 같은 움직임은 현재 특정 구식민지국가와 구식민지의 개별 관계를 넘어서 상호 관련을 맺으며 커다란 세계적 조류를 이루고 있다.[4]

식민지 지배하에서 벌어진 학살과 고문, 성폭력 등의 피해사실을 밝히고 사회일반에 이를 인지시키며 보상을 요구하는 상기의 움직임, 즉 '식민지책임'을 묻는 움직임은 무엇보다 당사자들이 목소리를 냄으로

---

2 '마우마우'는 영국 식민지 지배 말기인 1950년대 케냐에서 토지해방을 요구한 운동이다. 영국군의 철저한 진압, 수용소의 설치와 고문 등의 사실이 최근에 밝혀졌다. 피해자들이 제기한 재판에서 화해가 성립하여, 영국 정부가 피해자들에게 보상하기로 합의했다.

3 제2차 세계대전 중에 인도네시아를 점령했던 일본군이 철수한 뒤 네덜란드가 재식민지화를 노리자 독립을 요구하는 운동이 전개되었다. 그러한 가운데, 1947년 네덜란드군이 라와그데 마을의 남자들을 학살하는 사건이 발생했다. 이 사건의 피해자가 제기한 소송에서 네덜란드 정부는 보상을 명령한 판결을 받아들여, 2011년 사죄하고 보상했다.

4 이들 최근의 소송에 대해서는 永原陽子, 「世界史のなかの植民地責任と'慰安婦'問題」, 『慰安婦バッシングを越えて―河野談話と日本の責任』, 大月書店, 2013을 참조.

써 현재화되었다. 그 배경에는 냉전체제의 붕괴라는 국제환경의 변화가 존재한다. 달리 말하자면, 식민지 지배의 유산문제가 거론될 만한 여건이 조성되었던 것이다. 제2차 세계대전 후, 냉전체제의 전개와 동시에 진행된 탈식민지화과정은 식민지 지배의 '죄'를 묻지 않는다는 전제하에 실현되었다. 당시에 방기되었던 문제들이 1990년대 이후 봇물 터지듯 표면화되었다. 21세기의 첫 해에 남아프리카 더반에서 개최된 유엔 반인종주의회의('더반회의')가 식민지주의와 그 역사적 전제인 노예무역·노예제의 '죄'를 문제 삼은 것은 이와 같은 새로운 움직임을 상징한다.[5] 그러나 '더반회의'에서는 팔레스타인에 대한 이스라엘의 행동을 비판하는 논조에 반발하여 미국과 이스라엘이 도중 퇴장했다. 같은 식의 반발과 의사진행방해는 이후 다른 서구제국에도 확산되었으며, 2009년 '더반 검토회의Durban Review Conference', 2011년 '더반III회의'에는 많은 국가들이 참가를 보이콧했다.[6] 이와 같은 반발의 확산은 '식민지책임'문제가 중요하지 않음을 의미하는 것이 아니라, 오히려 이 문제가 현재 국제사회에서 얼마나 근원적인 문제로 자리 잡고 있는가를 이야기해준다.

식민지체제하에서 극단적인 폭력을 겪은 사람들은 그 경험의 처절함으로 인해 혹은 경험을 이야기하면 자신이 속한 공동체 내에서 냉대받을 지도 모른다는 압박감으로 인해 긴 세월동안 침묵을 지켜왔다. 케냐의 마우마우 당사자들처럼 독립 후에도 계속해서 정치적 탄압을

---

5 永原陽子, 『植民地責任'論－脱植民地化の比較史』, 青木書店, 2009.
6 '더반회의' 및 그 후속 회의에서 이스라엘을 지지하는 서구제국의 태도는 팔레스타인문제야말로 오늘날 세계의 식민지주의문제라는 점, 그리고 미합중국의 입장이 세계적인 '식민지책임'문제의 동향을 좌지우지하고 있다는 점을 여실히 보여준다.

받은 경우도 있었다. 1990년대 이후 식민지체제하에서 폭력을 겪은 피해당사자들이 자신의 경험을 이야기하게 된 배경에는 무엇보다 살아생전에 자신의 체험을 역사적 사실로 기록하게 하고, 사죄와 보상을 통해 정의를 실현하고 싶다는 생각이 존재하지만, 한편으로 냉전체제의 붕괴에 연동된 구식민지국가 내정의 민주화로 인해 피해자들이 경험을 이야기할 만한 환경이 갖춰졌다는 사실도 간과할 수 없다. 어쨌든 '식민지책임'을 묻는 목소리는 꼭 식민지폭력의 피해사실에 비례하여 표출된다고 볼 수는 없다. 당사자들이 살아가는 사회의 다양한 정치적·경제적 맥락 속에서 이 문제는 첨예화한 형태로 드러나기도 하고, 수면 아래에 머물러 있기도 하는 것이다.

식민지주의 폭력의 과거를 둘러싼 문제가 현재화되고 있는 사례에서는 피해자들의 소송에 촉발된 역사 연구의 역할도 크다. 1990년대 이후 위안부문제의 전개에서 일본 역사가 요시미 요시아키吉見義明의 작업이 중요한 돌파구가 되었듯, 예컨대 케냐의 전 마우마우 투사들의 법정투쟁은 미국 연구자 캐롤라인 엘킨스Caroline Elkins나 영국 연구자 데이비드 앤더슨David Anderson의 작업, 나미비아인들의 보상요구운동은 독일 역사가 위르겐 짐머러Jürgen Zimmerer나 네덜란드 역사가 얀 바르트 게발트Jan-Bart Gewald의 작업과 불가분의 관계에 있다.[7] 당사자들이 세상에 내놓은 목소리를 진지하게 받아들인 역사가들이 전문가의

7   Caroline Elkins, *Imperial Reckoning : The Untold Story of Britain's Gulag in Kenya*, New York : Henry Holt and Company, LLC, 2005; David Anderson, *Histories of the Hanged : The Dirty War in Kenya and the End of Empire*, New York and London : W.W. Norton & Company, 2005; Jürgen Zimmerer, *Deutsche Kolonialherrschaft über Afrikaner. Staatlicher Machtanspruch und Wirklichkeit im kolonialen Namibia*, Münster : Lit, 2001; Jan-Bart Gewald, *Herero Heroes. A Socio-Political History of the Herero of Namibia 1890～1923*, Oxford : James Currey, 1999.

입장에서 새로운 문서사료를 발굴하고 현장에서 진상조사를 벌임으로써 식민지폭력의 역사적 사실이 규명되었으며, 그 결과 운동은 진전되고 역사 연구는 새로운 지평으로 나아갔다.

그러한 가운데 식민지주의 폭력의 역사적 위치를 둘러싼 새로운 논쟁도 일어나고 있다. 본고에서는 나미비아(구독일령 서남아프리카) 식민지전쟁 피해자들의 보상요구를 계기로 급진전하고 있는 역사 연구 가운데 '식민지주의와 전체주의의 연속성'을 테마로 전개되고 있는 논의를 소개하고 이를 비판적으로 검토함으로써, 식민지주의 폭력과 식민지전쟁에 대한 연구를 세계사적 차원에서 전개시킨다는 것이 어떤 맥락의 작업인지에 대해 생각해보고자 한다.

2. 한나 아렌트의 재발견 – 제노사이드 연속설

20세기 초두, 독일제국의 식민지였던 '서남아프리카'(현재의 나미비아)에서 입식자들이 토지와 가축을 탈취한 것에 대응하여 '헤레로Herero'와 '나마Nama'인을 중심으로 아프리카인들이 봉기했다. 이에 대한 독일군의 진압전쟁은 여타 집단에 대해서도 감행되었으며, 1904년부터 1908년까지 햇수로 5년 동안 지속되었다. 독일군이 수행한 전쟁의 실태는 지극히 가혹했다. 이 문제에 대해 최초로 본격적인 연구(1966)를 시도한 구동독 역사가 호르스트 드레슐러Horst Drechsler의 추계에 따르면, 헤레로의 80%, 나마의 50%가 이 전쟁에서 목숨을 잃었다고 한다. 드레슐러는 이 전쟁을 독일제국주의가 홀로코스트에 앞서 실천한 '제

노사이드적 수법'이라고 칭했다.[8]

거의 같은 시기에 같은 대상을 검토한 구서독 역사가 헬무트 블레이 Helmut Bley는 한나 아렌트의 『전체주의의 기원』(1951)에 대해 언급했다. 즉, 이 저서의 제2부 '제국주의' 가운데 '인종과 관료제'에서 진술되고 있는 사안이 서남아프리카에 대한 독일의 지배사례에 들어맞는다고 지적했던 것이다.[9] 아렌트는 유럽의 인종주의 사상과 근대적 관료주의의 실천이 인종적으로 열등한 존재로 간주된 '원주민부족'의 몰살을 이끈 현상에 대해, 주로 남아프리카의 사례를 들며 '몹(대중)과 자본의 동맹'을 지적하는 한편 몰살의 불똥이 이후 유럽으로 "튀어 영향을 주었다"고 서술했다.[10] '영향을 받은 것은 다름 아닌 나치스이다.

독일 식민지주의의 역사를 나치즘이나 홀로코스트와 연관 속에서 파악하고자 하는 이 연구들의 문제의식은 날카롭다.[11] 그러나 저자가 동독 연구자 혹은 서독에서 '좌파'로 분류되는 연구자였다는 핸디캡도 있어서, 당시 역사학계에서는 딱히 주목받지 못했다. 영국이나 프랑스 식민지주의의 역사와는 달리, 독일 식민지주의의 역사가 연구대상이 되는 일은 거의 없었다.

이러한 상황은 21세기를 전후하여 갑작스레 변화했다. 모두에서 소개한 바와 같이, 이 시기에 이르러 나미비아인들이 독일 정부와 기업

---

8   Horst Drechsler, *Südwestafrika unter deutscher Kolonialherrschaft*, Berlin(O) : Akademie, 1966.

9   Helmut Bley, *Kolonialherrschaft und Sozialstruktur in Deutsch-Südwestafrika*, Hamburg : Leibnitz-Vlg., 1968.

10 ハンナ アーレント, 大島通義・大島かおり 譯, 『全体主義の起源2—帝國主義』, みすず書房, 1972, 104~160쪽.

11 페터 슈미트 에그너Peter Schmitt-Egner도 독일식민지주의와 나치즘의 관련에 대해 논한 바 있다.

에 대해 보상을 요구하며 소송을 제기했으며, 이 사실은 널리 보도되었다. 독일 지배하의 식민지에서 자행된 대학살과 강제노동에 대해 사죄와 보상을 요구하는 나미비아인들의 소송은, "유태인들에게는 보상을 하고, 나미비아인들에게는 보상하지 않는가?"라는 레토릭과도 맞물려 나치스의 '과거 극복'에 몰두해온 독일 시민들의 양심을 뒤흔드는 한편[12] 역사가들의 관심도 환기시켰다. 포스트 콜로니얼 연구의 세계적인 유행에도 힘입어, 그때까지 식민지주의의 역사에 별반 관심을 두지 않았던 독일 역사가들과 서구제국의 독일사 연구자들이 식민지관련 연구 성과들을 우후죽순처럼 쏟아내기 시작했다. 그 가운데 1904년부터 1908년까지의 전쟁을 '20세기 최초의 제노사이드'로 파악한 연구는 보상을 요구하는 나미비아인들의 운동에 힘을 실어줌과 동시에 현지에서 자행된 식민지폭력의 성격에 대한 활발한 논의를 역사학계에 불러일으키게 된다.

구서남아프리카에서 식민지전쟁을 '제노사이드'로 파악하는 연구자들은 아렌트를 '재발견'했다. 서남아프리카 식민지에서 전개되었던 식민지주의의 '과거 극복'이 나치즘의 '과거 극복'과 오버랩 되어 받아들여지는 가운데, 두 가지 역사적 현상의 연속성을 시사하는 아렌트의 50여 년 전 저작이 갑작스레 각광받게 되었던 것이다. 그와 함께 서남아프리카에서 전쟁을 '제노사이드'로 파악한 동독의 역사가 드레슐러의

---

12 이 문제에 대한 일반시민의 관심이 고양된 데에는 Gerhard Seyfried, *Herero*(Berlin : Eichborn, 2003)와 David Olusoga · Casper W. Erichsen, *The Kaiser's Holocaust. Forgotten Genocide and the Colonial Roots of Nazism*『カイザーのホロコースト』(Faber & Faber, 2011) 등, 일반대중도서와 매스미디어의 역할도 컸다. 참고로 사이프리트Seyfried는 후술하는 의화단전쟁에 대해서도 일반대중도서인 *Gelber Wind*『黄色の風』를 저술했다.

연구도 재평가되어, "오늘날에도 실증성의 면에서 이 연구를 뛰어넘는 것은 없다"라고 칭송받기에 이르렀다.[13]

그와 같은 '재발견'의 조류 속에서 '20세기 최초의 제노사이드로서의 서남아프리카 식민지전쟁', '홀로코스트의 전사로서의 대헤레로·나마전쟁'이라는 역사상을 확산시키는 데 결정적인 역할을 한 것이 독일의 젊은 세대 역사 연구자 짐머러이다. 그의 저서 『아프리카인에 대한 독일의 지배─식민지 나미비아에서의 국가권력의 자기주장과 현실』(2002)은 독일제국의 '원주민정책'(토지정책, 노동정책, 경찰제도, 주민관리 등)의 내용과 그 실시상황을 세밀하게 추적하고 있다.[14] 그에 따르면, 철저한 억압과 '인종말살'에 연계되는 정책은 1904~08년 전쟁의 결과 등장한 것이 아니라 그 이전의 식민지통치과정에서 안출된 것이지만, 그럼에도 불구하고 이들 정책이 쉽사리 관철되지는 못했다고 한다. 전체적으로 보아, 독일제국의 서남아프리카지배에서는 인종주의적인 말살정책의 실현이라는 전근대적 목표와 관료주의적 식민지경제의 형성이라는 근대적 목표가 혼재되어 있었다고 한다.

1904~08년의 전쟁은 이 저서에서 큰 비중을 차지하고 있는 것은 아니

---

13 '냉전'의 프레임이 역사가들의 사고마저 크게 규정하여 동독에서 진척된 연구들이 정당하게 평가받지 못했다는 점을 여기서 지적해두고자 한다. 사실 독일식민지통치의 관계사료는 구동독에 소장되어 있었기 때문에, 실증적인 연구에서는 동독 역사가들이 압도적으로 유리했다.

14 Jürgen Zimmerer, *Deutsche Kolonialherrschaft über Afrikaner. Staatlicher Machtanspruch und Wirklichkeit im kolonialen Namibia*, Münster : Lit, 2001은 매우 전통적인 방법론을 취하여, 오로지 문서사료(주로 나미비아 수도 윈드훅Windhoek에 소재한 나미비아 국립문서관 소장의 독일 식민지정부 행정문서, 베를린에 소재한 독일연방문서관의 독일식민지성문서)를 이용하여 분석을 시도하고 있다. 다루고 있는 공간은 아프리카이지만, 아프리카사회의 고유한 역사전개과정을 추적하는 '아프리카사'가 아니라, '독일사'의 일부인 독일정책사를 추구했다고 할 수 있다.

며, 또한 그 이전부터 계속된 지극히 억압적인 '원주민정책'의 전환점으로 다루어지고 있지만, '20세기 최초의 제노사이드', '독일 최초의 제노사이드'라는 의미부여는 학계와 일반시민들의 큰 관심을 불러일으켰다.

이 진압전쟁에서 총사령관 로타 폰 트로타Lothar von Trotha는 헤레로를 사막으로 몰아넣고 더위에 못 이겨 죽게 함으로써 그들을 사실상 괴멸상태에 빠뜨렸다. 또한 그 전투 **후에** 총격명령[15]을 내려 헤레로를 무차별적으로 살육하고 말살할 것을 부하들에게 명령했다. 겨우 살아남은 헤레로나 비슷한 시기에 등장한 나마 및 여타 집단의 게릴라에 대해서는 강제수용소를 설치하여 강제노동에 종사토록 하거나, 그저 죽도록 내버려두었다. 최근의 연구에서는 헤레로 여성을 성노예로 삼은 사실도 밝혀지고 있다.[16] 이처럼 '제노사이드'라 할 만한 방법이 동원된 서남아프리카에서 전쟁은[17] 같은 시대 다른 (나라) 식민지에서의 전쟁과는 구별되는 것으로, 이는 식민지주의와 나치의 말살정책을 잇는 '중요한 매개항'이라고 짐머러는 주장한다.[18] 식민지에서 '인종말살' 전쟁과 나치스 독일에 의한 동방정복전쟁은, 적으로 삼은 '인종'의 말살을

---

15 "독일 영내에 있는 헤레로는 무기를 지닌 자든 지니지 않은 자든 소를 지닌 자든 한 사람도 남기지 말고 모두 쏜다. 여자도 아이도 용서치 않는다"라는 문장을 포함한다. Bundesarchiv Berlin-Lichterfelde (BAB), Akten des Reichskolonialamtes, R10.01, Bd.2089.Bl.7

16 Gesine Krüger, *Kriegsbewältigung und Geschichtsbewußtsein*, Göttingen : Vandenhoeck & Ruprecht, 1999, p.120.

17 본고에서 언급하고 있는 연구들은 '제노사이드'라는 용어에 대해 기본적으로 1948년 '제노사이드조약'의 정의(나아가서는 '제노사이드' 개념의 창안자인 라파엘 렘킨Raphael Lemkin의 논의)에 따라, 특정집단의 전부 혹은 일부를 파괴하고자 하는 '의도'를 중시하는 입장을 취하고 있다. 필자 역시 그에 따르고 있다.

18 Jürgen Zimmerer, "Annihilation in Africa : The "Race War" in German Southwest Africa (1904~1908) and its Significance for a Global History of Genocide", *GHI(German Historical Institute Washington DC) Bulletin*, 37, 2005, pp.52~53.

통해 자신의 '생존권'인 토지를 확보하고자 했다는 점에서 공통성을 지닌다는 것이다. 또한 이 공통성은 우연의 결과가 아니며, '말살' 사상을 실제로 실행에 옮겼다는 점에서 서남아프리카에서 실천이 히틀러에게 선례로 작용했을 가능성이 농후하다고 짐머러는 주장한다.

이와 같은 논의가 단순히 '식민지제노사이드'와 홀로코스트의 공통성을 주장할 뿐만 아니라, 그 연속성도 시야에 두고 있다는 점은 분명하다 할 것이다. 여기서는 이와 같은 논의를 편의상 '연속설'이라 부르기로 한다.[19]

'연속설'을 취하는 연구자들은 무엇보다 '총격명령'을 비롯하여 '말살' 의도를 보여주는 군인들의 발언이나 강제수용소의 설치,[20] 노예노동과 진배없는 강제노동 등, 서남아프리카 식민지와 나치체제에서 공통적으로 발견되는 폭력의 요소들을 열거한다. 그에 더하여 독일의 식민지 지배에 관련된 사람들과 나치스 간부의 인적 연계성을 지적한다. 예컨대, 히틀러의 심복 헤르만 괴링Hermann Göring의 부친 하인리히Heinrich 괴링이 서남아프리카 식민지 창설기의 지휘관이었다는 사실, 나치 간부가 된 프란츠 리터 폰 에프Franz Ritter von Epp가 서남아프리카에서 전쟁을 지휘했다는 사실, 나치의 '인종위생학'을 창시한 유진 피셔Eugen Fischer가 식민지시대 서남아프리카에서 '인종'에 관련된 유전학적 데이

---

19 '연속설'의 논자가 꼭 식민지주의와 나치즘의 직접적인 연속을 주장하고 있는 것은 아니며, 논자에 따라 입장이 다르다. 그러나 한 세대 정도의 시차가 있는 제2제정기 독일령 식민지 지배와 나치즘의 '공통성'을 강조한다는 것은 '비교'와는 다른 맥락, 즉 시공을 초월한 연속성을 상정하는 것이라고 할 수 있다.
20 'Konzentrationslager'라는 독일어 자체가 이러한 식민지전쟁의 문맥에서 처음으로 사용되었다고 한다. Krüger, Gesine, *Kriegsbewältigung und Geschichtsbewußtsein*, Göttingen : Vandenhoeck & Ruprecht, 1999, p.52.

터를 모아 연구한 사실 등이다. 이러한 직접적인 혹은 두 세대에 걸친 인적 연계성은 종래의 연구에서도 지적되어 왔으며,[21] 독일식민지역사를 연구하는 사람들 사이에서는 널리 알려진 사실들이었다. 그러나 '연속설' 연구자들은 이에 덧붙일 만한 사례를 발견하는 데 심혈을 기울여 왔으며, 실제로 몇 가지 새로운 사례를 발견하고 있다.[22]

한편 동아프리카(현 탄자니아) 등 서남아프리카 이외의 독일식민지에서 전개된 통치와 폭력의 실태에 대한 연구도 이 시기에 비약적으로 진전되었다. 이와 같은 아프리카 식민지 연구와 함께 특히 주목되는 것은 1900년 의화단전쟁에 관한 연구이다. 교주만(칭다오)에 대한 독일의 식민지통치 연구는 1990년대부터 조금씩 이루어졌지만, 의화단운동과 그 진압을 위해 구성된 '8개국 연합군'에 독일군이 참가한 부분에 대해서는, 동독에서 이루어진 몇몇 선구적인 업적을 제외하면 거의 연구가 이루어지지 않았다. 그러나 서남아프리카전쟁에 대한 관심에서 촉발된 '식민지제노사이드' 연구의 활황 속에서 의화단진압전쟁에 관여한 독일군의 실태, 특히 북경 함락 이후의 '소탕전'으로 일컬어지는 국면에서 자행된 무차별적인 살육, 약탈, 강간 등의 사실이 밝혀지게 되었다.[23] 잘 알려진 바와 같이 의화단 진압을 위한 독일군 파병에 즈음하여 황제 빌헬름 2세는 격려조의 훈시를 남겼는데,[24] 이 훈시에 보

---

21 앞서 언급한 드레슐러 외에 동독 역사가 호르스트 퀴네Horst Kühne도 1962년의 저서에서 관련 사례를 제시했다.

22 Benjamin Madley, "From Africa to Auschwitz : How German South West Africa Incubated Ideas and Methods Adopted and Developed by the Nazis in Eastern Europe", *European History Quarterly*, 33(3), 2005.

23 Susanne Kuβ / Bernd Martin(eds.), *Das Deutsch Reich und der Boxeraufstand*, München : Ludicium, 2002.

이는 "온정과 용서는 필요치 않다"라는 표현은 '말살' 사상 — 여기서는 '황화론'이라는 아시아인에 대한 인종주의에서 촉발된 — 의 맥락에서 새롭게 주목받고 있다.

그러한 가운데, 서남아프리카에서 말살전쟁을 지휘한 폰 트로타를 비롯하여 앞서 언급한 리터 폰 에프, 제1차 세계대전에서 독일령 동아프리카전선을 지휘한 파울 레토우 포르벡Paul Lettow-Vorbeck[25] 등이 의화단진압전쟁에 참전했다는 사실도 알려지게 되었다. 이들 사례는 군인을 매개로 한 식민지전쟁의 공간적 '연속성'을 구상하는 데 도움이 되는 흥미로운 소재들이다.[26] 의화단진압전쟁이 식민지주의의 문맥에서 파악되고, 동아시아가 아프리카 식민지와 함께 '제국' 연구의 한 축으로 자리 잡게 된 것은 '내셔널 히스토리'를 고쳐 쓰고자 하는 움직임[27]의 결과라고 할 수 있다. 이러한 연구동향은 향후 동아시아 식민지주의의 역사를 세계사적인 맥락에서 파악하는 데 유력한 실마리가 될 수도 있을 것이다.

---

24 1900년 7월 27일 브레머하펜Bremerhaven항에서 출정하는 병사들에 대해, 빌헬름2세는 "온정과 용서는 필요치 않다 (…중략…) 1,000년 전에 (유럽을 제패한) 훈족의 명성이 전승되듯 독일인의 명성이 1,000년 후에도 전승되도록"이라고 연설하며 그들을 격려했다. 이로 인해 위 훈시는 'Hunnenrede훈족연설'이라는 이름으로 알려지게 되었다.

25 레토우 포르벡 역시 리터 폰 에프와 마찬가지로 독일의 식민지 지배와 나치스통치 때 모두 지도적 역할을 했던 인물로, '연속설'을 뒷받침하는 사례로 곧잘 제시된다. 레토우 포르벡은 의화단진압전쟁 후 서남아프리카에서도 폰 트로타 밑에서 전쟁을 지휘했다. 한편, 이름을 남긴 고위급 군인 외에 일반병사 가운데도 의화단진압전쟁에 참전한 후 서남아프리카전쟁에 참전한 자들이 많았다.

26 게발트는 동아프리카·콩고를 포함하여 중국과 아프리카 사이를 오고간 독일군의 실태를 제시하고, 이를 전쟁방식의 '학습과정'으로 파악했다. Gewald, *Learning to Wage and Win Wars in Africa : a Provisional History of German Military Activity in Congo, Tanzania, China and Namibia*, Leiden, African Studies Centre, 2005.

27 최근 독일사학계에서 유행하는 용어로는 '트랜스내셔널'한 역사.

3. '연속설' 비판―독일사 연구자들의 논쟁

거칠게 분류하자면, '연속설'의 입장을 취하는 자들은 현재 나미비아와 긴밀한 관계를 맺으며 '역사적 책임'을 의식하고 있는 독일인[28]과 제노사이드의 비교 연구나 식민지제노사이드에 관심을 지니는 역사가들[29]이며, 이를 비판하는 자들은 독일의 독일사 연구자 혹은 영국과 미국에서 연구하는 독일계 역사 연구자들이다.[30]

비판자들은 우선 '연속설' 지지자들이 제시하는 식민지 지배와 나치스 사이의 인적 연계성에 대해, 전체적으로 보았을 때 관련사례들은 한줌에 불과하며 우연의 결과에 가깝다고 주장하고, 또한 그것들이 두 가지 역사적 현상의 구조적 관계를 보여주는 것은 아니라고 지적한다. 나아가 두 가지 역사적 현상 사이에는 한 세대분의 시차가 존재하고, 양쪽 모두를 직접 경험한 군인의 수는 결코 많지 않으며, 무엇보다 양자 사이에 제1차 세계대전이 존재한다고 강조한다. 제1차 세계대전을

---

28 예컨대, 장기간에 걸쳐 나미비아에서 경제정책 싱크탱크를 이끌었고, 독일=나미비아 간의 문화교류에서도 중요한 역할을 맡아온 헤닝 메르버Henning Melber, 사회학자로서 '역사인식'문제를 중심으로 나미비아에서 현지조사를 정력적으로 추진해온 라인하르트 쾨슬러Reinhard Köβler 등. 이들은 1차 사료를 검토하며 실증적인 역사 연구를 수행하는 역사가는 아니지만, 독일 식민지 지배의 과거에 대한 비판과 반성을 바탕으로, 특히 보상문제가 수면 위로 부상한 이후 '역사인식'문제에 대해 적극적으로 발언하고 있다.

29 짐머러와 공동으로 제노사이드 연구, 특히 식민지 제노사이드 연구를 수행해온 스위스 출신 역사가 도미니크 샬러Dominik J. Schaller와 아메리카선주민제노사이드에 주목하는 미국 역사가 벤자민 매들리Benjamin Madley 등을 들 수 있다.

30 이 논쟁에 대해서는 다음 논고를 참조할 것. Matthew P. Fitzpatrick, "The Pre-History of the Holocaust? The *Sonderweg* and *Historikerstreit* Debates and the Abject Colonial Pas", *Central European History*, 41, 2008; Thomas Kühne, "Colonialism and the Holocaust : Continuities, Causations, and Complexities", *Journal of Genocide Research*, 15(3), 2013; Robert Gerwarth · Stephen Malinowski, "Hannah Arendt's Ghosts : Reflections on the Disputable Path from Windhoek to Auschwitz", *Central European History*, 42, 2009.

건너뛰어 식민지전쟁과 홀로코스트를 직접 연결시키는 방식으로 사회구조를 설명할 수는 없다는 것이다.[31]

적극적으로 비판론을 전개하고 있는 쿤드루스Birthe Kundrus는 폰 트로타의 '말살'정책이 본래 식민지에서 독일인의 위신을 유지하기 위해 생겨난 것이며, 독일제국의 공식적인 방침은 아니었다고 주장한다. 식민지에서 상황적 반응으로서 '말살'과 독일에서 널리 공유되고 있던 반유태주의로부터 도출된 '말살' 사이에는 근본적으로 질적인 차이가 존재하며, 반유태주의에서 촉발된 히틀러의 사상, 정책, 실천의 체계성, 계획성은 결코 서남아프리카전쟁과 비교대상이 될 수 없다고 주장한다.[32]

이 논의의 핵심이 단순히 양자의 '차이'를 서술하는 데 있는 것이 아니라, 홀로코스트가 식민지전쟁과는 비교할 수 없는 전무후무한 역사적 사건이었다는 것, 즉 홀로코스트의 유일무이함을 강조하는 데 있다는 점은 분명하다 할 것이다. '연속설'의 비판자들은 식민지제노사이드의 성격이나 그 세계사적 위치를 묻는 것 보다는, 앞서 '역사가 논쟁'[33]에서도 거론되었던 홀로코스트의 비교 가능성에 주로 관심을 기

---

31 미국의 독일사 연구자 이사벨 헐Isabel Hull은 서남아프리카에서 '말살전쟁'을 포함한 제2제정기 독일의 전쟁을 분석하여, '절대적 파괴' 혹은 '말살'의 사상을 추출해냈다. 서남아프리카에서 '말살전쟁'이 1870 · 71년 보불전쟁 이후 제1차 세계대전까지 관철된 '군대적 문화'의 맥락에서 초래된 것이라는 이사벨의 주장은, 제1차 세계대전의 위치설정이 누락되어 있다는 '연속설' 비판론자들에 대한 일종의 재비판이 되기는 하지만, 어디까지나 독일사의 연속성을 문제 삼고 있다는 점에서 지극히 '내셔널 히스토리'적이다. Isabel Hull, *Absolute Destruction : Military Culture and the Practices of War in Imperial Germany*, Ithaca : Cornell Univ. Pr., 2006. 쉘리 바라노프스키Shelley Baranowski 역시 같은 입장에서 식민지주의부터 나치스까지를 연속적으로 파악한다.
32 Birthe Kundrus, "Grenzen der Gleichsetzung : Kolonialverbrechen und Vernichtungs-politik", *iz3w*, 275, 2004.
33 1980년대 '역사가논쟁'에서는, 스탈린 치하의 강제수용소를 아우슈비츠의 '선구'로 간주한 에른스트 노르테Ernst Norte 등의 논의가 홀로코스트를 '상대화'하고 그 중대성을 경시

울이고 있는 것으로 보인다.

비판론자들에 따르면, '연속설'의 논자들이 식민지폭력의 연장선상에 있다고 주장하는 나치스 독일의 인종주의적 '생존권Lebensraum'의 사상과 실천은 아프리카 식민지와 관계에서 비롯된 것이 아니라, 전통적인(=중세의 '동방식민' 이래의) 독일의 '동방' 관여 방식이라는 '유럽의 내적' 배경에서 도출되었다고 한다.

이와 같은 비판론자들의 논의는, 독일사에 익숙한 사람들에게는 신선하게 느껴지지 않을 것이다. 이들의 논의는 '연속설'의 문제제기를 종래의 독일사 연구의 틀 속에 끌어들여 그에 대해 반응한 결과라고도 할 수 있다. 비판론자들의 논의에서는 식민지폭력에 대한 보상소송을 배경으로 등장한 연구의 전개가 '내셔널 히스토리'의 틀 속에 회수되고 있는 것으로 보인다.

한편 비판론자들이 제기한 또 하나의 논점은 식민지에서 자행된 절대주의적 폭력이 독일령 서남아프리카 혹은 독일의 식민지에 한정된 것이 아니라는 점이다. 예컨대, 프랑스의 알제리정복, 알제리 독립전쟁, 벨기에의 콩고지배, 미국의 필리핀 정복전쟁, 남아프리카에서 영국인이 감행한 대줄루Zulu 전쟁, 프랑스의 모로코 공습, 이탈리아의 리비아 트리폴리 공습, 제1차 세계대전 때 영국군이 인도 암리차르Amritsar에서 자행한 학살 등, 관련사례는 무수히 많다. 이러한 사실들로부터 어떤 논자는, '연속설'은 독일 근대사의 특수성을 강조하는 '특수한 길'론의 식민지판에 다름 아니며, 그 결과 다른 식민지에도 엄존하는 동종의 사실들이 외

한다는 맥락에서 비난받은 바 있다.

면되고 있다고 비판한다.[34] 또 다른 논자는, 똑같이 식민지폭력을 실천한 영국이나 프랑스가 전체주의로 나아가지 않은 것은 왜인지 묻는다.[35]

"독일 이외의 식민지에서도 동일한 폭력이 존재했다"는 것은 분명한 사실이다. 예컨대, 필리핀 정복과정에서 미군을 지휘한 제이콥 H. 스미스Jacob H. Smith 준장은 "죽이고, 불태워 없애버리고, 포로는 취하지 말고, (전쟁터를) '인기척 없는 황야'로 만들라"[36]는 명령을 내렸다. 이 명령은 서남아프리카에서 폰 트로타가 내린 '총격명령'을 상기시키는데, 이 두 가지 명령 사이에 모종의 차이를 발견하기란 쉽지 않다. 이 전쟁에서 희생된 필리핀인이 약 20만 명이라는 점 역시 — 희생자 수 자체가 '제노사이드'인가 아닌가를 결정짓는 기준은 아니라 하더라도 — '제노사이드적 전쟁'의 규모를 이야기하는 것으로 간과할 수 없다. 문제는 독일식민지에서 확인되는 폭력성의 '상대화'가 현대사를 포괄적·세계사적으로 파악하는 시각으로 연결되는 것인지, 아니면 단지 폭력성의 의미를 경시하는 것으로 연결되는 것인지 여부이다.

비판론자들은 피해보상과 관련해서도 식민지제노사이드와 홀로코스트의 차이는 명확하게 드러난다고 주장한다. 비판론을 정력적으로 전개하고 있는 쿤드루스에 따르면, 홀로코스트 보상 문제가 잃어버린 재산이나 희생자 개인을 둘러싼 법적 권리의 문제인 데 반해, 식민지 제노사이드의 희생은 서구제국에 의한 '문명화의 범죄'라 할 만한 것으

---

34 Gerwarth · Malinowski, "Hannah Arendt's Ghosts : Reflections on the Disputable Path from Windhoek to Auschwitz", *Central European History*, 42, 2009.

35 Pascal Grosse, "From Colonialism to National Socialism to Postcolonialism : Hannah Arendt's Origins of Totalitarianism", *Postcolonial Studies*, 9(1), 2006.

36 훗날 스미스는 군법회의에서 유죄판결을 받고 면직되었다.

로, 양자의 성격은 명확히 다르다고 한다. 예컨대, 1998년 미합중국 대통령 빌 클린턴이 대서양 노예무역에 대해 유감을 표명한 것, 2002년 벨기에 정부가 1960년의 '콩고동란'에서 희생된 파트리스 루뭄바Patrice Lumumba에 대한 '책임'을 인정한 것 등은 어디까지나 '속죄의식儀式'이며 국제정치의 수단이라는 것이다. '북반구' 세계의 그러한 '속죄' 표명을 '남반구' 세계는 받아들였다. 그러한 한, 독일 정부도 마찬가지로 '속죄 표명'을 하는 것이 당연할 테지만, 그것을 물질화할 필요가 있을지는 의문이라는 것이 비판론자들의 주장이다.[37]

식민지폭력을 서구제국에 의한 '문명화' 사업의 부산물로 간주하면서 그 희생자에 걸맞은 것은 상징적인 '속죄'이지 물질적 보상이 아니라는 주장은, '식민지제노사이드' 연구의 출발점에서 환기되었던 문제의식으로부터 크게 벗어난 것이라 할 수 있다. 홀로코스트의 '비교불가능성' 주장은 홀로코스트의 '상대화'가 죄의 왜소화로 이어질 것이라는 우려에서 비롯되곤 했는데, '식민지제노사이드의 상대화' 역시 범죄성의 경시로 이어지고 있다는 인상을 지울 수 없으며, 이 점이 진지한 비교론의 전개를 방해하고 있다.[38]

---

37 Birthe Kundrus, "From the Herero to the Holocaust. Some Remarks on the Current Debate", *afrika spectrum*, 40(2), 2005.
38 여기서 상기되는 것은 '위안부' 문제에 대한 일본 정치가들의 발언이다. "일본만 했던 것이 아니다"라는 주장과 관련해서는 '위안부'의 실태가 검증되지 않으면 안 될 것이다. 한편으로는 '유사한 폭력'을 종합적으로 파악하여 세계사의 이해를 심화시킬 필요가 있을 것이다.

4. '연속설'에서 '세계사'로

'연속설'과 그에 대한 비판은 일견 대립하는 입장처럼 보이지만, 반드시 그렇다고는 할 수 없다. 양자는 나치즘 혹은 홀로코스트라는 '도달점'과 관계를 염두에 두며 제1차 세계대전에 앞서 식민지에서 자행된 폭력문제를 논한다는 공통점을 지닌다. 연속성을 주장하든 부정하든, 거기에는 홀로코스트야말로 근현대사 최대의 역사적 사건이라는 암묵적인 전제가 깔려있는 것으로 보인다. 그러한 전제를 공유하는 연구자들의 논쟁이 전체적으로 보아 독일 중심적이고 유럽 중심적이라는 점은 부정할 수 없다. 식민지폭력을 경험한 피해자들의 소송이 단순히 금전적·물질적 보상의 요구가 아니라 자신들의 역사적 경험에 대한 사회적 인지의 요구라 한다면, 다시 말해 역사인식문제를 제기하는 것이라 한다면, 역사가들에게 요청되고 있는 것은 식민지시대의 역사를 종주국 역사의 일부 혹은 '제국' 역사의 일부로 그리는 것이 아니라, 해당 지역과 집단을 주체로 하여 통시적인 역사쓰기를 시도하고 식민지통치하의 시대도 그 속에 자리매김하여 그려나가는 작업일 것이다.

식민지로 전락한 측의 역사 고쳐 쓰기는, 예컨대 아프리카에 관하여 말하자면 '제국사'에 대신하는 '아프리카사'의 창출이라 할 수 있는데, 그것은 이미 1960년대 아프리카 제국諸國의 독립시대에 아프리카인 역사가들이 추구했던 바이다. '아프리카사'(및 기타 역사를 빼앗긴 지역과 집단의 역사)를 복권시키고자 했던 그들의 작업은 세계사상像 재구축의 중요성도 아울러 부각시켜왔다고 할 수 있다.[39] 그러나 반세기가 흐른 현재 진행되고 있는 '연속설' 논쟁에서 '세계사'를 고쳐 쓴다는 시각은 미약하며, 내셔널 히스토리의 외연을 '제국' 규모로 확장시키는 데 머물러 있다. 여기서 거론하고 있는 서남아프리카 / 나미비아에 대해 말하자면, 그 역사를 내재적으로 파악하고 이를 위해 방법을 쇄신하며 —즉, 식민지 행정문서의 검토를 통한 '정책사'가 아니라 다양한 사료와 방법을 이용하여 아프리카인 사회의 이해에 천착하는— 통시적으로 지역의 역사를 서술하고 있는 연구자는 앞서 언급한 게발트가 거의 유일하다.[40]

그러나 이러한 논쟁과정에서 단순히 '연속'인가 '비연속'인가라는 논의를 넘어서 보다 폭넓은 시야에서 문제에 접근하려는 연구들도 등장하고 있다. '연속설'의 제창자인 짐머러는 당초부터 '비교 제노사이드론' 공동 연구를 추진하고 있었는데, 이 그룹에서는 서남아프리카 식민지에서의 제노사이드와 홀로코스트의 비교뿐만 아니라, 다양한 층위의 식민지제노사이드·선주민제노사이드에 대한 비교 연구도 진척시켜 왔다.[41] 또한 짐머러 자신도 근저에서는 '특수한 길'론이라는 비판을 의식해서인지, 서남아프리카에서 식민지전쟁이 '특수'하다는 주장을 누그러뜨리는 한편 동시대의 여타 식민지에서 자행된 '제노사이

---

39 永原陽子, 「植民地研究の現在—アフリカ史の場合」, 『歴史評論』 752, 2012.

40 게발트는 '헤레로 봉기'와 그에 대한 '진압'으로 설명되는 이 전쟁에 대해, 전투의 발단이 독일 측의 발포에 있었다고 주장하며 '헤레로'가 만반의 준비를 갖춘 뒤 '봉기'했다는 종래의 역사상에 수정을 가하고 있다. 게발트는 독일식민지시대에 국한되지 않는 헤레로의 역사를 묘사하는 가운데 독일에 의한 이 전쟁을 '제노사이드'로 파악하지만, '연속설'에 대해 적극적으로 발언하고 있지는 않다. Jan-Bart Gewald, "Imperial Germany and the Herero of Southern Africa : Genocide and the Quest for Recompense", in : Adam Jones(ed.), *Genocide, War Crimes and the West. History and Complicity*, London : Zed Books, 2004.

41 예컨대, 현저한 성과를 거두고 있는 것이 백인입식형식민지의 관련 사례이다. 짐머러를 중심으로 제노사이드 연구자들이 모여 만든 잡지 *Journal of Genocide Research*가 비교사적 연구의 장으로 기능하고 있다.

드'에도 눈을 돌리며 그것을 '글로벌 히스토리'라고 부르고 있다.[42]

그와 같은 비교사적 연구 가운데 중요한 성과를 내며 '세계사' 구축에 기여하고 있다고 여겨지는 것이 강제수용소에 관한 논의이다. 이러한 연구는 두말할 나위 없이 서남아프리카의 강제수용소와 '아우슈비츠'의 비교 혹은 상호연관성에 대한 관심에서 촉발된 것이다.

식민지의 강제수용소로는 남아프리카전쟁(1900~02)에서 영국군이 여자아이들을 '피난'시키기 위해 설치했던 수용소camp가 잘 알려져 있다. 영국군은 게릴라전을 전개하는 보어인(아프리카나, Afrikaaner)에 대항하고자 그들의 농장지대에서 초토화작전을 전개했는데, 그 작전의 일환으로 수용소를 설치했다. 수용소는 영국이 수행한 전쟁의 '잔악함'을 보여주는 사례로 보어인들 사이에서 강렬하게 기억되었는데, 그러한 기억은 오늘날까지 전승되며 종종 보어인들의 인종적 민족주의 ethnic nationalism를 심화시키는 지렛대 역할을 해왔다. 그 밖에 당시 수용소의 '참상'을 비판하여 영국 정부의 정책을 전환시킨 영국인 여성 에밀리 홉하우스Emily Hobhouse에 대한 관심 등도 존재하여, 수용소는 남아프리카전쟁의 역사 가운데서도 주목받아온 분야이다.[43] 그러나 보다 중요한 것은, 수용소가 '전쟁수행을 위한 필요'에 따라 설치된 것이라기보다는 인종격리를 위해 설치되었다는 사실이 밝혀지고 있는 점이다.[44] 예컨대, '보어인 여자아이'를 위해 설치된 것으로 인식되어

---

42 Jürgen Zimmerer, *Von Windhuk nach Auschwitz? Beitraege zum Verhältnis von Kolonialismus und Holocaust*, Münster : Lit, 2011.

43 Elizabeth Van Heyningen, "Costly Mythology : The Concentration Camps of the South African War in Afrikaner Historiography", *Journal of Southern African Studies*, 34(3), 2008.

44 Peter, Warick, *Black People and the South African War, 1899~1902*, Cambridge : Cambridge U.Pr., 1983.

온 '수용소'가 실제로는 아프리카인을 수용하기 위해서도 설치되었고, '백인'인 보어인용 수용소와 아프리카인용 수용소 사이에 커다란 격차가 존재했으며, 흑인용 수용소 수용자의 사망률이 지극히 높았고, 수용소에 입소 조치된 사람들은 전후에도 출신지로 돌아갈 수 없었다는 사실 등이 밝혀지고 있다. 영국이 도입한 그와 같은 '수용소'의 모델이 된 것은 1898년에 시작된 미서전쟁 때, 스페인이 쿠바에서 '혁명 게릴라와 일반시민을 분리하기' 위해 설치했던 수용소이다.

이들 강제수용소에 대한 비교검토과정에서는 각 수용소의 성격과 기능의 공통점과 차이점 — 예컨대, '말살'이나 '강제노동'을 목적으로 하는 수용소인가, '비전투원의 격리'를 목적으로 하는 수용소인가 — 이 논의되고 있다. 쿠바와 남아프리카에 수용소가 설치된 뒤 얼마 지나지 않아 건립된 서남아프리카의 수용소에 대해서는, 식민지전쟁에 수반된 동종의 것으로 파악하는 시각이 있는가 하면, 서남아프리카의 수용소는 민중게릴라를 사로잡아 노동을 강제하고 죽음에 이르게 했다는 점에서 아우슈비츠와 공통되며 쿠바나 남아프리카의 수용소와는 그 성격과 기능이 다르다는 견해도 존재한다. 후자의 견해는 두말할 나위 없이 '연속설'과 상통한다.[45]

한편 미국은 쿠바에 설치된 스페인 수용소의 '비인도성'을 강하게 비판하며 이를 군사적 개입의 이유로도 삼았지만, 정작 자신은 확전擴戰의 무대였던 필리핀에서 민중게릴라 진압을 위해 동종의 수용소를 설

---

45 Jonas Kreienbaum, ""Vernichtungslager" in Deutsch-Südwestafrika? Zur Funktion der Konzentrationslager im Herero- und Namakrieg (1904~1908)", *Zeitschrift für Geschichtswissenschaft*, 58(12), 2010; Christoph Jahr, *Lager vor Auschwitz*. Aspekte der Gewaltgeschichte des 20. Jahrhundert, Berlin : Metropol, 2013.

치했다. 남아프리카의 흑인용 수용소 역시 '비호'의 목적과는 동떨어진 실태의 것이었다는 점을 아울러 생각해 볼 때, '비전투원의 격리'라는 명분을 액면 그대로 받아들이며 수용소를 분류하는 것은 불가능하다. 1900년을 전후한 시기에 세계 각지의 식민지전쟁에서 원용된 '강제수용소'라는 전쟁수행수단에 대해서는 동시대의 관계망 속에서 파악할 필요가 있을 것이다.

모두에서 언급한 '마우마우' 연구에서는 1950년대 말, 즉 영국의 식민지 지배 말기의 독립운동탄압전쟁 때 운영되었던 수용소의 실태가 밝혀지고 있어서, 수용소를 둘러싼 상기의 논의에 새로운 소재를 더하고 있다. 1980년대 독일의 '역사가논쟁'에서는 스탈린 치하의 강제수용소와 아우슈비츠를 동질의 것으로 볼 수 있을지에 대해 논의가 전개되었지만, 강제수용소를 둘러싼 현재의 논의는 그보다 한층 더 긴 시간 축과 넓은 공간적 지평 속에서 전개되고 있다.

본래 강제수용소의 역사란 지배·진압의 역사로, 민중의 역사는 아니다. 그러나 식민지의 문맥에서 볼 때 강제수용소의 설치배경에는 많은 경우 민중게릴라의 저항운동이 존재하는바, '문명'에 반하는 '야만'의 상징으로 간주되었던 민중게릴라를 어떻게 진압하고 살육했는지를 조사하는 작업은 민중운동의 존재방식을 알아가는 작업이 되기도 한다. 예컨대, '스페인과 미국의 전쟁'으로 규정되었던 미서전쟁은 이윽고 미국에 의한 쿠바, 특히 필리핀 민중에 대한 정복전쟁으로 전화되어갔는데, 그 전화과정은 강제수용소의 설치와 불가분의 관계에 있다. 미서전쟁 연구에서는 전쟁의 성격에 대한 파악방식이 심화됨에 따라 민중운동에 대한 이해도 심화되어 강제수용소의 실태가 수면 위로 떠올랐으며, 나아가 필리핀 역사의 고쳐 쓰기도 이루어졌다. '아우슈비츠'와 관계에서 촉발된 서남아프리카의 강제수용소에 대한 연구 역시 세계사적인 비교의 관점에서 진전된다면, 진압하는 측으로 하여금 무차별적인 격리방식을 취하도록 한 아프리카인들의 사회적·지역적 결합방식도 추출 가능할 것이다.

이상과 같은 시각은 또한 1900년 전후에 지리적으로 멀리 떨어진 세계 각지에서 발생한 민중운동들의 공통점과 상호연관을 모색하는 연구도 불러일으키고 있다. 예컨대, 아프리카에서는 1900년을 전후한 약 10년 사이에 수단의 '마흐디Mahdi', 서아프리카의 '사모리Samori', 로데시아(짐바브웨)의 '치무렝가Chimurenga', 동아프리카(탕가니카, 오늘날의 탄자니아)의 '마지마지Maji Maji' 등, 대규모 민중운동이 전개되었다. 이들 민중운동에 대해 영국과 프랑스는 정도의 차이는 있지만 예외 없이 '제노사이드'적인 대응을 취했다. 이러한 사례들을 독일사에 특화된 '연속설'의 틀에서 이해할 수 없다는 점은 분명하며, 그 유사성에 대해서는 동시대성과 시간적 확대라는 두 가지 방향에서 접근하여 파악해야 할 것이다. 또한 이들 민중운동을 자세히 살펴보면, 아프리카를 넘어선 비교와 연관의 시각도 열린다. 예컨대, 동아프리카 '마지마지'의 민중신앙과 중국 의화단의 그것 사이에는 놀라울 정도의 공통성이 발견된다.[46] 의화단 소탕전에서 자행된 '제노사이드'는 '연속설'의 전개과정에서 발견되었지만, 그 의미는 상기한 민중운동과의 비교·연관을

---

46 예컨대 의화단의 '호부護符'와 마지마지 반란의 '마법의 물(마지)'를 복용하면 서구인이 쏘는 총탄에 맞아도 죽지 않는다는 신앙은, 양 지역에서 민중의 저항운동을 뒷받침하는 힘으로 작용했다.

염두에 둘 때 한층 깊이 있게 이해될 수 있지 않을까?

 '식민지제노사이드' 연구를 민중운동 연구와 결합시켰을 때, '연속설' 의 비판자들이 지적한 논점, 즉 식민지제노사이드에서 홀로코스트로 의 비약과정에서 제1차 세계대전의 위치설정이 빠져있다는 문제를 다른 각도에서 검토하는 것도 가능할 것이다. 즉, 독일사를 중심에 두고 '연속'과 '비연속'을 검토하는 논의에서 벗어나 식민지 지배하에 있었던 제지역의 입장에서 제1차 세계대전이 어떤 의미를 지녔는가를 재검토 하는 것이다. 독일 중심적인 '연속설' 논쟁에서 쌍방의 논자들이 공유 하고 있었던 것은 홀로코스트가 현대사 최대의 문제라는 인식, 그리고 제1차 세계대전이 역사의 중대한 변곡점이라는 인식이다. 그러나 제1 차 세계대전을 식민지세계의 시각에서 조망해보면, 독일제국이나 오스만제국 지배하의 지역처럼 세계대전 이후 지배자가 교체되며 큰 변화를 겪은 곳도 있는가 하면, 영국이나 프랑스, 일본 지배하의 지역처럼 세계대전을 전후하여 식민지 지배가 존속한 지역도 존재하는 등, 세계대전의 의미는 지역에 따라 다르다. 많은 식민지지역의 역사에서 제1차 세계대전은 '연속성'상의 한 단계로서의 의미를 지니고 있었다고도 할 수 있다. 예컨대, 1920년대 아프리카 각지에서는 민중운동이 고양 ─ 예컨대, 모로코의 '리프Rif전쟁'이나 소말리아의 사이드 무하마드 Sayyid Muhammad의 반영운동 ─ 되고 그에 대해 공습을 포함한 제노사이드적 대응이 취해졌는데, 이는 1900년 전후의 민중운동과 그에 대해 자행된 '식민지제노사이드'의 연속성이라는 맥락에서 이해할 수 있을 것이다. 동아시아에서도 '유럽의 전쟁'으로 인식된 이 전쟁[47]을 식민지 세계에서 조망해보았을 때, 그 '변곡점'으로서의 의미가 유럽이나 미국에서 이해되는 그것과 다르다는 점은 두말할 나위 없다. 한 가지 예에 불과하지만, 식민지지역의 역사에 입각하여 '연속성'문제를 재검토하는 것은 시대구분문제를 재고하는 작업으로도 연결되는 것이다.[48]

5. 맺음말 – 동아시아로부터

미국의 흑인해방운동사상을 지구상의 전아프리카계 사람들의 연대와 해방을 지향하는 '판 아프리카니즘'으로 발전시키고 이를 주도한 드 보이스W.E.B. Du Bois는 1946년의 저서 『세계와 아프리카』에서 "강제수용소, 대대적인 상해와 살육, 여성에 대한 능욕과 아이들에 대한 섬뜩한 만행 등 나치의 포학함 가운데 어느 것 하나라도, 유럽의 기독교문명이 세계를 지배하기 위해 태어난 우수한 인종이라는 미명하에 또한 그 인종을 위해 세계 각지의 유색인종에 대해 자행되지 않은 것은 없다"라고 서술했다.[49]

드 보이스의 발언으로부터 60여 년이 경과한 오늘날, '식민지제노사이드'가 '홀로코스트의 전사'인가에 관심을 집중시키고 논의할 수는 없

---

47 야마무로 신이치山室信一는 많은 일본인이 이 전쟁의 존재조차 몰랐다고 지적한다.

48 영국과 프랑스의 식민지 지배에서 자행된 '폭력'의 연속성에 주목하는 연구가 등장하는 가운데, 독일 식민지 지배의 '폭력성'과 표리를 이루듯 최근 영국제국사 연구에서 '인도주의humanitarianism' 연구가 유행하고 있는 점은 흥미롭다. 예컨대, *Journal of Imperial and Commonwealth History*가 2012년에 이 테마로 특집을 꾸미고 있다. Rob Skinner · Alan Lester, "Humanitarianism and Empire : New Research Agenda", *Journal of Imperial and Commonwealth History*, 40(5), 2012.

49 W.E.B.Du Bois, *The World and Africa : Inquiry into the Part Which Africa Has Played in World History*, 1946 : repr. : New York : International Publishers, 2003, p.23.

는 노릇이다. 그러한 논의는 역사인식의 측면에서 볼 때 독일 중심적이고 유럽 중심적인 것으로 '세계사'적이라 할 수 없을 뿐더러, 세계 각지에서 '식민지책임'을 묻는 목소리가 불거지고 있는 21세기의 세계에 대한 이해도 결여하고 있다. '식민지제노사이드' 연구가 보상을 요구하는 나미비아인들의 목소리에 촉발되어 등장했다는 사실을 염두에 둔다면, '연속설'이 타당한가 / 타당하지 않은가라는 방식으로 설문하는 것, 혹은 '식민지제노사이드'를 둘러싸고 진전되어온 연구를 '연속설'과 이를 비판하는 것으로 이분하여 정리하는 것은 문제의 핵심에서 벗어난 것이라 할 수 있다. 본고에서 '연속설'을 어디까지나 편의상의 호칭에 불과하다고 한 것도 이러한 인식에 근거한다.

또한 식민지제노사이드 연구가 밝히고 있는 식민지체제하의 민족·종족ethnic집단 혹은 종교적 관계의 창출 및 조작의 역사에 주의한다면, 이 연구가 1994년의 르완다, 2003년 이후의 수단 다르푸르Darfur 등, 현대의 제노사이드까지도 꿰뚫어보는 것이 되지 않으면 안 된다는 점은 분명하며, 거기에는 응당 아프리카 이외의 사례도 포함되어야 할 것이다.

본고에서는 아프리카의 사례를 중심으로 식민지폭력문제를 검토해왔는데, 이를 전제로 이제 동아시아로 눈을 돌려보자. 여기서는 최근에 공표된 이노우에 가쓰오井上勝夫의 연구에 주목하고자 한다.[50] 이노우에는 청일전쟁기의 동학농민운동에 대한 일본군의 진압전쟁을 상세히 검토하고, 그것이 '섬멸전쟁' 즉 제노사이드였다는 점을 설득력 있게 밝히고 있다. 전쟁수행 자체가 제노사이드였을 뿐만 아니라, 일

---

50 井上勝夫, 「東學農民軍包圍殲滅作戰と日本政府·大本營」, 『思想』 1029, 2010. 최근에 발간된 나카쓰카 아키라中塚明와의 공저 및 저서도 참조할 것.

본군은 무차별적인 살육을 철저하게 은폐했다고 이노우에는 주장한다. 또한 이노우에는, 동학민중과 대치하는 가운데 대본영이 내린 "모조리 살육하라"는 명령과, 서남아프리카의 독일군이나 필리핀의 미군이 취한 무차별 살육 방침 사이에는 질적인 차이가 없다고 지적한다. 이노우에의 연구는 '청일전쟁'으로 명명된 전쟁의 성격을 새롭게 조명함과 동시에, '미서전쟁'이 필리핀 정복전쟁으로 전환되었다는 사실, 영국인과 보어인의 '남아프리카전쟁'이 대아프리카인전쟁의 측면도 아울러 지니고 있었다는 사실 등, 1900년 전후 세계의 여타 식민지에서 벌어진 전쟁의 명칭과 실태의 낙차를 상기시킨다.

동학운동에 대해 일본에서는 조경달이 민중문화의 관점에서 정력적으로 연구하고 있다.[51] 이처럼 민중운동의 관점에 입각한 조경달의 연구와 '진압' 측의 움직임에 주목한 이노우에의 연구를 접목시킨다면, 1890년대 중반 동아시아에 존재했던 제국주의·식민지주의문제를 동시대 세계 각지의 움직임과 비교하고 관련지으며 파악하는 것도 가능할 것이다. 예전에 일본의 역사학계에서 청일전쟁은 러일전쟁과는 달리 "제국주의전쟁이 아니다"(=제국주의단계의 전쟁이 아니다)라고 이해되었지만, 지배하는 측, 전쟁을 수행하는 측의 자본주의발전이라는 관점에서 전쟁의 성격을 규정하는 논의는 오늘날 시들한 것으로 보인다. 반면에 시바 료타로司馬遼太郎의 소설처럼 전혀 다른 입장에서 청일전쟁과 러일전쟁을 구별하는 논의는 활발하다.[52] 이노우에나 조경달의

---

51 趙景達, 『異端の民衆反亂 — 東學と甲午農民戰爭』, 岩波書店, 1998.
52 司馬遼太郎의 『坂の上の雲』는 대중적 지지를 얻었지만, 동시에 역사가들로부터 비판도 받았다.

연구를 바탕으로 청일전쟁기 이후 1945년에 이르는 역사의 '연속성'과 '변곡점'에 대해 검토하는 것은 단순히 동아시아 역사에 대한 이해를 심화시키는 데 그치지 않고, 동시대 세계사의 틀에서 이루어지는 비교와 연관성 연구에 일조할 것이다. 이들 연구 혹은 한국의 관련 연구가 서구의 연구자들에게 인지된다면, 식민지제노사이드와 홀로코스트의 '연속설'을 둘러싼 '논쟁'이 독일 중심주의・유럽 중심주의에서 벗어나 세계사적인 것으로 전환되는 데 일조할 것이다. 또한 반대로 '연속설'이 주목하는 대의화단전쟁(=청일전쟁과 러일전쟁 사이에 위치한 전쟁)에서 '제노사이드적'인 전쟁수행에 대해서는 동아시아의 보다 폭넓은 문맥에서 이해하는 것도 가능할 것이다.

식민지폭력을 둘러싼 서구―아프리카의 관계와 동아시아의 상황을 연결시키기 위해서는 언어의 장벽을 극복하고 각각의 연구 성과를 상호 흡수하는 것이 필수불가결할 것이다. 또한 그와 함께 동시대에 동아시아와 아프리카의 상황이 실제로 어떻게 연결되어 있었는지를 밝히는 작업도 중요하다.[53] 한 가지 작은 예에 불과하지만, 예컨대 1904~08년 서남아프리카 식민지에서 전쟁이 발발했을 때, 한 일본인이 독일에 맞서 싸우는 '나마' 지도자 앞으로 "유럽의 제민족에 맞서 단결하자"고 호소하는 등 나마인들의 전쟁을 응원 하는 취지의 편지를 보낸 사실이 있다.[54] 러일전쟁 와중의 동아시아에서 '황화론'을 정반대로 뒤

---

[53] 필자 역시 관련 사례를 추출하고자 작업 중이지만, 아직 우연에 의지한 거친 수집단계에 머물러 있다. 永原陽子, 「20世紀起点の南部アフリカと東アジア―戦争がつなぐ世界」, 『歴史評論』 692, 2007.

[54] 위의 글, 25~26쪽. "유럽의 제민족에 맞서"라는 문구는 앞서 소개한 '훈족연설'이 "유럽의 제민족"에 대한 호소의 형태를 취했다는 점과 관계가 있을 것으로 추정된다.

집은 담론이 발신된 것이라 할 수 있는데, 어쨌든 당시의 세계는 오늘날 우리들이 상상하는 것 이상으로 연결되어 있었던 것이다. 이 편지의 발신인이 누구인지는 밝혀지지 않았지만, 이 일본인이 당시 어디에서 어떻게 정보를 얻어 어떤 인적 네트워크하에 그러한 행동을 취했는지를 모색해본다면, 위 사례는 식민지전쟁을 동시대사적으로 이해하는 실마리가 될 것이다.

유사한 관심을 보이는 연구 사례를 들어보자. 신해혁명에 이르는 시기의 중국 내셔널리즘에 대해 연구한 미국 역사가 레베카Rebecca E. Karl는, 내셔널리스트들이 홍콩으로 흘러들어온 정보를 입수하여 1900년에는 남아프리카전쟁의 전황을 거의 시간차 없이 확보했으며, 보어인이 영국과 전쟁을 통해 '민족'을 형성해가는 모습에 강한 관심을 보였다는 사실을 제시했다.[55] 또한 19세기 말~20세기 초의 필리핀 반식민지운동에 대한 베네딕트 앤더슨Benedict Anderson의 연구는 '아나키즘'이라는 매개항을 설정하고, 그것이 사람과 정보의 세계적 네트워크 속에 존재했다는 점을 묘사하고 있다.[56] 미국의 전쟁이 필리핀에서 격리와 말살을 지향하고 있었을 때 내셔널리스트 지도자들은 세계적인 활동을 펼치고 있었다. 이러한 사실과 맥락 속에, 식민지 민중운동과 그에 대한 진압전쟁의 의미를 둘러싼 연구의 방향이 제시되어 있는 것으로 여겨진다.[57]

---

55 Rebecca E. Karl, *Staging the World : Chinese Nationalism at the Turn of the Twentieth Century*, Durham / London : Duke Univ.Press, 2002. 단, 영국이 발신하는 정보를 얻고 있던 중국의 내셔널리스트들은 이 전쟁에서 아프리카인들에게 무슨 일이 일어나고 있었는지는 파악하지 못했던 것 같다.
56 ベネディクト アンダーソン, 『三つの旗の下に―アナーキズムと反植民地的想像力』, エヌティティ出版, 2012.

식민지폭력을 '내셔널 히스토리' 혹은 식민지 대 종주국이라는 틀에서 이해하는 것이 아니라, 세계사의 문제로 파악하는 연구, 즉 19세기 말에서 오늘날에 이르는 세계사의 전개, 세계 각지의 민중운동과 그에 대한 탄압체제의 전개를 한 덩어리로 파악하는 연구를 진전시키는 일은 식민지폭력 연구에 현실적인 계기를 부여한 '식민지책임'의 추궁이 내셔널리즘의 상호 충돌로 폄하되는 것을 저지하는 작업이라고 할 수 있다. 이러한 작업의 수행은 피해당사자들이 '이야기하는' 것을 가능케 하기 위한 역사 연구자들의 책임이기도 할 것이다.[58]

번역 : 이세연

---

57 내셔널리즘, 민중운동과 그에 대한 제노사이드의 동시대적인 연관 속에서 '세계사'를 파악하기 위해서는, 19세기 말부터 20세기 초에 걸쳐 비약적으로 발전한 교통망·통신망 등에 대해서도 충분히 고려해야 한다. 이에 대해서는 다음을 참조할 것. D. R. ヘドリック, 『インヴィジブル・ウェポン-電信と情報の世界史 1851~1945』, 日本経済評論社, 2013. 또한 동아시아에 관해서는 有山輝雄, 『情報覇權と帝國日本-海底ケーブルと通信社の誕生』, 吉川弘文館, 2013을 참조.

58 식민지제노사이드, 그리고 이것과 불가분의 관계에 있는 현대 제노사이드의 공통된 문제로 성폭력을 들지 않을 수 없다. 이 문제는 세계사의 이해를 젠더의 시각에서 재검토하는 데 있어서 필수불가결하며, 나아가 식민지폭력이 전시에 한정되는 것이 아니라 평시에도 구조화되고 있다는 점을 밝히는 데 있어서도 매우 중요하다. 본고에서는 이 점에 대해 충분히 논급하지 못했지만, 일단 문제의 소재를 지적해두고자 한다.

참고문헌

有山輝雄,『情報覇權と帝國日本－海底ケーブルと通信社の誕生』, 吉川弘文館, 2013.

井上勝生,『明治日本の植民地支配－北海道から朝鮮へ』, 岩波書店, 2013.

趙景達,『異端の民衆反亂－東學と甲午農民戰爭』, 岩波書店, 1998.

D. R. ヘドリック,『インヴィジブル・ウェポン－電信と情報の世界史 1851～1945』, 日
　　　本経濟評論社, 2013(Daniel R. Headrick, *The Invisible Weapon : Tele-communications
　　　and International Politics, 1851～1945*, New York : Oxford Univ. Pr., 1991).

中塚明・井上勝生,『東學農民戰爭と日本－もう一つの日淸戰爭』, 高文研, 2013.

永原陽子,『「植民地責任」論－脱植民地化の比較史』, 青木書店, 2009.

ハンナ アーレント, 大島通義・大島かおり 譯,『全体主義の起源 2－帝國主義』, みず
　　　す書房, 1972(Hannah Arendt, *Elemente und Ursprünge totaler Herrschaft*, Frankfurt
　　　a.M. : Europäische Verlagsanstalt, 1955).

ベネディクト アンダーソン,『三つの旗の下に－アナーキズムと反植民地的想像力』, エ
　　　ヌティティ出版, 2012(Benedict Anderson, *Under Three Flags : Anarchism and the
　　　Anti-Colonial Imagination*, London : Verso, 2005).

山室信一,『複合戰爭と總力戰の斷層』, 人文書院, 2011.

井上勝生,「東學農民軍包囲殲滅作戰と日本政府・大本營」,『思想』1029, 2010.

高橋哲哉,「『闇の奧』の記憶－アーレントと「人種」の幻影」,『思想』854, 1995.

永原陽子,「20世紀起点の南部アフリカと東アジア－戰爭がつなぐ世界」,『歴史評論』
　　　692, 2007.

_____,「20世紀初頭西南アフリカにおける二つの植民地主義－'ブルーブック論爭'か
　　　ら」,『アフリカと帝國－コロニアリズム研究の新思考にむけて』, 晃洋書房, 2011.

_____,「植民地研究の現在－アフリカ史の場合」,『歴史評論』752, 2012.

_____,「世界史のなかの植民地責任と'慰安婦'問題」,『'慰安婦'バッシングを越えて
　　　－河野談話と日本の責任』, 大月書店, 2013.

나가하라 요코, 「남부 아프리카에게 '진실 화해 위원회'가 남긴 것－식민지주의의 과
　　　거를 둘러싸서」,『역사와 책임－'위안부'문제와 1990년대』, 선인, 2008.

_____, 「전쟁 책임론으로 본 현대의 남아프리카공화국」, 『세계의 전쟁책임과 전후보상』, 동북아역사재단, 2009.

_____, 「현대사 속의 '식민지책임' - 아프리카 식민지를 중심으로」, 『한일협정 50년사의 재조명 II - 한일협정체제와 '식민지'책임의 재조명』, 동북아역사재단, 2012.

Anderson, David, *Histories of the Hanged : The Dirty War in Kenya and the End of Empire*, New York and London : W.W.Norton & Company, 2005.

Baranowski, Shelley, *Nazi Empire : German Colonialism and Imperialism from Bismarck to Hitler*, Cambridge : Cambridge Univ.Pre., 2010.

Bargueño, Davis, "Humanitarianism in the age of empire : Deutsch-Südwestafrika & L'État Indépendant du Congo", *Journal of Namibian Studies*, 9, 2011.

Bley, Helmut, *Kolonialherrschaft und Sozialstruktur in Deutsch-Südwestafrika*, Hamburg : Leibnitz-Vlg., 1968.

Drechsler, Horst, *Südwestafrika unter deutscher Kolonialherrschaft*, Berlin(O) : Akademie, 1966.

Du Bois, W. E. B., *The World and Africa : Inquiry into the Part Which Africa Has Played in World History*, 1946 : repr. : New York : International Publishers, 2003.

Elkins, Caroline, *Imperial Reckoning : The Untold Story of Britain's Gulag in Kenya*,, New York : Henry Holt and Company, LLC, 2005.

Fitzpatrick, Matthew P., "The Pre-History of the Holocaust? The *Sonderweg* and *Historikerstreit* Debates and the Abject Colonial Pas", *Central European History*, 41, 2008.

Gerwarth, Robert & Stephen Malinowski, "Hannah Arendt's Ghosts : Reflections on the Disputable Path from Windhoek to Auschwitz", *Central European History*, 42, 2009.

Gewald, Jan-Bart, *Herero Heroes. A Socio-Political History of the Herero of Namibia 1890 ~ 1923*, Oxford : James Currey, 1999.

_____, "Imperial Germany and the Herero of Southern Africa : Genocide and the Quest for Recompense", in : Adam Jones(ed.), *Genocide, War Crimes and the West. History and Complicity*, London : Zed Books, 2004.

_____, *Learning to Wage and Win Wars in Africa : a Provisional History of German Military Activity in Congo, Tanzania, China and Namibia*, Leiden, African Studies

Centre, 2005.

Grosse, Pascal, "From Colonialism to National Socialism to Postcolonialism : Hannah Arendt's Origins of Totalitarianism", *Postcolonial Studies*, 9(1), 2006.

Hull, Isabel V., "The Measure of Atrocity : The German War Against the Hereros", *GHI(German Historical Institute Washington DC) Bulletin*, 37, 2005.

_____, *Absolute Destruction : Military Culture and the Practices of War in Imperial Germany*, Ithaca : Cornell Univ.Pr., 2006.

Hyslop, Jonathan, "The Invention of the Concentration Camp : Cuba, Southern Africa and the Philippines, 1896~1907", *South African Historical Journal*, 63(2), 2011.

Jahr, Christoph, *Lager vor Auschwitz*. Aspekte der Gewaltgeschichte des 20. Jahrhundert, Berlin : Metropol, 2013.

Karl, Rebecca E., *Staging the World : Chinese Nationalism at the Turn of the Twentieth Century*, Durham / London : Duke Univ.Press, 2002.

Kreienbaum, Jonas, ""Vernichtungslager" in Deutsch-Südwestafrika? Zur Funktion der Konzentrationslager im Herero- und Namakrieg, 1904~1908)", *Zeitschrift für Geschichtswissenschaft*, 58(12), 2010.

Krüger, Gesine, *Kriegsbewältigung und Geschichtsbewußtsein*, Göttingen : Vandenhoeck & Ruprecht, 1999.

Kühne, Horst, *Faschistische Kolonialideologie und zweiter Weltkrieg*, Berlin(O) : Dietz, 1962.

Kühne, Thomas, "Colonialism and the Holocaust : Continuities, Causations, and Complexities", *Journal of Genocide Research*, 15(3), 2013.

Kundrus, Birthe, "Grenzen der Gleichsetzung : Kolonialverbrechen und Vernichtungs-politik", *iz3w*, 275, 2004.

_____, "From the Herero to the Holocaust. Some Remarks on the Current Debate", *afrika spectrum*, 40(2), 2005, 299~308.

_____, "Kontinuitäten, Parallelen, Rezeptionen. Überlegungen zur *Kolonialisierung* des Nationalismus", *Werkstatt Gechichte*, 43, 2006.

Kuβ, Susanne & Bernd Martin(eds.), *Das Deutsch Reich und der Boxeraufstand*, München : Ludicium, 2002.

Lal, Vinay, "The Concentration Camp and development : the Pasts and Future of Genocide", *Patterns of Prejudice*, 39(2), 2005.

Langbehn, Volker & Mohammad Salama(eds.), *German Colonialism : Race, the Holocaust and Postwar Germany*, New York : Columbia Univ. Pr., 2011.

Lee, Christopher J., "Race and Bureaucracy Revisited. Hannah Arendt's Reemergence in African Studies", Richard H. King & Dan Stone(eds.), *Hannah Arendt and the Uses of History : Imperialism, Nation, Race, and Genocide*,, New York : Berghahn, 2007.

Madley, Benjamin, "From Africa to Auschwitz : How German South West Africa Incubated Ideas and Methods Adopted and Developed by the Nazis in Eastern Europe", *European History Quarterly*, 33(3), 2005.

Melber, Henning(Hg.), *Genozid und Gedenken. Namibisch-deutsche Geschichte und Gegenwart*, Frankfurt a.M. : Brandes & Apsel, 2005.

Olusoga, David & Casper W. Erichsen, *The Kaiser's Holocaust. Forgotten Genocide and the Colonial Roots of Nazism*, Faber & Faber, 2011.

Schallaer, Dominik J., "*Ich glaube, dass die Nation als solche vernichtet werden muss* : Kolonialkrieg und Völkermord in *Deutsch-Südwestafrika* 1904~1907", *Journal of Genocide Research*, 6(3), 2004.

Schmitt-Egner, Peter, *Kolonialismus und Faschismus : eine Studie zur historischen und begrifflichen Genesis faschistischer Bewußtseinsformen am deutschen Beispiel*, Lollar : Aschenbach, 1975.

Seyfeld, Gerhard, *Herero*, Berlin : Eichborn, 2003.

_____, *Gelber Wind oder der Aufstand der Boxer*, Berlin : Eichborn, 2008.

Skinner, Rob & Alan Lester, "Humanitarianism and Empire : New Research Agenda", *Journal of Imperial and Commonwealth History*, 40(5), 2012.

Smith, Helmut Walser, "The Logic of Colonial Violence : Germany in Southwest Africa (1904~1907); the United States in the Philippines (1899~1902)", in : Hartmut Lehmann and Hermann Wellenreuther(eds.), *German and American Nationalism. A Comparative Perspective*, Oxford / New York : Berg, 1999.

Smith, Iain R. & Andreas Stucki, "The Colonial Development of Concentrations Camps (1868~1902)", *The Journal of Imperial and Commonwealth History*, 39(3), 2011.

Van Heyningen, Elizabeth, "Costly Mythology : The Concentration Camps of the South African War in Afrikaner Historiography", *Journal of Southern African Studies*, 34(3), 2008.

Warick, Peter, *Black People and the South African War, 1899 ~1902*, Cambridge : Cambridge

U.Pr., 1983.

Weiss, Lndsay, "Exceptional Space : Concentration Camps and Labor Compounds in Late Nineteenth-Century South Africa", in : A.Myers / G.Moshenska(eds.), *Archaeologies of Internment*, New York : Springer, 2011), 21~32.

Zimmerer, Jürgen, *Deutsche Kolonialherrschaft über Afrikaner. Staatlicher Machtanspruch und Wirklichkeit im kolonialen Namibia*, Münster : Lit, 2001.

_____, "The Birth of *Ostland* out of the Spirit of Colonialism : a Postcolonial Perspective on the Nazi Policy of Conquest and Extermination", *Patterns of Prejudice*, 39(2), 2005.

_____, "Annihilation in Africa : The "Race War" in German Southwest Africa (1904~1908) and its Significance for a Global History of Genocide", *GHI(German Historical Institute Washington DC) Bulletin*, 37, 2005.

_____, "Nationalsozialismus postcolonial", *Zeitschrift für Geschichts- wissenschaft*, 57(6), 2009.

_____, *Von Windhuk nach Auschwitz? Beitraege zum Verhältnis von Kolonialismus und Holocaust*, Münster : Lit, 2011.

◎초출일람

계몽의 모순과 귀결 – 1900년대 일본유학생을 중심으로

이태훈, 「한말 일본유학생들의 자기인식과 계몽논리」, 『한국사상사학』 45, 2012.12.

입신출세에서 민족운동으로 – 1910년대 재일유학생 장덕수張德秀의 회심

최선웅, 「1910년대 일본유학 전후 張德秀의 행적과 민족문제의 자각」, 『한국사학보』 47, 2012.5.

'문화통치'와 민정시찰관

염복규, 「문화통치 초기 민정시찰관의 설치와 활동」, 『역사문제연구』 16, 2012.10.

최린과 천도교 신파의 '민족 자치' 구상

정용서, 「1920년대 천도교 신파의 '민족 자치' 구상」, 『동방학지』 157, 연세대 국학연구원, 2012.3.

대만순사보를 둘러싼 통합과 배제 – 전기무관총독前期武官總督시기의 대우待遇와 위령慰靈

岡本真希子, 「台湾人巡査補をめぐる統合と排除－前期武官總督期における待遇と慰靈」, 『社會科學』, 第41卷 第1号, 同志社大學 人文科學研究所, 2011.6; 「台灣人巡査補的統合與排除－前期武官總督時期的待遇與慰靈」, 國史館臺灣文獻館 編, 『第六屆臺灣總督府檔案學術研討會論文集』, 台中 : 國史館臺灣文獻館, 2011.7.

식민지기 조선의 '술의 사회사' 시론 – '밀주' 문제를 중심으로

板垣竜太, 「どぶろくと抵抗－植民地期朝鮮の'密造酒'をめぐって」, 伊藤亞人先生退職記念論文集編集委員會 編, 『東アジアからの人類學－國家・開發・市民』, 風響社, 2006.3; 「朝鮮總督府の'密造酒'取締り行政について－國家記錄院文書を中心に」, 『同志社社會學研究』, 제11호, 2007.3.

노래를 들어서 글자를 안다 – 일본 통치하의 타이완 가요와 문예대중논쟁

陳培豐,「歌を聽いて字を識る－日本統治下の台湾歌謠と文芸大衆論爭」, 馬場
毅・許雪姬・謝國興・黃英哲 編,『近代台湾の經濟社會の変遷－日本とのかか
わりをめぐって』, 東方書店, 2013.11.

경성지방법원 검사국 기록과 '사상부'의 설치

정병욱,「경성지방법원 검사국 기록과 '사상부思想部'의 설치」,『기록학 연구』40,
2014.4.

식민지 인도의 '영어교육'과 '비교 정치' – 도고 미노루東鄕實의 식민지 교육론과 제국횡단적帝
國橫斷的 기원

水谷智,「'比較する主体'としての植民地帝國－越境する英領インド教育政策批
判と東鄕實」,『社會科學』85, 志社大學人文科學硏究所, 2009.

근대일본 식민지통치모델의 형성과 변용 – '대만모델'의 관동주關東州・조선朝鮮으로 이식과 그 한계

문명기,「근대 일본 식민지 통치모델의 전이와 그 의미 – '대만모델'의 관동주・조
선에의 적용 시도와 변용」,『중국근현대사연구』53집, 2012.3.

◎필자 소개

이태훈 李泰勳, Lee, Tae-Hoon
    연세대학교 역사문화학과 조교수. 주요논저로는 「한말 근대정치운동의 확산과 정치연설의 역할」(『역사문제연구』 27, 2012), 「1930년대 일제의 지배정책 변화와 친일정치운동의 '제도적' 편입과정」(『한국근현대사연구』 58, 2011), 「일제의 '보호통치' 인식과 합방의 논리」(『역사와 현실』 78, 2010) 등이 있다.

최선웅 崔善雄, Choi, Sun-Woong
    순천대학교 지리산권문화연구원 HK연구교수. 주요 논저로는 「장덕수의 사회적 자유주의 사상과 정치활동」(고려대 박사논문, 2013), 「한국민주당의 미소공동위원회 대응방안과 활동」(『한국사학보』 53, 2014), 「제1차 당대회시기 조선공산당의 전남 동부지역 조직과 활동」(『아시아문화연구』 33, 2014) 등이 있다.

염복규 廉馥圭, Yum, Bok-Kyu
    서울시립대학교 국사학과 조교수. 주요 논저로는 「日帝下 京城도시계획의 구상과 시행」(서울대 박사논문, 2009), 「식민지권력의 도시 개발과 전통적 상징공간의 훼손을 둘러싼 갈등의 양상 및 의미」(『동방학지』 152, 2010), 「민족과 욕망의 랜드마크」(『도시연구』 6, 2011), 「식민지시기 도시문제를 둘러싼 갈등과 '민족적 대립의 정치'」(『역사와 현실』 88, 2013) 등이 있다.

정용서 鄭用書, Jeong, Yong-Seo
    연세대학교 역사문화학과 연구교수. 주요 논저로는 「최영주(1906~1945)의 소년운동과 출판활동」(『수원역사문화연구』 3, 2013), 「조선물산장려회의 기관지 발간」(『근대서지』 5, 2012), 「일제 말 천도교세력의 친일 활동과 논리」(『한국근현대사연구』 58, 2011) 등이 있다.

오카모토 마키코 岡本真希子, Okamoto Makiko

쓰다주쿠津田塾대학 국제관계학과 준교수. 주요 논저로는 『植民地官僚の政治史-朝鮮・台湾總督府と帝國日本』(2008), 「國語普及政策下台湾の官僚組織における通譯育成と雜誌『語苑』」(2013), 「殖民地地方行政的開始與臺灣人名望家階層」(2012) 등이 있다.

이타가키 류타 板垣竜太, Itagaki Ryuta

도시샤同志社대학 사회학부 준교수. 주요 저서로는 『朝鮮近代の歷史民族誌』(한국어판 근간), 『東アジアの記憶の場』(공저, 한국어판 근간), 『일기를 통해 본 전통과 근대, 식민지와 국가』(공저) 등이 있다.

천페이펑 陳培豐, Chen, Pei-Feng

타이완臺灣중앙연구원 연구원. 주요 논저로는 「'同文'リテラシーがもたらした近代文學-日本統治下、台湾の植民地漢文が步んだ自助再生の道」(2012), 「台湾の文學と歌謠-重層的植民統治下における文學解釋共同体の構築」(2012), 「鄉土文學、歷史、歌謠與族群-重層殖民統治下臺灣文學詮釋共同體的建構」(2011) 등이 있다.

정병욱 鄭昞旭, Jung, Byung-Wook

고려대학교 민족문화연구원 HK교수. 주요 저서로는 『한국근대금융연구』(2004), 『일기를 통해 본 전통과 근대, 식민지와 국가』(공저, 2013), 『식민지 불온열전』(2013) 등이 있다.

미즈타니 사토시 水谷智, Mizutani Satoshi

도시샤同志社대학 글로벌지역문화학부 준교수. 주요 논저로는 The Meaning of White :Race, Class, and the 'Domiciled Community' in British India 1858-1930(2012), 「アン・ストーラーの植民地研究と東アジアからの応答可能性」(2011) 등이 있다.

문명기 文明基, Moon, Myung-Ki

국민대학교 국사학과 조교수. 대만사를 전공했으며, 주요 논저로는 「대만・조선총독부의 초기 재정 비교 연구」(『중국근현대사연구』 44집, 2009), 『대만을 보는 눈』(공저, 2012), 「식민지 '문명화'의 격차와 그 함의-의료부문의 비교를 통해 보는 대만・조선의 '식민지근대'」(『한국학연구』 46집, 2013), 「대만・조선의 '식민지근대'의 격차-경찰 부문의 비교를 통하여」(『중국근현대사연구』 59집, 2013) 등이 있다.

히라노 치카코 平野千果子, Hirano Chikako

무사시武藏대학 인문학부 유럽문화학과 교수. 주요 논저로는『フランス植民地主義と歷史認識』(2014),『フランス植民地主義の歷史』(2002),「フランスにおける第一次世界大戰研究の現在」(2012) 등이 있다.

나가하라 요코 永原陽子, Nagahara Yoko

교토京都대학대학원 문학연구과 교수. 주요 저서로는『生まれる歷史, 創られる歷史－アジア・アフリカ史研究の最前線から』(공저, 2011),『植民地責任'論－脫植民地化の比較史』(공저, 2009) 등이 있다.

◎번역자 소개

이형식 李炯植, Lee, Hyoung-Sik
　고려대학교 아세아문제연구소 HK교수. 주요 논저로는 『朝鮮總督府官僚の統治構想』(2013), 『제국과 식민지의 주변인』(공저, 2013) 등이 있다.

이세연 李世淵, Lee, Se-Yoen
　한양대학교 비교역사문화연구소 HK연구교수. 주요 논저로는 『사무라이의 정신세계와 불교』(2014), 「아시카가 요시카쓰足利義勝 요절의 정치구조」(2014), 「1189년, 요리토모는 왜 야다테矢立를 했는가」(2014) 등이 있다.

송혜경 宋惠敬, Song, Hye-Kyung
　동국대학교 일본학연구소 전문연구원. 주요 저서로는 『연애와 문명 ─ 메이지시대 일본의 연애표상』(2010), 『東亞文學的實像與虛像』(타이완, 2013), 『재조일본인과 식민지조선의 문화』(공저, 2014), 『완역 일본어잡지 조선 문예란』(공역, 2013), 『식민지 일본어문학론』(공역, 2010) 등이 있다.

이명학 李明學, Lee, Myoung-Hak
　고려대학교 한국사학과 박사과정 수료. 주요 논저로는 「총동원체제기(1940~1945년) 경성부 歲入構造의 변화와 府稅 확대」(2012), 「총동원체제기(1940~1945년) 경성부의 세출 운영과 특성」(2012) 등이 있다.

노기영 盧琦霙, Rho, Ki-Young
　국가기록원 대통령기록관 학예연구사. 주요 저서로는 『교양이란 무엇인가』(공역, 2008), 『의제로 본 한일회담』(공저, 2010) 등이 있다.